Análisis de escritos y documentos en los servicios secretos

Francisco Viñals Carrera
M.ª Luz Puente Balsells

Análisis de escritos y documentos en los servicios secretos

Herder

Diseño de la cubierta: Claudio Bado y Mónica Bazán

ISBN: 84-254-2319-8

Fotocomposición: COMPTEX
Imprenta: REINBOOK
Depósito Legal: B-39.472-2003
Printed in Spain

Herder
www.herdereditorial.com

Dedicado a la memoria de nuestro muy querido amigo José Mª Timón de Lara, ejemplo de cualidades humanas y profesionales, por su contribución definitiva al proceso democrático en España en su servicio a la Corona Parlamentaria, como General Jefe de la Policía en momentos muy críticos de la transición.

Francisco Viñals Carrera en el Salón del Trono del Palacio de la Capitanía General de Cataluña, con motivo de su condecoración por el Ministerio de Defensa con la Cruz de Primera Clase de la Orden del Mérito Militar, con la asistencia de los generales y jefes del Cuartel General y todo su Estado Mayor.

INTRODUCCIÓN

Cedant arma togae, concedant laurea laudi.
Cedan las armas a la toga, y concédase el loor a la gloria cívica.
CICERÓN

En plena Transición española me hallaba cursando los primeros años de las carreras de Derecho y Ciencias Políticas, y a raíz de un trabajo de investigación que había realizado sobre sociología militar, fui invitado a ingresar en el *Servicio de Información del Ejército*. En 1976 se me facilitaron las credenciales como miembro del *Servicio en RESIBE-24* –Mando Regional del Servicio de Información Bis del Ejército, 2ª Sección de Estado Mayor de la IV Región Militar–, y tuve la iniciativa de elaborar el primer estudio sociológico, con una excelente acogida por parte del Ministerio de Defensa, sobre la opinión de los jóvenes en relación al servicio militar obligatorio, siendo ésta mi primera aportación como analista.

Seguidamente, y dentro del propio Servicio, integrado por profesionales de diverso signo ideológico, me especialicé como analista de documentos con el profesor universitario de Criminalística, el comisario Manuel Balaguer David, completando posteriormente la formación en Grafología y Pericia Caligráfica con los profesores Augusto Vels y Jaime Tutusaus en la Agrupación de Grafoanalistas Consultivos, y con el profesor Joaquín Alegret en el Departamento de Medicina Legal de la Universidad Complutense de Madrid. Pero volviendo a aquella primera época, mi director –el teniente coronel Centelles, un catalán de Girona, hombre muy culto, demócrata, afable y bondadoso, en fin, una gran persona–, y yo, por entonces, compartíamos oficina con el encargado de Análisis de Información de Prensa, y con el comisario jefe del Grupo Operativo D. Carlos Clavero –el Grupo Operativo estaba compuesto por inspectores de policía y agentes de la Guardia Civil–, y el comandante Lezana, que más tarde alcanzaría el puesto de coronel director de la Biblioteca Militar, y con quien colaboré en temas de reclutamiento de personal de la máxima confianza para el Servicio.

Además de llegar a tener una confianza y amistad profundas con el general José M.ª Timón de Lara, jefe de la Policía Nacional y persona clave al servicio de S.M. el Rey para lograr llevar a buen fin el proceso democrático, mi intervención trascendía habitualmente al Ejército de Tierra, pues múltiples fueron los casos en que me comisionaron para auxiliar a la homóloga Sección de la Armada (comandante D. Camilo Carrero), y uno de los asuntos de mayor repercusión mediática en que participé consistió en la investigación criminalística de las falsificaciones de certificados médicos que se vendían con objeto de conseguir la declaración de inutilidad para el servicio militar. En éste y en otros muchos casos delictivos dentro de las Fuerzas Armadas, mi misión ha sido únicamente de orden pericial dentro de la investigación para la obtención, control de veracidad y utilización de la información por el Estado Mayor como órgano consultivo cuya misión es simplemente la de facilitar los datos elaborados (información óptima y adecuada para cada uso). Las cuestiones de tipo civil pasaban forzosamente a otras autoridades y nuestra competencia se ceñía únicamente a los asuntos militares, eso sí con amplios poderes, todavía recuerdo como más de un coronel había temblado cuando me había identificado ante ellos como miembro del Servicio de Información, precisamente porque a nuestro cargo estaba la investigación de «corruptelas», «abusos», «hurtos» y todo tipo de «asuntos internos».

Con la creación del CESID –Centro Superior de Información– directamente controlado por el Gobierno (actualmente denominado CNI –Centro Nacional de Inteligencia–, desaparecía el *Servicio de Información del Ejército* (éste resurgirá nuevamente a partir del año 2003); ahora bien, las funciones de Inteligencia continuaron a cargo de la *División de Inteligencia del Estado Mayor* y de forma delegada en las *Segundas Secciones de Estado Mayor* (con la denominación posterior de «Área de Operaciones») de cada Capitanía General (luego designadas «Cuartel General») de cada Región Militar (la *IV Región Militar* al agrupar Cataluña, Aragón y Navarra, devino en *III Región Militar Pirenaica*), y también de forma delegada en las Oficinas de Inteligencia y Seguridad de los Gobiernos Militares (luego «Comandancias Militares»). Las necesidades de la nueva configuración militar dentro de la OTAN se traducía en estos primeros años del siglo XXI, en la transformación de una organización territorial tradicional basándose en una definición funcional y operativa.

Con la desaparición del Servicio, pasé a ser un asesor externo, si bien continuaría encargándome de todos los análisis de escritos y documentos, en la vertiente de Recursos Humanos, Grafoanálisis de Personalidad, Periciales Caligráficas, así como de los contenidos de la información escrita, la sociolingüística, lingüística textual y forense (estas especialidades con la ayuda de Mariluz Puente, coautora de esta obra), configurando una trayectoria profesional de más de 25 años, que obtuvo un reconocimiento expreso a la efectividad de los servicios prestados cuando, en el año 1993, por propuesta de la *Sección de Inteligencia del Estado Mayor,* S.M. El Rey Don Juan Carlos I por mediación del ministro de Defensa me concedía *la Cruz de Primera Clase de la Orden del Mérito Militar,* con las consideraciones propias de un Oficial Jefe. A partir de entonces, varias han sido las distinciones y atribuciones otorgadas por diversas Instituciones y Órdenes Militares, como por ejemplo, Caballero Coronel Honorario del Tercio Conde de Barcelona, y Asesor de Formación para el Mando de los RRTT de S.M.

Con este libro, mi colaboradora de tantos años, la Profesora Mariluz Puente, y el que suscribe hemos pretendido transmitir nuestra experiencia asimilada, junto a las aportaciones personales efectuadas dentro de un campo que no cesa de ensancharse en múltiples facetas, y con el que todo profesional o investigador de la materia puede contactar aun sin ser del todo consciente o estar en la nómina de una Agencia Estatal, puesto que la Inteligencia se elabora cada vez menos en centros oficiales, más bien al contrario, se adquiere por mediación de consultorías y empresas privadas, lo cual en muchas ocasiones se convierte en una auténtica ventaja.

El capítulo I tiene el propósito de situar al lector en el nuevo panorama de la Defensa y Seguridad a fin de que desde un ámbito global pueda paulatinamente focalizar las diversas especialidades e interdisciplinariedad propias del analista de escritos y documentos en dicho contexto, donde su trabajo, directa o indirectamente, forme parte de los engranajes de la inteligencia y la seguridad, comprendiéndose así su trascendencia, presente y futuro respecto al ámbito meramente militar o policial de antaño. En la actual preocupación por la Paz se han unificado los criterios de la ONU con la OSCE sustituyendo una cultura de reacción por las políticas preventivas y el Analista se convierte en indispensable dentro del concepto de alerta temprana; tal como sugiere el Coronel de Estado Mayor Juan Antonio Recas Planellas, esta idoneidad preventiva requiere la puesta en marcha de sistemas de información y análisis a través del «personal técnico y los analistas especializados» dentro del circuito de inteligencia, que no sólo anticipan sino que proponen las actuaciones. Incluso dentro de las propias FAS (Fuerzas Armadas) el ámbito del analista está alcanzando en estos momentos cotas de primera magnitud en las denominadas MOOTW (otras operaciones militares) y muy concretamente en las SASO (operaciones de estabilidad y apoyo), donde concurre lo policial con lo militar (la criminología y la estrategia) dentro de los nuevos ambientes de «no guerra-no paz» propios de los militarmente denominados estados frágiles.

El vínculo inicial del analista de escritos y documentos es el que le une a las Ciencias Forenses, precisamente por requerir de su capacidad científica para la identificación de textos o documentos manuscritos, impresos e incluso electrónicos; y para que el experto sepa ubicarse en el intrincado mundo de la criminalística conviene recurrir al organigrama básico de ésta, que constituye el contenido del capítulo II.

En el capítulo III ya estamos preparados para iniciar nuestra ruta por una de las principales especialidades que se están desarrollando a pasos agigantados, se trata del análisis de la información, primeramente observado desde la óptica de la propia organización de Inteligencia y abordando a continuación los tipos de análisis de escritos por su contenido.

Pero como ya se vino apreciando desde la Segunda Guerra Mundial gracias a nuestros antecesores y eminentes grafoanalistas de los Servicios Secretos: Marie Bernard y Thea Stein-Lewinson (EEUU), Jean-Ch. Gille-Maisani (Canadá), Joseph Séiler (Suiza), etc., la especialidad más atractiva del analista acostumbra a ser el grafoanálisis: tarjetas navideñas, postales, cartas, apuntes, etc., de cualquier manuscrito se puede obtener una ficha o un informe de cualquier tipo de personalidad que sea útil para las decisiones en materia de Defensa de un Estado (puntos débiles, selección, promoción, liderazgo, orientación criminológica, etc.). Por su importancia, en el capítulo IV se expone lo esencial para introducirse en la especialidad, mientras en el capítulo V nos extendemos en la profundización relativa a los Recursos Humanos y en el capítulo VI, la gama específica de servicios que ofrece el grafoanálisis de interés para la Inteligencia. Puesto que una de las funciones más frecuentes consiste en dar soporte a la investigación de «asuntos internos», aparece aquí también la «Prueba de la Verdad Grafopsicológica» a modo de polígrafo escritural, muy usado sobre todo en casos de robos o de apropiación de información (espionaje). También en las investigaciones de tipo policial dentro de los Servicios Secretos, el Analista es continuamente requerido para dictaminar sobre la verificación de autenticidad o falsificación de escritos y documentos, y de forma muy práctica se perfilan en este séptimo y último capítulo los protocolos a seguir en cada circunstancia, se facilitan los modelos de plantillas grafonómicas milimétricas a tamaño real que hemos creado con la colaboración del ingeniero Jordi Viñals Carrera, así como ejemplos de dictámenes que ayudaran al lector que se inició con lo más genérico (macrodimensional) a concluir con los detalles de lo particular (microdimensional).

FRANCISCO VIÑALS CARRERA

ÍNDICE

CAPÍTULO II

Capítulo III

CAPÍTULO I

LA INTELIGENCIA EN EL NUEVO CONTEXTO DE LA DEFENSA

Caveant consules
Que los cónsules tengan cuidado

Para la idónea comprensión de la misión del Analista actual, resulta imprescindible adaptarse a una nueva visión en los organigramas y específicamente en la Defensa y Seguridad; el teatro de operaciones se ha reestructurado y los protagonistas tanto son militares como civiles, instituciones, empresas o particulares. Las guerras ya no sólo están localizadas en zonas específicas, estamos permanentemente implicados en varios frentes y a lo mejor, únicamente lo sabe nuestro subconsciente que nos obliga a luchar contra la racionalización y desencadena los mecanismos de defensa más primitivos; cuesta adaptarse, pero es el nuevo milenio donde la velocidad de la información obliga a una rapidez de reflejos jamás sospechada.

Se adivina para este Tercer Milenio una lucha sin cuartel entre dos mundos antagónicos irreconciliables –el primer mundo versus el tercer mundo–. Los alarmistas entroncan las nuevas oleadas de gran violencia del siglo XXI (los ataques del 11-S, el atentado de Bali, el secuestro masivo de un teatro moscovita, las acciones en Riad, Casablanca, etc...) con las teorías expuestas años atrás en diversos libros.

En *El choque de civilizaciones y la reconfiguración del orden mundial* de Samuel Huntington (1997) –Profesor de Ciencias del Gobierno en Eaton y Director del Centro de Estudios Estratégicos de Harvard–, se partía del enfrentamiento a la imposición de la aldea global de corte occidental y capitalista, por parte de otro tipo de globalización musulmana, en una lucha hermanada de los diferentes países árabes y musulmanes que pretenden liderar también el mundo. Y en *El gran tablero mundial* (1977), su autor, Zbigniew Brzezinski –Profesor de Relaciones Internacionales en la Universidad de Columbia y Consejero de Seguridad Nacional del Presidente Carter–, planteaba la tesis que se reveló años después como verdadera a consecuencia de los acontecimientos del 11 de septiembre de 2001, de que Afganistán era el centro del denominado «Balcán Euroasiático»: al oeste limita con Irán, al norte con las antiguas repúblicas soviéticas, al este con Pakistán y una lengua de tierra perteneciente a China; un lugar de confrontación de diversas potencias con intereses geoestratégicos y culturales diferentes (cultura ortodoxa: Rusia; oriental: China; y musulmana: Marruecos hasta Indonesia).

Voces más sensatas advierten del peligro de satanizar al mundo musulmán (xenofobia), afirman que esta locura fundamentalista surge de grupos radicales, lejos de una generalización musulmana. El concepto de Islam es unitario, pero sin embargo está sometido a diversas interpretaciones por la gran diversidad cultural y étnica de los pueblos que lo profesan.

En este sentido, y siguiendo la argumentación de Pere Vilanova, Catedrático de Ciencia Política de la Universidad de Barcelona, es importante distinguir claramente entre integrismo y fundamentalismo islámico; si el primero hace referencia a un tradicionalismo integral que lleva a cabo una interpretación rigurosa y literal de las primeras fuentes doctrinales, cuya aplicación individual o colectiva se limita a la comunidad en la que se asienta, sin cuestionar el orden político, geoestratégico mundial, generando una sociedad castradora que limita la libertad de sus individuos (p. ej. Arabia Saudí); el fundamentalismo es una instrumentalización política de carácter revolucionario e internacionalista, desestabilizador y violento (Guerra Santa) que no atiende a convenciones políticas ni diplomáticas. Especialistas como Gilles Kepel (2001), Coordinador del Doctorado sobre Islamismo del Instituto de Estudios Políticos de París, afirman que el islamismo como alternativa social, como generador de un cambio social está en crisis. El propio Irán, el primer país que tuvo un régimen fundamentalista, y que se sumergió en una grave recesión económica, intenta superarla mediante un aperturismo. Es precisamente, esta crisis generalizada lo que explicaría la radicalización de una minoría en su deseo de pureza, especialmente en Argelia, Líbano y Siria. Si bien el fenómeno fundamentalista, como una de tantas oleadas ideológicas, está sujeto a las modas y éstas no perduran con fuerza más allá de un cuarto de siglo, aunque gocen de adeptos mientras subsista el caldo de cultivo provocado por la injusticia y la miseria (un informe elaborado por el Programa de Desarrollo de las Naciones Unidas: «Arab human developement report 2002», reflejaba los graves problemas del mundo árabe: la antidemocratización, la vulneración de los derechos humanos, y los déficit en educación, servicios e infraestructuras y tecnología), no es menos cierto que durante el año 2002 los partidos islamistas, radicales o moderados, ganaron las elecciones en todos aquellos países (Bahrein, Pakistán, Turquía y Marruecos) en donde se celebraron.

En el seno del Islam teológicamente se establece las siguientes distinciones: sunitas, aquellos que siguen la tradición «*sunna*»; entre éstos los sufíes (Pakistán), los que portan vestimentas de lana «*suf*»; los wahabíes (Arabia Saudí), seguidores de *Wahabí*; los chiítas (Irán), pertenecientes al partido «*shia*» de Mahoma. Estas discrepancias religiosas del Islam –una contradicción entre la teología difusa y la intolerancia normativa plena de prescripciones que deben cumplirse a rajatabla–, son la base de diferencias políticas irreconciliables como se manifestó en el caso de Afganistán que detentó entre 1996-2001, el primer y de momento único gobierno teocrático sunita (talibán), siendo sólo aceptado oficialmente por tres países musulmanes: Arabia Saudí, Emiratos Árabes y Pakistán, y contando con las antipatías de otros, como por ejemplo Irán, cuyo régimen chiíta, no podía perdonar fácilmente el exterminio de la población afgana chiíta (14% aprox.) a manos de los talibaneses. E igualmente esta desunión se pone de manifiesto porque existen territorios musulmanes que han hecho una apuesta importante por Occidente, además de los grandes productores de petróleo (Arabia Saudí y Emiratos Árabes), por ejemplo se encuentra un país norteafricano, situado en la zona estratégica del estrecho, que como buen aliado de Estados Unidos suele ofrecerle información de alto valor sobre probables acciones de grupos fundamentalistas contra intereses estadounidenses, como se evidenció durante la Conferencia de Paz celebrada en Madrid en 1991, o lleva a cabo iniciativas en acciones encaminadas a un posible interés conjunto, por ejemplo tomar, en julio de 2002, el islote español «del Perejil» (observatorio estratégico de control sobre el terrorismo internacional de Al Qaeda) con el beneplácito americano que deseoso de imponer su hegemonía en el estrecho, consideraba más operativo –por la opacidad del régimen antidemocrático alauita– la pantalla de un control marroquí sobre el área a que España realizara dicha vigilancia en las dos orillas.

1. CLAVES PARA LA COMPRENSIÓN DE LOS ACTUALES CAMBIOS DE COMPORTAMIENTO: EL POSMODERNISMO

El análisis de la identidad individual no puede disociarse de la identidad social (Augé, 1994). En este sentido, Azevedo (Claudio, 1986) apunta que en todos los seres humanos se pueden distinguir dos partes: 1) el ser individual, ligado a su naturaleza biopsíquica y, 2) el ser social, vinculado a la sociedad que es su medio permanente. Y de la implicación recíproca entre individuo y sociedad surge el hombre como un ser eminentemente social.

El hombre nace dentro de una organización social ya constituida; aprende las pautas de comportamiento, valores y tradiciones del grupo social; establece redes sociales, necesarias para su supervivencia. Y es a partir de este aprendizaje –a través de múltiples instituciones (familia, grupo de iguales, escuela, medios de comunicación...)–, de la práctica social y de la asunción de roles (Mead, 1934) que se moldea la personalidad del sujeto potenciando y/o inhibiendo determinados atributos psicológicos.

Pero en este proceso de adecuación social –socialización– el individuo que recibe la «experiencia sociocultural» no se limita a reproducirla mecánicamente (1986) sino que mediatizada por su propia personalidad, la aprehende, reinterpreta y personaliza, lo que posibilita el cambio, y por tanto la evolución de la sociedad en el tiempo. Y al tiempo histórico se refería Ortega y Gasset al afirmar que cada generación es fruto de su tiempo (de las vigencias sociales) y que éste ejerce un influjo sobre cada individuo en particular. Siguiendo el pensamiento orteguiano de comprensión del hombre a través de su tiempo, deberíamos interrogarnos sobre las claves del nuestro.

Estamos inmersos dentro de lo que la intelectualidad denomina Posmodernidad aunque no llegue a un acuerdo sobre el nacimiento del término así como de su significado. Para Sánchez Merina (1997) el vocablo «posmodernismo» tiene un origen arquitectónico, apareciendo por primera vez en 1945 cuando Joseph Hudnut escribe la obra *La Casa Posmoderna* y en ella se hace un alegato de la libertad individual frente al control colectivo. Paralelamente en ciencias sociales, Arnold J. Toynbee en su *Estudio en la Historia* se refiere a la época posmoderna como integradora de modelos sociales diversos (pluralismo). También en torno a la década de 1940, Venturi adjudica la paternidad del término a su profesor en Arquitectura Jean Labatut. Pero quizás la fecha más comúnmente aceptada (Mc Gregor, 1996) es la de 1977 con la publicación del libro *El lenguaje de la arquitectura posmoderna* de Charles Jencks donde se asegura que en 1972, con la demolición del complejo Pruitt-Igoe –bloques de viviendas populares–, se puso fin al movimiento moderno de arquitectura y nació la revolución Posmoderna. Se dejaba atrás el funcionalismo para centrarse en lo estético, incorporando estilos del pasado de forma ecléctica. Al año siguiente, en 1973 Venturi proponía como resultado de la crisis energética que se padecía, «decoración es más barato», siendo para ciertos sectores el punto de partida del Posmodernismo.

Esta imprecisión acerca de la fecha de inicio, de sus posibles promotores, así como del significado del movimiento posmodernista es el tema central de la obra *Apostillas a «El nombre de la rosa»* de Umberto Eco (1984).

Para este autor, el Posmodernismo es una tendencia que no debe ser categorizada simplemente como un periodo cronológico (actual) propio de Occidente, sino que es una «categoría espiritual» o «metahistórica» que trasciende, va más allá, hace referencia a una situación de crisis propia de cada época (en este sentido identifica el término con manierismo). Cuando lo clásico, entendido como un conjunto de «experiencias depuradas y decantadas en el tiempo» (García I., 1997) asimiladas e interiorizadas por el colectivo, se convierte en una carga pesada, en un lastre, surge el deseo de liberarse, de abrirse a nuevos caminos. Así, cuando el Posmodernismo intenta destruir el pasado, buscar un nuevo lenguaje –pero sin referencias a las que aferrarse– surge el silencio, lo que obliga irremediablemente a recurrir de nuevo a ese pasado pero sin sacralizarlo (1984).

Y el pasado y su relación con el Posmodernismo es uno de los rasgos distintivos de este movimiento, a diferencia de Eco que lo convierte en un juego de guiños irónicos, Marc Augé (1994) le confiere un carácter negativo; si la modernidad es la conciliación armónica de dos mundos diferentes (pasado y presente) el Posmodernismo o sobremodernidad tiende a banalizar y esperpentizar el pasado y lo utiliza de acuerdo a sus intereses vaciándolo de contenido y trocándolo en un mero espectáculo. Ello se hace extensivo a todos los particularismos locales (culturas): tratadas sin respeto son presentadas como «curiosidades», imponiéndose el exotismo sobre la conciencia social. La integración y aceptación de distintos valores (morales, ideológicos, culturales...) es uno de los aspectos más apreciados del Posmodernismo, pues permite la convivencia pacífica entre diferentes grupos humanos. Pero si dicha consideración igualitaria es un hecho positivo pues rompe con el dogmatismo, fanatismo, etnocentrismo y demás injusticias cometidas por el Modernismo, llevado a su extremo –un relativismo radical– puede resultar una trampa, tal como apunta Marina en su último libro *El misterio de la voluntad perdida* (1997) pues la validez general sobre Todo nos conduce a situaciones peligrosas como la defensa de ciertas actitudes e ideologías de imposición sobre, por ejemplo, las mujeres (machismo), niños (infanticidio, pederastia), tribus indígenas (exterminio), grupos sociales (fascismo, totalitarismo). El equilibrio entre validez, reconocimiento de la diferencia y justicia se halla en la salvaguarda de los derechos humanos universales.

Relacionado con la falta de Verdades Absolutas aparece otro elemento distintivo del Posmodernismo: el abandono de la razón y el desprestigio de la idea de progreso. El Modernismo que surge de la Ilustración durante los siglos XVII y XVIII se define por su culto a la razón, la ciencia y en consecuencia, a la técnica que liberará al hombre del determinismo ambiental, pero quizás en parte a las tristes experiencias sobre el uso y abuso de los recursos naturales que hacen inviable un desarrollo sostenible del planeta, la razón ha sido reemplazada en el Posmodernismo por la estética, por los valores creativos. Tal como lo define Marina «la categoría de «interesante» (que es estética) ha sustituido a lo «verdadero» (que es epistemológica)». El autor propone avanzar hacia lo que él denomina la ultramodernidad y que la estética dé paso a los sentimientos, que conjugados con la inteligencia permitan dirigir nuestro comportamiento de forma socialmente competente, adquiriendo una sensibilidad capaz de adaptarse a las situaciones que se nos presenten. Esta idea entroncaría con el concepto tan de moda últimamente de inteligencia emocional de Daniel Goleman (1996).

El Posmodernismo es producto –además de lo apuntado anteriormente– de lo que Augé (1994) define como las tres figuras del exceso, a saber:

1) La superabundancia de acontecimientos del mundo contemporáneo y su consecuente dificultad de comprensión y asimilación. Da lugar a la denominada Era o Sociedad de la Información, donde la imagen manipulada posee un poder peligrosamente superior a la información portadora.

2) La superabundancia espacial con medios de comunicación –transportes, satélites...– que acortan distancias (globalización).

3) El proceso de suma individualización que permite al individuo elegir entre la variada oferta de valores –tanto del pasado como presentes– de tipo moral, ideológico, cultural, etc..., y confeccionarse a modo de bricolage su propia identidad individual.

1.1 La Aldea Global

Las nuevas tecnologías de información y comunicación nos han conducido hacia la Aldea Global. La internacionalización o expansión territorial de formas económicas (intercambios), sociales, políticas y culturales –configurando una unidad en el espacio–, ya se ha producido en otras épocas, es lo que Alain Touraine denomina mundialización (superación de fronteras nacionales) en contraposición a globalización. La novedad que se nos plantea en la actualidad con la globalización es la fusión de las variables espacio-tiempo, es decir, la tecnología nos permite operar a nivel mundial y lo que es más importante, al mismo tiempo, de forma rápida –fracciones de segundo– y cómoda (Castells y Borja, 1977). Pero si el sector económico rápidamente se ha incorporado a las nuevas exigencias, comportando una desigual distribución de la riqueza entre el primer y el tercer mundo que debe ser corregida para evitar desastres a escala mundial, otros ámbitos, sin embargo, siguen un proceso más lento de adecuación a la globalización, siendo necesario mecanismos de control sobre los desequilibrios que se producen a través de instituciones internacionales de reciente creación, como por ejemplo el Tribunal Penal Internacional cuyo funcionamiento efectivo será a partir de 2004 (lamentablemente tiene poco de internacional, puesto que las principales potencias: EEUU, Rusia, China e Israel, además de los países árabes, no reconocen su autoridad); y mediante la dotación de independencia político-económica e inclusive poder coercitivo a organismos históricos como la ONU para evitar su instrumentalización y ninguneo por los estados más poderosos (a raíz del ataque anglo-americano contra Iraq [2003] se produjo en el seno de la ONU, una grave y significativa fractura).

1.2 El ambiente sociopático

La individualización, en casos extremos y negativos, incide en un incumplimiento de las normas sociales y una insensibilidad hacia los derechos del «otro» que según el grado, alcanza la dimensión de sociopático; si bien se encuentran comportamientos antisociales en todos los grupos humanos así como en todas las épocas históricas –es, por tanto, un fenómeno universal–, en la actualidad ha experimentado un significativo aumento, concitando un interés general.

La psicopatía o sociopatía (trastorno antisocial de la personalidad) se encuadra dentro de la categoría de alteraciones cuantitativas o dimensionales (Millon, 2000), es decir, que la gravedad de ésta se halla en función de la intensidad o severidad de la misma; es el grado lo que le confiere la entidad de patológico, en contraposición a enfermedades cualitativas, como por ejemplo la psicosis, donde por poco acentuado que ésta sea, ya es igualmente indicativo de una gravedad. En situaciones extremas, personas normales pueden alcanzar dimensionalmente un elevado grado de psicopatía (atrocidades en masa, violaciones, torturas...) como se demuestra fehacientemente en situaciones de conflicto armado.

La bibliografía especializada del DSM-IV (TR): *Manual diagnóstico y estadístico de los trastornos mentales* (2002), *La entrevista Clínica* –tomo I y II– (Othmer y Othmer, 2003), y la obra de Theodore Millon *Trastornos de la personalidad. Más allá del DSM-IV* (2000) expone los rasgos clínicos más destacados en el trastorno antisocial de la personalidad:

> Normalmente, es identificativo su movimiento corporal; en el hombre destaca la postura erguida, andar forzado, gestos que intentan destacar la masculinidad, y en la mujer se observa un caminar provocativo.
>
> Su expresión lingüística aparece afectada o exuberante, utiliza un tono de voz ronca para impresionar rápidamente, necesita llamar la atención, estar en el candelero, igualmente emplea en exceso exabruptos, y un lenguaje vulgar que resalte su masculinidad. Su discurso no es claro, ni detallado, sino vago, impreciso, exagerado y contradictorio, por su necesidad patológica de mentir, engañar y estafar. Su capacidad de atención es reducida, cambia rápidamente de actitud, necesita gratificación inmediata,

Su ánimo puede ser irritable, deprimido o eufórico. Y se caracteriza por una falta de control emocional (estallidos de ira), cuando se le exige que cumpla las normas sociales –aunque pueda tener un conocimiento superficial sobre éstas, no considera que estén plenamente justificadas, ni las acepta, siendo además incapaz de cumplirlas– o se le reprende por su comportamiento. No es que carezca de conciencia moral, sino que tiene una propia, confeccionada a su gusto, que no es coincidente con el resto de la comunidad.

Impulsivo, inmaduro e irresponsable, no prevé las consecuencias de sus actos.

Problemático en sus relaciones sociales, cree que todo el mundo es potencialmente peligroso, por tanto mantiene con los demás una actitud distante, y tras su intento de intimar o compromiso, siempre esconde un fin oscuro.

Resulta muy peligroso por su egoísmo, irritabilidad, agresividad, sadismo, falta de empatía y compasión hacia los demás –a los que considera inferiores–, así como por su capacidad de manipulación que unido al desprecio a la autoridad y a las mínimas normas de convivencia, le conduce fácilmente a traspasar los límites de la criminalidad. Muchos de ellos llevan a cabo atrocidades espeluznantes por nimiedades, pero a diferencia de los enfermos mentales (esquizofrénicos, dementes...) realizan trabajos perfectos, limpios, sin pistas incriminatorias, demostrando una inteligencia superior, y ningún sentimiento de culpa. Siguiendo la denominación de Robert Resler, conforman el grupo de los Organizados o Armónicos de los «Asesinos en serie».

(Véase capítulo 2: El Laboratorio de Policía Científica de la Oficina Federal de Investigación de Estados Unidos de América (FBI): Unidad Científica del Comportamiento –Behavioral Science Unit–)

Muy codicioso, ambiciona el poder y los bienes ajenos que obtiene sin ningún tipo de miramiento, siendo un claro exponente de un defecto de juicio (capacidad para establecer los objetivos adecuados a las posibilidades de cada uno, alcanzándolos de acuerdo a los medios socialmente aceptados) sobre todo por su falta de escrúpulos y remordimientos para utilizar cualquier vía, y en especial la ilegal, para alcanzar sus metas. Su nivel de introspección (capacidad de comprensión de los propios sentimientos y comportamientos) es muy limitado, por lo que tiende a culpabilizar a los demás.

Andrés Pueyo (2002), catedrático de Personalidad de la Facultad de Psicología de la Universidad de Barcelona, expone la siguiente clasificación del trastorno antisocial, en relación a la contemporización de los aspectos somáticos y sociales:

– Sociópata
Eje biológico: temperamento armónico, correcto y estable
Eje social: socialización –adquisición de valores– defectuosa, pautas de conductas no aceptadas socialmente
– Psicópata
Eje biológico: Núcleo temperamental inadecuado
Eje social: Mala socialización
– Caracterópata
Eje biológico: Núcleo temperamental inadecuado
Eje social: Buena socialización

Así pues, si la base biológica del individuo está desajustada, éste tendrá problemas sociales, al igual que si a la buena base biológica le acompaña una anómala socialización; valorándose riesgo máximo cuando se presentan deficiencias en ambos sustratos (socio-físico). El perito forense determina la peligrosidad social de un sujeto en base a una serie de variables establecidas estadísticamente, la información obtenida a partir de los familiares y conocidos, y su propio juicio clínico. A continuación, señalamos el protocolo expresado por José Antonio García Vázquez (2002), Research Fellow of Forensic Psychiatric del Bracton Center del Guy's Hospital of London, y, médico adjunto de los Servicios de Salud Mental de Sant Joan de Deu de Barcelona:

a) *Historial criminal anterior*: determinante hechos delictivos o faltas cometidos en la infancia y adolescencia.
b) *Edad*: más virulencia en torno a los 20 años y laxitud a partir de los 40 o 45 años.
c) *Valoración mental*: los diagnósticos más frecuentes son la esquizofrenia, y el trastorno antisocial. Tal como afirma el Dr. Luis Borrás Roca (2002), profesor de la Escuela Judicial del CGPJ, cuando se establece la triangulación: psicopatías (egocentrismo, agresividad, falta de empatía, sin remordimientos de culpa...), parafilias (excitación sexual atípica: ancianos, niños, animales, cadáveres...) y esquizofrenias, se está frente a los asesinos más peligrosos, que estadísticamente hablando sería uno de cada millón y medio de personas. Asimismo, en otras alteraciones que no revisten esa gravedad, se tienen en cuenta estados anímicos preocupantes, inteligencia, expresiones directas de amenaza, grado de conciencia del sujeto sobre su alteración (introspección), etc.
d) *Toxicomanías:* el alcohol y drogas, estrechamente vinculados a actos violentos.
e) *Aspectos sociales:* familias desestructuradas, barrios marginales.
f) *Permanencia en instituciones penitenciarias y/o psiquiátricas*: estadísticamente, a mayor permanencia más peligrosidad.

1.3 Manifestaciones conductuales e implicaciones delictivas

La expresión manierista es la que refleja básicamente la personalidad posmoderna, supone una necesidad de identificarse con la «imagen» (proliferación de trastornos alimenticios: anorexia, bulimia), el predominio de «lo formal», la necesidad de aparecer como original, pero al propio tiempo conservando la independencia, el individualismo (existe desconfianza), los contactos son superficiales, se teme la profundización en la intimidad. Se potencia la máscara del perfeccionismo, pero supone por ello una mayor tensión para el sujeto, pues siempre tiene que adoptar una apariencia de superioridad, escondiendo su triste realidad, su pequeño «Yo» asustado, se convierte en una supercompensación de apariencia, inauténtica, superficial (Viñals y Puente, 1999).

El abuso de la expresión manierista puede incorporar fácilmente el elemento psicopático de la confusión de valores. Las instituciones –familia, escuela, iglesia– que antaño transmitían los valores ético-morales, delimitaban el bien del mal, y actuaban como freno de los instintos más primarios, ya no ejercen un control real sobre el individuo (Bernstein, 1989), especialmente sobre los más jóvenes imbuidos completamente en la cultura audiovisual, donde las reglas de mercado imponen, como afirma Luis Rojas Marcos, arquetipos agresivos de conducta, por eso podríamos hablar de la «sociopatía» que se respira en estos momentos (Garrido, 2000). Cuando la afirmación del Yo se realiza desde la dominación sobre el otro, y el rechazo de la estructura tradicional jerárquica no se torna en modelos de comprensión y responsabilidad, se asiste a la indiferencia por la comunidad y sus derechos –sin sentimiento de culpa– imponiéndose la ley del más fuerte. Esto origina un incremento de acciones perturbadoras de la convivencia ciudadana que en función del perfil del sujeto (grado de inadaptación social/legal) puede devenir en simples infracciones o delitos menores (conducción temeraria, peleas callejeras, vandalismo...), adquirir tintes muy violentos que pongan en peligro vidas humanas, normalmente dirigidos hacia los más débiles (malos tratos a la pareja, a la infancia, inmigrantes, vagabundos...), o manifestarse como una agresión sexual (violaciones, pederastia, pornografía y prostitución infantil, turismo sexual...).

La desorientación en la búsqueda de Verdades Absolutas convierte a algunas personas en prisioneras de Fundamentalismos de tipo religioso y/o étnico-cultural (Huntington, 1998). Éstos alimentados por la frustración que provoca la pobreza, el desempleo, el subdesarrollo, etc..., se imponen a los demás por medio del uso de la violencia, entrañando un peligro para: a) la Seguridad de Estado con acciones terroristas de carácter religioso (*Yihad*), nacionalista, guerras civiles (Argelia), limpiezas étnicas (antigua Yugoslavia), luchas intertribales (África); b) la seguridad ciudadana con explosiones de violencia urbana (*skin heads*) sobre inmigrantes, vagabundos, homosexuales, prostitutas, toxicómanos...; suicidios colectivos (sectas, grupos *new age*), etc.

Sin embargo, la actitud más generalizada en este momento de tránsito en la readaptación de valores es una mezcla de pseudonihilismo y hedonismo. Desde su vertiente más económica, la aspiración de bienestar –rápido y sin esfuerzo– entendido como acumulación de bienes materiales, y el referente de la riqueza material como signo de éxito social –resumido en la expresión «tanto tienes, tanto vales»–, conducen inevitablemente a un elevado número de actuaciones delictivas no suficientemente reflejadas en las estadísticas, porque se camuflan como cuestiones meramente mercantiles o laborales, como son los delitos empresariales (Comer, 1987): «ingeniería financiera», corrupción político-económica, malversaciones, delitos fiscales, de comercio, fraudes a la seguridad social..., espionaje industrial, competencia desleal, estafas, apropiación indebida...

En otro orden de cosas, esta ansia por el placer, unido al intento de anestesiar la angustia vital, motiva un crecimiento de las conductas adictivas (toxicomanías, ludopatía...), anteriormente vinculadas exclusivamente a círculos marginales, hoy se extienden a todos los segmentos sociales y muy especialmente sobre los más jóvenes (alcohol, drogas de diseño...), que se inician los fines de semana, con el resultado de alteraciones del orden público e infracciones de tráfico (I.E.P., 1996-97).

En un contexto de globalización cultural y económica –que comporta grandes desigualdades socio-económicas–, con una marcada tendencia al mercantilismo por encima de otras consideraciones y un fuerte individualismo, el uso incorrecto de las tecnologías de información y de telecomunicación (Castells, 1998) genera nuevas contravenciones, como el delito informático, que facilita un acceso indiscriminado a archivos confidenciales (defensa) básicos para la Seguridad de Estado y amplifica multiplicando casi al infinito las posibilidades de los delitos conocidos, como las actividades de organizaciones criminales (cárteles de droga, mafias italiana y rusa), redes telemáticas de pornografía y prostitución infantil, expansión por el ciberespacio de grupos con oscuras finalidades (sectas satánicas, grupos *new age*) (Puente, 1998).

1.4 Plasmación grafoescritural e interpretación grafopsicológica (Figs. 1, 2, 3 y 4)

Ciertamente, es importante para el grafoanalista conocer este fenómeno filosófico que nos afecta en nuestros días pues le será así más fácil comprender el porqué de esta abundante proliferación de los manuscritos tipográficos y en mayúsculas; es aquí donde está la prueba de la influencia posmoderna y son precisamente estos derivados de la escritura manierista (Tutusaus, 1997) los que configuran la expresión de esta personalidad posmoderna, el abuso de la escritura tipográfica y desligada tipo «script» constituye ahora una necesidad de identificarse con la «imagen», el predominio de «lo formal», la necesidad de aparecer como original –pero al propio tiempo conservando la independencia, el individualismo (existe desconfianza)–, la superficialidad de los contactos, el temor a profundizar en la intimidad.

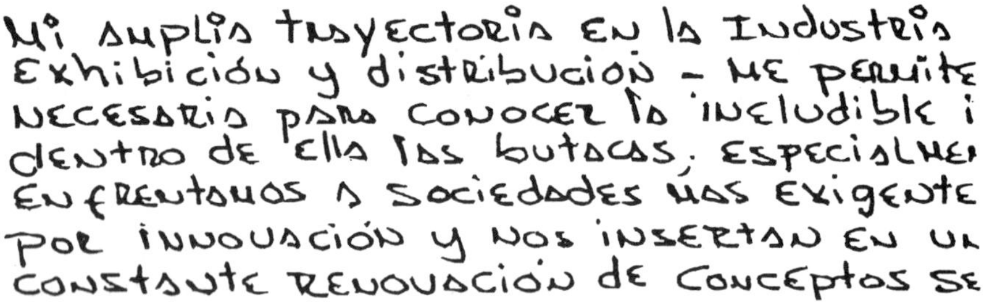

FIG. 1.1.

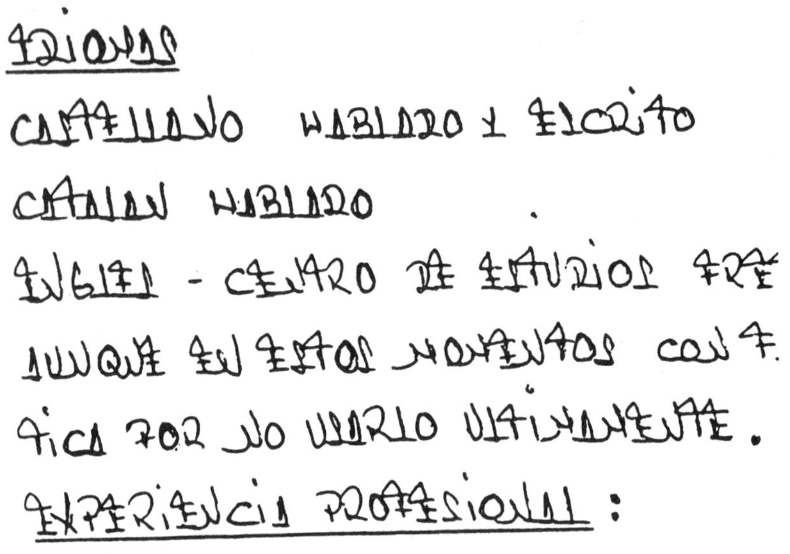

FIG. 1.2.

Otra observación cada vez más frecuente es el abuso de escritura en mayúsculas, aquí se potencia la «máscara» del perfeccionismo, pero supone por ello una mayor tensión para el individuo pues siempre tiene que adoptar una apariencia de superioridad, escondiendo su triste realidad, su pequeño «Yo» asustado, se convierte en una supercompensación de apariencia, inauténtica como nos indican también las demás variables de la escritura manierista (adornos, ornamentos, regresiones, etc.). Peor es cuando nos encontramos con la variedad más significativa de este tipo de escritura artificiosa, que es la mezcla anárquica de mayúsculas y minúsculas, aquí además de las interpretaciones anteriores hay que añadir el elemento psicopático de la «confusión de valores» (Viñals, 1996); por eso nos habla de una cierta «sociopatía» que no es más que la desorientación en este momento de tránsito en la readaptación de valores, de aquí la mezcla de pseudo-nihilismo y epicureísmo.

Existen otras peculiaridades como las observadas por Paolo Bruni (1997) sobre los «ojales horarios» (de trayectoria inversa), la propia tendencia en la escritura de la juventud actual por los trazos de orientación inversa. Abundando en esta particularidad, vemos también escrituras de zona media inflada, con óvalos muy amplios y a la vez apretados, sin distancia interletra o adosados, con los indicados trazos «à rebours», y con contradictorias mezclas de filiformidades, arcos y eso sí con la constante de una presión alterada, muy propios de los que padecen anorexia (Tutusaus, 1997); son también víctimas del refugio en la estética, fenómeno tan propio del Posmodernismo y, al igual que la escritura manierista, refleja un intento de anestesiar la ansiedad sobre lo trascendente, una huida de la desorientación en la búsqueda de las «verdades fundamentales».

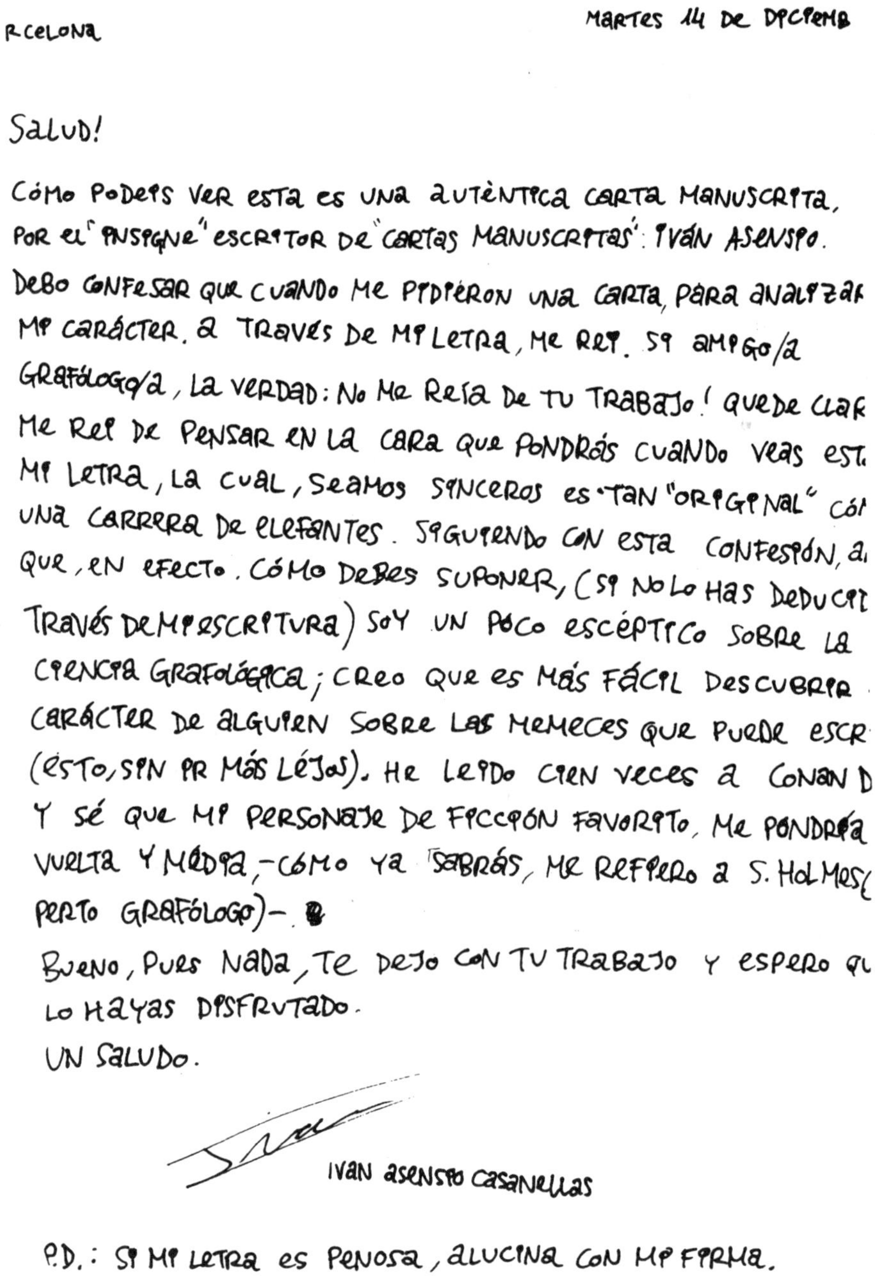

Rcelona — Martes 14 de diciemb

Salud!

Cómo podeis ver esta es una auténtica carta manuscrita, por el "insigne" escritor de "cartas manuscritas": Iván Asensio.

Debo confesar que cuando me pidieron una carta, para analizar mi carácter, a través de mi letra, me reí. Si amigo/a grafólogo/a, la verdad: No me reía de tu trabajo! quede clar me reí de pensar en la cara que pondrás cuando veas est mi letra, la cual, seamos sinceros es tan "original" cóm una carrera de elefantes. Siguiendo con esta confesión, a que, en efecto, cómo debes suponer, (si no lo has deduci través de mi escritura) soy un poco escéptico sobre la ciencia grafológica; creo que es más fácil descubrir carácter de alguien sobre las memeces que puede escr (esto, sin ir más lejos). He leído cien veces a Conan D y sé que mi personaje de ficción favorito, me pondría vuelta y media, -cómo ya sabrás, me refiero a S. Holmes(perto grafólogo)-.

Bueno, pues nada, te dejo con tu trabajo y espero qu lo hayas disfrutado.

Un saludo.

Ivan asensio casanellas

P.D.: Si mi letra es penosa, alucina con mi firma.

FIG. 1.3. Reducción 70%.

EJEMPLO DE LETRA DE MODA EN EL POSMODERNISMO

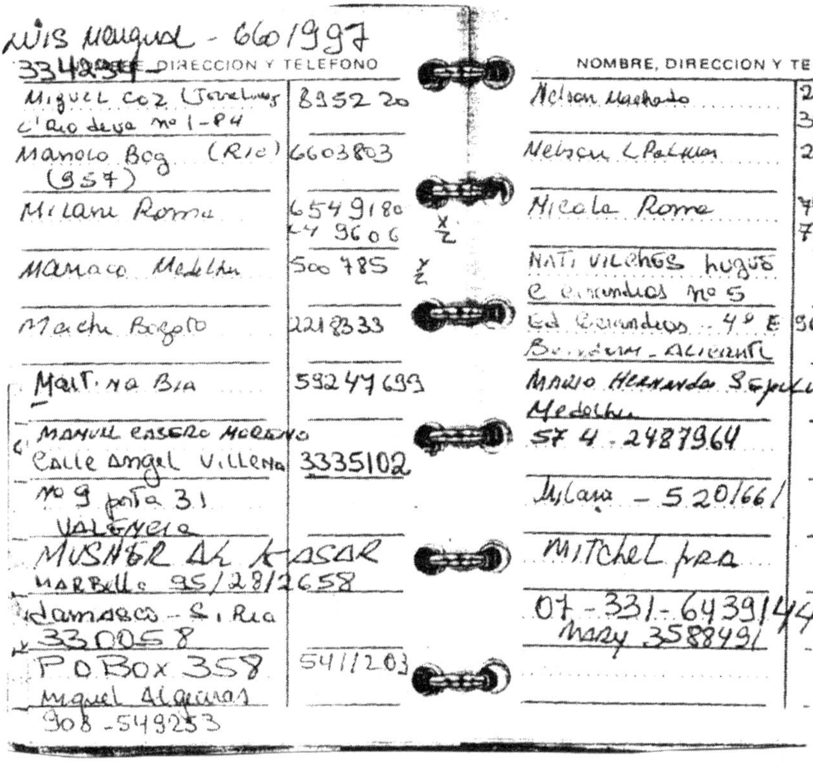

FIG. 1.4. LETRA DE PSICÓPATA. Mezcla de mayúsculas y minúsculas en una escritura con rasgos de inmadurez y caprichosidad en las conexiones, desigualdad de inclinación, dimensiones y presión floja alternada con presión vertical y aumentos bruscos.

En este caso, la escritura pertenece a Livio Cecchini Bruni Junior (alias: Alexandro Ricci), nacido el 07.04.53 en Río de Janeiro. Antecedentes: atraco a mano armada, tráfico de drogas y falsificación de moneda. La policía federal de Río le atribuye más de setenta asesinatos entre 1980 y 1984. El 2 de noviembre de 1985 en Barcelona (España) tras una meritoria operación de la Policía Nacional española precedida de la intervención del teléfono de un piso situado en «el Paralelo» de Barcelona donde, además de los correspondientes inspectores intervinieron los GEOS, fue detenido el apodado Ricci y su ayudante José Osorio, todavía no se sabía realmente quién era. El juez instructor ordena a través de INTERPOL que se distribuyan las huellas dactilares por todo el mundo, se empieza por Siria, por su apariencia árabe y porque en su agenda aparecían varios teléfonos particulares de conocidos traficantes de armas de la zona, pero allí no aparece registrado, también es consultado el gobierno israelí que revisa los archivos del Mossad, con resultado negativo, pero finalmente, INTERPOL Roma comunica que las huellas correspondían al peligroso criminal Livio Cecchini Bruni Junior, y ante la orden de busca y captura internacional, la presidenta de la sala novena de la Audiencia Provincial de Barcelona, Margarita Robles (que fue amenazada de muerte por dicho individuo) ordenó su extradición a Brasil. (Carles Quílez, *Atracadores. La historia de unos delincuentes que marcaron toda una época del crimen en Barcelona*, Valls, Editorial Cossetània, Colección Elipse, 2002.)

El mundo del siglo XXI nos depara enormes oportunidades a la par que importantes riesgos, por tanto, deberemos aprender a convivir con lo complejo, y saber conjugar lo universal y lo particular (Comaroff, 1998), las ideas y los sentimientos con la tecnología, y así dar paso a la armonía.

2. EL SIGLO XXI: DOCTRINA MILITAR

El potencial tecnológico (cibernética, robótica, inteligencia artificial, ingeniería militar, redes telemáticas, satélites, radares, cámaras de seguridad, emisiones por cable de televisión, radio...) aplicado a la producción armamentística y al procedimiento militar (táctica, estrategia, actuación operativa, coordinación...), unido al impacto desestabilizante de las nuevas amenazas (terrorismo transnacional en todas sus modalidades: financiero, biológico, químico, nuclear...), han trastocado por completo la doctrina tradicional del ejército, y los viejos esquemas conceptuales y operativos han debido adaptarse a una situación propia del siglo XXI, cuya entrada psicológica, que no de calendario, se produjo el 11 de septiembre de 2001 con el ataque a EEUU. Según la versión oficial, diecinueve terroristas –en su mayoría hijos de familias acaudaladas de Arabia Saudí–, pertenecientes a la organización Al Qaeda, perpetraron el mayor atentado terrorista de la historia: cuatro «pilotos» (Mohamed Atta, Marwan al Shehhi, Hani Hanyur, Ziad Yarrah), dos «logísticos» (Chalid al Midhar y Nawaf al Hamsi), y el resto «combatientes» secuestraron cuatro aviones comerciales (Boeings 757-767), estrellando dos de ellos contra el edificio World Trade Center de Nueva York (Atta la torre norte, y Shehhi la torre sur), el tercero contra el Pentágono en Washington (Hanyur) y el cuarto en un bosque de Pensilvania (Yarrah), causando más de tres mil muertos. (*Der Spiegel*, 2002.)

Estos acontecimientos marcaron un antes y un después en las relaciones internacionales, y un cambio significativo en la Defensa Nacional. La destrucción ante el mundo, retransmitido por los medios de comunicación en directo, de los símbolos del poder económico, con la caída de las torres gemelas de Nueva York en pleno centro financiero de Estados Unidos; el impacto contra el Pentágono en Washington, símbolo de la Defensa americana, Departamento de Estado de Defensa, el intento frustrado sobre la Casa Blanca (el avión se estrelló en un bosque de Pensilvania), residencia oficial del primer mandatario americano, y las tentativas contra el Force One, el avión presidencial; además del conjunto de daños colaterales ocasionados, mostraron al mundo que el todopoderoso gigante norteamericano es vulnerable; cumpliéndose lo que Osama Bin Laden, líder de la red terrorista transnacional Al Qaeda, había proyectado: una representación mediática de la caída simbólica del opresor infiel abatido por el poder de la fe musulmana.

Una reelaboración de la doctrina militar motivada por el desarrollo tecnológico, se contempló ya en la edición del año 1993 del Manual de Campaña (FM) 100-5 Operations, de las Fuerzas Armadas de Estados Unidos, cuando el marco de referencia era la Guerra de las Galaxias, es decir la pugna por el control de dispositivos electromagnéticos (satélites), y el escudo antimisiles (NMD). El funcionamiento de éste, a grandes rasgos es el siguiente: los satélites detectan (aún a miles de km de EEUU) que un misil enemigo ha sido lanzado, las pantallas de radar indican la trayectoria así como el tipo de misil, al entrar en el espacio aéreo norteamericano, se dispara el misil antimisil del cual se separa –cuando se llega a cierta altura– un artefacto denominado «vehículo asesino» que a una velocidad de 30.000-40.000 km apunta al objetivo destruyéndolo. El centro de operaciones de este sistema de Defensa antimisiles es Cheyenne Mountaine, situado en el interior de las montañas rocosas, y refugio antinuclear de la Defensa de EEUU (su puerta de entrada es de 1 metro de grosor y cuenta con 1.300 amortiguadores, cada uno de 1/2 tonelada de peso, que neutralizan las posibles vibraciones en caso de guerra nuclear), cuya misión principal consiste en detectar amenazas de misiles balísticos de largo alcance, localizar su origen, trayectoria (mediante satélites antimisiles que siguen las señales infrarrojas de los misiles y, radares terrestres antimisiles que siguen su rastro en el aire), y el punto exacto del impacto.

La prioridad máxima del presidente George Bush (hijo) durante su mandato –fiel reflejo de su política aislacionista– ha sido la protección del espacio aéreo norteamericano frente a los misiles tierra-aire intercontinentales que podrían ser lanzados por los llamados «países irresponsables» como Afganistán, Irán, Iraq, Corea del Norte, etc. Pese a que los ataques del 11-S revelaron la inoperancia del escudo antimisiles, al no evitarlos, puesto que fueron forjados y perpetrados dentro del mismo territorio americano (más concretamente en Florida) con una tecnología sencilla, como la utilización de aeronaves de pasajeros estrellándose sobre la estructura de edificios, pero que se demostró muy destructiva porque causó miles de muertes, sembrando el pánico. Y existe además una falta de unanimidad sobre la operatividad del escudo antimisiles entre los expertos en Defensa y Seguridad, por ejemplo, Edward Luttwak del Centro de Estudios Estratégicos e Internacionales, mostraba su escepticismo por la complejidad, inmediatez –minutos– y precisión que requiere el sistema y las escasas probabilidades de entrenamiento (p. ej. de cinco pruebas realizadas únicamente dos han dado un resultado positivo). Además de su probable anticonstitucionalidad, ya que se basa en técnicas avanzadas en inteligencia artificial y, por tanto, quien tomara la decisión de respuesta al lanzamiento de misiles sería el propio sistema (decisión artificial) y no el Presidente (decisión racional/discrecional). Asimismo Michael O'Hanlon, experto en Defensa del Institut Brookings, señalaba que la eficacia destructiva está limitada a países con déficit tecnológicos como Irán, Iraq o Corea Norte, pero inútil ante potencias enemigas de envergadura como Rusia y China; y Richard Szafranski, ex coronel y docente de Estudios de Futuro en la Universidad de las Fuerzas Aéreas, incidía en la ineficacia de este sistema ante las amenazas en suelo norteamericano. Sin embargo, el gobierno norteamericano continúa en su apuesta por el costosísimo (unos mil millones de euros) sistema de Defensa Antimisiles (NMD), y a raíz de los últimos acontecimientos lleva a cabo un desarrollo de su plan de defensa estratégico, con un aumento presupuestario significativo en Defensa: Seguridad e Inteligencia, así como una nueva reestructuración en el pensamiento y actuación militar para enfrentarse a:

1) Las amenazas de siempre, estados con una situación geodemográfica, es decir, unas fronteras y una población definida.
2) Nuevos enemigos, ocultos, emboscados y más flexibles, como es el terrorismo transnacional. Así por ejemplo el entramado terrorista de Al Qaeda, liderado por Osama Bin Laden se estructura de acuerdo a una horizontalidad, no verticalidad, lo cual le confiere una mayor movilidad y capacidad de supervivencia.

3. SEGURIDAD

Por Seguridad se entiende el conjunto de instituciones, técnicas, métodos e instrumental mediante los cuales se garantiza la protección contra una amenaza (Bertrand, 1996).

3.1 Modelos de Seguridad

Cada periodo histórico ha contado con un modelo determinado de Seguridad, o varios según el caso:

3.1.1 SEGURIDAD HEGEMÓNICA (EDAD ANTIGUA)

Propio de los grandes imperios universales, por ejemplo el Imperio Romano.

3.1.2 SEGURIDAD ATOMIZADA (EDAD MEDIA)

Inherente al sistema feudal, conformado por pequeños y numerosos reinos. Grupo reducido de nobles guerreros, alianzas jerárquicas (actos de vasallaje).

3.1.3 SEGURIDAD NACIONAL (EDAD MODERNA, EDAD CONTEMPORÁNEA)

Nace vinculado a la creación de los estados europeos en el s. XV (España, Francia, Inglaterra), se mantuvo vigente durante siglos hasta hace poco tiempo. Rasgos característicos: lucha incesante contra los intereses hegemónicos de otras naciones, ejército permanente (nacionales o mercenarios), introducción de la leva obligatoria, alianzas en función de las necesidades. La Seguridad Nacional se define como «la situación obtenida al adoptar una eficaz Defensa Nacional», siendo ésta «la disposición, integración y acción coordinada de todas las energías y fuerzas morales y materiales de la Nación ante cualquier forma de agresión... (teniendo) por finalidad garantizar de modo permanente la unidad, soberanía e independencia, su integridad territorial y el ordenamiento constitucional, protegiendo la vida de la población y los intereses de la Patria (...)» (BOE, 1980 y 1984).

3.1.4 SEGURIDAD PÚBLICA / CIUDADANA - SEGURIDAD NACIONAL / SUPRANACIONAL

Aunque oficialmente el estamento militar con la aquiescencia del Estado sólo reconoce la utilización de recursos pertenecientes al ámbito castrense. No es menos cierto que muchos expertos advierten del uso militar indiscriminado que se lleva a cabo en cualquier momento (ya no hay períodos de guerra y paz, la guerra es un *continuum*) de todos los medios provenientes del sector privado y estatal tanto propagandísticos: *mass media* (infoguerra), redes telemáticas, etc...; como de obtención de información: bases de datos de empresas privadas, DNI, Seguridad Social, Hacienda, etc...; y de la videovigilancia: tupida red de cámaras de seguridad instaladas en negocios privados, entidades financieras, transporte público (p. ej. en el Centro de Control del Metro –CCM– de Barcelona desde el ordenador de control se puede rastrear con gran minuciosidad, pasillos, andenes, vestíbulos y escaleras a través de las más de 500 videocámaras de seguridad desplegadas en el subsuelo), control de tránsito, meteorología, etc... (Whitaker, 2001). Se imbrican pues, conceptos de orden policial (Seguridad Pública / Seguridad Ciudadana) con los propios de lo militar (Seguridad Nacional / Supranacional), implicando un recorte de las garantías jurídicas –derechos civiles–, más significativo aún, a raíz de los ataques terroristas del 11-S, en los que aumentó hasta límites insospechados el control sobre los ciudadanos, contando con el beneplácito de la gran mayoría, que preferían sacrificar libertad por seguridad, circunstancia ésta aprovechada hasta el máximo por los gobernantes.

3.1.5 SEGURIDAD DE BLOQUES O DUAL (1945-1986)

Relativa a la situación producida tras la Segunda Guerra Mundial (Guerra Fría y la política de bloques). División del orbe en dos bloques: EEUU / URSS (y los países de sus áreas de influencia), enfrentados política, militar, ideológica, económica y socialmente. Alianzas inamovibles. Guerra nuclear como elemento disuasorio.

3.1.6 SEGURIDAD TRANSNACIONAL O SEGURIDAD COMPARTIDA

Finalizada la Guerra Fría (revolución de Gorbachov en 1987) y en un contexto de globalización, cuando se asiste a un desdibujamiento de las fronteras nacionales, y a la coexistencia de grupos económicos y terroristas que tienen más peso que un estado, posee mayor sentido hablar en términos amplios e internacionalistas de Seguridad Supranacional, Internacional, Transnacional o Seguridad Compartida en vez del restricto Seguridad Nacional. Los ataques terroristas del 11 de septiembre de 2001 marcan un punto de inflexión en el concepto tradicional de seguridad (Seguridad Nacional) que debería tender hacia el consenso universal (Seguridad Compartida), pese a la preeminencia norteamericana. Nuevas amenazas (terrorismo transnacional y estados inestables que poseen armas nucleares: India, Pakistán, China...). Confrontación entre el mundo árabe y occidental.

Para profundizar en las actuales políticas de seguridad, encaminadas básicamente a la prevención, recomendamos la ponencia: «La previsión de conflictos en un mundo incierto», del Coronel de Estado Mayor, Juan Antonio Recas Planellas, 1er. Encuentro Internacional «Castell de Figueres» por la Cultura de la Paz, Figueres, 15 de febrero, 2003.

3.2 Amenazas a la Seguridad

Tradicionalmente en los Manuales de las Fuerzas Armadas de los países occidentales se establecía que la *Seguridad Nacional* se veía amenazada frente a hostilidades procedentes de uno o varios países enemigos (*agresión externa*) o de grupúsculos oriundos violentos (*agresión interna*).

DIVISION DE INTELIGENCIA DEL E.M.E

SECC. CONTRAINTELIGENCIA Y SEGURIDAD

AUTOPROTECCION

Difusión Limitada

1990

DIVISION DE INTELIGENCIA DEL E.M.E. **SECC. CI. Y SEGURIDAD**

AUTOPROTECCION

1. SEGURIDAD

. No existe seguridad total.
. La seguridad es protección.
. Todos los componentes de las FAS. son objetivos potenciales del terrorismo.
. Independientemente de la seguridad que puedan prestar las FAS. y FOP.s. todo militar debe atender a la suya propia.
. El conocimiento de nuestra vulnerabilidad, hará posible la reducción de riesgos.
. El futuro agresor necesita información sobre hábitos y costumbres de sus víctimas.
. Aunque hay zonas y épocas más sensibles al terrorísmo, la autoprotección obliga a todos permanentemente.

2. ACCIONES TERRORISTAS

. Ametrallamiento.
. Vehículo bomba.
. Terrorismo postal,
. Secuestros.

FIG. 1.5. Tarjeta extracto de manual de autoprotección de la División de Inteligencia del Estado Mayor del Ejército Español para los miembros de las Fuerzas Armadas (década de 1990)

3. **PREVENCIONES**

. Tomar conciencia de la necesidad de autoprotegerse.
. La protección no implica temor.
. Extremar las medidas de autoprotección pasa por no facilitar información.
. Tener siempre presente las dos **Reglas de Oro de la Autoprotección:**
- Romper la rutina.
- Observar el entorno inmediato para detectar posibles cambios.
. Informar al mando de cualquier acción sospechosa.

4. **NORMAS A TENER EN CUENTA**

4.1. **EN LOS DESPLAZAMIENTOS**

. Observar, antes de salir del inmueble, los alrededores del mismo, para intentar localizar la posible presencia de personas o vehículos sospechosos.

. **SI VA EN VEHICULO PRIVADO (particular u oficial):**

. Utilizar los retrovisores para observar posibles seguimientos.
. Cuidado con el vehículo que emprende la marcha inmediatamente detrás del suyo.
. Desconfíe de las motocicletas con dos ocupantes, que se emparejen con su vehículo, o traten de cortar o aminorar la marcha del mismo.
. No recoja autostopistas.
. Desconfíe de los que solicitan ayuda por avería.
. Intente circular por el centro de la calzada.
. Evite vías con aparcamiento en ambos lados y de un solo carril.
. Cambie con frecuencia de itinerarios.
. Ante sospecha de que le siguen, no dude en pasar los semáforos en ámbar o rojo. Si tiene certeza del seguimiento, no vacile en cometer una infracción ante algún agente de la autoridad, procurando tomar contacto con el mismo.
. En las detenciones obligadas deje distancia con el vehículo de delante, con el fin en caso necesario, de poder efectuar una maniobra de huída.

. **SI VA EN TRANSPORTE PUBLICO:**

. Mayor posibilidad de ataque en las paradas.
. Controle las puertas de acceso y salida de pasajeros
. Observe a los que suben detrás de Vd.

4.2. **DURANTE LAS VACACIONES**

. Sea discreto. No comente cuando y a donde va de vacaciones.
. Mantenga su identidad en secreto.
. No frecuente por sistema los mismos lugares de ocio.
. Evite las rutinas horarias.

4.3. **EN EL DOMICILIO**

. No ponga el nombre en el buzón, ni en la puerta de la vivienda.
. Instruya al portero del inmueble para que no de ningún tipo de información sobre Vd. o su familia.
. Instale cerraduras de seguridad. Refuerze con cadenillas retenedoras de seguridad.
. No abra la puerta a desconocidos.
. Si dispone el inmueble de portero automático, nunca facilite el acceso a extraños, aún cuando pregunten por otros inquilinos.
• Si es posible, no ponga el teléfono a su nombre.

4.4. **CON EL VEHICULO PROPIO**

. Si lo aparca en la calle, procure alejarlo en lo posible de la puerta de su vivienda.
. Antes de subir al mismo, revise cuidadosamente el exterior y los bajos.
. Compruebe que no ha sido forzado o abierto. En tal caso no se introduzca en él, ni lo ponga en funcionamiento.
. Circule con los seguros de las puertas accionados y con los cristales subidos.

FIG. 1.5b. (Continuación).

4.5. EN CASO DE SECUESTRO

. Si es posible resístase al mismo. Procure llamar la atención de los transeuntes, mediante gritos e incluso originando gran escándalo.
. En caso de ser secuestrado, durante el cautiverio, haga todo el ejercicio físico posible.
. No dé información a los secuestradores.
. Durante el indoctrinamiento a que va a ser sometido, no familiarice con los secuestradores, ni trate de mantener conversaciones. Sea lacónico en sus respuestas.
. Refuerce su moral. No olvide que son sus enemigos, y que a pesar de lo que haga o diga, su vida no tiene ningún valor para ellos.
. Mantenga una actitud digna y distante.

4.6. CON LA CORRESPONDENCIA

- CARACTERISTICAS QUE DEBEN HACERLE SOSPECHAR:

. Franqueo excesivo. Esceso de cuerdas y mal empaquetado.
. Nombre o dirección incorrectos. Falta de remitente. Palabras como **«Confidencial»**, **«Abrir personalmente»**, etc.
. Abultado tamaño o grosor. Mal estado del envío.
. Contenido repartido irregularmente. Peso mal distribuído.
. Rigidez o tensiones en los bordes.
. Manchas o exudado exterior.
. Olor a almendras amargas o mazapán.
. Perforaciones, orificios y extremos que sobresalgan. Elementos extraños.
. Ruídos metálicos.

- PREVENCION:

. Asegurarse de que se esperaba el envío.
En caso afirmativo:
. Revisar los datos exteriores del envío.
. Realizar un exámen visual a contraluz.
. Palpar suavemente para detectar objetos extraños.
En caso negativo:
. Si sospecha del envío, no tocarlo y avisar a los servicios especializados.

- NUNCA DEBE:

. Doblar la correspondencia.
. Presionar en caras o costado.
. Manipular el envío si localiza hilos o alambres que sobresalgan.

4.7. CON LOS FAMILIARES

. Instrúyalos para que no den información sobre su persona, profesión, lugar de trabajo, etc.
. Insista en estos puntos, particularmente con los niños. Mentalícelos en no aceptar regalos, paquetes, cartas, etc., o en acompañar a pié o en vehículo a desconocidos.
. Procure que la correspondencia privada no vaya a su nombre.
. Es conveniente que sea siempre la misma y única persona, instruída al respecto, la que recoja la correspondencia.
. No atienda personalmente al teléfono.
. Sin atemorizarlos, concienciele a sus familiares de la ineludible necesidad de la autoprotección.

FIG. 1.5c. (Continuación).

Además de por su origen, las agresiones se clasificaban por la magnitud del impacto ocasionado en *agresiones directas* e *indirectas* (Ministerio de Defensa, 1988):

I. Agresiones directas:

Atañía a la guerra, como mecanismo de imposición de la voluntad propia mediante el uso de la fuerza, ya sea ésta total o limitada.

II. Agresiones indirectas:

Incluían todas aquellas acciones consideradas no militares dirigidas contra los *Principios* (establecidos por sufragio universal en una Constitución legítima: soberanía nacional, independencia...), y las *Finalidades* (objetivos socio-políticos y económicos de un gobierno democrático) de la *Nación*.

Distinguiéndose las variantes siguientes:

1. *La disuasión,* amenaza por parte de un país a otro, del uso de la fuerza física como medio para la consecución de sus fines.

2. *La presión,* manipulación directa o a través de terceros sobre las instituciones de gobierno mediante cuestiones políticas, sociales, económicas...

3. *El espionaje,* obtención de información –a fines de Inteligencia– mediante operaciones clandestinas.

4. *La subversión (insurgencia),* levantamiento contra la autoridad. Puede utilizar las siguientes vías:

a) *El terrorismo,* uso de la violencia contra personas y/o propiedades con fines ideológicos o políticos: «subvertir el orden constitucional o alterar gravemente la paz pública».

b) *El sabotaje,* destrucción o inhabilitación intencionada de los recursos –material e instalaciones– de la Nación.

c) *La acción psicológica,* debilitamiento de la moral y voluntad de la población.

Esta clásica doctrina militar en materia de Seguridad y Defensa, y más concretamente algunos de sus conceptos hasta ahora nítidamente precisos y diferenciados, han sido sustituidos por otros más flexibles y operativos matizados de acuerdo al nuevo contexto de la globalización, pues habían perdido su validez. Por ejemplo, la distinción entre agresión directa (guerra) y agresión indirecta (acciones subversivas) se trastocó completamente a raíz de los sucesos ocurridos el 11 de septiembre de 2001 en EEUU, donde, por primera vez en la historia contemporánea, unos ataques terroristas tuvieron la consideración de acciones de guerra (similar a un bombardeo), dada la dimensión desproporcionada, con numerosísimas pérdidas humanas, económicas y las graves consecuencias socio-políticas que éstos adquirieron; mereciendo una respuesta contundente de tipo militar y conjunta (comunidad internacional), pues abrían la puerta a una oleada de ataques terroristas cada vez más mortíferos e indiscriminados (terrorismo biológico, químico...), y que además conllevan el grave riesgo de que el «enemigo» permanece oculto, pues ningún estado acepta en principio la autoría de los hechos. Otra consecuencia más del Posmodernismo que prima la individualidad al máximo, donde un sujeto o sujetos se revelan con más fuerza y poder que un estado.

3.2.1 AGRESIONES DIRECTAS: LA GUERRA Y SUS MODALIDADES

El conflicto es consustancial a la acción del hombre en su entorno, pero es la gestión que se realiza sobre éste, es decir, la manera de afrontarlo y resolverlo, lo que le confiere la connotación positiva, si existe dialogo y consenso, o negativa si se da rienda suelta a los impulsos agresivos.

3.2.1.1 Interpretación Antropológica de la Agresividad

Respecto a la agresividad existen dos posiciones opuestas:

1. Agresionistas: argumentan que el individuo dispone de unas cotas de agresividad, y carece de inhibiciones, mecanismos innatos para neutralizar estas tendencias. Freud, figura del agresionismo, asocia el sexo a un instinto de vida mientras que la agresión a un instinto de muerte, entre ambos existe una lucha continua que da lugar a distintas formas de comportamiento. La pasión del hombre por el peligro y el riesgo es un producto de estas luchas instintivas. La guerra se entiende como la expresión victoriosa del instinto de la muerte. Otros representantes destacados del bloque agresionista son Lorenz, Ardrey y Easton entre otros, el primero vincula la definición de agresión con territorialidad, el segundo la matiza: la defensa del territorio no es la causa pero sí una condición, puesto que es la competitividad entre grupos lo que desata la agresión. Por su parte, Easton señala que el hombre tiene menos inhibición para el homicidio que el animal: puesto que carece de sus armas naturales, ha tenido que desarrollar armas artificiales, esto como resultado de una acción cerebral ha neutralizado la inhibición, le ha reportado una mayor seguridad y un comportamiento agresivo.
2. No agresionistas: aunque no niegan la evidencia neurofisiológica, rechazan la legitimización biologista sobre la violencia que pueda derivarse, y plantean que el comportamiento agresivo tiene una base cultural que es susceptible de ejercitación, magnificación o atrofia; dependiendo de cada cultura la forma e intensidad de su expresión. La guerra se explica no desde una perspectiva patológica o innatista, sino funcional, cumple con determinadas funciones sociales, diferentes según las culturas: en términos ecológicos, demográficos y económicos (reajuste entre población y recursos); rituales/derecho (resarcirse de las ofensas o malas acciones del rival), o de prestigio...

Personalmente consideramos las aportaciones de ambos grupos, se ha comprobado que no nacemos como un papel en blanco, por lo tanto llevamos una carga genética que propicia no sólo la predominante temperamental sino que incluso cromosomas específicos podrían ser los responsables de una agresividad descontrolada, igualmente determinados accidentes en el cerebro también han demostrado ser desencadenantes de la anulación del control «consciente» que, asimismo dicho autocontrol, ya se va separando del terreno arquetípico, para ir justificando la importancia del «guión» psicológico (Análisis Transaccional) por la propia recepción de mensajes desencadenantes del «Niño Primitivo» o anulación psicopática del sistema «Padre» (Voz de la conciencia). Por lo tanto, la Psicobiología es importante, tanto como la Psicología profunda.

Estudios interculturales distinguen el carácter dimensional –gradación de intensidades– de la agresividad a través de las siguientes manifestaciones conductuales:

(Prats,1996)

1. *Riña (*acción individual / asunto privado / agresividad verbal / deseo de herir o castigar).
2. *Pelea* (incluye, además de lo anterior, agresividad física –puñetazos, golpes, mordiscos, etc...– sin armas).
3. *Duelo* (empleo de armas –blancas y de fuego–).
4. *Feud - Vendetta - Venganza de Sangre* (acción colectiva / asunto privado / armas / finalidad: la muerte).
5. *Guerra* (acción colectiva / asunto público / armas de todo tipo / objetivo: la aniquilación, devastación y apropiación de los recursos).

En esta «escalada del conflicto» la guerra supone la máxima magnitud de la agresión e implica, al igual que en el duelo, una racionalización del impulso agresivo reprimiendo su espontaneidad para una posterior canalización espacio-temporal lo más efectiva posible; es lo que Gaston Bouthoul (1971) –creador en 1946 del vocablo *Polemología* o estudio de la guerra como fenómeno social– denomina «conflictos diferidos».

En la segunda mitad del siglo XX se operó un cambio fundamental sobre el concepto de guerra por entonces conocido, en cuanto que la Segunda Guerra Mundial fue la primera de extensión generalizada a todos los territorios del orbe, con mayor movilidad, defensa individual (fin de la guerra de posiciones), empleo de armas más mortíferas y sobre la población civil: ofensivas (aviones, tanques) y de destrucción masiva (bomba volante, nuclear).

A finales del siglo XX, siendo impensable el empleo de todo el potencial destructivo de las naciones puesto que conduciría al aniquilamiento total, la defensa de los intereses nacionales (geoestratégicos) sólo se alcanzaría, con el indispensable beneplácito de la opinión publica, mediante el uso combinado de acciones de fuerza mesuradas y negociaciones políticas; quedando desfasado el concepto clásico de guerra, que es sustituido por múltiples variantes (*confrontación, con-*

flicto o acciones de baja / media intensidad, humanitarias...), que tal como expone el Dr. Francisco Sierra, Director del Seminario «Información y Propaganda de Guerra» del Programa Hispalense de Doctorado en Periodismo (1998), a veces no quedan claramente diferenciadas de las situaciones de *paz*.

Unidades de élite de las fuerzas especiales de los Estados Unidos de América (El País digital)

FUERZAS TERRESTRES

Fuerzas especiales, más conocidas como *«boinas verdes»*, se les encomiendan misiones de patrulla y sabotaje en territorio hostil.

Rangers, grupos de infantería que desempeñan igualmente operaciones militares detrás de las líneas enemigas.

FUERZAS NAVALES

SEALS, aseguran las zonas costeras elegidas para el desembarco anfibio, en colaboración con *Unidades Navales de Combate y Demolición (NCDU).*

Special Boat Units (SBU), unidades especiales que ofrecen a los grupos de élite, soporte naval específico (barcos patrulla de costa, ríos, lanchas rápidas).

MARINES

USMC (Force Recon), grupos de reconocimiento que obtienen información (vías de acceso, obstáculos, fuerzas enemigas) sobre el terreno por observación directa y/o captura de prisioneros clave.

FUERZAS AÉREAS

AFSOC (Force Special Operations Command), grupo de soporte aéreo que se encarga del transporte de unidades de élite (infiltración, penetración, extracción y rescate) y del material de abastecimiento, como la recarga de combustible a medios de transporte aéreo (helicópteros) de fuerzas especiales (160th SOAR).

DOCUMENTOSCOPIA

Igualmente se asigna a los *AFSOC,* las misiones de dispersión de panfletos y propaganda para la Guerra Psicológica. (Véase Cap. III Análisis de la Información y Lingüística Forense: Operaciones Psicológicas.)

Pararescue (PJ), llevan a cabo tareas de rescate y primeros auxilios a pilotos abatidos en combate en zonas de difícil acceso.

Combat Controller Teams (CCT), controlan el tráfico aéreo.

160th SOAR –Special Operation Aviation Regiment (Airbone)–, dan cobertura aérea (helicópteros de transporte: infiltración / extracción–, de ataque...) a las fuerzas de élite.

ANTITERRORISMO

Delta force, unidad antiterrorista compuesta por miembros de los *Boinas Verdes* y *Rangers*, pese al secretismo de su existencia, se conoce su participación en el rescate de rehenes en la embajada norteamericana de Teherán en 1979.

Seal Team 6, unidades antiterroristas de la Marina.

Grupos de Operaciones Especiales de España.

Boinas Verdes: Participaron en el julio de 2002 en la isla Perejil, retornando al islote ocupado por una guarnición marroquí su *statu quo* anterior.

Equipo de Campaña del soldado actual

Está diseñado de acuerdo al programa Land Warrior que incorpora los últimos adelantos técnicos del momento.

CASCO: Máxima resistencia balística (calibre 9 mm) y mínimo peso (1.300 kg) con sensores de audio, micrófono y video que permiten ver imágenes del campo de batalla y comunicarse con el resto del grupo incluso en la oscuridad (visor de 25 mm con un ángulo de visión de 40 grados), mira térmica protectora contra rayos láser y localizador con un mapa con datos sobre su posición y la del resto del contingente.

UNIFORME: Traje modular, piezas intercambiables que se quitan o superponen, según las circunstancias climático-ambientales, y cuyo colorido (selva/desierto) está igualmente en función del entorno de actuación militar. Chaleco antibalas resistente al disparo de una pistola de 9 mm o varios disparos del calibre de 7,62 mm.

ARMAS: Fusiles (M-4, M-6) de tipo modular que se adaptan según las necesidades, con mira térmica (localizador por calor).

(El arma clásica ha sido tradicionalmente la Kalashnikov AK-47, que ha estado presente en más de 70 guerras.)

EQUIPO BQ (Biológico/Químico): Traje especial termosellado, máscaras antigás/antibacteriológicas, guantes de goma, detector de sustancias tóxicas (portátil/de mano), equipo de oxígeno individual (bio), material sanitario: atropina (bio).

MOCHILA: Equipo de radio, ordenador (video, tabla gráfica y teclado).

DOCUMENTOSCOPIA

La tabla gráfica permite al soldado escribir de puño y letra cualquier texto u otra manifestación gráfica que puede ser reconocido (no identifica autorías) interpretado y transmitido a la central de operaciones, mediante el sistema ICR (Intelligent Character Recognition). Las empresas tecnológicas (Xerox, Scan Optics...) que elaboran estos sistemas estiman que el nivel de reconocimiento es muy elevado, sobre marcas está en torno al 99 %, descendiendo ligeramente en letras y números al 97 %. Es la similitud existente entre los rasgos gráficos manuscritos con el patrón fijo preestablecido en el programa lo que permite dicho reconocimiento, para ello el escribiente debe adaptar su propia grafía a los condicionamientos impuestos por la referencia del patrón: útil inscriptor, letra de imprenta, y todos aquellos elementos gráficos programados previamente (siglas...); existe un programa más sofisticado basado en procesos cognitivos humanos (redes neurales) que atiende a un número mayor de variaciones gráficas puesto que incorpora varios modelos gráficos, aumentando las posibilidades de reconocimiento.

El ICR es un sistema de reconocimiento óptico, exclusivo sobre caracteres manuscritos, pero existen otros sistemas ópticos de captura de datos, quizás más conocidos como el OCR (Optical Character Recognition) que reconoce caracteres impresos y permite el paso de una imagen (jpg...) a texto (word...); el OMR (Optical Mark Reader) que distingue marcas en un área o recuadro (frecuente en la administración: impresos, correción de pruebas tipo test) y, el Barcode Reader que lee los códigos de barra (habitual en el sector comercial).

Así pues, la novedad del presente siglo estriba en que tanto la acción militar como la no militar (terrorismo) adoptan uno o varios estilos de «guerra» simultáneamente en grado diverso, en el mismo proceso de confrontación, en base a su funcionalidad y al contexto, en oposición a la rígida categorización de antaño, produciéndose un continuum sindrómico entre éstos.

3.2.1.2 Modalidades

I. EXPRESIÓN BELICISTA

GUERRA ABIERTA

La que se lleva a cabo mediante una declaración formal, manifestándose la acción bélica de forma clara y explícita.

GUERRA FRÍA

Dícese de aquella en que la lucha armada directa es sustituida por otros procedimientos (presión económica, propaganda y manipulación, información secreta...) con objeto de vencer al país rival. Históricamente se refiere a la situación de tensión existe entre EEUU y la URSS, y sus respectivos países de influencia (bloque capitalista / bloque comunista) tras la Segunda Guerra Mundial, cuya pugna por conseguir la hegemonía mundial les condujo hacia una carrera armamentística como medida de disuasión. El fin de la política de bloques con la caída del comunismo supuso un cambio en las relaciones internacionales y en los planes estratégicos de defensa nacional norteamericana.

GUERRA SUCIA

Aquella que realiza el Estado de una Nación cometiendo acciones ilegales con el fin de eliminar a los opositores o elementos desestabilizadores. Aunque su empleo es habitual en los Estados no democráticos (gobierno de Videla en Argentina, de Pinochet en Chile), en numerosas ocasiones los Servicios Secretos de gobiernos democráticos (Gran Bretaña, EEUU...) igualmente reciben órdenes de disparar a matar en las acciones antiterroristas, o incluso planificar acciones de eliminación.

Caso de «Análisis de Escritos y Documentos» relacionado:

Los documentos incriminatorios contra Pinochet en el asunto: Caravana de la Muerte.

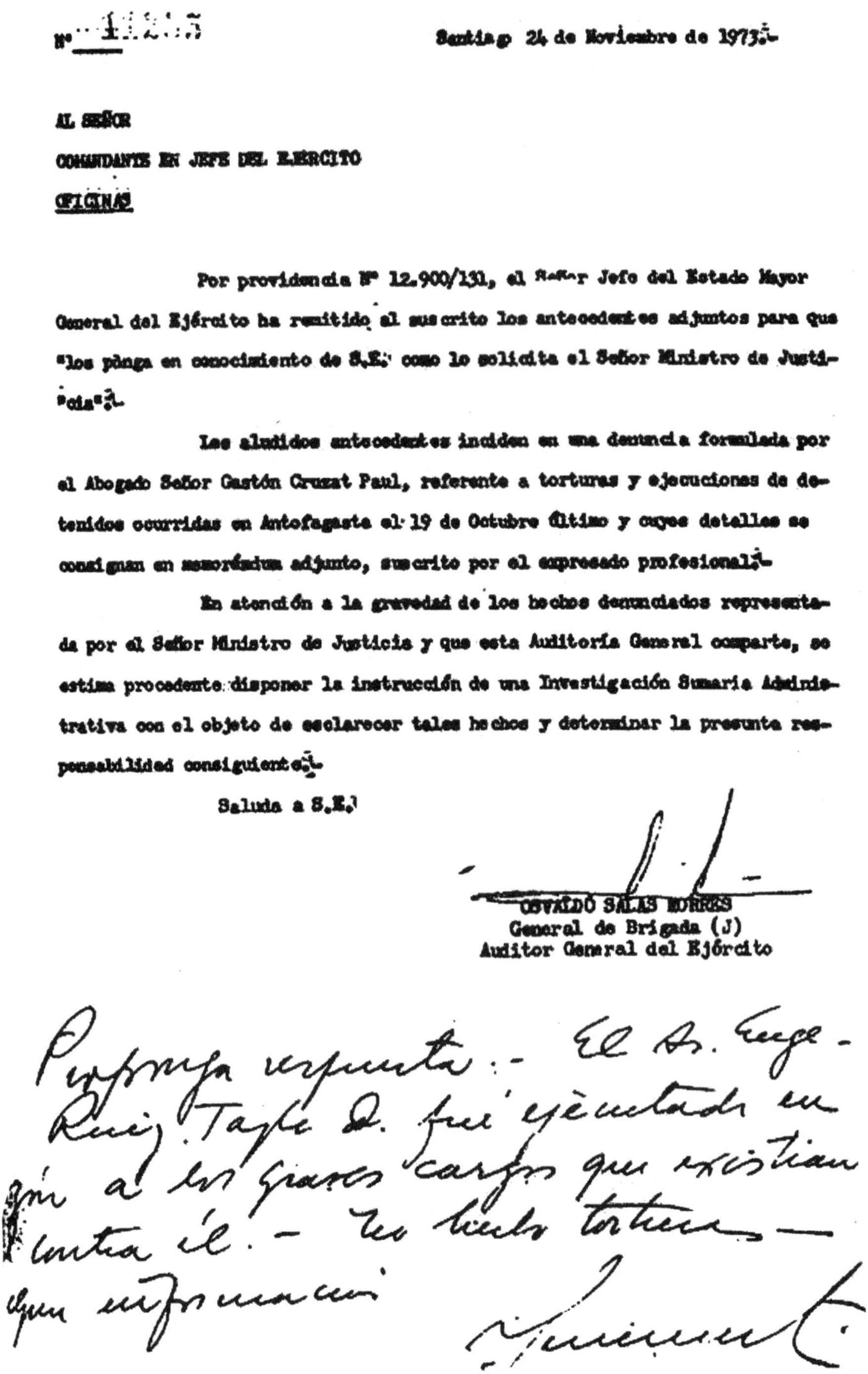

Nº [illegible]

Santiago 24 de Noviembre de 1973.-

AL SEÑOR
COMANDANTE EN JEFE DEL EJERCITO
OFICINAS

Por providencia Nº 12.900/131, el Señor Jefe del Estado Mayor General del Ejército ha remitido al suscrito los antecedentes adjuntos para que "los ponga en conocimiento de S.E. como lo solicita el Señor Ministro de Justicia".-

Los aludidos antecedentes inciden en una denuncia formulada por el Abogado Señor Gastón Cruzat Paul, referente a torturas y ejecuciones de detenidos ocurridas en Antofagasta el 19 de Octubre último y cuyos detalles se consignan en memorándum adjunto, suscrito por el expresado profesional.-

En atención a la gravedad de los hechos denunciados representada por el Señor Ministro de Justicia y que esta Auditoría General comparte, se estima procedente disponer la instrucción de una Investigación Sumaria Administrativa con el objeto de esclarecer tales hechos y determinar la presunta responsabilidad consiguiente.-

Saluda a S.E.

OSVALDO SALAS TORRES
General de Brigada (J)
Auditor General del Ejército

Propongo respuesta:- El Sr. Eugenio Ruiz Tagle O. fue ejecutado en razón a los graves cargos que existían contra él.- No hubo torturas — que información

FIG. 1.6. Respuesta manuscrita de Pinochet que constituye una prueba de su responsabilidad en el asunto Ruiz-Tagle (víctima de la «Caravana de la muerte»). Véase la rigidez grafoescritural de la versión más negativa del «Padre Crítico» del Análisis Transaccional.

GUERRA SUBTERRÁNEA

La llevada a cabo por la Resistencia (patriotas) en los territorios ocupados por el ejército nazi, durante la Segunda Guerra Mundial.

Caso de «Análisis de Escritos y Documentos» relacionado:
«L'Affaire Locard» (Véase Anexo, después de capítulo 7).

II. NÚMERO DE CONTENDIENTES

CONFLICTO LIMITADO

Es el que se genera cuando la relación con otro estado se enturbia suponiendo un peligro para la soberanía (territorial, política, económica...) de la Nación.

CONFLICTO GENERALIZADO

Aquel que se extiende a varios estados motivado por las ansias expansionistas de un país, como por ejemplo Alemania, Italia y Japón que propiciaron la Segunda Guerra Mundial (1939-1945), constituyéndose ésta en la primera guerra con frentes en los cinco continentes; o asimismo resultado de los tratados internacionales de ayuda mutua que firman las naciones aliadas entre sí, como el de la Triple Alianza (Alemania, Italia e Imperio Austrohúngaro) y Triple Entente (Francia, Rusia, Gran Bretaña) que desembocaron en la Primera Guerra Mundial (1914-1918).

III. NACIONALIDAD DE LOS CONTENDIENTES

GUERRA CIVIL

Aquella que se produce entre bandos pertenecientes a un mismo país por motivos políticos y/o ideológicos [Guerra Civil española (1936-1939); Guerra de Corea (1950-1953); Guerra de Secesión norteamericana (1861-1865)].

DOCUMENTOSCOPIA

En la Guerra de Secesión norteamericana, las mujeres de ambos bandos jugaron un papel fundamental en el espionaje, empleando toda clase de códigos secretos; por parte sudista contaron con Belle Boyd y especialmente con Rosa Greenhow quien utilizaba de correos a Betty Duval y Lillie McKall; y en el norte, Elizabeth Van Lew organizó una ruta para el envío de sus comunicaciones escritas en un código secreto creado por ella misma (Healy).

GUERRA REVOLUCIONARIA:

Aquella guerra civil que comporta una transformación radical de las estructuras políticas, sociales y económicas. Existen dos modelos básicos de revolución:

a) revolución burguesa o liberal: El paso de las viejas estructuras económicas (feudalismo), políticas (absolutismo) y sociales (estamentos) del Antiguo Régimen (s. XVI-XVIII) al capitalismo (sociedad industrial/clases sociales/ democracia: sufragio universal o restringido: propietarios, varones). Ej. clásico: la Revolución Francesa (1879-1889).
b) revolución comunista: Propugna una sociedad igualitaria, abolición de la propiedad privada y colectivización de los medios de producción [Revolución Rusa (1917); Revolución Castrista (1959)].

GUERRAS NACIONALISTAS

La que lleva a cabo una comunidad nacional (colectivo de individuos que comparten una historia, lengua, economía y costumbres comunes) con objeto de conseguir una entidad política diferenciada (estado). Los movimientos nacionalistas se vivieron con gran virulencia durante el siglo XIX, finalizado el Imperio napoleónico (1804-1815) las potencias europeas reunidas en el Congreso de Viena (1815) reestructuraron el mapa de Europa, sin tener en cuenta los sentimientos nacionalistas de los pueblos, lo que comportó una serie de oleadas revolucionarias liberales y nacionalistas (1820, 1830, 1848) contra estados plurinacionales: Imperio austro-húngaro, Imperio otomano (turco), Imperio ruso, Imperio español.

IV. INTENSIDAD

Guerra de baja / media intensidad

Aquella en la que no se emplea la fuerza total de los contendientes.

V. TEMPORALIDAD

Guerra Relámpago (*Blitzkrieg*)

La que se caracteriza por el elemento sorpresa, la rapidez y la superioridad armamentística. Fue empleada con éxito por los alemanes en la primera fase de la Segunda Guerra Mundial: 1939 (ocupación de Polonia), 1940 (Bélgica, Dinamarca, Francia, Luxemburgo, Noruega, Países Bajos) y 1941 (Egipto, Grecia y Yugoslavia).

Dentro del conflicto árabe-israelí, la Guerra de los Seis Días (1967) permitió a Israel ocupar el Sinaí, la Cisjordania (jordana) y los Altos de Golán (sirios) en su ataque por sorpresa a Egipto, Jordania y Siria.

(En el libro *Record de los Guinness* (2002) figura como guerra más breve –45 minutos– la que existió entre el Reino Unido y Zanzíbar en 1896, mientras en el polo opuesto se encontraría la Guerra de los Treinta Años –1618 a 1648–.)

VI. FUERZAS DESPLEGADAS

Guerra Aérea:

Aquella en la que el peso operativo del conflicto bélico recae en la aviación, siendo esto determinado por las circunstancias específicas del caso; ya sea porque: a) sirve de entrenamiento para futuribles; b) por el enclave y la posición geoestratégica del territorio; c) para facilitar el acceso a otras fuerzas: terrestres, marítimas...; d) y/o evitar las bajas propias destruyendo al máximo al enemigo.

Desde el primer ataque aéreo militar sobre población civil realizado por la Luftwaffe en la población de Gernika (País Vasco) en abril de 1937 a petición del ejército franquista durante la Guerra Civil española, que sirvió a los alemanes de entrenamiento táctico para la Segunda Guerra Mundial hasta nuestros días, las fuerzas aéreas han alcanzado una importancia vital en cualquier conflicto bélico, ya en la Guerra de las Malvinas, evidentemente fue básica por la situación de éstas, a 700 km de la costa argentina y a 7.000 km de la base británica más cercana. También fue casi exclusiva por parte de las fuerzas de la OTAN durante el conflicto de Bosnia, porque a los aliados les interesaba dar la imagen pública de hacer una guerra limpia, quirúrgica, que no causara bajas entre los soldados de la alianza, pero que fue igualmente muy criticada, puesto que los cazas, que volaban a alturas muy elevadas, veían disminuidas sus posibilidades de acierto en los blancos seleccionados por los mandos, aumentando los denominados errores colaterales (casas, escuelas, hospitales). E igualmente, en la operación Libertad Duradera (Guerra de Afganistán) por las dificultades de la orografía del territorio, muy montañoso y un laberinto de túneles en el subsuelo, con unas temperaturas climáticas muy difíciles que dificultaban la penetración de las fuerzas terrestres.

DOCUMENTOSCOPIA

Los pilotos de la RAF fueron los primeros en utilizar el bolígrafo de punta de bola creado por los hermanos Biro en 1938, pues este útil inscriptor a diferencia de la pluma no goteaba a grandes altitudes, más tarde se comercializó para el gran público. Actualmente, el personal de la NASA y de la Estación Espacial Internacional, utilizan unos bolígrafos con «tinta viscoelástica», suministrados por la compañía norteamericana Fisher Space Pen, que permite la acción escritural en cualquier postura (hacia arriba...) y, situación límite (calor/frío intenso, en el espacio, en el agua, sin gravedad) (Folkard, 2002).

GUERRA ANFIBIA

Dícese de las operaciones bélicas realizadas conjuntamente por fuerzas terrestres y marítimas. La flota como base de operaciones: a) destruye las defensas terrestres; b) transborda a tierra en lanchas de desembarco a unidades especiales aerotrans-portadas y anfibias (*Navy Seels*), y fuerzas de infantería (tropas de asalto, zapadores...), carros y artillería (ligeros y pesados) además de todo el material necesario; c) sirve de plataforma de despegue a las fuerzas aerotransportadas (cazas) y paracaidistas.

Una de las operaciones anfibias de mayor importancia fue el desembarco de Normandía.

DOCUMENTOSCOPIA

El primer desembarco anfibio de los Estados Unidos en la Campaña del Pacífico se produjo en 1942 en Guadalcanal (Islas Solomon), las transmisiones de dicho desembarco no pudieron ser descifradas por Japón pues las efectuaron en lengua euskera, militares norteamericanos de ascendencia vasca como Ernesto Carranza y el capitán Nemesio Aguirre (Arasa, 2002); la operación exitosa impidió el avance japonés por Oceanía (Australia, Nueva Caledonia, Nueva Guinea).

VII. ARMAS EMPLEADAS

GUERRA GENÉTICA

La que usa «armas genéticas» (Rego, 2002) que causen muerte o lesión a grupos humanos con especificidades biológicas comunes (Prats, 1996): anatómicas (color de piel, medidas antropométricas), psicofisiológicas (grupos sanguíneos), y patológicas (predisposición a enfermedades).

Se fundamenta en la información obtenida por el genoma humano, más concretamente en el 1,5% que lleva información para sintetizar proteínas (formación de nuestro organismo) de los más de 3.000 millones de unidades básicas de información genética total (Bertranpetit). Si bien el genoma facilita investigaciones médico-farmacológicas, por ejemplo contra el cáncer, también tiene su contrapartida, pues como afirma Luis Enjuánez (Elias, 2001) del Centro Superior de Investigaciones Científicas (CSIC): «*El conocimiento del genoma humano permite detectar diferencias genéticas en razas concretas y elaborar armas que sólo actúen contra un determinado pueblo*». Por ejemplo, las tribus de los pigmeos y bosquimanos ostentan el mayor número de diferencias en su ADN, en total cerca de una veintena, respecto al resto de humanos, con no más de tres (Folkard, 2002).

GUERRA BIOLÓGICA

Emplea como arma de guerra los organismos vivos –virus–, destacando en una escala progresiva de mayor a menor mortandad: el ébola, la peste bubónica, el ántrax (carbunco), el botulismo, el cólera, la viruela y la salmonella. Sus orígenes se remontan al siglo VI a.C. cuando los asirios envenenaron los pozos de agua con el cornezuelo del centeno (2002), posteriormente ya en el siglo XVIII (1763) el ejército británico, transmitió la viruela a través de mantas y pañuelos infectados procedentes de hospitales a las tribus indias insurrectas de Pontiac, especialmente a mujeres y niños indios. Así, la propagación de enfermedades se convirtió en una estrategia más de guerra para adueñarse de las tierras de los indios de América del Norte, además de la agresión física: exterminio, indisposición entre tribus, traslados forzosos a reservas...; y la agresión psíquica: hambrunas –destrucción del bisonte–, alcohol, asimilación y desintegración cultural, etc. (Estrada, Vaquero, Amade, Carrasco, 2001) (Brain, 1975).

BIOTERRORISMO (Acción no militar)

Según el coronel médico Luis Villalonga Martínez, secretario de Inspección General de Sanidad del Ministerio de Defensa, los grupos terroristas más proclives a utilizar este tipo de material son los ultraderechistas, y sobre todo, los extremistas religiosos –indiferentes a la aceptación social, pues «su público es Dios»– en contraposición a los reivindicativos nacionalistas, sociales, económicos...

El caso más reciente y de mayor repercusión mediática ha sido el de la difusión de esporas de ántrax (modificadas genéticamente) tras los acontecimientos del 11 de septiembre de 2001 por medio de los conductos de refrigeración en el Congreso norteamericano y el envío de cartas contaminadas a periodistas y políticos de EEUU; algunas también se localizaron en otros puntos del planeta generando una ola de terror en todo el mundo, que impulsó el desarrollo por parte de organismos civiles y militares de planes de prevención, detección, tratamiento (vacunas) y asimismo de información a la población, con objeto de minimizar las posibles consecuencias fatales frente a un ataque biológico/químico, ante la imposibilidad de asegurar una protección total (pluralidad y mutabilidad patógena, imprevisibilidad del ataque, facilidad de propagación, imperceptibilidad por su sintomatología inicial común...).

La mayoría de instituciones de la Seguridad del Estado tratan conjuntamente la amenaza nuclear, biológica y química en departamentos especializados conocidos como NBQ (Sanidad militar). Si bien, en 1972 la Convención Internacional prohibió la utilización de armas biológicas y químicas, los dos países más potentes de la Tierra siguen concentrando enormes cantidades, por ejemplo Rusia puede disponer de casi 50.000 toneladas, casi el doble que los Estados Unidos.

Caso de «Análisis de Escritos y Documentos» relacionado:
Cartas de ántrax (véase capítulo II).

GUERRA QUÍMICA

Las armas químicas utilizadas se dividen en varios grupos: neurotóxicas (vx, gas sarín...); tóxicos sanguíneos (ácido cianhídrico, cianuro de hidrógeno...); irritantes (gas mostaza); asfixiantes (fosgenos); y se expanden por: 1) vía aérea: misiles balísticos y de corto alcance, bombas convencionales, fumigación; 2) vía terrestre: minas, depósitos (pantanos, plantas de agua potable...), rociado por vehículos (camiones) (2001).

La primera vez que se empleó gas tóxico fue en 1914 durante la Primera Guerra Mundial por parte del ejército alemán; posteriormente el Reino Unido, Italia e incluso España usaron el gas mostaza en sus campañas coloniales. Ésta última tras el Desastre de Annual (1921) en la Guerra contra Marruecos, –en el que perecieron 14.000 soldados españoles frente a la guerrilla rifeña liderada por Abdel Krim–, y con la aprobación del gobierno de Maura, utilizó sistemáticamente gas mostaza –fabricado cerca de Aranjuez en la fábrica La Mañarosa– en los territorios del Rif desde 1923 (batalla de Tizzi Azza) hasta su completa rendición en 1927 (Balfour, 2002). Aunque el mayor número de víctimas en un ataque químico, más de 4.000 personas, se produjo en Halabja cuando Sadam Hussein gaseó al pueblo kurdo como venganza por el apoyo que éste prestó a Irán durante la guerra Iran-Iraq.

Terrorismo Químico

Sólo existen dos casos documentados, uno sucedido en 1984 en Antílope (Oregón) por seguidores del líder Bhagwan Shree Rajneesh que dispersaron salmonella entre restaurantes y bares de la zona, sin ocasionar ningún fallecido; y el otro, de mayor gravedad, se produjo en Japón en el año 1995 cuando integrantes de la secta Verdad Suprema (Aum Shinrikyo) vertieron gas sarín –uno de los más letales pues 0,5 mg provoca la muerte de una persona– en el metro de Tokio ocasionando 12 muertos y 5.500 heridos (2001).

Guerra Nuclear

Afortunadamente todavía no se ha producido una guerra de este tipo, si bien se empleó un ataque nuclear en el conflicto americano-japonés durante la Segunda Guerra Mundial; los EEUU lanzaron en agosto de 1945 sobre las ciudades de Hiroshima (con resultado de más de 150.000 muertes) y Nagasaki, la primera bomba nuclear. Esta tecnología los convirtió en la primera superpotencia del mundo, hasta que la URSS dispuso también de ella en 1949, iniciándose así una carrera armamentística, en la que el arma atómica se convirtió durante la Guerra Fría en un elemento disuasorio de no agresión entre las dos superpotencias. El espionaje científico adquirió en esa época (al igual que hoy día en el ámbito de la guerra biológica y química) una notable importancia, destacando los científicos atómicos: Klaus Fuchs, físico nuclear, quien trabajó en el centro atómico Harwell y en los Álamos, pasó en 1942 información secreta sobre la bomba de hidrógeno al agente Harry Gold, al servicio de los rusos; Bruno Pontecorvo, investigador nuclear en Inglaterra, EEUU y Canadá, dirigió en 1950 en la Unión Soviética, la Escuela de Física Espacial, colaborando en la elaboración de la bomba de hidrógeno; y Davis Greenglass, ingeniero electrónico en Los Álamos, entregó información también a Harry Gold sobre una bomba experimental, implicando de espionaje a su hermana Ethel y al esposo de ésta, Julius Rosenberg, inspector de armamentos de EEUU; ambos fueron ejecutados en 1953.

Guerra Electrónica

Aquella que por medio de mecanismos electromagnéticos interfiere radares, señales de comunicación, satélites...

La determinación de la posición de un avión –dirección, velocidad y altura– mediante el radar se incorporó a la defensa estratégica del territorio durante la Segunda Guerra Mundial, en la Batalla de Inglaterra. Más de 50 puntos establecidos a lo largo de toda la costa inglesa alertaban de las incursiones alemanas al centro de operaciones de los grupos de caza, quienes daban las instrucciones precisas a sus pilotos por radioteléfono para que les abatieran.

Más recientemente se reveló de extrema importancia en el curso de la Guerra de las Malvinas en 1982, cuando el territorio motivo de disputa era una isla situada a 700 km de la costa argentina y a 7.000 km de la isla Ascensión (base británica más cercana), haciéndose evidente la desigualdad de medios técnicos electrónicos entre los contendientes; como bien señala el General de Aviación español José Sánchez Méndez, mientras los ingleses contaron con el importante apoyo norteamericano (satélites, desencriptadores...) pese al estrecho control mantenido por la Unión Soviética (satélites de la serie Cosmos, barcos de obtención de información de la clase Primori y aviones Bear actuando desde Cuba y Angola), los esforzados pilotos de las fuerzas aéreas argentinas se veían obligados a bajar hasta niveles insospechados en su aproximación a la isla para no ser localizados, de tal manera que los cristales se les llenaban de salitre marino, impidiéndoles la visión, con la consecuente elevada pérdida de vidas humanas.

La denominada bomba de grafito que anula la red eléctrica del enemigo (sus fibras de carbono provocan cortocircuitos en la electricidad) se usó con excelentes resultados en la Guerra del Golfo Pérsico (80% de efectividad) y en Serbia (70%) (Folkard, 2002).

En 2003, las fuerzas angloamericanas en los ataques a Iraq probaron la «e-bomba» (bomba microondas de alto poder), cuya descarga electromagnética inutiliza las comunicaciones, teléfonos, aparatos eléctricos y especialmente borra los discos duros de los ordenadores, provocando además la detención de automóviles e impidiendo el despegue de aviones. Lo peor es que contrariamente a lo que decían, provoca graves consecuencias físicas y neurológicas en el hombre expuesto a su radiación.

DOCUMENTOSCOPIA

El Tercer Reich pretendió durante la Segunda Guerra Mundial, desestabilizar la economía británica falsificando su moneda (en total 9 millones de billetes) por valor de 520 millones de dólares que introdujeron en la isla a través del pago a agentes y del cambio de divisas efectuado en diversos países europeos, neutrales y ocupados. Curiosamente, es el Banco de Inglaterra uno de los pioneros en la emisión de papel moneda, a consecuencia de otra guerra anglo-francesa datada a finales del siglo XVII (Folkard, 2002).

Caso de «Análisis de Escritos y Documentos» relacionado:

Entre la documentación alemana hallada en el Castillo de Zasmuky sobre la fallida Operación León Marino (plan de invasión de Inglaterra) apareció un proyecto sobre la expoliación de ciertas obras de arte y tesoros pertenecientes a varios museos ingleses, en la que destacaban autógrafos, manuscritos de emperadores y personalidades alemanas (Bismarck), así como escrituras antiguas de otras civilizaciones. (FIG. 1.7).

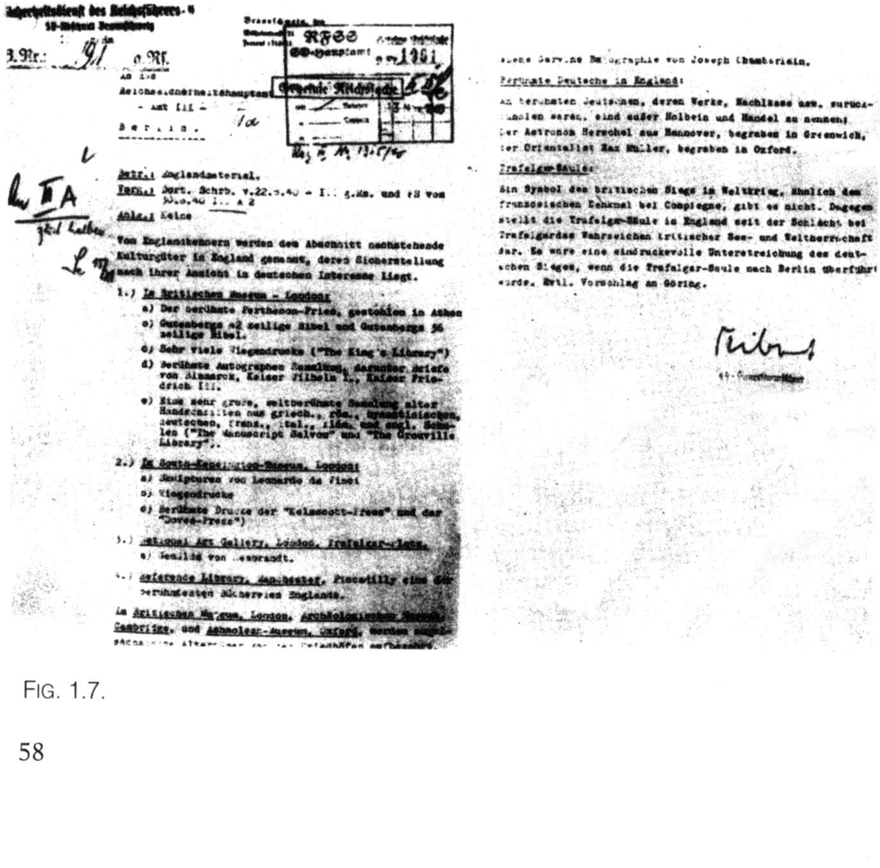

RFSS

Geheime Reichssache

Betr.: Englandmaterial.

Bezug: Dort. Schrb. v.22.5.40 [illegible] und [illegible] vom [illegible]

Anlg.: Keine

Von Englandkennern werden dem Abschnitt nachstehende Kulturgüter in England genannt, deren Sicherstellung nach ihrer Ansicht in deutschem Interesse liegt.

1.) Im Britischen Museum – London:
   a) Der berühmte Parthenon-Fries, gestohlen in Athen
   b) Gutenbergs 42 zeilige Bibel und Gutenbergs 36 zeilige Bibel.
   c) Sehr viele Wiegendrucke ("The King's Library")
   d) Berühmte Autographen Sammlung, darunter Briefe von Bismarck, Kaiser Wilhelm I., Kaiser Friedrich III.
   e) Eine sehr große, weltberühmte Sammlung alter Handschriften aus griech., röm., byzantinischen, deutschen, franz., ital., fläm. und engl. Schulen ("The Manuscript Salvon" und "The Grenville Library").

2.) Im South-Kensington-Museum, London:
   a) Skulpturen von Leonardo da Vinci
   b) Wiegendrucke
   c) Berühmte Drucke der "Kelmscott-Press" und der "Doves-Press")

3.) National Art Gallery, London, Trafalgar-Platz.
   a) Gemälde von Rembrandt.

4.) Reference Library, Manchester, Piccadilly eine der berühmtesten Büchereien Englands.

Im Britischen Museum, London, Archäologischen Museum, Cambridge, und Ashmolean-Museum, Oxford, werden angelsächsische Altertümer von den Friedhöfen aufbewahrt.

siehe Garvins Biographie von Joseph Chamberlain.

Berühmte Deutsche in England:

An berühmten Deutschen, deren Werke, Nachlässe usw. zurückzuholen wären, sind außer Holbein und Händel zu nennen: Der Astronom Herschel aus Hannover, begraben in Greenwich, der Orientalist Max Müller, begraben in Oxford.

Trafalgar-Säule:

Ein Symbol des britischen Siegs im Weltkrieg, ähnlich dem französischen Denkmal bei Compiegne, gibt es nicht. Dagegen stellt die Trafalgar-Säule in England seit der Schlacht bei Trafalgar das Wahrzeichen britischer See- und Weltherrschaft dar. Es wäre eine eindruckvolle Unterstreichung des deutschen Sieges, wenn die Trafalgar-Säule nach Berlin überführt würde. Evtl. Vorschlag an Göring.

FIG. 1.7.

CIBERGUERRA

Entendida como un desarrollo de la tradicional guerra electrónica utiliza tecnología altamente sofisticada de procedimientos electrónicos (ordenadores, redes electrónicas, virus informáticos, virtualidad, holografía...) destinada a anular la capacidad operativa enemiga. Dentro de este contexto cibernético, la propagación de virus informáticos: virus de crucero, bombas lógicas, troyanos..., permite la decodificación de las claves de acceso a información secreta y confidencial, la eliminación del disco duro, la ejecución de operaciones incorrectas o desde el exterior (intrusos) en las redes telemáticas enemigas; desmantelando así los programas de defensa nacional de un país, inutilizando sus sistemas de comunicación, aérea, terrestre (ferrocarriles), etc., dañando el sistema operativo y logístico (avituallamiento) enemigo.

En este sentido y como medida preventiva, el ejército de los EEUU creó un programa denominado *chipping,* mediante el cual, el armamento norteamericano (aeronaves, misiles, carros de combate...) sale de fábrica con un chip incorporado, que indica sus coordenadas de localización y permite su autodestrucción en caso necesario.

La primera *ciberguerra* fue la Guerra del Golfo Pérsico (1989) en la cual unos 3.000 ordenadores aproximadamente prestaron servicios en el Teatro de Operaciones. En 1999 la red internáutica contabilizó un total de cerca de 27.000 virus anuales, de los cuales, más de 15.000 virus se produjeron en el mes de enero (Brea, 1999).

En la guerra de 2003 contra Iraq, el general Tommy Franks podía seguir en monitores gigantes, desde su comando central en Qatar, la marcha de sus divisiones, las tropas propias parpadeaban como luces azules, y los enemigos como luces rojas.

CIBERTERRORISMO: (Véase *Insurgencia cibernética*)

DOCUMENTOSCOPIA

El portavoz de Al Qaeda, el kuwaití Suleiman Abu Ghaith, amenazó a EEUU con una ciberguerra que, entre otras consecuencias, colapsaría los centros vitales de la nación, como respuesta a la intromisión de los Servicios de Inteligencia norteamericanos en Internet, que rastrean e interfieren los mensajes electrónicos de la organización terrorista restringiendo su operatividad (órdenes de reagrupamiento, instrucciones de ataque...).

Microtecnología

Trabajos de investigación en Boston en el área informática de guerra han dado como resultado «*ordenadores vestibles*», es decir, ordenadores que se pueden portar sobre el cuerpo a modo de indumentaria con todas las ventajas de movilidad inherentes: trajes (Philips), capas (France Telecom), chalecos (Scott eVest 2.0), chaquetas..., configurados con elementos electrónicos de complejidad diversa: a) dispositivos de reacción al entorno; b) dispositivos de reacción y conexión a una red (p. ej. seguimiento y control de enfermos y ancianos); c) ordenadores vestibles con conexión a internet. (Véase: El uniforme de campaña del soldado actual.) Para uso civil, la casa Xybernaut, en el modelo Poma, incorpora un micromonitor ocular, ordenador de ínfimo peso, auricular, micrófono y un pequeño teclado. Y también están a la venta cazadoras que integran un mp3, una tarjeta de red, así como auriculares, que recargan su batería a través del calor corporal.

El hombre o soldado «invisible»: Con los avances tecnológicos antes comentados, no es de extrañar que un traje pueda en realidad ser una pantalla de ordenador donde microcámaras estratégicamente dispuestas reflejen en la pantalla de la parte posterior del traje lo que se ve delante, por lo tanto, camuflar todo su contenido (camuflaje óptico); tal como diría el profesor Susumu Tachi de la Universidad de Tokio, el retrorreflector facilita la imagen estereoscópica del «otro lado».

Existe en el mercado un radar miniaturizado (chip de silicio de 2 cm^2) que localiza objetos móviles y a una distancia de 50 m.

DOCUMENTOSCOPIA

El papel electrónico permite visualizar digitalmente documentos de una manera portátil y flexible como si se tratara de una hoja de papel, Xerox lo inició pensando en primer lugar en ofrecer carteles publicitarios reutilizables por su conexión a internet; de esta manera se puede por ejemplo cambiar los precios de las ofertas en un centro comercial, modificar promociones sobre la marcha, etc.

El billete de dimensiones más reducidas (10 veces menor que un dólar) fue emitido en Rumania durante la Primera Guerra Mundial. Y la versión más diminuta de un libro (0,5 x 0,5 cm), más concretamente la Biblia, fue creada en el año 2001, por el Instituto Tecnológico de Massachusetts, empleando el sistema de la microlitografía (Folkard, 2002).

Nanotecnología

La nanotecnología (del griego *nan*: bilionésima parte) es la ciencia e ingeniería a escala nanométrica, es decir, aquella relacionada con los átomos o sus partes (décimas y centésimas). Es por tanto, cien veces menor que la microtecnología, empleada en los circuitos informáticos (microchips) (Lampton, 1994).

La nanotecnología interviene en la materia de los átomos, integrando partes microscópicas de células, en concreto los motores de proteínas ATP –liberadores químicos de energía vital–, a materiales inorgánicos, generando dispositivos nanotecnológicos mixtos (ingeniería/células) que pueden introducirse en el organismo humano, con aplicaciones revolucionarias en el ámbito de guerra (destrucción interna de órganos vitales sin contaminación bioquímica), de la sanidad militar y general (control del dolor, antídotos, diagnóstico y tratamiento médico personalizado...) o actuar como elementos autónomos, ya proporcionándole el aspecto de un polvillo conocido como «polvo inteligente» (una sustancia que se pulveriza con un spray) con destino militar (detección de armas biológicas y químicas en cualquier ambiente), ya conformando tejidos llamados «texturas inteligentes» con los que se confeccionan trajes u otros objetos de uso corriente con las *potencias sensoriales activadas* que poseen la capacidad de reaccionar de acuerdo a las circunstancias medioambientales. Las investigaciones conjuntas de la Universidad de Princeton y la Estación Aérea y Naval de Pensacola (EEUU) han posibilitado la creación del primer traje táctil para pilotar aviones y helicópteros militares. Éste permite obviar los instrumentos de navegación de la cabina y atender exclusivamente a vibraciones de los sensores táctiles del traje que indican al piloto las condiciones de vuelo continuamente (Fernández, 2001).

Comúnmente, las investigaciones militares se aplican con posterioridad al ámbito de la sociedad civil, siendo el «polvo inteligente» muy apto para fines industriales (detección de residuos tóxicos) y agrícolas (control plaguicida de las cosechas), mientras que los «tejidos inteligentes» son muy adecuados para minusvalías (ceguera, sordera...), en el seguimiento y control médico, en la prevención de riesgos (automóviles...) u otros sectores comerciales, algunos más lúdicos, como por ejemplo camisas confeccionadas con nitinol –aleación de níquel y titanio– que se suben las mangas, o se desarrugan por sí mismas en determinadas condiciones ambientales y que se han puesto a la venta al público por la casa italiana Corpo Nove al precio de 4.208 euros.

Nanorrobótica

El término robótica proviene de Checoslovaquia y significa 'esclavo'. El robot más empleado en el ámbito universitario y en las industrias de montaje automatizado es un brazo manipulador (PUMA) creado hace más de 30 años por los suizos; ya en el ámbito militar, la inteligencia artificial trabaja sobre programas de desarrollo de armamento miniaturizado de gran flexibilidad y movilidad. En esta línea, se investiga con aviones a control remoto (ya en Afganistán 2002 se probaron los aviones no tripulados «Predator»), prácticamente invisibles (retroproyección en la pantalla-fuselaje por cámaras de televisión), de dimensiones tan reducidas actualmente hasta el punto de llegarse a confundir con un insecto. La energía nuclear ha hecho posible la aplicación de motores silenciosos (actualmente las limitaciones únicamente están en el coste de cada uno de estos artilugios). Sobran comentarios sobre las posibilidades de «audio» y «vídeo» en actividades de espionaje muy sofisticado de alto nivel.

«(...) en el horizonte estratégico del 2025, en el Pentágono se imagina un mundo en el que la guerra se hará por medio de hormigas y avispas exterminadoras, de nanorrobots ultraminiaturizados, minúsculos captores (algunos móviles y accionados por micromotores) capaces de introducirse en todos los edificios, las instalaciones de mando, los nudos de las comunicaciones informática, etc., o de sobrevolar con el objetivo de paralizarlos o nublarlos (...)» (Najman, 1998).

GUERRA VIRTUAL

Considerada como un subtipo de la *guerra cibernética*, emplea la realidad virtual (Reinghold, 1994) para fines militares. Los simuladores que recrean imágenes en tiempo real, cumplen diversos objetivos militares:

a) Selección y Formación de Personal: Programas de selección, aprendizaje y entrenamiento básico en la formación de puestos altamente especializados como, por ejemplo, en la Fuerza Aérea, Terrestre (Regimiento de Caballería Blindada de Fort Knox –Kentucky–); y de recreación de un *Teatro de Operaciones* virtual, en el que pueden intervenir simultáneamente en la lucha, personal de distintas fuerzas militares y destinos geográficos (Red SIMNET). Estos simuladores tienen posteriormente una orientación más comercial con versiones simplificadas en los llamados videojuegos.
b) Estratégicos/ Tácticos: La holografía como recurso de modificación de escenarios y situaciones del Teatro de Operaciones real por otros virtuales (guerra virtual), así como su posible emisión en televisión con la consecuente manipulación (infoguerra).

INFOGUERRA / GUERRA DE LA INFORMACIÓN / GUERRA MEDIÁTICA / TERCERA OLA

Instrumentaliza el potencial transformador de la información como un arma de guerra más, al servicio de las operaciones militares. Tiene dos campos de acción: uno centrado en el propio Teatro de Operaciones, y cuyo objetivo es perturbar la comunicación e información entre las fuerzas del enemigo, impidiendo su correcta toma de decisiones, y el otro, orientado hacia los medios de comunicación (televisión, radio, prensa escrita, fotoperiodismo, internet...).

GUERRA PSICOLÓGICA

Aquella que emplea armas psicológicas para alcanzar los intereses de la nación, tanto en períodos de paz (guerra fría) o como apoyo a las operaciones militares durante el conflicto abierto. Se proyecta a través de la propaganda empleando medios gráficos, auditivos y/o visuales. (Véase capítulo III.)

VIII. MOTIVACIONES

GUERRA DE RELIGIÓN

Imposición por la fuerza de una fe religiosa a los que no la profesan. A lo largo de la historia, las religiones han sido perseguidas y perseguidoras a su vez en algún momento determinado, escondiendo oscuros intereses políticos, territoriales o económicos, tras argumentaciones religiosas.

Los seguidores de Cristo sufrieron persecución en el Imperio Romano del año 64 al 324, por negarse a participar en los actos civiles y religiosos (no adorar al emperador minaba la autoridad del estado, considerándose un acto de sedición), posteriormente, una vez ya consolidados, crearon la Inquisición (1232) para luchar contra las herejías (cátaros, albigenses, arrianos, husitas), expulsaron de territorios cristianos a otros grupos étnicos-religiosos: mudéjares (1609-1610) y judíos (1492), se embarcaron en la conquista y recuperación de los Santos Lugares dando lugar a las Cruzadas (XI-XIII), evangelizaron nuevas tierras, explotando sus riquezas naturales y a sus verdaderos dueños, y asolaron Europa durante los siglos XVI-XVII con sus luchas intestinas (católicos, luteranos, calvinistas, zwinglianos, hugonotes, presbiterianos, puritanos, anglicanos).

El Islam se forjó con la *yihad* o «esfuerzo en el camino de Dios». Este esfuerzo puede vehicularse de distintas formas, siendo la guerra una de ellas, aunque no es la única (por ello es incorrecto por restricto utilizar el término *yihad* como sinónimo de «guerra santa»), sí es la forma más habitual, y gracias a ésta, Mahoma consiguió el sometimiento a la nueva fe de las tribus –pequeños estados independientes– de Arabia que se vieron obligadas a abandonar sus creencias religiosas anteriores (prehistóricas, judías, cristianas), con la consecuente creación de un poder político unificado (paso de un sistema tribal a uno estatal), que tras la muerte del profeta conoció una expansión sin igual –vía militar– durante los siglos VII-VIII (Siria, Iraq, Palestina, Egipto, Irán, y territorios del este hasta India, y del oeste hasta el estrecho de Gibraltar, Portugal, España y Francia) conformando un gran Imperio musulmán –entendido como comunidad de creyentes– que floreció culturalmente del siglo IX al XI. En la actualidad, la actitud impositiva por parte de grupos radicales extremistas (fundamentalismo islámico) despierta sentimientos xenófobos en las sociedades occidentales que se amplifican ante las dificultades de asimilación de flujos importantes de migración musulmana y su integración, así como por la sensación de inseguridad motivada por actuaciones terroristas (Jona, 1980).

GUERRA HUMANITARIA («Misiones de imposición de paz»)

Se sustenta en el «derecho de injerencia», empleando la fuerza que tiene la comunidad internacional sobre cualquier estado, en defensa de los derechos humanos, relativizando el valor absoluto del principio de *Soberanía Nacional.*

Las *Misiones de Imposición de Paz* se incluyen dentro de las diversas *Misiones de Paz* que puede desempeñar la ONU u otras organizaciones (OTAN, UEO, OSCE): a) *diplomacia preventiva*; b) *establecimiento de paz*; c) *mantenimiento de paz*; d) *consolidación de paz*; e) *ayuda humanitaria*.

De todas, las primeras que se llevaron a cabo fueron las *Operaciones de Mantenimiento de la Paz* (OMP) en las que tropas neutrales, a petición de las partes enfrentadas, supervisan tras la firma del armisticio o un alto el fuego, el cumplimiento de los acuerdos tomados; practicándose ya en 1948 durante la crisis del canal de Suez, en el conflicto árabe-israelí, con personal militar desarmado.

A consecuencia del fin de la guerra fría ha aumentado espectacularmente el número de *Misiones de Paz* en todo el mundo (Angola, Namibia, Mozambique, Ruanda, Etiopía, Eritrea, Congo, Haití, Guatemala, Golfo Pérsico, Iraq, Afganistán, Bosnia-Herzegovina, Mostar...), contribuyendo muy especialmente España en la zona de los Balcanes desde 1992 con una aportación de más de 25.000 hombres (Fuerzas Armadas y Guardia Civil).

IX. MOVILIDAD

GUERRA DE POSICIONES O TRINCHERAS

Dícese de la que emplea tácticas ofensivas y defensivas mediante la excavación de túneles y trincheras que garantizan una protección colectiva. Empleada en la Guerra de Secesión norteamericana, fue característica de la Primera Guerra Mundial.

GUERRA DE GUERRILLAS

La que se fundamenta en la guerrilla. Estrategia militar empleada habitualmente en las guerras de liberación e independencia (grupúsculos de partisanos conocedores del territorio y apoyados por la población, desgastan al ejército regular ocupante mediante emboscadas, sabotajes y otras acciones), siendo su primer referente la Guerra de la Independencia española (1808-1814), es empleado igualmente en los grupos de avanzadilla de los ejércitos profesionales. Son las más conocidas: Guerra de Vietnam (1957-1975) y la Revolución Cubana (1959).

3.2.2 AGRESIONES INDIRECTAS

3.2.2.1 La Disuasión

Esta primacía de la sutilidad (*persuasión* y/o *manipulación* comunicativa) y de la *disuasión* (amenaza de uso de la fuerza para doblegar la voluntad del enemigo) sobre el empleo real y total del potencial destructivo (Coulombe, 1995) era un modelo clásico en Defensa, desde los tiempos de la Guerra Fría, que Estados Unidos como el resto de países occidentales, aún mantenía, un ejemplo ilustrativo sobre ello son las maniobras estadounidenses del 17 de agosto de 2001, donde dos portaaviones, diez barcos de guerra, tres submarinos, 150 aviones y 15.000 soldados llevaron a cabo una demostración de fuerza en aguas del mar de la China meridional, como respuesta a los ejercicios militares que estaba realizando el ejército chino en la provincia de Fujian, frente al estrecho de Taiwan (debe recordarse las tensas relaciones entre EEUU y China por la venta de armas a Taiwan, el caso del avión espía y las visitas del Dalai Lama y del presidente taiwanés, Chan Shui Bian, a Estados Unidos); y que la prensa escrita recogió así: «...Aunque la Armada estadounidense ha restado importancia al despliegue militar, muchos analistas coinciden en señalar que ha sido una forma de enviar un mensaje al Gobierno chino sobre Taiwan, un país al que Pekín considera una provincia rebelde. «Están diciendo a China que están interesados en el futuro de Taiwan», explican los expertos» (*La Vanguardia*, 2001).

Sin embargo, una vez más, los atentados terroristas del 11-S modificaron sustancialmente muchos presupuestos establecidos; se estaba preparado para la resolución de conflictos (terrorismo, secuestro...) en los que existe el principio de negociación, base de cualquier acto de estas características realizado con un fin concreto que se pretende obtener de forma directa e inmediata; pero no existe esta posibilidad ante terroristas suicidas, que tienen clara su misión y rompen ese principio de negociación. Igualmente y vinculado a lo anterior, el sistema de seguridad se basa en la represalia contra aquellos que atenten contra ella, lo que evita que alguien pueda realizar actos de este calibre, pensando en las futuras consecuencias que se derivaran de ello para él, pero este planteamiento falla igualmente ante un suicida.

3.2.2.2 La presión

Manipulación directa o a través de terceros sobre las instituciones de gobierno mediante cuestiones políticas, sociales, económicas...

3.2.2.3 El espionaje

Se define el concepto «espiar» como «la pretensión de apoderarse de información o documentos secretos a los que está vedado el acceso, para el descubrimiento y posesión de los cuales se utilizan procedimientos fraudulentos e incluso arriesgados». Las actividades clandestinas (lícitas o ilícitas) no son exclusivas de los Servicios de Inteligencia de los estados o naciones, sino también son practicadas por grupos terroristas, organizaciones empresariales, personal de investigación privada, etc. (por ejemplo, el caso de las escuchas en la UE en 2003 fue encargado a una agencia privada). Diferenciándose los diversos procedimientos de obtención de información confidencial en *medios operativos, científicos, electrónicos y espaciales* (Villasante, 2002):

A. Medios operativos, son los propios de la acción e incluyen un sinfín de actividades indebidas, tales como

❖ La infiltración

Por ejemplo, Franco organizó una red de espionaje en EEUU con periodistas españoles allí destacados, dirigida por Ángel Alcázar de Velasco, que pasaban información sobre los movimientos norteamericanos durante la Campaña del Pacífico a Japón, puesto que la dictadura suscrita al pacto antikomintern (1939) defendió los derechos de este país ante los aliados durante la Segunda Guerra Mundial, hasta que se produjo la matanza de Manila (1945), donde perdieron la vida más de 250 españoles a manos de un ejército japonés acorralado por el avance del general norteamericano Mac Arthur (Arasa, 2002) (Rodao, 2002). Igualmente consintió que se estableciera una especie de Escuela de Espías alemanes en Barcelona, que, según el periodista José Mª Irujo (1955) estaba camuflada por la empresa D. Karl Andress y su famoso Laboratorio Merck. El Hotel Colón de la Plaza Cataluña de Barcelona era un punto de reunión habitual de espías alemanes y otra empresa de Aduanas relacionada con la anterior se encargaba de la venta de obras de arte saqueadas por los nazis, por ejemplo un autorretrato de Rembrandt.

Otro asunto sonado se produjo en 1984, cuando el KGB, ansioso por conseguir el programa de procedimiento a seguir en caso de accidente nuclear de los especialistas franceses del Comisionado para la Energía Nuclear, logró introducir en los cursos de tres meses para extranjeros, a un joven científico que en realidad era un pirata informático, con acceso al gigantesco ordenador CRAY-1 para sus trabajos de investigación, y, realizando las oportunas preguntas a la computadora para saltarse los medios de protección, logró obtener toda la información confidencial.

El caso más reciente sería el del espía «Stakeknife» (alto dirigente del IRA infiltrado por el MI-5) destapado en mayo de 2003 por la prensa británica, es una muestra del poder que pueden alcanzar los medios de comunicación respecto al propio Estado.

❖ La apropiación

Tres miembros de la organización terrorista irlandesa IRA accedieron a Castlereag, cuartel de la Policía en el este de Belfast y centro de la Inteligencia británica en el Ulster, apropiándose de toda la información relativa a la organización de espionaje de Scotland Yard, el MI5 y la Rama especial del Ulster. Para ello contaron con la labor de expertos en documentoscopia del propio IRA, que elaboraron los documentos de identidad falsos que permitieron su acceso al recinto.

❖ El soborno

El móvil económico explica que Brian Regan, militar condecorado por los servicios prestados –analista de mensajes encriptados– en la Guerra del Golfo, y empleado de la Oficina Nacional de Reconocimiento (organismo secreto hasta 1992 integrado en el departamento de Defensa) vendiera a Libia la información obtenida por los satélites espías norteamericanos que descifraba. Juzgado por espionaje en agosto de 2001, fue descubierto por el FBI cuando una cámara le grabó en actitud sospechosa (tomaba notas de un documento secreto).

❖ El chantaje

Es de sobras conocido que el jefe del espionaje alemán, Wilhelm Stieber, al servicio del kaiser Otto Von Bismarck, creó un archivo de datos personales de funcionarios y hombres influyentes con vistas a chantajearlos a cambio de información confidencial (Healy).

❖ Las adicciones (sexo, juego, drogas...)

En su línea de actuación, Wilhelm Stieber, abrió en la ciudad de Berlín una casa de citas (la casa verde) atendida por bellas señoritas para comprometer a aquellos que después se verían obligados a trabajar para él. Por cuestiones de sexo igualmente, el Estado Mayor francés en el *affaire* Dreyfus averiguó que el agregado militar alemán Schwartzkoppen recibía información secreta de un militar francés, puesto que sabiendo los gustos homosexuales de éste, le enviaban jovenzuelos para hacerle hablar, creyendo falsamente que su amante era el capitán Alfred Dreyfus (Viñals y Puente, 2001).

Afrontar las deudas de juego, y de una vida desenfrenada de fiestas y mujeres condujo al comandante Esterhazy –culpable en el caso Dreyfus– a vender a Alemania secretos militares franceses (2001).

❖ La actuación de personal (agente, colaborador e informador) encubierto

El creador de los *boy-scouts*, Baden Powell, realizó labores de espionaje durante la guerra de los Boer, haciéndose pasar por naturalista. Sus dibujos sobre las mariposas en su hábitat natural, representaban realmente fortificaciones militares (Healy).

En algunos casos, los gastos ocasionados por el agente en el cumplimiento del servicio pueden resultar excesivamente costosos, como por ejemplo le sucedió durante la Segunda Guerra Mundial, al espía de origen yugoslavo Dusko Popov, un *bon vivant* y conquistador empedernido (su nombre en clave era *Tricycle* por sus triángulos amorosos en el lecho), quien presentó una factura al FBI de unos 80.000 dólares de entonces, o sea unos 1,1 millones de euros actuales, por los servicios prestados, provocando unas tensas relaciones entre EEUU e Inglaterra por el pago de la misma; precisamente, Ian Fleming se inspiró en él para su personaje de James Bond.

❖ La sustracción

Edward Lee Howard, de 50 años, fue un agente que sustrajo y vendió importante información. Al ser descubierto huyó de Estados Unidos en 1985, a través del desierto de Nuevo México, auxiliado por su mujer, Mary, quien despistó al FBI simulando con un muñeco de trapos y una peluca que su esposo todavía estaba con ella (según creían ver los agentes a través de las ventanas del domicilio); además, Howard dejó conectado su teléfono a un magnetófono con su voz, lo que despistó a los agentes del FBI que intervenían su teléfono y que pensaron que seguía en su casa.

❖ La traición

El agente del FBI Robert Hansen, perteneciente al Opus Dei, fue condenado el 10 de mayo de 2002 por un juez federal de Virginia, por proporcionar durante sus años de servicio en la agencia –más de 20 años–, información confidencial a los rusos, a raíz de la cual fueron descubiertos y ejecutados tres espías americanos; a cambio de sus servicios de espionaje recibió 1,4 millones de dólares (1,54 millones de euros) en metálico y diamantes.

❖ Manipulación emocional (Operaciones Psicológicas, PSYOPS)

Consiste en generar una corriente de simpatía o antipatía, según sea el caso, hacia quien interese.

B. Medios científicos, es el conjunto de conocimientos científico-técnicos empleados en la investigación

❖ Criptografía

Empleada desde la antigüedad, Julio César creó un sistema cifrado (cifra: variación del orden alfabético) para salvaguardar la seguridad de las comunicaciones durante las campañas militares, que se le conoce con su propio nombre, Cifra de César. En dicho sistema, a cada letra del alfabeto normal, le correspondía en el mensaje cifrado la tercera posición a la suya (p. ej.: a la letra «a» le correspondía la «d») (Healy).

❖ Códigos secretos

Durante las dos guerras mundiales, los servicios secretos escudriñaron con atención las secciones de anuncios de periódicos y revistas, así como los crucigramas, e incluso hasta patrones de bordado (punto de cruz....) por si contenían mensajes ocultos (Healy).

Los servicios secretos norteamericanos en la Campaña del Pacífico utilizaron para sus transmisiones secretas lenguas minoritarias para despistar a los japoneses como las indio-americanas (iroqués, oswego y shaishai) y el propio euskera.

❖ Documentoscopia

Fue durante la Segunda Guerra Mundial cuando el área de documentoscopia tuvo una importancia vital en Inteligencia, en Inglaterra se creó un organismo denominado SOE (Special Operations Executive) dedicado a entrenar y equipar con material sofisticado a los espías; el área de documentoscopia, situado en el sótano del Museo de Ciencias de Londres, se encargaba de falsificar tarjetas de identidad, permisos de trabajo, y toda clase de documentación necesaria de cualquier país. Una de las misiones que llevaron a cabo fue la Operación Mincemeat (1943), con objeto de engañar al alto mando alemán sobre el lugar escogido para el desembarco aliado, haciéndoles creer que era en Grecia y Cerdeña en lugar de Sicilia, utilizaron un cadáver que simulaba ser el oficial inglés mayor Martin, fallecido en servicio a causa de la caída de su avioneta en aguas de Huelva. En esta operación, resultó indispensable la labor de los expertos en documentoscopia, falsificando y recreando las condiciones de conservación de la documentación correspondiente a un correo del alto estado mayor inglés: falsas órdenes y comunicaciones respecto a los planes de desembarco, tarjeta de identidad del oficial inexistente y una serie de cartas y fotografías personales que dieron verosimilitud al personaje (Healy).

El tratamiento adecuado sobre los papeles (recogida, embalaje y destrucción) merecía especial atención en los centros de entrenamiento de espionaje de la Segunda Guerra Mundial, por ejemplo Elsbeth Schragmüller, alias Fraulein Doctor, directora de una escuela en Amberes, daba instrucciones muy precisas sobre las formas correctas de eliminación de la documentación comprometedora, evitando riesgos de recomposición posterior (Healy).

Durante la Guerra Fría, la utilización de documentos de identidad y viaje falsos, falsificados o inventados, servía para dar cobertura a espías de los dos bloques. Por ejemplo, en la década de los 50 el agente ruso Gordon Lonsdale, presentando como suyo, en la frontera de Canadá, el certificado de un canadiense que había fallecido en la adolescencia, obtuvo fácilmente el pasaporte y la tarjeta de identidad oficial que posteriormente utilizó en su entrada en Inglaterra, en donde contactó con el matrimonio Cohen, puntal del espionaje ruso en la isla.

❖ Pericia Caligráfica

Un ejemplo de manipulación o alteración documental con vistas a obtener más información se remonta al reinado de María Tudor, cuando su correspondencia privada sobre la conjura que se preparaba contra la reina Isabel I de Inglaterra fue interceptada por el jefe del servicio secreto, Sir Francis Walsingham, quien para averiguar más detalles, insertó párrafos enteros falsificando la escritura y el cifrado de la reina de Escocia (Healy).

❖ Tintas

Martha Richter informó al servicio secreto francés sobre la tinta invisible o simpática que usaban los alemanes en sus comunicaciones durante la Primera Guerra Mundial; mediante la técnica del Stripping (reactivo) esta tinta secreta se hacía visible. Durante este conflicto bélico, los Servicios de Inteligencia ingleses descubrieron por primera vez que un periódico de la localidad de Deptord (Inglaterra) llevaba un mensaje con tinta invisible a Amsterdam (Healy).

❖ Química

Antaño en la jerga de la profesión se conocía como «jabón» a las sustancias empleadas en el suero de la verdad, como por ejemplo el pentatol sódico, o la escopolomina, usada por los alemanes en la Segunda Guerra Mundial.

❖ Equipos transmisores

El matrimonio Cohen, conocidos como Peter y Helen Kroger –detenidos en los años 60–, se convirtieron en una fuente de información valiosísima para el KGB, enviaban la información secreta a la Unión Soviética por medio de radiotransmisores y del ingenioso sistema fotográfico del micropunto.

❖ Fotografía - Imagen

El *micropunto* –originario del espionaje alemán durante la Segunda Guerra Mundial– es una película de fotografía (negativo) del tamaño de un punto que contiene la reducción microscópica de un documento secreto –fotografiado tras múltiples reducciones–, y que dadas sus minúsculas dimensiones pasaba desapercibido. Normalmente se adhería sobre la página de un libro, mediante una jeringuilla en cuyo extremo cortado quedaba sujeto el micropunto por la succión del émbolo, y se depositaba en la superficie previamente encolada, confundiéndose fácilmente con la tipografía del texto.

❖ Cartografía - Topografía

La Agencia Nacional de Cartografía e Imagen (NIMA) bajo la dirección del Pentágono y vinculada a la CIA, elaboran, a partir del material fotográfico recibido, mapas ultraprecisos digitalizados en tres dimensiones que recrean una imagen natural del terreno, de importancia vital para el diseño de estrategias de combate (Roberta Lenczowski, dirección de operaciones-NIMA).

❖ Telegrafía

❖ Balística

❖ Explosivos

❖ Nuevos armamentos especiales

❖ Análisis espectroscópico

C. Medios electrónicos y espaciales, utilización de una amplia gama de aparatos de última tecnología

❖ Emisoras diminutas que con su aparato registrador pasan desapercibidas, camufladas en cualquier objeto.

❖ Micrófonos inalámbricos diminutos adheridos al cuerpo humano (dientes...) o camuflados en complementos de vestir (alfiler de corbatas, gemelos o botones de camisa, anillos...) u otros objetos de uso común (bolígrafos...).

❖ Minigrabadoras disimuladas en objetos de uso cotidiano como por ejemplo un móvil.

❖ Instrumental (micrófono, transmisor...) para intervenir teléfonos y fax. Actualmente con el equipo Infinity, de venta en tiendas especializadas, se puede escuchar una conversación telefónica desde cualquier punto geográfico mediante el sistema GSM.

[El mayor tráfico telefónico se produce en Estados Unidos, a nivel internacional a través de su conexión con el país vecino, Canadá; y en el interior, es el Pentágono la mayor centralita telefónica con casi más de 35.000 líneas, y un millón de llamadas diarias (Folkard, 2002).]

❖ Cámaras de fotografía o video minúsculas que pueden estar ocultas en bolsos, maletines y cualquier otro objeto de mano, como un móvil, o lo más novedoso, gafas de sol que incorporan también micrófonos. En la década de los 60 ya existían microcámaras del tamaño de una caja de cerillas o encendedor.

❖ Programas informáticos (troyanos) que permiten introducirse en cualquier ordenador (central o de usuario) a distancia, intervenirlo y acceder a la información almacenada para su copia, alteración o borrado. Existen de venta al público, programas espías más sencillos, por ejemplo el denominado Spector, muy utilizado por directivos de empresa para controlar el uso de internet en el trabajo (informa sobre páginas web visitadas, mails, chats...), y cuya versión actualizada eBlaster, facilita la recepción de la información capturada en una dirección electrónica determinada. Otro sistema de espionaje son los trasmisores de teclado que indican todo cuanto se ha tecleado en un ordenador determinado.

❖ Sistemas complejos de espionaje de alta tecnología:

La red Echelon propiedad de EEUU, Inglaterra, Canadá, Australia y Nueva Zelanda intercepta a nivel mundial: a) las comunicaciones telefónicas (y fax) mediante un sistema de antenas de radio que capta las señales de comunicación; b) comunicaciones internáuticas (mensajes de correo), aprovechando que en la red la información «deriva» de un servidor a otro hasta que halla finalmente su punto de destino. Así, durante este proceso, la información se copia, y una vez recopilada se centraliza para su posterior análisis. La red Carnivore –más reciente y sofisticada–, controlada por el FBI (incluye la telefonía móvil) y de extensión exclusivamente norteamericana, discrimina previamente la información total mediante una serie de claves que filtran sólo lo útil para su examen.

«En Europa, por ejemplo, Enfopol establece la interceptación de las comunicaciones privadas en virtud de las políticas de vigilancia, control y prevención de las amenazas que las autoridades públicas identifican entre los grupos desestabilizadores, subversivos o simplemente disidentes. Echelon constituye, en este sentido, el precedente de creación de un nuevo estado global de vigilancia planetaria bajo control de los servicios de inteligencia militar estadounidense» (Sierra, 1998-2000).

El sistema de posicionamiento global (GPS) obtiene las coordenadas de posicionamiento (longitud, latitud y altitud) del receptor, en todo el orbe, mediante la captación de las señales de radio de 24 satélites que indican constantemente a la Tierra su posición y hora exacta. Pese a la originaria función militar del GPS, sistema controlado por el Departamento de Defensa de EEUU (a partir del 2008, tendrá como competidor al sistema europeo Galileo), su uso está cada vez más extendido entre la sociedad civil (excursionistas, navegantes, detectives...). Por ejemplo, uno de los aparatos portátiles que se comercializa, colocado en un coche, indica la posición exacta de éste, mediante una llamada de teléfono (empleado por los detectives en sus seguimientos). Si bien por motivos de seguridad militar, para la localización sólo se ofrece al público la información dada por cuatro satélites de los 24 en total, con lo que el margen de error es de 1 a 15 metros. Asimismo la Policía de San Diego en EEUU es la pionera en incluir en sus coches de patrulla, el posicionamiento y seguimiento GPS vía satélite, comunicaciones inalámbricas y un ordenador portátil conectado a la base de datos de la Policía, permitiéndole el acceso a información sobre vehículos (con sólo escribir la matrícula del mismo), fotografías, huellas dactilares etc.

De la misma forma, el posicionamiento GPS puede integrarse en un reloj de pulsera, por ejemplo el GPS PAT2GP-1V fabricado por Casio ofrece las mismas prestaciones, y también de forma subcutánea, por ejemplo el Veri Chip, comercializado por Applied Digital Solutions, para la localización y protección de niños y todas aquellas personas que requieran de medidas especiales de seguridad antisecuestro.

Satélites de vigilancia que fotografían superficies terrestres, movimientos de personas y cualquier objeto de más de un metro cuadrado, como por ejemplo una matrícula de un coche; identificado fotográficamente el objetivo, éste puede ser destruido por un misil crucero dirigido con el sistema GPS.

Aviones espías no tripulados, por ejemplo Estados Unidos utilizó en la Guerra de Kosovo (1999) y en Afganistán, el avión (UAV) RQ-1 Predator, dotado de sofisticadas cámaras y sensores, para tareas de vigilancia y reconocimiento de blancos. Y el avión Black Widow –con motor eléctrico–, de la empresa estadounidense Aerovironment of Monrovia, posee unas dimensiones tan reducidas que no supera los 15 cms y 80 gramos de peso, e incluye una videocámara en color (Folkard, 2002).

«La National Security Agency (NSA) es la agencia responsable de la protección, desarrollo y control de las comunicaciones militares y administrativas, el desarrollo de las tecnologías de la información, la seguridad de las redes informáticas, el espionaje vía satélite y hasta la coordinación de la guerra en el espacio» (Sierra, 1998-2000).

3.2.2.4 La subversión (insurgencia)

La Insurgencia es el término utilizado actualmente en sustitución del antiguo *Subversión* vinculado a estados no democráticos; pretende cambios en el sistema social, político y económico de una nación a través de diversos medios, en muchas ocasiones imbricados entre sí (terrorismo, sabotaje y acción psicológica) que requieren una plataforma mediática para la difusión de sus actividades. El movimiento zapatista sería un ejemplo clásico de la utilización de los medios para magnificar sus acciones y criticar al sistema:

A. Plataformas mediáticas

I. MEDIOS DE COMUNICACIÓN TRADICIONALES: PRENSA ESCRITA, RADIO, TELEVISIÓN. (Véase capítulo III: Análisis de la información y lingüística forense).

II. NUEVAS TECNOLOGÍAS (INTERNET)

Adaptando sus formas de actuación a las transformaciones que se han operado en el mundo, ha surgido lo que podríamos llamar la «insurgencia cibernética». Ésta se apoya en las nuevas tecnologías de información y comunicación con el fin de desestabilizar, o llamar a la movilización ciudadana contra los poderes y sistema establecido, que en el lenguaje insurgente, se define como actitudes de reflexión autocrítica y emancipatorias, vocablo que suplanta a «libertario» de connotaciones revolucionarias añejas. Se concreta en diversas líneas de actuación: –labores de propaganda e intercomunicación, –activismo comunitario no especializado, y –*hacktivismo*.

El término anglosajón *hacker* (no confundir con el delincuente *craker*), originario del argot de los técnicos de teléfonos, significa «el que da un golpe seco para arreglar los cajetines estropeados», el mismo sistema chapucero que empleaban aquellos muchachitos del Instituto Tecnológico de Massachusetts (MIT) en 1959 cuando su ordenador, un IBM 407, fallaba, y por el que empezaron a ser conocidos como *hackers* (Roberti, 1995).

Labores de propaganda e intercomunicación

Contemporizando con los nuevos tiempos, se emplea la red electrónica como medio de divulgación ideológico de conocimientos y/o acontecimientos sociales (adoctrinamiento), con enormes ventajas (directo, inmediatez, comodidad, amplia difusión geográfica...) respecto a los medios de comunicación convencionales como la prensa escrita, pasquines..., aunque también como señala el experto José Luis Brea (1999) se han de valorar otros aspectos no tan ventajosos como la desigual penetración por segmentos de población, etc.

En la misma línea, pero más allá del carácter estático de la mera exposición, las acciones intercomunicativas, además de plataforma propagandística, permiten la construcción de una nueva realidad mediante las aportaciones continuas de las personas que intervienen, convirtiéndose en una acción más viva, dinámica y enriquecedora. En este sentido, conviene señalar la actual proliferación de listas de correo, foros y chats que engloban a interesados en temas específicos y que son bien vistos desde una óptica insurgente como redes sociales activas con entidad propia e independencia de los poderes públicos (1999), aunque ello no implique que estén exentos de intentos de control ideológico, alegando limitaciones, deficiencias o problemas técnicos; cuestiones de seguridad (virus, privacidad... en la guerra contra Iraq, el Pentágono temía que las comunicaciones y fotos que enviaban los soldados por la intranet de las Fuerzas Ar-madas llegaran a manos iraquíes); o a través de estrategias manipulativas de propaganda. (Véase capítulo III: Análisis de la Información y Lingüística Forense.)

Asimismo es destacable muy positivamente, la presión propagandística ejercida a través de medios de comunicación y muy especialmente en internet, en casos como el de Safiya Husani, y otras mujeres condenadas a muerte por lapidación por Tribunales islámicos, que han dado excelentes resultados, así como las manifestaciones ciudadanas a favor de la paz (Guerra de Iraq-2003).

El activismo comunitario no especializado

Trata de aglutinar el máximo número de personas para llevar a cabo acciones reivindicativas en la red, tal como José Luis Brea expone en su conferencia «El Teatro de la Resistencia Electrónica» (1999), el marco teórico de esta actuación parte de los conceptos de *resistencia electrónica* (1994) y *desobediencia civil electrónica* (1996) desarrollados en sendos libros por el grupo *Critical Art Ensemble* que integrado por artistas e intelectuales comprometidos socialmente, proponía trasladar las tácticas de la guerrilla urbana y de los grupos antisistema a internet. Una muestra, de gran impacto mediático de este activismo conocido como *resistencia electrónica simulatoria*, por su carácter simbólico, se produjo en octubre de 1998 durante el festival Ars Electrónica y en el que se movilizaron aproximadamente unas 20.000 personas, tratando de colapsar simultáneamente las páginas web del Pentágono, de Presidencia del gobierno de México y de la bolsa de Frankfurt; posteriormente se reintentó con más websites del gobierno mexicano como apoyo al movimiento zapatista. Los impulsores de estas *sentadas virtuales,* Carmin Karasic, Brett Stalbaum y Ricardo Domínguez pertenecientes a la formación Teatro de la Resistencia Electrónica, crearon para ello el software Floodnet, que permitía el *reload* continuo de la página deseada, bloqueándola si se producían un número importante de entradas, y que fue puesto a libre disposición a principios del año 1999.

Hacktivismo o Activismo Hacker Politizado

El denominado *Hacktivismo* o *Activismo Hacker Politizado* resulta de la aplicación de los conocimientos especializados del *hacker* a la lucha política en la red. En el *continuum* de su *modus operandi* se ubican, desde grupos violentos como Caos Computer Club y The Cult of the Dead Cow que se especializan en actos de sabotaje y terrorismo cibernético, hasta otros menos destructivos como GNU que reclaman exigencias de tipo técnico que favorezcan el acceso, la rapidez (código abierto, ampliación del ancho de banda de navegación...) y autonomía (firma digital, encriptación, *freeware* sin licencia, servidores web independientes ...) en las redes telemáticas (1999).

Las tendencias actuales en insurgencia cibernética se desmarcan de las actuaciones de algunos *hackers* tildados de «irresponsables», que obtienen una gran repercusión en los medios de comunicación, los cuales magnifican sus acciones respecto a las consecuencias reales y prácticas que se derivan, generando falsos estados de vulnerabilidad internáutica y la correspondiente alarma social; lo que justificaría plenamente ante la ciudadanía un mayor control y dominio de las comunicaciones en la red por parte de los estados y empresas del negocio, impidiendo la realización de los objetivos insurgentes, que se definen como impulsores de espacios de libertad, alejados del pensamiento único que atenaza a una sociedad civil apartada de la toma de decisiones que afectan al mundo global que, en manos de poderes transnacionales (multinacionales), están generando procesos de extrema riqueza y pobreza basados en una distribución desigual de la riqueza. En ocasiones, resulta difícil establecer nítidamente el límite entre la acción insurgente cibernética (creación de un estado de opinión crítico con el poder establecido), el sabotaje cibernético (inutilización o entorpecimiento de los sistemas: informático, internáutico y de comunicaciones) y la acción terrorista cibernética (extensión del terror) en sus múltiples variedades:

I. Propagación de virus informáticos o dificultando la navegación en la red.

II. Medio de enlace del terrorismo físico. Por ejemplo, la organización terrorista transnacional Al Qaeda intercambia comunicaciones (datos, órdenes...) entre sus miembros u otros grupos terroristas como Hezbollah, a través de mensajes de correo electrónico en los que emplea técnicas esteganográficas (en una imagen aparentemente inocente puede ocultarse una orden escrita).

III. Estrategia (colapso informático de servicios públicos: emergencia, sanitarios, policiales...) combinada con atentado a gran escala.

B. Formas de actuación

Entre las acciones que preceden o acompañan a la subversión (agresión indirecta) destacan: I) el terrorismo, II) el sabotaje, III) la acción psicológica; sin excluir por ello que estén igualmente presentes en la guerra (agresión directa).

I. El terrorismo

El terrorismo (*«dominio por el terror»)* con implicaciones internacionales es un fenómeno de por sí ya conocido, un lamentable antecedente fue la explosión del vuelo 103 de la PanAm con destino a Nueva York cuando sobrevolaba la ciudad escocesa de Lokerbie, el 21 de diciembre de 1988, que ocasionó la muerte a 250 personas.

En la acción terrorista de los últimos tiempos se han operado cambios sustanciales:

Nivel táctico-estratégico

Las acciones en si son más novedosas e impensables con un cálculo preciso sobre los medios, escenario (edificios-símbolos) y momento oportuno. A los procedimientos tradicionales de actuación terrorista como son el uso de armas convencionales, lanzamiento de cócteles molotov, colocación de bombas (edificios, coches...), envío de cartas o paquetes bomba, «golpe de mano o ataque en fuerza al objetivo», se le ha sumado el empleo de otros medios que pueden generar una mortandad masiva: impacto de aviones comerciales, utilización de material biológico o químico, por ejemplo: esporas de ántrax diseminadas mediante cartas postales, avionetas de fumigación, canales del aire acondicionado en edificios; ataques con ricina (a principios de 2003, se detuvo en Inglaterra y Francia a activistas de Al Qaeda, vinculados a células asentadas en Cataluña, que preparaban atentados en las estaciones de metro empleando esta sustancia mortal).

En este sentido, es ilustrativo, por ejemplo, el ataque del 11-S, donde la realidad supera la ficción, puesto que dicha acción ya se describe en la novela *Deuda de Honor* del escritor Tom Clancy, de la cual se filmó posteriormente una película, aunque aquí sólo se recogía el impacto de un avión terrorista. Se asegura que Clancy, que trabaja con información bien documentada y posee contactos con organizaciones de inteligencia norteamericanas, probablemente tuviera acceso algún a proyecto o plan de contrainteligencia sobre esta cuestión.

Se pretende que la escala del atentado sea de la máxima magnitud, buscando la retransmisión mediática del hecho en tiempo real, y/o su expansión por las redes informáticas de la aldea global. Al Qaeda hace un uso constante de las nuevas tecnologías, recientemente se ha desmantelado en Pakistán un centro de instrucción para *hackers* informáticos islámicos. El grupo terrorista checheno que, en el año 2002, secuestró a casi mil personas en un teatro de Moscú, permitió el acceso al interior a cámaras de televisión, e incluso alargó más de lo previsto el desarrollo del mismo con objeto de captar la atención internacional.

El entramado terrorista se halla disperso en células independientes, interconectadas mediante tecnología punta (teléfonos móviles, ordenadores, equipos portátiles de transmisión...), y repartidas por varios países. En los días posteriores al 11-S hasta final del año 2002 se detuvo a más de 200 terroristas de Al Qaeda, repartidos por la Unión Europea.

Ya a principios del mes de enero de 2003, en la denominada operación Lago, los GEO y los TEDAX detuvieron –a consecuencia de las investigaciones de los servicios secretos de Inglaterra y Francia– a los integrantes de dos grupos pertenecientes a Al Qaeda que se habían establecido en Cataluña. El grupo de Barcelona, liderado por Mohamed Tahraqui, con residentes en la propia Ciudad Condal, Santa Coloma de Gramenet, Sant Boi de Llobregat; y el grupo de Girona: Banyoles, Olot, Salt y Sant Jaume de Llierca, dirigido por Bard Edwin Ferdji. Éstos, vinculados a los grupos de Londres y París, e igualmente entrenados en guerra química en los campos de la organización terrorista en Afganistán, disponían en el momento de su detención del siguiente material: manual de guerra química, productos para fabricar explosivos, temporizador, mandos a distancia, conectores, manómetros de presión bidones con hidrocarburos, resinas y gomas inflamables, documentación falsa, tarjetas de crédito robadas y clonadas, ordenadores y diversos aparatos de comunicación (Martín de Pozuelo, 2003).

NIVEL FILOSÓFICO

Se trata de la instrumentalización del fervor religioso, es decir, la imposición de creencias religiosas excluyentes a través de una violencia organizada que genera la figura del terrorista suicida, pese a la formación académica occidental de éste en algunos casos, y que, sobre todo, revela inoperante el principio de disuasión y negociación, aumentando espectacularmente el nivel de inseguridad.

Mark Juergensmeyer, profesor de Relaciones Internacionales de la Universidad de Santa Bárbara (California), advierte de la existencia de este fenómeno durante las últimas décadas, en su libro *Terror en el nombre de Dios* (2001), presentándolo como algo no exclusivo de una sola religión (Islamismo), y exponiendo diversos ejemplos del Judaísmo Hipersionista (Meir Kahane), del Budismo (gas sarín en el metro de Tokio) y del cristianismo (sectas norteamericanas como por ejemplo Identidad Cristiana).

El mismo autor consultado sobre el caso atípico de John Walker, un estudiante norteamericano convertido en muyahidin, y combatiente por la causa talibán en la operación Libertad Duradera –y que otros especialistas interpretan como un proceso de lavado de cerebro, o «síndrome de Patty Hearts»–, afirmaba que si «combinamos la convicción política con la dimensión religiosa, entramos ya en otro terreno, el de la experiencia redentora» como elemento explicativo.

Las organizaciones islámicas radicales son grupos cerrados, jerárquicos, autoritarios y coercitivos que emplean técnicas de manipulación emocional: señas de identidad exteriores («la gellaba» o chilaba, sus largas barbas...), adhesión incondicional al grupo y satanización de los otros, distancia y rompimiento familiar, represión de las necesidades básicas, falta de libertad de acción y pensamiento, proselitismo, etc... Los miembros de estos grupos «destructivos» se ven sometidos a una excesiva ritualización en su jornada diaria cuya observancia exige una total concentración, tendente a evitar la introspección y el juicio crítico, permitiendo la intrusión de ideas aleccionadas, fácilmente asimilables en situaciones límite. Por ejemplo, Khaled al-Berry, antiguo integrante del grupo radical egipcio Jamma al Islamiya (véase el apartado: Organizaciones terroristas), en su libro *Confesiones de un loco de Alá* (La Esfera, 2002) relata algunas de las *«pequeñas costumbres»* de obligado cumplimiento: «En la mesa era necesario sentarse siguiendo un modo bien determinado, la pierna izquierda doblada y extendida bajo el asiento, la derecha plegada y puesta en ángulo. Había que comer con tres dedos y no con dos, signo de protesta, y todavía menos con cinco, signo de rechazo. Había que beber tres veces, nunca utilizar la mano izquierda para comer y beber. Entrábamos en la mezquita con el pie derecho y salíamos con el pie izquierdo. Al contrario, entrábamos en los lavabos con el pie izquierdo y salíamos con el derecho...».

Como resultado de este adoctrinamiento son estas últimas palabras de un joven palestino (un mártir viviente) pocas horas antes de cometer un atentado suicida: «Los combatiremos por todos los medios aquí y en todas partes. Con la ayuda de Dios los atacaremos siempre que podamos. Sacrificamos nuestras vidas por Dios. Hemos escogido este camino por Dios. Al Corá dice: «Combatirlos allá donde los encontréis y expulsarlos de donde os expulsaron». Y nosotros obedecemos Al Corá. Los atacamos siempre que nos atacan, y los expulsamos como ellos nos expulsaron (...) Todo aquel que vive en una tierra que no es suya es un agresor y un tirano. Hasta las mujeres y ancianos son transgresores porque la tierra no es suya, nos la arrebataron. Nuestra voluntad es convertirnos en mártires, y es lo que haré yo después de esta entrevista...» (Kampfer, 2001).

Nivel político

A la luz de los acontecimientos, un atentado terrorista puede ser considerado como acto de guerra, con las consecuencias que se derivan de ello. Estados Unidos resuelto por acabar con el terrorismo internacional cuando su propia seguridad fue puesta en tela de juicio, solicitó la ayuda de sus aliados en una reunión de urgencia mantenida en Bruselas, evocando por primera vez desde la historia de la Fundación de la Alianza Atlántica en el año 1945, el artículo 5ª de dicho tratado, por el cual, estos actos de terrorismo internacional –siempre y cuando se pruebe su origen exterior– fueran considerados como actos de guerra, y por ello, el ataque contra uno de ellos es como si fuera un ataque contra todos, adoptándose las medidas necesarias. Tras este inicial apoyo europeo, en el gobierno norteamericano se impuso la doctrina de Colin Powell, de lograr una gran coalición mundial antiterrorista, que englobara al mayor número de naciones, aunque ello implicara dilatar la respuesta (pues se requiere un tiempo de negociación con todos los estados que a cambio de su participación o su permiso exigen compensaciones, por ejemplo Pakistán), e incluyendo a países árabes, que en una situación difícil, debían justificar ante su población que las alianzas se realizaban en términos de lucha contra el terrorismo y no de renuncia a su forma de entender la vida, el Islamismo. Dicho consenso internacional se rompió posteriormente a raíz de la guerra contra Iraq (2003).

A consecuencia del 11-S, se coordinaron los departamentos de lucha contra el terrorismo de las siguientes organizaciones internacionales: la OSCE (Organización para la Seguridad y Cooperación en Europa), la OTAN, la ONU, la UE, y el Consejo de Europa, y CEI (antigua URSS). Asimismo, se estableció la cooperación en materia de terrorismo entre diversas agencias extranjeras de inteligencia, por ejemplo los servicios de inteligencia rusos colaboraron con los norteamericanos detectando a Osama Bin Laden en el norte de Afganistán; igualmente el Ministro de Asuntos Exteriores chino Tang Jiaxuan facilitó la ayuda de los servicios secretos de su país. Dicha cooperación debe ser entendida dentro del marco de las compensaciones habituales recibidas por aquellos países que secunden de alguna manera a Estados Unidos en sus operaciones; en algunos, como Pakistán, fue de tipo económico, y en otros casos de orden político, como por ejemplo Rusia y China que buscan un reequilibrio de poderes internacional, fundamentado en su papel militar, el papel político y económico de Europa e India y la hegemonía de Norteamérica contrarrestada por los anteriores. Y siguiendo esta línea de actuación conjunta contra el terrorismo, ya a nivel policial, Interpol creó una unidad especial conocida como 11 de Septiembre, con base en Lyon, con objeto de mejorar y coordinar la información sobre los ataques terroristas.

Nivel económico

El soporte económico para el mantenimiento de las múltiples células terroristas repartidas por todos los continentes, su formación, la compra de armamento sofisticado, etc..., requiere de grandes cantidades de dinero. Así pues, a las fuentes tradicionales de financiación que nutren a cualquier grupo terrorista, como son: la extorsión, el secuestro, el tráfico de estupefacientes, de armas y personas, deben añadirse otras vías, más novedosas, de ingreso de dinero rápido.

Por ejemplo, con la falsificación de patentes y marcas, el IRA obtuvo importantes beneficios a través de la falsificación de un conocido dibujo animado (*El Rey León*); o la más reciente, descubierta por la organización bursátil internacional, Iosco, a raíz de los hechos del 11-S, que comprobó con estupefacción que días antes de esa fecha se realizaron unas transacciones bursátiles en un número superior a lo habitual, precisamente en aquellas compañías que posteriormente se verían afectadas por los atentados: líneas aéreas comerciales (American Airlines, United Airlines), reaseguradoras (Múnich Re, Swiss Re), aseguradoras (Axa), oficinas ubicadas en las torres gemelas (Morgan Stanley, Merril Lynch, Lehman Brothons). Este nuevo sistema de financiación que comienza a ser conocido como *terrorismo financiero*, consistiría en inversiones bursátiles realizadas por los propios terroristas, en base no al carácter predictivo de las mismas, sino en función de su propia actuación terrorista; por tanto, los contratos de compra o venta de acciones, que implica un compromiso de vender o comprar de acuerdo a un precio y vencimiento preestablecido, ha proporcionado miles de millones a estos inversores terroristas, al apostar por la caída de empresas que posteriormente han sido objetivos suyos; produciéndose la paradoja de que el mismo mercado capitalista financiaría las acciones de la *yihad*.

La investigación económica sobre los ataques del 11-S efectuada por el FBI y la CIA han revelado que su coste –aproximadamente unos 500.000 mil euros– se reunió de forma silenciosa a partir del ingreso de pequeñas sumas de dinero por mensajero o mediante transferencia bancaria desde diversos países, como por ejemplo los Emiratos Árabes, Bahrein, etc... (*Der Spiegel*, 2002).

DOCUMENTOSCOPIA

Además del famoso caso de las «Cartas de Ántrax» (expuesto en el siguiente capítulo), en España podemos citar que los componentes del comando Barcelona detenidos en enero 2001 poseían un buen número de documentos falsos entre los que destacaban los de Agentes de Policía Nacional, Guardia Civil, estudiantes de Universidad, periodistas extranjeros, así como documentos nacionales de identidad. Todos los documentos han sido catalogados como réplicas perfectas.

Organizaciones terroristas

Transnacional

Grupos fundamentalistas islámicos

- Al Qaeda: Grupo sunita, creado por Osama Bin Laden, su portavoz es el kuwaití, Suleiman Abu Ghaith. (FIG. 1.8, 1.9).

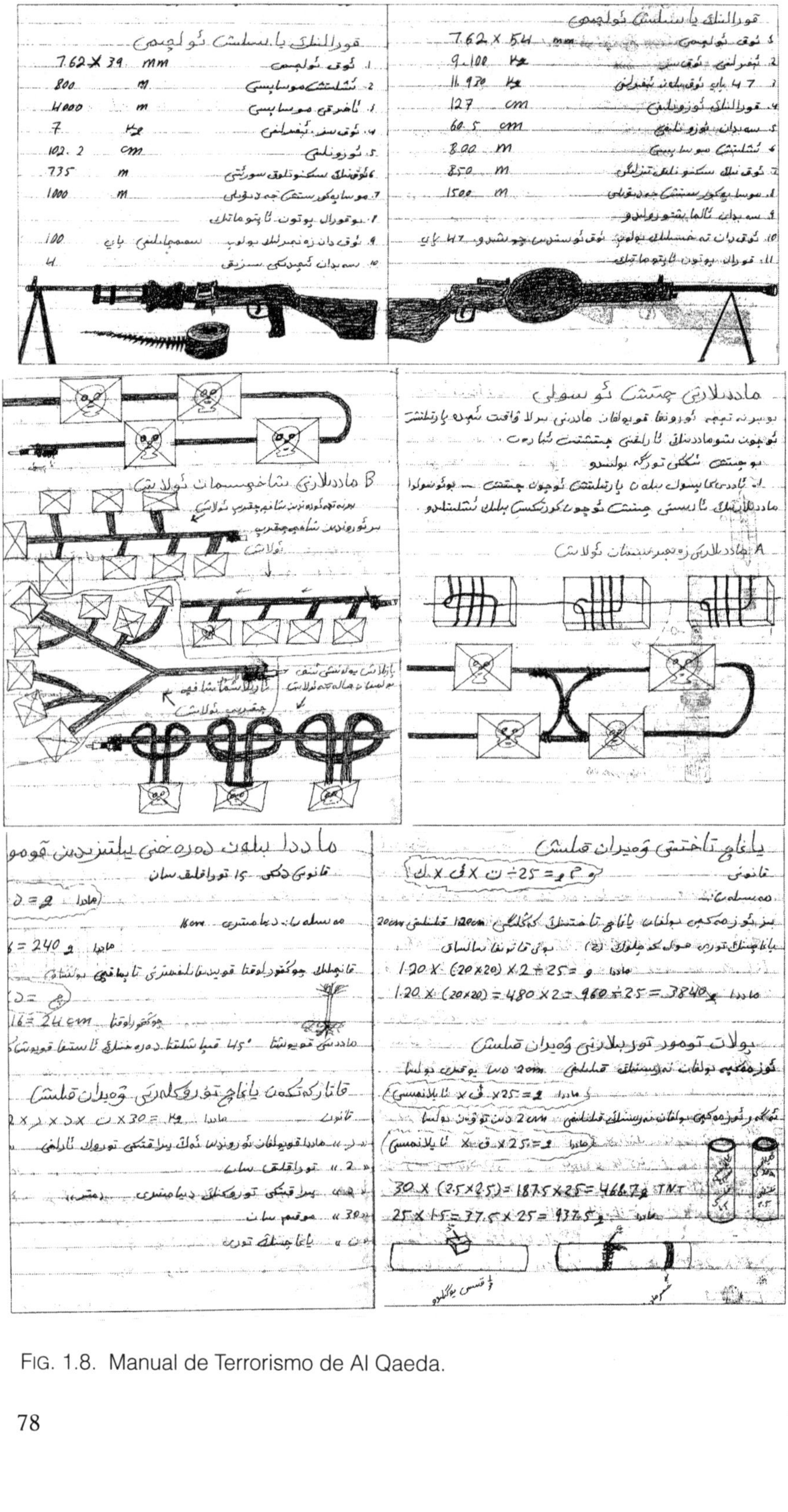

FIG. 1.8. Manual de Terrorismo de Al Qaeda.

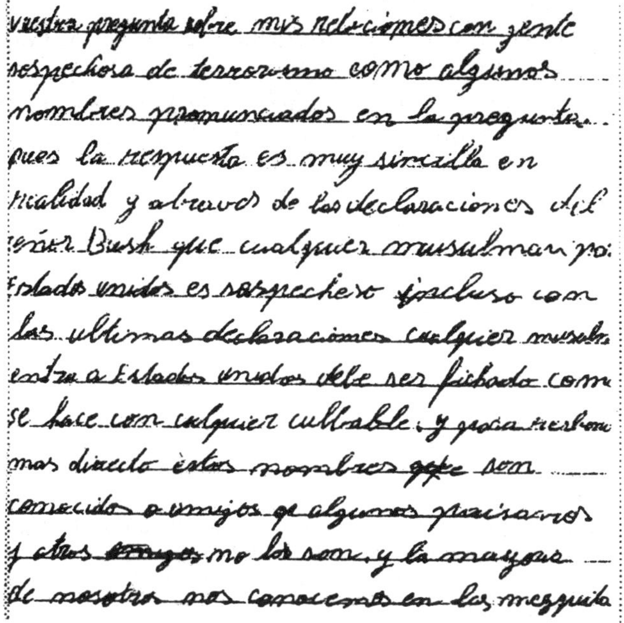

vuestra pregunta sobre mis relaciones con gente
sospechosa de terrorismo como algunos
nombres pronunciados en la pregunta...
pues la respuesta es muy sincilla en
realidad y a traves de las declaraciones del
señor Bush que cualquier musulman po:
Estados unidos es sospechoso incluso con
las ultimas declaraciones cualquier musulm.
entra a Estados unidos debe ser fichado como
se hace con culquier culpable. y para hablar
mas directo estos nombres que son
conocidos amigos de algunos paisanos
y otros amigos no lo son. y la mayor
de nosotros nos conocemos en las mezquita

FIG. 1.9. Manuscrito de Abu Dahdah dirigente islámico detenido en España acusado de pertenecer y dar cobertura a Al Qaeda (*El Mundo*, 8 septiembre 2002).

Oriente Próximo-Medio

Grupos fundamentalistas islámicos

- Hezbollah: Grupo pro-iraní chiita. Nace en el Líbano, década de los 80.
- Jamaa Al Islamiya: Egipto, años sesenta. Su líder espiritual es Omar Abderraman; perpetraron el atentado de Luxor en 1997 en el que fallecieron 58 personas.
- GIA (Grupo Islámico Armado): Argelia, 1992.
- ABU NIDAL.
- Grupo Salafista para la Predicación y el Combate: Argelia.

Grupos palestinos

- Yihad Islámica Palestina: Nace en Gaza, década de los 70. Su líder espiritual es Ali Safuri.
- Hamas: Cisjordania, procede de la Intifada.
- FDLP (Frente Democrático para la Liberación de Palestina): Siria, Líbano y Cisjordania, 1969.
- FLP (Frente de Liberación Palestina) de Abu Nidal: Iraq y Libia.
- FPLP (Frente Popular para la Liberación de Palestina): fuerza de la OLP (Organización para la liberación de la Palestina) liderado por Yasser Arafat.

- FPLP-Comando General.
- Brigadas de los Mártires de Al Aqsa: vinculado a Al Fatah (considerado movimiento de liberacional nacional palestino).
- Fundación para la Ayuda y el Desarrollo de Tierra Santa: presta colaboración a las familias de los terroristas islámicos suicidas.

Kurdistán
- PKK (Partido de los Trabajadores del Kurdistán): Iraq, año 1974.

Grupos extremistas israelíes
- KACH: originario de Hebrón.
- Kahane Chai: vinculado al anterior.

La Lucha Antiterrorista Israelí

Israel dispone de diversas unidades especiales del ejército en su lucha contra el terrorismo palestino:

a. La unidad especial EGOZ, creada en el Líbano con la finalidad de eliminar a miembros del grupo terrorista Hezbollah. La retirada del país provocó la disolución de dicha unidad, pero a raíz de la segunda Intifada «Al Aqsa» en el año 2000, resurgió nuevamente.

b. La Brigada Golani.

c. El subgrupo de élite, Sareyed Golani.

Las operaciones militares de dichas unidades se centran en:

I. Eliminación de posibles comandos terroristas palestinos, ya sean pertenecientes a grupos nacionalistas laicos (Mártires de Al Asha) o grupos religiosos (Yihad Islámica), que realizan misiones de reconocimiento, vigilancia y patrulla nocturna en las áreas palestinas, recopilando información sobre los movimientos del ejército israelí; y llevan a cabo, ataques indiscriminados o selectivos (francotiradores) en las poblaciones judías.

II. Incautación de material y artefactos palestinos con objeto de evitar nuevos atentados, aunque lógicamente no pueden competir con la superioridad tecnológica y armamentística israelí (tanques, helicópteros apache...) ya que sólo cuentan con armas ligeras, fusiles, bombas caseras... Paradójicamente, el material bélico empleado por los palestinos procede del propio ejército israelí, que tras un largo periplo llega a sus manos a precios desorbitados (de 3.000 a 6.000 euros un M-16) a través de numerosos intermediarios: soldados y civiles israelíes, rusos, beduinos... Conocedor de la situación, el ejército manipula la munición de las armas con objeto de inutilizarlas, aunque los palestinos ya han descubierto sistemas de detección para evitar tal cosa. (En la actualidad, existe un sofisticado sistema que permite grabar el nº de disparos así como el momento en que fueron realizados –día y hora– mediante una minigrabadora [25x13x6 mm], denominada Accu-counter).

III. Neutralización de mártires (suicidas) palestinos, antes de que perpetren sus acciones contra la población civil israelí (más de tres cuartas partes de los muertos israelíes son civiles). El principal problema de Israel son los atentados suicidas palestinos, que desde las organizaciones islámicas se presentan como la única vía de resistencia nacional.

En este sentido, Amnistía Internacional, que presentó a mediados de julio de 2001 su informe «Sin distinción; los ataques de grupos armados palestinos contra civiles», en el que detallaba que desde la Segunda Intifada del 2000, los radicales islámicos (Hamás, Yihad Islámica y el Frente Popular para la Liberación de Palestina) han perpetrado 128 ataques, matando a 350 civiles israelíes –entre éstos 60 niños y 64 ancianos–, plantea la necesidad de un cambio de estrategia palestina en sus reivindicaciones nacionales, puesto que los atentados suicidas pueden ser tipificados como «crímenes contra la Humanidad».

El ejército israelí se forma en la *Guerra de Guerrillas*, con técnicas de emboscada (reciben entrenamiento para permanecer hasta tres días en una posición fija, estableciendo turnos para dormir y controlando sus necesidades fisiológicas a través de medicamentos), de ataque por sorpresa, tiro de precisión, así como también primeros auxilios y conocimientos sobre lengua árabe, etc.; están equipados con el material más sofisticado del momento (casco con visor nocturno, audio y micrófono, mira especial, aviones miniaturizados teledirigidos...). De manera más precaria, las milicias palestinas se entrenan, en las montañas y campos de refugiados, en guerrilla urbana, tiro, y estrategias de ataque y retirada.

La Inteligencia israelí (Mossad Letafkidim Meiujadim «institución de investigaciones y misiones especiales», Amman –servicio de inteligencia militar– y Sheritei Habitaron «Shin Beth» –lucha antiterrorista y contraespionaje–) coordinada por el número uno de la comunidad de jefes de inteligencia «Memune», aporta información sobre los terroristas palestinos –localización, circunstancias personales, actividades diarias...– mediante operaciones de vigilancia y seguimiento (sistemas de escucha, vigilancia aérea, colaboradores) y en base a ello se decide el método más eficaz para su: i) eliminación, ii) captura o iii) inmovilización (Eran Lerman, ex agente servicios secretos israelíes; coronel Chico de la Brigada Golani):

I. La eliminación (dirigida por el «Kidon», departamento especial del Mossad), según el caso, la acometen las fuerzas terrestres (francotiradores, emboscadas, coches bomba...) o las fuerzas aéreas a través de los helicópteros de combate cuyos pilotos desconocen, por motivos de seguridad y psicológicos, la identidad de sus objetivos. Este último medio es el más ventajoso, reduce el número de bajas israelíes, emplea una carga explosiva pequeña y su margen de error es mínimo (menos de 1 m), siendo inexistentes los daños colaterales. Ésta es una de las razones por las cuales los dirigentes de las organizaciones palestinas suelen utilizar como medio de transporte el taxi, en vez del coche particular, más fácilmente identificables desde el aire, y por tanto de abatir. Ésta fue la vía empleada para eliminar al terrorista palestino Habo Bono.

II. La captura, encomendada a Sareyed Golani (unidad de élite especialmente entrenada en el ataque por sorpresa y retirada bajo fuego enemigo) que diseña minuciosamente la operación programada –economía de acciones, estudio de alternativas, asignación de tareas...– a partir de la información suministrada por los servicios secretos (fotografías, planos, maquetas...). De esta manera se capturó a Naser Zakarna.

III. La inmovilización, el ejército israelí bloquea poblaciones palestinas (p. ej. Jenín, conocida como la «ciudad de los suicidas», puesto que ha dado 22 mártires) con objeto de controlar y evitar el movimiento de comandos suicidas desde Gaza y Cisjordania hasta los asentamientos de colonos o poblaciones israelíes, blanco de atentados terroristas palestinos, lo que origina enfrentamientos desiguales con las milicias palestinas.

Grupos terroristas incluidos en la lista elaborada por la Unión Europea (UE)

- ETA: nace en Euskadi, en 1962.
- GRAPO: Acrónimo de «Grupo Revolucionario Antifascista Primero de Octubre».
- IRA (Ejército Republicano Irlandés): Belfast.

- Brigadas Rojas: Italia.
- Lutta Obrera: Italia.
- OR-17M: Atenas, en 1973.
- RAF (fracción del ejército Rojo): Alemania.

América
- Sendero Luminoso: Perú, años 60.
- Tupacamaru: Perú, 1984.
- ELN (Ejército de Liberación Nacional): Colombia, 1983.
- FARC (Fuerzas Armadas Revolucionarias de Colombia): Colombia.
- ELN (Ejército de Liberación Nacional): Colombia. Todavía no incluida en la lista de grupos terroristas de la UE a causa del veto de Bélgica.
- FPMR (Frente Patriótico Manuel Rodríguez): Chile.
- FPMR/D (Frente Patriótico Manuel Rodríguez/Disidentes): Escindidos del anterior en 1991.
- Montoneros: Argentina.
- FAR (Fuerzas armadas revolucionarias): Argentina.
- ERP (Ejército revolucionario del pueblo): Argentina.
- MLNT (Movimiento de liberación nacional Tupamarus): Uruguay.
- VRP (Vanguardia revolucionaria popular): Brasil.
- Fuerzas Armadas Revolucionarias Maoístas de Guatemala. Guatemala.

Asia
- LTTE (Los Tigres para la Liberación del Estado Tamil): originario de Jaffna (Sri Lanka).
- Aum Shinrikyo (Verdad Suprema): secta japonesa, década de los 90.
- Rengo Segikum (ejercito Rojo): Japón.

Grupos fundamentalistas islámicos
- ABU SAYAFF: Mindanao, 1991.

Grupos marxistas:
- Jemeres Rojos: Camboya, años 70.
- Liga Comunista Japonesa Facción Ejército Rojo: Japón.
- Ejército Rojo Japonés: escindidos del anterior, años 70.

II. El Sabotaje

Acción (dilatada o inmediata en el tiempo) dirigida a destruir, dañar o entorpecer los recursos de una Nación.

III. La acción psicológica

La *Psicología de Guerra* o *Psicología de Defensa* es la especialidad más intrínseca y menos conocida de todas, y abarca diversas áreas de trabajo: a) *Psicología de la organización militar*, centrada en el área de Recursos y Selección de Personal, con especial énfasis en el liderazgo; b) *Psicología clínica militar,* referente al área de salud mental del contingente militar y sus familias; c) *Psicología de las masas* y *Psicología de la propaganda,* útiles en las Operaciones Psicológicas (véase capítulo III).

La Guerra Psicológica, orientada hacia el control psicológico, aplica teorías y métodos propios de la investigación psicológica a la actividad militar para la consecución de los fines nacionales, y aunque la aplicación intuitiva de la acción psicológica a las intervenciones militares está referenciada en la historia desde antiguo (Sun Tzu, Genghis Khan, Alejandro Magno...), y los primeros intentos organizativos científicos se iniciaron en la Primera Guerra Mundial, surgiendo el término durante la Segunda Gran Guerra, no ha sido hasta el impacto de las nuevas tecnologías de información y comunicación actual cuando las operaciones psicológicas o PSYOP, como *fuerza multiplicadora* de primerísimo orden se han integrado de forma preferente en la nueva estrategia militar occidental, actuando como catalizadores del apoyo civil, político y comercial nacional e internacional a los conflictos bélicos (Afganistán, Granada, Haití, Malvinas, Panamá, Golfo Pérsico, Guerra de los Balcanes...) según consta en el Manual de Campaña de 1986 de las Fuerzas Armadas de los Estados Unidos de América (Goldstein, 1996).

Un ejemplo de guerra psicológica se producía en el ataque angloamericano contra Iraq 2003, con el lanzamiento masivo de bengalas de color verde fosforescente induciendo a recordar los dos meses de bombardeo sobre Bagdad, en la primera Guerra del Golfo Pérsico, que tanto aterrorizaron entonces a los iraquíes.

4. INTELIGENCIA - SEGURIDAD

«Sorpresa» y «Engaño» o más recientemente este último conocido como «Sorpresa Estratégica» son dos conceptos fundamentales en Inteligencia. El «engaño» es tan antiguo como la vida; no se circunscribe únicamente al ser humano, los animales también utilizan tácticas de encubrimiento, manipulación y sorpresa estratégica, claro está en el límite de sus posibilidades. El hombre sofistica el engaño por los adelantos técnicos, pero ya sea a pequeña o gran escala siempre está presente en la vida social.

Los métodos más avanzados de diagnóstico psicoanalítico han reafirmado que la astucia, la sutilidad y la manipulación forman parte de un conjunto de características troncales, donde también se encuentran, en su sentido más positivo, la creatividad, la diplomacia y la habilidad, y en su sentido más negativo, la falsedad, la mentira y el engaño.

Antes de que la psicología se ocupara de este tema, las escuelas de Estado Mayor ya tenían como conceptos básicos en estrategia e inteligencia los términos omnipresentes de «sorpresa» y «engaño» que son las determinantes para el éxito o el fracaso de cualquier operación militar, tal como se ha ido apreciando en toda la historia de la humanidad, incluso en la guerra electrónica como en el caso del Golfo Pérsico, a partir de la cual hemos incluso realizado estudios psicoanalíticos por aplicación del AT (Análisis Transaccional) sobre ambas actuaciones (Véase *Psicodiagnóstico por la Escritura, Grafoanálisis Transaccional*, Ed. Herder, 1999), hasta los conflictos ocasionados tras el 11 de septiembre.

La «sorpresa», una condición que supone dirigir las acciones para «tomar desprevenido», va encaminada a una acción futura de impacto. El «engaño» trata de atraer hacia sí mismo, envuelve al otro en su atención, no actúa con independencia como la sorpresa, precisa la participación de la parte engañada para dar a la mentira apariencia de verdad, consiguiendo así una autoequivocación que conduce al contrario al error. La sorpresa es un ataque sutil pero activo y el engaño es pasivo (se utilizan de forma coordinada, aunque es más propio de las organizaciones fuertes el uso de la sorpresa y de las débiles, el engaño).

Ejemplos prácticos de «SORPRESA» y «ENGAÑO» en la Guerra contra Iraq 2003

«Sorpresa» internacional respecto a la coalición EEUU, Inglaterra y España:

Se establece un pulso entre «el imperio» y las organizaciones internacionales: la ONU y especialmente Francia y Alemania se oponen a la resolución de ataque de los EEUU y sus aliados Inglaterra y España (finalizada la impopular guerra, Inglaterra ya no mostraría su tan fácil e incondicional apoyo a la amenaza de Bush de invadir a Siria). Francia responde a las amenazas de EEUU con un nuevo proyecto de unión militar con Alemania y Bélgica. Por otra parte, como era de prever, reaparecen los impactantes atentados suicidas que se inician en Arabia (mayo 2003).

Se abre una brecha entre gobernantes y ciudadanía: manifestaciones y actos de protesta multitudinarios en todo el mundo contra la guerra, incluida una mayoría de españoles.

Flujos informativos: la inesperada sorpresa de la guerra ha sido la victoria de la comunicación sin fronteras (Aldea Global), la censura y la manipulación no pudieron detener la libre información que se ha nutrido de fuentes diversas (pluralidad mediática) y se ha amparado en las nuevas tecnologías (internet) proporcionando una percepción mediática diferente, llegando al punto de que el soldado que dispara tiene nombre y apellidos para la opinión pública.

Exposición impúdica del reparto económico: uno de los medios que se utiliza en la lucha contra el terrorismo como es el de cruce de datos, sociedades, empresas, consejeros, patrimonio y familiares directos o por afinidad, se emplea asimismo en el periodismo de investigación. Así, se descubría por ejemplo cómo a los consejeros de Bush y otras personas afines a los gobernantes implicados en el conflicto se les concedían contratos millonarios para la «reconstrucción» de Iraq, pactándose antes incluso de finalizar la guerra.

«Sorpresa» por parte de las fuerzas angloamericanas respecto a Iraq:

Inicio de la guerra: un aviso de los servicios secretos norteamericanos sobre la localización de Saddam en una reunión adelanta unas horas el ataque previsto (asimismo, mediante los satélites se pudo apreciar un herido trasladado a un hospital especial que podía tratarse de Saddam, más tarde se consideró que era uno de sus dobles).

Técnicas: el nuevo armamento (por ejemplo la e-bomba electromagnética) y medios curiosos, aunque no tan modernos, como la utilización de delfines adiestrados para sortear las minas.

«Sorpresa estratégica o Engaño» por parte de los americanos:

Motivaciones reales de la guerra: El ataque no sujeto al Derecho Internacional es orientado como una cruzada contra el maligno (el sátrapa) y el terrorismo que pone en peligro la seguridad internacional: el «Imperio», superada la bilateralidad (Guerra Fría) intenta dominar la transnacionalidad, imponer el dólar por encima del euro y pasar a un poder único, solución para solventar las múltiples crisis internas.

A pesar de que el subsecretario del Gobierno italiano afirmaba en Julio de 2003 que el SISMI (Servicio de Información y Seguridad Militar) disponía de documentación sobre los acuerdos de venta de uranio por parte de Níger a Iraq y que nada tenía que ver con los documentos falsos divulgados por la prensa e internet, la duda generada sobre la justificación del ataque a Iraq por el peligro de su disponibilidad de armas de destrucción masiva –nunca encontradas– contribuiría a resquebrajar todavía más la credibilidad del Gabinete Bush, incluido el Jefe de la CIA y también del Gobierno Blair, especialmente tras el suicidio del investigador científico Dr. Kelly presionado y acusado públicamente por su Ministerio de Defensa de «topo» de la BBC respecto a la exageración de los informes de inteligencia.

Ciberguerra: Ciberbloqueo de la cadena de Qatar «Al-Yazeera» para dificultar el acceso por internet, e impedir la visión árabe del conflicto.

Manipulación mediática: selección de imágenes de iraquíes aplaudiendo a las tropas angloamericanas como salvadores.

Contingencias internas: se soslayan o justifican situaciones personales de los soldados, como por ejemplo, casos de criminalidad, abuso de poder, relaciones sexuales, episodios patológicos. Así, el estado de locura por el que un soldado americano mató a varios compañeros del destacamento, se comunica públicamente como atentado premeditado por su conversión al islamismo.

«Autoengaño» del gabinete Bush (junior):

Infravaloración del enemigo: el círculo de influencia de Bush pensó erróneamente que sería una guerra tecnológica, más rápida y quirúrgica de lo que fue, infravalorando la capacidad de resistencia iraquí (no se produjeron las esperadas revoluciones populares y deserciones del ejército). En la estrategia de ataque, las exigencias militares (fecha, climatología, equipamiento y contingente humano, predominio del bombardeo respecto a la intervención casi coetánea de las fuerzas terrestres...) se supeditaron a las imposiciones políticas del secretario de Defensa Donald Rumsfeld, quien, ante las múltiples críticas recibidas por la falta de resultados inmediatos, esgrimió que la dilatación a la espera de la aprobación de la ONU había anulado la «sorpresa estratégica». Ante los atentados y la guerra de guerillas que se fue desarrollando tras la ingenua celebración de la victoria, renació el «síndrome de Vietnam» en el pueblo americano.

Infravaloración de la opinión internacional: este exceso de seguridad siempre negativo en cualquier guerra, provocó un relajo en el control de las retransmisiones en directo del escenario de los ataques por diversas cadenas de televisión, ajenas a la CNN, que no mostraron precisamente lo que esperaban los políticos americanos, un despliegue sin resistencia, sin que se vieran escenas trágicas, solamente edificios y zonas militares neutralizadas y la rendición sin lucha de los iraquíes y su propia ayuda como agradecimiento a liberarles del tirano Saddam. Algunas escenas sí fueron de esta naturaleza, pero otras muchas no, lo cual crisparía aún más a la opinión internacional por este ilegal ataque. La «extraña» muerte de periodistas debido a un disparo efectuado desde un tanque americano que apuntó al lugar donde quedaban ubicados los medios de comunicación molestos para los americanos –demostrándose después que tenían mapa de cada dependencia del hotel y sabían dónde se alojaban éstos–. Todo ello, por supuesto, exaltaría todavía más los ánimos sociales.

Falta de sensibilidad cultural: Otro enorme fallo en la filosofía americana fue el de omisión ante el saqueo e incendio de las bibliotecas y centros de cultura y arte de Iraq, no se trataba de una simple negligencia por tener que atender prioridades de la seguridad, pues la zona petrolífera, el Ministerio del Petróleo y el Ministerio del Interior quedaron bien acordonadas inmediatamente. El permitir o favorecer la quema y desaparición de tesoros incalculables de la cultura y el arte sería tomado por el resto del mundo como un premeditado atentado a la propia cultura y contra el patrimonio de la humanidad, como denunciaría la UNESCO.

«Sorpresa» por parte de Iraq a las fuerzas angloamericanas:

Utilización de la propia imagen invasora de los EEUU para desprestigiarles ante la opinión pública mundial.

Guerra de guerrillas: no presentan lucha en el desierto, sino en las ciudades.

Empleo de tácticas tradicionales de guerra: la quema de queroseno oscureciendo el cielo (dificulta enormemente la visibilidad) y la rotura de presas para inundar zonas obligando a evacuar campamentos, material, etc. del enemigo.

«Sorpresa estratégica o Engaño» por parte de Iraq a las fuerzas angloamericanas:

Acciones terroristas en el frente: soldados iraquíes confundidos entre la población civil que aparentan confraternizar con los angloamericanos se autoinmolan con objeto de ocasionar la máxima mortandad.

Falsas rendiciones: soldados iraquíes fingen rendiciones para disparar a los norteamericanos.

Difusión de imágenes de prisioneros de guerra norteamericanos abatidos.

Posible utilización de dobles de Saddam Hussein en apariciones públicas o grabaciones televisadas: la CIA aseguraba que como mínimo había tres dobles de Saddam y otras fuentes de inteligencia lo veían lógico ya que se especulaba que siendo la undécima fortuna mundial podría seguir la invasión desde Rusia u otro lugar fuera de Iraq.

4.1 El Modelo de Inteligencia Seguridad Norteamericana

Hay tres clases de inteligencia:
la inteligencia humana, la inteligencia
animal y la inteligencia militar

ALDOUS HUXLEY

Los ataques del 11-S evidenciaron las graves deficiencias de la Inteligencia norteamericana (NSA, FBI, CIA, Inteligencia Militar...) que pusieron al descubierto su ineptitud al no descubrir que se estaba preparando una operación de este calibre: la preparación perfectamente ejecutada y coordinada por personal especializado y entrenado, la necesidad de obtener información vital para realizar los atentados, y un apoyo logístico en el propio país, debía haber sido detectado por Inteligencia. El modelo de Inteligencia norteamericano se decantaba por lo tecnológico sobre lo humano y las consecuencias de este error se pagaron caras; la sofisticación tecnológica es un instrumento de ayuda extraordinariamente valioso, pero siempre entendido como un auxiliar al servicio del trabajo humano que no se debe obviar. Se ha demostrado de forma palpable que en los Estados Unidos ha fallado el modelo de Inteligencia utilizado, más orientado al tipo SIGINT *(Signal Intelligence)* detección de señales electromagnéticas, y por tanto, preparado para hacer frente a una agresión que emplee tecnología punta, como por ejemplo misiles tierra-aire; minimizando la *Inteligencia* clásica de tipo HUMINT *(Human Intelligence)* que sin desatender el apoyo tecnológico, prioriza la labor investigadora de las personas (la técnica grafológica, en sus diversas especialidades, se incluiría en este tipo) que se demuestra siempre más eficiente, sobre todo frente a agresiones provenientes de países del Tercer Mundo o con un menor desarrollo tecnológico.

Este afán tecnológico en el ámbito militar tenía como finalidad última, en palabras del mayor Jeffrey O'Leary (1995), instructor en la Escuela de Comando y Estado Mayor de la USAF –Base Aérea Maxwell– en Alabama, no permitir el más mínimo resquicio a los tradicionales pilares de la guerra: la *Sorpresa* y la *Sorpresa Estratégica (Engaño).* Durante los últimos mandatos presidenciales, Estados Unidos, inmerso en el complejo mundo de la tecnología punta armamentística, basaba la estrategia de Defensa norteamericana en la preeminencia del escudo antimisiles, como protección del espacio aéreo norteamericano contra los misiles tierra-aire intercontinentales, siendo dicha estrategia válida ante las amenazas tradicionales –llevadas a cabo por un estado y procedentes del exterior– pero sin embargo, completamente inoperante frente a la acción terrorista, contemplada desde el interior de su territorio nacional, y de tecnología más sencilla pero altamente destructiva; concluyéndose como insustituible, el factor humano (Inteligencia) en el plan de Defensa y Seguridad Nacional, pese a la sofisticación tecnológica. Como bien afirma Fernando San Agustín, la línea de los Servicios Secretos norteamericanos siempre ha sido más resolutiva que preventiva, contrariamente a los servicios europeos que priman la información previa sobre la acción a posteriori (operaciones especiales).

Los Servicios Secretos norteamericanos alertados de la vinculación del terrorismo islámico en diversos atentados contra objetivos norteamericanos como por ejemplo las Torres Gemelas ya en 1993, las embajadas en Kenia y Tanzania en 1998, y el Destructor USS Cole en 2000, fueron sin embargo incapaces de detectar los hechos acaecidos el 11 de septiembre de 2001 debido a una praxis incorrecta, la cual, según afirma Bill Gertz del *The Washington Times*, en su libro *Breakdown* (Colapso) provendría de una dirección preocupada en exceso por la imagen pública, tendente a lo «políticamente correcto» en perjuicio de su capacidad operativa. Y asimismo quedaba de manifiesto, la inoperancia del modelo de Defensa nacional norteamericano ante los desafíos de la globalización, es decir, una mayor movilidad de recursos y personas, fruto de las nuevas tecnologías de información y comunicación, que inevitablemente comporta un aumento de la inseguridad, exigiendo una redefinición de los sistemas de seguridad tradicionales en busca de nuevos modelos de seguridad internacional.

A continuación se exponen las deficiencias señaladas por los expertos en materia de Inteligencia y Seguridad sobre el modelo americano antes de los ataques del 11-S (Mas de Xaxàs, 2002); (Collon, 2002):

a) No se atendió suficientemente a las informaciones ofrecidas por agencias de inteligencia extranjeras colaboradoras:

A finales de 1994, la inteligencia francesa ya descubrió la intención del terrorismo islámico de estrellar aviones comerciales secuestrados sobre edificios emblemáticos, en un intento frustrado sobre la Torre Eiffel. Al año siguiente, en 1995, el servicio secreto filipino descubrió un plan organizado por Ramzi Ahmed Yusef, para secuestrar aviones (Boeings) americanos en el Pacífico con la intención de estrellarlos contra edificios oficiales americanos, así como la formación de estos terroristas en escuelas de pilotaje americanas. En ese mismo año, los pakistaníes facilitaron la captura de Yusef, quien también estaba detrás del atentado de las Torres Gemelas de 1993, y confesó su intención de hacerlas desaparecer totalmente. En el 98, la policía de Nairobi (Kenia) detuvo al terrorista que estrelló un camión bomba sobre la embajada norteamericana en Kenia, el cual posibilitó a la inteligencia norteamericana interceptar las llamadas telefónicas de miembros de Al Qaeda en Yemen, consiguiendo datos sobre posibles atentados en EEUU. Y a principios del año 2000, la inteligencia malaya identificó a terroristas como Nawaf Alhazmi y Khalid Almihdhar, suicidas del 11-S, en una reunión de Al Qaeda celebrada en Kuala Lumpur con el fin de planificar atentados terroristas en América. Cuando en agosto de 2001 en Minnesota se detuvo a Zacarias Moussaoui (que formaba parte de la red de secuestradores suicidas del 11-S y hasta ahora único arrestado), la Inteligencia francesa lo relacionó con el radicalismo argelino (autores del atentado frustrado sobre la Torre Eiffel). Unos días antes –el 7 de septiembre de 2001– el Mossad, alertó a la CIA de la inminencia de un atentado, pues tomaban muy en serio las amenazas de Osama Bin Laden, pronunciadas públicamente unas semanas antes.

b) Se descartaron una y otra vez informes realizados por agentes honestos avisando de la presencia de terroristas y de sus malévolas intenciones:

Tras el seguimiento de miembros de Al Qaeda, agentes de la CIA elaboraron un informe el 6 de agosto de 2001, sobre la posibilidad de acciones terroristas, asimismo otros pertenecientes al FBI firmaron sendos informes, uno en mayo de 2001 y otro el 10 de julio del mismo año en Phoenix, en el que se recomendaba la revisión urgente de todos los permisos de residencia de estudiantes árabes, así como sus inscripciones en escuelas de pilotaje (Arizona) ante la posibilidad de un secuestro aéreo; incluso las preguntas de interrogatorio a Zacarias Moussaoui fueron exactamente si pensaba hacer estrellar algún avión en las torres de Nueva York.

Tampoco se hizo caso, incluso se tacharon varias páginas de un informe que vinculaba Al Qaeda con la inteligencia saudí (Omar Al Bayoumic, agente saudí, facilitó el piso en San Diego al comando terrorista del 11-S).

c) Pese a las sospechas no se adoptaron medidas especiales de seguridad sobre:

EDIFICIOS EMBLEMÁTICOS

La ruta de la aviación comercial siguió atravesando edificios sensibles como son el Pentágono y la Casa Blanca (las únicas construcciones que cuentan con protección para ataques aéreos son las cúpulas de las centrales nucleares).

INSTALACIONES AÉREAS

Eran tan evidentes que Aviación Civil alertó hasta en 6 ocasiones a las diferentes compañías aéreas sobre la posibilidad de un secuestro terrorista, pese a ello, la seguridad en los aeropuertos nacionales norteamericanos continuó siendo menor que la de los vuelos internacionales, existían unos controles muy aleatorios en cuanto a los equipajes de mano, y las armas podían estar disfrazadas bajo otros objetos de uso común (de aseo) o desmontados en diversas piezas, evitando así ser reconocidos (también se puede adquirir con relativa facilidad armamento de reducidas dimensiones y/o fabricado con un material plástico, incapaz de detectarse en la puerta de embarque). Igualmente dentro del avión existían objetos punzantes, por ejemplo los cubiertos de mesa.

Muchas instalaciones aéreas no disponían de los medios técnicos adecuados para la seguridad de las mismas. A posteriori, el presidente Bush y el Congreso aprobaron un conjunto de disposiciones para aumentar la seguridad de los aeropuertos y del tráfico aéreo comercial estadounidense, en los que se preveían: vigilantes de seguridad en los aviones durante el vuelo, cabinas de los pilotos acorazadas, extender legalmente a dos generales la potestad de autorizar el abatimiento de aviones sospechosos, restringido hasta ahora sólo al Presidente; además de otras medidas en el control de pasajeros como la adquisición de aparatos de identificación biométrica.

PERSONAL DE LAS INSTALACIONES Y MANTENIMIENTO DE LOS AEROPUERTOS

No eran sometidos para su contratación a ninguna investigación sobre su biografía. En el mes de abril del 2001, desaparecieron de la compañía aérea Aire Line, una serie de enseres y documentos (carnés de piloto, una tarjeta de acceso, así como vestuario de piloto y azafatas) susceptible de ser mal utilizado, sin que se avisara de ello a ningún efectivo policial.

TRÁFICO AÉREO

Los avisos no evitaron la descoordinación y anarquía aérea en el momento, la cual impidió conocer, con la celeridad debida, los cambios de trayectoria que se estaban produciendo en 4 aviones casi simultáneamente. Las torres de control y los radares se mostraron ineficaces cuando los aviones sobrevuelan tan bajo (a 300 m no aparecen en pantalla). Asimismo, fallaron los radares del Pentágono que no dieron la señal de alarma.

d) Obstrucción de investigaciones vitales:

Se impidió a agentes del FBI en Minneapolis, investigar a Zacarias Moussaoui, quien fue delatado por sus propios instructores de vuelo, al comprobar las intenciones de éste de pilotar un Jumbo, sin ningún conocimiento previo; y posteriormente, una vez consumado los hechos, también se les denegó la autorización para acceder al ordenador personal del citado Moussaoui, hasta la misma tarde del 11-S.

e) Falta de coordinación y malas relaciones entre las distintas agencias de información:

Pese a disponer de información valiosa, erró la evaluación humana, así como la coordinación entre las distintas agencias de información, y las pésimas relaciones entre CIA y FBI. Por ejemplo la CIA, que había identificado en suelo americano a los terroristas Nawaf Alhazmi y Khalid Almihdhar (suicidas del 11-S) en el mes de enero, no lo notificó al FBI hasta pasado 8 meses e igualmente se demoró con el Servicio de Inmigración (quien orienta todas las precauciones hacia el Sur, en la frontera con México, descuidando otros puntos de entrada, como por ejemplo la frontera con Canadá, muy extensa y boscosa).

Dicha descoordinación llegó a ser sangrante, cuando meses después del atentado, el Departamento de Inmigración, de forma rutinaria, y sin ningún control sobre los datos, concedió el permiso de residencia a uno de los terroristas implicados. La rigidez y la burocratización convierten a las agencias de investigación en maquinarias pesadas y lentas.

f) Escasez de medios:

La incompatibilidad de los sistemas informáticos de los distintos departamentos y sucursales del FBI repartidos por todo el territorio dificultaban el trasvase de información (fotografías, huellas digitales...). Asimismo, fue objeto de crítica la falta de personal especializado, por una parte internacionalistas, expertos que conocieran y por tanto pudieran interpretar y valorar correctamente los hechos; y por otra, espías (colaboradores) que se infiltraran en organizaciones terroristas árabes y obtuvieran información de primera mano, algo vital, pero de gran complejidad, dadas las grandes diferencias culturales existentes.

g) La incapacidad manifiesta de las autoridades norteamericanas para capturar a ningún dirigente significativo de la organización terrorista Al Qaeda; Osama Bin Laden considerado un personaje peligroso para la seguridad de los EEUU desde hacia más de tres años, viajó antes de los atentados sin ninguna dificultad a Dubai por cuestiones de salud, entrevistándose incluso con el responsable local de la CIA, en la actualidad tanto él como su lugarteniente, Ayman Zawahiri, siguen en paradero desconocido, al igual que el líder talibán, el mulá Mohamed Omar, que ante el avance de las tropas norteamericanas se escapó por el desierto en una moto. En la dirección del contubernio de la cúpula militar con las altas instancias políticas norteamericanas y el personaje de Osama Bin Laden (entramado de relaciones personales y comerciales de Bush con la familia Bin Laden) se halla el libro de Thierry Meyssan, secretario del Partido radical francés: *La gran impostura. Ningún avión se estrelló en el Pentágono.*

El 11 de septiembre muchos americanos, entre ellos la esposa del Presidente Bush, pensaron inmediatamente en el ataque de Pearl Harbor (Hawai el 7 de diciembre de 1941), si bien en aquella ocasión el territorio nacional no resultó afectado, sorprende cierta similitud entre ambos, respecto a la misma situación de descoordinación en la Inteligencia norteamericana.

La política hegemónica de Japón en el Asia oriental y sudoriental, basada en la conquista de territorios, establecimiento de gobiernos projaponeses, explotación de los recursos de la zona, control de las vías comerciales, y expulsión de los europeos (crueles represalias) planteaba una seria amenaza para los intereses comerciales y de seguridad de los Estados Unidos. Y pese a que el gobierno norteamericano disponía de información sobre una posible agresión japonesa (como respuesta al embargo comercial de Japón decretado por EEUU) una suma de despropósitos no impidió el desastre bautizado como el «Día de la Infamia». Entonces como ahora, se habló de graves errores (De Arcangelis, 1988; Bayo, 1982).

a) La lentitud del servicio criptográfico de la marina norteamericana que aún teniendo la capacidad de descifrar las claves japonesas mediante la Purple (máquina descifradora) notificó con retraso (6 de diciembre de 1941), sin ningún motivo aparente, al presidente Roosevelt la intención del gobierno japonés de romper relaciones diplomáticas e iniciar las hostilidades.
b) La errónea comunicación («Este telegrama debe considerarse como un aviso de guerra. Las negociaciones con Japón para estabilizar la situación en el Pacífico han cesado. Hay que prepararse para una agresión en los próximos días que seguramente se producirá en Filipinas, Malasia o Borneo»), enviada el 4 de diciembre de 1941 a todos los altos oficiales norteamericanos por el secretario de Estado norteamericano para la Marina, Frank Knox, señalando como zonas de máxima alerta (Filipinas, Malasia o Borneo) aquellas más alejadas del verdadero peligro y que sumieron en una falsa seguridad al contraalmirante Theobald, jefe de la Flota del Pacífico, y al almirante Kimmel, comandante en jefe de la escuadra anclada en la Bahía, que tentaron a la suerte agrupando a toda la flota estadounidense en la bahía de Pearl Harbor, destruyéndose el poderío naval (acorazados) norteamericano en la zona del Pacífico, que no tuvo una gran repercusión en el desarrollo del conflicto, pues afortunadamente los portaviones, que se revelaron de una mayor importancia táctica, estaban ubicados en otras áreas y se mantuvieron intactos.
c) La ineficacia del oficial de guardia en el centro de información de Shafter, teniente Kermit Tyler, que no atendió a las reiteradas comunicaciones del soldado Elliot, y confundió en la pantalla de la estación de radar en Opana (Hawai), la aviación japonesa que arribaba con aviones americanos realizando ejercicios.
d) Cese en sus funciones por parte del comandante del distrito naval, almirante Bock, ante la comunicación de sus inferiores Kamisnky y Earle sobre movimientos extraños de un submarino desconocido en la Bahía que fue hundido por el destructor Ward y un avión patrullero.

Lo cierto es que el ataque de Pearl Harbor permitió a Roosevelt luchar contra el Japón, y entrar en la Segunda Guerra Mundial con el beneplácito del pueblo norteamericano (hasta entonces reacio a inmiscuirse en el conflicto), con un balance político y económico muy positivo para EEUU que se convirtió en una superpotencia.

Tras los atentados del 11-S, las autoridades norteamericanas ante la presión ejercida por el Senado y la opinión pública, llevaron a cabo diversas acciones con objeto de recobrar la confianza del pueblo norteamericano:

I) Se creó la Oficina de Seguridad del Territorio Nacional, un nuevo órgano de coordinación sobre el material obtenido por unas 40 agencias de información norteamericanas en su lucha contra el terrorismo internacional.

II) Se inició una operación denominada PENTBOM, en la que participaron más de 4.000 agentes junto a un *staff* de más de 3.000 personas para llevar a cabo entrecruzamientos de datos y rastreo de llamadas telefónicas, siendo necesario que el propio director del FBI, Robert Mueller, nombrado sólo 7 días antes de la tragedia, realizara, el 17 de septiembre de 2001, un llamamiento de colaboración a la comunidad árabe-americana, ante la falta de especialistas en lengua árabe, farsi y pastho.

III) Se reconsideraron los objetivos tradicionales y efectivos del FBI (mafia, atracos, estafas, narcotráfico...), planteándose una transformación radical de la organización:

a) OBJETIVOS: Lucha contra el terrorismo, y más concretamente la red Al Qaeda; relegándose a un segundo plano el seguimiento de otras acciones criminales que serán resueltas por las fuerzas policiales locales.

b) ESTRUCTURA ORGANIZATIVA: Mayor libertad y flexibilidad en la estructura, mediante la creación de instrumentos de coordinación entre todos los organismos gubernamentales, y la eliminación de las trabas burocráticas con objeto de dotar de más libertad de acción a los agentes en sus investigaciones. Se renovó una cuarta parte del personal directivo.

c) MEDIOS TÉCNICOS: Nueva red informática.

d) PLANTILLA: Integrada por unos 11.500 hombres, se autorizó una ampliación de 900 agentes más; destinando unos 2.600 hombres en exclusividad a la lucha contra Al Qaeda.

e) FORMACIÓN: Se contrató a especialistas en lenguas y culturas del Oriente Medio y el sudeste asiático, y a expertos en ciencia e informática.

IV) Se solicita la colaboración de guionistas de cine para contar con propuestas imaginativas sobre posibles atentados. Este sistema deriva del que ya venía utilizando desde hace años el Departamento de Evaluación de la Inteligencia Israelí, órgano paralelo al Amman –inteligencia militar– homóloga al Mossad; dicho departamento está especialmente encargado de realizar las funciones de abogado del diablo o llevar a la crítica y conclusiones totalmente opuestas a la evaluación oficial de la situación nacional, para tener todos los referentes y nuevas percepciones de la realidad.

4.2 Agencias y servicios-oficinas de inteligencia de Estados Unidos de América

AGENCIAS FEDERALES:

Central Intelligence Agency (CIA) Bajo la responsabilidad directa del presidente, controla la información del exterior referente a la seguridad nacional (creada por la Ley de Seguridad Nacional de 1947).

National Security Agency (NSA) La mitad de personal es civil y la otra mitad militar. Desarrollan labores de Inteligencia, sobre todo SIGINT mediante sofisticados métodos tecnológicos (satélites, receptores de comunicaciones, informática, etc.). (Puestos de la «National Security Agency»: Ft Meade, MD. Friendship Annex (Baltimore-Washington Airport). Columbia Annex. Kent Island Domestic Intercept Station, MD. Supercomputer Research Center Bowie, MD. Misawa, Japan. Pine Gap, Australia. Yakima, WA Pacific IntelSat facility. Sugar Grove, WV Far East SIGNET facility).

Executive Office of the President
National Security Council
Senior Director for Intelligence Programs
National Coordinator for Security, Infrastructure Protection and Counter-Terrorism
President's Foreign Intelligence Advisory Board
Office of National Drug Control Policy
Chemical and Biological Defense Information Analysis Center (CBIAC)
Critical Infrastructure Assurance Office (CIAO)
Information Infrastructure Task Force (IITF)
Infrastructure Protection Task Force (PTF)
Interagency Operational Security Support Staff
National Infrastructure Protection Center (NIPC)
National Interagency Counterdrug Institute (NICI)
National Response Center
National Response Team
President's Commission on Critical Infrastructure Protection
Security Policy Board
Technical Support Working Group
Director of Central Intelligence
National Intelligence Council (NIC)
Community Management Staff (CMS)
Arms Control Intelligence Staff (ACIS)
Counterintelligence Center (CIC)
DCI Center for Security Evaluation (CSE)
DCI Crime and Narcotics Center (CNC)
DCI Counterterrorist Center (CTC)
DCI Nonproliferation Center (NPC)
National Counterintelligence Center (NACIC)
Special Collection Service
National Reconnaissance Office
National Imagery and Mapping Agency

Departamento de Defensa
Defense Intelligence Agency (DIA) (Puestos de la «Defense Intelligence Agency»: The Pentagon. Defense Intelligence Analysis Center, Bolling AFB .DOD Interagency Training Center. Clarendon, VA).

Assistant to the Secretary for Intelligence Oversight
Under Secretary of Defense for Policy
Office of Emergency Preparedness Policy
Assistant Secretary of Defense for C3I
Defense Airborne Reconnaissance Office
Central MASINT Office
Defense Information Systems Agency
National Communications System
Defense Advanced Research Projects Agency
Defense Protective Service
Defense Security Service
Defense Security Institute
US Special Operations Command Un-

Ejército
Army Deputy Chief of Staff for Intelligence
Intelligence and Security Command

US Army Intelligence Center
Office of the Surgeon General - NBC Defense
Chemical, Biological Defense Command
United States Army Medical Research Institute of Infectious Diseases (USAMRIID)
United States Army Medical Research Institute of Chemical Defense (USAMRICD)
Military Police Corps
(Puestos de la Army Intelligence: Ft Belvoir, VA.Aberdeen Proving Grounds, MD. US Army Field Station, Homestead, FL. Camp Zama, Japan, Fort Huachuca, AZ. Schofield Barracks, Hawaii)

Marina
Office of Naval Intelligence
Naval Security Group Command
Naval Criminal Investigative Service
Marine Corps
Marine Corps Intelligence Activity
Chemical, Biological Incident Response Force
(Puestos de la «Naval Intelligence»: Suitland, MD. Suitland Towers. Norfolk, VA)

Aire
Air Force Technical Applications Center
Air Intelligence Agency
9th Reconnaissance Wing
55th Wing
93rd Air Control Wing
Air Force Office of Special Investigations
Air Force National Security Emergency Preparedness Agency
Air Force Security Forces (Security Police)
(Puestos de la «Air Force Intelligence»: Kelly AFB, TX. Bolling AFB. Skyline Towers, VA. Misawa, Japan. Patrick AFB, FL. Edwards AFB, CA. Elmendorf AFB, AK. Hurlburt AFB, FL. METRO TANGO, Hahn AB, Germany. Kadena AFB, Okinawa).

Departamento de Comercio
CIAO - Critical Infrastructure Assurance Office
NIST - National Institute of Standards and Technology
NIST - Computer Security Division

Departamento de Energía
Non-Proliferation and National Security
Nuclear Emergency Support Team

Departamento de Sanidad
PHS - Public Health Service
PHS/OEP - Office of Emergency Preparedness
PHS/OEP - Metropolitan Medical Strike Teams

Departamento de Justicia
FBI - Federal Bureau of Investigation (cerca de 30.000 efectivos, la mitad Agentes especiales, abarcan más de 180 materias criminológicas y de inteligencia). Dedicada a la seguridad interior con más de 56 oficinas en todo el territorio y cuatro sedes principales. (Puestos del «Federal Bureau of Investigation»: Washington, D.C. Washington Field Offices, Washington, DC. Springfield VA. New Russian Embassy, Washington DC)

OIG - Office of the Inspector General
OSLDPS - Office for State and Local Domestic Preparedness Support
OIPR - Office of Intelligence Policy and Review
NIPC - National Infrastructure Protection Center
NDPO - National Domestic Preparedness Office
DEST - Domestic Emergency Support Team
DEA - Drug Enforcement Administration
NDIC - National Drug Intelligence Center
USNCB - U.S. National Central Bureau

Departamento de Estado
INR - Bureau of Intelligence & Research
INL - Bureau for International Narcotics and Law Enforcement Affairs
S/CT - Office of the Coordinator for Counterterrorism
FEST - Federal Emergency Support Team
DS - Bureau of Diplomatic Security
(Puestos del «State Department»: Washington, DC HQ. Diplomatic Telecommunications Service Program Office)

Departamento de Transportes
USCG - US Coast Guard
USCG - National Response Center
USCG - Intelligence Coordination Center
FAA - Federal Aviation Administration
FAA/CAS - Civil Aviation Security

Departamento del Tesoro
Office of Intelligence Support
Office of the Under Secretary (Enforcement)
ATF - Bureau of Alcohol, Tobacco and Firearms
USCS - US Customs Service
USSS - US Secret Service
FINCEN - Financial Crimes Enforcement
OFAC - Office of Foreign Asset Control
FLETC - Federal Law Enforcement Training Center
(Puestos del «Treasury Department»: Financial Crimes Enforcement Network, Tyson's Corner)

Administración de Servicios Generales
Federal Protective Service
Office of Information Security (OIS)

Administración de Archivos Nacionales
Information Security Oversight Office

Otros Puestos de las Agencias

RSOCs (Defense Civilian Cryptologics)
RSOC (Regional Security Operations Centers)
Kunia, Hawaii
Buckley ANGB, CO
Medina Annex, San Antonio, TX
Ft Gordon, GA

Bad Aibling, Germany
Menwith Hill, UK

Central Intelligence Agency
Langley, VA
Tysons Corner, Maclean, VA
Westwood
Westpark
Westgate
Westgate Research Park
Vienna, VA
Lake Fairfax Business Center
Franconia Logistics Operation Center
Wright-Patterson AFB, OH
Glebe Road, Arlington, VA
Rosslyn, VA
Camp Peary, Williamsburg VA «The Farm»
Harvey Point, VA
Warrenton, VA
Federal Records Center, Suitland MD
Groom Lake, NV «Area 51» Nevada
Washington Navy Yard

Drug Enforcement Administration
Arlington, VA
Newington, VA

National Imagery and Mapping Agency
Merrifield, VA
Bethesda, MD

National Reconnaissance Office
Washington Dulles Airport
Newington, VA
The Pentagon
Crystal City, VA
Naval Research Laboratory
Operational Support Office
Reston, VA
Area 58 - Ft Belvoir, VA
Onizuka AFS @ Sunnyvale, CA
Buckley ANGB, CO
White Sands, NM
Yampa, CO
Pueblo, CO
Andrews AFB, MD
Sugar Grove, WV

Referencias bibliográficas

ARASA, Daniel (2002): *Los españoles en la Guerra del Pacífico*, Barcelona, Laia
AUGÉ, Marc (1994): *Los <no lugares>. Espacios del anonimato*, Barcelona, Gedisa

BALFOUR, Sebastián (2002): *Abrazo mortal. De la Guerra Colonial a la Guerra Civil en España y Marruecos (1909-1939),* Barcelona, Península.
BAYO FALCÓN, Carlos Enrique: (1982): «Pearl Harbor. Estados Unidos entra en la guerra» en *Los Grandes Hechos del siglo XX*, Madrid, Ed. Orbis
BERNSTEIN, Basil (1989): *Clases, códigos y control. Transmisión de la cultura*, Madrid, Akal
BERTRAND, Maurice (1996): *La crisis del Ejército*, Madrid, Acento Editorial
BOE (1980): *Ley Orgánica 6/1980, de Criterios Básicos de la Defensa Nacional y la Organización Militar*, publicada en el BOE nº 165, Madrid, 10 de julio
BOE (1984): *Ley Orgánica 6/1980, de Criterios Básicos de la Defensa Nacional y la Organización Militar*, publicada en el BOE nº 6, Madrid, 7 de enero
BORRÁS ROCA, Luis (2002): «Asesinos en serie en España. Revisión de casos forenses-judiciales». Mesa Coloquio interdisciplinaria *Trastornos de la Personalidad (Psicopatías) y su Dimensión Antisocial,* Barcelona, Aula Magna de la Facultad de Derecho de la Universidad de Barcelona, 18 de marzo
BOUTHOUL, Gaston (1971): *La Guerra*, Barcelona, Ediciones Oikos-Tau
BREA, José Luis (1999): «El Teatro de la Resistencia Electrónica», conferencia pronunciada en los Talleres de Arte de Montesquiu, 11 de julio
BRUNI, Paolo (1997): «Interpretación del gesto gráfico e interpretación del Símbolo», en *Boletín nº 19 de la Agrupación de Grafoanalistas Consultivos,* Barcelona, Ed. Agrupación de Grafoanalistas Consultivos de España
BRZEZINSKI, Zbigniew (1977): *El gran tablero mundial*, Barcelona, Paidós
CASTELLS, Manuel, y BORJA, Jordi (1998): *Local y global; la gestión de las ciudades en la era de las comunicaciones,* Madrid, Taurus
CLAUDIO, Amalia (1986): «El fenómeno social de la Educación como fundamento de las diferencias generacionales» en *Educar 9*. Pedagogía Social, Bellaterra
COLLON (2002): «La Guerra Global ha comenzado» en *Sediciones* nº 19, Hondarribia (Guipúzcoa), Ed. Argilatxe Hiru
COMAROFF, Jean (1997): «La pesadilla de la aldea global» conferencia organizada por la UIMP
COMER, Michael (1987): *El fraude en la empresa. Manual para su detección y prevención*, Bilbao, Deusto
COULOMBE, Stephen A (1995): «El Láser Aerotransportado: Una Fantasía o una Visión hacia el Futuro», en *Aerospace Power Journal*, Base Aérea Maxwell, Alabama, otoño
DE ARCANGELIS: (1988): *Historia del espionaje electrónico*, Madrid, Ed. San Martin
DER SPIEGEL (2002): *11 de Septiembre. Historia de un ataque terrorista,* Galaxia-Gutemberg
DSM-IV-TR (2002): *Manual diagnóstico y estadístico de los trastornos mentales*, Texto revisado, Barcelona, Ed. Masson
ECO, Umberto (1984): *Apostillas al «Nombre de la rosa»,* Barcelona, Lumen
EL PAÍS DIGITAL (2002): «Unidades de Élite de las Fuerzas Especiales de los Estados Unidos de América», Madrid, El País digital
– (2002): «El soldado del siglo XXI», Madrid, El País.es
ELIAS, Carlos (2001): «El genoma abre la puerta a la guerra biológica. Alarma entre los científicos por el posible uso bélico de la nueva genómica», en *El Mundo*, Madrid, domingo, 27 de mayo
ESTRADA, Rafael; VAQUERO, Maite; AMADE, Daniel; CARRASCO, Modesto. J. (2001): «El peligro bacteriológico y químico» en *El Mundo*, sección Primer Plano, jueves 27 de septiembre
FERNÁNDEZ, L. A. (2001): «La Piel Inteligente» en *El Periódico de Catalunya*, apartado Cosas de la Vida.– Sociedad, Barcelona, lunes, 20 de agosto
FOLKARD, Claire (Editor Jefe) (2002): *Guinness World Record*, A Gullane Entertainment Company, Barcelona, Ed. Planeta

GARCÍA I, Andrés (1997): «Poética y clásica vanguardia» del Congreso Internacional de Arquitectura y Semiótica, Barcelona, UPC
GARCÍA VÁZQUEZ, José Antonio (2002): «Evaluación clínica de la peligrosidad en la Psicopatología Criminal». Mesa Coloquio interdisciplinaria *Trastornos de la Personalidad (Psicopatías) y su Dimensión Antisocial,* Barcelona, Aula Magna de la Facultad de Derecho de la Universidad de Barcelona, 18 de marzo
GARRIDO, Vicente (2002): *El psicópata*, Valencia, Algar Editorial
GOLDSTEIN, Frank I. (1996): «Las Operaciones Psicológicas. La Guerra del Golfo Pérsico» en Aerospace Power Journal, Base Aérea Maxwell, Alabama, otoño
GOLEMAN, Daniel (1996): *Inteligencia Emocional,* Barcelona, Kairós
HUNTINGTON, Samuel P. (1997): *El choque de civilizaciones y la nueva reconfiguración mundial*, Barcelona, Paidós
I.E.P (Instituto de Estudios de Policía) (1996-1997): «Demandas de seguridad y victimación» en *Ciencia Policial* nº 39, Madrid, DGP
JANÉ, Carmen (2001): «Las vacunas. Seguridad bien entendida», ladillo en el artículo «Amenaza virtual.– Los culpables», en el apartado Cosas de la vida.– Sociedad, *El Periódico de Cataluña*, Barcelona, domingo, 19 de agosto
JUERGENSMEYER, Mark (2001): *Terror en el nombre de Dios*, Madrid, Siglo XXI
KAMPFER, John (2001): «Operaciones Secretas del Ejército israelí– Los hijos de la venganza», Londres, BBC– TV
– 2001: «La Guerra Sucia: Los hijos de la venganza», Londres, BBC–TV
KEPEL, Gilles (2001): *La yihad. Expansión y declive del islamismo*, Barcelona, Península
KHALED AL-BERRY (2002): *Confesiones de un loco de Alá, Madrid,* La Esfera de los Libros
LA VANGUARDIA (2001): Sección Internacional Hong Kong (Servicio especial), Barcelona, día 20 de agosto
LAMPTON, Christopher (1994): *Nanotecnología y micromáquinas*, Barcelona, Anaya-Multimedia
MARINA, José Antonio (1997): *El misterio de la voluntad perdida,* Barcelona, Anagrama
MARTÍN DE POZUELO, E (2003): «Golpe al Terrorismo Global», en *La Vanguardia*, sección Política del sábado, 25 de enero de 2003
MAS DE XAXÀS (2002): «La trama del 11-S. Cuando fallan todas las alarmas», en *La Vanguardia*, revista, Barcelona, domingo 8 de junio
MCGREGOR, Jock (1996): «Postmodernismo: Panacea o Caja de Pandora» en *Andamio III*, Barcelona, GBU
MEAD, Margaret (1934): *Mind, self and society*, University of Chicago Press
MEYSSAN, Thierry (2002): *La gran impostura. Ningún avión se estrelló en el Pentágono,* Madrid, Ed. La Esfera de los Libros
MILLON, Theodore (2000): *Trastornos de la Personalidad. Más allá del DSM-IV*, Barcelona, Ed. Masson
MINISTERIO DE DEFENSA (1988): *Reglamento Inteligencia Táctica R-0-2-2,* Estado Mayor del Ejército, Madrid, Talleres del Servicio Geográfico del Ejército
NAJMAN, Maurice (1998): «Estados Unidos prepara las armas del Siglo XXI» *Le Monde Diplomatique*, febrero, citado en Francisco Sierra: «Sistemas de Información y Vigilancia. Nuevas tecnologías de la comunicación y control social», «Seminario Información y Propaganda de Guerra» *Programa Hispalense de Doctorado en Periodismo*, (1998-2000), Dpto de Periodismo, Facultad de Ciencias de la Información de Sevilla
O'LEARY, Jeffrey (1995): «Sorpresa e Inteligencia: Hacia un mejor entendimiento», en *Aerospace Power Journal,* Base Aérea Maxwell, Alabama, otoño
OTHMER, Eikkehard y OTHMER, Sieglinde C. (2003): *DSM-IV-TR. La entrevista clínica. Tomo I. Fundamentos*, Barcelona, Masson
– (2003): DSM-IV-TR. *La entrevista clínica*. Tomo II. Barcelona, Masson

PRATS ESTIVILL, José Mª (Coord) (1996): *Las Razas Humanas*, Vol. VII, Barcelona, Océano-Instituto Gallach

– (1996): *Las Razas Humanas*, Vol. I, op. cit.

PUENTE BALSELL, Mª Luz (1998): «El Postmodernismo: clave para la comprensión de los actuales cambios de comportamiento» en *Ciencia Policial*, Núm. 44, Madrid, Instituto de Estudios de Policía, Gabinete Técnico de la Dirección General de la Policía

PUEYO, Andrés (2002): «Tipologías de personalidad y delito». Mesa Coloquio interdisciplinaria *Trastornos de la Personalidad (Psicopatías) y su Dimensión Antisocial*, Barcelona, Aula Magna de la Facultad de Derecho de la Universidad de Barcelona, 18 de marzo

REGO, Paco (2001): «Armas que matan en silencio» en *El Mundo*, Madrid, domingo 7 de enero

SÁNCHEZ MERINA, Javier (1997): «Un significado de semiología en arquitectura» en Congreso Internacional de Arquitectura y Semiótica, Barcelona, Universitat Politècnica de Catalunya

SIERRA CABALLERO, Francisco (1998-2000): «Sistemas de Información y Vigilancia. Nuevas tecnologías de la comunicación y control social», «Seminario Información y Propaganda de Guerra» *Programa Hispalense de Doctorado en Periodismo*, Dpto de Periodismo, Facultad de Ciencias de la Información de Sevilla

– (1998-2000): «La Propaganda», artículos del Módulo de Teoría Técnica de la Información Audiovisual, del *Master Universitario en Nuevas Tecnologías, de la Información y de la Comunicación*, Dpto de Periodismo, Facultad de Ciencias de la Información de Sevilla

– (1998-2000) «La Publicidad», ídem anterior

– (1998-2000) «Persuasión», ídem anterior

SUN TZU (1971): *The Art of War*, London, Oxford University Press

TUTUSAUS, Jaime (1997): «La escritura manierista» en *Boletín nº 19 de la Agrupación de Grafoanalistas Consultivos*, Barcelona, Ed. Agrupación de Grafoanalistas Consultivos de España

– «Trastornos de la conducta alimentaria», *op.cit.*

US ARMY (1986): *Field Manual (FM) 100-5 <MI> Operations <D>*, Washington D.C., US Government Printing Office

– (1993): *Field Manual (FM) 100-5 <MI> Operations <D>*, Washington D.C., US Government Printing Office

VILLASANTE, Jesús (2002): «Protección Documental», apuntes del Programa de *Pericia Caligráfica Judicial*, Barcelona, Estudios de Tercer Ciclo de la Universitat Autònoma de Barcelona

VIÑALS, Francisco (1996): «La preocupante moda de mezclar mayúsculas y minúsculas» en *Boletín nº 17 de la Agrupación de Grafoanalistas Consultivos*, Barcelona, Ed. Agrupación de Grafoanalistas Consultivos de España

VIÑALS, Francisco y PUENTE, Mª Luz (1999) : *Psicodiagnóstico por la escritura. Grafoanálisis transaccional*, Barcelona, Editorial Herder

– (2001): *Pericia Caligráfica Judicial. Práctica, casos y modelos*, Barcelona, Editorial Herder

WHITAKER, Reg (2001): *El fin de la privacidad*, Barcelona, Paidós Ibérica

Capítulo II

ESPECIALIDADES DE LAS CIENCIAS FORENSES

Sapiens nihil afirmat quod non probet
Nada afirma el sabio que no pruebe

Una vez situado en el nuevo orden de la Defensa, el analista no debe perder de vista su posición como profesional de las ciencias forenses, precisamente porque fue en los propios Servicios Secretos donde se iniciaron los primeros descubrimientos de cada especialidad para desarrollo posterior y la aplicación generalizada en los Gabinetes de Policía Científica.

1. CIENCIAS FORENSES

Por ciencias forenses entendemos el conjunto de disciplinas cuyo objeto común es el de la materialización de la prueba a efectos judiciales mediante una metodología científica. Cualquier ciencia se convierte en forense en el momento que sirve al procedimiento judicial. La complejidad de nuevos datos ha desbordado a la criminalística como especialidad de la criminología, la tendencia actual se dirige hacia una ampliación del campo interdisciplinar por lo que continuamente se van integrando nuevas especialidades. Se distinguen entre otras:

1.1 Acústica

Análisis de Voz

Los rasgos diferenciadores en la voz son: tesitura, intensidad y timbre; y su variación está en función de aspectos anatómicos (cavidad de la laringe, nasal y bucal, etc...), de socialización (habla: uso particular del lenguaje) y anímicos.

Sistema biométrico de reconocimiento de la voz

ADEPA desde Barcelona (España) ha impulsado el desarrollo de esta técnica especialmente para transacciones económicas, asegurando un alto grado de fiabilidad.

(El hecho de que en algunos Gabinetes vaya unida la Acústica y la Lingüística es debido a la interrelación de la «fonética» como disciplina de los sonidos).

INFORME PERICIAL SOBRE IDENTIFICACIÓN DE VOZ (AMENAZAS)

Pasamos a continuación a detallarles los resultados obtenidos de análisis de las cintas de B.F. tipo microcassette MC 60 y cassette C60.

RESUMEN PROCEDIMIENTO ANALÍTICO

1.- Digitalización de la señal con los siguientes parámetros:
Frecuencia de muestreo: 44.100 mps
Bits de codificación: 16
Sonido monoaural.

2.- Las grabaciones se han sometido a distintos procesos y tratamientos para valorar y someter las grabaciones a distintas pruebas auditivas y de análisis espectral.

PROCESADO DE DINÁMICA. Igualación de niveles entre las distintas grabaciones

ECUALIZACIÓN PARAMÉTRICA DE CINCO BANDAS INDEPENDIENTES CON "Q" SELECTIVA Y CONTROL DE FRECUENCIAS ASIGNABLES EN TODO EL ANCHO DE BANDA.

CONTROL DE "STRETCH". (velocidad)

ANÁLISIS ESPECTRAL DE 20 Hz a 20 KHz .
Relación S/N 120 dB
FFT 1024 – TRIANGULAR

SONOGRAMA COLORIMÉTRICO

GRABACIÓN **EN CD Audio** de los ficheros wav:

ASI02OK.wav	AMENAZA 1
ASIC201.wav	AMENAZA 2
ASIC301.wav	AIRTEL
ASI02FIL.wav	STRETCH + ECUALIZACIÓN
ASIC302.wav	AIRTEL SIN LOCUTORA
COMPRE-MATARE.wav	MONTAJE PARA COLORIMETRIA.

CONCLUSIONES

En las imágenes, gráfica correspondiente a análisis espectral, de los archivos **ASI02FIL.wav y ASIC304.wav** se observa una gran similitud, lo que demuestra en un tanto por ciento elevado de posibilidades que ambas voces corresponden a la misma persona. Aunque no se puede afirmar de una forma categórica.

Para abundar más en el análisis, hemos obtenido un **sonograma colorimétrico**, con el que hemos podido detectar la entonación y disfunciones glotales, fig 3, con dos textos, uno correspondiente a la entrevista de Airtel y otro a la amenaza, tratados con algoritmos de variación y con las señales de audio intercaladas. Vemos con más precisión la gran semejanza entre las dos voces.

Para obtener un factor de comparación hemos grabado una voz masculina, fig 4, con su correspondiente **sonograma colorimétrico**, observamos claramente una diferencia notable en el resultado.

FIG. 2.1a. Ejemplo práctico de un Informe pericial de identificación de voz.

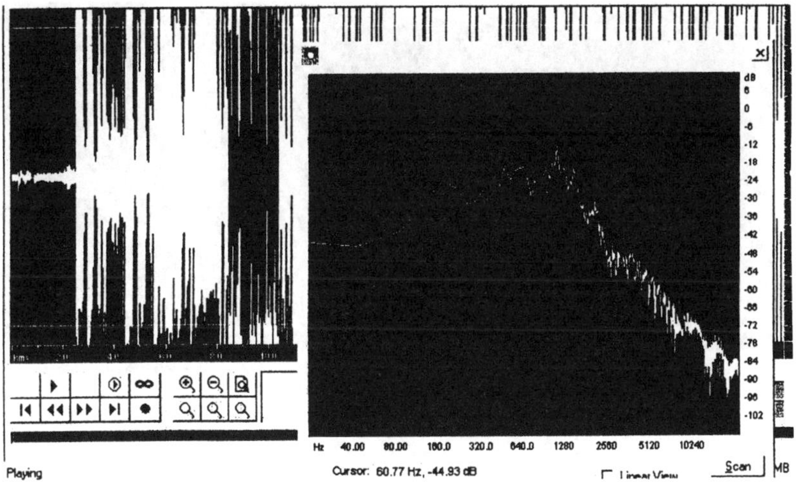

ARCHIVO ASIC304.wav
Conversación Airtel sin operadora.
CAMBIO DE VELOCIDAD, VOZ GRAVE.
"NO PORQUE LO TENGO CON TARJETA"

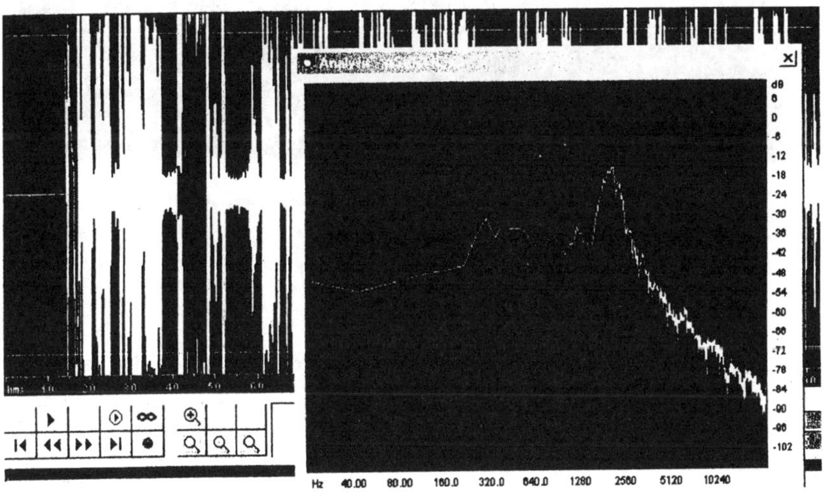

ARCHIVO ASI02FIL.wav
Amenaza
FILTRO - VELOCIDAD ++
"SE LO VOY A DECIR......"

FIG. 2.1b. (Continuación).

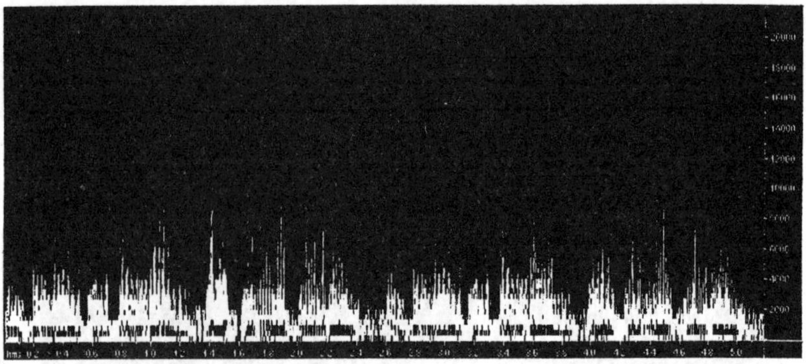

Fig. 3

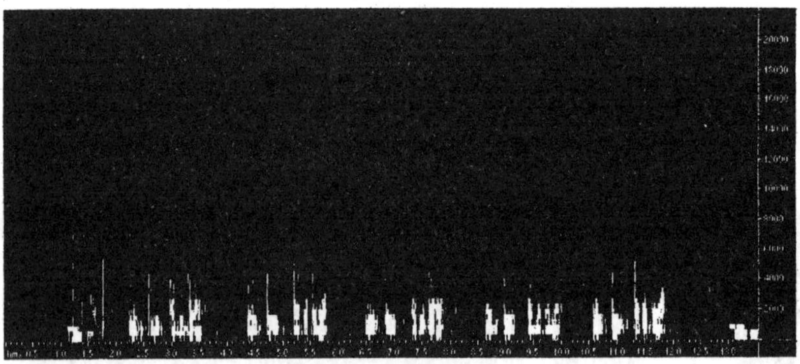

Fig. 4

La grabación de la voz del sospechoso coincide con la de las amenazas telefónicas grabadas.

FIG. 2.1c. (Continuación).

1.2 Análisis de la imagen

Fotografía Forense (Ceccaldi, 1971):

1. Filiativa: (por ejemplo: cara, frente y perfil en individuos fichados)
2. Geométrica o estereofotogrametría: Análisis de las fotografías recogidas en la escena del crimen (reconstrucción del escenario del delito).

3. Documental: Para fijar el estado de cómo se ha recibido el objeto o prueba y para la presentación del expediente judicial.
4. Comparativa: Para demostrar la identidad o comunidad de origen. Empleo de las últimas tecnologías (infrarrojo, ultravioleta y radiografía). La fotografía digital de alta calidad puede ayudar en gran medida, igual que el escáner; el problema está en el precio (en 2003 un escáner apropiado para este uso no bajaba de los 400.000 euros) por otra parte, tanto el escaneado como la fotografía digital es susceptible de ser retocada por ordenador para mejorar la imagen (o tergiversarla).

- **Vídeo** (id. anterior). En la reconstrucción del crimen se relaciona también con Infografía Forense.

Un estudio elaborado por la Escuela Universitaria Politécnica de Mataró basado en el análisis digital de detección de contornos sobre los fotogramas de la grabación de la CNN del Boeing estrellándose contra la Torre Sur del World Trade Center, indicaba la existencia de objetos cilíndricos adosados al fuselaje. De ser esto confirmado (otras versiones apuntan a un simple efecto óptico), implicaría una manipulación del avión para aumentar el potencial destructivo del mismo, y por consiguiente una mayor extensión de la trama terrorista. (Martín de Pozuelo, y Mas de Xaxas: «Boeing no aclara el enigma del segundo avión», en *La Vanguardia*, sección internacional, Barcelona, domingo 13 de julio de 2003)

1.3 Antropología forense

(Relacionado también con Biología y Medicina Legal)

- Determina la edad, raza, sexo y reconstruye la apariencia facial a partir de los restos del esqueleto. Puede emplearse tecnología avanzada para mostrar la reconstitución facial, o el progresivo envejecimiento de una persona.
- Estima el tiempo de la muerte según el estado de putrefacción de los cadáveres (estudio de los gusanos).
- Identifica a las víctimas de desastres en masa (accidentes ferroviarios, de aviación, atentados terroristas...).
- Sistema biométrico de identificación facial y corporal (destaca el Centro de Visión por computador de la UAB).

La identificación biométrica es un sistema informatizado de captura, archivo y cotejo de las características físicas, cualitativas e intrínsecas de un individuo que permiten su reconocimiento e identificación en base a la diferenciación individual de la especie humana.

El código genético es igual en todos los seres humanos en un 99,9 %, sin embargo, la diferencia mínima es tan cualitativamente significativa que permite la identificación del sujeto, puesto que sólo este 0,1 % implica unas 45.000 diferencias individuales, que en su combinación hace imposible la existencia de dos personas iguales. Dichas diferencias individuales denominadas SNPS («Polimorfismo de Nucleótidos Individuales») no son exclusivas del ser humano, ya que se producen en todos los seres vivos; su origen se determina en la concepción (combinación aleatoria de las secuencias del ADN paternos a través del óvulo y espermatozoide), y se va moldeando durante el proceso de desarrollo del embrión dentro del útero y la bolsa amniótica en base a los movimientos y la posición que el feto adopte («ruido de desarrollo»). Por ejemplo: las huellas digitales se forman por la presión que ejerce el feto con sus manos sobre la pared de la bolsa amniótica, las ondas que genera el movimiento queda impreso en las yemas de los dedos produciendo huellas dactilares específicas en cada sujeto (Sánchez, 2002).

Los sistemas de identificación biométrica se pueden configurar para verificar (comprobación de identidades concretas previamente determinadas) o identificar (procesos de búsqueda de cualquier identidad sobre un número complejo) la identidad de una persona. El flujo de información internáutico sobre datos personales requiere un tratamiento criptográfico que asegure su confidencialidad, y evite usurpaciones de identidad (2002; Brown, 2000).

Identificación facial

Se realiza en virtud de las diferencias individuales (dimensión, forma y disposición) de los rasgos faciales: cráneo y cara, ojos, nariz, labios, orejas, señales particulares...

En la actualidad existen en el mercado diversas cámaras de video, por ejemplo la FACE GRAB que memoriza y coteja hasta 80 características de la fisonomía humana. Esta técnica es empleada en la seguridad de edificios, aeropuertos (Islandia)...

En Estados Unidos, el Instituto Nacional de Justicia subvenciona entre otros, un programa de reconocimiento facial por cámara oculta dirigido por el fisonomista George Davis que consiste en la captura de la imagen de un rostro, la búsqueda en el archivo de fotografías y la elaboración de un listado de fotografías coincidentes. El software incluso es capaz de discriminar con elementos distorsionadores como la barba, bigote, gafas de sol, pelucas o postizos (2000).

El Centre de Visió per Computador de la Universidad Autónoma de Barcelona, está a la vanguardia de las investigaciones en la identificación biométrica del rostro.

Identificación de la mano

Se efectúa mediante una cámara que recoge imágenes en 3D de las siguientes variables: líneas y venas; dimensión (longitud / anchura) y forma de la palma, falanges y dedos de la mano.

Identificación del iris

A finales del siglo XX la empresa Senex lanzó al mercado un escáner de iris denominado TrueEye que captaba y cotejaba un gran número de variantes en el iris (se distinguen hasta 200), pese a las críticas recibidas por posibles lesiones oculares, varios países lo están aplicando experimentalmente en la identificación de presos (EEUU), en la seguridad de edificios, aeropuertos (Inglaterra), o en los cajeros automáticos de los bancos (EEUU, Inglaterra, Japón).

En 2003 todavía había reticencias por tratarse de una tecnología con rayo infrarrojo que no había alcanzado todavía los niveles de seguridad para el ojo, por lo que su aplicación comercial podría verse afectada por demandas millonarias.

Identificación de la retina

Se fundamenta básicamente en el torrente sanguíneo del globo ocular como elemento identificativo.

1.4 Arquitectura forense

- Estudio de la estructura
- Accidentología

1.5 Arte

Se requiere un equipo interdisciplinar de profesores y se emplea un software de ordenador y técnicas de alta tecnología. (Véase nuestra anterior obra: *Pericia Caligráfica Judicial, Práctica, casos y modelos*, Ed. Herder, 2001.)

1.6 Balística

(Relacionada también con la Física y la Ingeniería forense)

- **Identificación de armas de fuego** (cartuchos, vainas, modelos de estriación, pólvora y objetos impregnados del residuo de la descarga...): Utilizan los mismos principios que los especialistas en marcas de herramientas. Resulta muy adecuado el microscopio de comparación, a fin de comparar al mismo tiempo la muestra del impacto con otras muestras de las armas sospechosas, asimismo muchas veces es necesario realizar disparos de prueba en una galería adecuada a tal fin o en bañeras especiales para reproducir el efecto del impacto.
- **Balística de la herida**: Análisis del modelo de herida (en desarrollo).
- **Análisis de activación de neutrón:** Electroforesis de capilaridad o empleo de una sustancia ácida nítrica sobre la palma de una mano que presuntamente ha disparado un arma, para comprobar sus niveles de antimonio, bario, etc..., y así detectar si ha disparado un arma recientemente.
- **Marcas de herramientas e impresiones:** Esta técnica basada en numerosos principios comunes a la identificación de armas de fuego, estudia las marcas (lanzamiento, golpes...) en superficies blandas o duras realizadas por distintas herramientas: martillos, mazas, palancas, destornilladores...

1.7 Biología y Química forense

Análisis de manchas de sangre, fluidos corporales, vello, pelos, fibras, ADN, y especies botánicas (relacionado también con Física e Ingeniería forense).

- **ADN:** Consiste en aislar segmentos de la cadena de ADN (ácido desoxirribonucleico) y detectar las variaciones individuales; se puede realizar a través de muestras de sangre, pelo (arrancado: determina el ADN-nuclear; caído/cortado: el ADN-mitocondrial), saliva, semen, restos óseos, pulpa dentaria, tejidos blandos y uñas.

El análisis de ADN es una de las pruebas más concluyentes, si bien las muestras de ADN son muy sensibles a las condiciones ambientales (sequedad, humedad...), además de costosas (unos 2.405 euros del año 2002). Se aplica en sospechosos, identificación de cadáveres, relaciones de parentesco y paternidad; asimismo ha contribuido a la identificación de personajes históricos como el zar Nicolas II y su familia, el pequeño Luis XVII –hijo de Luis XVI y Mª Antonieta–, Jesse James, y, Eston Hemings Jefferson –hijo de Thomas Jefferson y la esclava Rally Hemings–. En la guerra contra Iraq de 2003, los americanos, al disponer de ADN de Saddam Hussein, iban tomando muestras de cadáveres de presuntos dobles del «rais» iraquí encontrados en edificios y búnkeres.

Servicios policiales avanzados, como el FBI o la Special Branch, vinculada al DIS (antes MIS), recogen una muestra de saliva de los detenidos y sus datos de ADN quedan ya registrados en los ordenadores del servicio de ciencias forenses. Un banco de datos exhaustivo y un análisis instantáneo del ADN posibilitarían la detección inmediata del sospechoso, es por ello que en los Laboratorios Nanogen de San Diego (USA) están trabajando en la línea de reducción y automatización de las operaciones del ADN, para lograr en el plazo máximo de 1 a 2 años un aparato portátil de ADN que permita el procesamiento en el mismo lugar de los hechos. Al mismo tiempo se están efectuando investigaciones interdisciplinares como la elaboración de un retrato robot a partir del perfil del ADN, con lo que no sólo se identificaría al sospechoso sino que al mismo tiempo se tendría su descripción física, simplificándose su búsqueda y captura (2000).

Investigaciones contra el cáncer y otros alcances:

Existen unos «marcadores» que diferencian y hacen que se ataque selectivamente las células malignas, la otra cara de la moneda es su utilización en guerra biológica para exterminar determinadas etnias o grupos, en este caso no se produce un ataque indiscriminado de las células sino que busca la composición programada y se activa cuando la encuentra (por ejemplo los caucasianos tienen distinta forma de asimilar la lactosa y ello se aprecia en el ADN, diferenciándose de otras razas: india, negra, etc).

«En el genoma llevamos huellas de nuestro pasado evolutivo; se trata, simplemente, de observar nuestro ADN para ser capaces de recuperar nuestra propia historia. La cantidad de información del genoma de un ser humano es enorme: más de 3.000 millones de unidades básicas de información genética (los cuatro nucleótidos: A, T, C y G), de los cuales sólo un 1,5% llevan información para sintetizar proteínas, es decir, para formar nuestro organismo. El resto, sin una función específica que conozcamos, es material genético modulado por el paso del tiempo y que lleva, con escasas restricciones, la información de nuestro pasado» (Jaume Bertranpetit, catedrático de Biología, Universitat Pompeu Fabra).

- **Pelo, análisis de fibra y sudor:**

  Pelo: Aplicación de técnicas: Espectografía (absorción de la luz por una sustancia) y Cromatografía (reacción química de una sustancia).
  Fibra: Uso de microscopio.
  Sudor: Individualización por radiación sincrotrón o por cromatografía de gases.

- **Toxicología:** Estudio de venenos, narcóticos, sangres u otros fluidos corporales, drogas, identificación e intoxicación etílica: instrumentos de control, ejercicios de sobriedad, mirada horizontal, incapacidad de los ojos.
- **Análisis componentes explosivos**
- **Entomología Forense:** Estudio de insectos (larvas, gusanos, moscas...): hábitats, ciclos de vida y hábitos, que pueden ser de utilidad en la investigación criminal.
- **Alimentos:** Análisis de restos de alimentos.
- **Agricultura Geológica y Química** Análisis de las características identificativas (densidad, propiedades, origen...) de la tierra, arcilla, arena...

MUESTRA : CAMISA
FECHA : 04.06.95

1.MUESTRA

Camisa con manchas de tono rosado sospechosas de maquillaje

2.BASE ANALITICA

Comprobación de que la mancha sea de maquillaje, en base al componente graso de la mancha.

3.RESULTADOS

Efectuamos el análisis de la composición de la grasa de la mancha obteniéndose lo que se llama un cromatograma de ácidos grasos o, lo que es lo mismo, un perfil de composición de la grasa de la mancha. También se ha efectuado un cromatograma de otra muestra de maquillaje que será el cromatograma de referencia. Los maquillajes ,en general, tienen una composición de ácidos grasos similares.

	MANCHA CAMISA	REFERENCIA
LAURICO	4.05 %	7.03 %
MIRISTICO	1,51 %	4.97 %
MIRISTICOLEICO	2.04 %	5.31 %
PENTADECANOICO	0.72 %	2.63 %
PALMITICO	43.26 %	28.27 %
PALMITOLEICO	0.66 %	24.97 %
MARGARICO	0.81 %	1.27 %
MARGAROLEICO	6.27 %	3.57 %
ESTEARICO	28.46 %	15.47 %
OLEICO	4.23 %	0.59 %

4.CONCLUSIONES

Por los resultados de la mancha analizada, supuestamente de maquillaje, de la camisa, se puede considerar que su origen es maquillaje. La posibilidad de que sea otro componente es muy remota dada la similitud de los resultados de los dos cromatogramas de ácidos grasos.

FIG.2.2. Ejemplo de un informe sobre mancha de presunto maquillaje (asunto de infidelidad conyugal).

1.8 Dactiloscopia

Huellas latentes recogidas de la escena del crimen que posteriormente son cotejadas a través del programa AFIS o derivados del mismo. Actualmente, en vez de utilizar reactivos, lo más habitual es la fotografía directa con la aplicación de un emisor de láser o también ultravioleta.

Sistema biométrico de identificación de huellas. En los laboratorios de Policía Científica es el procedimiento (Sistema Automático de Identificación Dactilar –SAID–) más utilizado en la exculpación/inculpación de sospechosos, identificación de cadáveres, etc..., puesto que los equipos actuales permiten una identificación dactilar muy rápida, fiable y económica.

En 1997 los cuestionarios oficiales de declaración de nacimiento en los Registros Civiles incorporaban las huellas dactilares del recién nacido, poniendo en práctica las recomendaciones derivadas de los arts. 2 y 3 de la Declaración Universal de los Derechos Humanos en orden al reconocimiento de la personalidad jurídica, así como del artículo 8 de la Constitución de las Naciones Unidas sobre los Derechos del Niño, ratificada por España el 30 de noviembre de 1990, dotando de una mayor protección jurídica a la identificación.

Actualmente se está investigando con material miniaturizado (portátil) que facilitaría las identificaciones policiales desde cualquier punto, por ejemplo existe en el mercado un autentificador de huella digital con sensor óptico y escáner que identifica hasta 500 puntos de la huella. Igualmente, dos empresas de alta tecnología, Siemens y Polaroid, han incorporado un escáner de dedo al ratón del ordenador para acceder a áreas virtuales restringidas en sustitución de las claves de acceso. También aplicable en la seguridad de edificios. Como contrapartida está el caso del matemático Tsutomu Matsumoto que engañó a 11 lectores de huellas con un dedo de gelatina consiguiendo el relieve por un circuito impreso a partir de la impresión en papel transparente mejorada por PhotoShop después de obtener la marca fotografiada digitalmente de la huella en una superficie de cristal con la ayuda del adhesivo de cianoacrilato («Super Glue»).

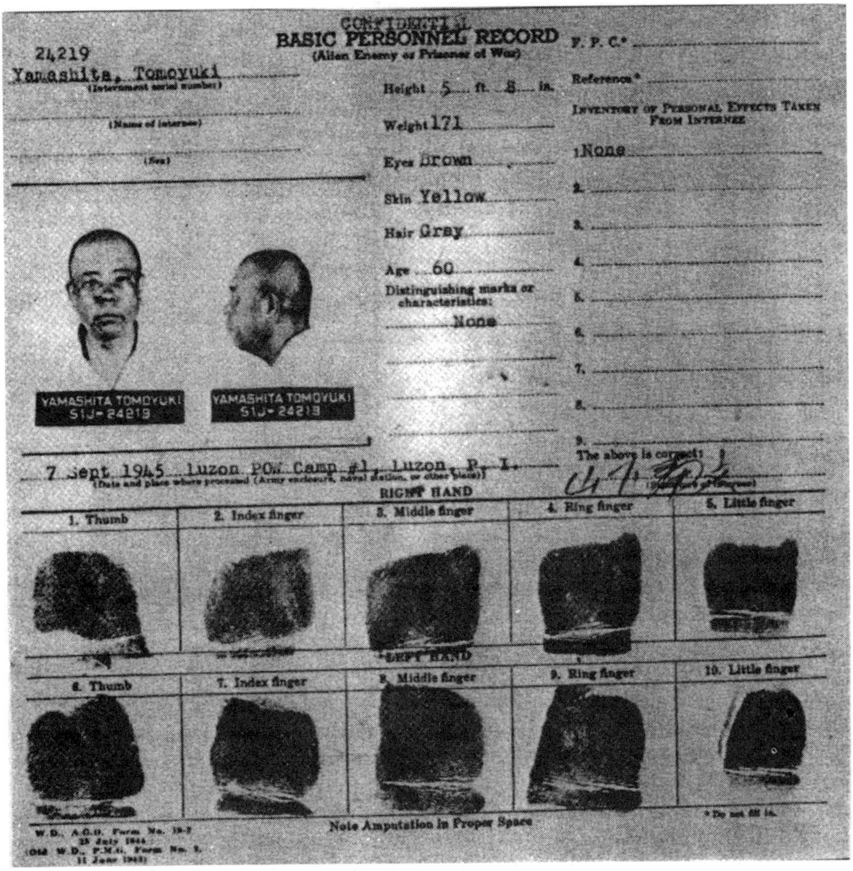

FIG. 2.3. Ejemplo de ficha de prisionero de guerra. General Tomoyoki Yamashita, fichado como prisionero de guerra, 1945.

1.9 Documentos Cuestionados

1.9.1 ESPECIALIDADES INTERRELACIONADAS:

1.9.1.1 Documentoscopia

Estudio de todo tipo de soportes –y sus elementos constitutivos– que *corporicen datos, hechos y narraciones* con función probatoria.

1.9.1.2 Grafística: Estudio de la escritura (grafismo)

A) Manuscrita:
   Grafopsicología: Interpretación psicológica.
   Grafopatología: Médico-patológico.
   Pericia Caligráfica: Identificación autorías.

B) Mecanográfica o tipográfica (imprenta/diseño gráfico):

Características de fábrica y personales (por el uso y abuso) de la máquina.

Estilo personal de teclear y redacción: puntuación, longitud de líneas, sangrado...

1.9.1.3 Material - instrumental de oficina

Estudio de los aparatos y máquinas generadores de documentos escritos: máquinas de escribir (dedal, margarita...), fotocopiadoras, impresoras, ordenadores, sellos de goma, caucho...

1.9.1.4 Marcas y patentes:

Estudio de productos manufacturados (marcas y modelos) y sus características individuales e identificatorias en los procesos industriales de fabricación:

Crítica a la tarjeta de crédito inglesa

La sustitución de la firma del usuario por un PIN de cuatro dígitos, por una parte anula la confirmación de voluntad personal que plasma el contratante de una forma expresa con su firma manuscrita, personal e intransferible, no ocurre así con el PIN, el cual puede utilizar cualquier persona distinta del titular con el simple conocimiento de dicha numeración, no siempre conseguida con su autorización (la operación no será reservada como ocurre en los cajeros automáticos). Resultaría más efectiva la incorporación obligatoria de la fotografía en todas las tarjetas de crédito que este sistema que concede tantas facilidades a la delincuencia de las nuevas tecnologías, ahora bien, desde el punto de vista jurídico, la ausencia de la firma estampada no es fácilmente subsanable en la demostración de la titularidad ante la pretendida transacción, lo cual complicará todavía más las relaciones entre el comercio y la justicia.

Crítica al sistema biométrico de identificación de la escritura manuscrita

En los últimos años han proliferado en el mercado las plantillas o tableros recogedores de firmas acompañados de un marketing tendencioso por la exageración de su fiabilidad y que está notando su reacción en diversos medios jurídicos por manipulaciones y abusos de su utilización. Seguidamente expongo la primera publicidad que recibí hace años de este sistema:

Falta de garantías técnicas y jurídicas del denominado «Sistema biométrico para captura y verificación de firmas».

–Cyber–SING SISTEMA BIOMÉTRICO PARA CAPTURA Y VERIFICACIÓN DE FIRMAS (Macroservice, 1998): «Cyber-SING introduce el primer sistema biométrico que permite la identificación de una persona mediante la captura y verificación de su firma. Gracias a la tecnología biométrica desarrollada por Cyber-SING, cuando la persona firma sobre un pequeño tablero digitalizador, su firma es capturada y comparada con la original digitalizada anteriormente. El análisis reconoce la presión ejercida, tipo de trazo, velocidad de la firma, orden del trazo, recorridos aéreos y los compara con la original, validando o rechazando la firma, con independencia del tamaño de ésta. Además cuenta con rutinas de aprendizaje, que contemplan las pequeñas variaciones de las firmas a lo largo del tiempo. Las firmas analizadas pueden ser de cualquier tipo, tamaño o lenguaje ya que Ciber-SING reconoce cualquier tipo de carácter, gráfico, símbolo o combinaciones de ellos».

Es cierto que los avances en la investigación militar, la cual da las pautas de desarrollo a la investigación policial, ha proporcionado unos medios de identificación biométrica altamente fidedignos en elementos cuasi-estables como son el ADN, la retina, el iris, las ondas-calor, etc., pero sería una frivolidad añadir la letra en este mismo saco. En la escritura intervienen demasiados elementos de la psique, no es únicamente biométrica, lo será mínimamente respecto a los factores psicofísicos de naturaleza biológica o temperamental, pero la intervención de la inteligencia y la cultura en su elaboración abstracta, se traduce en una complejidad no cuantificable como lo sería el reflejo de un producto derivado de un elemento estable, por ello han fracasado todos los métodos grafométricos en la identificación gráfica; la escritura es una onda, la proyección de un proceso, móvil como la personalidad y sus circunstancias. Una cosa es la captura de notas del bolígrafo electrónico (por ejemplo: sistema eBeam), incluso reconocer la tipografía, y, llegar a reconocer determinados aspectos (todos los usuarios de ordenador reconocemos los avances del OCR o sistemas de lectura particularmente útiles en el escaneado), la otra es pretender una fiabilidad absoluta en la personalización intrínseca de la autoría con tres parámetros (aunque se disfracen con múltiples intensidades numéricas de valoración percentil), y ello no quiere decir que en un futuro no se pueda ver realizado este sueño de las Cajas de Ahorros y entidades bancarias, pero de momento todos los intentos han fracasado (Viñals y Puente: *Pericia Caligráfica Judicial*, Barcelona, Herder, 2001). No sabemos todavía si al superordenador *ASCI White* o sus derivados se les podría enseñar a pensar en este sentido, pero por ahora la máquina no aprende a captar la onda, lo peculiar en el ritmo y movimiento, lo que hace es utilizar algoritmos de sustitución sobre los datos que no tiene, por lo tanto inventa fórmulas no fidedignas, da versiones mucho más subjetivas que la intuición trabajada del perito experimentado.

Cyber-SING y métodos derivados se basan en análisis de los siguientes factores:

ESTILO DE TRAZO: Se refiere a la forma (lo más imitable). La forma es la tipografía o apariencia externa de la construcción gráfica, es uno de los nueve aspectos a considerar en cualquier estudio de identificación grafonómica, y es donde se concentra más la atención del falsificador y también del autor (autofalsificación).
VELOCIDAD Y TIEMPO: Forman parte del mismo aspecto gráfico y son condicionales en términos absolutos, únicamente analizables en su propia relación o contexto.
PRESIÓN: Cierto que la presión es un aspecto decisivo en pericia caligráfica, pero siempre desde la perspectiva grafonómica, no grafométrica. No existe una sola presión en un individuo, existen unos datos de tensión, calibre y profundidad que son válidos cuando aparecen unas constantes ente sí, homologables a otros momentos distintos, a otras presiones diferentes de la propia persona que pulsa según instrumento, circunstancias, etc. En muchas peritaciones actuales, con el uso de rotuladores finos, es más importante la tensión que la profundidad.

La utilización del tablero recogedor de firmas tiene un efecto más disuasorio que realmente fidedigno. Ciertamente, es más difícil que el que haya estampado la firma en la tabla, ante el desconocimiento de la realidad técnica, se atreva a negar su firma posteriormente, pero también es cierto que cada vez aumentan más los casos de personas que se niegan a consignar su firma en este tipo de tableros por la falta de garantías en su posterior manipulación o utilización, y el mundo jurídico es el que está alertando del posible abuso de estos programas. Debe tenerse en cuenta que la firma no ha quedado estampada a modo de original que tiene el efecto de documento por una voluntad afirmada en el espacio-tiempo, por el contrario, se ha convertido en unos datos matemáticos susceptibles de cambios, manipulaciones, propias de los programas informáticos, sin entrar en la posible reproducción de dicha firma sin la debida autorización, o su empleo en un contexto o fines distintos a los previamente acordados.

Bolígrafo reproductor de firmas

Ya teníamos notícias de que en EEUU se comercializa una especie de pantógrafo con el que se puede reproducir la firma, la cual se repasa siguiendo el surco de un huecograbado metálico de grandes dimensiones (fabricado a partir de la firma encargada) quedando la firma definitiva del otro lado del pantógrafo dibujada a tamaño normal en el papel, y este artilugio, sorprendentemente lo utilizan de forma habitual y totalmente ingenua algunos empresarios con la confianza depositada en sus secretarias, las cuales van estampando la firma de su jefe... éste método artesanal va siendo sustituido desde hace ya unos años por un bolígrafo que lleva incorporado un microchip con capacidad para grabar los movimientos e intensidades de la firma que se estampara, de tal manera que aplicando una clave e incorporando el bolígrafo en un soporte especial al efecto, el instrumento reproduciría aquella firma grabada en cualquier documento. Claro está, en este caso desconocemos la eficacia de estas reproducciones, aunque suponemos que serán mejores que las de un *plooter* y si es así realmente pueden provocar graves perturbaciones en la identificación.

Uno de nuestros compañeros peritos calígrafos andaluces, renombrado perito médico-psiquiatra, nos comentó que a raíz de la aparición de este bolígrafo ya no se cumplirá el principio de grafística por el que «cuando dos firmas son exactamente iguales una de ellas es falsa», primero nos hizo dudar, pero finalmente concluimos que no, que no deja de ser una reproducción como lo sería un sello de la firma, pero él añadió: parece ser que en los países anglosajones se acepta la firma estampada por este bolígrafo como auténtica. Aquí ya nos pareció una aberración jurídica sin calificativos; en primer lugar y puesto que no cabe en nuestra imaginación que alguien de forma voluntaria se preste a grabar su firma en el bolígrafo para que luego se pueda ir estampando su firma en cualquier documento, sólo hay que pensar en la posibilidad del engaño al pobre incauto o de que alguien sea coaccionado por motivos de trabajo o simplemente criminales para grabar su firma y el depositario del bolígrafo se convierta en el dueño de la voluntad del firmante ¿es válida dicha firma? No, pues no ha sido estampada del puño y letra del que la autoriza.

Exhortamos a todos los compañeros profesores, peritos, juristas y expertos en escritura a que tomen conciencia de las repercusiones de este tipo de tecnología respecto a nuestra profesión y alertasen en la medida de lo posible a los gobiernos de sus países, asesorándoles sobre las posibles consecuencias criminógenas.

Bolígrafo con memoria digital

En el mercado existe un bolígrafo digital (Logitech Digital Pen iO) con capacidad para almacenar 50 páginas escritas (reproducen el manuscrito en la pantalla del ordenador o puede imprimirse como si se tratara de un escaneado o foto digital) que pueden enviarse a cualquier ordenador por internet a través de ondas de radio de corto alcance (sistema Bluetooth). Este útil inscriptor se emplea asimismo sobre un papel digital cuadriculado (2x2 mm), que indica su posición exacta, en base a un esquema de puntos diferente según la parte que se esté observando (Folkard, 2002). Este sistema no tiene nada que ver con el bolígrafo reproductor de firmas, es como la pizarra electrónica pero mucho más asequible, ahora bien, su posibilidad de manipulación (variaciones de frases o líneas) hace que no pueda considerarse fidedigna la reproducción, por lo tanto desde el punto de vista jurídico no tiene las garantías de validez como documento original estampado de puño y letra en un soporte estable.

1.9.2 EJEMPLOS PRÁCTICOS DE INFORMES

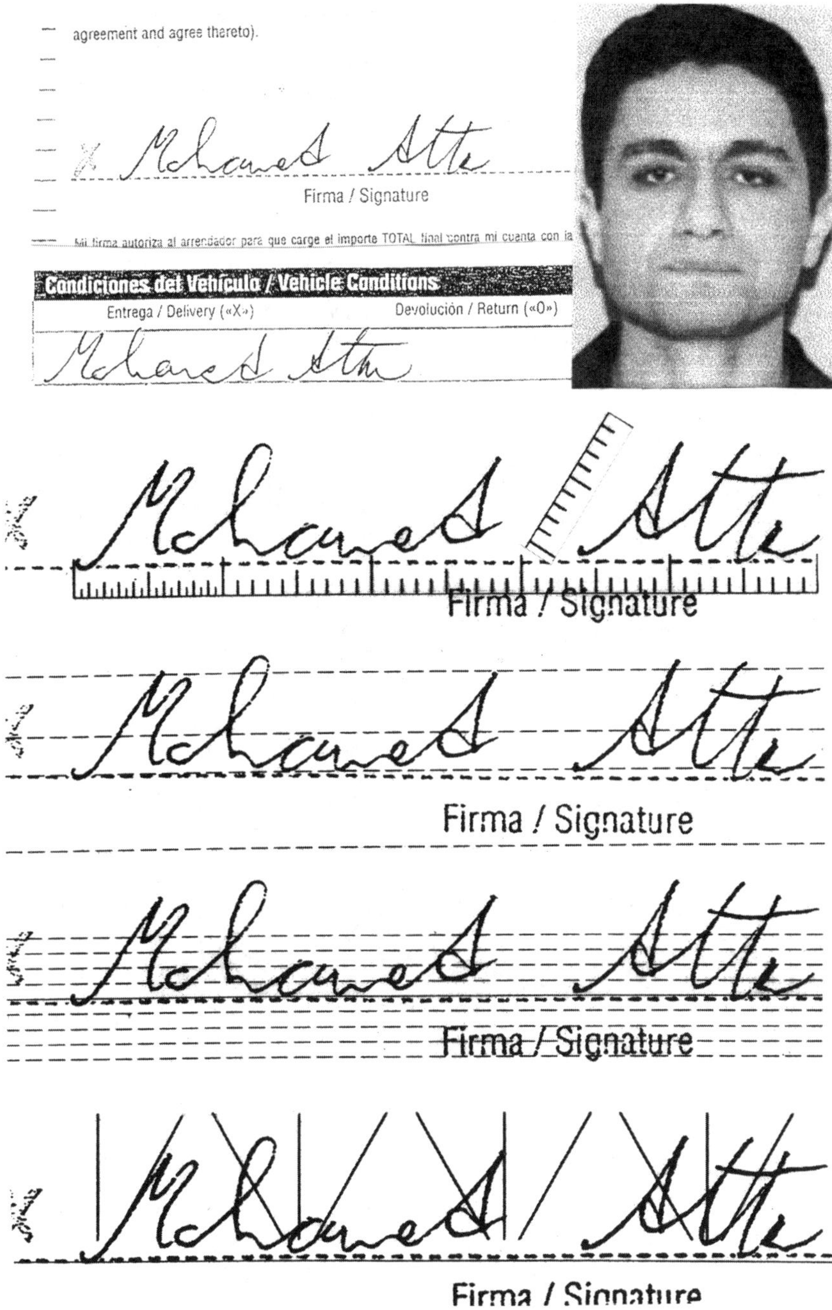

FIG. 2.4a. Ejemplo de análisis grafopsicológico sobre escritura de Terrorista: (Confeccionado expresamente para los Informativos de la Televisión de Cataluña-TV3).

GRAFOANÁLISIS DE MOHAMED ATTA

Dominantes gráficas (grafonomía)
-hampas elevadas (sobrealzada)
-zona media fuctuantes de dimensiones y orientación lineal
-presión irregular (firmeza-fluidez, desplazada, acerada)
-caligráfica (germánica e inglesa) con trazos originales
de orientación inversa (letra "d" y "t" en "l" con ojal).
-ligada, rápida con inhibiciones y aceleraciones
-abreacción superior
-barras largas, con presión y avanzadas
-trazos y finales en diagonal ascendente

Egograma psicoanalítico de Dr. Eric Berne - Dr.Viñals-Dra.Puente (AT)
PC: 19 % (padre crítico / -eneagrama: 8-)
NA: 18 % (niño adaptado / -eneagrama: 6-)
NAR: 17 % (niño adaptado rebelde /-eneagrama: 5-)
....
NL: 14 % (niño libre)
A: 10 % (adulto
P: 9 % (padre)
PN: 8 % (padre nutritivo)
NAS: 3 % (niño adaptado sumiso)
pp: 3 % (pequeño profesor)

Síntomas relacionados con los trastornos de personalidad Dr. Theodore Millon:
-Narcisismo compensador
-Dependencia
-Obsesión-evitación
-Hipersensibilidad del Yo (de tipo paranoide)

Grados de tensión-dureza del Dr. Pophal
Grado IV: 35 % (IVa 15, IVb 20)
Grado V: 26 %
Grado I: 18 %
Grado 2 : 10 %
Grado 3 : 8 %
Temperamentos Dr.Periot- Prof.. A. Vels
Vector N : 39 % (nervioso)
Vector S : 24 % (sanguíneo)
Vector B : 23 % (bilioso)
Vector L : 14 % (linfático)
Función psíquica Dr. C. Jung- Prof. A. Vels
Intuir: 40 %
Sentir: 37 %
Pensar: 12 %
Percepció: 10 %
Actitud Vital Dr. C. Jung- Prof. A. Vels
Extrav.: 52 %
Introv.: 48 %
Base caracterològica Heymans-Le Senne - Vels
E: 65 % nE: 35 % (nivel emotividad)
A : 70 % nA : 30 % (nivel actividad)
P : 60 % S : 40 % (nivel resonancia)

Firma / Signature

FIG. 2.4b. (Continuación informe presentado en TV3).

1.9.2.1 Ejemplo de análisis grafopsicológico sobre escritura de terrorista: Notas de personalidad por grafoanálisis de Mohamed Atta

Las dos firmas pertenecientes a Mohamed Atta que a continuación se muestran han sido contrastadas con más material gráfico, y por la identificación y calidad de sus rasgos nos sirven para la exposición. Además hemos de tener presente que Mohamed Atta de 33 años ostentaba una amplia cultura occidental reflejada con elementos de la caligrafía germánica e inglesa; si hubiera estudiado en España posi-

blemente estamparía una rúbrica, pero el hecho de firmar con letra como los americanos nos facilita este pequeño retrato de personalidad por grafoanálisis.

La escritura de Mohamed Atta refleja contradicción. Desde el punto de vista temperamental y psicofísico, nos encontramos con una fluidez irregular que incorpora tanto momentos de tensión (firmeza, resistencia) como momentos de flojedad (pérdida de la autoconfianza por sí mismo), rasgos expansivos y barras imperiosas (valentía, atrevimiento), finales largos (decidido y temerario contra las dificultades) con aguja (agudo, pinchante, susceptible) y rasgos inhibidos y rotos (inseguridad, vacilación-tensión del aquí y ahora), puntos iniciales (ansiedad en el momento que tiene que actuar, cálculo meticuloso, examen instintivo del terreno); aparecen perfiles o movimientos ascendentes que ocasionalmente demuestran una presión desmesurada en relación a los plenos o bajadas, este desplazamiento de la presión puede potenciar el aumento de la agresividad y la dificultad de armonizar el temperamento (el predominio nervioso y sanguíneo no concilia bien con el bilioso, por esto destaca también el grado IV de Pophal en sus dos vertientes). Las mencionadas irregularidades con presión desplazada y los bucles indebidos (por ejemplo: eje geotrópico superior de la «t») podrían añadir una idealización anormal de la sexualidad (¿homosexualidad latente?). A pesar de ello, intenta constantemente dominarse, y puede causar una apariencia externa de autocontrol de la emotividad.

Atta dispone de fuerza de voluntad, tendencia a la continuidad, la disciplina y el método, vemos la cohesión, la adaptación a la caligrafía, y, al mismo tiempo la elevación de los ejes verticales (hampas) propio de la aspiración a un estatus superior y la receptividad de los óvalos (abiertos por arriba), influenciabilidad a la idealización, que, unido con lo que hemos comentado, fácilmente lleva al fanatismo, sobre todo si falla la sociabilidad (zona media defectuosa, rasgos de presión ascendente, agujas).

Probablemente Mohamed Atta poseía un coeficiente intelectual muy elevado, la ejecución de un trazo con cierta velocidad de toda la firma nos lo demuestra, pero le falta inteligencia emocional o social, la zona media contiene deficiencias importantes, además los prejuicios propios de la escritura caligráfica le impiden asumir otros conceptos que afecten al «yo» que los ya idealizados (elevación ejes y abreacción), caligrafía contradictoriamente unida a la búsqueda de la originalidad (letra «d» *à rebours*), convirtiéndolo en un instrumento perfecto para un líder radical debido sobre todo a los conceptos aprendidos por Atta en su infancia y adolescencia.

Siguiendo la tipología psicoanalítica de Berne, obtenemos un tanto por ciento elevado de «Padre Crítico» (impositivo, dominante) con un también destacado «Niño Adaptado» (dubitativo, verificador, dependiente), seguido del «Niño Adaptado Rebelde» (refractario), es por eso que sabe obedecer y al propio tiempo es también apto para mandar.

En resumen, la letra de Mohamed Atta no es la que acostumbramos a ver en los asesinos, sino la de una persona que no quiere ser como los demás, pretende ascender, llegar a un estatus importante, es como si pensara: «Algún día seré alguien importante» (trasladable en su filosofía a la vida futura); no es un líder, porque carece de la seguridad personal propia, pero sí es un buen ayudante. Necesita alimentarse de la fuerza del líder para poder sentirse fuerte y desarrollar sus íntimas convicciones, esto sí, contaminadas por el prejuicio («Adulto» contaminado por el «Padre» –análisis transaccional–), y, es así como esta víctima del fanatismo se convierte en un elemento de destrucción hacia la sociedad que odia, que de hecho es toda, pero la idealización confusa le facilita la canalización de todos los sentimientos de culpa por querer ser diferente y superior, siguiendo escrupulosamente las directrices que formalmente le han vendido como espiritualidad.

1.9.2.2 Ejemplo de dictamen grafológico para demostración de secuelas por accidente: Grafoanálisis relativo a Isabel

Las anormalidades de la salud se presentan con preferencia en la presión y en la dimensión gráfica, porque, como es natural, afectan a la intensidad y a la irradiación de onda de la energía psíquica y nerviosa.

Observando la escritura de la examinada realizada antes del accidente, se aprecian los trazos firmes, seguros y con una espontaneidad dinámica que no se observa a partir del mismo.

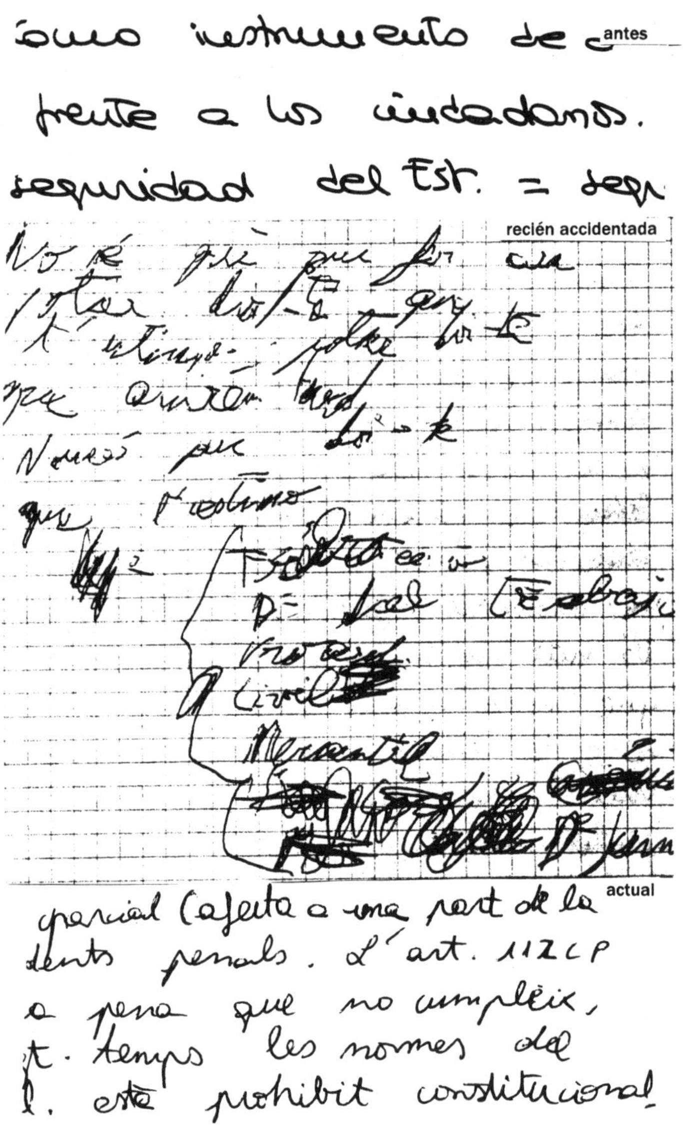

FIG. 2.5. Variaciones de letra por lesiones en accidente.

El orden espacial ya demuestra una capacidad organizativa y de equilibrio mental y social.

La escritura amplia y la tendencia invertida así como la abreacción levógira podrían detectar un cierto apego al pasado y a la madre, una cierta avidez afectiva, ahora bien por la dirección rectilínea, la presencia de guirnaldas, la presión firme suave y el equilibrio de los vectores gráficos demuestra una madurez y un excelente nivel de voluntad.

La dimensión extensa supone una buena capacidad expansiva, una seguridad de sí misma frente a ambientes desconocidos.

Todo ello no se aprecia ya después del accidente, recién producido éste pierde todo control entre lo físico y lo mental, existe como una asociación, la examinada es incapaz de elaborar bien una idea; la concibe pero no puede definirla, es como si se hallara en las nubes y no fuera capaz de tener los pies en la tierra. Capta la esencia de las cosas pero no puede traducir materialmente lo captado y por otra parte es consciente de su dificultad, y posiblemente por ello desarrolla una tendencia obsesiva a la idea fija que tenía latente ya antes del accidente y que, en este caso, le ayudaría a recuperar algunas de sus facultades.

En su estado actual, los principales aspectos gráficos alterados son los siguientes:

Trazado brisado: Se caracteriza por un corte repentino o rotura del trazo que se debe a un pequeño «fallo» del fluido nervioso y que se produce sin que el escritor tenga conciencia de ello (sólo a posteriori puede volver sobre el brisado corrigiéndolo mediante un retoque). Los brisados, en general, son la expresión gráfica de un espasmo. Éste puede ser de tipo coronario, hormonal, aunque en este caso corresponde a una expresión del sistema nervioso, lo que puede provocarle una cierta angustia.

Peso desigual: Existen cambios anormales en el calibre, mezcla de trazos apoyados y trazos ligeros. La irregularidad en la distribución de la energía se traduce también por desigualdades en otros aspectos gráficos. Esta característica puede contribuir a las tendencias paroxísticas o de sorpresa, cambios entre dulzura e irritabilidad. Su hipersensibilidad actual también se refleja por la aparición de finales acerados.

Profundidad desigual: Presenta irregularidad en la profundidad, fuerza y relieve de los trazos. Proyecta una inestabilidad en cuanto a las dotes creadoras y productivas; incapacidad para proseguir tareas de esfuerzo sostenido.

Dimensión reducida: Se observa asimismo una inhibición de la onda gráfica, con dificultad de expansión y desigualdad en el autoconcepto.

Retoques: Si bien antes del accidente unía las letras de forma espontánea, en la actualidad sólo lo hace con algunas y otras las reengancha, ello supone una regresión en la psicomotricidad, que delata un nuevo aprendizaje como si se hallara en un estado preadolescente. Lo que le implica por una parte la duda sistemática, aunque por otra, es positivo pues demuestra un deseo de superarse.

Tendencia a la arcada: El arco también es un signo de su regresión en contraposición a las guirnaldas que producía antes del accidente. Es el mecanismo de defensa que ha desarrollado como resultado del trauma psicológico que le ha hecho perder su «seguridad personal». A pesar de ello puesto que el proceso es constructivo puede ir recuperando cualidades.

Rasgos accesorios: Se observan rasgos inútiles que en este caso refuerzan una postura defensiva y especialmente aferrada a la materia, en el sentido de llegar a obsesionarse por la salud y la seguridad material, esto es, una clara hipocondría.

CONCLUSIÓN

Así pues, en términos generales, cabe señalar que existen pérdidas notables en la capacidad de la examinada, ello a pesar de un buen proceso evolutivo desde la pérdida de capacidad para escribir que se produjo con el accidente.

1.9.2.3 Ejemplo de un caso pericial caligráfico: Caso de las cartas de ántrax

ANTECEDENTES DEL CASO

Hechos. Una semana después de los ataques del 11-S se extendió una nueva ola de terror motivada esta vez por el envío de cartas infectadas con el «bacillus anthracis» dirigidas a periodistas y políticos americanos detectadas en las pobla-

FIG. 2.6a. Ejemplo de un caso Pericial Caligráfico.

EDITOR
NEW YORK POST
1211 AVE OF THE AMERICAS
NEW YORK NY 10036
09-11-01
THIS IS NEXT
TAKE PENACILIN NOW
DEATH TO AMERICA
DEATH TO ISRAEL
ALLAH IS GREAT

FIG. 2.6b.

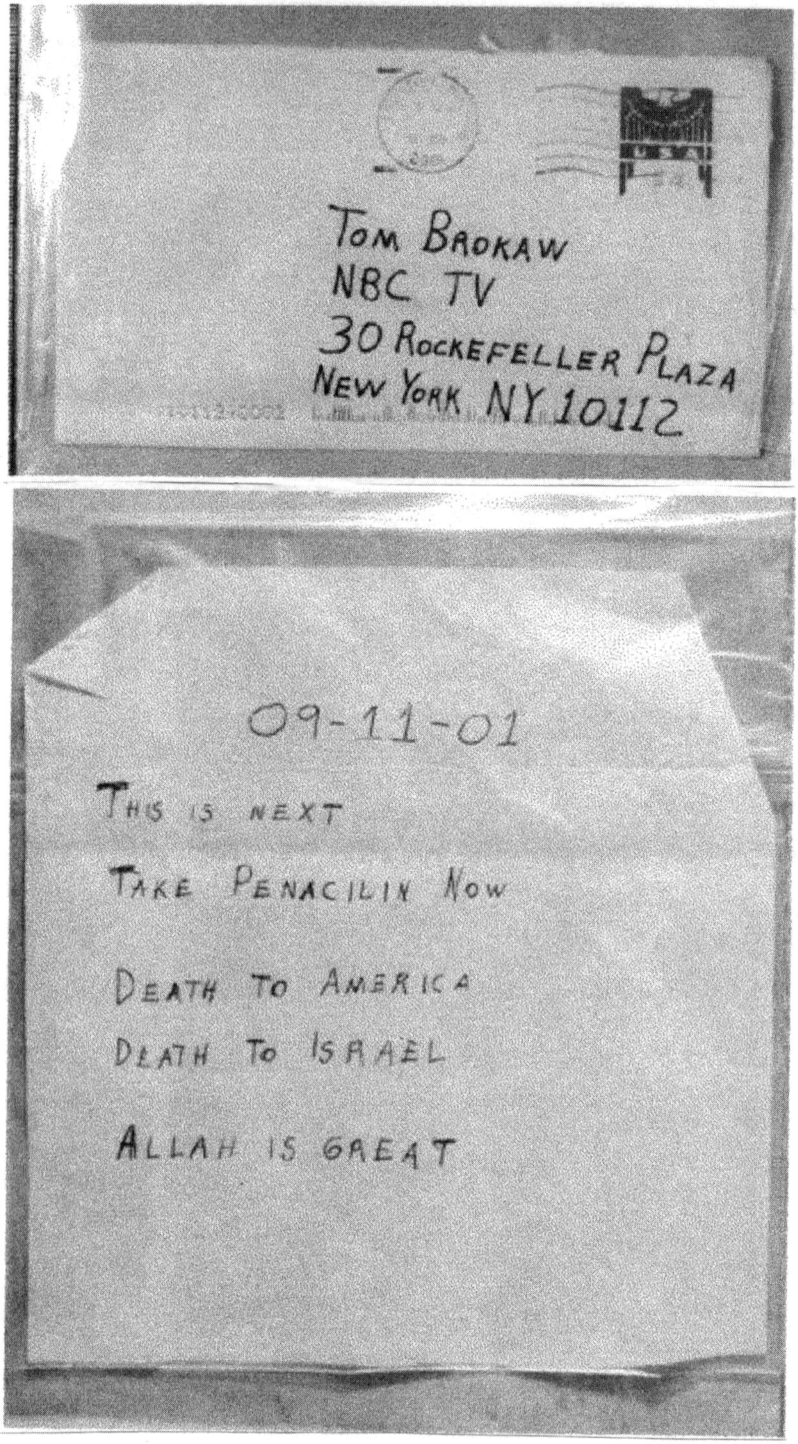
TOM BROKAW
NBC TV
30 ROCKEFELLER PLAZA
NEW YORK NY 10112
09-11-01
THIS IS NEXT
TAKE PENACILIN NOW
DEATH TO AMERICA
DEATH TO ISRAEL
ALLAH IS GREAT

FIG. 2.6C

ciones de Florida, Washington y Nueva York. Asimismo también se localizaron esporas en el Congreso de EEUU (esparcidas a través de los conductos de refrigeración), en el Fondo Monetario Internacional, FMI, de Washington (en la sala del correo) e igualmente en las sedes de Correos que manipularon los sobres e incluso fuera de las fronteras de Norteamérica.

Bacteria. El «bacillus anthracis» denominado en inglés *ántrax* y en castellano *carbunco*, es una bacteria que genera una enfermedad curable conocida en los ambientes rurales de España desde antiguo, si bien en su variedad cutánea. La inhalación por vía pulmonar y la manipulación genética de las esporas de carbunco en cuanto a la compresión de su tamaño y expelido de la electricidad estática (más facilidad de propagación por el aire) la convierten en mortal en el caso norteamericano. Es preciso aclarar que en español también existe el término ántrax, referente a una enfermedad de la piel sin ninguna relación con el tema, y que ha generado más de una confusión.

Tal como expuso Manuel Domínguez Carmona, catedrático de Salud Pública, en la sesión científica de la Real Academia Nacional de Medicina sobre el carbunco, conocido también como «la bomba de los pobres», éste es un arma biológica de producción sencilla y bajo coste económico que admite muchos tratamientos (congelación, desecación, liofilización). Se propaga fácilmente por aire y agua, y su fuerte resistencia ante las condiciones ambientales (soporta hasta 100º) lo hace muy perdurable en el tiempo (más de 200 años). Hoy en día aún permanecen las esporas expandidas en la Isla de Guinard durante la Segunda Guerra Mundial, y en la ciudad rusa de Sverdlovsk en la que fallecieron más de 200 habitantes a causa de un accidente en 1955.

Investigaciones. La investigación denominada en clave *Amerithrax* se encaminó en un primer momento a descubrir posibles conexiones entre los ataques del 11-S y las cartas de carbunco, debiendo descartarse la primera hipótesis que se barajaba sobre una agresión externa (grupos islamistas radicales), e incluso una segunda que apuntaba a grupos de la extrema derecha norteamericanos, ya que la naturaleza de la acción y las cepas sofisticadas empleadas implicaba a alguien perteneciente a la comunidad científica de Norteamérica especializada en bioterrorismo. Para estudiar la procedencia de las esporas se examinaron aspectos biológicos (genética, bacterias), químicos (agentes secantes) y físicos.

En la investigación criminológica participó personal de distintas agencias estatales, federales y locales como el FBI, Servicio de Inspección Postal, el Secret Service que empleó el Programa *Sistema de Identificación Forense para la Letra* (FISH) y la Policía del Capitolio su archivo de anónimos a miembros del Congreso para el cotejo de sobre y cartas de carbunco (Global Security Newswire, 2001). Los científicos que elaboraron una lista de posibles responsables –no existen más de una veintena de nombres que puedan acceder a programas de armas biológicas en Estados Unidos– expresaron su indignación ante el escaso o nulo interés policial por descubrir al autor de las cartas, puesto que a su parecer, las investigaciones se enlentecían, cuando no, en muchas ocasiones, eran entorpecidas o boicoteadas, por ejemplo se produjeron retrasos inexplicables en la recogida de muestras de los laboratorios para identificar la procedencia, desidia en los interrogatorios al personal, se quemaron rastros sin analizar previamente y no se realizó la pericial caligráfica oportuna...Y es que se barajaba la posibilidad de que la autoría pudiera corresponder a un miembro actual o pasado del Instituto de Investigación Médica de Enfermedades Infecciosas del Ejército en Fort Detrick (Maryland), y aunque se citaron algunos nombres el que sonó con más fuerza era el del científico norteamericano Steve Hatfill (resentido por su despido en Science Applications Internacional al no renovarles el Pentágono el contrato) el cual había trabajado con el virus del Ébola y del carbunco en dicho Instituto, centro de dónde procedían las esporas de las cartas, y cuya vinculación a la CIA y al Pentágono parecía protegerle de un juicio público que quizá desvelara demasiados secretos inconfesables (CNN, 2001; *El País*, 2002).

Repercusiones. Las repercusiones de estos atentados fueron más de orden psicológico que real pues pese al enorme potencial destructivo, sólo fallecieron 4 personas de los 24 afectados en total, sin embargo el aumento de la sensación de inseguridad y vulnerabilidad por parte de la población frente a una amenaza biológica o química, ya contemplada sobre el papel por los servicios secretos, estimularon el desarrollo de programas de investigación (prevención, detección e inmunización...) y de contingencia, ampliando por consiguiente las partidas presupuestarias en este campo. Casi 1 año después de los atentados investigadores de la Rockefeller University de Nueva York, lograron un antídoto conformado por la proteína PlyG lisina, eficaz sobre cualquier cepa del Bacillus Anthracis, orientándose entonces las investigaciones en materia de bioterrorismo hacia la viruela, virus probablemente en manos de Al Qaeda (Corbella, 2002) (Jáuregui, 2002).

Casos. El primer hecho se registró en la Florida cuando Bob Stevens (63 años), editor fotográfico de American Media, falleció el 5 de octubre a causa de la inhalación de esporas de carbunco; se encontraron restos en su teclado.

Los siguientes casos que se produjeron una semana después del 11-S, fueron sendas cartas a dos periodistas:

a) Una carta –sin remite– sellada el 16 de septiembre en N. Jersey (Trenton) y dirigida al periodista Tom Brokaw a la cadena de televisión NBC donde trabaja (30 Rockefeller Plaza –New York–NY10112), pero que fue abierta por su asistente.

b) Una carta dirigida al editor del New York Post a la sede del diario (1211 Ave. of the Americas –New York–NY10036).

En ambas cartas se aprecian similitudes en cuanto al contenido (referencias a Alá), retórica empleada (tono amenazante) y grafismo, además de la misma población de envío, si bien la dirigida al Post está en escrita en un soporte (papel) cuyas dimensiones no son habituales en el país.

Posteriormente los receptores de las cartas contaminadas con capacidad para matar a 100.000 personas cada una fueron políticos:

c) Una carta sellada el 8 de octubre en Trenton dirigida al senador demócrata de Dakota del Sur, Tom Daschle, a su oficina del Senado (509 HART Senate Office Building Washington D.C. 2052) y cuyo remitente inexistente (4th Grade. –Greendale School –Franklin Park NJ08852) hace referencia al nombre de una escuela cercana a la anterior residencia del científico, Steve Hatfill, cuando vivía en Sudáfrica.

d) Otra carta de la misma fecha dirigida al demócrata Patrick Lealy
(U.S Departament of Justice, 2001)

Análisis pericial. El análisis pericial caligráfico de las cartas (4 muestras gráficas) concluye en una única autoría, de origen estadounidense y experto en la materia a tenor del análisis lingüístico (véase apartado: Lingüística forense en este mismo capítulo).

Avance de Informe Pericial Caligráfico

MUESTRAS: SENADOR, EDITOR, TV, 2 INTERIORES

La limitación de los textos hace difícil poder afirmar con cierta seguridad sobre una única teoría pues tanto podría tratarse de un americano que intenta disimular imitando rasgos de otra cultura (teoría apuntada por los expertos norteamericanos), o realmente una persona de origen distinto (a las órdenes o no de un americano).

Personalmente desde la Pericia Caligráfica, nos decantamos por la sospecha de que el autor de los 3 sobres y 2 cartas es un adulto y una única persona. Seguidamente exponemos algunos de los detalles observados por los que llegamos a esta inicial conclusión, así como otras especulaciones sobre la posible naturaleza del autor.

Análisis de los textos manuscritos

Zona media irregular. Las variaciones en zona media es cierto que pueden ser características del escribiente si bien es más propio del que dibuja o está refrenando los trazos por disimulo.

En la escritura árabe la ausencia de una zona media definida como la tenemos los occidentales podría ser otro de los motivos en el intento de aparentar la dificultad del aprendizaje y práctica homogénea de unas dimensiones uniformes en la «caja del renglón».

Coincidencia de los grafismos. En los sobres y, por otra parte, en los textos, las posiciones y la distribución son homologables (márgenes, distancias interlínea, interpalabras e interletra). Mayúsculas con iniciales mayores, descendente en la dirección lineal (en los sobres), sinuosidad. Pero lo que determina la identificación entre textos y sobres se produce por la propia pulsación e irregularidades de la presión en determinados gestos-tipo (rasgos alargados hacia la zona inferior, letra «R», letra «E», óvalos, etc.).

Textos en mayúsculas. En España a los inmigrantes africanos adultos se les enseña a escribir el idioma español en mayúsculas pues su dibujo tipográfico les resulta mucho más sencillo que las minúsculas (parece que es una norma en la práctica de este tipo de formación de adultos). En el caso que nos ocupa, la utilización de mayúsculas podría resultar motivada por el disfraz del que quiere ocultar su identidad como ocurre habitualmente en los anónimos y por otra parte tampoco es una escritura de «palos» simples sino que se delatan formas particulares («R», «E», «N», «G», «2», «6») con una intencionalidad de simular ¿menor cultura? ¿otra cultura?.

Escritura desligada. Por la característica de ser anónimos y también por tratarse de mayúsculas, es lógica la yuxtaposición, pero también debe tenerse en cuenta que, si trata de dar apariencia de inmigrante árabe, en la escritura árabe el coligamiento está totalmente establecido a determinadas letras y palabras, por lo tanto no cabe libertad para el escribiente de unir o separar letras o juegos de letras, ello condiciona también el aprendizaje y hace más fácil el escribir de forma desligada.

Abreacción. Coincide el cierre de los óvalos en la zona levógira superior, a veces con un exceso de recorrido en el cierre.

Verticalidad. Concuerda la verticalidad con pequeñas oscilaciones dextrógiras ligeras.

GESTOS-TIPO:

Letra «E». Peculiar tendencia del eje vertical descendente con desvío y curvatura levógira inferior para conectar con la base o barra horizontal inferior. Al escribiente le resulta muy difícil trazar el eje vertical recto, tiene una curvatura de lazo con bucle inferior.

Letra «R». Muy característica desde el punto de vista de la caligrafía española por la posición del trazo final descendente, adosado en el extremo del óvalo (parte derecha) y no en su base o desde el final del óvalo. Da la impresión de que primero realiza una «P» con el óvalo o bucle muy cerrado y posteriormente le añade el palo derecho distanciado del primero.

Letra «O». De tamaño muy reducido respecto a las demás. Además de la minimización, resulta peculiar el punto de cierre tal como se ha manifestado en el apartado de abreacción.

Letra «N». Con alteraciones en el recorrido por las irregularidades de la presión. Grammas descendentes alargados.

Algunos finales de letras «R», «A».

Dictamen pericial caligráfico
modalidad: documentoscopia y grafística

(Informe realizado por los autores conjuntamente con el prof. José Luis Pinedo, especialista en Seguridad Documental.)

ACREDITACIÓN DE LOS PERITOS Y OBJETO DEL DICTAMEN

MANIFIESTA

Se me requiere a instancias de D. A________________ con DNI ________________, para que surta efecto en procedimiento judicial con el siguiente

OBJETO DEL DICTAMEN

En la observación de cuatro documentos (FORM4 (A), FORM4 (B), SCHEDULE 13D (A) y SCHEDULE 13 (B), dictaminar sobre lo siguiente:

1º) Entre los documentos FORM4 (A y B), si FORM4 (B) procede de FORM4 (A), no solo como impreso sino respecto a los datos básicos de identificación rellenados a máquina y la firma que aparece. Constatar si el documento FORM4 (B) se ha creado añadiendo datos a una copia del FORM4 (A) o bien se ha producido a la inversa, esto es, borrando los párrafos adicionales. Verificar y constatar si el relleno mecanografiado con que se han escrito las supuestas adiciones en FORM4 (B) se corresponde a distinta máquina que los datos básicos que aparecen mecanografiados en FORM4 (A).

2º) Entre los documentos denominados SCHEDULE 13D (A y B), verificar si SCHEDULE 13D (B) procede de SCHEDULE 13D (A), no solo como impreso sino respecto a los datos básicos de identificación rellenados a máquina y las firmas que aparecen. Constatar si SCHEDULE 13D (B) se ha creado añadiendo datos, páginas complementarias e incluso párrafos y cifras en las tres páginas iniciales en relación a una copia de SCHEDULE 13D (A), o bien se ha producido a la inversa, esto es, borrando párrafos, datos, cifras, etc. Adicionales. Verificar y constatar si el relleno mecanografiado con que se han escrito las supuestas adiciones en SCHEDULE 13D (B) se corresponde a distinta máquina que los datos básicos que aparecen mecanografiados en SCHEDULE 13D (A).

DESCRIPCIÓN DE DOCUMENTOS

Documentos objeto de análisis

Impresos **FORM4 :**

FORM4 (A): Compuesto de dos páginas, rellenado a máquina el nombre y dirección, con firma en segunda hoja (se adjunta copia en Anexo).

FORM4 (B): Id. anterior, más datos adicionales rellenados también a máquina (se adjunta copia en Anexo).

Impresos **SCHEDULE 13:**

SCHEDULE 13D (A): Impreso compuesto de tres páginas rellenado a máquina los datos básicos y con firmas en la última hoja (se adjunta copia en Anexo).

SCHEDULE 13D (B): Id. anterior, más datos adicionales rellenados también a máquina y hojas complementarias (se adjunta copia en Anexo).

MEDIOS TÉCNICOS Y METODOLOGÍA UTILIZADA PARA EL COTEJO

Para la mejor apreciación de los detalles y tipismos gráficos se ha utilizado:

Microscopio binocular estereoscópico KYOWA, Mod. SD-2-PL-3, con iluminación incorporada y lupa milimetrada PEAK SCALE LUPE 10X para la mejor apreciación de la calidad de los tipos (definición de contornos, intensidad de la impresión, etc.).

Se ha obtenido ampliación mediante fotocopiadora del documento aportado para su análisis y cotejo.

COMPARACIÓN ENTRE PRIMERA PÁGINA DE FORM4(A) Y FORM4 (B) (reducción 50%)

FORM 4

☐ Check this box if no longer subject to Section 16. Form 4 or Form 5 obligations may continue. *See* Instruction 1(b).

U.S. SECURITIES AND EXCHANGE COMMISSION
Washington, D.C. 20549

STATEMENT OF CHANGES IN BENEFICIAL OWNERSHIP

Filed pursuant to Section 16(a) of the Securities Exchange Act of 1934, Section 17(a) of the Public Utility Holding Company Act of 1935 or Section 30(f) of the Investment Company Act of 1940

OMB
OMB Num
Expires:
Estimated
hours per

1. Name and Address of Reporting Person	2. Issuer Name and Ticker or Trading Symbol		6. Relationship of Reporting Pers (Check all applicabl
Amper, S.A.	Chyron Corporation CHY		___ Director X
(Last) (First) (Middle)	3. IRS or Social Security Number of Reporting Person (Voluntary)	4. Statement for Month/Year	___ Officer (give title below)
Maria de Molina, [redacted] bis			
(Street)		5. If Amendment, Date of Original (Month/Year)	
28006 Madrid, Spain			
(City) (State) (Zip)			

Table I — Non-Derivative Securities Acquired, Disposed of, or Beneficially Owne

1. Title of Security (Instr. 3)	2. Trans-action Date (Month/Day/Year)	3. Trans-action Code (Instr. 8)		4. Securities Acquired (A) or Disposed of (D) (Instr. 3, 4 and 5)			5. Amount of Securities Beneficially Owned at End of Month (Instr. 3 and 4)	6. Ownership Form: Direct (D) or Indirect (I) (Instr.
		Code	V	Amount	(A) or (D)	Price		

FORM 4

☐ Check this box if no longer subject to Section 16. Form 4 or Form 5 obligations may continue. *See* Instruction 1(b).

U.S. SEC ITIES AND EXCHANGE COMMISSION
Washington, D.C. 20549

STATEMENT OF CHANGES IN BENEFICIAL OWNERSHIP

Filed pursuant to Section 16(a) of the Securities Exchange Act of 1934, Section 17(a) of the Public Utility Holding Company Act of 1935 or Section 30(f) of the Investment Company Act of 1940

OMB
OMB Num
Expires
Estimated
hours per

1. Name and Address of Reporting Person	2. Issuer Name and Ticker or Trading Symbol		6. Relationship of Reporting Pers (Check all applicable
Amper, S.A.	Chyron Corporation CHY		___ Director X
(Last) (First) (Middle)	3. IRS or Social Security Number of Reporting Person (Voluntary)	4. Statement for Month/Year	___ Officer (give title below)
Maria de Molina, [redacted] bis		December 1993	
(Street)		5. If Amendment, Date of Original (Month/Year)	
28006 Madrid, Spain			
(City) (State) (Zip)			

Table I — Non-Derivative Securities Acquired, Disposed of, or Beneficially Owne

1. Title of Security (Instr. 3)	2. Trans-action Date (Month/Day/Year)	3. Trans-action Code (Instr. 8)		4. Securities Acquired (A) or Disposed of (D) (Instr. 3, 4 and 5)			5. Amount of Securities Beneficially Owned at End of Month (Instr. 3 and 4)	6. Ownership Form: Direc (D) o Indir (I) (Instr
		Code	V	Amount	(A) or (D)	Price		
Common Stock, Par Value $0.01 per share	12/27/93	C		14 mill.	A	$0.20	59,414,732	I
Common Stock, Par Value $0.01 per share	12/31/93	S		14 mill.	D	$0.30	59,414,732	I

RE... EC
JAN 11 1994
021

FIG. 2.7a. Ejemplo de Dictamen sobre documento impreso con mecanografiado y firmas.

COMPARACIÓN ENTRE SEGUNDA PÁGINA DE FORM4(A) Y FORM4 (B) (reducción 50%)

FORM 4 (continued)

Table II — Derivative Securities Acquired, Disposed of, or Beneficially Owned
(e.g., puts, calls, warrants, options, convertible securities)

1. Title of Derivative Security (Instr. 3)	2. Conversion or Exercise Price of Derivative Security	3. Transaction Date (Month/Day/Year)	4. Transaction Code (Instr. 8)		5. Number of Derivative Securities Acquired (A) or Disposed of (D) (Instr. 3, 4, and 5)		6. Date Exercisable and Expiration Date (Month/Day/Year)		7. Title and Amount of Underlying Securities (Instr. 3 and 4)		8. Price of Derivative Security (Instr. 5)	9. Numb of Deriv ative Secur ities Benef ficiall Owne at En of Mont (Instr.
			Code	V	(A)	(D)	Date Exercisable	Expiration Date	Title	Amount or Number of Shares		

Explanation of Responses:

**Intentional misstatements or omissions of facts constitute Federal Criminal Violations. *See* 18 U.S.C. 1001 and 15 U.S.C. 78ff(a).

Note: File three copies of this Form, one of which must be manually signed.

**Signature of Reporting Person
Angel Roldan
Chief Financial Officer
Amper, S.A.

	...urity										(Instr. 5)	... Owne at En of Mont (Instr
			Code	V	(A)	(D)	Date Exercisable	Expiration Date	Title	Amount or Number of Shares		
4-Year Convertible Note ($5 mill.)	$0.20	12/27/93	C			$2.8 mill.	2/1/92	1/31/96	Common Stock	14 mill	$2.8 mill	$200,C

Explanation of Responses:

[redacted], S.A. owns approximately 99% of [redacted] Electronica, S.A., which in turn owns 100% of [redacted], Inc., whi Convertible Note. Effective December 27, 1993, Pesa, Inc. converted $2.8 million of the principal amoun Note into 14 million shares of the common stock of [redacted] Corporation. Effective December 31, 1993, Pes shares.

**Intentional misstatements or omissions of facts constitute Federal Criminal Violations. *See* 18 U.S.C. 1001 and 15 U.S.C. 78ff(a).

Note: File three copies of this Form, one of which must be manually signed. If space provided is insufficient, see Instruction 6 for procedure.

**Signature of Reporting Person
Angel [redacted]
Chief Financial Officer
[redacted], S.A.

FIG. 2.7b.

COMPARACIÓN ENTRE PRIMERA PÁGINA DE SCHEDULE 13 (A) Y SECHEDULE (B) (reducción 50%)

OMB Number: 3235-0145
Expires: October 31, 1994
Estimated average burden
hours per form 14.90

UNITED STA...
SECURITIES AND EXCHAN... COMMISSION
Washington, D.C. 20549

SCHEDULE 13D

Under the Securities Exchange Act of 1934
(Amendment No. ___1___)*

C[redacted]N CORPORATION

(Name of Issuer)

COMMON STOCK, PAR VALUE $0.01 PER SHARE

(Title of Class of Securities)

171605108

(CUSIP Number)

John C. Jest, Dow, Lohnes & Albertson
1[redacted] Twenty-Third Street, N.W., Washington, D.C. 20037; (202) [redacted]-2680

(Name, Address and Telephone Number of Person Authorized to Receive Notices and Communications)

(Date of Event which Requires Filing of this Statement)

If the filing person has previously filed a statement on Schedule 13G to report the acquisition which is the subject of this Schedule 13D, and is filing this schedule because of Rule 13d-1(b)(3) or (4), check the following box ☐.

Check the following box if a fee is being paid with the statement ☐. (A fee is not required only if the reporting person: (1) has a previous statement on file reporting beneficial ownership of more than five percent of the class of securities described in Item 1; and (2) has filed no amendment subsequent thereto reporting beneficial ownership of five percent or less of such class.) (See Rule 13d-7.)

Note: Six copies of this statement, including all exhibits, should be filed with the Commission. See Rule 13d-1(a) for other parties to whom copies are to be sent.

*The remainder of this cover page shall be filled out for a reporting person's initial filing on this form with respect to the subject class of securities, and for any subsequent amendment containing information which would alter disclosures provided in a prior cover page.

...LE COPY

Expires: October 31, 1994
Estimated average burden
hours per form 14.90

UNITED STATES
SECURITIES AND EXCHANGE COMMISSION
Washington, D.C. 20549

SCHEDULE 13D

Under the Securities Exchange Act of 1934
(Amendment No. ___1___)*

C[redacted]N CORPORATION

(Name of Issuer)

COMMON STOCK, PAR VALUE $0.01 PER SHARE

(Title of Class of Securities)

171605108

(CUSIP Number)

John C. Jest, Dow, Lohnes & Albertson
1[redacted] Twenty-Third Street, N.W., Washington, D.C. 20037; (202) [redacted]-2680

(Name, Address and Telephone Number of Person Authorized to Receive Notices and Communications)

December 31, 1990

(Date of Event which Requires Filing of this Statement)

If the filing person has previously filed a statement on Schedule 13G to report the acquisition which is the subject of th... Schedule 13D, and is filing this schedule because of Rule 13d-1(b)(3) or (4), check the following box ☐.

Check the following box if a fee is being paid with the statement ☐. (A fee is not required only if the reporting person: (... has a previous statement on file reporting beneficial ownership of more than five percent of the class of securities describ... in Item 1; and (2) has filed no amendment subsequent thereto reporting beneficial ownership of five percent or less of suc... class.) (See Rule 13d-7.)

Note: Six copies of this statement, including all exhibits, should be filed with the Commission. See Rule 13d-1(a) for oth... parties to whom copies are to be sent.

*The remainder of this cover page shall be filled out for a reporting person's initial filing on this form with respect to th... subject class of securities, and for any subsequent amendment containing information which would alter disclosures provid... in a prior cover page.

The information required on the remainder of this cover page shall not be deemed to be "filed" for the...

FIG. 2.7C.

COMPARACIÓN ENTRE SEGUNDA PÁGINA DE SCHEDULE 13 (A) Y SECHEDULE (B) (reducción 50%)

CUSIP No. 171605108 — Page 2 of 45

1. NAME OF REPORTING PERSON / S.S. OR I.R.S. IDENTIFICATION NO. OF ABOVE PERSON
   P[redacted], Inc.
   265 Spagnoli Road
   Melville, New York 11747
2. CHECK THE APPROPRIATE BOX IF A MEMBER OF A GROUP*
   Not applicable
3. SEC USE ONLY
4. SOURCE OF FUNDS*
   AF
5. CHECK BOX IF DISCLOSURE OF LEGAL PROCEEDINGS IS REQUIRED PURSUANT TO ITEMS 2(d) or 2(e)
   Not applicable
6. CITIZENSHIP OR PLACE OF ORGANIZATION
   Delaware

NUMBER OF SHARES BENEFICIALLY OWNED BY EACH REPORTING PERSON WITH

7. SOLE VOTING POWER
   60,414,732 Shares
8. SHARED VOTING POWER
   -0-
9. SOLE DISPOSITIVE POWER
   60,414,732 Shares
10. SHARED DISPOSITIVE POWER
   -0-
11. AGGREGATE AMOUNT BENEFICIALLY OWNED BY EACH REPORTING PERSON
   60,414,732 Shares
12. CHECK BOX IF THE AGGREGATE AMOUNT IN ROW (11) EXCLUDES CERTAIN SHARES*
   Not applicable
13. PERCENT OF CLASS REPRESENTED BY AMOUNT IN ROW (11)
   69.0%

CUSIP No. 171605108 — Page ___ of ___

1. NAME OF REPORTING PERSON / S.S. OR I.R.S. IDENTIFICATION NO. OF ABOVE PERSON
   P[redacted], Inc.
   265 Spagnoli Road
   Melville, New York 11747
2. CHECK THE APPROPRIATE BOX IF A MEMBER OF A GROUP*
   Not applicable
3. SEC USE ONLY
4. SOURCE OF FUNDS*
   AF
5. CHECK BOX IF DISCLOSURE OF LEGAL PROCEEDINGS IS REQUIRED PURSUANT TO ITEMS 2(d) or 2(e)
   Not applicable
6. CITIZENSHIP OR PLACE OF ORGANIZATION
   Delaware

NUMBER OF SHARES BENEFICIALLY OWNED BY EACH REPORTING PERSON WITH

7. SOLE VOTING POWER
8. SHARED VOTING POWER
   -0-
9. SOLE DISPOSITIVE POWER
10. SHARED DISPOSITIVE POWER
   -0-
11. AGGREGATE AMOUNT BENEFICIALLY OWNED BY EACH REPORTING PERSON
12. CHECK BOX IF THE AGGREGATE AMOUNT IN ROW (11) EXCLUDES CERTAIN SHARES*
   Not applicable
13. PERCENT OF CLASS REPRESENTED BY AMOUNT IN ROW (11)

FIG. 2.7d.

COMPARACIÓN ENTRE LA TERCERA PÁGINA DE SCHEDULE 13(A) Y LA SEXTA DE SCHEDULE (B)

CUSIP No. 171605108 Page ______ of ______

Signatures

After reasonable inquiry and to the best of their knowledge and belief, the undersigned certify that the information set forth in this statement is true, complete and correct.

PESA, INC.

Date: ________________ By: ________________
John A. Servizio
Treasurer

PESA ELECTRÓNICA, S.A.

Date: ________________ By: ________________
John A. Servizio
Director Económico Financiero

AMPER, S.A.

Date: ________________ By: ________________
Antonio López García
President

CUSIP No. 171605108 Page 6 of 45

Signatures

After reasonable inquiry and to the best of their knowledge and belief, the undersigned certify that the information set forth in this statement is true, complete and correct.

PESA, INC.

Date: January 20, 1994 By: ________________
John A. Servizio
Treasurer

PESA ELECTRÓNICA, S.A.

Date: January 20, 1994 By: ________________
John A. Servizio
Director Económico Financiero

AMPER, S.A.

Date: January 20, 1994 By: ________________
Antonio López García
President

FIG. 2.7e.

COINCIDENCIA EXACTA DE FIRMAS (ampliación 140%)

FORM4 (A)

**Signature of Reporting Person — Dat

\ngel [redacted]
'hief Financial Officer

FORM4 (B)

ion of the principal amount of the
ive December 31, 1993, Pesa, Inc. sol

1/7/94

**Signature of Reporting Person — Da

ngel [redacted]
hief Financial Officer
mper, S.A.

COINCIDENCIA EXACTA DE FIRMAS (Superposición por transparencia
Entre firma de FORM4(A) y FORM4(B)

ation of the principal amount of the
ctive December 31, 1993, Pesa, Inc. sol

1/7/94

**Signature of Reporting Person — Date

Angel [redacted]
Chief Financial Officer
Amper, S.A.

FIG. 2.7f.

**COINCIDENCIA DE MÁQUINAS EN DOCUMENTOS (B)
EN DATOS AÑADIDOS RESPECTO A DOCUMENTOS (A)**

FORM4 (B)

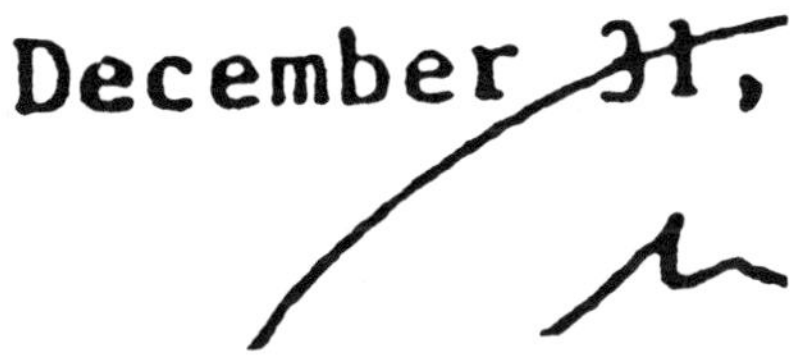

SCHEDULE 13D (B)

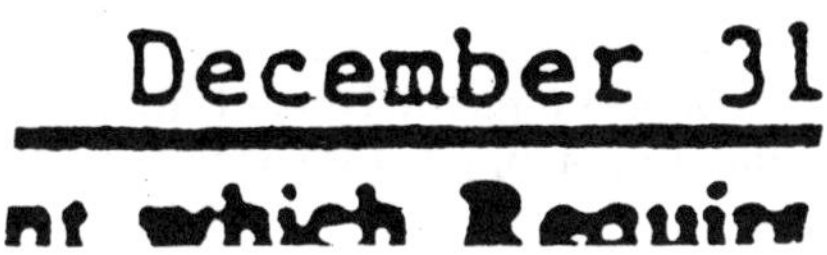

**DIVERGENCIA DE MÁQUINAS, LA PRIMERA TIPO COURIER 12
(DOCUMENTO A) Y LA SEGUNDA TIPO ELITE 10 (DOCUMENTO B)**

FORM4 (A) 1a. página

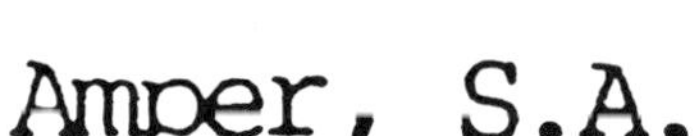

FORM4 (B) 2a. página (datos añadidos)

FIG. 2.7g.

Se han realizado transparencias y utilizado retroproyector, proyector de opacos y negatoscopio, para comparar al propio tiempo los caracteres de las fechas y los tipos o caracteres indubitados, teniendo a la vista la ampliación de los mismos en un mismo plano.

Se han realizado mediciones grafométricas mediante el Grafómetro de la AGC (Agrupación de Grafoanalistas Consultivos de España).

La metodología utilizada es básicamente la Gramatomórfica para la comparación estática, la Grafométrica en los cómputos y la Grafoanalítica en las posiciones y situación así como en el examen de las firmas o rúbricas.

OBSERVACIÓN LEGAL SOBRE LA VALIDEZ DE LA DOCUMENTACIÓN

Aspectos a considerar sobre el documento por fotocopia

Es este caso concreto los documentos cuestionados objeto de análisis son fotocopias, por ello únicamente podemos dictaminar sobre la correspondencia o no en los impresos, el mecanografiado, pero no sobre la autenticidad de los documentos, ya que podría tratarse de una composición apañada; por ello, sin poder contrastar los citados documentos con sus originales, el dictamen tiene valor respecto a la identificación de impresos y máquinas por separado, por lo tanto, en el caso de que existiera una correspondencia no implicaría forzosamente que el documento fuera auténtico respecto de su copia, en cambio, en el caso de que exista algún elemento en el documento fotocopiado donde se aprecien irregularidades, esto sí debe ser tenido en cuenta por el perito y expresamente expuesto sin reservas (Art° 460 C.P.) por su responsabilidad en la misión de asesorar al Juzgador. **Por lo tanto el dictamen sobre fotocopias no puede concluir definitivamente sobre la autenticidad del documento en sí, pero si sobre la presunción de falsedad**.

ANÁLISIS DESCRIPTIVO

I

ANÁLISIS COMPARATIVO ENTRE LOS DOCUMENTOS

En FORM4 (A), en su impreso primera hoja, únicamente aparece rellenado a máquina el nombre, nombre comercial, una marca en «X» en casilla 6 y la dirección. En la segunda hoja aparece todo en blanco salvo la firma y debajo «Angel Roldan chief Financial Officer Amper, S.A.».

En FORM4 (B), además de ser reproducción de la anterior, aparecen una serie de datos en 1° y 2° páginas, relativos a los valores, además de la fecha; todo ello con máquina distinta a la de los datos básicos reproducidos de FORMA4 (A), así como idéntica firma.

En SCHEDULE 13D (A), en su impreso primera hoja únicamente está rellenado a máquina el nombre, el título y clase de valor, la persona autorizada y sus datos. En segunda hoja los datos de las casillas: 1, 2, 4, 5, 6, 8, 10, 12, 14. En tercera hoja aparecen las firmas y datos de los firmantes pero aparece en blanco el número de página y las fechas de firma.

En SCHEDULE 13D (B), además de ser reproducción del anterior, aparecen en otra máquina: en la primera página la fecha, la paginación y el anuncio de un anexo; en la 2ª página todos los epígrafes relativos a los valores y la paginación, en la 6ª página que se corresponde a la 3ª en SCHEDULE 13D (A) las fechas y la paginación. Las firmas (página 6) son reproducción exacta de las de SCHEDULE 13D (A). Las páginas 3, 4 y 5 están escritas en su totalidad y paginadas con distinta máquina de la 2 y la 6 (se aprecia perfectamente en la tipografía de los números 4 y 5), estos números 2 y 6 contrariamente a toda la paginación, están subrayados. Las páginas del anexo, donde se incluye contrato de venta constituyen un documento aparte añadido y paginado con la máquina en que se han escrito las páginas 3, 4 y 5, lo cual no se corresponde con los rellenos comentados en las páginas 1, 2 y 6.

En los documentos (A) hay algún punto o mancha que se reproduce en los (B) pero en estos últimos hay bastantes más que no aparecen en los (A), lo cual supone un detalle de mayor abundamiento en la tesis de que los documentos (B) han sido creados por reproducción de los documentos (A) añadiéndose posteriormente más datos.

II
CORRESPONDENCIA ENTRE MECANOGRAFIADOS EN FORM4 (B) Y SCHEDULE 13D (B)

Se identifican las medidas y tipo de caracteres (tipo elite 12) en los rellenos adicionales (no los rellenos básicos o de datos de identificación personal) en ambas copias [FORM4 (B) y SCHEDULE 13D (B)].

III
DIVERGENCIA GRAFONÓMICA DE CARACTERES TIPOGRÁFICOS EN LOS RELLENOS MECANOGRÁFICOS

El método Gramatomórfico y el Grafométrico se aplican en dictámenes mecanográficos porque supone la comparación de los caracteres de forma estática, buscando la precisión más minuciosa no sólo en las dimensiones de cada letra, sino también en su configuración.

En primer lugar se ha examinado la longitud en milímetros de un significativo número de signos o letras. Seguidamente el grado de simetría de la barra de las letras y rasgos accesorios y finalmente la propia arquitectura de cada ex.

En FORM4 (A) coinciden tanto las dimensiones como el tipo (conjunto de caracteres de un modelo de máquina), por lo que podría afirmarse que coincide el modelo de máquina de escribir con tipografía de la modalidad courier 10 (habitual especialmente en Canon).

En FORM4 (B) vemos los mismos recuadros rellenados que en FORM4 (A) de idéntica forma, con las medidas y tipografía exacta, si bien, con una tonalidad menos nítida (de peor calidad). Con toda la arquitectura del impreso y otros espacios rellenados con otra tipografía donde en FORM4 (A) aparece en blanco.

Así pues, tenemos por una parte que FORM4 (B) es un impreso igual que FORM4 (A) con su mismo relleno mecanografiado, con máquina de caracteres del tipo Courier10, pero sin el perfilado ligero y nítido de FORM4 (A), por el contrario, con un calibrado grueso difuminado, con roturas incluso en las líneas o recuadros del propio impreso, ello descarta que FORM4 (A) pudiera ser copia de FORM4 (B), y por otra parte, se observan en FORM4 (B) una serie de datos mecanografiados con una tipografía y medidas más pequeña (18 mm) que en FORM4 (A), en lugares del impreso donde aparecen en blanco en FORM4 (A); efectivamente, si la parte rellenada en FORM4 (A) coincide en FORM4 (B) con una tipografía Courier10 de aproximadamente 20 mm de cuerpo medio, los datos que aparecen añadidos en FORM4 (B) corresponden a una tipografía de caracteres del tipo Elite12 que nada tiene que ver con la anterior.

Por otra parte, con la aplicación del método Grafoanalítico para determinar la movilidad o adecuación en el espacio, observamos que la situación en el espaciado es contradictoria con la peculiar posición del carro en el texto de relleno de FORM4 (A) por lo tanto ello significa que además de no coincidir los caracteres del tipo de máquina, se confirma que no ha podido realizarse al mismo tiempo que el mecanografiado de los datos base.

Respecto a los impresos SCHEDULE 13, ocurre exactamente lo mismo, la tipografía base es plenamente divergente de la que corresponde a los añadidos;

dichos añadidos curiosamente, y tal como ya se ha comentado, coinciden en el tipo de máquina (elite 12).

IV

REPRODUCCIÓN EXACTA DE LAS FIRMAS

Uno de los principios o leyes de la grafística dice así: «si dos firmas son exactamente iguales, una de ellas es falsa». Es imposible que una persona reproduzca su misma firma con las posiciones y medidas exactas, siempre existirá alguna variación, aunque sea milimétrica.

El hecho de que superponiendo por transparencia las firmas que aparecen en los documentos examinados, resulten exactas en su dibujo y distribución espacial, sin la mínima variación en cuanto a su morfología y dimensionalidad, determina que se trata de una reproducción, y, debido a la peor calidad del entintado, con menor nitidez en los documentos (B), al coincidir dichos documentos exactamente en su estructura inicial y datos básicos mecanografiados con los documentos (A), no cabe otra explicación que las firmas son al igual que dichos impresos en su base, copia reprográfica de los documentos FORM4 (A) y SCHEDULE 13D (A).

RESULTADOS Y CONCLUSIONES

RESULTADOS DE LA INVESTIGACIÓN GRAFOANALÍTICA

La verificación contrastada de trazos más finos y ligeros en FORM4 (A), se contradice con la grotesca calidad que refleja la configuración de cuadros, líneas, letras y demás grammas de FORM4 (B), por lo tanto cabe determinar que FORM4 (B) no puede haber servido de base para confeccionar el documento FORM4 (A), pues de un calibrado difuso de peor calidad no puede extraerse una copia de mejor calidad, en cambio sí a la inversa; es lo normal, las copias van perdiendo nitidez.

En FORM4 (B) aparece la línea del margen derecho totalmente sinuosa, contrariamente a la rectitud de A, ello se explica por un ligero movimiento o fluctuación por imposibilidad de atrapar rígidamente sobre la lente de la fotocopiadora el documento base sobre el que se ha realizado la copia.

Todo ello es aplicable a los documentos SCHEDULE 13D, la versión (B) es una reproducción con una calidad más deficiente respecto al documento matriz (A).

En ambos pares de documentos respectivamente, primero se rellenaron los datos básicos de identificación de la persona en cada impreso base (FORM4 de dos páginas y SCHEDULE 13D de tres páginas) obteniéndose los documentos FORM4 (A) y SECHEDULE 13D (A), y sobre fotocopia de los mismos se crearon los documentos FORM4 (B) y SCHEDULE 13D (B) añadiendo datos con máquina distinta y hojas anexas también en SCHEDULE 13D (B).

Las firmas en los documentos (B), a pesar de ser reproducciones de las que aparecen en los documentos (A), por una parte no logran tampoco la nitidez e incluso el acerado final de alguna de ellas y por otra aparecen también en algunas reproducciones brisados o partes en blanco en el entintado de los documentos (B) que debieran aparecen en (A) si éstas fueran las copias.

Por lo anterior, el perito informante, según su leal saber y entender, eleva a S.Sa. las siguientes

CONCLUSIONES

Primera. Que el documento por copia FORM4 (B) es una reproducción de FORM4 (A), donde además de los datos básicos mecanografiados de identificación de la persona y firma también reproducida, se ha añadido sobre dicha copia de peor calidad, con máquina distinta, más datos que no figuraban en el documento matriz FORM4 (A).

Segunda. Que el documento por copia SCHEDULE 13D (B) es una reproducción de SCHEDULE 13D (A) donde además de los datos básicos mecanografiados de identificación de la persona y firmas también reproducidas, se han añadido sobre dicha copia de peor calidad, más hojas anexas y otros datos con máquina distinta, que no figuraban en el documento matriz SCHEDULE 13D(A).
Tercera. Que salvo el texto de las hojas anexas en SCHEDULE 13D (B), todos los demás datos añadidos y la paginación de dichas hojas anexas coincide en su mecanografiado con la máquina con que se han escrito los datos que aparecen añadidos en FORM4 (B), por lo tanto se identifica un misma máquina respecto a los añadidos observados tanto en FORM4 (B) y SCHEDULE (B).
Cuarta. La coincidencia exacta de las firmas en FORM4 (B) y SCHEDULE 13D (B), aun de peor nitidez y calidad, en relación a FORM4 (A) y SCHEDULE 13D (A) respectivamente, supone desde el punto de vista de la criminalística una irregularidad importante en dichos documentos FORM4 (B) y SCHEDULE 13D (B) por la que técnicamente no se les puede otorgar ninguna fiabilidad en la veracidad de ambos documentos.
Madrid, a.

1.10 Economía - Contabilidad forense

Examen y verificación de datos económico-financieros y contables, posibles ocultaciones, desvíos, quiebras o suspensiones de pagos fraudulentas, etc. –delitos económicos– (Comer, 1987).

Ejemplo de Dictamen de Valoración Criminológica de analista Criminólogo sobre el informe de detectives por presunción de un delito de estafa.

El analista no sólo da la pauta de orientación o diseño del plan de actuación para que los operativos (agentes, informadores o investigadores) realicen el trabajo práctico, sino que una vez obtenidos todos los datos realizará la pertinente valoración encaminada a que se pueda adoptar una resolución respecto al caso. Seguidamente vamos a exponer un ejemplo de este tipo de función propia del analista de investigación, en su versión jurídico criminológica:

VALORACIÓN CRIMINOLÓGICA
DELITO DE ESTAFA
248.1 Cometen estafa los que, con ánimo de lucro, utilizaron engaño bastante para producir error en otro, induciéndolo a realizar un acto de disposición en perjuicio propio o ajeno.

1 Acción engañosa

Hemos visto en la investigación que «CREAT... ECON........ SA», sociedad con que el Sr. FL ha girado los efectos para el descuento comercial de BANK..., ni siquiera está domiciliada donde consta, torre del suegro –Sr. C. de C...SA y no hay actividad en la misma–, está en Terrassa donde constan otras entidades donde también existen vínculos con la esposa del Sr. FL.

En el informe se aprecia una red de sociedades donde curiosamente aparecen relacionadas entre si por unos repetitivos intermediarios y el Sr. FL y familia. La mecánica es la de creación de nuevas sociedades y abandonando las anteriores con pérdidas, consiguiendo con ello elaborar una «telaraña» de sociedades sobre las que un posible acreedor se encuentra imposibilitado de ejecutar las deudas.

Así pues, el engaño se produce cuando el Sr. FL negocia unos recibos que sabe *a priori* que en su mayoría resultarán impagados ya que se han expedido a las mencionadas sociedades que sirven de «pantalla» donde él tiene o ha tenido una relación directa o indirecta, incluso a través de su familia, utilizando intermediarios y con la intención de obtener el beneficio del descuento comercial sobre el negocio irreal o ingeniosamente preparado a tal fin.

El Sr. FL oculta a BANK... las tramas que está realizando, con afán de lucro para él mismo o a un tercero (en este caso su familia y cómplices). Véase las sociedades en las que participa, expresamente creadas con el fin de aprovecharse de BANK..., y ésta, confiada en el Sr. FL por su sociedad «CREAT... ECON........ SA», realiza actos de disposición, ya que se giraron una serie de recibos y efectos que fueron tomados al descuento comercial por BANK..., materializándose un beneficio para el Sr. FL en perjuicio de la entidad bancaria al no hacerse efectivos los cobros de los citados recibos.

Existe por tanto una relación causal entre el engaño producido por el Sr. FL y el perjuicio de BANK... por realizar los actos de disposición ocultando la verdad.

El engaño es punible en este caso porque supone una maquinación insidiosa que producen en el sujeto pasivo (BANK...) una equivocación o error que le induce a realizar la transmisión del objeto con beneficio, ya que nunca es legítima la posesión si se adquiere engañando al que la entrega.

Jurisprudencia

S.T.S. 2-4-82 define el engaño como «Cualquier falta de verdad debida a simulación entre lo que se piensa o se dice, o se hace creer instigando o induciendo al sujeto pasivo a actuar en forma que interesa»

S.T.S. 30-10-81 y 8-2-83 «la falsedad, la falta de verdad en lo que se dice o hace, es la apariencia de verdad, la maquinación insidiosa desplegada sobre la voluntad del sujeto pasivo para provocar el desplazamiento patrimonial»

S.T.S. 11-11-82 «Sin duda es el engaño, como elemento psicológico y doloso de la culpabilidad, el nervio y alma de la infracción»

S.T.S. 661/95, de 18-5 Engaño por omisión

S.T.S. 598/97, de 23-4 «El engaño debe ser antecedente, causante y bastante, entendiendo este último en sentido subjetivo, o sea, suficiente, para viciar el consentimiento concreto del sujeto pasivo»

S.T.S. 1045/94, de 13-5 La calidad del engaño es lo que configura la diferencia entre la estafa y el ilícito civil. No vale acudir a la existencia del perjuicio, lo fundamental es la actitud del sujeto activo. Si conoce desde el primer momento del contrato que no puede cumplir lo que por su parte ofrece o que, pudiendo hacerlo, es su inequívoca voluntad no realizarlo, se estaría en el delito habida cuenta el enriquecimiento indebido que pretende

STS 94/97, de 7-2 y 1117/96, de 31-12
S.T.S. 692/97, de 7-11
S.T.S. 75/98, de 23-11
S.T.S. 1227/98, 17-12
S.T.S. 31-1-91
S.T.S. 16-6-92
S.T.S. 16-10-92
S.T.S. 733/93 de 2-4
S.T.S. 692/97, de 7-11
S.T.S. 1227/98, de 17-12
S.T.S 20-5-81
S.T.S. 27-6-81
S.T.S. 14-7-81
S.T.S. 26-10-81

S.T.S. 24.4.87
S.T.S. 24-11-89
S.T.S. 24-3-92
1832/94, de 10-10
1034/94, de 20-5
393/96, de 8-5
75/98, de 23-1

2 Ánimo de lucro

Afán de beneficiarse por parte del Sr. FL (dolo penal).

Según la reiterada jurisprudencia, se entiende por afán de lucro cualquier ventaja, provecho, beneficio o utilidad que se proponga obtener el reo con su antijurídica conducta, incluida la perspectiva de beneficiarse con posterioridad. El proceder del Sr. FL con BANK... para obtener el descuento comercial de los «recibos fantasma» supone una ávida conducta orientada a conseguir el punible beneficio.

Jurisprudencia

S.T.S. 10-10-89 «En relación al ánimo de lucro esta Sala tiene declarado que dicho requisito constituye el elemento subjetivo del injusto, junto al dolo general de engañar, forma la estructura objetiva para sí o para otros, un enriquecimiento, beneficio o ventaja patrimonial, beneficio que presume en todas las infracciones de expropiación de bienes ajenos seguida de apropiación».

S.T.S. 890/93, de 20-4 «No es preciso un lucro propio, basta que sea para beneficiar a un tercero».

SS.T.S. 550/96, de 16-7; 648/98, de 12-5; y 759/98, de 26-5. En el ilícito penal de la estafa, el sujeto activo sabe desde el mismo momento de la concreción del contrato, que no podrá o no querrá cumplir la contraprestación que le corresponde en compensación del valor o cosa recibidos, y que se enriquecerá con ellos. Esta doctrina, conocida como la de los contratos civiles o mercantiles criminalizados ha sido recogida en infinidad de sentencias de esta Sala.

SS.T.S. 13 y 26-2-90; 562/97, de 21-5; y 758/97, de 30-5. Cuando en un determinado contrato una de las partes disimula su verdadero propósito de no cumplir aquellas prestaciones a que por el mismo se obliga y, como consecuencia de ello, la parte contraria, que desconoce tal propósito, cumple lo pactado realizando un acto de disposición del que se lucra el otro, nos encontramos ante una verdadera y propia estafa conocida con el nombre de contrato o negocio criminalizado. Todo aparece como normal, pero uno de los contratantes sabe que no va a cumplir y no cumple, descubriéndose este delito cuando posteriormente el estafador no realiza ninguna de las prestaciones a que se obligó o sólo lo hace en una pequeña parte, en aquella que le es necesaria para poder seguir lucrándose. Pese a ello, el delito quedó consumado al contratar, concretamente cuando se realiza el acto de disposición por parte del engañado.

SS.T.S. 14-10 y 27-5-88, 14-1-89, 16-9-91, 24-3-92 y 513/93, 526/93, 740/93 y 939/93; 75/98, de 23-1. La criminalización de los negocios civiles se produce cuando el propósito defraudatorio surge antes o en el momento de celebrar el contrato y es capaz de mover por ello la voluntad de la otra parte, mientras que el dolo en el cumplimiento de las obligaciones, o dolo *subsequens* (art. 1102 C.C.) difícilmente podrá ser vehículo de criminalización.

S. 30-1-87 Sobre la presunción *iuris tantum* del ánimo de lucro, se advierte que tras la reforma del C.P. erradicando en su art. 1 la presunción de voluntariedad (ahora art. 10 del nuevo C.P.), la presencia del referido ánimo debe alcanzarse mediante *praesumpti hominus* o si se prefiere, a través de los hechos externos, valorables en este ámbito como prueba indiciaria.

S.14-7-88 La estafa constituye un tipo penal esencialmente doloso. Según reiterada doctrina de esta Sala, son elementos estructurales del delito de estafa el subjetivo que se bifurca en un doble sentido, en el dolo de la culpabilidad, constituido por el engaño y el subjetivo del injusto, integrado por el ánimo de lucro; y otro objetivo, compuesto por el perjuicio, el que, a su vez está en relación de causalidad con el engaño.

S. 23-4-92 El dolo, como elemento subjetivo de lo injusto, puede ser directo o eventual, admitiéndose ambas formas en la estafa.

S.T.S. 1430/97, de 20-11
S.T.S. 6-2-81
S.T.S. 17.2.81
S.T.S. 25-3.81
S.T.S. 29-4-82
S.T.S. 27.10.82
S.T.S. 16.2.83
S.T.S. 3-12-83
S.T.S. 5-6-87

Ejemplos específicos aplicables a este caso de BANK...:

Empleo de «sociedades de fachada» que realizan negociaciones imaginarias (S. 16-2-88).

Los llamados negocios criminalizados, es decir, por ejemplo, contratos de apariencia normales pero que revelan una inicial intención de incumplimiento (SS.T.S. 386/95, de 16-3; 784/95, de 19-6; 550/96, de 16-7; 562/97, de 21-5; 758/97, de 30-5; 648698, de 12-5; 759/98, de 26-5).

CONSIDERACIÓN DE DELITO POR LA CUANTÍA DE LO DEFRAUDADO

Para la consideración del delito de estafa, uno de los elementos trascendentales que lo reafirman convirtiéndole en punible es que haya constancia del perjuicio patrimonial producido, su cuantía (según exceda o no de 50.000.-pts.) constituye la base para determinar la diferencia entre el delito y la falta (art. 623 C.P.).

CONSUMACIÓN

Se ha consumado el delito desde el momento en que el Sr. FL mediante su sociedad realizó los recibos que presentará a BANK....

Producido el perjuicio se consuma el delito (S. 23-290).

La mera tenencia del medio que se piensa utilizar (documento falso) para crear el engaño, sin que aún se haya transmitido o comunicado a la víctima, es un acto preparatorio impune (S-10-90).

PARTICIPACIÓN O COMPLICIDAD

La autoría por cooperación necesaria (art. 28 C.P. viene reconocida en la S. 3-4-92.

CONCURSO CON FALSEDAD

Con reiteración tiene declarado el T.S. que la estafa realizada a través de un documento público, oficial o de comercio, utilizado como medio necesario para su comisión, no consume la falsedad, sino que los dos tipos son compatibles, produciéndose un concurso real de delitos sin perjuicio de que en orden a su punición sea aplicable lo dispuesto en el art. 77 del C.P.

FALSIFICACIÓN DE DOCUMENTOS MERCANTILES

390. 1. Será castigado con las penas de prisión de tres a seis años, multa de seis a veinticuatro meses e inhabilitación especial por tiempo de dos a seis años, la autoridad o funcionario público que, en el ejercicio de sus funciones, cometa falsedad:

1° Alterando un documento en alguno de sus elementos o requisitos de carácter esencial.

2° Simulando un documento en todo o en parte, de manera que induzca a error sobre su autenticidad.

3° Suponiendo en un acto la intervención de personas que no la han tenido, o atribuyendo a las que han intervenido en él declaraciones o manifestaciones diferentes de las que hubieran hecho.

4° Faltando a la verdad en la narración de los hechos.

392. El particular que cometiera en documento público, oficial o mercantil, alguna de las falsedades en los tres primeros números del apartado 1 del artículo 390, será castigado con las penas de prisión de seis meses a tres años y multa de seis a doce meses.

a) Gravedad por la consideración de documentos mercantiles

Los recibos expedidos por «CREAT... ECON........ SA» (Sr. FL) se consideran –documentación mercantil– según se desprende de la doctrina seguidamente expuesta.

Jurisprudencia

SS. 20-5-82, 22-11-86 y 3-12-88 y 26-4-97 Se consideran documentos mercantiles los que sean expresión de una operación de comercio, sirvan para cancelar obligaciones mercantiles o tiendan a demostrar derechos de tal naturaleza mercantil **como lo son, sin lugar a dudas, los recibos de pago o los de abono de cantidad** expedidos por los comerciantes en relación a las operaciones mercantiles en que intervienen.

Las SS. 8-11-90 y 8-5-97 pretenden hacer una enumeración exhaustiva declarando que son documentos mercantiles: en primer lugar, los que dotados de *nomen juris*, se encuentran regulados en el C. de C. o en leyes especiales, tales como letras de cambio, cheques, pagarés, cartas-órdenes de crédito, acciones y obligaciones emitidas por sociedades de responsabilidad limitada, libretas de ahorro, pólizas bancarias de crédito, tarjetas de crédito, cartas de porte, pólizas de fletamento, conocimientos de embarque, pólizas de seguro, seguidos de un extenso etcétera; en segundo término, todas las representaciones gráficas del pensamiento, generalmente por escrito y en papel, que con fines de preconstitución probatoria, plasmen o acrediten la celebración de contratos, o la asunción de obligación de naturaleza mercantil o comercial, aunque carezcan de denominación conocida en Derecho; y, finalmente, aquellos que se refieren y son requeridos por la fase de ejecución o de consumación de contratos u operaciones mercantiles, tales como albaranes de entrega, facturas o **recibos**, libros de contabilidad de la empresa. En este sentido las SS. 11-2, 13-3, 16-5 y 16-9-91; 8-3 y 22-9-92; 26-2 y 12-12-98 y 10-3-99.

b) Consideración punible por la intencionalidad maliciosa

Puesto que dichos recibos de «CREAT... ECON........ SA» (Sr. FL) no se ajustan a la verdad pues han sido creados con otro propósito ya que su confusa expedición va dirigida a engañar a la entidad bancaria, reúnen elementos propios de la falsedad documental.

Jurisprudencia

S.12-12-91 El delito de falsedad documental requiere esencialmente la conciencia de la denominada *mutatio veritatis*, o voluntad de alterar la verdad por medio de una acción a través de la cual se ataca a la fe pública y, en último caso, a la confianza que la sociedad tiene depositada en el valor de los documentos. No puede olvidarse que es la autenticidad y seguridad del tráfico mercantil en general lo que constituye la razón primordial de la incriminación de estas infracciones.

S.26-11-90 Intención maliciosa o elemento subjetivo del injusto que ha de quedar acreditado y probado, rechazándose la imputación falsaria cuando esa supuesta falsedad no guarda entidad suficiente para perturbar el tráfico jurídico, ni idoneidad para alterar la legitimidad y veracidad del documento. En conclusión, y con referencia a éstos, lo importante es que aquella inveracidad recaiga sobre extremos esenciales, y no inocuos o intrascendentes.

S.21-1-94 Según y a la vista de un criterio más cualitativo que cuantitativo, sometido siempre a puntos de vista que nunca serán unánimes porque nunca tampoco podrán establecerse reglas apriorísticas exactas y concretas.

S.4-7-97 El dolo falsario no es sino el dolo del tipo del delito de falsedad documental, que se da cuando el autor tiene conocimiento de los elementos del tipo objetivo. En este delito el conocimiento de la relación de causalidad nunca ofrece dificultades hasta el punto que tal conocimiento se confunde con el de saber que el documento que se suscribe contiene la constatación de hechos no verdaderos. Por lo demás, el elemento intencional solo se da en el caso del dolo directo, que no es la única forma del dolo admisible en el delito de falsedad documental.

SS. 30-4-81 y 10-3 y 25-3-99 No es menester que concurra el ánimo de lucro ni otro especial a diferencia de cuando se trata de documentos privados.

SS. 11-4-85, 6-10-93 y 12-6-97 El dolo en la falsedad documental no se detiene en la alteración material o ideológica del contenido del documento, sino que requiere, para que la acción sea penalmente reprochada, **la voluntad de trastornar los «efectos» del documento, es decir, la idea o propósito de que pase por auténtico en el tráfico jurídico; este dolo es la conciencia deliberada del falseamiento del documento y propósito de que surta efectos como genuino –sin serlo– en el tráfico.**

Jurisprudencia específica de cada uno de los números del art. 390.1:

Art. 390.1. número 1:

SS. 5-12-96 y 24-2-97 Para clasificar cuáles son los elementos o requisitos de carácter esencial ha de fijarse la atención en las funciones que constituyen la razón de ser de un documento y si la ausencia, modificación o variación de uno de dichos elementos repercute, sustancialmente, en dichas funciones, que son: _creedor_ota, en cuanto fijación material de unas manifestaciones del pensamiento; probatoria, en cuanto el documento se ha creado para acreditar o probar algo; y función garantizadora, en cuanto sirve para asegurar que la persona identificada en el documento es la misma que ha realizado las manifestaciones que se le atribuyen en el propio documento. Si las alteraciones cometidas afectan a una de estas funciones podemos calificarla de esencial.

SS. 26-11-90, 8-11-95 La acción falsaria que se realiza sobre aspectos secundarios, e intranscendentes del documento no es falsedad penal.

S.27-4-92, 22-1-96 Se ha reputado elemento esencial la fecha del documento.

S.9-6-99 No basta con la alteración material del documento, ya que es necesario un elemento subjetivo del injusto caracterizado por el propósito de introducir elementos mendaces que puedan producir efecto en el tráfico jurídico, induciendo a error a aquellos a los que la manipulación documental va destinada.

Art. 390.1. número 2:

29-12-92, 15-4-97 La simulación de un documento, creándolo *exnovo*, aunque para ello se utilice como vehículo un impreso en blanco está incluida y tipificada en el apartado 2 del art. 390.1.

S.18-9-93 simular equivale a crear un documento configurándole de tal forma que produzca una apariencia de veracidad por su estructura y por su forma de confección.

S.7-11-97 y 28-10-97 Las facturas falsas participan de la naturaleza de documentos mercantiles y pueden cumplir con las funciones de preconstitución probatoria, perpetuación y garantía por lo que podrán ser incluidas en éste número en caso de inveracidad (la redacción actual del precepto habla de simulación de un documento en todo o «en parte», ampliando así el marco del anterior texto penal).

(En el caso de recibos emitidos por entidades aseguradoras sin vinculación alguna con los acusados, sienta que, en ocasiones, se solapan los supuestos de los acree. 2° y 4° del art. 390, y la diferenciación debe efectuarse incardinando en el 2° los supuestos en que la falsedad no se refiere exclusivamente a alteraciones de la verdad en alguno de los extremos del documento, sino en el documento mismo, en el sentido de que se confeccione deliberadamente con la finalidad de acreditar en el tráfico una relación jurídica absolutamente inexistente.)

La S.4-12-98 se refiere a este número cuando en el propio documento se presenta como «narrador» a un tercero que realmente no ha intervenido en la expresión de su voluntad, aunque haya estampado su firma movido por el engaño.

Art. 390.1. número 3:

S.14-2-79 Las personas cuya intervención se supone es indiferente que vivan, hayan fallecido o sean imaginarias.

S.27-9-97 Utilizar las identidades reales de otras personas, sin su consentimiento o conocimiento, integra esta modalidad falsaria, tanto para los documentos públicos como para los oficiales, mercantiles y privados, y tanto en los supuestos de que el sujeto activo sea una autoridad, funcionario o asimilado, como para las falsedades cometidas por los particulares.

Art. 390.1. número 4:

Consiste en verter o recoger expresiones o hacer manifestaciones que no se corresponden con la realidad; es necesario que se refiera a elementos esenciales o fundamentales del documento (no toda manifestación inveraz constituye falsedad), trascendencia sobre el acto o negocio jurídico documentado y potencial extensión al tráfico jurídico, y conciencia y voluntad de cambiar la realidad (SS. 27-1-93, 15-1-94, 17-1 1-95, 3-5-96 y 26-5-98).

CONSUMACIÓN

Se consuma en el instante mismo de la alteración, ocultación o mutación de la verdad, cualquiera que sean los propósitos ulteriores (SS. 8-7-86 y 26-12-91) y a partir de ese momento comienza el cómputo del tiempo necesario para la prescripción (S.l2-3-93). Es irrelevante que el daño llegue a causarse (S.6-10-93).

PARTICIPACIÓN

La participación es admisible en el delito de falsedad en cualquiera de las formas propias del concurso de delincuentes (SS. 16-3 y 29-5-93~y 15-6-94).

CONCURSO

Es compatible con la estafa desde la promulgación del C.P. de 1944 que suprimió la figura híbrida de la falsedad con lucro; la falsedad en documentos públicos, oficiales o de comercio, a diferencia de la falsedad en documentos privados, constituye un delito autónomo respecto de la estafa correlativa, en concurso ideal regulado y penado conforme el art. 77 C.P. (SS.T.S. 13-3-81, 31-1-83, 15-6-85 y 26-6 y 27-7-88, 25-9-91, 10-9-92 y 6-10-98).

DELITO DE INSOLVENCIA PUNIBLE

Art. 257.1 Será castigado con las penas de prisión de uno a cuatro años y multa de doce a veinticuatro meses:

1º El que se alce con sus bienes en perjuicio de sus acreedores.
2º Quien con el mismo fin, realice cualquier acto de disposición patrimonial o generador de obligaciones que dilate, dificulte o impida la eficacia de un embargo o de un procedimiento ejecutivo o de apremio, judicial, extrajudicial o administrativo, iniciado o de previsible iniciación.
2. Lo dispuesto en el presente artículo será de aplicación cualquiera que se la naturaleza u origen de la obligación o deuda cuya satisfacción o pago se intente eludir, incluidos los derechos económicos de los trabajadores, y con independencia de que el acreedor sea un particular o cualquier persona jurídica, pública o privada.
3. Este delito será perseguido aun cuando tras su comisión se iniciara una ejecución concursal.

La dinámica habitual del Sr. FL en su creación de sociedades con una solvencia inicial para transformarse en un «bluff» una vez conseguido el engaño, imposibilitando el cobro de los acreedores, en este caso BANK..., podría considerarse también dentro de este tipo penal más teniendo en cuenta los derechos crediticios de BANK... sobre los bienes de garantía del Sr. FL y su empresa.

El nuevo código además de mantener el tipo general o básico contempla las tácticas dilatorias respecto a una posible ejecución (no es necesario que esté en marcha la ejecución sino que sea previsible).

a) Derecho crediticio

La existencia de un derecho de crédito por parte del acreedor (BANK...) y, en consecuencia, una obligaciones dinerarias por parte del deudor (Sr. FL por «CREAT... ECON........ SA»), generalmente vencidas, líquidas y exigibles.

Jurisprudencia

S.T.S. 668/96, de 8-10: El tipo delictivo se compone de dos elementos esenciales, uno objetivo y otro subjetivo. El requisito objetivo que exige el tipo lo constituye la existencia de uno o varios créditos reales y exigibles en su día de los que sea deudor el acusado del delito, sin la necesidad de que esos créditos estén vencidos o fueran líquidos en el momento del alzamiento, de ahí que digamos «exigibles en su día», pues entender la necesidad del vencimiento como requisito comisorio sería tanto como desnaturalizar la esencia de este acto defraudatorio, ya que es precisamente el temor a que llegue el momento del cumplimiento de la deuda lo que induce en pura lógica al vendedor a evitarlo con la necesaria anticipación, deshaciéndose de todos sus bienes o parte de ellos para así caer en insolvencia total o parcial e impedir a los acreedores o dificultarles el cobro de lo debido.
S. 4-2-91

b) Ocultación de bienes

Ocultación, enajenación real o ficticia, onerosa o gratuita de los propios bienes, simulación fraudulenta de créditos, o cualquier actividad que sustraiga los bienes citados al destino solutorio al que se hallan afectos.

c) Insolvencia

Situación de insolvencia total o parcial, real o aparente del deudor, consecuencia de la actividad dinámica mencionada.

Jurisprudencia

SS. 28-5 y 4-10-90 La insolvencia puede ser total, e incluso puede ser ficticia.
SS. 27-9-90, 6-3-91 y 13-2-92 la deuda puede no estar vencida ni ser líquida y exigible.

d) Intencionalidad

Concurrencia de un elemento subjetivo específico, tendencial, consistente en la intención de causar perjuicio al acreedor, intención que excede del resultado típico, ya que el alzamiento es un delito de mera actividad (S. 22-4-87) pues el perjuicio real pertenece a la fase de agotamiento.

Jurisprudencia

S.T.S. 668/96, de 8-10 El elemento subjetivo consiste en la intencionalidad del agente comisor de «alzarse» con sus bienes en perjuicio de su acreedor o acreedores, utilizando para ello el mecanismo de desaparición simulada o aparente del patrimonio que sirve de garantía al crédito. Esa intencionalidad directa (no cabe la comisión por imprudencia) ha de inferirse necesariamente de los actos realizados por el deudor en orden a provocar su insolvencia, que normalmente consisten en la transmisión de sus bienes a familiares, amigos o personas de su confianza que ya saben de antemano lo ficticio o irreal de esa transmisión.

SS. 4 y 6-3-91

SS 9-5081

25-9-82; 9-6 y 5-7-86; 20-2 y 10-3-87

15 y 84693; 718696, de 21-10; 113697, de 31-1; y 106298, de 23-9.

PARTICIPACIÓN O COMPLICIDAD

No solo los deudores pueden cometer el delito, sino también aquellas personas que colaboren con ellos en auxilio necesario cuando haya existido confabulación (SS. 17-10-81 y 16-12-82).

Como dice la S.T.S. 896/96, de 21-11, no es preciso ser acreedor y disponer de un determinado patrimonio para ser condenado como criminalmente responsable, en concepto de autor, de un delito de alzamiento de bienes, pues para ello basta con una conducta de colaboración o cooperación necesaria con la persona en la que concurran tales circunstancias.

CONSUMACIÓN

Cuando el deudor realiza, con éxito inicial, los actos de fingida desposesión de sus bienes, sin perjuicio de que los acreedores, mediante la acción pauliana, tercería de mejor derecho u otro medio reparador, puedan obtener el reintegro de los citados bienes (S. 9-11-81). Porque la consumación no exige perjuicio real (SS. 25-10-90 y 4 y 6-3-91).

El delito de alzamiento de bienes viene siendo considerado como de simple actividad o riesgo, fundamentalmente tenencial, por lo que la doctrina de esta Sala cifra su consumación en el simple acto de disposición sobre el propio patrimonio que coloque el deudor en situación de no poder hacer frente a sus obligaciones, presidido por la intención o fin de perjudicar a sus acreedores, elemento subjetivo del injusto que completa la tipicidad de la conducta (SS. 4 y 27-11-87; 27-10-88 y 4-2-91) (S.T.S. 896/96, de 21-11).

Para la consumación del delito no es necesario tampoco que el deudor quede en una situación de insolvencia total o parcial, basta con una insolvencia aparente, consecuencia de la enajenación real o ficticia, onerosa o gratuita de los propios bienes, o de cualquier actividad que sustraiga tales bienes al destino solutorio al que se hallen afectos (SS.T.S. 17-1 y 11-9-92; y 33/98, de 24-1). Por eso puede decirse que el delito de alzamiento no es un delito de insolvencia, sino de frustración de ejecución de obligaciones (S.T.S. 33/98, de 24-1).

CONCURSO CON FALSEDAD

Con relación al posible concurso entre los delitos de falsedad ideológica y alzamiento de bienes existe la S. 16-2-68.

CONCLUSIONES EN LA VALORACIÓN CRIMINOLÓGICA

En base a las investigaciones practicadas por los Detectives, se desprende la valoración criminológica de tres tipos delictivos en la conducta del informado, Sr. Francisco FL con participación o complicidad de personas de su familia y otros intermediarios relacionados también con la trama de sociedades, concretamente existe la presunción de haber incurrido en los siguientes delitos:

Estafa: Por el empleo de maquinaciones engañosas para sorprender la buena fe y la credulidad de BANK..., consiguiendo el descuento de recibos, que por ello ha quedado perjudicada en una importante cuantía y en contrapartida ha supuesto el enriquecimiento ilegítimo del informado.

Falsedad en documentación mercantil: Pues el engaño se ha realizado mediante recibos para el descuento, utilizando datos de las propias sociedades relacionadas, algunas ya desaparecidas, con conocimiento de su inexistencia o de la utilización de intermediarios para asegurarse su expedición con apariencia de veracidad.

Insolvencia punible: La constante creación de empresas que en primera fase son siempre solventes y el nivel de vida de la familia FL es demostrativo de una riqueza que no es la propia de la falta de liquidez que aparece cuando hay que afrontar las deudas y menos por la garantía crediticia que deberían respetar en sus bienes ante BANK...

Barcelona, a

Por Jurista Criminólogo

1.11 Física e Ingeniería forense

También denominada Ciencia Forense General, Ciencia de la Evidencia, o Criminalística.

Se basa en las leyes físicas (relacionado también con Biología y Química forense).

- **Rastros:** Examen del rastro de la tierra, pintura, etc. (por ejemplo: marca del vaso).
- **Análisis de la salpicadura de mancha de sangre:** Se basa en las leyes físicas: a) la cola de la gota de la mancha indica el origen, b) el tamaño denota la altura; c) la forma determina el ángulo de impacto.
- **Análisis de micromarcas**: Técnicas de análisis de marcas sobre objetos, con la ayuda del microscopio.
- **Incendios**: Investigación de las causas de incendios y explosiones.
- **Accidentología:** Estudio de las escenas de accidentes (coche, avión, tren...): velocidad, punto de impacto, reconstrucción de accidente.
  - **Radar** (lecturas de velocidad): Uso de diversos programas, y recientemente se está trabajando con la tecnología del láser
- Estudio de la configuración, estructura y propiedades de aparatos y maquinaria.

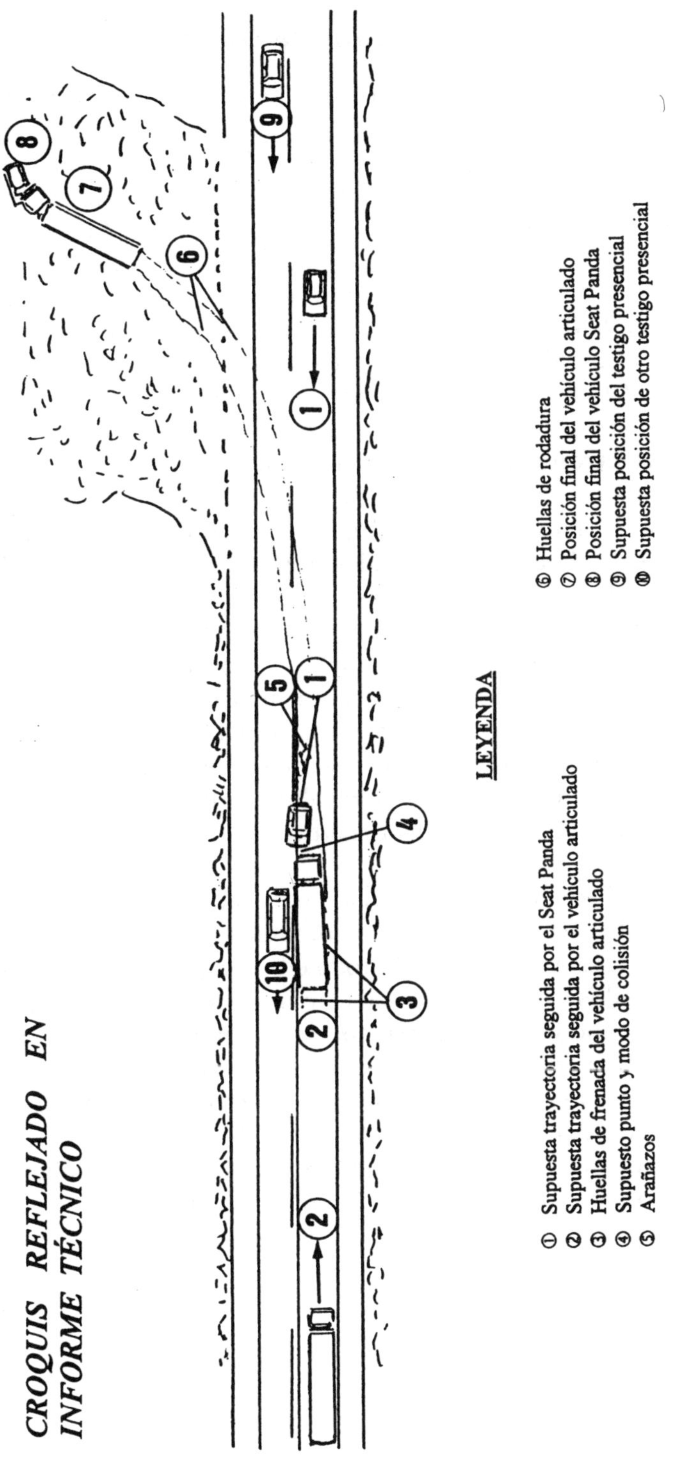

FIG. 2.8. Ejemplo croquis accidente.

1.12 Informática forense

- **Software y hardware:** Verificación de los datos informáticos en programas o en discos.
- **Internet:** Comprobación de la autoría en las comunicaciones. Al iniciarse el nuevo milenio se complica a nivel privado la identificación en Internet con la implantación de empresas como Safeweb y sus sistemas de anonimato para navegar por la red (distinto ocurre a nivel de Servicios Secretos, La americana Ley CALEA y la europea resolución ENFOPOL obligan al usuario o al servidor a facilitar sus claves criptográficas); su efectividad vino demostrada por la alianza con la CIA a través de In-Q-Tel, básicamente con la intención de saltarse los controles de Oriente Medio y China.
- **Firma electrónica:** La firma digital o las *watermarks* (marcas del agua digitales), son criptogramas informatizados, códigos de identificación o marcas en los componentes espectrales de baja frecuencia de la imagen (que pueden aplicarse también al sonido) El problema de la seguridad en las nuevas comunicaciones (verificación de autorías, vulnerabilidad, confidencialidad, protección de la información, propiedad intelectual...) es lo que compromete más a la función de garantía de los documentos electrónicos. Pese a que la lesgislación española sensible a la importancia creciente de las transacciones mercantiles por sistemas telemáticos ha dotado a la firma electrónica con el mismo valor jurídico que la manuscrita, siempre y cuando ésta se efectue a través de centros certificadores establecidos.
- **Infografía forense**: Reconstrucción virtual de cómo sucedió el delito. Se establece la información a comunicar, cómo serán representados los datos y se jerarquiza, todo ello con programas informáticos avanzados y la planimetría con aplicaciones de dibujo vectorial (p.ej: Freehand y cad) pudiendo incorporar imágenes de la realidad. La Universidad de Granada está a la vanguardia en este tipo de especialidades de las ciencias forenses, su Departamento de Antropología Fisica y de ADN impulsaron el proyecto REINAC de infografía forense. Asimismo la Policía Autonómica de Cataluña también desarrolla programas de reconstrucción de accidentes en 3D.

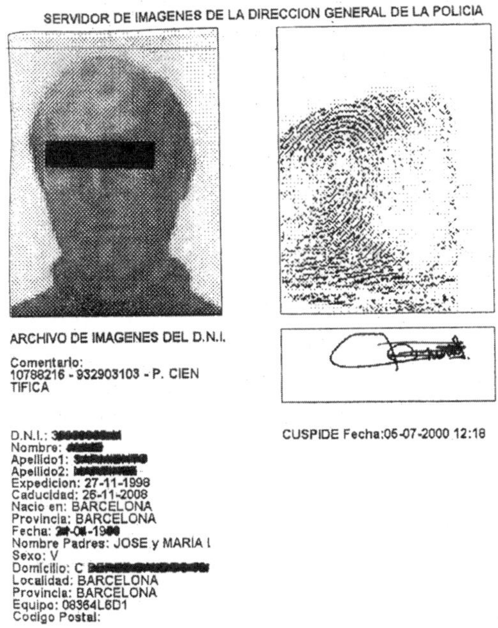

FIG. 2.9. Ejemplo del Servidor de Imágenes de la Dirección General de la Policía Nacional española.

- **Desarrollo de aplicaciones avanzadas como soporte a la identificación**

Ejemplo de las aplicaciones informáticas a la investigación criminal y las ciencias forenses desde Interpol:

Delincuencia General

Menores:

– Base de datos en delitos contra menores y pornografía infantil.

Tráfico de mujeres:

– Pruebas con cuestionarios de intercambio de información.

– Evaluación de técnicas policiales especiales en la lucha contra la trata de seres humanos.

Arte:

– Promoción del CD-ROM sobre obras de arte y bienes culturales robados.

Vehículos:

– Coordinación-colaboración con la Dirección IV, fomento y desarrollo en el SBA de la base de datos centralizada sobre vehículos robados y desarrollo del programa SICI, para responder a necesidades específicas.

– Estudio de viabilidad de los programas de validación de números de chasis en la base de datos internacional del SBA de Interpol sobre vehículos robados.

Armas y explosivos:

– Base de datos IWETS en el SICI (transmisión por X-400 y seguridad en el uso por OCN).

– Control de lista normalizada de fabricantes de armas a través del SBRM.

Catástrofes:

– Identificación de víctimas de catástrofes.

Colaboración informativa con datos complejos:

– Formación de especialistas e intercambio de datos complejos a través de IVC.

Delitos contra la propiedad y las personas:
- Difusiones verdes relativas a ladrones itinerantes internacionales.

Delincuencia organizada
–Coordinación-colaboración en el desarrollo y aplicación de los proyectos:
MACANDRA (delincuencia organizada italiana)
ROCJERS (bandas de motoristas al margen de la ley)
OCSA (delincuencia organizada en Sudamérica)
EASTWIND (delincuencia organizada en Asia)
GOWEST (delincuencia organizada en Europa Oriental)
MARCO POLO (Inmigración clandestina de Europa Occidental)
G8 (organizaciones delictivas de Rusia y Europa Oriental)

Terrorismo
- Base de datos y análisis y difusión especializada del terrorismo internacional.
- Proyecto relativo al terrorismo en Sudamérica.
- Proyecto sobre legislación en materia de terrorismo en los países miembros.
- Datos estadísticos sobre el tráfico de mensajes relacionados con el terrorismo.
- El terrorismo en Internet.
- Coordinación con aviación civil.
- Análisis de logística de los grupos terroristas que operan a nivel internacional.

Delincuencia Económica y financiera
- Actualización del «Computer Crime Manual».
- Base de datos sobre las tarjetas de pago integradas en el sistema ICIS.
- Base de datos sobre delincuencia medioambiental.
- Base de datos sobre falsificación de moneda y especialmente del euro.
- Coordinación del control de drogas, blanqueo de fondos.
- Desarrollo programas: Asiawash, IMOLIN.

Estupefacientes
- Análisis de la información de los mensajes ST y de los mensajes sobre drogas de las OCN.
- Coordinación-colaboración con el PWFID, la JIFE, la OMA, el CE, la UDE y la OMS y especialmente en los proyectos específicos de asistencia regional del PNUFID.

Criminal Intelligence
Servicio de Búsqueda y Respuesta a los Mensajes (MRRB)
- Sistema de Información Criminal de Interpol (SICI) anteriormente: SIC/STAIRS.
SABA (Servicio de Archivo y Búsqueda Automáticos)
- Incorporación en el servidor de imágenes del fichero nominal del SBA fotografías, huellas dactilares y el texto de las difusiones publicadas sobre las personas objeto de un mensaje o una difusión internacional de Interpol y terminar la informatización de los archivos a medida que se van recibiendo las autorizaciones de los países que no han aplicado todavía el cuestionario SBA.
- Creación de imágenes digitales y en color relacionadas con la base de datos de obras de arte robadas (informatización de los ficheros y nueva información).
- Gestión de la base de datos local del SBA y asegurar los enlaces con los países miembros.
Servicio de Difusiones Internacionales
- Carteles de «buscados» y de «niños desaparecidos», a través de Internet.
Servicio de Dactiloscopia
- Desarrollo y tratamiento completo del SAID (toda la información sobre huellas dactilares enviada por las WN).

Unidad de análisis de información criminal (WAIC)

– Formación y reciclaje en técnicas de análisis de información criminal para las OCN.

– Desarrollo de las instalaciones informatizadas de la UAIC.

(La coordinación de unidades de inteligencia de cada país ha resultado muy efectiva en casos como el de la localización de piezas robadas de los museos de Bagdad y Mosul en la guerra de 2003.)

Formulario Rojo **PAIS SOLICITANTE:**

BUSQUEDA INTERNACIONAL DE UNA PERSONA
CON MIRAS A SU DETENCION Y EXTRADICION

REMITENTE	Nº DE REFERENCIA	FECHA

MOTIVO DE LA DIFUSION ROJA:
( ) Búsqueda para un proceso penal ( ) Búsqueda para cumplimiento de una condena penal

1 - DATOS DE IDENTIFICACION	
FOTOGRAFIADO/A EL / EN: Fotografías adjuntas ( )	DACTILOSCOPIADO/A EL /EN : Fichas dactiloscópicas adjuntas ( )

CUIDADO: Persona considerada : (precísese)	( ) Enferma mental ( ) Drogadicta	( ) Armada ( ) Violenta	( ) Enferma contagiosa ( ) Peligrosa	( ) Propensa al suicidio
1.1 APELLIDO(S) ACTUAL(ES): (1)				
1.2 APELLIDO(S) DE ORIGEN/ ANTERIOR(ES) (1)				
1.3 NOMBRE(S):				
1.4 SEXO:	( ) Masculino		( ) Femenino	
1.5 FECHA Y LUGAR DE NACIMIENTO:				
1.6 APELLIDO(S) Y NOMBRE(S) DEL PADRE:				

FIG. 2.10. Modelo de Formulario rojo de Interpol.

Datos específicos en la aplicación de las tecnologías de la Información

– Adaptación de los equipos informáticos y de la red al cambio de milenio.

– Integración del sistema SBA en el sistema SICI.

- Sistema de Búsqueda Automática (SBA): desarrollo de las aplicaciones relativas a los vehículos terrestres, aviones y barcos robados o sospechosos, a los pasaportes y documentos de identidad extraviados o robados, y a las tarjetas de créditos falsificadas.
- Estudios sobre la evolución de la red y sobre la renovación del servidor contral X400 de la Secretaría General.
- Instalación plena del sistema de identificación de huellas dactilares (SAID) e integración completa del mismo en el sistema de Información de Interpol.
- Análisis de optimización e integración de la administración técnica de sistemas.
- Continuación en el asesoramiento a las OCN (proyectos PHARE, ASEANAPOL, ALERT, ROCISS...).
- Despliegue completo del programa InteForm.
- Estudio sobre el flujo de información en los sistemas AGORA y SIC (Workflow).
- Evaluación completa de la seguridad de los sistemas de información.

1.13 Lingüística forense

- Análisis de las variables lingüísticas para la identificación de autorías.
- Análisis de la información y estilo (retórica): ideología, valores, finalidad oculta...

CASO DE LAS CARTAS DE ÁNTRAX (véase en apartado de –Documentos Cuestionados – Avance de Informe Pericial Caligráfico y figura 2.6).
Dictamen pericial lingüístico.
Expertos norteamericanos que investigaron las cartas fechadas el 18 de septiembre, llegaron a las siguientes conclusiones (Corbella, 2002):
El discurso se compone de 5 frases simples y cortas:
Esto es lo que viene ahora. (Frase nº 1)
Toma penacilina ahora. (Frase nº 2)
Muerte a América. (Frase nº 3)
Muerte a Israel (Frase nº 4)
Alá es grande (Frase nº 5)

Frase n.º 1: *Esto es lo que viene ahora.*
Inicia el texto creando una situación de suspense sobre lo que va a acontecer, generando ansiedad y una sensación de vulnerabilidad en el receptor, totalmente ignorante de los hechos que puedan producirse, y de las consecuencias de éstos para sí y los que le rodean.
Frase n.º 2: *Toma penacilina ahora.*
El hecho de que se indique la ingestión de un antídoto «Toma penacilina» que contrarreste los efectos nocivos del carbunco implica por una parte un conocimiento que no está al alcance de cualquiera sobre los sistemas de inoculación existentes en aquel momento: penicilina y ciprofloxacina ; y por otra, avisar sobre la infección que porta la carta que sugiere el deseo de no matar a nadie, sino crear una situación de pánico y alertar a las autoridades de un peligro, curiosamente el nombre aparece mal escrito: «penacilina» por el correcto «penicilina» con objeto de desviar la atención sobre la autoría y hacer recaer las sospechas en alguien alejado de la cultura norteamericana.
Frase n.º 3: *Muerte a América.*
Hace recaer las sospechas en una agresión proveniente del exterior y no de ciudadanos norteamericanos.
Frase n.º 4: *Muerte a Israel.*
En base a lo anterior, y por la cercanía en el tiempo con los ataques del 11-S, dirige la mirada hacia grupos islámicos atendiendo a las amenazas a Israel, con-

siderado aliado de EEUU, y planteando como problema de fondo el conflicto palestino-israelí.
Frase n.º 5: *Alá es grande.* «Allah is Great»
Igualmente la frase «Alá es grande» es impropia de un musulmán practicante y oriundo de un país islámico, parece más bien una traslación occidental de un constructo árabe, ya que en su sentido original: Allah Akbar se traduciría por «God is great».

1.14 Medicina legal

- **Patología Forense:** Investigación médico-legal de las muertes súbitas, antinaturales, inexplicadas o violentas.
- **Psiquiatría y Psicología Forense:** Estudio de la mente humana: imputabilidad...
- **Condición física y mental** (médico-psiquiátrica): En los tribunales de Justicia norteamericano lo realiza un médico o psiquiatra, nunca un psicólogo (prohibido).
- **Perfilista:** Establecer rasgos psicológicos a partir del estudio de la escena del crimen, se aplica fundamentalmente en asesinos en serie (polémico). El estudio del comportamiento, vestimenta, jerga.... y otras cualidades psicológicas y físicas identificativas se aplican a otras áreas: a) prostitución, b) narcotráfico: Agentes de la DEA, aduanas, fronteras y aeropuertos, estudian: comportamiento, vestimenta... que delaten a los correos de la droga. Existen intentos de realizar perfiles psicológicos étnicos (acientíficos).
- **Psicología del testimonio:** Para verificar o invalidar el testimonio de una persona, el psicólogo analiza las capacidades cognoscitivas (memoria...) y perceptivas de ésta. Incluye también la Psicología Gestual y la Programación Neurolingüística.
- **Hipnosis:** Generalmente no aceptada en los tribunales de Justicia. Se emplea para recordar hechos pasados de interés para la investigación criminal. Puede ser empleada también en la interrogación del trabajo policial.
- **Polígrafo:** Generalmente no aceptado en los Tribunales de Justicia norteamericanos por falta de expertos reconocidos, es valorado como una técnica de investigación y no tanto científica forense, sin embargo se admite cuando es consentido por ambas partes, y puede ser rechazado por la defensa en caso de perjudicarle. El sistema Tensión Psicológica Evaluator de reciente aparición se está convirtiendo en un sistema alternativo.
- **Suero de la verdad:** Constitucionalmente no se admite la confesión obtenida mediante la administración de drogas, sin embargo algunas cortes han aceptado el testimonio del médico psiquiatra respecto a las declaraciones del imputado sometido a una sustancia compuesta por amital o penthotal de sodio que actúa como un placebo obteniéndose efectos similares a la ingestión del «suero de la verdad» compuesto por la sustancia química denominada escopolamina.

1.15 Odontología forense

(Relacionada también con Antropología, Medicina legal y Biología)

- **Dentadura** Estudio de la dentadura humana (piezas dentales, forma, roturas, esmalte...) como elemento identificativo. Se emplean archivos dentales médicos, rayos X, e incluso fotografías.
- **Análisis de la marca de la mordedura (saliva...):** En Estados Unidos requiere conocimientos de la tabla ABFO (Tabla Americana de Odontología Forense). Campo muy desacreditado a raíz de las interpretaciones de una experta famosa norteamericana, sin fundamento científico.

2. EJEMPLOS DE GABINETES

2.1 United States Secret Service

U.S: Secret Service
Personnel Division
950 H. Street, NW
Suite 912
Washington DC 20223
Telf: 202-406-5800

El Servicio Secreto nace en Washington el 5 de julio de 1865 con objeto de retirar de la circulación la moneda falsa, posteriormente ampliará su cometido sobre todas aquellas infracciones contra las leyes federales, tales como apropiación indebida de tierras del estado, correo postal, contrabando, atentados presidenciales –aprobado en 1917–, protección de misiones diplomáticas –autorizado en 1970, 1971, 1975–, uso fraudulento de tarjetas de crédito y débito, documentos de identificación y delitos financieros e informáticos –ratificado en 1984–, y asistencia técnica-forense en complejas investigaciones sobre menores (desaparecidos, explotación infantil, maltrato o abuso) – asignado en 1994.

2.1.1 SEGURIDAD NACIONAL: LABORES DE PROTECCIÓN PRESIDENCIAL Y DIPLOMÁTICA

El Servicio Secreto es responsable de la Seguridad de las más altas instancias nacionales y extranjeras en sus visitas oficiales y/o privadas no sólo en Washington y su área –1970– sino en todos los territorios de los Estados Unidos –1975–. Ya en 1894 realizó esporádicamente servicios de protección al entonces Presidente de los Estados Unidos, Cleveland, pero tras el asesinato en 1901 del presidente W. McKinley, asumió por completo las competencias de salvaguarda de los presidentes en el cargo (1902) y con posterioridad las tareas de vigilancia en la residencia oficial a petición del Presidente Harding, fundándose en 1922 el cuerpo de Policía de la Casa Blanca. Debido a una serie de acontecimientos dramáticos la protección al Presidente en exclusividad se fue extendiendo progresivamente a familiares inmediatos (1917), vicepresidentes y otros miembros del ejecutivo (1951), ex presidentes (1962), viudas e hijos de ex presidentes y candidatos presidenciales (1968).

(U.S. Departament of the Treasury, 2002)

2.1.2 DIVISIÓN DE SERVICIOS FORENSES DEL SERVICIO SECRETO (FORENSIC SERVICES DIVISIÓN, FSD)

(2002)

Lo más sobresaliente de la División de Servicios Forenses del Servicio Secreto es su sofisticada tecnología, emplean medios instrumentales y químicos únicos, disponiendo de los programas más avanzados, como por ejemplo:

- Programa de Identificación de Voz (Voice Identification Program).
- Programa de Hipnosis Forense (Forensic Hypnosis Program).
- Programa del Examen del Polígrafo (Polygraph Examination Program): Considerado un instrumento eficaz de investigación. Está integrado por expertos en entrevista y técnicas de interrogación.
- Sistema de Identificación de Huellas Digitales Automático (Automated Fingerprint Identification System, AFIS): Este programa permite digitalizar/informatizar las huellas dactilares latentes (impresas en una evidencia) incorporándolas a una red nacional con una de las mayores bases de datos, conformada por más de 30 millones de huellas para su cotejo.
- Sistema de Información Forense para la Letra –Forensic Information System for Handwriting (FISH)–.

La División de Servicios Forenses se divide en las siguientes secciones:

- Sección de Documentos Cuestionados: Grafismos, documentos de identificación, moneda, lotería...
- Sección de Servicios de Análisis de Instrumentos: Tinta, papel, marcas de agua...
- Sección de Servicios de Identificación de la Huella Digital.
- Sección de Servicios de Información Visual: Realce de la imagen y audio, progresión, regresión... El realce de la imagen por ordenador posibilita aclarar las imágenes borrosas de video, y revelar la escritura invisible a simple vista. Esta técnica forense ha alcanzado tal grado de perfección que por ejemplo puede captar hasta 256 tonalidades de grises frente a las 16 distinguidas por el ojo humano.

A. Sección de Documentos Cuestionados

I. Sistema de Información Forense para la Letra (Forensic Information System for Handwriting, FISH)

El Sistema de Información Forense para la Letra, un programa en origen restringido a asuntos de Inteligencia, y posteriormente cedido a otros organismos oficiales (federales y locales) permite un tratamiento digitalizado del texto y manuscrito facilitando el examen y posterior cotejo de la caligrafía y sintaxis con otras muestras previamente grabadas. Constituyéndose así un gran Banco Nacional con miles de imágenes digitales de anónimos y amenazas a presidentes norteamericanos y otras autoridades del país.

II. Fraudes monetarios

El billete de dólar fue introducido durante la Guerra de Secesión, es decir, 70 años después de la formación de los EEUU como nación independiente, con anterioridad se utilizaban papeles emitidos por instituciones económicas (bancarias), llegando a existir en el mercado más de 7.000 tipos diferentes de papeles. Las necesidades de la guerra, y más concretamente su financiación, impuso la creación de una moneda única y propia de la nación; se arbitró una competencia federal para emitirla, estudiar y reprimir las posibles falsificaciones, creándose una agencia federal especial denominada *Secret Service* para luchar contra el delito de la falsificación.

Pero la circulación de la moneda de un país no se limita exclusivamente a su territorio nacional, por ejemplo el marco alemán era la moneda europea que más circulaba fuera de sus fronteras, aproximadamente un 40%; aunque es el dólar con un 70 %, la moneda de mayor distribución exterior, especialmente en la zonas de América Latina, toda la antigua Unión Soviética (no sólo Rusia) y Medio Oriente; siendo sus zonas de producción: Buenos Aires, Frankfurt, Milán, Canadá, Zurich, Singapur, Hong Kong. Esta amplia distribución es un ingreso fiscal muy apetecible por EEUU, aunque signifique un aumento del riesgo de la falsificación. Es por ello, que el *Secret Service* (2002) que obtuvo en 1994 competencias de actuación fuera de las fronteras de los Estados Unidos en lo concerniente a los delitos de fabricación, tráfico o posesión de moneda americana falsa tiene agencias repartidas en varias ciudades del mundo: Bangkok, Hong Kong, Londres, Roma, Bogotá, Berlín, Bonn, Manila, Milán, Moscú, Montreal, Nicosia, Ottawa, París, Vancouver. Las cifras de 1998, sobre billetes falsificados de 100 dólares, indican la existencia en circulación de aproximadamente 43 millones de billetes falsos, a los que se debe sumar los billetes embargados en los centros de producción. Y la ciudad que ocupa el primer puesto en el ranking de productores de billetes falsificados es Milán, seguida de Colombia en América Latina. La importancia de Milán es indicativo de que la fabricación de moneda falsa requiere una tecnología sofisticada, que no se localiza en otras ciudades italianas como por ejemplo Nápoles o Sicilia, donde se localiza una criminalidad más clásica (mafia).

Si bien no existe un tribunal penal internacional para luchar contra la falsificación, en los años 20 se llegó a firmar un convenio internacional conocido como el Convenio de Ginebra, a raíz de los grandes escándalos que se produjeron en Europa durante las décadas de 1910-1920 sobre falsificación de moneda, en concreto sobre francos franceses, realizados en Hungría cuando esta nación formaba parte del Imperio austro-húngaro y, que tuvo graves implicaciones no sólo económicas y fiscales sino políticas y diplomáticas (enfrentamiento entre Francia y el Imperio), y que, pese a su antigüedad se halla todavía en vigor. Se trata más de un derecho penal sustancial, es decir, definitorio de los tipos, comportamientos, que un derecho penal procesal, de sanción. El derecho penal internacional obliga a la extradición si se produce un delito financiero con implicaciones tributarias. Cada país debe tener una unidad central específica cuya naturaleza jurídica cambia según los países (administrativo, judicial, banco central...), y que debe analizar y comunicar información técnica sobre la falsificación (materiales, métodos...) e información operacional (autores, lugares...).

(Vervaele, J.A.E, 2001)

B. Sección de Servicios de Análisis de Instrumentos

El Servicio dispone de una de las mayores colecciones, entre las que destacan:

- ➢ El Banco Internacional de Tintas: Constituida por más de 7000 muestras de tinta que permiten identificar el útil inscriptor (tipo y marca), facilitándose en base a éste, la datación del documento.
- ➢ Marcas de agua: Integrado por unas 22.000 imágenes.
- ➢ Plásticos, tóners y tintas de impresora.

2.2 El Laboratorio de Policía Científica de la Oficina Federal de Investigación de Estados Unidos de América (FBI)

Federal Bureau Of Investigation
Questioned Documents Unit
Room 18861
935 Pennsylvania Avenue NW
Washington, DC 20535-0001
Telephone: 202-324-4454
Fax: 202-324-6134

El Laboratorio de Policía Científica-FBI se remonta a 1932 cuando pertenecía a la Oficina de Investigación de Estados Unidos (USBOI), germen de la División de Investigación (DOI) que a partir de 1935 se conocería como Federal Bureau Investigation (FBI). Aunque el auténtico precursor de todos es el Servicio Secreto (United States Secret Service; U.S. Departament of the Treasury) pues a iniciativa del presidente Theodore Roosevelt en 1908 se traspasó personal del Servicio al Departamento de Justicia (U.S. Departament of the Treasury, 2002; U. S. Departament of the Justice, 2002).

Es un laboratorio significativo por sus medios técnicos e instalaciones y la diversidad de especialidades forenses que abarca: ADN, huellas dactilares, documentos cuestionados, audio, video, fotografía y análisis de la imagen, química, explosivos, balística e informática.... Si bien, la aportación más valiosa de este laboratorio son las numerosas bases de datos de que dispone para la investigación forense (U.S Departament of Justice, 2000).

2.2.1 UNIDAD DE DOCUMENTOSCOPIA –QUESTIONED DOCUMENTS– (QDU)

(Held, 2001)

Las secciones pioneras de este laboratorio de criminalística fueron balística y documentoscopia, alcanzando ésta especial relieve debido a las circunstancias socio-económicas del país a raíz del *crack* del 29, que comportaron un aumento de los delitos de falsificación, estafa y secuestro, lo que hacía imprescindible en estos casos el análisis de los documentos escritos para la resolución de los mismos.

El personal de esta sección lleva a cabo los siguientes análisis:

2.2.1.1 Ámbitos de actuación

– Análisis del soporte y sus elementos constitutivos: El soporte más habitual es el papel: normal, humedecido, carbonizado, fragmentado, etc. Y sus elementos constitutivos: escritura manuscrita y/o mecanográfica, tinta, elementos de seguridad: marcas de agua, hilos de seguridad, fibrillas luminiscentes...

– Examen del material de oficina generadora de documentos escritos: máquina de escribir: marca y modelo, elementos intercambiables: pelota, dedal, cintas de tintas (legibles e ilegibles) y correctoras; fotocopiadora; ordenador; impresora; sellos de goma y caucho.

– Estudio de productos manufacturados (Marcas y Patentes): Estudio del proceso de fabricación, y sus características individuales.

– Análisis impresiones del calzado: Observación de la forma de caminar, localización del punto de apoyo, y forma general de los pies, específico de cada persona; características singulares: cortes, arañazos, mellas...; exploración de sustancias adheridas: tierra, barro, are-

na, nieve, residuos...; estudio de las impresiones en la escena del crimen: vestimenta, caminos, puertas, paredes y otras superficies.
– Impresiones en la banda de rodadura de neumáticos.

2.2.1.2 Archivos y bases de datos

Para la investigación forense el Laboratorio se auxilia de dos tipos de ficheros:
– Registros de referencias: base de datos conformados por casos anteriores previamente examinados.
– Registros de modelos/patrones: contiene las características técnicas de cada marca de fábrica y modelo.

Concretamente la Unidad de Documentoscopia posee los siguientes archivos:

- Anónimos (referencia).
- Notas de robo bancario (referencia).
- Registro nacional de cheques fraudulentos: Secciones dedicadas a firmas, nombre y logotipo de entidades financieras, giro postal, cheques viaje... (referencia).
- Marcas de agua y de impresión (referencia).
- Registro nacional de certificados de vehículos a motor.
- Equipos de oficina (modelos).
- Registro de calzado (referencia y modelos).
- Banda de rodadura de los neumáticos: (referencia).

2.2.2 UNIDAD CIENTÍFICA DEL COMPORTAMIENTO (BEHAVIORAL SCIENCE UNIT)

Dirigida por Steve Band tiene un Proyecto de Investigación sobre la Personalidad Criminal integrado por los trabajos de Robert Ressler –a partir de sus entrevistas con más de 100 asesinos en serie–, y por más de 263 cuestionarios estándar que deben cumplimentar los policías encargados de homicidios y violaciones, nutre un número importante de base de datos, facilitando la relación de los crímenes aislados con los modelos existentes en el banco de datos.

El proyecto de Investigación sobre la Personalidad Criminal se basa en el método del *profiling* (*profiler*: perfilista) o búsqueda de indicios psicológicos en el escenario del crimen. A partir del estudio de las fotografías tomadas durante la inspección técnico-policial en el escenario del crimen se infiere la personalidad del asesino determinándose su perfil psicológico lo que facilita su búsqueda y captura. Este sistema de trabajo es aplicado únicamente a aquellos asesinatos antes conocidos como «sin motivo aparente» pues no existía ninguna relación entre el asesino y su víctima, y que Robert Ressler, investigador del ejército y posteriormente agente del FBI de Virginia, bautizó con éxito «en serie» por la motivación impulsiva y la sensación de omnipotencia del asesino que le conduce a seguir matando hasta su detención.

El perfil de personalidad estaría compuesto por un «conjunto de elementos físicos, psicológicos, sociales, culturales y espirituales, que muestran un sello particular, un estilo propio, una manera de ser» (Rojas, 1998) indicador de la apariencia externa, y la forma de pensar y actuar del asesino que debe ser complementado con otras evidencias (medicina forense...) así como el testimonio de testigos para validar certeramente el perfil obtenido, entendido éste en una primera instancia como una hipótesis de trabajo o «análisis operativo» en palabras de un *profiler* (especialista). El método del Profiler se estableció oficialmente en el FBI en 1978 a consecuencia de la resolución favorable del caso del «asesino vampiro». Richard Chase Trenton de Sacramento, asesino en serie que extraía los órganos internos y bebía la sangre de sus víctimas fue descrito perfectamente desde la oficina del FBI en Virgina por Robert Ressler como un hombre blanco, solitario, de apariencia externa desarreglada, entre 25-27 años, delgado y pálido, con un cuadro agudo de esquizofrenia paranoide, en tratamiento psiquiátrico, sin trabajo, beneficiario de una ayuda estatal, y residente a menos de 1 km de radio de las víctimas.

En la actualidad el FBI cuenta con 40 *profiler*, estos especialistas que han superado 15 años de experiencia profesional como agentes, sobresaliendo especialmente en la investigación de delitos violentos, deben disponer de una gran capacidad de penetración psicológica para poder adentrarse en la mente de un asesino (Brown, 2000).

Referencias bibliográficas

BROWN, Nicolas (2000): «Die hig-tech polizei», KOVTR-TV CHANEL 13

–(2000): « Psycho-Detektives: dans le peau de l'assassin » KOVR-TV Channel 13

CECCALDI, Pierre-Fernand (1971): *La Criminalistique*, Presses Universitaires de France

COMER, Michael J. (1987): *El Fraude en la Empresa, Manual para su detección y prevención*, Bilbao, Ediciones Deusto

CORBELLA, Josep (2002): «El enemigo en casa» en *La Vanguardia*, Sección Internacional, Barcelona, miércoles 4 de septiembre de 2002

CNN en español (2000): «Investigan conexiones entre casos de ántrax y terrorismo en Estados Unidos» en CNN en español, ed. digital, 17, octubre de 2001

EL PAÍS (2002): «La trama del bioterrorismo estalla en EEUU» en *El País, Internacional*, Madrid, domingo 7 de julio

FOLKARD, Claire (editor jefe) 2002): *Guinness World Record*, A Gullane Entertainment Company, Barcelona, Ed. Planeta

GLOBAL SECURITY NEWSWIRE (2001): «Anthrax : Test Show Potency of Daschle Letter Spores » National Journal Group, Daily news on nuclear, biological and chemical weapons, terrorism and related issues, Washington DC, Tuesday, December 11, 2001

HELD, Dorothy-Anne E. (2001): «Handwriting, Typewriting, Shoeprints, and Tire Treads: FBI Laboratory's Questioned Documents Unit», Washington, Research and Technology en *Forensic Science Communications* April,Vol. 3, Núm 2

JAUREGUI, Pablo (2002):«Varios científicos crean un antídoto contra el ántrax» en *El Mundo, Sociedad,* Viernes 23 de agosto de 2002

MACROSERVICE (1998): *Cyber-Sing Sistema Biométrico para Captura y Verificación de Firmas,*

ROJAS, Enrique (1998): «La personalidad ideal» en *Guía Práctica de Psicología*, dirigida por el Dr. Vallejo-Nágera, Madrid, Ed. Temas de hoy

SÁNCHEZ, Lorena (2002): «Qué nos hace únicos? en *QUO* nº 80, Madrid, Hachette Filipacchi

U.S DEPARTAMENT OF JUSTICE (2000): «FBI Laboratory Services», Washington D.C, *Federal Bureau Investigation*, Ed. Electrónica

— (2000): «FBI Laboratory Division: Questioned Documents Unit» en *FBI Laboratory Services*, Washington D.C, Federal Bureau Investigation, Ed. Electrónica

— (2001): «2001 Press Releases» en *FBI National Press Office*, Washington D.C, Federal Bureau Investigation, Ed. Electrónica

— (2002): «FBI-Laboratory», Washington D.C, Federal Bureau Investigation, Ed. Electrónica

— (2002): «Secret Service History -Beginnins », *United States Secret Service*, Ed digital

— (2002): «Forensic Services Division», *United States Secret Service*, Ed digital

— (2002): «Secret Service», *United States Secret Service*, Ed digital

VERVAELE, J. A. E (2001): «La Falsificación del Euro. Hacia una federalización de la justicia penal en la Unión Europea», Barcelona, Escola de Prevenció i Seguretat Integral, vinculada a la UAB, conferencia en la presentación del Diploma de Postgrau –Seguretat Documental–, a cargo de SIGNE, S. A.

Capítulo III

ANÁLISIS DE LA INFORMACIÓN Y LINGÜÍSTICA FORENSE

Res, non verba
Realidades, no palabras

El analista de escritos y documentos está directamente vinculado al analista de información en el estudio del discurso, las expresiones, la influencia del lenguaje en los demás, y ya de forma especializada profundiza tanto en la identificación de autoría, como sobre la posible intencionalidad de la información. Por otra parte el analista no se circunscribe a un solo eslabón de la cadena o circuito de inteligencia, e incluso en ocasiones su iniciativa puede convertirlo en interdisciplinar como asesor, como ocurrió en nuestro caso al realizar el primer estudio sociológico sobre lo que pensaban los jóvenes de la transición respecto al servicio militar obligatorio.

1. INTELIGENCIA

Sun Tsu, siglo VI A.C. escribió en su tratado sobre el arte de la guerra: «lo que permite a un sabio independiente y soberano o a un buen general obtener la victoria o cosas que están al alcance de otros hombres, es el conocimiento anticipado de lo que podrá ocurrir». (1971)

En los Reglamentos de Inteligencia occidentales se define a la *Inteligencia* como información elaborada de importancia vital para la Seguridad. Por tanto, la Inteligencia se entiende como el producto resultante del proceso de depuración de la información (gestual, oral, audiovisual, gráfica y electrónica) que permite extraer del conjunto aquellos aspectos que afectan a la Seguridad.

Jesús Villasante (2002), oficial ex jefe de Inteligencia distingue en su texto *Protección Documental* los siguientes tipos de información:

«– Dato: es el registro en un código convenido de la medida de la propiedad de la señal (cifras, dimensiones, fechas, precios, títulos, estadísticas, textos, notas de música...).
– Datos de carácter personal: Toda información numérica, alfabética, gráfica, fotográfica, acústica o de cualquier otro tipo, susceptible de recogida, registro, tratamiento o transmisión concerniente a personas físicas identificadas o identificables.

– Base de datos: Conjunto de datos elementales que constituyen una memoria organizada cuyo elemento básico es la palabra.
– Banco de datos: Conjunto de datos a los que se puede acceder por medio de diferentes personas o sistemas; es, en cierto modo, un catálogo donde están consignadas todas las referencias que facilitan la obtención del conocimiento completo de un tema.
– Documento: Escrito en el que constan datos fidedignos o susceptibles de ser empleados como tales para probar algo. Técnicamente se entiende por documento cualquier constancia gráfica o de cualquier otra naturaleza, especialmente: impresos, manuscritos, papeles mecanografiados, planos, proyectos, esquemas, esbozos, diseños, bocetos, diagramas, cartas, croquis, mapas, fotografías y negativos, películas, grabaciones sonoras, planchas o moldes, matrices, composiciones tipográficas, grabados, bandas escritas o perforadas, la memoria transistorizada de un cerebro electrónico y otro material usado para reproducir documentos.
– Información: Señal cuya interpretación y adquisición modifica el comportamiento o el estado de conocimiento y permite ampliar o precisar los que ya se poseen sobre una materia determinada.
– Conocimiento: Información con significado.
– Almacén de información: Base de datos diseñada para asistencia a la toma de decisiones en una organización y que puede contener enormes cantidades de datos. Cuando la base de datos está organizada para un departamento o una función, se puede llamar «mercado de datos» (data mart).»

1.1 Ciclo de la inteligencia

El proceso de transformación de la información a Inteligencia se denomina *Ciclo de la Inteligencia,* por la revisión constante (cíclica) de sus apreciaciones y se compone de las siguientes fases: Dirección; Obtención; Elaboración; Difusión (Estado Mayor de Ejército, 1988).

1.1.1 DIRECCIÓN:

Establece las directrices de la Inteligencia, ordena y controla. Es el jefe de operaciones el que dicta para su departamento específico (por ejemplo antiterrorismo) en donde hay que dirigir la actuación, la infiltración (edificios o grupos sociales) del agente o grupo operativo para la obtención de información.

1.1.2 OBTENCIÓN:

Explotación de las fuentes (legales y/o ilegales) de obtención de información y entrega a los órganos correspondientes. Atendiendo al criterio jurídico de legalidad o ilegalidad de los métodos empleados en la consecución de la Información se distingue:

«La obtenida normalmente: Aquella información que las organizaciones deben mostrar como requisito legal para realizar sus servicios o vender sus productos. Aquí hay dos áreas la información que la empresa publica obligatoriamente: la que figura en registros públicos, como las cuentas financieras y los balances anuales, que proporcionan mucho detalle sobre las actividades realizadas hasta la fecha, el presupuesto en investigación y desarrollo, planes de inversión del capital al año siguiente, etc. También la información obligatoria que muestra las características y regulaciones de productos. (Y) la información no-obligatoria que se publica con objeto de ventas o de marketing, o como consecuencia de las actividades de relaciones públicas, como visitas a la planta de producción, o las ferias de comercio y venta al detalle donde hay mucha información disponible.

La obtenida inadvertidamente: A través del personal y sus movimientos, como las furgonetas de entrega que pueden ser un indicador de niveles de ventas, las preguntas por teléfono aparentemente inocentes a la telefonista o a las secretarias de los directores, la información que sale de los mismos vendedores, (aunque sirve para vender en exceso puede suponer una imprudencia), hablar demasiado en sitios de pública concurrencia y, finalmente los descuidos de personalidades y directivos, que llevándose a casa documentos sensibles para estudiarlos, los dejan olvidados en sitios públicos.

La obtenida deshonestamente: (...) Pinchar un teléfono, instalar un micrófono, interceptar y manipular mensajes de correo electrónico que se produzcan en Internet o en escuchas de mensajes que viajan en redes de comunicaciones (...) la entrada no autorizada a una fábrica, oficina o casa para robar o fotografiar información, la captación de conversaciones privadas a través de teléfonos portátiles y el chantaje. Hoy en día ya es demasiado habitual dedicar mucho tiempo a realizar gestiones a través de dichos teléfonos en cualquier lugar de pública concurrencia; no hay que olvidar que toda información en el aire puede ser interceptada, escuchada y capturada» (Villasante, 2002).

Se establecen diversas tipologías de Inteligencia en función de: la procedencia de la información; la materia de investigación; el tiempo real de la información; el área de acción.

1.1.2.1 La procedencia de la información

Tipos de Inteligencia:

A. HUMINT (Human Intelligence)

Se apoya en la labor investigadora de personas. Se denomina asimismo *Inteligencia clásica.* La técnica grafológica, en sus diversas especialidades, se incluiría en este tipo. Se realiza a partir de personal especializado destinado en diversos servicios como por ejemplo, unidades y patrullas de reconocimiento, unidades en contacto, tripulaciones aéreas, y agentes de espionaje que desempeñan los siguientes servicios:

a) Servicios no operativos: información procedente de fuentes de libre acceso (por ejemplo lectura de medios de comunicación). (FIG. 3.1.)

Una de las labores básicas de Inteligencia y Contrainteligencia se centra en el análisis de textos periodísticos contrastados (varias fuentes o agencias de prensa) y coloquiales con objeto de extraer los datos que demande el Servicio, mientras el estudio de otro tipo de producciones –literarias, académicas o publicitarias–, permiten elaborar los programas de las Operaciones Psicológicas; algún laboratorio de criminalística como el Secret Service de Estados Unidos, focaliza su atención en el análisis de anónimos (dirigidos a los presidentes norteamericanos) para identificar autorías, llegando a traspasar su sofisticado programa de identificación (FIHS) a otros organismos (FBI) cuando el caso lo requiere (cartas de ántrax); cabe señalar igualmente en Europa a la BundesKriminalamt de Alemania.

b) Servicios de infiltración: información obtenida por un agente o una célula operativa a partir de su infiltración en edificios claves (embajadas, consulados, empresas...) o en grupos sociales (organizaciones terroristas, movimientos antiglobalización, okupas...).

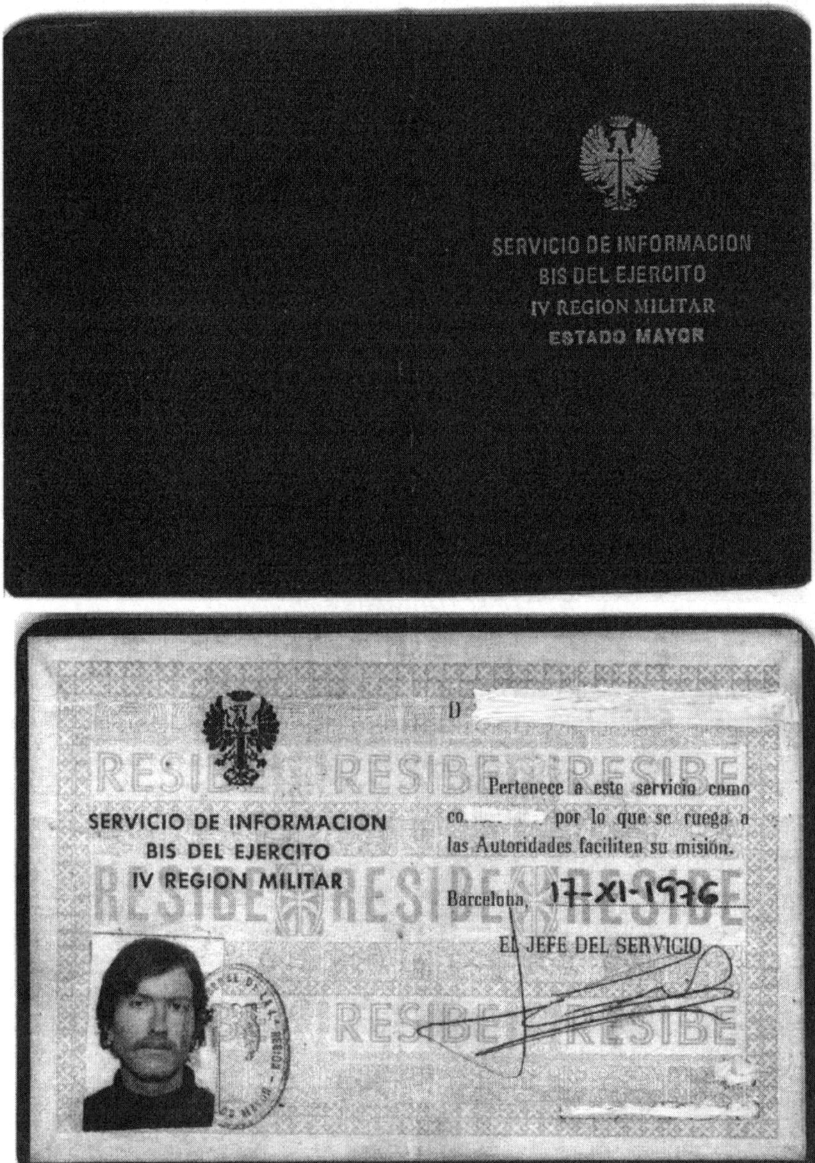

FIG. 3.1. Carné del Servicio de Información del Ejército (servicios de contraespionaje dentro de la Inteligencia Militar).

B. SIGINT (Signal Intelligence)

Interceptación de señales electromagnéticas intencionadas.

La filosofía de la SIGINT es que si bien es posible ocultar una nueva arma secreta, difícilmente se podrán ocultar las emisiones electromagnéticas del sistema de guía de un arma durante las pruebas a las que necesariamente debe ser sometida. Se especializa en:

1. *COMINT* (Communications Intelligence): comunicaciones (radio...).
2. *ELINT* (Electronic Intelligence): radar.
3. *TELINT* (Telemetry Intelligence) : señales telemétricas (misil, satélite...).

Ejemplo: Guerra de las Malvinas. El triunfo inglés se produjo por la colaboración americana y no fue fácil ya que Inglaterra adolecía de SIGINT en Sudamérica. La utilización por Argentina de los Dassault «Super-Etendard» misiles Exocet (suministrados por los franceses) les significó, por ejemplo, el hundimiento del destructor Sheffield (los equipos de guerra electrónica de los buques ingleses no fueron capaces de interceptar las emisiones de los radares) (De Arcangelis, 1988).

C. OPINT (Optical Intelligence)

Emisiones en la región visible del espectro:

1. *PHOTINT (Photographic Intelligence): espionaje fotográfico.*
2. *EOPINT (*Electro-Optical Intelligence): electro-óptico (láser, TV...).

D. ACINT (Acoustic Intelligence)

Acústica submarina (sónar...).

E. URINT (Unintentional Radiation Intelligence)

Señales electromagnéticas involuntarias (ordenadores, centrales eléctricas...).

1. *IRINT* (Infra Red Intelligence), infrarrojos.

La dificultad del ejército americano para actuar contra los guerrilleros vietnamitas fue el motivo del desarrollo de nuevos medios de detección, en este caso de las emisiones de radiaciones y ruidos de hombres y medios que se produjeran de forma no intencionada o involuntaria, par ello se fabricaron aparatos receptor-transmisor que fueron lanzados por aviones a modo de tallo que se clavaban en el suelo confundiéndose con la vegetación, se captaba así los latidos del corazón y ruidos abdominales de los hombres escondidos, transmitiéndolos a un detector (normalmente un avión volando sobre los bosques).

Otro artilugio fue el receptor-transmisor que captaba las interferencias electromagnéticas producidas por la inflamación de las bujías de los motores (con ayuda de ordenadores se localizaban los convoyes militares en los bosques y se orientaba su ataque por la aviación americana).

Posteriormente se desarrollaron sensores especiales de detección de la emisión espontánea de energía infrarroja (IR), pudiendo descubrirse a través de satélites las explosiones de nuevos armamentos nucleares en fase de pruebas, la presencia de submarinos nucleares en inmersión, la construcción de nuevas instalaciones industriales.

En 1962 EEUU instaló el primer sensor IR en los satélites artificiales SAMOS y MIDAS (percepción a 15 kilómetros del calor de un cigarrillo encendido y a una cota de 470 kilómetros el encendido de los cohetes propulsores de los misiles). Los primeros sensores IR de los soviéticos fueron instalados en el Sputnik IV y a partir de entonces los satélites Cosmos han sido equipados con dichos dispositivos.

En la década de los 80 se desarrolló una nueva modalidad de la URINT, se trata de la interceptación de los escapes de energía de los ordenadores, de los teletipos, de los centros criptográficos, de estaciones telegráficas de centrales eléctricas, etc. Se captan las emisiones electromagnéticas denominadas «adulteradas», las cuales son emitidas por el ordenador a modo de antena de la que fugan señales que la misma información que ha sido escrita en el ordenador; su intercepción puede llegar a ser descifrada por los técnicos y determinar la frecuencia operativa y métodos de cifradò, obteniendo informaciones secretas, por ello los equipos informáticos de las Fuerzas Armadas americanas van obligatoriamente dotados de dispositivos que suprimen las señales «adulteradas» como consecuencia de estos escapes de energía (a tal fin se desarrolló el programa «Tempest» de protección de las comunicaciones militares secretas) (1988).

Dentro de la URINT también se incluyen ahora las actividades de acceso a distancia a los ordenadores y bancos de datos por parte de personas no autorizadas que se han visto incrementadas de forma desbordada en estos últimos años, especialmente se ha hecho notar en los bancos de datos de compañías de seguros, entidades bancarias, organismos públicos, entidades relacionadas con Defensa e industriales y la mayor parte de las veces no se divulgan las noticias referentes a robos de datos para no dar a conocer la propia impotencia frente a esta invulnerabilidad del ordenador y contra la cual hoy en día existen insuficientes contramedidas y, al menos en estos primeros años del siglo XXI, escasamente eficaces.

1.1.2.2 La materia de investigación

A. Antropología

Estudios realizados desde la antropología psicológica –Escuela «Cultura y Personalidad»– que tratan de determinar el «carácter nacional» (rasgos de personalidad dominantes en una cultura) para una posterior aplicación militar, con vistas a la manipulación, desmoralización y rendición de la población civil y combatientes enemigos (Guerra Psicológica). Durante la Segunda Guerra Mundial, EEUU hizo investigaciones sobre el Japón, para averiguar entre otras cosas por qué existían pilotos suicidas –kamikazes– (lo relacionaron con los rituales de limpieza estrictos japoneses) y, cómo podían neutralizarlos; igualmente se investigó a la Unión Soviética durante la Guerra Fría, atribuyendo la seriedad y austeridad soviética, a la manera en que eran fajados los bebés; posteriormente con los conflictos desarrollados en el Próximo y Medio Oriente se ha suscitado un gran interés por el análisis de la cultura árabe.

La primera vez que apareció la figura del suicida árabe (acción terrorista) fue en los años 80 en el Líbano, cuando Imad Mugniyah, antiguo combatiente de Al Fatah y las guardias revolucionarias iraníes, planificó diversos atentados terroristas suicidas en Beirut (embajadas, cuartel general de los marines).

El ritual de estos suicidas islámicos mantiene ciertas concomitancias con los kamikazes japoneses (acción militar) de la Segunda Guerra Mundial:

– cartas manuscritas de despedida dirigida a los familiares y amigos; como elemento distintivo y particular de los japoneses, ésta va acompañada de un mechón de pelo y una uña.

– rituales de purificación: los kamikazes se rociaban con perfume, los árabes se afeitan el vello y se lavan.

– vestimenta «honorable»: los guerreros japoneses portaban además de su uniforme reglamentario, varias piezas tradicionales, una especie de taparrabo (fundoshi) y una cinta blanca anudada en la cabeza (hashamaki), que en el caso árabe lleva inscrito una suras del Corán.

La filosofía del Kamikaze («viento divino») proviene del Código Bushido («Camino del Guerrero») o «ferviente resolución del guerrero de sacrificar su vida, pero sólo después de haber dado muerte a tantos enemigos como le fuera posible» fue empleada militarmente a partir de 1944 por Japón con la creación del Cuerpo Especial de Ataque (201ª escuadrilla de cazas) por el vicealmirante Onishi con el resultado de 1.700 pilotos japoneses fallecidos entre el 6 de abril y 22 de junio de 1945.

A continuación reproducimos la carta de despedida del kamikaze Isao Matsuo a sus padres:

«Queridos padres: Os ruego que me felicitéis. Se me ha ofrecido una espléndida oportunidad de morir. Éste es mi último día. El destino de nuestra patria depende de la decisiva batalla en los Mares del Sur, en la que caeré como la flor de un radiante cerezo. Seré un escudo para su majestad y moriré limpiamente con el jefe de mi escuadrilla y otros amigos. Quisiera volver a nacer siete veces para lanzarme de nuevo sobre el enemigo. ¡Cómo me alegra tener la suerte de morir como un hombre! Desde lo más profundo de mi corazón, expreso mi agradecimiento a unos padres que me educaron con sus constantes rezos y su tierno amor. Y también estoy agradecido a mi jefe de escuadrilla y a mis oficiales superiores que cuidaron de mí como si fuera su propio hijo y me entrenaron con tanto esmero.

Gracias, padres míos, por los veintitrés años durante los cuales me habéis cuidado e inspirado. Espero que mi presente hazaña os recompense, aunque sea en escasa medida, por cuanto hicisteis por mí. Tenedme en buen concepto y pensad que vuestro Isao murió por nuestra patria. Ése es mi último y único deseo. Volveré en espíritu, y anhelo vuestra visita al santuario de Yasahuni. Por favor, cuidaos... Somos dieciséis los que tripulamos los bombarderos. Ojalá nuestras muertes sean tan rápidas y limpias como la rotura de un cristal. Escrita en Manila la víspera de nuestra salida.
ISAO

P. D.: Nuestra gloriosa misión es morir hendiendo el cielo de los Mares del Sur convertidos en escudos de su Majestad. Las flores del cerezo brillan al abrirse y caer del árbol».

(Davies, 1983) (Véase Últimas palabras de despedida de un suicida árabe, Cap. I: Terrorismo.)

B. Geopolítica (véase capítulo I)

C. Socio-económica

Análisis sociales y económicos, cuya finalidad es prever sus posibles consecuencias para el país. El CESID (Servicio de Inteligencia español anterior al actual CNI) analizó en un informe la situación de bancarrota de países hispanoamericanos, y sus consiguientes repercusiones en la economía española.

Otro ejemplo de este tipo de análisis es el que concluía con la detención de Sito Miñanco y un grupo de diversas nacionalidades por los GEO siguiendo instrucciones de la DEA, en agosto de 2001 con la incautación de un significativo alijo de droga camuflada en rollos de polietileno para la construcción de invernaderos, por valor de doscientos millones de euros.

La sospecha se produjo cuando varias empresas sudamericanas se introdujeron «repentinamente» en Europa y concretamente en España. Los analistas notaron algo extraño en esta penetración desmedida; la pregunta que se hicieron fue: ¿es coherente la oferta con la demanda en este producto o por el contrario es exagerado? Los índices de desproporción o salida de lo normal son siempre motivo de sospecha de que algo irregular puede acontecer.

Los Auditores internos de las Cajas de Ahorros saben muy bien que cuando los parámetros gráficos de una sucursal oscilan en demasía, aunque sea con notables incrementos de inversión, deben estar alerta sin perder de vista los próximos acontecimientos en dicha oficina pues pueden aparecer sorpresas desagradables.

El blanqueo de la droga colombiana acostumbraba a realizarse de la siguiente manera: se recurría a las oficinas de cambio de moneda para comprar dólares con pesetas y luego evadirlos fuera, normalmente a Colombia, así se explica el interés de EEUU en ayudar a Europa y concretamente a España para cazar al narcotraficante José Ramón Prado *Sito Miñanco*.

D. Científico-técnica

Durante la Guerra Fría alcanzó vital importancia la información confidencial referente a investigaciones técnicas (energía nuclear) con aplicación militar. Posteriormente, tras la caída del muro los servicios norteamericanos se centraron en el espionaje industrial, facilitando información sobre empresas europeas y japonesas a empresas norteamericanas con objeto de potenciar la industria norteamericana y hacerla más competitiva. Éste es el origen de la archifamosa red de espionaje Echelon, la cual permitió, entre otros asuntos, favorecer a la compañía americana Mc Donnell Douglas frente a la europea Airbus en sus negociaciones con Arabia Saudí; o descubrir el traspaso de información confidencial que realizaba SuperLópez de Wolkswagen a General Motors.

E. Biográfica

Incluye los estudios grafológicos sobre personajes relevantes.

1.1.2.3 Tiempo real de la Información

En todos ellos se sirven de la *ciencia grafológica*.

I ***Inteligencia Básica***, conocimiento general permanente.
II ***Inteligencia Actual:*** Crítica, noticia de última hora.
III ***Inteligencia Estimativa***: información de carácter predictivo.

1.1.2.4 Área de Acción

I ***Inteligencia Exterior:*** se orienta a indagar sobre el potencial defensivo u ofensivo de las naciones.
II ***Inteligencia Interior:*** atiende a asuntos de carácter interno, bien de la propia organización o del estado.

1.1.3 ELABORACIÓN

Efectuado por personal especializado –analistas–, consiste en el análisis, valoración e interpretación de la información, dando como resultado la Inteligencia.

1.1.4 DIFUSIÓN

Comunicación oral o escrita de la información elaborada (*Inteligencia)* a los órganos pertinentes, que requiere los siguientes requisitos: seguridad (cifrado o encriptado según el caso), brevedad, diferenciación (entre hechos objetivos e interpretación del analista), utilidad (supresión de datos innecesarios) y facilidad de lectura (adecuación a formularios estandarizados).

a) Transmisión oral:

Entrevista personal, radio, teléfono, videoconferencia...

b) Transmisión escrita:

El tipo de documento (según la Inteligencia) se clasifica según su finalidad, periodicidad, materia y formato:

- *Informe de inteligencia*: Surge a propósito de un hecho concreto y puntual, considerado significativo. No está sujeto a ninguna periodicidad ni formulario específico.
- *Resumen de inteligencia:* Documento estandarizado y periódico que recoge un estado de la cuestión. Sirve para actualizar la información.
- *Boletín Periódico de Inteligencia:* síntesis de hechos, análisis y deducciones (Inteligencia) complementado con material diverso.
- *Boletín Suplementario de Inteligencia:* verificación de la Inteligencia sobre cuestiones determinadas.
- *Informe NBQ:* aviso o notificación sobre incidencias (ataques) nucleares, biológicas y químicas, y cálculo de riesgos de los mismos.

Modelos de Protección de la Documentación Clasificada en Oficina de Inteligencia española (1990). (FIG. 3.2. y 3.3.)

GOBIERNO MILITAR DE BARCELONA
Oficina de Inteligencia

SERVICIO DE PROTECCION
DE DOCUMENTACION CLASIFICADA

DOCUMENTO DE RESPONSABILIDAD

DON [redacted]
con Documento Nacional de Identidad número [redacted]
expedido en BARCELONA el día 8 de MAYO
de 1986 y destinado en el GOBIERNO MILITAR de Barcelona
con la categoría o cargo [redacted], formula
ésta DECLARACION para hacer constar:

Que está instruido en las NORMAS DE SEGURIDAD, que comprende perfectamente sus obligaciones especiales y permanentes en lo que se refiere a la protección de información clasificada y que conoce las responsabilidades penales y disciplinarias en que pudiera incurrir por la divulgación no autorizada de esta clase de informaciones, bien sea voluntariamente o por negligencia, con arreglo a las disposiciones legales y administrativas vigentes.

Y para que conste y surta los debidos efectos ante la Autoridad Militar, firma la presente declaración en Barcelona
a 16 de NOVIEMBRE de 1.990.

Comprobada la instrucción antedicha el día ___ de ________
de 1.9___ por D. [redacted], [redacted]
________.

EL OFICIAL DE PROTECCION DE
MATERIAS CLASIFICADAS

FIG. 3.2.

GOBIERNO MILITAR DE BARCELONA
Oficina de Inteligencia

SERVICIO DE PROTECCION DE
DOCUMENTACION CLASIFICADA

CERTIFICADO DE SEGURIDAD

DON JESUS ELETA SEQUERA (GENERAL DE DIVISION) PRIMER JEFE
DEL GOBIERNO MILITAR DE BARCELONA

C E R T F I C O: QUE [redacted]
REUNE LAS
CONDICIONES EXIGIDAS PARA PRESTAR SERVICIO DE

- PROTECCION DE DOCUMENTACION CLASIFICADA
- INTELIGENCIA MILITAR INTERIOR (OFI-41)

Y PARA QUE SURTA LOS EFECTOS SEÑALADOS EN EL APARTADO 4.4. DE LA I.G. E.M.E. (2ª DIV.) SOBRE PROTECCION DE MATERIAS CLASIFICADAS, EXPIDO EL PRESENTE EN BARCELONA A VEINTE DE NOVIEMBRE DE MIL NOVECIENTOS NOVENTA .

GOBIERNO MILITAR DE LA PLAZA Y PROVINCIA DE BARCELONA

Fd.º: Jesús Eleta Sequera

FIG. 3.3.

Agencias y/o Servicios de Inteligencia de España

AGENCIA ESTATAL

CNI (Centro Nacional de Inteligencia)

Anteriormente denominado CESID, fue a partir del año 2002 cuando por primera vez este organismo se somete a la judicatura, requiriendo autorización judicial para documentos y el control de las comunicaciones; una Comisión Parlamentaria, dependiente del Ministerio de Defensa, será la encargada de controlar los fondos reservados.

En mayo de 2002 una mujer, Maria Dolores Vilanova Alonso a los 42 años de edad y graduada en Altos Estudios Internacionales, se convertía en la primera mujer que accedía a la cúpula de los servicios secretos españoles –CNI–, con rango de Subsecretario de Estado. Había ocupado ya la jefatura de la División de Contrainteligencia del desaparecido CESID.

Servicio de Inteligencia militar

A partir de 2003 vuelve a constituirse el Servicio de Inteligencia propio del Ejército (derivado del Servicio de Información del Ejército cuyas funciones fueron continuadas tras su desaparición (con la creación del CESID) por la División de Inteligencia del Estado Mayor (véase –Introducción– antes del primer capítulo). El nuevo Servicio de Inteligencia en vez de depender directamente del Gobierno como el CNI o El antiguo CESID, puesto que su misión es exclusivamente militar y actualmente ya no existe el peligro de un posible «golpe de Estado» por parte del Ejército, dependerá directamente del Estado Mayor (en 2003 se nombraba al Teniente General Luís Alejandre Sintes, catalán, natural de Menorca, Jefe del Estado Mayor de la Defensa –JEME–, con el ascenso a General de Ejército –General de cuatro estrellas según homologación de la OTAN).

Estructura de las FFAA españolas

Se pasó de una estructura territorial (Capitanías Generales de Regiones Militares) a una de carácter funcional. El proyecto de modificaciones de 2002 fue el siguiente:

Ejército de Tierra

- Mando de Personal
- Mando de Doctrina
- Inspección General del Ejército (calidad del personal y de las infraestructuras) sede en Barcelona
- Mando Logístico Operativo (Operaciones dentro y fuera del territorio español) en A Coruña
- Cuartel General de la Fuerza de Maniobra, provisionalmente en Valencia y más tarde en Sevilla
- Cuartel de Alta Disponibilidad de la OTAN, Valencia

Marina de Guerra

- Mando de la Flota (Almirante Jefe de la Flota) Sevilla
- Almar (Mando de patrulleras y buques no adscritos a la Flota) Cartagena (Murcia)

Ejército del Aire

- Mando para las Fuerzas Aéreas Auxiliares

1.2. Operaciones Psicológicas (PSYOPS)

En el anterior *Reglamento Inteligencia Táctica R-0-2-2* (1982) español se recoge que en Inteligencia, la Acción Psicológica «se dirige a la mente de los individuos, y su finalidad es debilitar o subvertir los valores espirituales y morales de la nación y minar la moral combativa de la población o captar su voluntad». Es decir, está orientada a influenciar en las actitudes, sentimientos y afectos del enemigo, debilitando su moral y favoreciendo su rendición; mientras que en Contrainteligencia («conjunto de actividades destinadas a anular la eficacia de las acciones de inteligencia hostiles y a proteger la información, el personal, el material, e instalaciones contra las posibles agresiones indirectas del enemigo») se opone a la Acción Psicológica del enemigo reforzando los vínculos nacionales de la población, fortaleciéndolos e impidiendo su devaluación, con objeto de obtener el máximo respaldo de la opinión pública, sumando esfuerzos de todo orden (político-socio-económico), priorizando lo militar sobre lo civil, y, en la medida de lo posible, minimizando las corrientes de oposición ante el conflicto armado, y/o modificándolas hacia una actitud de indiferencia.

Las Operaciones Psicológicas (conjunto de actividades a través de los cuales se vehiculiza la Acción Psicológica) se elaboran a partir de informes de grupos de trabajo interdisciplinarios formados por psicólogos, antropólogos, lingüistas, analistas de sistemas, comunicólogos... Y en su preparación se tienen presente diversos aspectos: el mando de quien dependerá, el presupuesto económico disponible, la duración, frecuencia (única, diaria, semanal, quincenal, mensual...) e intensidad (alta, media, baja) de la acción, los objetivos que debe cumplir, la estrategia empleada, los medios y las fuerzas operativas con que se cuentan, el receptor (masa, grupo, minoría, individuo) de la acción, la reacción del enemigo y otras acciones paralelas de índole no psicológico (Gosalbez, 1984).

Siguiendo la exposición del Dr. Frank I. Goldstein (1996), decano de Educación e Investigación en la Escuela Superior de Comando y Estado Mayor en la Universidad del Aire –Base Aérea Maxwell– en Alabama, y durante un tiempo destinado al Directorio de Operaciones Psicológicas y Relaciones Públicas en el Comando de Operaciones Especiales, éstas se asientan sobre tres ejes: I) Técnicas psicológicas; II) Audiencia; III) Canales y estrategias propagandísticas; siendo el carácter predictivo de las mismas (cumplimiento de las expectativas) proporcional a una adecuada planificación: exhaustivo análisis de la situación, elaboración de un diseño minucioso y personalizado en función del caso específico y su evolución, en combinación con la estrategia y la táctica de despliegue y combate (naval, aéreo y terrestre).

Ejemplos de la importancia de la opinión pública:

El golpe del GKChP fracasó porque menospreciaron los cambios habidos por la perestroica, ello a pesar de que los organizadores (Ejército, servicios de inteligencia y Soviet Supremo), confiaron en la tradicional pasividad del pueblo ruso. Vladimir Kriuchkov ex jefe del KGB y cerebro del golpe, ha sido más tarde consultor de la corporación –Sistema–, próxima al alcalde de Moscú Yuri Luzhkov. El general Luis Alejandre en una entrevista para *La Vanguardia* cuando fue nombrado jefe del Estado Mayor de la Defensa (enero 2003), al ser preguntado sobre la entonces inminente Guerra con Iraq decía: «Para empezar, es una batalla de los media. En Occidente, las democracias han convertido a las opiniones públicas de cada país en el primer frente de batalla ... Hoy las guerras las hacen los periodistas, que cambian a las opiniones públicas, y las encuestas, que a su vez condicionan a los gobiernos que deciden, por eso el General Powell ganó la primera Guerra del Golfo al controlar a la prensa ... A Powell, Vietnam le enseñó que no se puede ganar una guerra con la opinión pública en contra. ... supo convertir la CNN y todos los medios que le nutrían de ello en su brazo mediático; si no cooperaban, no les daba imágenes. ... y también el artífice de otras maniobras que han permitido que el Pentágono haya conseguido ocultar a la sociedad guerras que se han producido en el África atlántica.» (FIG. 3.4.)

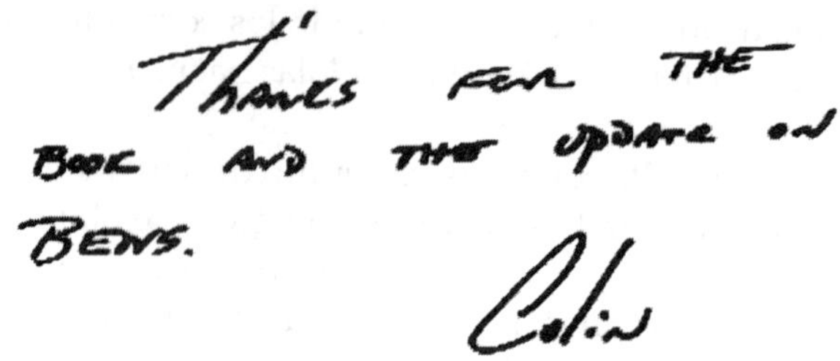

FIG. 3.4. Letra de Colin Powell. Mayúsculas, sobrealzados y eje vertical, propia de la búsqueda de la «imagen» con apariencia de perfeccionismo; se vigila constantemente en sus exteriorizaciones, disimula su ambición y su necesidad de imponerse y resarcirse. El manierismo propio de la tipografía y mayúsculas constituye una especie de máscara del verdadero «Yo» y de las verdaderas intenciones, es un recurso del «Pequeño Profesor» (Análisis Transaccional) que utiliza la apariencia del «Adulto» y esconde el «Padre Crítico» en combinación con el «Niño Libre», por lo tanto, invierte mucho en ser visto como «el mejor», el más competente, integrado, etc., pero espera siempre compensarse con creces. (Firma facilitada por Luis Javier López.)

1.2.1 TÉCNICAS PSICOLÓGICAS

Destacamos algunas tácticas psicológicas enumeradas por Gosalbez (1984):

«La simplificación, consiste en extraer el núcleo o la síntesis de una noticia o hecho eliminando los aspectos accesorios, centrándose exclusivamente en lo básico. Mediante ella se logra expresar de una forma comprensible para el gran público determinadas circunstancias que de otra forma pasarían inadvertidas para la población general.

En la insinuación se llevan a cabo comentarios o se lanzan noticias que plantean dudas o temores en relación con alguna cuestión, dejándolos sin confirmar, pero manteniendo la posibilidad de que sean tal y como se presupone, lo que habrá que hacer delicadamente.

En la exageración un hecho o suceso es presentado de forma tal que, partiendo de la realidad, se realzan algunos de sus aspectos a fin de que causen mayor impresión al auditorio.

La orquestación consiste en la reiteración, durante un cierto espacio de tiempo, de un tema que puede estar exagerado, pero que normalmente suele reducirse a la insistencia y frecuencia informativa.

La explotación se lleva a cabo partiendo de un hecho o suceso, el cual sirve de punto de partida para lanzar fuertes consideraciones sobre el grupo blanco.

La concienciación recurre a los sentimientos personales para enjuiciar un hecho, actitud o manifestación del grupo blanco. Mediante ella se emplean razonamientos y juicios objetivos que tratan de convencer a la población sobre determinado aspecto.

El rumor es la presentación de un comentario sobre un hecho no confirmado o del que existe inseguridad. Puede emplearse como prevención del hecho o para orientar a la población en contra cuando suceda.

El terror consiste en extremar las consecuencias que pueden derivarse de un hecho, actitud o circunstancia. Generalmente se busca que por medio del temor producido se modifique la manera de pensar y de actuar de la población blanco.

Derivación: Partiendo de un tema que puede ser noticia, y al que se le da la mínima extensión, se pasa a otro que constituye el objetivo principal.

Minimización: Es reducir la importancia que puede tener un hecho o suceso. Presenta dos formas: mínimo tratamiento del mismo, en espacio o tiempo, y exposición que minimiza su importancia o consecuencias.

Anticipación: Es adelantar una posible noticia, a fin de crear un estado de opinión que la acepte paulatinamente y sin tensión.

Contradicción: Mediante ella se pone en evidencia la falta de coherencia de ciertas manifestaciones, o actuaciones, de un determinado grupo. A veces se comparan con otras manifestaciones anteriores. Tratan de demostrar su falta de coherencia y restar credibilidad al grupo».

1.2.2 AUDIENCIA

Estudio sobre el perfil del receptor al cual van dirigidas las campañas psicológicas que deben atender los agentes intervinientes en el nivel de respuesta sobre dichas campañas:

A) Aspectos psicológicos: (1996)

1. Vulnerabilidad: percepción, motivación, agotamiento y actitud;

2. Susceptibilidad: grado de influencia en el ánimo del receptor a causa de la propaganda psicológica. En el ámbito médico-psiquiátrico, el ánimo se define como un sentimiento de placer y displacer por el cual una persona se experimenta a sí misma, al mundo externo y las reacciones a ambos (Fadem y Simring, 1998); distinguiéndose 5 dimensiones: calidad; estabilidad; reactividad; intensidad; y, duración (*Entrevista Clínica*. Tomo II). Relacionado con el caudal energético del ser humano, se entiende como la capacidad para el impulso activo y la resistencia al esfuerzo (Marina y López Penas, 1999).

B) Aspectos socioculturales que modelan el patrón conductual del grupo receptor (1984; 1996):

1. Nivel socio-económico y cultural
2. Segmentos por sexo y edad
3. Ideologías, grupos y tendencias
4. Instituciones socio-culturales

C) Aspectos situacionales: Estudios sobre la *efectividad* o nivel de cumplimiento en la audiencia de las expectativas creadas por las operaciones psicológicas. Debiéndose valorar los siguientes aspectos: a) estrategias y acciones implicadas; b) influencia de las mismas; c) ventajas e inconvenientes; d) medios materiales y humanos requeridos; f) presupuesto económico.

1.2.3 CANALES PROPAGANDÍSTICOS

1.2.3.1 Bases y clasificaciones

Para la instrumentalización de la psique humana se precisan unos canales propagandísticos que actúen como plataforma ideal para transmitir el mensaje que se desea inocular al grupo receptor que no se apercibe de las técnicas y estrategias de manipulación a las que está siendo sometido. Pese a que en los países occidentales públicamente el aparato estatal realiza un importante esfuerzo por diferenciar entre las campañas informativas destinadas a los medios de comunicación privados y del propio estado sobre cuestiones bélicas, y las campañas militares psicológicas, en principio acotadas a los programas elaborados y difundidos por los medios castrenses, a través de folletos, vallas publicitarias, emisiones de radio y megafonía... de consumo militar (Goldstein, 1995); los mismos profesionales de los *mass media* advierten que la línea divisoria entre ambas campañas es cada vez más fina, puesto que la concentración de empresas de comunicación en manos de grandes poderes económicos (Westinghouse, Disney, General Electric...) sujetos a intereses político-militar mediáticos y, por tanto, en un contexto de control y dominio informativo, hace que se traspase los límites de la mera información, ofreciendo una visión reduccionista y unidimensional, favorecedora de maniobras persuasivas o claramente manipulativas (Sierra, 2002). En las operaciones psicológicas, los objetivos psicológicos específicos que deben cumplirse como base de apoyo a los objetivos militares deben ser objeto de un tratamiento *persuasivo* o *manipulativo* para su correcta asimilación y efectividad, puesto que la comunicación *informativa* (exposición de hechos objetivos) y, el *convencimiento* (presentación de argumentos lógicos y racionales) se revela a todas luces insuficiente, siendo necesaria la *persuasión* (implicación emocional) llegando incluso a la *manipulación* (falacia) (Viñals y Puente, 2001).

Los canales propagandísticos más empleados son (Gosalbez, 1984):

a) Radio y megafonía: programas informativos, tertulias, debates, musicales y de variedades.

b) Industria discográfica: canciones, himnos (CD, casetes).

c) Prensa escrita, publicaciones diversas (revistas, boletines...), folletos, pasquines.

d) Televisión *(Infoguerra*: guerra mediática o tercera ola): Instrumentaliza el potencial transformador de la información como un arma de guerra más, al servicio de las operaciones militares. Del amplio espectro que abarca (tv, radio, prensa escrita, fotoperiodismo, etc...) es la televisión la que tiene un mayor poder de penetración por su combinación audiovisual.

Tras el conflicto de Vietnam, donde las imágenes de niños corriendo semidesnudos quemados por el napalm americano significaron el rechazo del pueblo norteamericano a sus fuerzas armadas, la intervención del estado en la selección de imágenes y contenido bélico se hizo más patente. Así pues, durante la Guerra del Golfo Pérsico, y con un monopolio mediático (CNN) se emitieron imágenes espectáculo como por ejemplo, los destellos de los scouts cayendo a la manera de fuegos de artificio, muestra del elevado desarrollo tecnológico de la nación (con vistas a infundir ánimo a la población y el efecto contrario entre el enemigo), evitando aquellas escenas que reflejaran las consecuencias sangrientas y violentas de las acciones militares. Una situación radicalmente distinta a la vivida en la reciente Guerra de Iraq (2003), también llamada la Segunda Guerra del Golfo, donde la plural cobertura informativa (incluyendo la visión árabe del conflicto: Al Yazeera, Abu Dhabi...) y el número elevado de corresponsales internacionales, ya acompañando a las fuerzas anglo-americanas, ya destacados en suelo iraquí, ha contribuido a ofrecer una visión más real de la guerra, si bien con consecuencias trágicas para los propios periodistas que se han convertido en un objetivo más.

Listado de periodistas fallecidos durante la 2ª guerra del Golfo (Guerra contra Iraq): Kamaran Abdurazak (BBC), Tarek Ayub (Al Jazeera), David Bloom (NBC), Kaveh Golestan (BBC), Michael Kelly *(The Washington Post)*, Christian Liebig (Focus), Ferry Lloyd (ITN), Paul Moran (ABC Australia),Taras Protsyuk (Reuters), Gaby Rado (Channel 4). Y los españoles, Julio Anguita Parrado *(El Mundo)* y José Couso (Telecinco).

e) Industria cinematográfica: películas, de animación, cortos, documentales y video.

f) Información gráfica: fotografías, chistes y dibujos.

g) Publicidad: eslógans, carteles publicitarios, simbología.

h) Industria del libro: libros.

i) Actividades artísticas-culturales: teatro, exposiciones, conferencias, conciertos...

j) Instituciones o personas señaladas del arte, cultura y vida social.

k) Red de internet (sitios, listas de correo, de distribución, boletines): Las redes telemáticas son el canal de comunicación que sirven de soporte a la propaganda de las acciones militares.

Para una mayor información al respecto sobre episodios concretos de los últimos acontecimientos históricos consultar, *Goldstein y Usseglio: «Operaciones psicológicas a través de las redes cibernéticas»* en Aerospace Power Journal, Base Aérea Maxwell, Alabama, julio 2001

1.2.3.2 Los medios de comunicación

Todo país democrático aboga por una prensa libre, y una transparencia informativa que ejerza un control sobre el poder, a veces una «empresa» –y nunca mejor dicho–, imposible, pero que afortunadamente provoca una sana reflexión por parte de los periodistas sobre hacia donde se dirige su profesión:

«A fuerza de defender la "libertad de prensa" amenazada en Rusia o en Singapur ¿olvidaremos para qué debe servir esa libertad una vez conquistada? Timisora o la Guerra del Golfo provocaron una puesta en cuestión del funcionamiento del periodismo; se sucedieron coloquios, seminarios, esbozos de códigos deontológicos. Pero todo recomenzó con la locura de "Diana", las mentiras de la Guerra de Kosovo, el frenesí de "Gran Hermano". Sin olvidar la carnaza publicitaria y el clientelismo que parecen haberse convertido en el principio para la confección de titulares de las primeras páginas» (Halimi, 2001).

Las propuestas innovadoras orientadas hacia la formación de nuevos comunicadores, como la del profesor titular de Teoría de la Información en la Universidad de Sevilla, Francisco Sierra Caballero, son tanto menos esperanzadoras:

«Una nueva forma de hacer periodismo es, por ejemplo, la experiencia del periodismo cívico en EEUU. Básicamente, consiste en que no soy un profesional liberal independiente que toma libremente la decisión de qué debe ser noticia de acuerdo a ciertos criterios de objetividad. No, se trata de establecer una cultura por la cual mi labor es ***una labor de servicio público esencial a la comunidad y el diálogo con la comunidad construye productos informativos de calidad que atiendan sus necesidades de desarrollo y sus demandas».***

Es bien sabido que la selección y presentación de una noticia entre la marea informativa existente no responde únicamente al criterio de actualidad sino que lleva implícita una carga ideológica. La importancia que se le confiere a una noticia se proyecta no sólo mediante la extensión de líneas que se le dedica, sino a través de otras variables como son:

– Género periodístico: informativos (noticia, entrevista objetiva [declaraciones], documentación, reportaje informativo); e interpretativos (crónica, entrevista-perfil, reportaje interpretativo).
– Situación espacial en el diario: página par o impar, zona superior central o inferior.
– Diseño gráfico: tipografía, negritas..., recuadros (ladillos), dibujos, fotografías...
– Expresión lingüística y estilística (retórica): trasciende la objetividad del hecho, transmitiendo un determinado propósito y creando un estado de opinión en el lector.

Ficha para análisis de noticias de prensa
(Ardid, Estébanez, Puente, 1997)

La ficha debe conjugar el análisis de elementos de forma y de fondo. Toda noticia está integrada en un marco con una doble estructura interna jerarquizada:

1. Cabecera y formato de página.
2. Texto (título, antetítulo, y cuerpo) e iconos: fotografía (y pie de foto), gráficos, mapas

La información actúa como una totalidad en la que existe la narración de unos hechos y unos elementos complementarios que, en muchas ocasiones, funcionan de forma autónoma (fotografía, pie de foto, ladillos, entradillas...). En algunas noticias la forma puede llegar a ser más importante que el fondo.

* Diario: publicación a la que pertenece la noticia analizada (cabecera).

* Fecha: día en que aparece la noticia analizada. Es importante considerar que la fecha de publicación de muchas noticias está relacionada con otros eventos que no están reflejados en la información en cuestión.
* Asunto: Tema o cuestión principal de la que trata la noticia. Es lo que justifica su difusión pública. Hemos de considerar que sólo determinadas noticias llegan a divulgarse, puestas de relieve por los medios de comunicación de masas, anteponiéndose a otras que no llegarán a ser difundidas.
* Colocación: Situación en el diario (sección, página, ubicación en la página). Esto nos permite conocer el valor que el periódico le concede a la información publicada. Tal como señala Arnheim en su obra sobre el análisis formal de la obra de arte, «la fuerza de gravedad a que está sujeto nuestro mundo nos obliga a vivir en un espacio anisótropo, esto es, en un espacio en el que la dinámica varía con la dirección (...) De esta desigualdad del espacio se sigue que las diferentes ubicaciones sean dinámicamente desiguales (...) Visualmente, un objeto de determinado tamaño, forma o color llevará más peso cuando se lo sitúe más arriba.

  »Visualmente, la asimetría lateral se manifiesta en una distribución desigual del peso y en un vector dinámico que conduce de izquierda a derecha del campo visual (...) Todo objeto (...) parece más pesado a la derecha (...) cuando dos objetos iguales se muestran en las mitades izquierda y derecha del campo visual, el de la derecha parece mayor».
* Titulación: Tipo, grueso, espacio y distribución en la página del titular (antetítulo, título y subtítulo). La titulación es el «gancho» que hace que los lectores sientan interés por la noticia, cuantas más expectativas cree en los receptores más atención mostrarán estos en la lectura del cuerpo de la información.
* Presentación: Se especifica el modo y manera de cómo el periódico da forma a la noticia. «Form is the visible shape o/ content», (la forma es la imagen visible del contenido).
* Origen: Fuente informativa (institución, personaje público, agencia, elaboración propia...). En el modelo de sociedad en el que estamos inmersos, los medios de comunicación funcionan como cualquier otra empresa y forman, junto al poder político y financiero, un sistema interactivo que configura la realidad social del público.
* Autor: Periodista que firma la información. En la actualidad los medios de comunicación han evolucionado y poseen una organización interna similar a cualquier otra entidad empresarial con un determinado volumen de negocios. El periodista es un profesional especializado y no «el aprendiz de escritor o el escritor frustrado (...)» de otras épocas.
* Público: Personas a las que se dirige principalmente la información (grupos específicos, general, ...).
* Valores: Principios o conceptos que quedan plasmados en el contenido de la información y que determinan el fondo de la cuestión narrada. Las noticias no son un producto neutral, sino que son «la secuencia de los mensajes socialmente manufacturados que llevan muchas de las asunciones dominantes en la sociedad».
* Enfoque: Punto de vista del que se parte para la presentación de la información, tanto en imagen como en el texto. Tal como podemos deducir del punto anterior, la objetividad es una de las limitaciones esenciales de los medios de comunicación. «La incapacidad para lograr reflejar fielmente la realidad no se produce solamente por las limitaciones físicas, sino por la imposibilidad de que pueda ser expresada en información la suma de observaciones que puedan realizarse sobre un acontecimiento cualquiera, el acontecimiento puede definirse como un cambio en el entorno y siempre resultará desproporcionado que la noticia intente objetivarlo». Además, el periodista tiene que convertir lo ordinario en extraordinario para hacer más atractiva la información.

* Ideología: A través de los valores que emite la noticia se puede deducir la ideología que refleja la información. Por ejemplo, los valores de orden, familia, seguridad, etc., reflejarán una ideología conservadora; por otro lado, valores tales como la solidaridad, la tolerancia... reflejarán una ideología progresista. No obstante, como veremos en el análisis de las noticias, no existen ideologías específicas, sino que nos enfrentamos a una cierta correspondencia unitaria de valores e ideas que imperan actualmente en la sociedad aunque con leves matices. En este contexto, a los medios de comunicación se les asigna un papel de reforzadores de un sistema ideológico que pretende ser único. En muchos casos, se insiste en el papel legitimador del statu quo del sistema que se les asigna.
* Expresión Lingüística: Niveles del Lenguaje (Fonológico, Morfosintáctico, Semántico): El lenguaje es un indicador del proceso de expresión del discurso del periodista o del medio. «Convertir un hecho en noticia es básicamente una operación lingüística y esta operación implica cierto grado de interpretación subjetiva del continuum total e indisociable que constituye la realidad ininterrumpida de los acontecimientos exteriores al hombre encargado de dar forma a la noticia».
* Observaciones: Apartado dedicado a posibles apreciaciones que no se incluyan en el esquema y que resultarían importantes.

1.2.4 ESTRATEGIAS PROPAGANDÍSTICAS (PROPAGANDA DE GUERRA)

Teniendo en cuenta que la realidad es poliédrica, no resulta difícil adaptarla a la conveniencia de los fines que se persiguen mediante la estrategia más adecuada (Sierra, 1998):

a) Saturación informativa banal: Acumulación de datos u otros aspectos intrascendentes que interfieren la comprensión del núcleo central del hecho.

b) Contrainformación: Se ofrece información que pueda conducir a error al otro. Actualmente no es muy utilizada, pues cuando existe una filtración, y se evidencia el ardid, se pone en tela de juicio la credibilidad de la organización (estatal– militar– mediática) lo que es contraproducente para los intereses nacionales. Un ejemplo revelador, muy conocido y de importancia media, se produjo durante la Guerra del Golfo, cuando se descubrió que unas imágenes de la fauna ennegrecida agonizante por el petróleo derramado por Iraq y, utilizadas para sensibilizar a la comunidad internacional del daño irreversible medioambiental que causaba el régimen iraquí, no fueron tomadas en la zona, sino que descontextualizadas se emitieron como fidedignas por los *mass media*. Es por ello que es preferible la utilización de medias verdades que son más fácilmente manejables y transformables a gusto.

c) Propaganda negra: Información negativa destinada a desacreditar a una persona, institución o país. El general Najib Salí, líder del Movimiento de Oficiales libres iraquíes, tras su deserción en 1995, fue acusado de manipular una encuesta por internet sobre la popularidad de los opositores a Saddam Hussein.

d) Demonización de los líderes: Consiste en atacar y dañar la imagen pública de los líderes enemigos, exaltando todos aquellos vicios y defectos, y/o remarcando las diferencias irreconciliables socio-culturales (estilos de vida).

e) Retórica: En momentos de conflicto militar la arenga política es de suma importancia, por ejemplo durante la Segunda Guerra Mundial, Winston Churchill, gracias a su oratoria patriótica, supo «reclutar» a los denominados *guerreros desconocidos*, masas de ciudadanos ingleses anónimos, insuflados del ánimo de la resistencia contra Alemania.

Dentro de las estrategias comunicativas se cuida con especial atención las expresiones lingüísticas que deben ceñirse a lo que se conoce como lenguaje políticamente correcto en lo referente a armamento, materiales, personal militar, civil, etc..., puesto que la palabra cumple entre otras funciones, la de minimizar los efectos devastadores y negativos que recibe y/o inflige la nación (o coalición) por su participación en el conflicto, por eso es habitual el empleo de eufemismos (modo de expresar con suavidad o decoro ideas cuya franca expresión sería dura o malsonante). Por ejemplo, los actos violentos realizados por una determinada organización pueden ser tildados como «acciones terroristas» que indica un claro rechazo a una agresión al orden constitucional establecido, o bien como «lucha armada» dejando margen a la motivación romántica e idealista de lucha por la libertad que atenuaría o justificaría la gravedad de los hechos.

En este sentido son numerosas las muestras ofrecidas por Álex Grijelmo (1997) en su libro *El estilo del periodista*, sobre informaciones aparecidas en los medios de prensa escrita durante la guerra de los Balcanes, y en donde se aprecia dicha utilización sustitutoria. Así, por ejemplo, fue habitual el empleo de «incursiones aéreas» en lugar del vocablo más contundente «bombardeos», «daños colaterales» en vez de una especificación de la destrucción de personas y bienes producidos por las Fuerzas Aéreas de la OTAN durante las maniobras operacionales, o la utilización de «bajas» versus «muertos» en relación al personal militar fallecido en combate, los pertenecientes a la nación se consideran «bajas», mientras que los enemigos son simplemente «muertos», no ofreciéndose cifras, ni datos reales sobre estas cuestiones. El encubrimiento de esta realidad, vendría asociado a lo que el teniente coronel Meilinger de los Estados Unidos (1990) refiere como *«una gran presión para retirar a las tropas rápidamente. El público americano es manifiestamente impaciente con las guerras largas y revela un bajo nivel de tolerancia respecto al número de bajas (...)»* puesto que no se conciben en un contexto de desarrollo tecnológico, tendiendo la opinión pública occidental hacia lo que se conoce como *guerra quirúrgica* (rápida, aséptica, tecnificada y sin victimización).

Asimismo las denominaciones oficiales de las guerras responden a este criterio de la minimización, empleando alegorías que eviten cualquier referencia a la cruel realidad de un enfrentamiento armado: «Tormenta del Desierto» (Iraq, 1991); «Restaurar la Esperanza» (Somalia, 1992); «Sostén la Democracia» (Haití, 1994); «Cosecha de Armas»; y la más reciente «Justicia Infinita» (2001; Llàtzer Moix).

En respuesta a los ataques terroristas del 11 de septiembre de 2001, se elaboró la operación militar conocida como «Justicia Infinita», dirigida por el general Charles F. Wald, y rebautizada como Operación «Libertad Duradera» (Operations Enduring Freedom), según confirmó el secretario de Defensa, Donald Rumsfeld, para no herir susceptibilidades ante la comunidad musulmana. Un estudio sobre la denominación de «Justicia Infinita» hace referencia a un deseo de resarcir el mal que ha sido causado a los Estados Unidos, pero por un lado, aparece una contradicción entre una acción y la temporalidad, cuando no hay una mesura en esa justicia, deja de serlo para convertirse en venganza; y por otra parte, que el ser humano se arrogue la facultad de la infinitud, puede ser considerado blasfemo por aquellas personas y/o culturas fuertemente religiosas. De hecho, fue esto último lo que motivó el cambio de nombre de la operación, puesto que los musulmanes consideran que sólo Alá puede impartir dicha justicia infinita, y se había escogido un nombre que ofendía al Islam. Los analistas (Llàtzer Moix, 2001) que criticaron la falta de tacto de los asesores, hicieron igualmente hincapié en las «expresiones de cowboy» poco afortunadas de los mensajes presidenciales «Queremos a Bin Laden vivo o muerto» «A esos tipos los vamos a sacar de su madriguera y los vamos a cazar»... Resaltando que tras la voluntad discursiva de contundencia político militar del Presidente frente a los atentados: maniqueísmo del discurso (buenos/malos, Dios/Satán), se apreciaba en esos discursos de consumo interno una necesidad de tranquilizar al pueblo americano y rebajar la presión existente.

Asimismo, esta preocupación por la retórica informativa también ha estado presente en otros casos, por ejemplo en Israel en momentos de máxima tensión, sus autoridades han presionado a las cadenas de televisión norteamericanas para que usaran un lenguaje que les favoreciera más, entre otros, se instaba a la sustitución de los términos «asentamientos colonos» indicativo de una conquista del territorio, por el de «vecinos israelíes» otorgándole el carácter más afable que conlleva siempre la vecindad.

La cobertura informativa de los Ataques del 11 de septiembre

El tratamiento que los medios de comunicación norteamericanos ofrecieron en su momento, sobre los ataques terroristas del 11 de septiembre ha sido motivo de crítica en el seno mismo de la profesión. Se emitieron hasta la saciedad las imágenes espectaculares del impacto de los aviones contra los edificios (a excepción del Pentágono), pero sin embargo no se mostraron escenas del horror humano, las más dramáticas (cuerpos mutilados, ensangrentados...) hasta que se conmemoraron los hechos un año después. La información aún siendo constante, en las primeras horas, con especiales informativos de larga duración, objetivamente fue muy poca, pese a que su reiteración llevara a pensar lo contrario. Las imágenes retransmitidas por televisión ese mismo día y los posteriores fueron siempre las mismas, se centraban en las partes altas de las torres afectadas, incendiadas, pero no se visualizaba al mismo tiempo la cobertura a ras de suelo, donde se advertirían las consecuencias del impacto; personas y cascotes cayendo, humo, polvo, gente huyendo despavorida, escenas de pánico y terror. Esta falta de emisión parte de una censura previa de la información, puesto que sí se disponían de los medios necesarios para ello, se cuenta con cámaras a las puertas de entrada a los edificios, las de control de tráfico, televigilancia, seguridad, por no citar las filmaciones realizadas por espontáneos (incluso un documental sobre los bomberos de NY que casualmente filmó la salida de éstos hacia la catástrofe no se dio a conocer hasta pasado un año). De esta manera se evitaba retransmitir visualmente una situación de pánico generalizada y descontrol ciudadano, especialmente peligroso en estas circunstancias, cuando por parte del gobierno los esfuerzos se orientaron hacia un control de la situación y contundencia en la respuesta, junto con el fortalecimiento del sentimiento nacional, aglutinando a todos sus ciudadanos sin fisuras en torno a un único poder (el presidencial). (Véase Operaciones Psicológicas.)

Las versiones oficiales sobre esta «censura» durante los primeros momentos del desastre la ofrecieron los mismos medios informativos que indicaron que la zona, acordonada con fuertes medidas de seguridad para practicar los pertinentes análisis que condujeran hacia los autores, era inaccesible para las cadenas de información. Ya transcurridos varios días de la tragedia, esa «censura», que seguía existiendo, obedecería según algunos profesionales, no tanto a una ética periodística de señal de respeto hacia las víctimas y sus familiares, no dando pábulo al morbo; como a un objetivo político-militar de no evidenciar públicamente la gravedad del asunto, y en un espectro simbólico, a la dificultad que tiene el poderoso de representarse a sí mismo como víctima, mostrando su debilidad ante el mundo (Treserras).

Actualmente, el debate abierto entre los propios profesionales de la comunicación ha dado un salto cualitativo, ya no se cuestiona la existencia de la censura y la manipulación de la información –innegable por otra parte– sino que ahora se centra en diferenciar entre la «buena» o la «mala» manipulación, y ello en función de los objetivos que se persigan. Por ejemplo, no mostrar cuerpos destrozados sería considerado por algunos como una manipulación «buena» pues se enmarcaría dentro de una línea de dignidad periodística, y «mala» para aquellos que se oponen a no mostrar la realidad tal como es. Otros profesionales también denunciaron el tratamiento que algunos medios dieron a este dramático acontecimiento, respecto a lo que se ha denominado como *obscenidad informativa*, informar sobre la tragedia humana (víctimas) en la misma secuencia informativa en la que se analizan aspectos económicos (indemnizaciones económicas de las aseguradoras...).

Según reconocidos profesionales, la complejidad del quehacer periodístico obedecería también a la aparición de nuevos géneros, si hasta ahora, los géneros tradicionales eran la información y la opinión, claramente diferenciados entre sí, y que no daban lugar a engaño; actualmente ha surgido un tercer género, intermedio entre aquellos, es el análisis de noticias, que está a caballo entre la información y la opinión generada por la información objetivizada.

A pocas horas de los acontecimientos del 11-S, la televisión norteamericana –CNN– de la cual se nutren todas las televisiones occidentales, repitió incesantemente las mismas imágenes de una mujer, jóvenes y niños palestinos que recibían con alborozo la noticia de los atentados. Era la única imagen que se ofrecía sobre la respuesta del pueblo palestino, observando con detenimiento se apreciaba que el grupo no estaba conformado por más de 60 personas, bien lejos de ser una manifestación multitudinaria a favor del ataque, sólo era un reflejo de una situación puntual; al hacer referencia a una realidad poco significativa, en la misma secuencia temporal que las imágenes continuas de la catástrofe, se sobrepasaba los límites de la mera información, creando opinión, ya que inducía a la población a emitir juicios de valor, pues la repetición de esas imágenes, cada 20 minutos aproximadamente, multiplicaba el rechazo de la opinión pública internacional contra los palestinos, a la vez que favorecía la justificación de las acciones que aprovechando la confusión llevara a cabo Israel en la zona.

El origen de dichas imágenes captadas y retransmitidas por la cadena de televisión CNN fue muy polémico, algunos analistas les tildaron de manipuladores, existiendo serias dudas de que fueran tomadas en directo, y denunciando que posiblemente fueran de archivo, en concreto que correspondieran a 1991 con motivo de la invasión de Kuwait; posteriormente se comprobó la veracidad de las imágenes, es decir, habían sido tomadas en tiempo real de los acontecimientos. Lo que viene a confirmar que en la actualidad y tras la Guerra del Golfo (Véase: Imágenes de desastres ecológicos) la desinformación –información completamente falsa– casi no se emplea, pues cada vez es más fácil su detección y resulta, por tanto, contraproducente; siendo mucho más operativo el uso manipulativo de la información real y verdadera.

Para paliar esta orquestación mediática, Yaser Arafat, también un experto en la utilización del impacto visual de la televisión para la causa Palestina, negó visiblemente emocionado cualquier implicación en los hechos, la presencia casual en aquellos momentos de Morenni, quien le estrechó la mano y abogó por su inocencia, frenó los deseos inmediatos de revancha contra los palestinos; además de todo ello, el mismo Yaser Arafat, delante de las cámaras de televisión, donó su propia sangre, realizando un doble llamamiento a la población palestina, tanto para la donación de sangre para las víctimas, como de calma y contención de cualquier gesto de alegría que atrajera la ira norteamericana; condenando expresamente dichos atentados y justificando las reacciones individuales de algunos palestinos, por el caldo de cultivo tan negativo que existe en la zona como consecuencia de la política norteamericana a favor de Israel, que se ha ido anexionando territorios palestinos ante la pasividad de la comunidad internacional y de la ONU; pero que no recogía el sentir del pueblo y gobierno palestino.

1.2.5 LAS OPERACIONES PSICOLÓGICAS (PSYOPS) EN LOS CONFLICTOS ARMADOS

A continuación exponemos algunas operaciones psicológicas efectuadas por Estados Unidos e Iraq durante la Guerra del Golfo Pérsico –la «madre de todas las guerras» como la definía Saddam Hussein–, y seguidamente –según los expertos– en la Guerra de Afganistán.

1.2.5.1 La guerra del Golfo Pérsico (1991)

(Goldstein, 1996)

A) Iraq

I. OBJETIVOS POLÍTICOS:

1. Fortalecer su posición en Kuwait.
2. Conseguir la oposición de la opinión pública internacional a la intervención militar en territorio iraquí, y a las sanciones económicas.

3. Conseguir el ataque del estado de Israel (hebreo) a Iraq (árabe).
4. Aprovecharse de la lucha de clases (apoyo de las masas árabes sin recursos contra los multimillonarios jeques kuwaitíes).
5. A lo largo del conflicto, sustituir la intervención militar por medidas económicas (embargo).

II. OBJETIVOS PSICOLÓGICOS:

1. Incrementar el grado de nerviosismo, tensión, ansiedad e incertidumbre entre la población y fuerzas norteamericanas mediante consignas: a) simbología y recuerdo constante de la guerra de Vietnam; b) referencias a un conflicto «largo y sangriento»; c) intentos de división del país: «los pobres y las minorías hacen la guerra de los ricos».
2. Crear confusionismo y división entre los países pertenecientes a la OTAN a través de las consignas: a) a los EEUU sólo les interesa el petróleo; b) es una muestra de las ansias expansionistas imperialistas norteamericanas; c) los americanos prefieren favorecer un gobierno corrupto pero fiel a sus intereses.
3. Aparentar fortaleza e inmejorable disposición de las unidades para el ataque.

III. ESTRATEGIA:

Se sirvieron del modelo operante (norvietnamita y americano) durante la guerra de Vietnam:

1. Uso limitado y sin afán destructivo de misiles sobre Israel, dirigido a causar daños emocionales y psicológicos entre la población civil.
2. Apresar al máximo número de prisioneros norteamericanos, pasearlos por las calles de la capital, y entrevistarlos siguiendo un guión preestablecido, en los que éstos después de asegurar que eran tratados de forma humanitaria, reflexionaban sobre la injusticia e injerencia norteamericana y aliada en su ataque a Iraq. Estas entrevistas eran entregadas a los medios occidentales, para su difusión con vistas a lograr por parte de la audiencia un rechazo al conflicto, similar a Vietnam.
3. Emisiones de radio dirigidas a las tropas norteamericanas, en las que se explicitan actitudes sexuales de las esposas e hijas de los combatientes, incidiendo en su abandono por parte de éstos.

B) EEUU:

I. OBJETIVOS POLÍTICOS:

1. Defensa de sus intereses geoestratégicos (gaseoductos y oleoductos) en la zona.
2. Conseguir el respaldo de su población, de la comunidad internacional y la ayuda aliada.

II. Objetivos psicológicos:

1. Debilitar el ánimo del enemigo, aumentar el grado de agotamiento en la población civil y la tropa.
2. Conseguir el respaldo de su población, de la comunidad internacional y la ayuda aliada, vinculando el conflicto militar del Golfo con aspectos de interés nacional o supranacional.

III. Estrategia:

Oficialmente el Departamento de Seguridad ante el Congreso sólo reconoce el uso de emisiones de radio de uso militar, megafonía y pasquines (folletos informativos) combinados con la acción militar:

1. Lanzamiento masivo de folletos con posición, día y hora del próximo bombardeo, cuyo estricto cumplimiento otorgaba seguridad y confiabilidad a las tropas iraquíes que mentalmente confusas, seguían las indicaciones de rendición dadas por las emisiones de radio y megafonía.

1.2.5.2 La guerra de Afganistán (2002)

A) EEUU

I. Objetivos políticos:

1. Defensa de sus intereses estratégicos en Asia Central: control hegemónico en la zona con mayor presencia norteamericana (bases militares), dificultando la alianza de tres poderes en la zona: China, Rusia e Irán.
2. Control de las vías comerciales a través de las cuales mediante oleoductos se transporta y exporta el petróleo y gas natural del centro de Asia. En todas estas rutas (oeste: Chechenia, Georgia, Kurdistán, Yugoslavia, Macedonia; este: hacia China y Japón; sur: Afganistán y Pakistán) se han producido pugnas por el poder.
3. Reactivación de una economía desacelerada, mediante el incremento de las partidas del presupuesto en Defensa y Seguridad, de los programas de inversión e investigación en material bélico, tecnológico, etc..., que enriquece no sólo a la industria armamentística sino en general a todas las grandes empresas norteamericanas (Ford, General Motors, Motorola...) que se resentían de la caída del consumo privado.
(Collon, 2002)

II. Objetivos psicológicos:

- Propios
  I. Tras los atentados terroristas y a la espera de la respuesta militar norteamericana, se activó el programa de operaciones psicológicas destinadas a otorgar seguridad y confianza a la población sobre la figura del Presidente que es el que debe liderar esta gran coa-

lición antiterrorista. Sería un fenómeno inverso a la demonización que sufre el enemigo, en este caso, Osama Bin Laden, y posteriormente Saddam Hussein.

II. Transmitir calma y tranquilidad entre la población.

III. Justificar una acción militar contra Afganistán argumentado la presencia en el país de Osama Bin Laden y de centros de entrenamiento de la organización terrorista Al Qaeda, responsable de los atentados del 11-S; así como de la sistemática vulneración de los derechos humanos (situación paupérrima de mujeres y niños) por parte del régimen talibán, aliado de Osama Bin Laden.

IV. Transmitir la idea de legítima defensa en la Guerra contra Afganistán, haciéndolo extensivo a otros países, al implicarlos en tramas terroristas o en la tenencia de armamento de destrucción masiva (NBQ), justificando una intervención militar en ellos y el derrocamiento de sus líderes (por ejemplo Saddam Hussein). Generar una desconfianza internacional sobre aquellos estados no considerados gratos por Estados Unidos (eje del mal), consiguiendo el rechazo, aislamiento y actuación conjunta de la comunidad internacional.

- Enemigos:

I. Desestabilizar el régimen, desmoralizar a las fuerzas provocando rebeliones y deserciones.

II. Atraer a la población afgana hacia Norteamérica logrando su colaboración.

III. ESTRATEGIA:

- Acciones propias

Un plan de medidas destinado a provocar una corriente de simpatía hacia el gobierno de Estados Unidos, y más concretamente sobre el Presidente, inserto dentro de un programa general elaborado por los asesores de imagen de la Casa Blanca, que controlan todos los pormenores que afectan a la imagen del presidente (*look*, vestuario, gestos, lenguaje...) conscientes del valor estratégico de cada uno de ellos por su significación e incidencia inconsciente sobre el público.

Se tiene muy presente que estos grandes mandatarios son objeto de atención de toda clase de especialistas, que mediante el análisis de nimios detalles pueden obtener informaciones anecdóticas o valiosas con finalidades diversas. Un ejemplo intranscendente pero ilustrativo, se produjo durante la boda del segundo hijo de la reina Isabel II de Inglaterra, un medio de comunicación contrató a personas que podían leer los labios, y así de esta manera, el público pudo descubrir las conversaciones privadas que mantenían los diferentes miembros de la Casa Real, con el consiguiente desprestigio para ésta, cuando por ejemplo la Reina se refería a tal o cual persona en términos no muy agradables. Esta cuestión ya se trataba en la escuela de adiestramiento de los Servicios Secretos británicos en los años 60

–tal como lo expuso el espía Greville Wynne en su autobiografía–, cuando se recomendaba a los agentes que en los contactos públicos ocultaran sus labios con la mano, servilleta o vaso, para evitar mostrar su expresión bucofacial y descifrar el lenguaje gestual.

Tras el 11-S fue destacable la filtración a la opinión pública de manuscritos firmados de puño y letra por el propio Presidente norteamericano, como elemento indicativo de las cualidades psicológicas propias del líder positivo, en clara contraposición a escritos pertenecientes a Osama Bin Laden (destaca su firma que representa simbólicamente un fusil), algunos de los terroristas suicidas del 11-S, Saddam Hussein..., en un claro ejemplo de instrumentalización de la Grafopsicología, y su indiscutible tirón mediático que continuó omnipresente años después, intensificándose durante la crisis y guerra contra Iraq (2003). (FIG. 5 y 6)

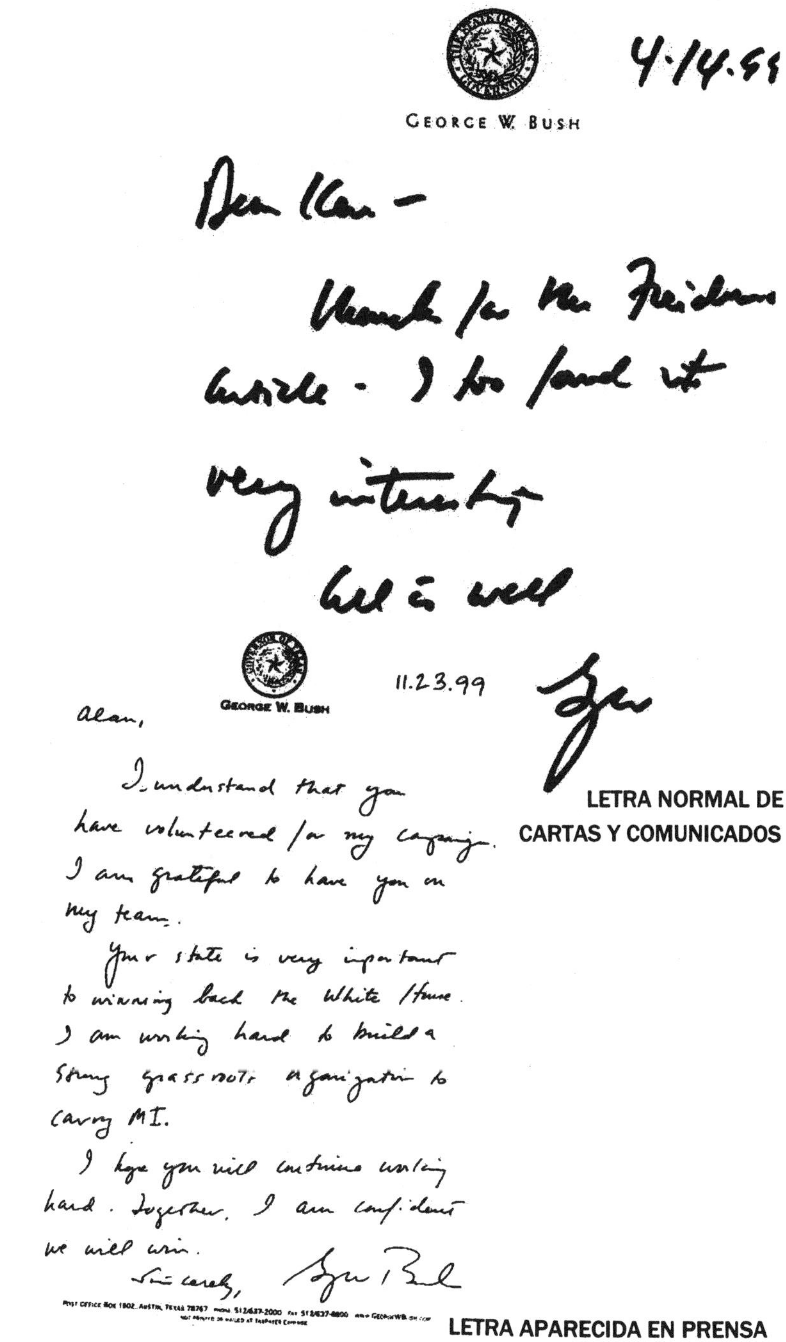

FIG. 3.5. Carta (11.23.99) del Presidente Bush (Junior) que apareció en los medios de comunicación en momento clave, y arriba (4-14-99) letra habitual del mismo.

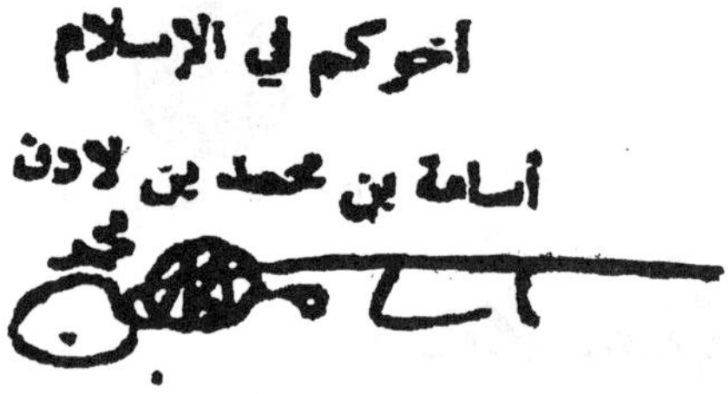

FIG. 3.6. Manuscrito de Osama Bin Laden. También apareció en las mismas circunstancias. Lo primero que nos llamó la atención fue la forma de subfusil de la firma (teniendo en cuenta la aplicabilidad del simbolismo por la formación occidental del individuo), fue motivo de comentarios con nuestros alumnos y posteriormente vimos como otros colegas coincidían con tal observación, p.ej. nuestro compañero Manuel J. Moreno, también profesor de nuestro equipo en el Programa de Peritaje Grafopsicológico de la Escuela de Doctorado de la UAB.

En otros casos de escritura árabe, hay que tener siempre en cuenta el desarrollo de derecha a izquierda (inversamente al occidental), aunque los números van de izquierda a derecha, y, los movimientos de la escritura prácticamente proceden de arriba abajo. Escriben únicamente las consonantes (igual que el hebreo) excepción con algunas letras que tienen un sonido fuerte largo, las vocales de sonido breve pueden ser representadas por tildes. La mayoría de letras varía de forma según su situación en la palabra (4 formas: inicial, en medio, final unida y desligada). No se diferencia entre mayúsculas y minúsculas. La forma es predominantemente curva, los óvalos son muy pequeños, la agrupación de letras está establecida y no es factible unir o desunir a capricho. La orientación es vertical (ejes) y ligeramente a saltos sobre la horizontal (líneas). La libertad o individualidad gráfica puede producirse estirando las guirnaldas pequeñas de algunas letras. No existen tres zonas diferenciadas, sino básicamente una zona superior a partir de la línea de base. Lo más parecido a las hampas (ejes geotrópicos superiores) son los trazos verticales rectos que no tienen bucle, y en vez de jambas (ejes periféricos inferiores) hay curvas abiertas hacia la zona inferior cuya posibilidad de variación puede significar una de las características de individualización (Gestos-Tipo).

Estas acciones se encuadran dentro de las denominadas «operaciones psicológicas», puesto que no deja de ser una manipulación emocional, al generar flujos de simpatía o antipatía, según sea el caso, hacia quien interese, y cumplen los siguientes presupuestos.

1. Se hace público en el momento prebélico oportuno y ello no obedece al azar, la circunstancialidad está programada con un fin determinado.

2. Se propone como objetivo que se transmita al público en general, el retrato de personalidad que se deriva de los manuscritos y su firma (análisis grafológico).

3. La propagación de los grafismos y su interpretación psicológica lo realiza personal extrínseco a los organismos oficiales norteamericanos como serían agencias de inteligencia, instancias militares..., que ofrecerían una imagen partidista, consiguiendo un efecto contraprodu-

cente, sino que por el contrario, la labor la acometen involuntariamente personas ajenas a ello lo cual le otorga una mayor credibilidad.

4. Esta operación se enmarca dentro del orden de la manipulación mental, puesto que se filtra el manuscrito, pero no el análisis grafológico, porque la tendencia actual de manipulación consiste no en mostrar explícitamente lo que se desea interiorizar, pues en sociedades con un buen nivel cultural es fácil de detectar el aleccionamiento, y es perjudicial, sino en permitir que el mismo individuo por si solo realice las operaciones mentales necesarias, extrayendo sus conclusiones, a partir de los elementos que se le entregan, lo cual confiere un mayor poder de convicción y de seguridad en la idea formada, pues el sujeto entiende que es originaria, ya que ha partido de él ese pensamiento o su posicionamiento frente a un hecho. Sin darse cuenta que la manipulación se centra en el criterio utilizado para seleccionar estos elementos de base que se le han entregado, a partir de los cuales ha extraído sus conclusiones.

5. La manipulación podría estar presente por tanto, en el material presentado, y no tanto respecto a la autenticidad de los documentos (fácilmente detectable, es por ello que la contrainformación casi no se emplea actualmente por sus inconvenientes), sino especialmente por ser éstos cuestionables sobre su naturalidad y espontaneidad. Por ejemplo, respecto a la filtración de grafismos del Presidente Bush pocas semanas después del 11-S y en vísperas de la Guerra de Afganistán (revelaban aquellas cualidades psicológicas requeridas para liderar una coalición internacional contra el terrorismo: seguridad, confianza, reflexión, maduración, austeridad..., es decir, lo que se espera de quien históricamente tiene una gran responsabilidad, transmitiendo así, un mensaje de confianza y seguridad a la población sobre la personalidad de su Presidente), algunos sectores americanos fueron muy críticos pues sostenían la existencia de una falta de concordancia entre el retrato psicológico obtenido a partir de determinadas muestras gráficas y el comportamiento exterior que les afecta a su forma de concebir el liderazgo social; una respuesta a esa contradicción, como posteriormente se descubrió al cotejar otros escritos presidenciales, fue que esos primeros grafismos filtrados siendo auténticos no eran naturales y espontáneos como deberían (como ocurre con la escritura de todo el que se ha introducido en la Grafología), es decir, que el Presidente y dentro de su preparación para acceder a la presidencia de los EEUU podría haber sido asesorado sobre qué tipo de letra debía mostrar en público, incluso pudiendo llegar a la práctica de una reeducación escritural, teniendo como referencia rasgos gráficos apropiados para la mejor imagen del liderazgo, objetividad, autocontrol, empatía social, etc.

- Acciones para el enemigo

I. Dispersión por el Teatro de Operaciones de pasquines de varios tipos, en unos concretamente aparece la imagen del Mulá Omar en una mira telescópica, junto a una imagen del coche que emplea para sus desplazamientos, en donde se puede leer su matrícula. Se está indicando que el ejército norteamericano, gracias a su enorme superioridad tecnológica (satélites espías...), controla los movimientos de la cúpula talibán, siendo un objetivo fácil de abatir, provocando el nerviosismo del Mulá Omar y los combatientes que les lleve a la deserción o a un movimiento erróneo. (FIG. 3.7. y 3.8.)

FIG. 3.7. «Te estamos vigilando». Panfletos dirigidos al Mulá Omar (8 Nov. 2001).

FIG. 3.8. «Si respondes, te destruiremos, tú decides.» Panfletos de 7 x 15 centímetros, en árabe e inglés, lanzados en contenedores de fibra de vidrio por la aviación estadounidense y británica (noviembre 2002).

II. Lanzamiento de radios portátiles a cuerda (dada la precariedad de las infraestructuras afganas, carentes de ningún tipo de energía) para que la población y los combatientes puedan sintonizar emisoras de radio del ejército norteamericano en inglés y en su propia lengua, especialmente creadas con el fin de influenciar (sentimientos de ansiedad y culpa) a la población y a los combatientes mediante la comunicación sesgada de hechos acaecidos en la zona y de información errónea (decepción).

III. Distribución de comida y productos de primera necesidad con el emblema de las Fuerzas Armadas norteamericanas para atraerse a la población afgana, planteando el ataque militar como una lucha contra sus dirigentes y no contra ellos.

2. LINGÜÍSTICA FORENSE

La investigación forense del discurso –entendiendo éste en sentido amplio, cualquier pensamiento humano que se expresa a través del lenguaje: oral, escrito o artístico– se nutre de un conjunto de disciplinas lingüísticas convergentes (sociolingüística, pragmalingüística, análisis del discurso, retórica, lingüística textual, computerizada...) que se alejan de la lingüística pura y formal, adentrándose en otros ámbitos científicos, como son la antropología, historia, sociología, psicología, pedagogía, comunicación, informática...

Estas ciencias del lenguaje en su aplicación a la investigación criminológica permiten: I) Obtener un perfil de personalidad del hablante; II) Interpretar o descodificar adecuadamente un mensaje en su contexto, revelando la verdadera intencionalidad del autor; III) Reconocer las estrategias lingüísticas empleadas en el discurso/texto; IV) Calibrar su influencia –persuasión/manipulación– en el auditorio/receptor.

I	II	III	IV
Queridos colegas	la realización de los deberes del programa	nos obliga al análisis	de las condiciones financieras y administrativas existentes
Por otra parte	la complejidad de los estudios de los dirigentes	cumple un rol esencial en la formación	de las directivas de desarrollo para el futuro
Así mismo	el aumento constante, en cantidad y en extensión de nuestra actividad	exige la precisión y la determinación	del sistema de participación general
Sin embargo no olvidemos que	la estructura actual de la organización	ajuda a la preparación y a la realización	de las actitudes de los miembros de las organizaciones hacia sus deberes
De igual manera	el nuevo modelo de la actividad de la organización	garantiza la participación de un grupo importante en la formación	de las nuevas proposiciones
La práctica de la vida cotidiana prueba que	el desarrollo continuo de distintas formas de actividad	cumple deberes importantes en la determinación	de las direcciones educativas en el sentido del progreso
No es indispensable argumentar el peso y la significación de estos problemas ya que	la garantía constante, nuestra actividad de información y de propaganda	facilita la creación	del sistema de formación de cuadros que corresponda a las necesidades
Las experiencias ricas y diversas	el reforzamiento y desarrollo de las estructuras	obstaculiza la apreciación de la importancia	de las condiciones de las actividades apropiadas
El afán de organización pero sobretodo	la consulta con los númerosos militantes	ofrece un ensayo interesante de verificación	del modelo de desarrollo
Los principios superiores ideológicos así como	el inicio de la acción general de formación de las actitudes	implica el proceso de reestructuración y de modernización	de las formas de acción

FIG. 3.9. El humor y la manipulación de la información Cuadro de frases de discurso, elaborado por estudiantes de una Universidad de Polonia, como ironía a las conferencias y comunicaciones simplemente «formales» y que no dicen nada. Tomando cualquier frase de cualquier cuadro y combinándolo con cualquier otra aleatoriamente se puede confeccionar un discurso de varias horas.

2.1 Disciplinas lingüísticas

2.1.1 LA SOCIOLINGÜÍSTICA

La Sociolingüística, es una rama de la Lingüística que estudia el uso del lenguaje en el contexto socio-cultural. Y como el lenguaje varía según los condicionantes personales de quien lo utiliza, el reconocimiento e identificación de marcas lingüísticas, es decir, variedades lingüísticas de una misma lengua relacionadas con factores extralingüísticos (sexo, edad, extracción social, etnia, origen geográfico...) permite elaborar un perfil de personalidad.

Estas marcas lingüísticas se distinguen en los diversos niveles de funcionamiento de la lengua:
a) Fonológico: fonemas (contracción, entonación, acentuación...); b) Morfosintáctico: morfemas (género, número, persona, modo, aspecto y tiempo...) y sintagmas (nominal y verbal); c) Léxico-Semántico: formación de la palabra (habilitación, derivación y composición), su significado (etimología y actualidad) y las relaciones semánticas (analogía, metáfora, polisemia, sinonimia, homonimia, hiperonimia...).

Así, por ejemplo, el registro lingüístico familiar (ecolecto) que se limita al ámbito doméstico, se caracterizaría por:
a) nivel fonológico: contracciones, entonación cambiante y expresiva...; b) nivel morfosintáctico: uso de diminutivos...; c) nivel léxico-semántico: rechazo del lenguaje soez y abundantes eufemismos especialmente de tipo sexual y religioso (hacer el amor, córcholis, me cachis en diez, en la mar...), permanencia de vocablos propios de la etapa infantil (caca, popo, pipí, papá, mamá, tata...), onomatopeyas (brum, pum, pam...), apócopes (auto, bici...), hipocorísticos (Reme, Pili, Cesc...) (AAVV, 1995; Marchese y Forradillas, 1986).

Las marcas lingüísticas más destacadas son:

1. Sexolecto: Término poco afortunado empleado para referirse al registro lingüístico determinado por la pertenencia a un determinado género; aunque en sociedades complejas, con multiplicidad de roles, la correspondencia entre género (constructo social), sexo (realidad biológica) y ánimus/ánima (constructo psicológico) es cada vez más difícil establecer. Existe asimismo un lenguaje específico para otras opciones sexuales:

Lenguaje gay: entender / homo / de ambiente, (ser homosexual), estar en el armario, salir del armario, hetero / torcido (heterosexual), novio (pareja), mariladilla (chica que persigue a un gay), bugarrón, queer (rarito), GLBT (acrónimo para referirse a gay, lesbiana, bisexual y transexual).

Lenguaje homófono (despreciativo hacia gays y lesbianas): marica, mariquita, mariposón, invertido, bujarrón, sarasa, perder aceite, de la acera de enfrente, bollera, tortillera, marimacho, comepollas, comecoños, daoporculo...

Lenguaje sexista o androcéntrico (aquel que abusa del genérico masculino): el hombre de la calle (en vez de la gente de la calle); los alumnos (en lugar de alumnado), los profesores (profesorado), los jueces (la judicatura); emplea términos no asimétricos, y despectivos: hombre público (político) / mujer pública (prostituta); gobernante (dirige una nación) /gobernanta (ama de llaves); verdulero (despacha verduras) / verdulera (gritona y cotilla); asistente (colaborador)/asistenta (señora de la limpieza); zorro (animal) / zorra (prostituta); cojonudo (algo bueno) / coñazo (algo pesado); profesional hombre (experto) / profesional mujer (prostituta); señor (hombre adulto con independencia de su estado) / señora (sólo si está casada); señorito (vago) / señorita (mujer de toda edad no casada); e infravalorativos (La Pantoja, La Kurnikova..../ cuando no se emplea El Raphael, El Arrese).

2. Dialecto generacional: Registros por segmentos de edad; es factible distinguir a grandes rasgos: etapas adolescentes y juveniles (> 25), adultas (25-50), madurez (<60). Por ejemplo:

Lenguaje juvenil: bareto (bar), barrila (pelea), birra/garimba (cerveza), pibitas (chicas), careto (cara), dar la brasa (regañar), papeo (comida), piños (dientes), segurata (guardia de seguridad)...

3. Dialecto social: Término amplio que incluye niveles diversos:
   a) Macrosocial: diferenciación socio-económica (extracción social alta, media o baja).
   b) Microsocial: discrimina subgrupos vinculados a determinados medios o actividades sociales; su lexicografía propia (argot) se caracteriza por su inestabilidad y función criptográfica y de cohesión grupal. Véase:

La Germanía (lenguaje específico de los ladrones): afanar (robar), aduana (tienda de compra y venta de objetos robados), butrón, descuidero (el que roba al descuido de la víctima), cacharra (pistola), dar el agua (avisar de la presencia de la policía), duguis (dedos), gancho (cómplice), nazareno (el timo de abastecerse de productos sin abonarlos), tocomocho (timo con un falso décimo de lotería), triles...

Lenguaje del lumpen: lumi (prostituta), cadenero (proxeneta), sirla (navaja), armónica (cartera), bellotas (balas), julay/primo (ingenuo), mara (gente)...

Lenguaje propio de la toxicomanía (drogotas): biblia (libro de papel de fumar), caballo (heroína), chocolate (hachís), porro (cigarrillo de hachís), chicharra (colilla de porro), bicho (LSD), chino (cigarrillo de heroína), farlopa (cocaína), chutarse (inyectarse en las venas).

Lenguaje de la prostitución: lumi, chapero, beso negro, birmano, francés, griego, japonés, turco, sueco, tailandés, lluvia dorada, disciplina inglesa, completo, sumiso...

4. Tecnolecto: Coligado a actividades profesionales; su lexicografía, permanente y compleja (términos técnicos) está motivada por necesidades de clarificación conceptual. Verbigracia:

Hierolecto (lenguaje eclesiástico, propio de los religiosos): Oficio divino, oficio eclesiástico, cursus, canon, agenda, maitines, tercia, sexta, nonas, vísperas, liturgia de las horas, ofertorio, consagración, homilía.

Jurilecto (lenguaje jurídico propio de personas relacionadas con el mundo de las leyes: letrados, jueces, procuradores, funcionarios de justicia...): providencia, auto, sentencia, primera instancia, instrucción, incoar, exhorto, trabar, interdicto, diligencias previas, procedimiento abreviado, monitorio, cognición, querella, sumario, careo, eximente, atenuante, prescripción, ejecutoria, consignación concurso, ejecutado, insacular, retracto, evicción, flagrante, incapacidad, exégesis, testador, inhibitoria, imputabilidad, ex lege, fehaciente, indagatoria, legitimación, presunción...

Militar: teatro de operaciones, bajas, daños colaterales, disuasión, decepción, informar, centro de crisis, táctica, sorpresa estratégica, agente agresor, contrasubversión, acción psicológica, neutralizar... Es muy frecuente el empleo de acrónimos (siglas) para definir secciones, grupos, reglamentos, etc... (FAS, GOES, BRIPAC, PM, CESID...).

Espionaje: fuente (hecho, actividad, institución, persona que proporciona noticias), buzón (lugar o persona para entregas/recogidas sin contacto), enlace (persona para entrega/recogida o intercambio de información), inteligencia, (información elaborada de interés para la Defensa Nacional), ciclo de inteligencia (proceso de elaboración), contrainteligencia, misión informativa, cobertura (tapadera), jabón (suero de la verdad), infiltración, pinchazo (intervención telefónica), resistencia de la línea telefónica (voltaje eléctrico), reflectómetro (aparato que analiza una línea telefónica), encriptación (proceso de protección de la información mediante algoritmos), perturbador (distorsionador de la señal GSM), barrido (operación de detectar micrófonos ocultos)...

Lenguaje propio de hackers: backdoor (puerta trasera de un ordenador), bug (error de diseño en un programa), password (clave de acceso), colgar (hacer que un sistema no funcione), correr (ejecutar), cracker (hacker que retira la protección a programas con sistema anticopia), gusano (programa que se reproduce), virus (programa que se reproduce, alterando otros programas), handle (seudónimo de un hacker), ID (identificación), on-line (ordenadores conectados), privilegio (aquello que un sistema permite a su usuario), rabbit (programa que genera procesos no necesarios, reproduciéndolos hasta que merma la capacidad del ordenador), trashing (reciclar información válida de la basura)...

5. Dialecto geográfico: Variación lingüística adscrita a una zona geográfica específica (corolecto).
   Se distinguen diversas variaciones geográficas (geolecto, de frontera, de transición, extraterritorial, periférica...).
6. Transferencias o fenómenos lingüísticos producto del contacto entre lenguas:

(Antonio Briz, 2000) (Grijelmo, 1997)

a) Interferencia lingüística: sustitución de elementos lingüísticos vernáculos por otros ajenos; refleja la dominancia de una lengua sobre otra.

Por ejemplo: play-back, number one, baby sitter, broker, crack, jet-set, light, prime time, rol...

b) Préstamos lingüísticos: adopción de formas lingüísticas inexistentes en la lengua propia por necesidades técnicas o expresivas; se relaciona con los prestamos culturales.

Por ejemplo: jersey, chocolate, tomate, suéter, fútbol, gol, spray, rayos láser, test, estrés, fax, pecé (PC), window...

El empleo generalizado en la mayoría de países (exceptuando Francia, defensora a ultranza de su idiosincrasia) del término globalización, procedente de «globo» (terráqueo), ya es indicativo en sí de la hegemonía anglosajona, y más concretamente de Estados Unidos como punta de lanza de este fenómeno, puesto que la acepción propia latina no es otra que «mundo» del que se derivaría «mundialización».

7. Etnolecto: Registro lingüístico propio de una etnia. A modo de ejemplo:

El caló (mezcla de romaní y castellano): camelar, canguelis, palmar, jalar, clisar , bajío (mala suerte), acaís (ojos), chamorrillo (niño), sonacay (oro), tumei (tú mismo)...

8. Idiolecto: Variables lingüísticas personales e identificativas, como los errores, faltas de ortografía o gramaticales, frases o muletillas, préstamos idiomáticos personales y singulares (préstamo ocasional), expresiones y palabras recurrentes.
La interpretación psicológica de los mensajes (psicología del hablante) revela la cosmovisión del sujeto y su relación con el entorno (tendencias, intereses, objetivos, preocupaciones, hábitos y posibles trastornos psicopatológicos). A modo de ilustración, véase el siguiente ejemplo:

Respecto a una misma situación (un conflicto laboral con la dirección) se producen tipos discursivos diferentes que ponen de manifiesto estilos comportamentales desadaptativos:

- Paranoide: «No me puedo fiar de los jefes; seguro que tienen algo contra mí».
- Esquizoide (los ignora): «No va conmigo. Supongo que se refieren a otros».
- Negativista (actitud colaboradora y obstruccionista alternativamente): «Si necesitan algo pueden contar conmigo / No esperen mi colaboración».
- Antisocial: «Me dan igual sus problemas, entre Vdes. o yo, me quedo conmigo».
- Histriónico: «Tengo un verdadero drama y deberían solidarizarse conmigo, quiero sentir su apoyo».
- Narcisista: «Pero quién se ha creído, reprenderme a mí, yo, que soy el mejor, el más perfecto, me veré en la obligación de retirarle la palabra».
- Evitación: «Esto es insoportable, no quiero más contacto con esa gente, me voy de aquí y no quiero saber ya nada más».
- Dependencia: «Estoy muy preocupado ¿esto podría arreglarse de alguna manera? ¿Pueden orientarme? Por favor. Si tengo la confianza de Vdes. me esforzaré y haré todo lo que pueda».
- Obsesivo: «Es intolerable que haya tenido que verme en esa situación, no me volverá a pasar, me prepararé al máximo, no dejaré ni un cabo suelto hasta que lo domine a la perfección».

9. Dialecto histórico: Variedad lingüística propia de un determinado período histórico, es la consecuencia de la evolución histórica de la lengua; permite datar el discurso (cronolecto).

Para una información general sobre los registros lingüísticos consultar páginas 367 y siguientes del libro *Pericia Caligráfica Judicial. Práctica, casos y modelos*, Barcelona, Herder, 2001. Si se requiere profundizar en alguna de las marcas lingüísticas citadas anteriormente, confrontar sus fuentes bibliográficas:

(Alejandro Grijelmo: *El estilo del periodista,* Madrid, Taurus, 1997), (Ramoncín: *El nuevo tocho cheli. Diccionario de jergas*, Madrid, Temas de hoy, 1996), (Carlos Abella: *¡Derecho al toro! El lenguaje taurino y su influencia en lo cotidiano*, Madrid, Anaya & Mario Muchnik, 1996), (Julia Sanmartín: *Diccionario de argot*, Madrid, Espasa Calpe, 1998), (Sanmartín, Julia: *Lenguaje y cultura marginal. El argot de la delincuencia*, Valencia, Universitat de València, 1998), (José Calles y Belén Bermejo: *Argot y modismos*, Barcelona, Editorial Libsa), (Ana Mª Vigara, Sonia Álvarez, Paloma González: «Lenguaje (y vida) del recluta en el cuartel (1)» en *Tabanque*, nº 9 – mayo de 1994. E.U. de Educación – Universidad de Palencia), (Carlos Fernández Guillén y Juan Miguel Fernández Peña: *Encofrata,* Sant Joan Despí, 2002, página web), (Diana de la Pava*: Vocabulario del lenguaje gay en Hispanoamérica, España y los Estados Unidos,* en Chueca.com), (Sergio Picón: «Diario Militar del Pipas», Barcelona, 16 febrero, 1999, Ed. electrónica), (Juan de Dios Luque, Antonio Pamies, Francisco José Manjón: *Diccionario del insulto* Barcelona. Península, 2000), (Fernando Varela y Hugo Kubarth: *Diccionario fraseológico del español moderno*, Madrid, Gredos, 1996), (Irene Lozano: *Lenguaje femenino, lenguaje masculino*, Madrid, Minerva, 1995), (Raquel Roberti: *Llaneros solitarios. Hackers la guerrilla informática,* Colección Fin de siglo, mayo, 1995).

2.1.2 LA LINGÜÍSTICA COMPUTACIONAL.

«Ciencia que trata de los modelos computacionales del lenguaje natural, y cómo hacer entender a las computadoras los idiomas humanos» (Sidorov, 2001).

La aplicación de las nuevas tecnologías a la lingüística ha permitido la creación de sistemas automáticos de análisis y síntesis: fonético, morfológico, sintáctico, semántico y pragmático; cuyos ámbitos de aplicación son innumerables:

- Programas de reconocimiento de voz: dictar oralmente un texto cuyas palabras son reconocidas por la computadora. que lo escribe en caracteres tipográficos. No confundir con identificación de voz.
- Programas de generación de voz: dotar de habla a máquinas y robots.
- Corrector ortográfico y gramatical.
- Elaboración de resúmenes de texto.
- Clasificación temática de textos.
- Buscador inteligente: palabras y sus formas morfológicas.
- Traducción automática.

En el área criminológica, la lingüística informatizada agiliza la búsqueda selectiva (buscador inteligente) y el tratamiento estadístico de textos, configurando: a) «índices de frecuencia de palabras», b) «concordancias», y, c) «colocaciones léxicas» que facilitan la identificación de autorías lingüísticas, y manifiestan la significación profunda que subyace al discurso.

a) «Índice de frecuencia léxica»: cuantificación (número de aparición y frecuencia, etc...) de las palabras de un texto, oral o escrito, seleccionadas en función de un determinado criterio, bien por su temática, bien por su composición (afijos, desinencias...), que establece aspectos lingüísticos identificativos.

b) «Concordancia»: listado de frases que contengan una palabra específica preelegida con objeto de analizar su valor lingüístico (indicativo, impositivo, argumentativo, atenuante...) en base a su contexto inmediato, es decir, con las palabras anteriores y posteriores a ésta.
c) «Colocaciones»: listado de grupos de palabras (parejas o tríos) que se presentan conjuntamente de forma reiterada.
(Terrádez en Brizo y Grupo Val.Es.Co., 2000)

2.1.3 LA PRAGMÁTICA O PRAGMALINGÜÍSTICA

«Rama de la semiótica y, en general, de la lingüística y de la teoría de la comunicación que trata del uso de los mensajes en relación con los factores comunicativos, con la situación, con las necesidades y miras de los participantes, con los papeles, con las presuposiciones, etc.» (Marchese y Forradellas, 1986).

El discurso enuncia más de lo que expresa su significado literal; encierra significados profundos, informaciones que no se explicitan directamente (presuposiciones) e intencionalidades que se manifiestan en un análisis crítico del texto mediante la competencia pragmática. Ésta interpreta el mensaje no en sí –al pie de la letra– sino en el contexto comunicativo específico que se articula en torno a varios ejes:

a) Situación: coordenadas espacio-temporales que determinan el tipo de registro empleado, formal o coloquial.
b) Canal o modo comunicativo: oral o escrito.
c) Referente: aquello que se desea transmitir, y con qué propósito: objetivo (función referencial), emotivo (f. expresiva), apelativo (f. conativa), constancia comunicativa (f. fática), estilístico (f. poética), explicativo (f. metalingüística)... Y a través de qué estrategias discursivas: tácticas lingüísticas (análisis del discurso), y/o de expresión y elocuencia persuasiva (retórica) se alcanza el objetivo.
d) Usuarios (emisor y receptor): rol, intereses, objetivos y presuposiciones.

Respecto a lo anteriormente expuesto, es habitual citar este sencillo e ilustrativo ejemplo:

«Si estamos comiendo juntos y yo le pregunto si usted puede pasarme la sal, usted contesta que sí y sigue comiendo. Seguramente la respuesta es formalmente correcta, porque usted de verdad puede pasarme la sal y ésa fue la pregunta, pero la intención fue pedir la sal, y no preguntar sobre la posibilidad de ello» (2001).

La Sintaxis Interrogativa (Cuando una pregunta es más que una simple pregunta): Existen diversas formas de intercambio (unidades de información) conversacional (Sinclair y Coulthard), una de las más sencillas pero a la vez más compleja por sus restricciones es la que se basa en la interrogación. Podemos distinguir varias clases de preguntas (Stubbs, 1983):

1. *De búsqueda de información* (Robinson y Rackstraw)
2. *Abiertas / Cerradas*

3. *De confirmación / negación*

4. *De final de frase (tag questions)*

5. *Retóricas*

6. *Las respuestas afirmativas o negativas (si o no) o denominadas también polares, o de nexo* (Jespersen): La selección de la respuesta es siempre binario, es decir, si o no, y aunque, si bien, se pueden usar otros términos siempre giran, en torno a la polaridad: certeza o incerteza.

7. *Las adverbiales* (dónde, cuándo, quién, de quién, qué y cómo....) (Quirk): Cuando anteriormente indicábamos las fuertes restricciones sintácticas de la interrogación, nos referíamos a que una pregunta por ejemplo, de este tipo, necesariamente debe responderse con el adverbio que le corresponde, pese a que en ocasiones, existe cierta movilidad y se pueden intercambiar el adverbio de lugar por el de tiempo, pero no al revés.. Ejemplo: ¿Cuándo ocurrió eso? (tiempo). En el despacho (lugar).

8. *Conducentes o tendenciosas* (Bublitz):

Preguntar se convierte en una acción predictiva pues determina y reconduce la respuesta, si bien no de forma absoluta, otorga un amplio margen de juego, pues se presupone de forma natural, atendiendo a los sintagmas nominales, a los referentes y al marco general de interpretación utilizado según los fines, aquello que se desea inducir.

La pregunta siempre se inserta dentro de un contexto que no es neutro, sino conformado por suposiciones lógicas y normales dentro de este referente, al que le corresponde un discurso determinado, tal como lo define Fries (1952): «... la pregunta forma parte del marco en el que opera la respuesta como emisión». Cuando se utiliza una pregunta de tal manera que la respuesta se corresponde con la emisión en un solo plano, se sirve de los rasgos interrogativos de dicha emisión para producir un discurso manipulativo, porque el discurso se conduce de tal manera que se basa en una proposición que no se expresa directamente, pero sí se infiere, pues se sustituye un deseo o recriminación con una pregunta. Un sencillo ejemplo, en una pregunta de si o no: ¿Has vuelto a dejar encendido el ordenador? (...)».

Desde el momento en que este tipo de interpelación son emisiones (interlocutor lanza la frase a otro en un intercambio comunicacional) debe considerarse su carácter sesgado (ni filosófico, ni azaroso, ni ilógico...), puesto que se realiza de acuerdo a unas motivaciones concretas, en espera de cumplir unos objetivos determinados (toma de conciencia...) en el receptor (acción predictiva).

El enfoque novedoso de la pragmalingüística respecto a la lingüística tradicional radica en que el referente, es decir, aquello que se comunica, adquiere su verdadera significación (función) en base al contexto comunicativo (situación y propósito de los usuarios) y no de la estructuración lingüística formal (forma gramatical) que se utilice. Un ejemplo muy ilustrativo al respecto nos lo ha ofrecido la sintaxis interrogativa (Stubbs, 1983), que aún sujeta a fuertes limitaciones sintácticas, puede ir más allá de su función originaria de búsqueda de información (preguntas adverbiales: dónde, cuándo, quién, de quién, qué y cómo), y cumplir una función enfática (preguntas retóricas), apelativa (preguntas directivas), fática (preguntas de final de frase) e incluso persuasiva/manipulativa (preguntas conducentes o tendenciosas).

2.1.4 ANÁLISIS DEL DISCURSO

«Estudio del uso lingüístico como revelador y definidor de las relaciones sociales, y, en especial, de las relaciones de dominación y de los procesos ideológicos» (Ruiz, Sanz y Solé, 2001).

Si como se ha comentado anteriormente, una acción comunicativa –ruego, solicitud, mandato, convencimiento...– puede ser emitida a través de cualquier estructura lingüística formal –interrogativa, aseverativa, imperativa, exclamativa...–, ya que la interpretación del mensaje dimana del contexto (pragmalingüística) y no tanto de su correspondencia gramatical (lingüística formal) por consiguiente, la selección que realiza el usuario sobre las estrategias lingüísticas existentes (análisis del discurso) para asegurarse la consecución de su propósito, está en función de su competencia gramatical y sobre todo comunicativa, vinculada a factores socio-culturales que determinan el seguimiento de unas normas de cortesía; y psicológicos, que se asientan sobre la manera en que el emisor expresa sus pensamientos y motivaciones en su comportamiento y relación con los demás.

Veamos un ejemplo:

Imaginemos que entramos en una sala de espera donde ya aguarda otra persona desconocida que está fumando, nos molesta el humo y deseamos que apague el cigarrillo. Entre la diversidad de tácticas lingüísticas, podríamos usar:

a) «¡Apague el cigarrillo!» (imperativa): Transmite una orden que probablemente conduciría a una situación de conflicto. Actitud directa de imposición.
b) «¿Tendría la amabilidad de apagar el cigarrillo?» = Por favor, ¿podría apagar el cigarrillo? (interrogativa): No es una pregunta de obtención de información sino que esconde una orden tras una petición efectuada de acuerdo a un protocolo social, que probablemente obtendría éxito, pues manifiesta una actitud empática: un ruego educado. Actitud semidirecta de imposición.
c) «Hay mucho humo aquí»... (aseverativa) = «¡Cuánto humo!»... (exclamativa): Afirma o expresa un hecho que alude a la actuación del receptor (fumar). Actitud indirecta de imposición.

El Análisis Transaccional ofrece una visión pedagógica de los recursos dialécticos en las expresiones clasificadas por cada uno de los nueve tipos (ver nuestra obra: *Psicodiagnóstico por la Escritura, Grafoanálisis Transaccional*, Ed. Herder, 1999).

2.1.5 LA RETÓRICA

«Arte de la palabra, de la elocuencia, y de los recursos para persuadir, fundada por la filosofía griega para tratar el habla pública e institucional» (2001).

La retórica sustentada en la triangulación: argumentación, expresión estilístico-lingüística, y gestualidad, manifiesta una actitud persuasiva/manipulativa basada en el convencimiento al receptor mediante una información sesgada, expresada con palabras adornadas y acompañada de una dicción o gestualidad estudiada. No pretende informar (objetividad) sobre una realidad, sino que busca la persuasión que «produce una creencia, no una persuasión que instruya sobre lo justo y lo injusto» (Sócrates).

a. Cualquier tema es susceptible de diversos razonamientos, pudiendo ser contemplado desde ópticas muy diferentes, por tanto se trata de buscar e incidir en aquellos argumentos (*Inventi* o *Heuresis*) que sirvan a los propósitos del orador, soslayando los que le perjudiquen. Pero no es suficiente con tener la idea adecuada hay que saber integrarla correctamente en el discurso (*Dispositio* o *Taxis*), disponiendo el momento oportuno. De lo contrario, un argumento válido pero fuera de lugar, se torna contraproducente para los fines perseguidos.

El marco estructural que conforma un discurso permite hacerlo inteligible, puesto que ordena y clasifica sus distintos elementos (Brazil, 1981). La disposición en el espacio de las diferentes proposiciones de forma ordenada y sistemática, a través del uso de apartados y guiones, facilita más rápidamente, la comprensión general del discurso, amén de controlar el significado que se expresa, puesto que resulta casi imposible, otorgar una interpretación diferente (anula toda ambigüedad) desde esta posición estructural (Stubbs,1983).

b. La idea descarnada debe revestirse de la palabra para crear estados emocionales/psicológicos en la audiencia (*Elocutio* o *Lexis*). En este sentido, debe cuidarse especialmente la expresión lingüística como vehículo de la argumentación, centrándose según el caso, en la belleza, la comicidad, o el dramatismo... El orador para conseguir los efectos deseados en el receptor emplea distintas «formas expresivas peculiares» (figuras retóricas) a través de la transformación:

– morfológica: aliteración, aféresis, anagrama, apócope, arcaísmos, calambur, diéresis, epéntesis, equívoco, insistencia, metátesis, neologismos, paronomasia, paragoge, prótesis, reduplicación, rima, síncopa, sinéresis...

– sintáctica: elipsis, asíndeton, parataxis, paréntesis, concatenación, enumeración, repetición, polisíndeton, simetría, silepsis, anacoluto, quiasmo, tmesis, hipérbaton, inversión, zeugma...

– semántica: antonomasia, comparación, metáfora, oxímoron, sinécdoque...

– del valor lógico de la frase: lítotes, reticencia, suspensión, silencio, hipérbole, repetición, pleonasmo, antítesis, eufemismo, alegoría, parábola, ironía, paradoja, antífrasis, inversión lógica...

(1986)

2.1.6 LA LINGÜÍSTICA TEXTUAL

«Disciplina lingüística, derivada del análisis del discurso, que estudia las reglas y las formas de organización del lenguaje que van más allá de la frase» (2001)

La lingüística tradicional se centra en la oración, considerada como la unidad lingüística básica y fundamental, sin embargo la coherencia y comprensión de un mensaje no viene determinada por ésta u otras unidades lingüísticas pequeñas sino deviene de su totalidad, del conjunto que otorga sentido a sus partes (oración, frase, actos de habla aislados). Y ese «todo» es el texto: «la unidad lingüística más amplia con sentido completo» (AAVV, 1995) que incluiría tanto el discurso escrito, acompañado o no de imágenes (texto icono-lingüístico: anuncios, cómics...), como el oral (texto oral: conversación; audiovisual: cine, TV, teatro), y con independencia de la extensión del mismo (una palabra o varios volúmenes de una misma obra literaria); puesto que lo analizable es «un hecho de comunicación independiente de otros», de ahí la extensa significación del término «texto» en esta disciplina.

Tipos de textos

La Lingüística textual distingue como textos (1995):

1. Obras literarias: prosa, verso, dramaturgia.
2. Académicas: científico-técnicas, humanísticas... (Véase ejemplo).
3. Artículos periodísticos.
4. Textos jurídicos: leyes, órdenes ministeriales, reglamentos sentencias, dictámenes, edictos, bandos...
5. Administrativos: oficios, notificaciones, citaciones, instancias, testamento, escrituras...
6. Comerciales: contratos, escrituras compra-venta, pólizas seguro...
7. Publicitarios.
8. Coloquiales: Abarca desde textos escritos (cartas personales, e-mails, cómics, humor gráfico...) hasta textos orales (actos de habla aislados, conversaciones, debates, charlas, letras de canciones...).

Ficha para análisis de textos:

(1995)

* Localización: Fecha, contexto, y datos sobre el autor y el receptor /es a los que se dirige.
* Estructura externa:

a) Texto escrito: Texto, espacio e iconos (imágenes, dibujos...).

b) Texto oral: Marco referencial

* Estructura interna: Desarrollo del tema central y secundarios.
* Contenido (ideología, valores).
* Intencionalidad.
* Expresión Lingüística:

Niveles del Lenguaje (Fonológico, Morfosintáctico y Semántico).

2.2 Nuevas formas comunicativas: Internet

2.2.1 EL E-MAIL

La actividad comunicativa en Internet más elemental es el e-mail o mensaje de correo electrónico en donde se establece una relación interpersonal, si bien su utilización en diferentes instrumentos de comunicación: Boletines, Noticias, Listas de correo, Foros y Chats deriva hacia una relación intergrupal constituyendo comunidades virtuales.

El e-mail nació en 1978 dentro de un programa de investigación desarrollado por el ingeniero informático Ray Tomlinson sobre la posibilidad de intercambio de mensajes entre ordenadores; la utilización del signo arroba (@) distinguía al destinatario de su ubicación (Folkard, 2002).

2.2.2 LISTAS DE CORREO

2.2.2.1 Canal de comunicación

También denominadas de distribución o discusión, se basan en el mail o mensaje de correo que se remite a una lista de distribución que se encarga de enviarla a los buzones de entrada de las direcciones electrónicas suscritas a dicha lista. Existen diversas modalidades: a) moderada/no moderada: los envíos son previamente seleccionados por el administrador de la lista antes de su distribución, evitándose mensajes no deseados (publicidad, fuera de tema...); b) un único envío al día que recoja todos los mensajes.

2.2.2.2 Contexto

El mensaje es recibido por un conjunto de personas en principio sin relación personal, cuyo único punto de unión es el tema de la lista, si bien las diferencias en el nivel de conocimientos, perspectivas metodológicas, intereses profesionales, amén de factores culturales (valores sociales, ético-morales) pueden generar conflictos.

2.2.2.3 Código

La comunicación escrita carece de elementos prosódicos o paralingüísticos (entonación, gestos, mímica...) que unido a los dialectos geográficos (véase apartado de Sociolingüística) propio de una lista transnacional, dificulta una comprensión global del mensaje, confiriendo frialdad, gravedad y dureza a un registro coloquial pese a los intentos paliativos de insertar diminutas representaciones gráficas (caras, pulgares, flores, corazones...) y emoticones (signos gráficos que expresan emociones).

2.2.2.4 Tema

Corresponde al asunto de la lista, dependiendo del carácter de ésta se insertan con mayor o menor asiduidad, cuestiones alejadas del tema de discusión (poemas, juegos, chistes, reivindicaciones sociales...) que pueden provocar polémica.

2.2.2.5 Intencionalidad o tenor funcional

Mayoritariamente, la función empleada es la expresiva, puesto que se ofrecen opiniones, puntos de vista, sin olvidarnos que al argumentar la exposición, se realiza una interpretación de la misma que pretende convencer e influir en el auditorio, apelando a su opinión, juicio (función conativa/apelativa).

La actual proliferación de listas de correo, foros y chats que engloban a profesionales o interesados en temas específicos, tejen redes sociales activas con entidad propia e independencia de los poderes públicos, aunque están determinadas por los intereses y/o propósitos de los administradores, y sujetas a diversas estrategias persuasivas-manipulativas de control ideológico.

2.2.2.6 Objetivos de las listas de correo

Frecuentemente sirven de plataforma o de órgano de difusión a asociaciones sin ánimo de lucro, sociedades mercantiles (empresas), instituciones docentes (privados y estatales), organismos públicos...

La infraestructura, gestión y mantenimiento de una lista –gratuita para el suscrito– que ofrece con periodicidad información y material de interés requiere tiempo, esfuerzo y dinero por parte de los administradores que sin embargo, no sólo llevan a cabo esta labor sino que esperan concitar un número elevado de suscriptores, y ofrecerles los máximos servicios.¿Por qué? ¿Qué es lo que les motiva a ello?:

2.2.2.7 Motivaciones

– Prestigio: Es el más frecuente, convertirse en un referente de la especialidad científica o del ámbito que abarcan.

– Científicas: Contribuir a la divulgación y desarrollo de la materia que tratan; generalmente va unido al anterior.

– Económico-comercial: Se entiende como captación de posibles clientes para ofrecer servicios previo pago.

– Ideológico: Sirven para crear estados de opinión, generalmente están dirigidos ocultamente por un *lobby*.

En ocasiones pueden confluir uno o varias motivaciones al mismo tiempo, de la misma manera que depende del estilo interpersonal del administrador la manera de afrontar la consecución de sus motivaciones, por ejemplo la motivación prestigio puede alcanzarse desde la generosidad y la solidaridad alcanzando éste de forma igualitaria a todos los miembros de la comunidad virtual, o por el contrario ser virse de los miembros de la lista –explotador social– para adjudicarse los méritos en exclusividad y escalar posiciones, propio del «trepa social».

2.2.2.8 Estrategias persuasivas-manipulativas de control ideológico

1. Técnicas: Se alude a limitaciones, deficiencias y problemas técnicos, o bien a la seguridad de la red (privacidad, virus...).
2. Solapación: Envío de múltiples mensajes para tapar el mensaje no deseado y/o desviar la atención de éste, generando otras posibles discusiones. En los *mass media* se conoce como «saturación banal informativa».
3. Silenciación: Silenciar u obviar el mensaje no deseado para no llamar la atención sobre él y evitar su repetición.
4. Dilatación: Un único desarrollo conceptual se fracciona en diversas entregas con objeto de mantener omnipresente a su emisor.
5. La pluralización: Se responde implícitamente al emisor de un mensaje no deseado a través de un mensaje dirigido a la audiencia, en apariencia sin relación con el anterior, pero significativo por lo dañino para el primero.
6. Reafirmación: Envío de mensajes que pretenden contrarrestar el mérito ajeno haciendo gala del propio.

2.2.2.9 Interacción comunicativa

– La interacción comunicativa puede observarse desde la perspectiva de la *Sociometría* (especialidad fundada por J. Moreno en 1934 que estudia las relaciones interpersonales a través de las grupales) analizando las siguientes cuestiones:

a) Las interacciones personales que se establecen entre los miembros de dichas listas, así como su posible representación gráfica por medio de símbolos (sociograma).
b) La red interaccional de una unidad social –sujeto– y su traslación gráfica (psicograma).
c) Los contactos entre el grupo y su moderador.

Dichas interrelaciones se pueden inferir bien a partir de situaciones de la cotidianeidad propia de la lista, en donde cada uno juega un papel, que en su desarrollo le obliga a interactuar con el resto de componentes, a modo de un *rol playing* o sociodrama (no confundir con su aplicación en la psicoterapia de resolución de conflictos personales por medio de catarsis grupales), manifestándose los *teles* –fuerzas de afinidad, rechazo o indiferencia– (Munné, 1974); o también por medio de intervenciones específicas desde el exterior que experimentalmente revelen estas interacciones, tal como se ha realizado en el estudio comparado de listas de correo que se expone a continuación.

Partiendo de los estudios socio-antropológicos de la Escuela de Chicago, y de los Teóricos del Grupo, se advierte cómo el sujeto inserto en un medio social pierde su individualidad, el «yo» no existiría según la etnología de la comunicación de Erving Goffman (1971), que con su concepto de interacción retoma la idea de Herbert Mead, afirmando que cada individuo se esfuerza por representar un rol, el más favorecedor, en función de su interlocutor, quedando así subordinado a la estructura del grupo; así pues, las listas de discusión o correo se basarían en un paradigma sistémico abierto (dinámica externa), donde la praxis individual se potenciaría o inhibiría según la capacidad adaptativa del individuo al ambiente del grupo, vinculándose el carácter de éste último con la producción social o ideológica.

Asimismo el tipo de liderazgo de una lista determina el clima social de la misma, por ejemplo un líder resonante (empático) crea un grupo *conjuntivo*, caracterizado por vínculos positivos, democráticos, solidarios y de cooperación que estimularía un aumento cuantitativo y cualitativo de la producción social o intelectual; en contraposición al liderazgo indiferente, que provoca inercia y estancamiento productivo (grupo atónico), y/o el liderazgo disonante/autoritario (megalómano) que desde la soberbia y prepotencia genera entre los colisteros sentimientos de inferioridad, frustración, malestar y resentimiento (grupo conflictivo) (1974; Boyatzis, 2002).

LA INTERACCIÓN COMUNICATIVA

RASGOS POSITIVOS	*RASGOS NEGATIVOS*
Objetividad	Subjetividad
Claridad	Confusionismo
Capacidad argumentativa	Incapacidad expositiva
Esencialismo	Dispersión
Empatía	Egocentrismo
Consenso	Imposición
Discreción	Exhibicionismo
Naturalidad	Rebuscamiento

2.3 Casos prácticos

En nuestra anterior obra *Pericia Caligráfica Judicial, Práctica, casos y modelos*, ya adelantábamos un caso práctico sobre un anónimo realizado por un Oficial Jefe haciéndose pasar por personal de Tropa, curiosamente se intercalaban expresiones grotescas y de bajo nivel con algunas construcciones que delataban a un autor de un nivel cultural superior (el cual intentaba disimular su nivel), seguidamente trataremos diversos asuntos en que se puede encontrar el analista, tanto en el estudio de textos con mensaje ideológico, como de anónimos.

2.3.1 EJEMPLO PRÁCTICO DE INFORME PERICIAL (IDEOLÓGICO)

DICTAMEN PERICIAL CRIMINOLÓGICO
Lingüística forense (modalidad: Ideológica)

Que habiendo sido requeridos por ______________________________ con el objeto de que emitamos Dictamen de Valoración Criminología sobre los apunes que se nos facilitan, en cuya portada se lee «CÓMO VENCER EL ESTRÉS DURANTE LA CAMPAÑA» «TEXTO: DR. J.S.............», constando en total de 55 folios, por lo que pasamos a exponer las siguientes consideraciones y conclusión.

ANÁLISIS DEL CONTENIDO
Los apuntes se inician con un «Vocabulario de Palabras Clave» (términos relacionados con el estrés). En la hoja 16 se plantean unos ejercicios de recopilación sobre la terminología anterior, luego, repaso sobre lo mismo.
A partir de la hoja 22 se empiezan vislumbrar síntomas preocupantes en el contenido de los citados apuntes. Ciertamente, aparecen expresiones de tipo radical e impositivo, con desconsideración de la dignidad humana.
Se pretende el éxito en la dirección a través de asumir una posición rígida e irrespetuosa respecto a los empleados dependientes, confundiendo las teorías del liderazgo e intentando identificarlas con un sectarismo radical de tipo neonazi.
Veamos por ejemplo en la hoja 22 una referencia despectiva sobre la democracia:
«Cuando se explican técnicas directivas dentro de la empresa, el concepto de autoridad suele estar descafeinado, Light. Hay una especie de pudor democrático, que lo eufemiza todo. No se enseña a dar órdenes con autoridad».
En la hoja 26, se tergiversa el «Liderazgo», se interpreta perniciosamente el valor del mando, reduciendo el poder a la facultad de otorgar premios y castigos y la necesidad de que ambos vayan conjuntados para alcanzarlo:
«Por el momento quédate con esa película. Tanto premios como castigos, deben ir unidos para conseguir el poder».
Son directrices de connotación sádica.
«Tus ___________ sufrirán toda clase de castigos por tus exigencias y amonestaciones. Mandarás y obtendrás el poder».
En la hoja 35 se destapa todavía más la tendencia radical impositiva y se utilizan ya términos humillantes, despreciativos de la dignidad humana:
«Te sorprenderá ver cómo reaccionan tus limones».
«Da órdenes como si fueras una dictadora, una déspota, una tirana, no es importante lo que dices, sino como lo dices».
Se enfatiza la función represora del «Super Yo» para adoptar la posición vital de «Yo estoy bien, tu estás mal» (AT).
«CASTIGA, CASTIGA, CASTIGA»
Incluso se utilizan términos simpáticos de tipo nazi.
«Ahora, pequeña Hitler...»
Se trata de introducir el miedo en los trabajadores, hacerles sentir muy mal y al propio tiempo manipularles. Ver hojas 35 y 36:
«El hecho de castigar en público y gratificar en privado, les hará sentir la gratificación mucho más importante».
No se trata de ser eficiente, saber coordinar, ser persuasivo, esto es «ser lider» en sentido «adulto», se trata de ser un «negrero».
«Durante el día de hoy, dedica te a conseguir poder, manda más, aparte de tu trabajo».
Se pretende el liderazgo por la «dureza» y está demostrado que esto no corresponde la realidad. El líder es una persona segura de sí y manda, pero se le permite por-

que «tiene estrella», posee algo especial, convincente, carismático, que arrastra a los demás.

El verdadero líder es activo y capaz, cree en algo y lo transmite, por el contrario en estos apuntes se induce a la inoperancia, a una falsa seguridad, desconectada de la eficacia, de la creatividad y del propio espíritu de empresa. Lo único que puede potenciar es el egoísmo y la reivindicación, el fanatismo radical.

La hoja 38 es la más significativa de todo el «cursillo», es donde se resume toda la defensa sectaria de tipo neonazi que albergan estos apuntes:

2. Tus «limones» que son lo que tienes que exprimir sin compasión, ya saben quien ostenta la autoridad. Quien les castiga en público y quien les gratifica en privado.
3. Pero todavía no padecen stress.
4. Hoy te vas a dedicar a stressarlos.
Es bueno para la empresa. Es bueno para tí. Y será bueno para ellos. ¿Cómo?
5. Utiliza los demás equipos como comparación.
a) Advierte de los incentivos económicos que __________ tiene pensados para ellos, y del castigo –es decir, expulsión– que ________ tiene también pensado para ellos. Asústalos con lo que les pasará a los rezagados. Repite muchas veces que serán expulsados.
b) Adviérteles de que hasta ahora, has sido blanda. Adviérteles de que los resultados no han sido nada buenos, y de que están muy por debajo de las expectativas. Que, en suma, te están defraudando. Y su defraudación puede significar el despido para ellos. Todo ello públicamente.
c) Atornilla, atornilla, atornilla. Recuerda que el stress, es bueno, necesario. Exige, exige, exige. Recuerda que tu misión es: stressalos.
d) Hoy la gratificación es secundaria. Son los cadetes del cuartel, tú, la pequena Hitler (¿recuerdas?).
«Además de tu trabajo, el día de hoy, dedícalo a stressarlos, con severidad».

La fase de manipulación se aprecia especialmente en las hojas 44 y 45:

«Haz ver que te interesas por lo que te dicen. Haz ver que eres su confesara (no amiga). Saca información.
Sin darse cuenta te chivarán una montaña de información sobre los demás y sobre ellos mismos.
Ha llegado el momento de ficharlos.
Anota todo de ellos, se confesaran.
Espía y chafardea.
Tus fichas serán tu capital».

Por último en las hojas 52 y 53 como resumen y recopilación, se vuelven a observar además de directrices potenciadoras del egoísmo, materialismo, falsedad de la propia personalidad, y confusión del verdadero concepto de «liderazgo», vemos por ejemplo:

«Grávate en la memoria la imagen de la foca en el circo. Látigo por un lado, sardina por el otro. Tu eres la domadora. ¡Despabila! «Tus limones».
«Ficha y aprovéchate de la información».«Manda, pequeña Hitler».
«En cualquier parte, durante toda tu vida, consigue el poder. Ya sabes cómo. Manipula».
«Estos apuntes serán tu Biblia».

En la última hoja se remata la cuestión

«Se egocéntrica, egoísta, agólatra».
En fin, se induce a la persona que sigue «el cursillo» a «no pensar», a dejarse llevar fanáticamente por las directrices marcadas, a no plantearse ni siquiera la equivocación sobre las mismas, a convertirse en un robot dirigido, a entrenarse en el mando frío y desconsiderado, a desbloquear las represiones primitivas de tipo sádico, a convertirse en «espía», a degradarse como persona y en último término a ser totalmente dependiente para continuar adelante («el fanatismo es una trampa donde difícilmente puede sobrevivir la individualidad psíquica del afectado»).

TEORÍAS FILOSÓFICAS VINCULADAS
En general, la teoría de estos apuntes, se corresponde plenamente con la apología del vitalismo antiintelectualista de Nietzsche; ataca tanto al positivismo o conceptualización científica y abstracta, como a la moral, es un preludio y «caldo de cultivo» del nazismo. Nietzsche propugnaba la «voluntad de poder» que se manifiesta a través de las voluntades individuales de forma siempre nueva. Estas voluntades individuales, al tratar de expandirse de una manera ciega e instintiva, se hallan en perpetua lucha con las otras voluntades. Para la voluntad de poder, las leyes de la moral, de amor al prójimo, de la piedad, de la renuncia y, en general, de las doctrinas igualitarias suponen una debilidad y una forma de resentimiento: son las leyes de los esclavos y de los incapaces de imponer su voluntad a los demás.
Según la filosofía de Nietzsche ha de profesarse, en definitiva, la «moral de dominio», que no conoce otras normas que las de la propia voluntad de poder; ésta, situada más allá del bien y del mal, tiende a exponer y realizar de la manera más plena su propia energía. La máxima y mejor expresión de la voluntad de poder y dominio es el «superhombre» (Übermensch), es el hombre perfecto, y éste es identificado en la persona de Hitler.

FACTORES IDENTIFICATIVOS DE TIPO SECTARIO
– Doctrina demagógica.
– Estructura vertical y totalitaria, donde la palabra del dirigente es dogma de fe.
– Dependencia. Se suprimen las libertades individuales y se controla la información.
– Utilización de las técnicas neurofisiológicas para anular la voluntad y el razonamiento.
– Propugnar un rechazo total de la sociedad y de sus instituciones.

CONSIDERACIONES DE TIPO LEGAL
El contenido de los apuntes atenta gravemente contra derechos constitucionales:
TÍTULO 1 De los derechos y deberes fundamentales.
Artículo 10 1. La dignidad de la persona, los derechos inviolables que le son inherentes, el libre desarrollo de la personalidad, el respeto a la ley y a los derechos de los demás son fundamento del orden político y de la paz social.
2. Las normas relativas a los derechos fundamentales y a las libertades que la Constitución reconoce, se interpretarán de conformidad con la Declaración Universal de Derechos Humanos y los tratados y acuerdos internacionales sobre las mismas ratificadas por España.
CAPÍTULO SEGUNDO. Derechos y libertades
Sección primera. De los derechos fundamentales y de las libertades públicas.
Artículo 15. Todos tienen derecho a la vida y a la integridad física y moral, sin que, en ningún caso, puedan ser sometidas a tortura ni a penas o tratos inhumanos o degradantes...
Artículo 18 1. Se garantiza el derecho al honor, a la intimidad personal y familiar y a la propia imagen.

Por lo anterior, los peritos informantes según su leal saber y entender, elevan las siguientes

CONCLUSIONES

Los apuntes del «Dr. _______________» y cuya copia se adjunta al presente informe por fotocopias reducidas, son de contenido pernicioso, desaconsejable y enfermizo para el buen desarrollo social y la necesaria convivencia y «clima laboral». Su filosofía es de tipo sectario radical, fanático, de connotaciones neonazis; primero ironiza sobre la democracia y luego atenta por completo contra la dignidad del ser humano. No existe la mínima consideración ética ni moral y vulnera los derechos constitucionales, por lo tanto supone un peligro para la sociedad democrática y el Estado de Derecho.

______________, a ______, de ___________, de _________________________

Por la ASOCIACIÓN NACIONAL DE CRIMINÓLOGOS,
Por profesores comisionados
Fdo.:

2.3.2 EJEMPLO 1 DE CASO PRÁCTICO EN IDENTIFICACIÓN DE EXPRESIONES ENTRE ANÓNIMO Y CARTA PERSONAL

ANÓNIMO

Que te creías que te habíamos dejado en paz, no imbécil de mierda. Te envío un anónimo para que veas el miedo que me da a mi el Profesor _________, llévaselo enseguida, cabrón, estás jodiendo a quien no debes y a mi jamás me descubrirás, estaré tras de ti el resto de tu vida y ni el _______ y mil como él podrán hacer que te deje en paz.

Los reptiles asquerosos como tu no lo merecen. Destruirás a M_________ y a M__________ y sin darte cuenta quizá a tus hijos y a los de ella pero eso solo te servirá para destruirte más y más a ti mismo. La protección que te han hecho no te va a servir de nada.

Estoy trabajando fuerte y duro y lo que te espera va a descojonarte y la mierda serán flores comparado en lo que tu acabarás.

Disfruta y sal con tus amiguitas este tiempo que te damos de descanso, ten una follada vacación de semana santa pero ojo con lo que puedes pillar. No ves quien te rodea. Lo sabemos todo de ti al instante, lo del Profesor __________ has ido de momento dos veces el día ______ a las 7'30 hrs. Y el día ________ a las 4'30 respectivamente llevando fotos y anónimos, datos personales etc. Hay un informe de un detective con fotos dentro del consultorio, entrando y saliendo del mismo y grabaciones. Creo que con eso podría caerte un buen expediente en la __________, o en la _________, que pensará la nueva enfermera la Srta. __________ de la planta) de la____________, y el ___________ que aunque le avises de tu mala suerte y de las llamadas una cosa son llamadas y otra son pruebas y que madre pondría en manos de un ____________ que está en tratos con el diablo la vida de su hijo, el empeño del cuadro, y muchas cosas más. Tu mismo te destruirás, no sabes cuanto me facilitas la labor.

Cabrón de mierda, Putón

Avisa a tus mujeres de antes y de ahora, vamos también a por ellas en su casa, en sus trabajos, en su familias, donde sea quien esté o haya estado en tu vida, tendrá noticias mías.

Hasta pronto cabrón de mierda y ves
Pronto a entregárselo al ____. Y si esperas
Hacerlo a través de tu amiguita ____ y ___________, lo sabré igual

Todo llega hasta mí, más tarde o más temprano.
No tiene amor por nada ni por nadie en su interior solo tiene lugar el odio y la venganza contra ellas.
¿Cuántas veces le ha visitado a Vd.? ¿Se preocupa por su padre? ¿Se preocupa por sus hijos?. ¿Le importa algo alguna cosa?.
No solo juergas mujeres follar y la magia.
Cuantas veces esta su hija con el pocas muy pocas. Ya se acabaron los fines de semana con el padre. Ni su propia hija lo soporta, está loco y la gente dura poco a su lado. No hay quien lo aguante.
Se gasta el dinero que tiene y el que no tiene. Se ha empeñado un cuadro muy valioso que tenía para poder pagar los trabajos de magia, señora rece para que un buen día no tenga que verse en medio de la calle sin dinero y sin propiedades.
Cuánto tiempo le durará este nuevo trabajo________________, poco muy poco. En cuanto se sepa todo esto.
Hay mucha gente que le detesta, porque se lo merece.

CARTA PERSONAL
El olvido no es fácil para mi, aunque amenaza, sé como esta destrucción incesante también puede atraparme.
Día a día voy comprendiendo cosas, quizá demasiado tarde. ¿Qué precio pagaré por todo lo que me espera? Y voy siguiendo este juego solamente nuestro a fondo y sin hacer trampa, pero nadie puede ayudarme. Te juro que no creeré ni esperaré nunca más al hombre que aporta solo palabras.
Creo que solo del pasado, se puede hacer historia. Tu haces un ejercicio para mi estéril el de vivir acordándote de fechas. Vivir es una manera de combatir los miedos, los temores, los problemas, pero para ti no es así. Y no paro de pensar en todo un poco con un miedo frío atravesándome la espalda y tengo miedo, un temor absoluto por lo que me espera, que se que lo tengo todo y se que no tengo nada, y la certeza absoluta de que las palabras nunca toman forma.
Veo una pared alta, altísima y aunque tengo fuerzas más que suficientes se que no podrá saltarla y una vez más mi deseo y la destrucción mezclándose.
No han sido fáciles los últimos tiempos demasiado llenos de preguntas sin respuesta, o respuestas a medias. Querría poder, solo, mirar atrás pensando los lugares y los hechos que son mi «Yo», los instantes que me sentí con sangre en las venas. Pienso a menudo en lo que hablábamos, y podría hablarte de múltiples atardeceres, pero siempre hay el mal sabor de conversaciones y hechos pasados de incesante «mala baba».
El diálogo cada vez es más difícil, me explicas como soy y no se reencontrarme, esta imagen parece la de otro, incluso a veces pierdo la necesidad de que me escuches.
Y vamos recogiendo fragmentos, es una labor no se como denominarla. Y pienso que todo es mentira, como me ves como me............
Tengo necesidad de llegar a mi casa y encontrar calidez, los hijos de ambos, a ti y los problemas que siempre nos esperan y encontrarme como ayer como tu me querías.
Y los años no pasan __________________, y no sabes como puedo queriéndote destrozarme, como necesito (aún desdeñosa y renuente a veces) toda la ternura que puedes darme.
Y a ti que tanto te gusta recordar, si algún día no puedes creer nada de lo que te he dicho o mostrado, recuerda que nos quisimos, no escuchamos ni relojes, ni la preocupación del amor nuestro hiriendo otros. Y por si algún día nos parece todo una anécdota solo un incidente, recuerda que entonces ME SENTÍ VIVA, aún que por circunstancias ....
Y solo puedo repetirte lo mucho que te he querido, lo mucho que te quiero y quiero, y como te olvidaré, a lo mejor, enseguida que me lo proponga, cuanto tardaré no lo se uno, dos tres años, la culpa es de los dos, del tiempo de la gente, de los malos entendidos, de insidias, como en una novela barata.

Si te perdiera (Ojala Dios no quiera) si alguna vez volviera a querer (contigo he aprendido mucho, siempre tendré que agradecértelo) no podré nunca borrar tantos momentos, (buenos) y creo que siempre me quedará una suave añoranza.
Y escribo en una tentativa vana de hacerlo todo____________________
A veces me pregunto donde estuvo el error, tan repetido, tan bien clasificado. Y es ahora cuando veo con la mínima claridad conseguida, tantas trampas, tantos engaños, ahora que se por ejemplo que querer es dejar vivir al otro y saber jugar al hecho de no huir del problema ni de los años de aprendizaje.
Pero lo más importante es que se que soy y ESTOY VIVA y de esto doy gracias. Y no puedo pasar de nada, no paso nada del amor que tu si quiere puedes darme ni de todo lo que podemos querernos y ayudarnos todavía. Pero, BASTA, de esta absurda relación de esta media vida BASTA una y mil veces BASTA. Estoy viva y quiero vivir, afrontando todo lo que haga falta, pero VIVIR
Querría dártelo todo para creer que todo esto que pasa (sobre todo tu) ha sido un mal sueño, un error, querría darte la certeza que la vida si no estás no me basta y darte el coraje de volver atrás y aprender de los errores (no acobardarte por ellos) y menos vivir atemorizado por ellos. No te comparezcas nunca de las emociones sentidas, aún que sean por mi que te he querido con todas las trabas posibles. No huyas tampoco de lo que vendrá. Haz lo posible para que venga lo mejor para los dos.
Si esto nuestro acaba, ya no podrá creer que en la vida todo es posible. No haré____________________________

Solución (Indicación de coincidencias resaltadas):

ANÓNIMO
Que te creías que te habíamos dejado en paz, no imbécil de mierda. Te envío un anónimo para que veas el **miedo** que me da a mi el Profesor _________, llévaselo enseguida, cabrón, estás jodiendo a quien no debes y a mi **jamás** me descubrirás, estaré tras de ti el resto de tu **vida** y ni el _______ y mil como él podrán hacer que te deje en paz.
Los reptiles asquerosos como tu no lo merecen. **Destruirás** a M_________ y a M__________ y sin darte cuenta quizá a tus hijos y a los de ella pero eso solo te servirá para **destruirte más** y **más** a ti mismo. La protección que te han hecho no te va a servir de nada.
Estoy trabajando fuerte y duro y lo que te **espera** va a descojonarte y la mierda serán flores comparado en lo que tu acabarás.
Disfruta y sal con tus amiguitas este tiempo que te damos de descanso, ten una follada vacación de semana santa pero ojo con lo que puedes pillar. No ves quien te rodea. Lo sabemos todo de ti al instante, lo del Profesor __________ has ido de momento dos veces el día ______ a las 7'30 hrs. Y el día ________ a las 4'30 respectivamente llevando fotos y anónimos, datos personales etc. Hay un informe de un detective con fotos dentro del consultorio, entrando y saliendo del mismo y grabaciones. Creo que con eso podría caerte un buen expediente en la _____________, o en la __________, que pensará la nueva enfermera la Srta. __________ de la planta) de la _____________, y el ____________ que aunque le avises de tu mala suerte y de las llamadas una cosa son llamadas y otra son pruebas y que madre pondría en manos de un _____________ que está en tratos con el diablo la **vida** de su hijo, el empeño del cuadro, y muchas cosas **más**. Tu mismo te **destruirás**, no sabes cuanto me facilitas la labor.
Cabrón de mierda, Putón
Avisa a tus mujeres de antes y de ahora, vamos también a por ellas en su casa, en sus trabajos, en su familias, donde sea quien esté o haya estado en tu vida, tendrá noticias mías.
Hasta pronto cabrón de mierda y ves
Pronto a entregárselo al ____. Y si **esperas**

Hacerlo a través de tu amiguita ____ y ____________, lo sabré igual
Todo llega hasta mí, **más** tarde o **más** temprano.
No tiene amor por nada ni por nadie en su interior solo tiene lugar el odio y la venganza contra ellas.
¿Cuántas veces le ha visitado a Vd.? ¿Se preocupa por su padre? ¿Se preocupa por sus hijos?. ¿Le importa algo alguna cosa?.
No solo juergas mujeres follar y la magia.
Cuantas veces esta su hija con el pocas muy pocas. Ya se acabaron los fines de semana con el padre. Ni su propia hija lo soporta, está loco y la gente dura poco a su lado. No hay quien lo aguante.
Se gasta el dinero que tiene y el que no tiene. Se ha empeñado un cuadro muy valioso que tenía para poder pagar los trabajos de magia, señora rece para que un buen día no tenga que verse en medio de la calle sin dinero y sin propiedades.
Cuánto tiempo le durará este nuevo trabajo________________, poco muy poco. En cuanto se sepa todo esto.
Hay mucha gente que le detesta, porque se lo merece.

CARTA PERSONAL
El olvido no es fácil para mi, aunque amenaza, sé como esta **destrucción** incesante también puede atraparme.
Día a día voy comprendiendo cosas, quizá demasiado tarde. ¿Qué precio pagaré por todo lo que me **espera**? Y voy siguiendo este juego solamente nuestro a fondo y sin hacer trampa, pero nadie puede ayudarme. Te juro que no creeré ni **esperaré** **nunca** **más** al hombre que aporta solo palabras.
Creo que solo del pasado, se puede hacer historia. Tu haces un ejercicio para mi estéril el de **vivir** acordándote de fechas. Vivir es una manera de combatir los **miedos**, los temores, los problemas, pero para ti no es así. Y no paro de pensar en todo un poco con un **miedo** frío atravesándome la espalda y tengo **miedo**, un temor absoluto por lo que me **espera**, que se que lo tengo todo y se que no tengo nada, y la certeza absoluta de que las palabras **nunca** toman forma.
Veo una pared alta, altísima y aunque tengo fuerzas **más** que suficientes se que no podrá saltarla y una vez **más** mi deseo y la **destrucción** mezclándose.
No han sido fáciles los últimos tiempos demasiado llenos de preguntas sin respuesta, o respuestas a medias. Querría poder, solo, mirar atrás pensando los lugares y los hechos que son mi «Yo», los instantes que me sentí con sangre en las venas. Pienso a menudo en lo que hablábamos, y podría hablarte de múltiples atardeceres, pero siempre hay el mal sabor de conversaciones y hechos pasados de incesante «mala baba».
El diálogo cada vez es **más** difícil, me explicas como soy y no se reencontrarme, esta imagen parece la de otro, incluso a veces pierdo la necesidad de que me escuches. Y vamos recogiendo fragmentos, es una labor no se como denominarla. Y pienso que todo es mentira, como me ves como me............
Tengo necesidad de llegar a mi casa y encontrar calidez, los hijos de ambos, a ti y los problemas que siempre nos **esperan** y encontrarme como ayer como tu me querías.
Y los años no pasan __________________, y no sabes como puedo queriéndote destrozarme, como necesito (aún desdeñosa y renuente a veces) toda la ternura que puedes darme.
Y a ti que tanto te gusta recordar, si algún día no puedes creer nada de lo que te he dicho o mostrado, recuerda que nos quisimos, no escuchamos ni relojes, ni la preocupación del amor nuestro hiriendo otros. Y por si algún día nos parece todo una anécdota solo un incidente, recuerda que entonces ME SENTÍ **VIVA**, aún que por circunstancias ....
Y solo puedo repetirte lo mucho que te he querido, lo mucho que te quiero y quiero, y como te olvidaré, a lo mejor, enseguida que me lo proponga, cuanto tardaré no lo se

uno, dos tres años, la culpa es de los dos, del tiempo de la gente, de los malos entendidos, de insidias, como en una novela barata.
Si te perdiera (Ojala Dios no quiera) si alguna vez volviera a querer (contigo he aprendido mucho, siempre tendré que agradecértelo) no podré **nunca** borrar tantos momentos, (buenos) y creo que siempre me quedará una suave añoranza.
Y escribo en una tentativa vana de hacerlo todo____________________
A veces me pregunto donde estuvo el error, tan repetido, tan bien clasificado. Y es ahora cuando veo con la mínima claridad conseguida, tantas trampas, tantos engaños, ahora que se por ejemplo que querer es dejar **vivir** al otro y saber jugar al hecho de no huir del problema ni de los años de aprendizaje.
Pero lo **más** importante es que se que soy y ESTOY **VIVA** y de esto doy gracias. Y no puedo pasar de nada, no paso nada del amor que tu si quiere puedes darme ni de todo lo que podemos querernos y ayudarnos todavía. Pero, BASTA, de esta absurda relación de esta media **vida** BASTA una y mil veces BASTA. Estoy **viva** y quiero **vivir**, afrontando todo lo que haga falta, pero **VIVIR**
Querría dártelo todo para creer que todo esto que pasa (sobre todo tu) ha sido un mal sueño, un error, querría darte la certeza que la **vida** si no estás no me basta y darte el coraje de volver atrás y aprender de los errores (no acobardarte por ellos) y menos **vivir** atemorizado por ellos. No te compadezcas **nunca** de las emociones sentidas, aún que sean por mi que te he querido con todas las trabas posibles. No huyas tampoco de lo que vendrá. Haz lo posible para que venga lo mejor para los dos.
Si esto nuestro acaba, ya no podrá creer que en la vida todo es posible. No haré___________________________

2.3.3 EJEMPLO 2 DE CASO PRÁCTICO EN IDENTIFICACIÓN DE EXPRESIONES ENTRE ANÓNIMOS Y CARTAS PERSONALES

ANÓNIMOS
¿Últimamente ves a M. ______ con frecuencia? ¿Coincides con ella en algún cursillo de arquitectura? Si es así, entonces ya habrá coqueteado contigo, se te habrá insinuado. Va a la caza de un marido, pero mientras tanto se distrae con los arquitectos que le hacen caso.
Debajo de su cara de niña inocente, se esconde una tigresa, no puede contener sus impulsos sexuales.
No seas tonto y disfruta, puedes pasar con ella unos momentos inolvidables, pero no te involucres sentimentalmente. Has de saber que ella te estará utilizando para sus necesidades sexuales, pero no te ilusiones, te dejará tirado en unos pocos meses con la excusa de que ya ha renunciado durante mucho tiempo por un hombre.
Tobo novio fijo durante ocho años, y éste la dejó plantada cuando iban a casarse, aún no lo ha superado. Ahora su manera de vengarse de los hombres es utilizarlos. Acostumbrada a tener novio fijo que le calentaba la cama cuando ella quería, ahora no puede estar mucho tiempo sin entregarse desenfrenadamente al primer arquitecto que le hace caso.
Su campo de acción son lo cursillos de arquitectura, que es el lugar donde se desenvuelve mejor.
Si eres el elegido, esta primavera, aprovéchate de ella, haciendo el amor en un volcán, la mejor con quien he estado, nadie lo diría con el aspecto de intelectual que tiene, pero su cuerpo le pide marcha demasiado a menudo.
Un consejo, déjala antes de que sea tarde, y te enamores realmente de M.. Entonces es cuando saca su temperamento, su egoísmo, y sin ningún escrúpulo, te tirará como a un clinex.

Has de saber que el año pasado se pulió a cuatro sin miramiento por lastimar los sentimientos de los hombres con que se había entregado. Nunca es sincera, no podrás entrar en su mundo, es como un misterio. Otro consejo, comprueba todo lo que te diga, no te creas a pies juntillas todo lo que te diga, aunque sea intrascendente. Adelante disfruta con M. pero sin ilusionarte. No te arrepentirás.
Cuando te lleve a su piso, con la excusa de realizar un trabajo juntos, mira su cama, y recuerda que por ella han pasado unos cuantos arquitectos, su predilección son los arquitectos con experiencia, maduros.
De hecho ir a la cama con M. es tan fácil que no tiene ningún mérito. Me han contado que la sorprendieron en una obra haciéndolo con un paleta. No se si es verdad, pero si probable.
Si solo quiere pasar un buen rato, sin ataduras ni complicaciones, M. es la mujer perfecta.
Si aún no conoces a M. _________ y te han entrado ganas de conocerla, su dirección es: _______________

Te han llegado todos mis mensajes. Esto es solo el principio.
Que tu madre hay descubierto la parte de ti que desconocía, no debe haberte gustado, me imagino lo furiosa que te habrás puesto. Su hija es una tigresa en busca de satisfacción sexual, no importa edad ni estado civil.
Pagarás por haber jugado con mi vida.
En nuestro mundillo es fácil seguirte los pasos. Nunca vas a estar segura que lo que hagas o digas, a donde vayas y con quien vayas lo sepa yo. Voy a seguir haciendo público los misterios que escondes por insignificantes que sean. Tu punto débil es que nadie sepa tus cosas. Cuantas veces has dicho mi madre no tiene por que saberlo es mi vida, no tiene que saberlo con quien salgo, no quiero que me controle.
Nunca has hablado con ella de sexo, es tabú.
En ti la mentira es normal, eres una maestra del engaño y el camuflaje, lo malo es que se coge antes a un cojo por mentiroso que por cojo.
Te diviertes haciendo creer a los demás lo que tu quieres. Ahora me toca a mi divertirme, haciéndote la vida imposible. No eres una persona noble y lo sabes, juegas con los sentimientos de los demás, no se puede confiar en ti, en el fondo menosprecias a los demás, te crees superior.
Lo que me propongo es que tu familia tus amistades te conozcan de verdad, comiencen a dudar de ti, se pregunten: me está diciendo Montse la verdad o esta otra vez mintiendo, que es lo que estará escondiendo, entonces es cuando acertarán, que no se fíen de tus respuestas rápidas, que cuando te lleves a otro arquitecto a la cama sepa lo que le puede suceder.
Ya tienes el piso montado? Ahora ya no tendrás que ir a los pisos de tus amantes. Seguro que no le has dicho a tu madre la verdadera razón por que te vas de su casa. En lugar de ser tu la que te levantes de la cama para ir a casa, ahora serán ellos los que se levanten y se marchen, o cuando quieras pasar la noche entera en compañía, podrás hacerlo sin dar explicaciones a nadie.
Tú eres una persona de relaciones cortas, tu exceso de independencia, tu muy acentuada personalidad, tu egoísmo te condicionarán siempre tus relaciones. Conocerás a otros arquitectos, incluso llegarás a vivir con alguno, pero no durarás, en pocos meses volverás a fracasar en tus relaciones y tu lo sabes. No digamos en vivir con uno que tenga hijos y debas cuidarlos. La verdad me das lástima, en la vejez estarás sola, completamente sola. Quizás me lo piense bien y te deje en paz, porque imaginando el futuro que te espera ya pagarás por todas las malas jugadas que has hecho, no solo a mi sino también a otros.
Estas obsesionada en casarte. Por cierto dentro del círculo en que te mueves hay alguna persona que traiciona tus confidencias que le haces de tarde en tarde. Te van los arquitectos cuarentones, tu única esperanza es pillar a un divorciado o separado, no eres una persona con espíritu sano. Con quien estás, con A.____________ o F. ________.

20.8.91

Hola M.
Te extrañará que te escriba, a mi también francamente, no escribo ni una postal ni cuando voy de viaje. He estado unas cuantas semanas sin pensar en nosotros, y he hecho un viaje al extranjero, me he distraído, pero ahora creo que es el momento de coger al toro por los cuernos antes de volver al trabajo.
Me da miedo llamarte por teléfono y no sepa que decirte o decírtelo mal. Siempre me ha costado expresar mis sentimientos, y que seas dura conmigo.
No quiero sentirme cohibido por una mirada tuya, ni reprimir mis sentimientos.
El último día que nos vimos no estuve muy afortunado, lo siento. Dije lo que sentía pero lo dije mal, y después de la conversación por teléfono me quedé vacío y bastante jodido.
Encontré que eres una persona muy fría, muy poco sensible, también pienso que eres una persona que solo miras para ti, y cuando las cosas no salen como tu quieres te enfadas, tienes un carácter muy muy fuerte y duro. El último defecto que tienes es que vives en un mundo muy pequeño y cerrado, el de la arquitectura, que solo sabes relacionarte con arquitectos, que es el ambiente que te encuentras bien, pero fuera de éste te cuesta moverte. Te estás perdiendo muchas otras cosas de la vida.
Todo esto que parece tan fuerte es para que veas que toco con los pies en la tierra y que hay cosas de ti que no me gustan, no te tengo en un pedestal, pero a pesar de todo estoy enamorado de ti.
Francamente, no me di cuenta de que realmente te quería hasta después de la primera ruptura. te acuerdas de aquella horrible cena.
Pero la primera decepción la tuve cuando me mentiste respecto a la cena de tus amigos no arquitectos. Me hizo más daño la mentira que no el no haber ido a la cena. Hacía tan solo pocos días de la noche de fin de año que por primera vez me abrí a ti.
La otra ocasión fuerte fue cuando me dejaste plantado para ir a ver una finca con los del cursillo. Este famoso cursillo me terminó de separar de ti., y la siguiente semana te ibas de vacaciones de semana santa con ellos.
Me hiciste sufrir mucho, no te lo puedes llegar a imaginar. Ya lo se que siempre has sido clara conmigo. Cualquier otra persona ya no la habrías vuelto a ver, pero preferí tratar de entenderte y no te hice ningún reproche. Aunque nos discutimos bastante fuerte, siempre hemos arreglado nuestras diferencias. Y no contemos la colgada de teléfono.
Bien todo eso par que veas que no te tengo idealizada, y no te he pedido nunca que cambiaras de forma de ser, en parte porque me gusta y en parte porque me habrías mandado de paseo.
M., me gustas mucho, muchísimo, me gusta tu forma de pensar, tu personalidad fuerte eres muy inteligente y no me da miedo. Por supuesto me gustan tus ojos verdes, son preciosos, la nariz un poco grande (es broma), tu forma de andar. Te has puesto poco a poco dentro de mi vida, hasta entonces no estava contento conmigo mismo, tenía una vida gris, no tenía ningún motivo que diera sentido a mi vida. Y tu has puesto unas gotas de color, me encuentro bien contigo. No eres una persona nada vulgar sobresales del resto que suelen ser banales y frecuentemente gente pobre de espíritu.
Se que no te soy indiferente, alguna vez se te ha escapado que te gusto y que estás bien conmigo, ya se que me dices que no tienes ilusión, pero no te soy indiferente. Si hay alguna posibilidad, aunque sea muy pequeña, de que no estás del todo segura de no querer volver a verme más, te pido que no la apagues, que no cierres la puerta definitivamente. Pienso que en la vida hay pocas oportunidades de ser feliz. ¿Por qué no la aprovechamos?
A veces me has preguntado como veía el futuro de nosotros dos juntos, te tengo que ser sincero, al principio no lo veía, estábamos demasiado lejos uno del otro. Ahora no lo se imaginar sin ti.

No me pidas que no te quiera, ni que sea un amigo para ver una vez al mes, no te lo puedo dar. Por ti siento y he hecho cosas por primera vez, como esta carta, que no sabía que pudieran pasar.
Estoy acostumbrado a que las cosas no sean fáciles para mi desde muy joven, y tendré que esforzarme pero tu no eres ningún trofeo, no quiero llegar a ti porque sí, te necesito de todo corazón.
No quiero que renuncies a nada por mi, si no con el tiempo te sentirás fracasada y me odiarías. No me trates como una criatura diciéndome que ya se me pasará, que durará pocos meses.
¿Quieres compartir mi vida y darle sentido? Ya lo se que pido mucho y que yo no tengo mucho que ofrecerte, solo mi amor.
Si no me quieres, te deseo que encuentres lo que buscas y seas feliz.
Tu silencio lo entenderé y lo respetaré.
Besos

23.8.91

Hola M.
Te extrañará que te escriba, francamente a mi también, no escribo ni una postal ni cuando voy de viaje.
He ido de viaje a Estados Unidos, me he distraído, y ahora es el momento de coger al toro por los cuernos antes de volver al trabajo.
El último día que nos vimos no estuve muy afortunado, lo siento. Dije lo que sentía pero lo dije mal. Después de la conversación por teléfono me quedé vacío y bastante jodido.
No me atrevo a llamarte por teléfono por miedo a no saber que decirte o decírtelo mal y que sea dura conmigo.
No me sentí cohibido por una mirada tuya, ni reprimí mis sentimientos.
Pienso que eres una persona muy fría, muy poco sensible, me lo has demostrado siempre, pero sobre todo el último día. También eres una persona que solo piensa en sí misma, y si las cosas no salen como tu quieres te enfadas. Y además de todo esto, vives en un mundo pequeño y cerrado, el de la arquitectura, y te encuentra bien, solo te relacionas con arquitectos, y te cuesta mucho moverte fuera de este ambiente. Te estás perdiendo muchas otras cosas de la vida. Y todo esto que parece tan fuerte es para que veas que no te tengo en un pedestal, soy una persona que toca bastante con los pies en la tierra, y a pesar de todo estoy enamorado de ti.
Me di cuenta de que te quería después de la primera ruptura. Te acuerdas de aquella horrible cena.
Pero contigo me he llevado varias desilusiones, la primera cuando me dijiste una mentira de la cena de tus amigos no arquitectos, me hizo más daño saber la mentira que no el no haber ido a la cena. Hacía cuatro días desde el principio de año que por primera vez me abrí a ti.
Después cuando me dejaste plantado para ir a ver una finca con los del cursillo, y la semana siguiente te ibas de vacaciones de Semana Santa con ellos. No te lo puedes ni llegar a imaginar lo que me dolió.
Este famoso cursillo nos terminó de separar.
Y no digamos nada de la colgada de teléfono.
Ves como no te tengo idealizada. Cualquier otro no lo hubieras visto más, pero yo preferí tratar de entenderte.
Eres una persona que sobresales del resto de la gente que es frecuentemente pobre de espíritu.
Yo no estaba contento con mi vida, no tenía ningún sentido, era gris, y tu pusiste unas gotas de color. Tu fuiste poniendo poco a poco en mi vida.
Siento y hago cosas como esta carta, por primera vez que ni sabía que pudieran pasar.
Te pido que si no estás segura de no querer volver a verme, si hay alguna posibilidad,

por pequeña que sea, que no la apagues, que no cierres la puerta definitivamente. Ya lo se que siempre has sido muy clara, siempre me has recordado que no soy ningún príncipe azul ya lo se que soy «un tío del montón», introvertido, tímido e inseguro, sobre todo cuando se trata de ti.
M., me gusta mucho, muchísimo. Me gusta tu forma de pensar, tu personalidad fuerte, tus ojos verdes, son preciosos, tu cara refleja serenidad, tu forma de andar.
Pienso que en la vida hay pocas oportunidades para ser feliz, ¿Por qué no las aprovechamos?
No me pidas que no te quiera, ni que sea tu amigo para vernos una vez al mes, no te lo puedo dar.
A veces me has preguntado como veía el futuro de nosotros dos juntos, te seré sincero, al principio no lo veía demasiado claro, estábamos muy separados uno del otro. Ahora no lo puedo imaginar sin ti.
Muy pocas veces se te ha escapado que te gusto, que te sientes bien conmigo, que tengo bastantes cosas que te gustan de mí. ¿Por qué las quieres reprimir? ¿Es que tienes miedo? ¿Es que siempre escoges el camino más fácil?
El chico con el que fuiste, además de ser un egoísta, es un mal nacido, porque te estropeó para otra relación, y tu lo consientes.
Estoy acostumbrados desde muy joven a esforzarme por las cosas, pero tu no eres ningún trofeo, no quiero llegar a ti porque si, te necesito de todo corazón.
M., ¿Quieres compartir mi vida y darle sentido? Ya lo se que te pido mucho y que no tengo demasiado para ofrecerte, solo mi amor.

Solución (Indicación de coincidencias resaltadas):

ANÓNIMOS
¿Últimamente ves a M. ______ con frecuencia? ¿Coincides con ella en algún **cursillo** de **arquitectura**? Si es así, entonces ya habrá coqueteado contigo, se te habrá insinuado. Va a la caza de un marido, pero mientras tanto se distrae con los **arquitectos** que le hacen caso.
Debajo de su cara de niña inocente, se esconde una tigresa, no puede contener sus impulsos sexuales.
No seas tonto y disfruta, puedes pasar con ella unos momentos inolvidables, pero no te involucres **sentimentalmente**. Has de **saber** que ella te estará utilizando para sus necesidades sexuales, pero no te ilusiones, te dejará tirado en unos pocos meses con la excusa de que ya ha renunciado durante mucho tiempo por un hombre.
Tobo novio fijo durante ocho años, y éste la dejó plantada cuando iban a casarse, aún no lo ha superado. **Ahora** su manera de vengarse de los hombres es utilizarlos. Acostumbrada a tener novio fijo que le calentaba la cama cuando ella quería, **ahora** no puede estar mucho tiempo sin entregarse desenfrenadamente al primer **arquitecto** que le hace caso.
Su campo de acción son lo **cursillos** de **arquitectura**, que es el lugar donde se desenvuelve mejor.
Si eres el elegido, esta primavera, aprovéchate de ella, haciendo el amor en un volcán, la mejor con quien he estado, nadie lo diría con el aspecto de intelectual que tiene, pero su cuerpo le pide marcha demasiado a menudo.
Un consejo, déjala antes de que sea tarde, y te enamores realmente de M.. Entonces es cuando saca su temperamento, su egoísmo, y sin ningún escrúpulo, te tirará como a un clinex.
Has de **saber** que el año pasado se pulió a cuatro sin miramiento por lastimar los **sentimientos** de los hombres con que se había entregado. Nunca es sincera, no podrás entrar en su mundo, es como un misterio. Otro consejo, comprueba todo lo que te diga, no te creas a pies juntillas todo lo que te diga, aunque sea intrascendente.
Adelante disfruta con M. pero sin ilusionarte. No te arrepentirás.

Cuando te lleve a su piso, con la excusa de realizar un trabajo juntos, mira su cama, y recuerda que por ella han pasado unos cuantos **arquitectos**, su predilección son los **arquitectos** con experiencia, maduros.
De hecho ir a la cama con M. es tan fácil que no tiene ningún mérito. Me han contado que la sorprendieron en una obra haciéndolo con un paleta. No se si es verdad, pero si probable.
Si solo quiere pasar un buen rato, sin ataduras ni complicaciones, M. es la mujer perfecta.
Si aún no conoces a M. _________ y te han entrado ganas de conocerla, su dirección es: _______________

Te han llegado todos mis mensajes. Esto es solo el principio.
Que tu madre hay descubierto la parte de ti que desconocía, no debe haberte gustado, me **imagino** lo furiosa que te habrás puesto. Su hija es una tigresa en busca de satisfacción sexual, no importa edad ni estado civil.
Pagarás por haber jugado con mi **vida**.
En nuestro mundillo es fácil seguirte los pasos. Nunca vas a estar segura que lo que hagas o digas, a donde vayas y con quien vayas lo sepa yo. Voy a seguir haciendo público los misterios que escondes por insignificantes que sean. Tu punto débil es que nadie sepa tus cosas. Cuantas veces has dicho mi madre no tiene por que **saberlo** es mi **vida**, no tiene que **saberlo** con quien salgo, no quiero que me controle.
Nunca has hablado con ella de sexo, es tabú.
En ti la **mentira** es normal, eres una maestra del engaño y el camuflaje, lo malo es que se coge antes a un cojo por **mentiroso** que por cojo.
Te diviertes haciendo creer a los demás lo que tu quieres. **Ahora** me toca a mi divertirme, haciéndote la **vida** imposible. No eres una persona noble y lo sabes, juegas con los **sentimientos** de los demás, no se puede confiar en ti, en el fondo menosprecias a los demás, te crees superior.
Lo que me propongo es que tu familia tus amistades te conozcan de verdad, comiencen a dudar de ti, se pregunten: me está diciendo Montse la verdad o esta otra vez **mintiendo**, que es lo que estará escondiendo, entonces es cuando acertarán, que no se fíen de tus respuestas rápidas, que cuando te lleves a otro **arquitecto** a la cama sepa lo que le puede suceder.
Ya tienes el piso montado? **Ahora** ya no tendrás que ir a los pisos de tus amantes. Seguro que no le has dicho a tu madre la verdadera razón por que te vas de su casa. En lugar de ser tu la que te levantes de la cama para ir a casa, **ahora** serán ellos los que se levanten y se marchen, o cuando quieras pasar la noche entera en compañía, podrás hacerlo sin dar explicaciones a nadie.
Tú eres una persona de relaciones cortas, tu exceso de independencia, tu muy acentuada personalidad, tu egoísmo te condicionarán siempre tus relaciones. Conocerás a otros **arquitectos**, incluso llegarás a vivir con alguno, pero no durarás, en pocos meses volverás a **fracasar** en tus relaciones y tu lo sabes. No digamos en vivir con uno que tenga hijos y debas cuidarlos. La verdad me das lástima, en la vejez estarás sola, completamente sola. Quizás me lo piense bien y te deje en paz, porque **imaginando** el futuro que te espera ya pagarás por todas las malas jugadas que has hecho, no solo a mi sino también a otros.
Estas obsesionada en casarte. Por cierto dentro del círculo en que te mueves hay alguna persona que traiciona tus confidencias que le haces de tarde en tarde. Te van
los **arquitectos** cuarentones, tu única esperanza es pillar a un divorciado o separado, no eres una persona con espíritu sano. Con quien estás, con A.____________ o F. ______________.

20.8.91

Hola M.

Te extrañará que te escriba, a mi también francamente, no escribo ni una postal ni cuando voy de viaje. He estado unas cuantas semanas sin pensar en nosotros, y he hecho un viaje al extranjero, me he distraído, pero **ahora** creo que es el momento de coger al toro por los cuernos antes de volver al trabajo.

Me da miedo llamarte por teléfono y no sepa que decirte o decírtelo mal. Siempre me ha costado expresar mis **sentimientos**, y que seas dura conmigo.

No quiero sentirme cohibido por una mirada tuya, ni reprimir mis **sentimientos**.

El último día que nos vimos no estuve muy afortunado, lo siento. Dije lo que sentía pero lo dije mal, y después de la conversación por teléfono me quedé vacío y bastante jodido.

Encontré que eres una persona muy fría, muy poco sensible, también pienso que eres una persona que solo miras para ti, y cuando las cosas no salen como tu quieres te enfadas, tienes un *carácter* muy muy fuerte y duro. El último defecto que tienes es que vives en un mundo muy pequeño y cerrado, el de la **arquitectura**, que solo sabes relacionarte con **arquitectos**, que es el ambiente que te encuentras bien, pero fuera de éste te cuesta moverte. Te estás perdiendo muchas otras cosas de la **vida**.

Todo esto que parece tan fuerte es para que veas que toco con los pies en la tierra y que hay cosas de ti que no me gustan, no te tengo en un pedestal, pero a pesar de todo estoy enamorado de ti.

Francamente, no me di cuenta de que realmente te quería hasta después de la primera ruptura. te acuerdas de aquella horrible cena.

Pero la primera decepción la tuve cuando me mentiste respecto a la cena de tus amigos no **arquitectos**. Me hizo más daño la **mentira** que no el no haber ido a la cena. Hacía tan solo pocos días de la noche de fin de año que por primera vez me abrí a ti. La otra ocasión fuerte fue cuando me dejaste plantado para ir a ver una finca con los del **cursillo**. Este famoso **cursillo** me terminó de separar de ti, y la siguiente semana te ibas de vacaciones de semana santa con ellos.

Me hiciste sufrir mucho, no te lo puedes llegar a **imaginar**. Ya lo se que siempre has sido clara conmigo. Cualquier otra persona ya no la habrías vuelto a ver, pero preferí tratar de entenderte y no te hice ningún reproche. Aunque nos discutimos bastante fuerte, siempre hemos arreglado nuestras diferencias. Y no contemos la colgada de teléfono.

Bien todo eso par que veas que no te tengo idealizada, y no te he pedido nunca que cambiaras de forma de ser, en parte porque me gusta y en parte porque me habrías mandado de paseo.

M., me gustas mucho, muchísimo, me gusta tu forma de pensar, tu personalidad fuerte eres muy inteligente y no me da miedo. Por supuesto me gustan tus ojos verdes, son preciosos, la nariz un poco grande (es broma), tu forma de andar. Te has puesto poco a poco dentro de mi **vida**, hasta entonces no estava contento conmigo mismo, tenía una **vida** gris, no tenía ningún motivo que diera sentido a mi **vida**. Y tu has puesto unas gotas de color, me encuentro bien contigo. No eres una persona nada vulgar sobresales del resto que suelen ser banales y frecuentemente gente pobre de espíritu. Se que no te soy indiferente, alguna vez se te ha escapado que te gusto y que estás bien conmigo, ya se que me dices que no tienes ilusión, pero no te soy indiferente. Si hay alguna posibilidad, aunque sea muy pequeña, de que no estás del todo segura de no querer volver a verme más, te pido que no la apagues, que no cierres la puerta definitivamente. Pienso que en la vida hay pocas oportunidades de ser feliz. ¿Por qué no la aprovechamos?

A veces me has preguntado como veía el futuro de nosotros dos juntos, te tengo que ser sincero, al principio no lo veía, estábamos demasiado lejos uno del otro. **Ahora** no lo se **imaginar** sin ti.

No me pidas que no te quiera, ni que sea un amigo para ver una vez al mes, no te lo puedo dar. Por ti siento y he hecho cosas por primera vez, como esta carta, que no sabía que pudieran pasar.
Estoy acostumbrado a que las cosas no sean fáciles para mi desde muy joven, y tendré que esforzarme pero tu no eres ningún trofeo, no quiero llegar a ti porque sí, te necesito de todo corazón.
No quiero que renuncies a nada por mi, si no con el tiempo te sentirás **fracasada** y me odiarías. No me trates como una criatura diciéndome que ya se me pasará, que durará pocos meses.
¿Quieres compartir mi **vida** y darle sentido? Ya lo se que pido mucho y que yo no tengo mucho que ofrecerte, solo mi amor.
Si no me quieres, te deseo que encuentres lo que buscas y seas feliz.
Tu silencio lo entenderé y lo respetaré.
Besos

23.8.91

Hola M.
Te extrañará que te escriba, francamente a mi también, no escribo ni una postal ni cuando voy de viaje.
He ido de viaje a Estados Unidos, me he distraído, y **ahora** es el momento de coger al toro por los cuernos antes de volver al trabajo.
El último día que nos vimos no estuve muy afortunado, lo siento. Dije lo que sentía pero lo dije mal. Después de la conversación por teléfono me quedé vacío y bastante jodido.
No me atrevo a llamarte por teléfono por miedo a no **saber** que decirte o decírtelo mal y que sea dura conmigo.
No me sentí cohibido por una mirada tuya, ni reprimí mis **sentimientos**.
Pienso que eres una persona muy fría, muy poco sensible, me lo has demostrado siempre, pero sobre todo el último día. También eres una persona que solo piensa en sí misma, y si las cosas no salen como tu quieres te enfadas. Y además de todo esto, **vives** en un mundo pequeño y cerrado, el de la **arquitectura**, y te encuentra bien, solo te relacionas con **arquitectos**, y te cuesta mucho moverte fuera de este ambiente. Te estás perdiendo muchas otras cosas de la **vida**. Y todo esto que parece tan fuerte es para que veas que no te tengo en un pedestal, soy una persona que toca bastante con los pies en la tierra, y a pesar de todo estoy enamorado de ti.
Me di cuenta de que te quería después de la primera ruptura. Te acuerdas de aquella horrible cena.
Pero contigo me he llevado varias desilusiones, la primera cuando me dijiste una **mentira** de la cena de tus amigos no **arquitectos**, me hizo más daño **saber** la **mentira** que no el no haber ido a la cena. Hacía cuatro días desde el principio de año que por primera vez me abrí a ti.
Después cuando me dejaste plantado para ir a ver una finca con los del **cursillo**, y la semana siguiente te ibas de vacaciones de Semana Santa con ellos. No te lo puedes ni llegar a **imaginar** lo que me dolió.
Este famoso **cursillo** nos terminó de separar.
Y no digamos nada de la colgada de teléfono.
Ves como no te tengo idealizada. Cualquier otro no lo hubieras visto más, pero yo preferí tratar de entenderte.
Eres una persona que sobresales del resto de la gente que es frecuentemente pobre de espíritu.
Yo no estaba contento con mi **vida**, no tenía ningún sentido, era gris, y tu pusiste unas gotas de color. Tu fuiste poniendo poco a poco en mi **vida**.
Siento y hago cosas como esta carta, por primera vez que ni sabía que pudieran pasar.

Te pido que si no estás segura de no querer volver a verme, si hay alguna posibilidad, por pequeña que sea, que no la apagues, que no cierres la puerta definitivamente. Ya lo se que siempre has sido muy clara, siempre me has recordado que no soy ningún príncipe azul ya lo se que soy «un tío del montón», introvertido, tímido e inseguro, sobre todo cuando se trata de ti.
M., me gusta mucho, muchísimo. Me gusta tu forma de pensar, tu personalidad fuerte, tus ojos verdes, son preciosos, tu cara refleja serenidad, tu forma de andar.
Pienso que en la **vida** hay pocas oportunidades para ser feliz, ¿Por qué no las aprovechamos?
No me pidas que no te quiera, ni que sea tu amigo para vernos una vez al mes, no te lo puedo dar.
A veces me has preguntado como veía el futuro de nosotros dos juntos, te seré sincero, al principio no lo veía demasiado claro, estábamos muy separados uno del otro. **Ahora** no lo puedo **imaginar** sin ti.
Muy pocas veces se te ha escapado que te gusto, que te sientes bien conmigo, que tengo bastantes cosas que te gustan de mí. ¿Por qué las quieres reprimir? ¿Es que tienes miedo? ¿Es que siempre escoges el camino más fácil?
El chico con el que fuiste, además de ser un egoísta, es un mal nacido, porque te estropeó para otra relación, y tu lo consientes.
Estoy acostumbrados desde muy joven a esforzarme por las cosas, pero tu no eres ningún trofeo, no quiero llegar a ti porque si, te necesito de todo corazón.
M., ¿Quieres compartir mi **vida** y darle sentido? Ya lo se que te pido mucho y que no tengo demasiado para ofrecerte, solo mi amor.

2.3.4 EJEMPLO 3 DE CASO PRÁCTICO EN IDENTIFICACIÓN DE EXPRESIONES ENTRE ANÓNIMOS Y DOCUMENTOS RECONOCIDOS

ANÓNIMOS (Documentos dubitados)
LOLA, para tu conocimiento, hemos de informarte, que nos gustaria que dijeras cuantos hombres se han acostado contigo para que consigas el puesto ________ que tan puto ejerces. Habia un refran que decia, eres más Puta que Rita , ahora en los bares de calle _______, se dice, eres más Puta que LOLI ___________; eres la mujer que más malos entredichos –tienes en _____________, vergüenza debia darte de ir con la cara en alto es para que no salieras a la calle con ese orgullo que posees teniendo los antecedentes que tienes que lo más bonito que te llaman es PUTA; se tiene que tener la consiencia muy negra como tu para no importarte nada lo que se comenta de ti que es de lo más bajo que se le puede llamar a una persona. Porque no cojes el petate y te vas a otra Plaza a Putear donde no te conozca nadie porque en __________ se ha extendido de tal manera tu Prostitución, que hasta la más baja en cultura le daria vergüenza, pero como tu no la tienes, sigues adelante con esa poca vergüenza que tanto te caracteriza. Estas octavillas que te remitimos, las vamos a mandar a todas la ____________ donde exista ___________ y a la ________________ _haber_ si de una vez por todas se extiende tu comportamiento y te desacreditan más de lo que estas.
Las Putas como tu debian estar en una Isla aisladas de la humanidad para que no las conociera nadie y dejaran a la Sociedad libre de esta corrupción tan baja como es la de prostituirse con hombres casados y deshacer familias que hasta que tu intervinistes echastes a perder, es para escupirte a la cara, vamos a tratar de hacer llegar a todos los conocimientos que tienes estas octavillas para que se extienda aún más de lo que está tu forma de proceder en ____________, vete de aquí y por el portar de Puta en donde no te conozca nadie, que no te señalen como estas en ______________:

La unica virtud que posees para todo el que te conoce, es que tienes la desfachatez de seguir fingiendo que nunca has roto un plato y ahora resulta que has roto la vajilla entera . Tuviste suerte el dia de la _________, pues estamos creidas de que salia el Jueves en lugar del Miércoles, eso te salvó de un buen escandalo, nos costó el dinero para el grupo de _________ que estaba preparada, pero nunca es tarde, ya que nos vengaremos de otra manera, te queda la salida de ________________, no creemos que tengas la poca vergüenza de salir porque la verdad, D. C__________ está advertido, la ____________ y todas la Autoridades ________ como te decimos estan advertidas de que te van ______________ la vergüenza que te queda por pasar, aunque sabemos que como no tienes y eres tan sumamente fresca estarás dispuesta a soportar todo lo que tenemos preparado, pero nosotras disfrutaresmos.
Te diríamos tantas muchas cosas que nos faltaria papel en las librerias , solo queremos recordarte te estamos dando una propaganda en toda _________, que da vergüenza de oirla. Tu sigue que nosotras vamos a duplicar todo lo que estamos haciendo para que tu cartel valla desacreditandose cada vez más. No cesaremos de hacerte todo el mal que mereces hasta que consigamos tener noticias de que has pasado un poco de vergüenza (cuantos han caido en la cama para colocarte) que asco de mujer no merece ni el hnombre de mujer si no el de PUTA. Ya recibiran alrededor de 37 ________ una octavilla como esta y los __________ le vamos a remitir un buen puñado para que las repartan.

Sigue puteando, que hemos visto
Putas más grandes que tu que se han derrumbado.
xxx (las tres)

NOTA INFORMATIVA
Se admiten Prostitutas, como Dolores _____________ (La Lola), para ingreso en el Cuerpo de ______________.
Para información, en la misma ______________, preguntar por D.C.__
NOTA INFORMATIVA
Se admiten Prostitutas, como Dolores _____________ (La Lola), para ingreso en el Cuerpo de _____________.
Para información ______________________.
Sr. Cap_______, esperamos que una vez que lea estas lineas, tome la firme decisión de separar del Cuerpo de ____________ a la LOLA como le llaman, nos referimos de Dolores _________, mujer casada legalmente con _____________ y que se está Prostituyendo con un hombre casado y con hijos. No es digna de llevar en sus hombros ________________ que representa lo más grande __________ .
Tenemos pruebas más que suficientes de que todo esto es puramente veridico, hemos contratado a una Agencia dedicada a estos desagradables asuntos que nos ha costado nuestro buen dinero pero que orgullosos estamos a haber conseguido la verdad. Vamos a darle conocimiento de todo esto a todos los medios donde esté inscrita, para que sepan la clase de PUTA que tienen, va a ha echar a perder a una familia, a unos hijos que van a perder el cariño y el roce de un padre, es tan mala y tan baja que le importa nada ello.
Ha sido tan descarada para pasearse tranquilamente con ese hombre que no le ha importado la critica, pues ahora la vamos a fastidiar todo cuanto podamos.
Esperamos no tener que formar un espectáculo el dia de la ________ si llega a llevar ________________, no se merece tal cosa, las Putas tienen su profesión «putear» y no alardear de ser _____________.

Atentamente.
X

Lamento tener que decirte lo que en realidad de sobras sabrás, nos referimos a la PROSTITUTA de tu mujer que se está acostando con un hombre casado y con hijos.

Es una lastima lo que está haciendo con una familia que la va a destrozar por su culpa. La Lola que es como ya la llaman no tiene ni pisca de dignidad al consentir y crear la situación que le está causando a una familia que era toda una verdadera familia feliz.
Deberia de haber esperado a que la situación del matrimonio estubiera normalizada que puteara todo cuanto le hubiera salido del mismisimo .....
De todo esto vamos a dar conocimiento a todos los centros donde pertenece y que tanto a presumido de llevar con dignidad, palabra que le cae tan mal como a las verdaderas Prostitutas.
Lo lamento, pero tengo un grupo de _______ que está dispuesta a llevar esto adelante, nos ha costado trabajo y dinero conseguir unos datos totalmente ciertos y seguros. La vamos a fastidiar todo lo que podamos.

X

COMUNICACIONES RECONOCIDAS (Documentos Indubitados)
Ilmo. Sr.__________
Mi respetado Sr.
Una vez más, pláceme ponerme en contacto con V:S. para remitirle el profundo y sincero agradecimiento que tanto la _____________ como muy personal el mio, le tengo por la inolvidable participación que hicieron en nombre de _____________.
A pesar de las inclemencias del tiempo, lograron el propósito que tenian marcado que no era otro que ___________.
Fue de comentario generalizado, el comentario que hicieron cuantos presenciaron su participación, le dieron nuevamente un colorido ejemplar de _______.
Le ruego encarecidamente, haga llegar a cuantos contribuyeron ________, mi sincero reconocimiento, esperando que en años venideros podamos tener nuevamente la dicha de contar con la inolvidable colaboración de los amigos verdaderos de __________.
Reciba mi respetuoso saludo, _________

X

Querido y estimado amigo _____:
Como uno de los mayores placeres, nuevamente me pongo en contacto contigo, para remitirte el profundo y sincero agradecimiento que tengo por la maravillosa colaboración que una vez más has protagonizado con motivo de ________.
Os portasteis como verdaderos _eroes_, precisamente a la hora en que el agua nos desbordó por completo, hicisteis acto de presencia ____________.
Me fue imposible contactar contigo, cuando me disponía hacerlo es cuando emprendisteis la marcha, pero sabes que el comentario generalizado que murmurabla por todos los presentes, es digno de tener en cuenta, os dedicaron ____________ de verdadera emoción, yo personalmente los duplico y rubrico haciendome eco del mal momento que sufristeis.
Espero de tu atención, hagas llegar a todos cuantos participaron en la triunfal __________ por vuestra parte, mi sincera amistad y mi inolvidable reconocimiento, ________:
Como es tradicional en ti, espero que en años venideros podamos contar con ese fabuloso grupo ____________ siempre capitaneados por el incomparable ___________.

____

____
Mi ejemplar y querida _____:
Es difícil tarea intentar resaltar tu cuantiosa valoración, extrayendo de ella lo que me fundamentan estas lineas, tu participación en la _______, hasta aquí, fenomenal, ahora empieza lo difícil, por más que lo intento me vengo abajo por desconocer palabras que enclaven y se ajusten a tus cualidades y persona.

La __________, que duda cabe, fue un verdadero éxito por la aportación de participantes en sus distintas fases, yo desde mi comodo lugar que ocupé, recibia con un perfecto orden a todos aquellos que se dieron cita en la __________ para encarrillar su brillante __________, todo aquel que se codeaba conmigo uno y otra vez manifestaba lo mismo, que orden más perfecto, puedes estar orgulloso de que todo está saliendo a la perfección, cuantas con __________ que verdaderamente se vuelcan en colaborar a tu lado, hasta aquí, todo se lo dedicaba yo a nuestro común amigo M.G. que era el designado para esa misión, a partir de comentarios que continuamente me iban haciendo los encargados de recepción, que gracias a esa monumental mujer en todos los sentidos llamada Loli, que era el eje de toda la organización de participantes y aún más me lo confirmó M. cuando me pidió por motivos de enfermedad que lo sustituyera, se desahogó elogiando tu labor, que puedo garantizar __________, repitió infinidad de veces tu gran trabajo y enteresa en tu duro cometido.
En realidad para mi no fué ninguna sorpresa todo cuanto me relataban, pues de sobra se y me consta de que eres capaz de hacer todo cuanto se te encomiende como si de ti se tratara, es decir, no me sorprendió absolutamente nada por conocer tus deliciosas cualidades.
Una vez pasada la ____________, todos los comentarios mantenidos _____, eran solo para rubricar lo manifestado _______.
Por todo lo expuesto, y aún más comentarios que me garantizan lo mismo, no soy capaz de captar en mi modesto entender, palabras alabadoras que cuajen en tu persona y recaigan con todo merecimiento para poder enjuiciar lo que verdaderamente mereces de destacar.
Loli, sabes que a veces tengo un don de capacidad para redactar tanto cartas como circulares que me sorprende, por no tener y carecer de __________, bueno, pues aún con todos los Titulos que se puedan poseer, no soy capaz de lucirme con quien más se merece para ensaltarte y elevarte a lo más dignos de distinción por tu gran desarrollo de trabajo ___________
Tu mejor que nadie conoces mis interioridades ______________, que sigas ejerciendo esa labor radiante que tienes para desvivirte y servir a todo aquel que tiene la suerte de contar con tu amistad.
Poco te cuesta mantener esa linea que con tanto estilo y belleza tienes más que patentada, ejercerla con esa naturalidad que te caracteriza y esa entereza que por donde quiera que pisas siembras ofrecimientos de simpatia y admiración.
Dedicarte mis sinceras gracias por tu labor, creo que no encaja entre nosotros, pero pregonar a la cuatro vientos que benditos sean tus padres por haber realizado y dado vida a una obra tan perfecta y llena de cualidades que nos beneficiamos los que sabemos que a corazón abierto disponemos de tu gratitud y de ese admirado ofrecimiento.

Solución (Indicación de coincidencias resaltadas):

ANÓNIMOS (Documentos dubitados)
LOLA, para **tu** **conocimiento**, hemos de informarte, –que– nos gustaria –que– dijeras ***cuantos*** hombres se han acostado contigo para –que– consigas el puesto ________ –que– tan puto ***ejerces***. Habia un refran –que– decia, +eres **más** Puta –que– Rita+, ahora en los bares de calle _______, se dice, +eres **más** Puta –que–+ LOLI __________; eres la mujer –que– más malos entredichos –tienes– en _____________, vergüenza debia darte de ir con la cara en alto es para –que– **no** salieras a la calle con ese orgullo –que– posees teniendo los antecedentes –que– –tienes– –que– lo **más** bonito –que– te llaman es PUTA; se tiene –que– tener la consiencia muy negra como tu para no importarte nada lo –que– se **comenta** de ti –que– es de lo **más** bajo –que– se le puede llamar a una persona. Porque **no** cojes el petate y te vas a otra Plaza a Putear donde **no** te **conozca** nadie porque en __________ se ha extendido de tal manera **tu** Prostitución, –que– **hasta** la **más** baja en cultura le daria vergüenza, pero como **tu** **no** la –tienes–, sigues adelante con esa poca vergüenza –que– tan-

to **te caracteriza**. Estas octavillas –que– te remitimos, las vamos a mandar a todas la __________ donde exista __________ y a la ________________ haber_ si de **una vez** por todas se extiende **tu** comportamiento y te desacreditan **más** de lo –que– estas. Las Putas como **tu** debian estar en una +Isla aisladas+ de la humanidad para –que– **no** las ***conociera*** nadie y dejaran a la Sociedad libre de esta corrupción tan baja como es la de prostituirse con hombres casados y deshacer familias –que– **hasta** –que– **tu** intervinistes echastes a perder, es para escupirte a la cara, vamos a tratar de hacer llegar a **todos** los ***conocimientos*** –que– –tienes– estas octavillas para –que– se extienda *aún* **más** de lo –que– está **tu** forma de proceder en ____________, vete de aquí y por el portar de Puta en donde **no** te ***conozca*** nadie, –que– no te señalen como estas en ______________:

La unica virtud –que– posees para **todo** el –que– te ***conoce***, es –que– –tienes– la desfachatez de seguir fingiendo –que– +nunca has roto un plato y ahora resulta –que– has roto la vajilla entera+. Tuviste suerte el dia de la __________, pues estamos creidas de –que– salia el Jueves en lugar del Miércoles, eso te salvó de un buen escandalo, nos costó el dinero para el grupo de _________ –que– estaba preparada, pero nunca es tarde, ya –que– nos vengaremos de otra manera, te –que–da la salida de ________________, **no** creemos –que– tengas la poca vergüenza de salir porque – la verdad, D. C__________ está advertido, la ____________ y todas la Autoridades ________ como te decimos estan advertidas de –que– te van _____________ la vergüenza –que– te queda por pasar, aunque sabemos –que– como **no** –tienes– y eres tan sumamente fresca estarás dispuesta a soportar **todo** lo –que– tenemos preparado, pero nosotras disfrutaresmos.
Te diríamos tantas muchas cosas –que– +nos faltaria papel en las librerias+, solo queremos recordarte te estamos dando una propaganda en toda __________, –que– da vergüenza de oirla. **Tu** sigue –que– nosotras vamos a duplicar **todo** lo –que– estamos haciendo para –que– **tu** cartel valla desacreditandose cada vez **más**. **No** cesaremos de hacerte **todo** el mal –que– **mereces hasta** –que– consigamos tener noticias de –que– has pasado un poco de vergüenza (***cuantos*** han caido en la cama para colocarte) –que– asco de mujer **no merece** ni el *__hn__ombre de mujer si no el de PUTA. Ya recibiran alrededor de 37 ________ una octavilla como esta y los __________ le vamos a remitir un buen puñado para –que– las repartan.

Sigue putenado, –que– hemos visto
Putas **más** grandes –que– tu –que– se han derrumbado.
xxx (las tres)

NOTA INFORMATIVA
Se admiten Prostitutas, como Dolores ______________ (La Lola), para ingreso en el Cuerpo de ______________.
Para información, en la misma ______________, preguntar por D.C.__
NOTA INFORMATIVA
Se admiten Prostitutas, como Dolores ______________ (La Lola), para ingreso en el Cuerpo de ____________.
Para información ______________________.
Sr. Cap_______, esperamos –que– **una vez** –que– lea estas lineas, tome la firme decisión de separar del Cuerpo de ____________ a la LOLA como le llaman, nos referimos de Dolores _________, mujer casada legalmente con ____________ y –que– se está Prostituyendo con un hombre casado y con hijos. **No** es digna de llevar en sus hombros ________________–que– representa lo **más** grande__________ .
Tenemos pruebas **más** –que– suficientes de –que– **todo** esto es puramente veridico, hemos contratado a una Agencia dedicada a estos desagradables asuntos –que– nos ha costado nuestro buen dinero pero –que– orgullosos estamos a haber conseguido la verdad.

Vamos a darle ***conocimiento*** de **todo** esto a **todos** los medios donde esté inscrita, para –que– sepan la clase de PUTA –que– tienen, va a ha echar a perder a una familia, a unos hijos –que– van a perder el cariño y el roce de un padre, es tan mala y tan baja –que– le importa nada ello.
Ha sido tan descarada para pasearse tranquilamente con ese hombre –que– **no** le ha importado la critica, pues ahora la vamos a fastidiar **todo** cuanto podamos.
Esperamos **no** tener –que– formar un espectáculo el dia de la ________ si llega a llevar ______________, **no** se **merece** tal cosa, las Putas tienen su profesión «putear» y **no** alardear de ser _____________.

Atentamente.

X

Lamento tener –que– decirte lo –que– en realidad de sobras sabrás, nos referimos a la PROSTITUTA de **tu** mujer –que– se está acostando con un hombre casado y con hijos.
Es una lastima lo –que– está haciendo con una familia –que– la va a destrozar por su culpa. La Lola –que– es como ya la llaman **no** tiene ni pisca de dignidad al consentir y crear la situación –que– le está causando a una familia –que– era toda una verdadera familia feliz.
Deberia de haber esperado a –que– la situación del matrimonio estubiera normalizada –que– puteara **todo** cuanto le hubiera salido del mismisimo .....
De **todo** esto vamos a dar ***conocimiento*** a **todos** los centros donde pertenece y –que– tanto a presumido de llevar con dignidad, palabra –que– le cae tan mal como a las verdaderas Prostitutas.
Lo lamento, pero tengo un grupo de _______ –que– está dispuesta a llevar esto adelante, nos ha costado trabajo y dinero conseguir unos datos totalmente ciertos y seguros. La vamos a fastidiar **todo** lo –que– podamos.

X

COMUNICACIONES RECONOCIDAS (Documentos Indubitados)
Lmo. Sr._________
Mi respetado Sr.
Una vez más, pláceme ponerme en contacto con V:S. para remitirle el profundo y sincero agradecimiento –que– tanto la _____________ como muy personal el mio, le tengo por la inolvidable participación –que– hicieron en nombre de _____________.
A pesar de las inclemencias del tiempo, lograron el propósito –que– tenian marcado –que– **no** era otro –que– ___________.
Fue de **comentario** generalizado, el **comentario** –que– hicieron ***cuantos*** presenciaron su participación, le dieron nuevamente un colorido ejemplar de _______.
Le ruego encarecidamente, haga llegar a cuantos contribuyeron ________, mi sincero reconocimiento, esperando –que– en años venideros podamos tener nuevamente la dicha de contar con la inolvidable colaboración de los amigos verdaderos de __________.
Reciba mi respetuoso saludo, _________

X

Querido y estimado amigo _____:
Como uno de los mayores placeres, nuevamente me pongo en contacto contigo, para remitirte el profundo y sincero agradecimiento –que– tengo por la maravillosa colaboración –que– **una vez más** has protagonizado con motivo de ________.
Os portasteis como verdaderos _eroes_, precisamente a la hora en –que– el agua nos desbordó por completo, hicisteis acto de presencia ____________.
Me fue imposible contactar contigo, cuando me disponía hacerlo es cuando emprendisteis la marcha, pero sabes –que– el **comentario** generalizado –que– murmurabla

por **todos** los presentes, es digno de tener en cuenta, os dedicaron __________ de verdadera emoción, yo personalmente los duplico y rubrico haciendome eco del mal momento –que– sufristeis.
Espero de **tu** atención, hagas llegar a **todos** ***cuantos*** participaron en la triunfal __________ por vuestra parte, mi sincera amistad y mi inolvidable reconocimiento, ________:
Como es tradicional en ti, espero –que– en años venideros podamos contar con ese fabuloso grupo ___________ siempre capitaneados por el incomparable __________.

____

____

Mi ejemplar y querida _____:
Es difícil tarea intentar resaltar **tu** cuantiosa valoración, extrayendo de ella lo –que– me fundamentan estas lineas, **tu** participación en la _______, **hasta** aquí, fenomenal, ahora empieza lo difícil, por **más** –que– lo intento me vengo abajo por ***desconocer*** palabras –que– enclaven y se ajusten a tus cualidades y persona.
La __________, –que– duda cabe, fue un verdadero éxito por la aportación de participantes en sus distintas fases, yo desde mi comodo lugar –que– ocupé, recibia con un perfecto orden a todos aquellos –que– se dieron cita en la __________ para encarrillar su brillante _________, **todo** aquel –que– se codeaba conmigo uno y otra vez manifestaba lo mismo, –que– orden más perfecto, puedes estar orgulloso de –que– **todo** está saliendo a la perfección, cuantas con __________ –que– verdaderamente se vuelcan en colaborar a **tu** lado, **hasta** aquí, **todo** se lo dedicaba yo a nuestro común amigo M.G. –que– era el designado para esa misión, a partir de **comentarios** –que– continuamente me iban haciendo los encargados de recepción, –que– gracias a esa monumental mujer en **todos** los sentidos* llamada Loli, –que– era el eje de toda la organización de participantes y aún **más** me lo confirmó M. cuando me pidió por motivos de enfermedad –que– lo sustituyera, se desahogó elogiando **tu** labor, –que– puedo garantizar __________, repitió infinidad de veces tu gran trabajo y enteresa en **tu** duro cometido.
En realidad para mi **no** fué ninguna sorpresa **todo** cuanto me relataban, pues de sobra se y me consta de –que– eres capaz de hacer **todo** cuanto se te encomiende como si de ti se tratara, es decir, **no** me sorprendió absolutamente nada por ***conocer*** tus deliciosas cualidades.
Una vez pasada la ____________, **todos** los **comentarios** mantenidos _____, eran solo para rubricar lo manifestado _______.
Por **todo** lo expuesto, y aún **más** comentarios –que– me garantizan lo mismo, **no** soy capaz de captar en mi modesto entender, palabras alabadoras –que– cuajen en **tu** persona y recaigan con **todo merecimiento** para poder enjuiciar lo –que– verdaderamente mereces de destacar.
Loli, sabes –que– a veces tengo un don de capacidad para redactar tanto cartas como circulares –que– me sorprende, por no tener y carecer de __________, bueno, pues aún con **todos** los Titulos –que– se puedan poseer, **no** soy capaz de lucirme con quien **más** se **merece** para ensaltarte y elevarte a lo **más** dignos de distinción por **tu** gran desarrollo de trabajo ___________
Tu mejor –que– nadie ***conoces*** mis interioridades _____________; –que– sigas ***ejerciendo*** esa labor radiante –que– –tienes– para desvivirte y servir a **todo** aquel –que– tiene la suerte de contar con **tu** amistad.
Poco te cuesta mantener esa linea –que– con tanto estilo y belleza –tienes– **más** –que– patentada, ***ejercerla*** con esa naturalidad –que– te caracteriza y esa entereza –que– por donde quiera –que– pisas siembras ofrecimientos de simpatia y admiración.
Dedicarte mis sinceras gracias por **tu** labor, creo –que– **no** encaja entre nosotros, pero +pregonar a la cuatro vientos+ –que– benditos sean **tus** padres por haber realizado

y dado vida a una obra tan perfecta y llena de cualidades –que– nos beneficiamos los –que– sabemos –que– a corazón abierto disponemos de **tu** gratitud y de ese admirado ofrecimiento.

---

observaciones complementarias: faltas de ortografía: «haber» por «a ver», «eroes» sin «h», «a» por «ha», ausencia de muchos acentos. Marca geográfica: «conciencia», «enteresa». Abuso de adjetivos, tópicos, reiteraciones, comparaciones y adverbios. Expresiones con contenido sexual y/o sexista: «Puta», «putear», «Prostituta», «monumental mujer en todos los sentidos», «deliciosas cualidades», «belleza», lapsus en «nombre» (primero puso «h» de «hombre» –no merece ni el hnombre–). Insistencia en transmitir o poner en conocimiento, cuando no: «pregonar a los cuatro vientos».

Textos administrativos y empresariales (FIGS. 3.10. y 3.11.)

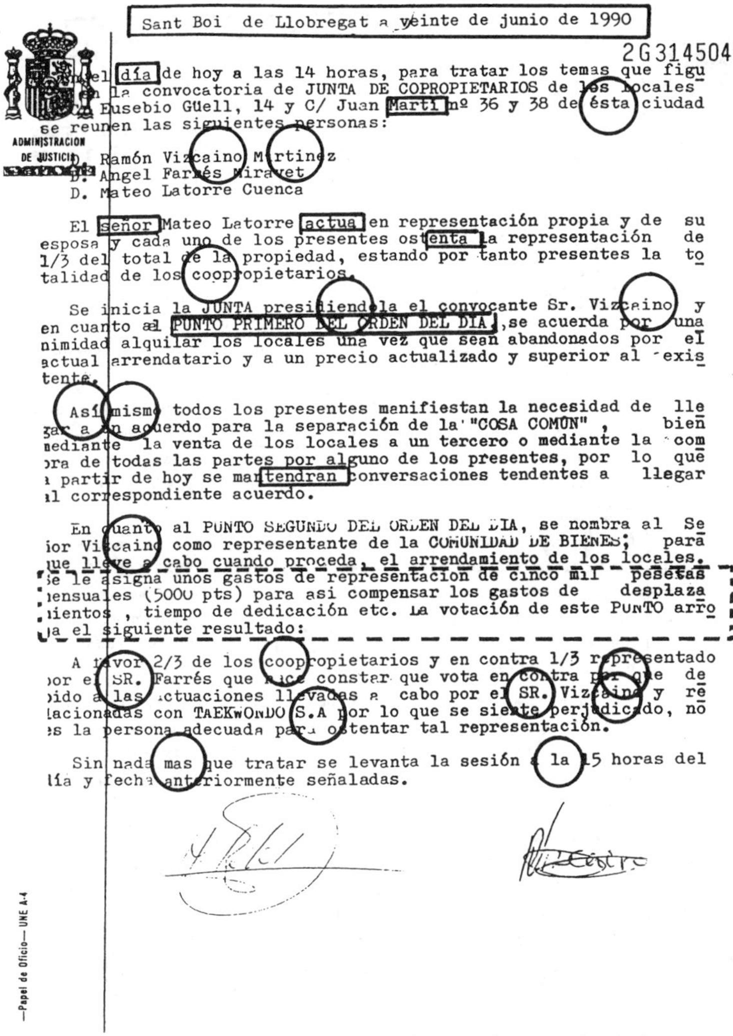

FIG. 3.10a. La primera Acta fue impugnada por el segundo de los copropietarios, alegando que no era lo que habían acordado, aportó su copia donde no aparecía la asignación de gastos de representación para el Presidente. El Juzgado requirió la pericial para aclarar si ambas actas podían haber sido redactadas por la misma persona. Los círculos indican las coincidencias y los rectángulos las divergencias. El hecho de que se repitan las mismas faltas, pero sin que se trate de una copia literal exacta, apunta a la misma autoría. Otras pruebas confirmaron que después de darle la copia al copropietario disidente, se elaboró la nueva, sin su consentimiento.

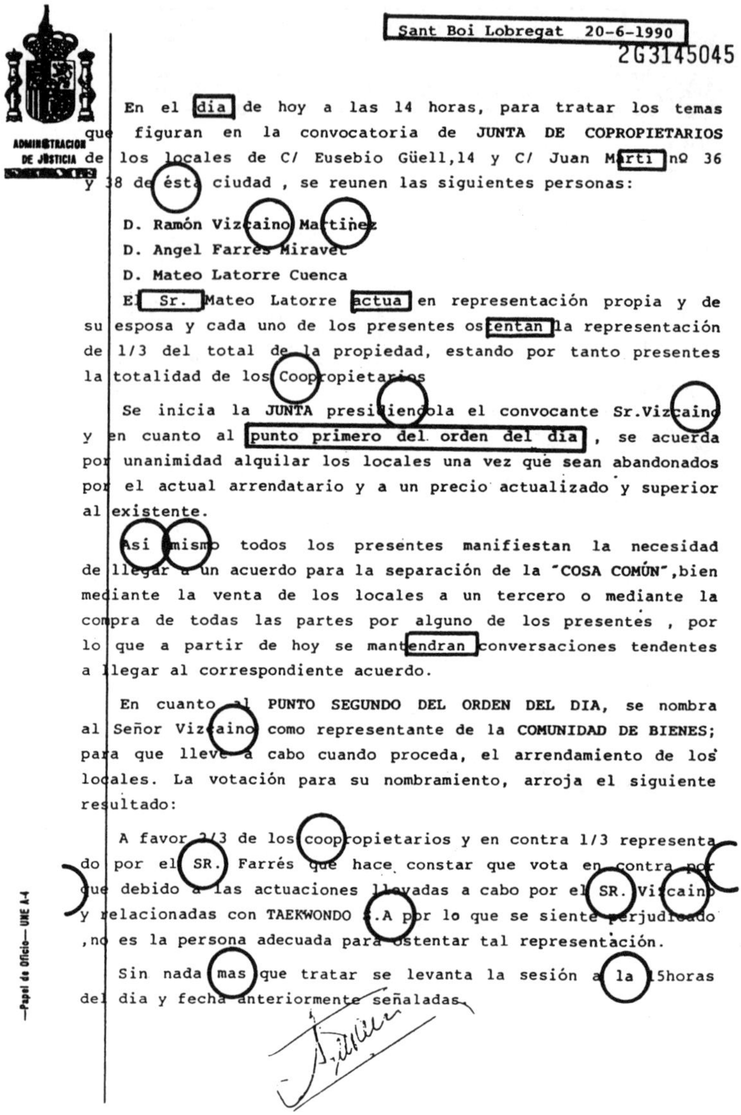

ADMINISTRACION DE JUSTICIA

Sant Boi Lobregat 20-6-1990

2G3145045

En el dia de hoy a las 14 horas, para tratar los temas que figuran en la convocatoria de **JUNTA DE COPROPIETARIOS** de los locales de C/ Eusebio Güell,14 y C/ Juan Marti nº 36 y 38 de ésta ciudad , se reunen las siguientes personas:

D. Ramón Vizcaino Martinez

D. Angel Farrés Miravet

D. Mateo Latorre Cuenca

El Sr. Mateo Latorre actua en representación propia y de su esposa y cada uno de los presentes ostentan la representación de 1/3 del total de la propiedad, estando por tanto presentes la totalidad de los Coopropietarios

Se inicia la **JUNTA** presidiendola el convocante Sr.Vizcaino y en cuanto al punto primero del orden del dia , se acuerda por unanimidad alquilar los locales una vez que sean abandonados por el actual arrendatario y a un precio actualizado y superior al existente.

Asi mismo todos los presentes manifiestan la necesidad de llegar a un acuerdo para la separación de la **"COSA COMÚN"**,bien mediante la venta de los locales a un tercero o mediante la compra de todas las partes por alguno de los presentes , por lo que a partir de hoy se mantendran conversaciones tendentes a llegar al correspondiente acuerdo.

En cuanto al **PUNTO SEGUNDO DEL ORDEN DEL DIA**, se nombra al Señor Vizcaino como representante de la **COMUNIDAD DE BIENES**; para que lleve a cabo cuando proceda, el arrendamiento de los locales. La votación para su nombramiento, arroja el siguiente resultado:

A favor 2/3 de los coopropietarios y en contra 1/3 representado por el SR. Farrés que hace constar que vota en contra por que debido a las actuaciones llevadas a cabo por el SR. Vizcaino y relacionadas con TAEKWONDO S.A por lo que se siente perjudicado ,no es la persona adecuada para ostentar tal representación.

Sin nada mas que tratar se levanta la sesión a la 15horas del dia y fecha anteriormente señaladas.

—Papel de Oficio— UNE A-4

FIG. 3.10b. Copia del Acta Inicial.

MPM

SERVICIOS DE MARKETING ACTIVO IMAGEN Y SEGURIDAD

Barcelona, Septiembre de 1997

MONTSE
[redacted] escalera B 6º 1ª
BARCELONA

Remite: MPM - Marketing activo Imagen y Seguridad

Apreciada amiga:

Lamentamos las molestias causadas por las acciones que hemos desarrollado en el transcurso de los últimos días. pero han sido absolutamente imprescindibles para poder demostrarte la precariedad en que se encuentra tu sistema de seguridad pasiva que es el que tiene que darte las garantías de discreción y privacidad imprescindibles para que tu negocio funcione sin problemas.

El sistema de publicidad que utilizas y los medios que tienes de informar al futuro cliente, hacen que seas altamente vulnerable a posibles campañas hostiles que pueden poner en tu contra la actitud de los vecinos y sobretodo pueden poner en peligro la confianza de tus clientes que pueden optar por otras zonas menos conflictivas.

Saber anticiparse a éstas posibles situaciones y preveer toda acción futura que pueda poner en precario la continuidad de la actividad que estás desarrollando adoptando medidas preventivas, es una de las muchas acciones que deben emprenderse para asegurar la continuidad de cualquier negocio, con independencia de su naturaleza o del campo en que se actúe.

Ser profesionales o rodearse de profesionales para hacer de forma impecable aquello que se hace, es irrenunciable si se quiere tener éxito continuado en cualquier negocio.
Incluso el conocer los detalles más íntimos de cada cliente, saber porque confía en ti y porque te es fiel, porque vuelve una y otra vez y sobretodo y lo más importante, saber porque un cliente no vuelve. Saber conseguir que tus clientes te presenten a más clientes. Conocer a fondo todos tus posibles competidores, como actuan, que ofrecen, que tienen mejor que tu y en que son peor. Aprovechar tus puntos fuertes y sus puntos débiles para tu provecho.

Nuestro asesoramiento profesional, te ofrece el apoyo y la experiencia necesarias para garantizarte una **SEGURIDAD, CONTINUIDAD Y MEJORA DE BENEFICIOS** en tu negocio. convirtiéndolo en una actividad estable y segura, aplicando criterios empresariales, adoptando tácticas y estrategias específicamente estudiadas para ti.

Nuestros servicios que te garantizan resultados positivos, son muy equilibrados y asequibles a tu economia. Los precios se estudian en cada caso concreto, dependiendo del analisis inicial de situación y objetivos a cumplir. Estos precios se estructuran en: **Cuota de Inscripción** que cubre la elaboración del analisis de situación, informe inicial y propuesta de acciones primarias, por un importe fijo de 30.000. Pts.; **Cuota Periódica** que cubre el asesoramiento continuado con reuniones periódicas de trabajo .y consulta permanente. El importe mensual fijo se estudia en cada caso.: **Facturación de Actividad** Todas las actividades extraordinarias no contempladas en la cobertura de la cuota periódica (Analisis y acciones especiales, asesoramiento especifico de imagen, campañas de publicidad subliminal, etc.) son facturadas de acuerdo con el tiempo dedicado al desarrollo de las mismas.

En breve nos pondremos en contacto con ustedes sobre este asunto, reciban un saludo.

FIG. 3.11. Aparentemente es una carta comercial, pero en realidad es un anónimo amenazante. El exceso de reiteraciones en el escrito demuestra ideas fijas de tipo obsesivo (le da vueltas constantemente a determinados detalles, por ejemplo: «continuidad», «acciones», «saber», «porque» – aquí hay una falta de ortografía constante, como interrogativo que es, en vez de «porque» tendría que poner «por qué»–). Por otra parte la agresividad encubierta que comunica, hace pensar en un actitud permanente de alerta y de temor a perder su seguridad por lo actos de los demás («precariedad», «sistemas de seguridad», «vulnerable», «en peligro», «conflictivas», «puntos débiles», «Seguridad», «segura», «tácticas y estrategias», «publicidad subliminal». Sospecha de complots y de persecuciones, que son imaginarias, pero que hacen sentir al sujeto como si los de más se propusieran ir

(*Cont.*) FIG. 3.11. contra él, de tal manera que reacciona atacando sin motivo y para sorpresa de los demás), actitud propia de una hipersensibilidad paranoide. Contrariamente por la temática referida en el escrito, parece como si le molestara la falta de «discreción» y de «privacidad» de la destinataria en lo relativo a su negocio (especialmente su «publicidad» o «medios de informar al futuro cliente»). El hecho de citar a «los vecinos» es significativo (podría tratarse de un vecino o alguien más o menos cercano).
En el cuarto párrafo hace una descripción muy detallada, que da la impresión de que es reflejo de su propia forma de actuar (ideal de actuación del sujeto). Finalmente adopta la postura muy empresarial, al modo de exponer de un asesor, dejando entrever unos ciertos conocimientos de tipo empresarial (posible actividad publicitaria, marketing u otra rama empresarial...).
El constante trato excesivamente personal (abuso del dativo o acusativo del pronombre personal «te» y otros personalismos), además de sugerir una posición de superioridad sobre el destinatario «Yo estoy arriba tu abajo» con la consiguiente falta de respeto; al propio tiempo se propone manipulativamente como protector y esto es muy propio del lenguaje comercial y publicitario. Por otra parte, la reiteración en «acción» si no es «acción legal» es lenguaje propio de revolucionario, en todo caso de persona rebelde o subversiva («acción» en lenguaje político sustituye muchas veces a «atentado») es una forma suave de atacar o de amenazar. Existen reiteraciones o construcciones gramaticales aparentemente erróneas como: «Saber conseguir» que también son muy propias del lenguaje comercial o publicitario. Estas notas ayudaron a que los investigadores descubrieran al autor, se trataba de un vecino competidor de la destinataria, el cual le molestaba que instalara su local en el mismo edificio.

2.3.5 CASO DE DENUNCIA ANÓNIMA DENTRO DE UNA EMPRESA

Sr. C_______
LO que le voy a relatar creo que no es un asunto vano y que tiene mucha importancia para la F______
Todo empezó hace aproximadamente unos dos años, cuando charlando con un buen amigo mio, que es doctor y trabaja para la C.____ D_____, me preguntó: tu conoces a un tal J____ M______, yo le contesté: ¡hombre claro, es compañero mio de trabajo!
Le cito las palabras textuales con que me respondió a mi afirmación: «Pues vaya pájaro está hecho, ¿ya sabes que cobra una comisión por todo lo que D_____ factura a F_______, YO CONTESTÉ: ¡No me lo puedo creeer! Y el me dijo ¡mira que eres ingenuo!, pues te lo puedes creer, ya que a mi me lo ha dicho uno de los jefazos de D_______.
La cosa quedó ahí de momento, pero mi curiosidad me llevó más lejos y lo que he ido descubriendo es casi increíble. Me pregunté ¿pues si este Sr. hace eso?, vamos a ver lo que puede hacer F____ y entonces pensando me dije ¿Dónde se mueve dinero? Pues en contabilidad, pero inmediatamente me respondí: NO ahí todo se cobra con recibos. ¿Dónde se cobra sin recibos?, ¡pues claro! En las consultas médicas a los pacientes que son particulares, o sea a los que no pertenecen a F______ y efectivamente preguntando a unos y a otros, resulta que cada visita particular lo que paga el paciente, la mitad se la lleva el doctor que hace la visita, si cobra por talones y la otra mitad se la tendría que llevar F____, si no todo tendría que ser para la empresa, pero resulta que no, que se lo embolsa el Sr. J___ M____ en la mayoría de los casos, pues parece ser que hace unos ingresos mínimos en caja por este concepto.

Ahora donde se lleva la mejor tajada resulta que es en G_______, pues de todos los D_____ que se ponen en el tiempo que lo investigué, se cobraba a todas las pacientes tanto aseguradas como particulares unas veinte mil pesetas (ciento veinte Euros),cuando el precio de coste del aparatito en cuestión es irrisorio, o sea que este Sr. se quedaba en aquel tiempo con cerca de diez mil pesetas (sesenta Euros), ya que los g_______ todos cobran por talones y ellos se llevan la otra mitad. Esto lo puede comprobar Vd. muy fácilmente, tan solo tiene que pedir a los g_____, un listado de las pacientes, que se lo han puesto en un periodo de tiempo cualquiera y comprobar lo que ha ingresado caja por este concepto.
Lo patético es lo siguiente sé que cobraba cien pesetas (0'60 Euros) por cada bote de orina, a los pacientes que se tenían que hacer análisis, hasta que éstos se quejaron y dejó de hacerlo, este dinero tampoco ingresaba en caja, sino todo al menos buena parte.
Pero lo más rastrero es lo siguiente entre el Sr. M_______ y el Sr. J______ se llevan un chanchullo que además es de dominio público en F______ Y es el siguiente: Por cada botella de agua de litro y medio, nos cobre ciento diez pesetas (0,66 Euros) cuando en el supermercado valen entre sesenta y setenta y seguro que a ellos les cuesta aún menos porque las compran por cajas, lo mismo sucede con otras bebidas.
Otro tanto ocurre con la máquina de los cafés, la misma empresa que nos presta este servicio, cobra a otros clientes suyos cuarenta pesetas (0,24 Euros) por café ¿ por qué nosotros los pagamos a cincuenta (0,30 Euros)?
Otra cosa que ya colma el vaso es que el Sr. B_____ y el Sr. M___, nos cobran cada bocadillo que encargamos para desayunar, veinticinco pesetas (0,15 Euros) más de lo que cobra el establecimiento que los suministra, y esto si que lo puedo asegurar porque me lo comentó un camarero del bar donde los preparan, con el que tengo cierta amistad y un día charlando me lo dijo y esto también es de dominio público dentro de F_____ de la calle ________.
Lo que me ha quedado por averiguar son los chanchullos, que puedan tener estos dos Sres. Con todo el material de servicios, que en un centro como el nuestro es mucho el que se gasta y el dinero que mueve.
Otra cosa que me pregunto es di todos estos chanchullos se quedan entre estas dos personas o pueda alguien de más arriba estar implicado y si no lo estuviera ¿Cómo es que no los ha descubierto?
Esperando se sirva comprender porque no firma con mi nombre este documento, aprovecho esta ocasión para saludarle atentamente.

Notas orientativas sobre la carta anónima
(no existen textos para comparar):

Persona de nivel medio, bastante meticulosa. Un poco nerviosa, impresionable o excitable (muchos signos de admiración).
Expresión cuidadosa, suave, delicada o dulcificada (más propia del género femenino que del masculino), incluso se despide disculpándose, p.e: expresiones como: «este Sr.» «lo patético» «lo rastrero» implican un enfado y una necesidad de castigar muy dulcificada. El predominio «Ánimus» o masculino, acostumbra a ser más brusco, más hiriente, con un tono más fuerte. También el hecho de hacer referencia a la compra de la botella de agua, el bocadillo, etc. acostumbra a ser más propio del género femenino; el hombre va al bar. Las autorreferencias masculinas seguramente son para despistar (quiere salvaguardar su identidad y teme por las repercusiones hacia su persona y las consecuencias en su trabajo).
Hace una descripción muy vivencial de los detalles internos (persona de dentro de la empresa), y especialmente de cada paso contable, incluso utiliza el término «Caja» de forma muy familiar (alguien muy cercano a administración-contabilidad). Da la impresión de algún empleado, sin formar parte del cuadro directivo (por lo temores personales y por las referencias a «Jefazo», «alguien de más arriba», etc.).

Es una carta de alguien (empleada?) que se enorgullece de denunciar poniendo en conocimiento «a los de arriba», sobre las irregularidades que conoce de hace tiempo sobre una persona –que no goza de su simpatía– (posiblemente depende de ella, directa o indirectamente).

Referencias bibliográficas

AAvv (1995): *Análisis y Comentario de Textos*, Barcelona, Larousse Planeta

Ardid, E.; Estebanez, S.; Puente, M (1997): «El Peri de Ciutat Vella. Su tratamiento por la prensa» Barcelona, Universitat de Barcelona, Dpto. de Antropología, Proyecto investigador en Antropología del Espacio, 1er Curso de Doctorado

Boyatzis, Ricard (2002): *El líder resonante crea más*, Barcelona, Plaza & Janés

Briz y Grupo Val. Es. Co. (2000): *¿Cómo se comenta un texto coloquial?* Barcelona, Ed. Ariel

Collon (2002): «La Guerra Global ha comenzado», *Sediciones* n.º 19, Hondarribia (Guipúzcoa), Ed. Argilatxe Hiru

Davies, Nigel (1983): *Sacrificios humanos. De la Antigüedad a nuestros días*, Barcelona, Grijalbo

De Arcangelis (1988): *Historia del espionaje electrónico*, Madrid, Ed. San Martín

Estado Mayor Del Ejército (1988): *Reglamento Inteligencia Táctica R-0-2-2*, Madrid, Talleres del Servicio Geográfico del Ejército

Fadem, Barbara, y Simring, Steven S. (1998): *Autoevaluación en psiquiatría*, Barcelona, Ed. Masson

Goffman, Erving (1971): *La presentación de la persona en la vida cotidiana*, Buenos Aires, Amorrortu

Goldstein, Frank I. (1996): «Las Operaciones Psicológicas. La Guerra del Golfo Pérsico», en Aerospace Power Journal, Base Aérea Maxwell, Alabama, otoño 1996

– Goldstein, F. y Usseglio, A. (2001): «*Operaciones psicológicas a través de las redes cibernéticas*» en Aerospace Power Journal, Base Aérea Maxwell, Alabama, julio 2001

Gosalbez, Alfredo (1984): *Estrategias para la Acción Psicológica*, Madrid, Colección Adalid (Biblioteca de Pensamiento Militar) Servicio de Publicaciones E.M.E

Grijelmo, Alejandro (1997): *El estilo del periodista,* Madrid, Taurus

Hamili, Serge (2001): «Para cuando la transparencia en los medios de comunicación? Libertad de prensa, censuras del dinero», en *Le Monde Diplomatique, ed. española*, Valencia, 12 de agosto

Marchese, Angelo, y Forradellas, Joaquin (1986): *Diccionario de retórica, crítica y terminología literaria,* Barcelona, Ariel

Meilinger, Phillip S. (1990): «The Air Force in the Twentyfirst Century: Challenge and Response», en *Airpower Journal*, nº 4

Moix, Llàtzer (2001): «¿Sólo las palabras?», *La Vanguardia*, sección cultura, domingo 23 de septiembre

Munné, (1974): *Grupos, masas y sociedades*, Barcelona, Ed. Hispano Europea

Rojas, Enrique (1998): «La personalidad ideal» en *Guía Práctica de Psicología*, dirigida por el Dr. Vallejo-Nágera, Madrid, Ed. Temas de hoy

Ruiz, Francesc, Sanz, Rosa, y Solé, Jordi (2001): *Diccionari de Sociolingüística*, Barcelona, Ed. Enciclopèdia Catalana

Sidorov, Gregory (2001): «Problemas actuales de la lingüística computacional», en *Revista Digital Universitaria*, 31 de marzo, vol.2, nº1

Sierra Caballero, Francisco (1998): «Sistemas de Información y Vigilancia. Nuevas tecnologías de la comunicación y control social», «Seminario Información y Propaganda de Guerra» *Programa Hispalense de Doctorado en Periodismo*, Dpto de Periodismo, Facultad de Ciencias de la Información de Sevilla

– (1998-2000): «La Propaganda», artículos del Módulo de Teoría Técnica de la Información Audiovisual, del *Master Universitario en Nuevas Tecnologías, de la Información y de la Comunicación*, Dpto de Periodismo, Facultad de Ciencias de la Información de Sevilla
– (2002): «Revolución Tecnológica y Sociedad de la Información», ídem anterior, ed. Electrónica
STUBBS, Michael (1983): *Análisis del discurso*, Madrid, Alianza Editorial
SUN TZU (1971): *The Art of War*, London, Oxford University Press
TERRÁDEZ GURREA, Marcial (2000): «Frecuencias léxicas y análisis estadístico» en *¿Cómo se comenta un texto coloquial?*, Barcelona, Ed. Ariel
VILLASANTE, Jesús (2002/3): *Protección Documental*, apuntes del *Programa de Pericia Caligráfica Judicial*, Barcelona, Universitat Autònoma de Barcelona
VIÑALS, Francisco y PUENTE, Mª Luz (2001): *Pericia Caligráfica Judicial. Práctica, casos y modelos*, Barcelona, Editorial Herder
– (1999): *Psicodiagnóstico por la Escritura. Grafoanálisis transaccional*, Barcelona, Editorial Herder

Capítulo IV

BASES PRÁCTICAS DEL GRAFOANALISTA

Tu es ille vir
Tú eres ese hombre
Nathan

La Grafología es una de las armas secretas más utilizadas por los Servicios de Inteligencia, hasta la postal navideña más inocente ha podido ser registrada, archivada y analizada, y es por ello que al analista de escritos y documentos se le denomina también grafoanalista, pues una de sus principales misiones consiste en ofrecer el retrato de personalidad del autor, no ya por las expresiones y composición del texto como hemos visto antes, sino por el estudio del gesto gráfico, esto es, por las técnicas grafopsicológicas.

1. GRAFOLOGÍA

(Para mayor información sobre los antecedentes históricos de esta ciencia, sus maestros y aportaciones, consúltese nuestras obras: *Psicodiagnóstico por la Escritura. Grafoanálisis Transaccional,* Barcelona, Ed. Herder, 1999; y *Pericia Caligráfica Judicial. Práctica, casos y modelos*, Barcelona, Ed. Herder, 2001.)

1.1 Definición

Grafología significa, etimológicamente, ciencia que estudia el grafismo (grafos: escritura / logos: ciencia); siendo en función de la orientación disciplinar de dicho estudio la razón por la que surgen las diversas especialidades grafológicas. En alguna de ellas (Grafofisiología, Grafología Médica, Pericia Caligráfica...) se aplica la metodológica grafológica neutra, es decir, se analizan los aspectos y subaspectos gráficos, empleándose la terminología grafológica, sin que por ello se requiera la interpretación psicológica que se derive de ello.

1.2 Objeto de estudio

El objeto de estudio de la Grafología es la escritura manuscrita (representación de palabras e ideas a través de símbolos gráficos) o *grafismo*, este tecnicismo incluye en sentido más amplio, cualquier manifestación gráfica (legible o ilegible): signos de puntuación, lenguaje matemático, garabatos, rúbrica...

Desde la perspectiva grafológica se entiende por escritura –acto neuromuscular y psíquico– una condensación de gestos físicos voluntarios que a través de un proceso semiinconsciente de aprendizaje, se interioriza, se va automatizando y personalizando debido a una serie de condicionamientos biológicos, y a la suma de experiencias socioculturales (2001).

La escritura: variable interviniente en la adquisición de funciones cognitivas superiores.

La *Psicología Cognitiva,* desde el enfoque de la individualidad, y la *Antropología Cognitiva* incidiendo sobre el grupo humano, analizan la psique humana y los procesos cognitivos a través de los cuales ésta funciona; siendo significativos los estudios interculturales realizados por la Antropología Cognitiva, sobre la escritura como variable interviniente en la adquisición de procesos cognitivos superiores, como el pensamiento abstracto.

La Antropología Cognitiva se centra en el análisis de las estructuras mentales, de los procesos mentales –no en el contenido del pensamiento– por medio de los cuales el hombre percibe, clasifica, categoriza e interpreta su ambiente ecológico, social y cultural (Buxó, 1998).

El mundo objetivo no existe como tal, sino que el hombre siempre realiza una interpretación, el sujeto no percibe sino que apercibe (percepción subjetiva), tal como se ha constatado en neurofisiología, la percepción no se limita a una recepción pasiva de los estímulos exteriores, sino que es un proceso activo, es decir, que el individuo busca la información, selecciona, prioriza, y confronta con sus experiencias anteriores (Luria, 1985; Smith, 1977; Springer y Deutsch, 2001); y este aspecto selectivo y de orientación viene determinado por su aprendizaje social, por tanto, lo que ve y observa a su alrededor, está mediatizado por un filtro cognitivo que es lo que le da sentido, y que se llama cultura («un todo percibido subjetivamente») (Levi-Strauss,1984); por lo que el conocimiento que obtenemos de nuestro entorno siempre es histórico y cultural, es decir, está sujeto a un marco referencial (espacio-tiempo), lo que le hace ser relativo, en el sentido de que no agota la realidad del objeto en su totalidad, la verdad absoluta no existe, o es imposible aprehenderla, puesto que es más amplia que la imprescindible limitación que imponemos sobre ella para poderla asir, trabajarla y llegar a su comprensión.

Y la finalidad de la Antropología Cognitiva, es descubrir cómo el ser humano construye su realidad y a partir de que elementos. En fin, lo que imagina sobre la naturaleza, su entorno social, etc..., es decir, todas las elucubraciones simbólicas que le permiten aprehender su universo y resolver sus interrogantes (Sperber, 1978). Los patrones de realidad se construyen a partir de los estímulos que provienen del exterior, deduciendo posteriormente sus conclusiones. Este proceso mental es utilizado por todos los hombres, siendo similar tanto en las sociedades actuales «primitivas» como en las tecnificadas; puesto que existe una unidad psíquica a nivel neuroanatómico, y lo único que varía es el contenido, el significado que está en función de la cultura. (1998)

Las diferencias existentes entre el pensamiento primitivo y el denominado por Levi-Strauss (1984) culturado («domesticado en vistas a obtener un rendimiento») radican en el empleo de estrategias distintas para hacer inteligible el mundo; aunque ambos se basan en la misma clase de observaciones mentales y realizan por igual una objetivización del entorno mediante una ordenación sistematizada, clasificada y conceptual. El elemento que les distingue está por tanto, en la manera divergente de ordenar y clasificar, es decir, en las reglas de procedimiento que se usan para pensar, entendiendo por éstas una actividad mental encaminada a resolver un problema. Las taxonomías primitivas se fundamentan en cualidades que son vistas y experimentadas de forma inmediata (imágenes sensibles-realidad concreta) en contraposición a las del pensamiento moderno que nacen de las relaciones inferidas (teórico-abstracto).

Las diferencias que observamos en los procesos intelectivos entre distintas culturas no hacen referencia a desigualdades en las facultades mentales, no obedecen a que algunos pueblos tengan una incapacidad por su estructura mental –una deficiencia orgánica– ya que todos los seres humanos estamos dotados de las mismas capacidades neurológicas; sino que las diferencias de los estilos cognitivos proceden de sistemas educativos que permiten alcanzar capacidades cognitivas diferentes, puesto que las actividades humanas determinan la configuración mental de los individuos, en relación a los hemisferios cerebrales preferentes y sus especificaciones mentales (asimetría hemisférica) Así pues, la sociedad occidental, haciendo hincapié sobre una serie de operaciones intelectivas (lectura, escritura, cálculo...) favorece el desarrollo del hemisferio izquierdo en contraposición al derecho, propio de otras culturas y civilizaciones. (2001)

La alfabetización y la escritura es la base para crear nuevas formas de pensamiento, permite una agilización de la mente (flexibilidad y velocidad), obliga a aprender fuera del contexto, a separar la idea del referente (abstracción), distancia el hombre de sus actos (reflexión), crea la noción de tiempo lineal, objetiviza y posibilita una economía mental al no tener que memorizar, orientando este esfuerzo intelectual hacia otras competencias. La escritura incide directamente en la constitución de un pensamiento teórico, explícito, abstracto-conceptual, secuencial (lineal) y temporal, que emplea la lógica formal como técnica resolutoria. En contraposición, los pueblos sin escritura tienden al pensamiento concreto, implícito, sintético (asociativo), simultáneo (multifacético) y espacial; dirigiendo su razonamiento por la vía de la intuición y el sentido común; siendo por tanto, pre-lógicos –respetando el término propuesto por Levi-Brul, pero no su sentido de ilógicos– al no integrar la lógica (la nuestra) a su razonamiento (1998).

Debe entenderse la escritura como clave en el desarrollo de procesos cognitivos superiores que nosotros disponemos, como por ejemplo la abstracción formal, que es un ingrediente esencial y específico de nuestra forma de pensar, y del que carecen los pueblos ágrafos, éstos no alcanzan la lógica formal, porque su mentalidad se cierra y estabiliza antes de lograrla, a no ser que posean otros sistemas alternativos que posibiliten un acercamiento a la citada abstracción, como sucede entre los pueblos de tradición ceramista, a travès del manejo y dominio de las dimensiones geométricas (Buxó).

Pero el hecho de que los pueblos primitivos no lleguen al mismo nivel cognitivo que nosotros no es indicativo de inferioridad mental; los estudios realizados sobre sus complejos sistemas lingüísticos, cosmológicos, sus profundos conocimientos técnicos sobre la naturaleza (de hecho la industria farmacológica occidental ha expoliado el bagaje cultural de los indígenas amazónicos), sus representaciones simbólicas y su extraordinaria orientación espacial ponen de manifiesto una mente sistemática y metódica (Malinowski, 1985), donde algunos procesos cognitivos superiores se encuentran altamente perfeccionados, como son entre otros la percepción sensorial (fuerza de los sentidos vividos como unicidad) y la memoria, ésta última ayudada en muchas ocasiones por estrategias mnemotécnicas –algunas muy cercanas a la escritura como la representación de dibujos de los *dogon* en Mali, las marcas realizadas en bastones en la Polinesia, el quipú de los Andes (cuerda gruesa a la que se anudan unos nudos de colores)– lo que les permite conservar igualmente su tradición oral (Vansina, 1966).

La cognición no es algo rígido e inflexible, sino un proceso dinámico que se va elaborando continuamente, por lo que con un uso consciente y a través de otro sistema educativo donde se incorpore la enseñanza de la escritura, cualquier grupo humano puede conseguir la abstracción formal, pues no existe ninguna incapacidad orgánica, en su estructura mental, únicamente razones puramente histórico-culturales son las que intervienen en dicho proceso (Goody, 1989).

1.3 Especialidades Grafológicas

La Grafología como disciplina científica se divide en las siguientes especialidades:

1. Grafología Fisiológica; 2. Grafología Médica; 3. Grafometría; 4. Grafología Emocional; 5. Grafología Judicial o Forense; 6. Grafología Empresarial y Social; 7. Grafología Infantil o Paidografología, y 8. Grafopsicología.

(Para más información sobre autores y estudios de cada una de las especialidades consúltese nuestra obra: *Pericia Caligráfica Judicial. Práctica, casos y modelos*, Barcelona, Ed. Herder, 2001.)

1.3.1 GRAFOLOGÍA FISIOLÓGICA

Estudia los movimientos gráficos y su origen cerebral.

1.3.2 GRAFOLOGÍA MÉDICA

Trata sobre el diagnóstico y seguimiento de algunas enfermedades o alteraciones de salud. A continuación exponemos un ejemplo práctico de investigación grafológica médica (FIG. 4.1.)

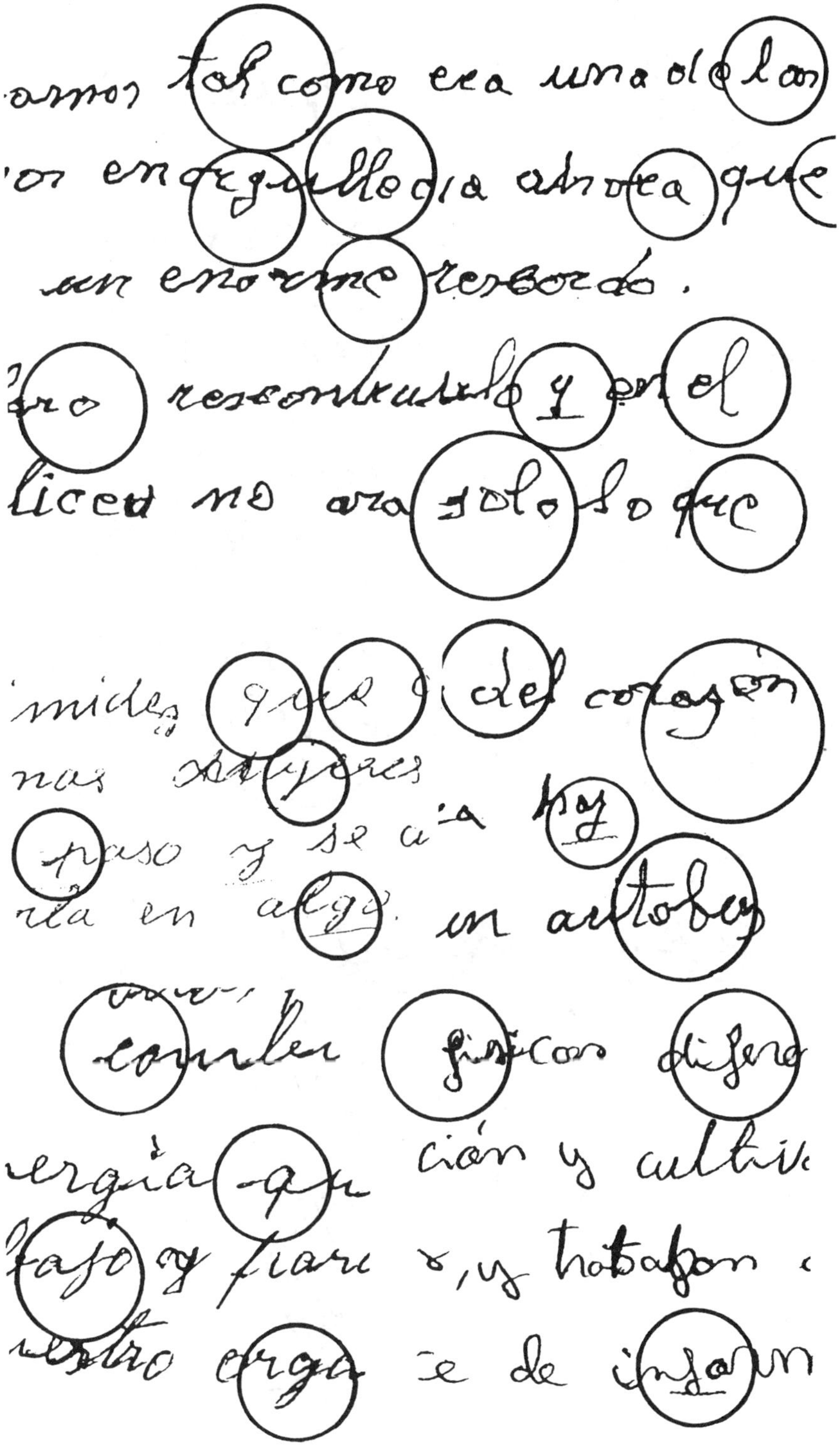

FIG. 4.1a. Rasgos más destacados en los enfermos del riñón.

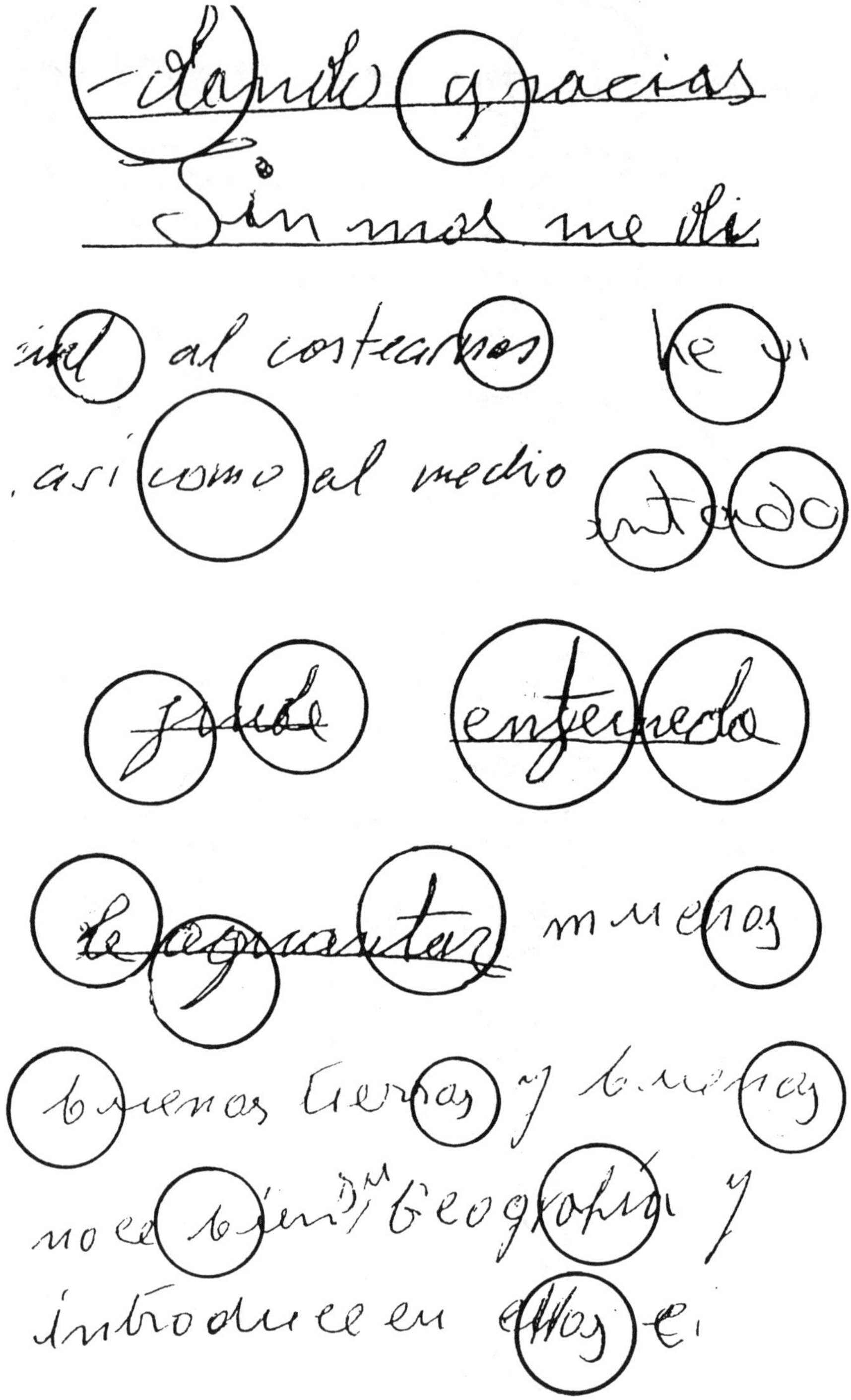

FIG. 4.1b. (Continuación).

Investigación sobre rasgos grafológicos propios de los enfermos del riñón (pacientes en diálisis):

Presentación: Se ha efectuado un estudio comparado sobre manuscritos de enfermos del riñón (pacientes en diálisis) a fin de poder obtener los principales parámetros que pudiera reflejar dicha enfermedad en la escritura.

Equipo de Investigación: El equipo de investigación ha estado compuesto por los autores de esta obra y la Criminóloga Angustias Gómez-Landero.

Metodología: Para efectuar dicho estudio se preparó una encuesta a presentar en Centros Hospitalarios donde existieran pacientes ingresados con motivo de enfermedades del riñón y concretamente con tratamiento de diálisis, a fin de que voluntariamente se prestaran a facilitar una muestra de su escritura que resultara suficiente (unas quince líneas) y firma. De los resultados obtenidos, se separaron los que no reunían las condiciones precisas, por ejemplo: los que habían sido rellenados por familiares o persona distinta, o bien tenían al propio tiempo otro tipo de enfermedad, quedando por último 17 muestras aceptables, sobre las que se ha efectuado el correspondiente grafoanálisis.

Observación importante: Puesto que el examen se realiza sobre manuscritos alterados por enfermedad, podría confundirse el valor temperamental y caracterológico ya que las puntuaciones quedan asimismo muy condicionadas al potenciarse excesivamente los rasgos o parámetros relativos a la enfermedad, por ello el estudio se ha ceñido a comprobar precisamente las características gráficas homólogas que refleja la enfermedad del riñón (pacientes en diálisis).

Dominantes coincidentes:

Orden espacial: Margen derecho muy irregular, bolsas de espacio blanco o denominadas popularmente: «fantasmas».

Presión: Presión alterada, irregular, acerada, torsiones, brisados, profundidad, calibre y relieve desiguales.

Ejecución: Formas caligráficas, redondas, alteradas con ángulos.

Velocidad: Pausada a lenta (con inhibiciones).

Dirección lineal: Desigual o alterada (ascendente-descendente o serpentina).

Continuidad: Retoques.

Gestos Tipo Coincidentes:

- Óvalos abollados, triangulaciones, deformaciones-torsiones-brisados.
- Hampas, crestas o palotes torsionados en zona media y con caída levógira (hacia la izquierda).
- Jambas o pies torcidos levógiramente o acortadas.
- Rasgos iniciales innecesarios.
- Finales subterráneos y acerados.

Resultados: (parámetros gráficos básicos de los enfermos del riñón en diálisis)

95% Presión alterada, irregular, acerada, torsiones, brisados, profundidad, calibre y relieve desiguales

95% Óvalos abollados, triangulaciones, deformaciones, torsiones, brisados

80% Jambas torcidas levógiramente o acortadas

80% Hampas, crestas o palotes torsionados en zona media

80% Formas caligráficas, redondas, alternadas con ángulos

80% Margen derecho muy irregular; «fantasmas»

80% Dirección Lineal desigual (alterada)

75% Continuidad con retoques

70% Finales subterráneos y acerados

70% Rasgos iniciales innecesarios

70% Velocidad pausada a lenta

Conclusiones:

Los detalles gráficos más importantes que se observan en este tipo de enfermos están principalmente relacionados con la alteración del parámetro de la pre-

sión. Lo que a primera vista ya se detecta es la coloración desigual (nutrición alterada) como causa del problema circulatorio o toxicidad, propio de la disfunción de los riñones que no filtran bien las impurezas, que quedan depositadas en la sangre.
En un segundo término, notamos dos alteraciones que corresponden más al estado anímico que a la propia enfermedad, se trata de la desigualdad en la orientación o dirección lineal y las bolsas blancas o «fantasmas» en el margen derecho, por angustia directamente vinculada al porvenir, al futuro, estado anímico fluctuante con caída depresiva.
En el examen grafonómico profundo entresacamos como gestos-tipo habituales, los que tienen relación con la presión alterada, pero específicamente en la zona media de las hampas, crestas o palotes, las torsiones levógiras de las jambas, las deformaciones de los óvalos, quedando abollados o bien en triángulo, con posibles apoyos puntuados, retoques, etc., y, por último, sin que tenga tanto que ver con la presión, unos pequeños excesos a modo de rasgos iniciales innecesarios y finales subterráneos que normalmente son acerados.

1.3.3 GRAFOMETRÍA

Realiza valoraciones estadísticas de los signos gráficos, utilización informática.

Su aplicación como método en pericia caligráfica se ha demostrado siempre limitado y erróneo, pero en Grafoanálisis tipológico de la personalidad ha sido muy efectiva; cabe destacar la labor de Josep Sadurní Villaronga, autor junto al profesor Augusto Vels del Método Vels de Grafoanálisis informatizado.

1.3.4 GRAFOLOGÍA EMOCIONAL

Consiste en la detección de emociones por el contenido de lo escrito. (Véase el desarrollo de dicha especialidad en el capítulo VI: «Aplicaciones Grafopsicológicas en el ámbito de la Inteligencia».)

1.3.5 GRAFOLOGÍA JUDICIAL O FORENSE

a) Análisis de características de valor criminológico en la escritura.
b) *Pericia Caligráfica:* Identificación de la autoría de los grafismos, cotejo de letras, anónimos, falsificaciones, etc.

(Véase teoría y práctica de dicha especialidad en el capítulo VII: «El Examen Pericial Caligráfico».)

1.3.6 GRAFOLOGÍA EMPRESARIAL Y SOCIAL

Se centra en la gestión de recursos humanos, orientación y selección de personal, valoración de cargos, liderazgo, promoción.
(Véase capítulo V: «El analista consultor en reclutamiento y selección de personal».)

1.3.7 GRAFOLOGÍA INFANTIL O PAIDOGRAFOLOGÍA

Abarca el estudio sobre la infancia y la edad evolutiva, y constituye una de las especialidades más difíciles dentro de la Grafología científica. (Para profundizar en esta especialidad, recomendamos las obras de los Profesores Silvio Lena, Pacífico Cristofanelli y cols.)

La profesora Mariluz Zamora, que fue docente de esta especialidad en la Universidad Pontificia de Salamanca, se ha basado en la Escala E que construyó H. de Gobineau y R. Perron como derivación de las investigaciones practicadas en el Hospital Henri Tousselle, bajo la dirección de J. de Ajuriaguerra. Según explica, se trata de una escala calculada estadísticamente sobre la evolución de la escritura, por lo que se puede identificar la edad grafomotora del niño y compararla con la norma que se indica en la escala para su edad cronológica.

Los ítems de que consta la escala son catorce relativos a la Forma, denominados «F» y dieciséis de Motricidad «M», existiendo un pequeño cambio en los baremos por sexos, pues las niñas, en algunos aspectos, son más adelantadas que los niños.

Una vez valorada y puntuada la escala según sus indicaciones grafométricas se puede detectar un problema, o bien comprobar su normalidad:

E = EF + EM

- Si EF > EM el problema es afectivo
- Si EF < EM el problema es motriz

El primer paso que sugiere la profesora Zamora en Grafología Infantil es «cambiar de clavija» esto es, olvidarse de los planteamientos grafonómicos propios de la escritura de los adultos y mentalizarse de que, en los niños existen una serie de elementos gráficos cuya alteración no cuenta en el valor negativo que se atribuiría a un adulto, por lo tanto hay que ceñirse a unos grados progresivos de normalidad y para ello deben diferenciarse tres etapas con unas características gráficas peculiares; estas etapas son las siguientes:

1ª) Fase precaligráfica (antes de adquirir la escritura)
2ª) Fase caligráfica infantil
3ª) Fase postcaligráfica

Ejemplos prácticos de cada fase. (FIGS. 4.2. y 4.3.)

EVOLUCIÓN DEL NIÑO EN LA ESCRITURA

Antes de la primera etapa: El niño inicia garabatos

Luego secuencias 

Antes de los 2 años tendría dificultad en dibujar el círculo, y hacia los 3 años puede empezar a copiar letras.

<u>1º) FASE PRECALIGRÁFICA</u>: A los 5 años se inicia en la escritura y esta fase dura normalmente hasta los 8 o 9 años. Se caracteriza por:

-Roturas en las letras: 

va levantando el bolígrafo

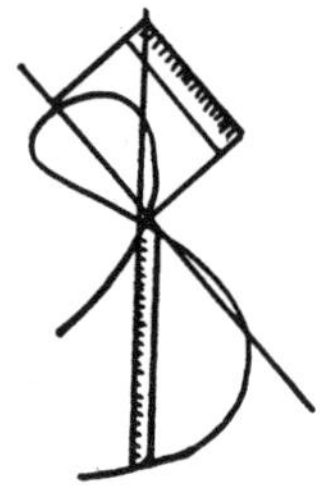

-Arqueamientos (por blandura, falta de control):

ejes

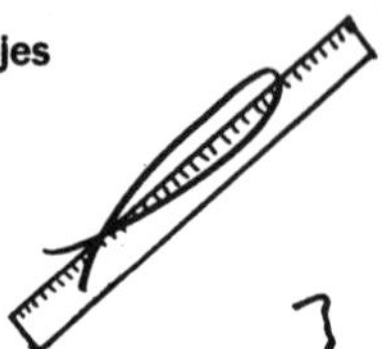

arqueada

-Temblores: 

(falta de control de la mano)

-Curvas abolladas: 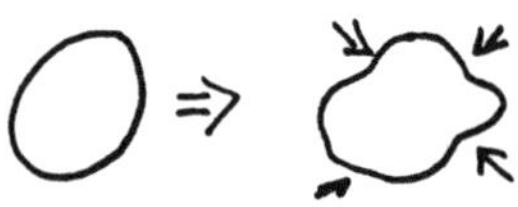

como una olla cuando se le da un golpe o cae.

Éste óvalo es aplastado (no abollado)

-El tamaño y la inclinación son irregulares:

(es normal por la falta de control motriz)

-Las uniones de las letras son torpes. Es normal encontrar reenganches:

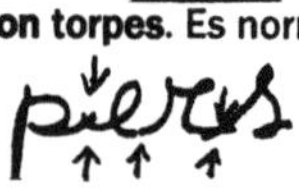

ó bien que se produzca una unión artificial, lenta o insegura (cuando p.e. se para un rato y luego sigue).

-Las líneas pueden estar rotas (se denomina así cuando la palabra forma ángulo):

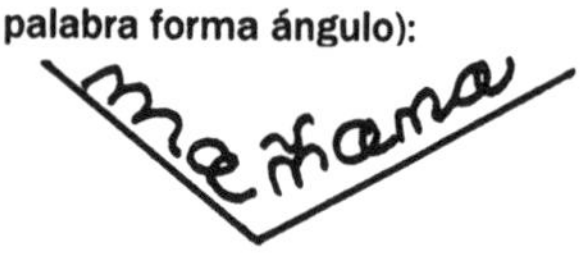

-Márgenes irregulares o excesivos o desordenados:

P.e.: Se llena todo el papel
Se empieza en un sitio y se sigue en otro
Ocupación de toda la hoja

FIG. 4.2a.

2º) FASE CALIGRÁFICA: Entre los 9'5 y 10 años y dura aproximadamente hasta los 12 años.

Su característica fundamental es que: -Se imita perfectamente el modelo-:

-Lineas rectas (no hay ondulaciones ni roturas).

-Se unen las letras, pero sin modificar la forma:

antes:  después:  Las uniones son como Dice el modelo 

-Los márgenes están bien cuidados (respeta ya los márgenes como el adulto).

3ª FASE POST-CALIGRÁFICA: Se inicia aproximadamente a los 12 años, hasta aproximadamente los 16 años (donde ya se iniciará la escritura de la persona adulta).

En esta fase el niño tiene bien asumido el modelo y ya ha adquirido el suficiente control motriz para transmitir lo que ve con los ojos; la percepción es buena y controla bien la mano para reproducir exactamente la realidad. Existe pues una buena coordinación Ojo/mano, buen control motriz.

La principal característica en esta fase es que va incorporando cosas personales:

-Se simplifica la letra, se le quitan adornos: 

-La escritura se hace menos legible (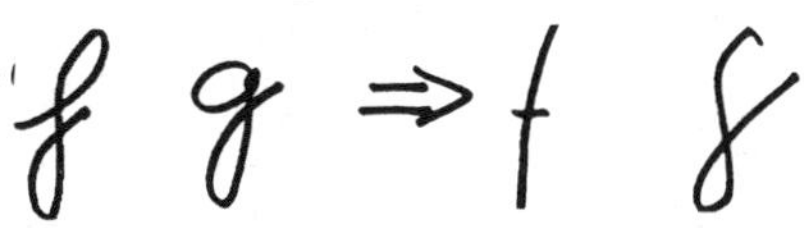

-Van apareciendo rasgos personales. En esta etapa al niño ya no le preocupa si mueve la mano, ahora se preocupa de desarrollar la inteligencia que empieza en lo concreto y termina en lo teórico-abstracto. El grado de escolaridad influye también mucho, así como las características personales y familiares.

FIG. 4.2b.

FIG. 4.3a.

FIG. 4.3b.

El papel de la motricidad fina en la acción escritural
(D. Gudiño)

La específica coordinación muscular –hombro, codo, muñeca, manos y dedos– que exige la acción escritural (Ajuriaguerra, 1984) requiere de un desarrollo armónico entre la *motricidad gruesa* adquirida en el infante a través del juego: correr, tomar, lanzar y saltar... (Gross, 1930; Osterrierth, 1981) y, la motricidad fina, que implica la habilidad con los dedos y se consigue a través del dibujo, coloreo y los primeros trazos, lo que permitirá en el futuro, los movimientos precisos para sostener y manejar el útil inscriptor y ejecutar adecuadamente el grafismo (Lerner, 1993). La práctica continuada supone un progresivo control del niño sobre estas actividades motoras, en cuanto a su selección, realización e inhibición voluntaria (Wallon, 1974); siendo muy gratificante para él, no sólo por la recompensa de padres y profesores (extrínseca) sino al ser consciente de su propio poder (retroalimentación intrínseca) (Grace, 1981). Cuando ciertos condicionamientos psicosociales (pobreza, marginación, familias desestructuradas...) restan al niño la atención necesaria, impidiéndole su maduración, se aprecian importantes déficit en la adquisición de estas *destrezas psicomotoras* indispensables para su evolución mental. Las dificultades en la ejecución correcta de los trazos (motricidad fina) puede ser superada mediante un programa de ejercitación físico-motora combinado con reforzamientos sociales que contribuirán a modificar la conducta escritural. En este sentido, existen diversos programas utilizados en educación primaria que obtienen excelentes resultados con una serie de ejercicios tales como a) movimientos gráficos rectos y circulares, de abajo hacia arriba, de izquierda a derecha mediante el seguimiento de puntos y conclusión de figuras inacabadas (el seguimiento de punteado en figuras geométricas –triángulos, cuadrados, rectángulos y círculos– y completar figuras geométricas, vocales, consonantes, números y dibujos punteados); b) el escrito de palabras (copia y dictado); c) actividades como asir y transportar –con ambas manos, la derecha y la izquierda sucesivamente– recipientes llenos, de diversas dimensiones, sin volcar su contenido, o colocar pinzas con la mano derecha y la izquierda alternativamente en tendederos de diversas alturas (Myers, 1991).

1.3.8 GRAFOPSICOLOGÍA

1.3.8.1 Denominación

Término moderno acuñado por el grafólogo italiano Marco Marchesan, que ha obtenido una mayor aceptación entre los profesionales, aunque existen igualmente otras denominaciones para referirse a la disciplina, como por ejemplo, *Psicografología* por el Padre Girolamo Moretti, y *Psicología de la Escritura* por Wilhem Preyer, Robert Saudek y Jean Charles Gille. Se suele identificar a nivel profano con Grafología, empleando el nombre de ésta como sinónimo, de hecho si se consulta con el Diccionario de la Real Academia de la Lengua Española (2001), y se observa la definición del vocablo grafología: «arte que pretende averiguar, por las particularidades de la letra, cualidades psicológicas de quien la escribe», se aprecia esta confusión terminológica. Ciertamente es indisoluble su vínculo con la Grafología, si bien la Grafopsicología es una de sus especialidades, sin lugar a dudas la más conocida, pero no la única.

Ejemplos de la cronología grafoescritural de la infancia a la senilitud. (FIG. 4.4.)

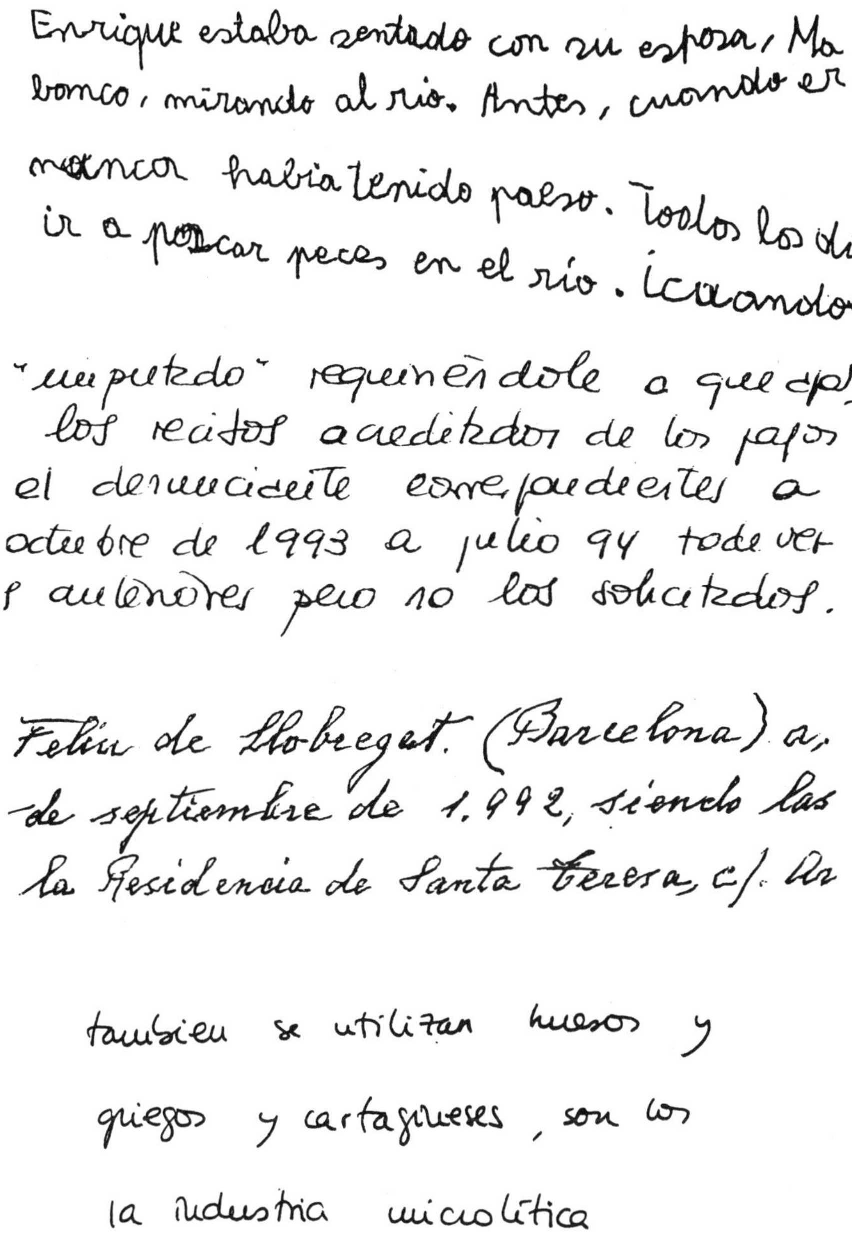

FIG. 4.4. La escritura de arriba corresponde a un niño de 10 años, los rasgos de inmadurez son todavía normales, la segunda a una mujer de unos treinta y cinco años con estudios universitarios, domina bien la grafía en el espacio, con progesión; la tercera pertenece a una señora de unos ochenta años con alteraciones de la ancianidad y enfermedades. Por último la cuarta es una niña de 15 años superdotada; véase la madurez y fluidez grafoescritural superior a su edad, destacándose las inteligentes simplificaciones.

Cada vez resulta más difícil identificar escritura con su sexo correspondiente al género reflejado.

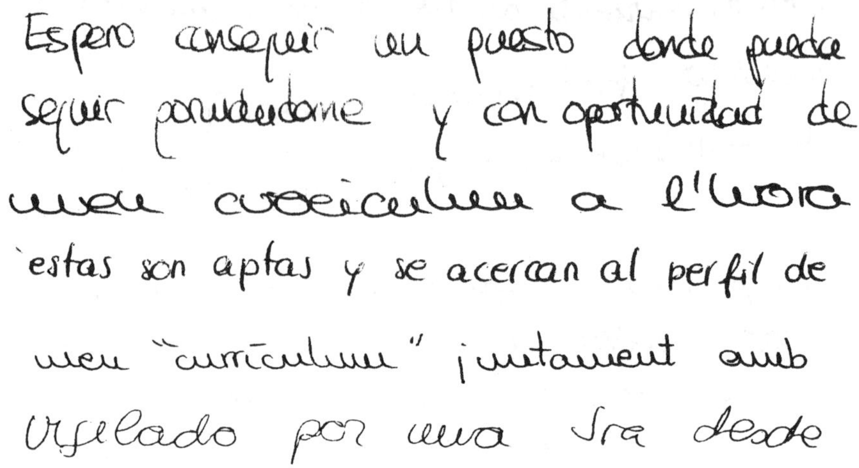

1 a 5, escrituras de mujeres (propias de su género).

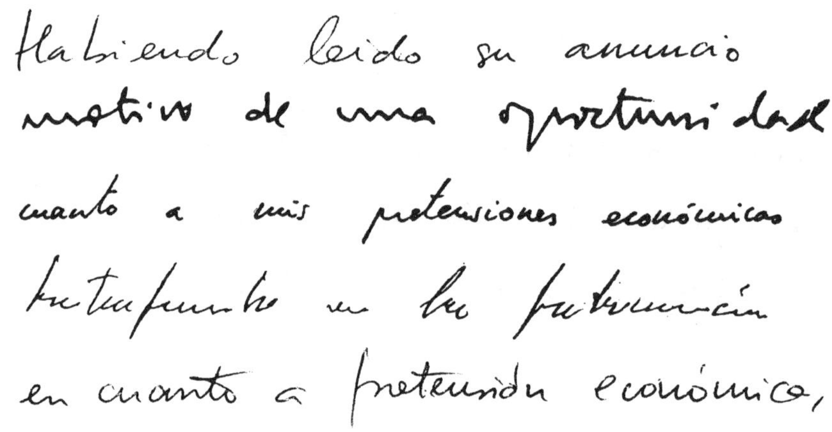

6 a 11, escrituras de hombres (propias de su género).

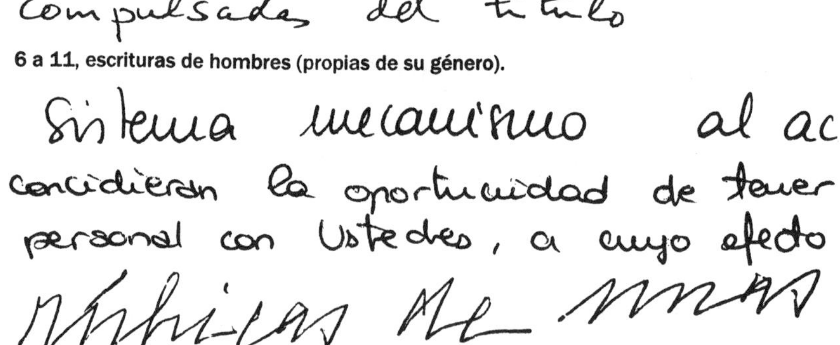

12 y 13, excepciones. Hombres con predominio de "ánima" (Jung).
14, mujer predominio de "ánimus" (Jung).

FIG. 4.5a. Ej. de escritura y género femenino-masculino (ánima-ánimus de Jung).

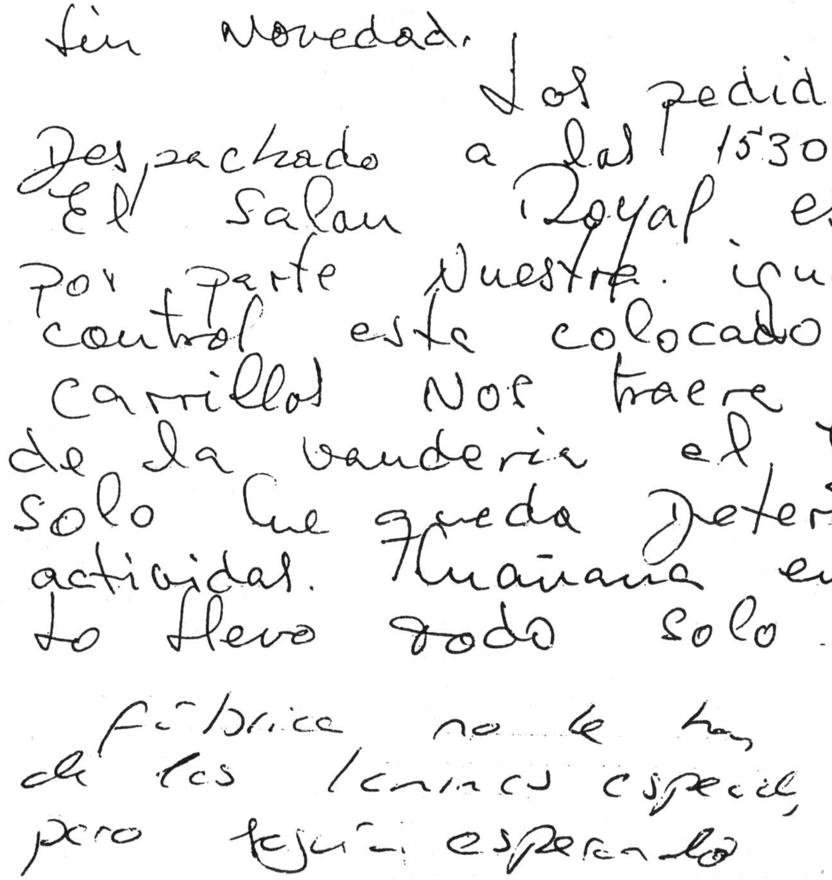

Arriba: Pareja de hombres adultos homosexuales (el primero es muy femenino pero domina la voluntad del segundo –flojo y sugestionable–).

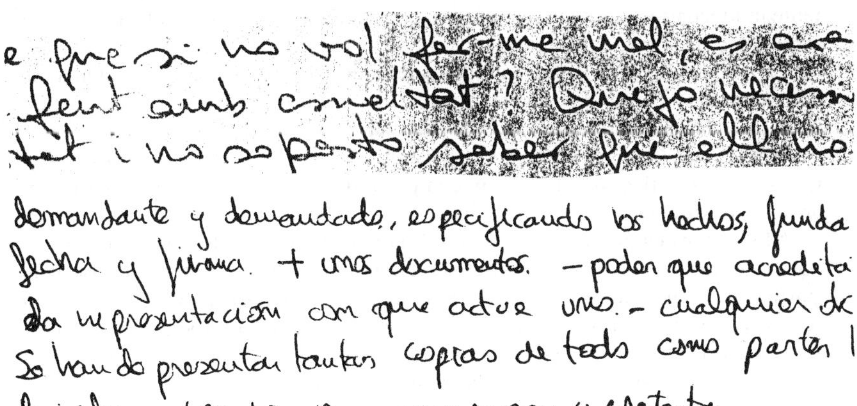

Pareja de hombres jóvenes hosexuales (el primero, fuerte, se impone al segundo, débil y femenino).

FIG. 4.5b.

1.3.8.2 Definición

La Grafopsicología consiste en el estudio y aplicación del conjunto de técnicas grafológicas avanzadas orientadas a una interpretación científica de la personalidad a través de la escritura manuscrita y de manera auxiliar por el garabato y el dibujo. Al igual que la Psiquiatría y las Psicologías dualistas atiende a la representación gráfico-motriz (escritura) de la actividad mental como indicador de estados psicológicos, contrariamente a las psicologías materialistas que rechazan la noción de mente.

Grafología versus Psicología conductista

Las difíciles relaciones existentes entre la Grafología y la actual corriente hegemónica en Psicología, el conductismo –en detrimento de las denominadas escuelas mentalistas como son el psicoanálisis, el cognitivismo, el introspeccionismo, etc...–, obedecen a planteamientos epistemológicos, metodológicos y técnicos contrapuestos.

La Grafología, al igual que la Psiquiatría con la que siempre ha mantenido excelentes vínculos, enriqueciéndose con las importantes aportaciones de renombrados profesionales, mantiene una concepción mentalista, dualista (mente y cuerpo) en contra del materialismo propuesto por la Psicología conductista que niega la existencia de la mente, psique, de la conciencia, de la introspección como algo intangible, como no perteneciente a lo físico.

La Psicología conductista desestima la idea de vida mental como algo trascendente a lo puramente orgánico, y rechaza por ello la base misma en la que se asienta la Psiquiatría, a saber: el estudio de las enfermedades mentales; al igual que lamenta el lastre que supone la utilización de términos psiquiátricos, de origen médico, en su propia especialidad, e incluso en su propia denominación –Psicología clínica, Psicoterapia–. Considera que la taxonomía médica es ineficaz, puesto que infiere juicios de valor, exponiendo como ejemplo, los vocablos: imbecilidad, idiotez, histeria, anorexia... que posteriormente son vulgarizados y utilizados en el lenguaje coloquial como insultos; y que además resultan completamente inadecuados, desde la perspectiva conductista, ya que son descriptivos y no funcionales (Delprato y Midgley).

La Psicología conductista, cercana a la biología, se define como la ciencia del comportamiento, entendiendo éste, en sentido amplio y abstracto. Es decir, incluyendo lo no observable: reflexión, introspección (lo que nosotros llamamos el mundo mental y ellos que desechan la existencia de éste: «comportamientos encubiertos»), y lo estático (no identifican comportamiento con acción, con movimiento corporal) (Skinner).

Ni siquiera es posible establecer cierta coincidencia de objetivos entre la Grafología y esta psicología conductista, en una expresión conductual observable a partir de la cual se deduce información real y tangible del sujeto, como es la acción escritural. En contraposición a la denominada «escuela metodológica conductista», la escritura no resulta de ningún interés para los seguidores del pensamiento de Skinner, pues no define la conducta en sí misma.

La identificación de rasgos gráficos –consecuencia del gesto– con sus contenidos psicológicos, en base al correlato neuromuscular gráfico y/o su transposición simbólica: espacial, zonal, formal, etc..., no explica para los conductistas la conducta en sí misma, porque ésta sólo puede ser explicable desde sí, y no en relación a otras variables ajenas a ella, como por ejemplo elucubraciones simbólicas, etc. (Gerardo Primero).

1.3.8.3 Ámbito clínico de aplicación

La Grafopsicología, empleada a modo de técnica proyectiva, se inserta en el marco de actuación general de la Psiquiatría con objeto de establecer un diagnóstico sobre el estado mental de los pacientes. Se considera un instrumento más de valoración de la personalidad incluida dentro de un protocolo científico que los psiquiatras siguen escrupulosamente al pie de la letra, paso a paso, denominado la *Exploración de los Síntomas Psicológicos o Psicopatológicos*

La Exploración de los Síntomas Psicológicos o Psicopatológicos se lleva a cabo por medio de entrevistas al paciente, familiares, amigos y compañeros de éste, además de entrevistas «diagnósticas», diferentes pruebas médicas, baterías de tests, e inclusive, el análisis de la escritura como método cualitativo, ofreciendo datos e información directa al profesional sobre el estado, el funcionamiento mental de la persona. Gran parte de esta metodología resulta asimismo aplicable al ámbito criminológico, especialmente en lo que se refiere a la entrevista con sospechosos (Comer, 1987).

Examen de los Síntomas Psicológicos o Psicopatológicos

(Vallejo Nágera, 1981) (Ey, H.; Bernard, P.; Brisset, Ch.., 1996) (Fadem y Simring, 1998) (Freedmand, Kaplan y Sadock, 1982) (Othmer, E.; Othmer, S., 1996) (Hales, R.; Yudofsky, S.; Talbott, J., 1996) (Kaplan y Sadock, 1989; 1996) (Usdin, G.; Lewis, J., 1983; 1996.)

EXAMEN DE LOS SÍNTOMAS PSICOPATOLÓGICOS

1. Presentación
2. Conducta / Actividad psicomotora
3. Biotipo
4. Lenguaje
5. Estado de conciencia
6. Estado de ánimo y afecto
7. Pensamiento:

7.1. Corriente de pensamiento:
   a) Productividad
   b) Naturaleza
   c) Procesos Asociativos con el lenguaje

7.2. Contenido de pensamiento:
   a) Preocupaciones
   b) Trastornos del pensamiento:
   - despersonalización
   - desrealización
   - ideas de referencia
   c) Trastornos perceptuales

8. Orientación
9. Memoria
10. Inteligencia
11. Concentración
12. Pensamiento abstracto
13. Juicio
14. Introspección

En esta exploración el psiquiatra evalúa los siguientes aspectos, entre otros:

1. Presentación:

Hace referencia a la primera toma de contacto, y los elementos que deben valorarse son entre otros:

I. El saludo.

II. El arreglo personal, nos da una primera pista sobre el estado mental de la persona, si es descuidado puede que atraviese una depresión. Un desorden en el vestir, puede ser indicativo por ejemplo, de una demencia, esquizofrenia, retraso mental..., por el contrario una euforia patológica puede traslucirse por una vestimenta muy juvenil, mucho maquillaje. Algo no consirado apropiado socialmente, porque los valores de «normalidad» /anormalidad« están en función de lo que se considera socialmente adecuado, por tanto *la anormalidad se entiende como una inadecuación a la realidad social* (1981; 1996).

III. La vestimenta:

a) La primera impresión visual nos indica a qué grupo social pertenece el individuo (clase social, tribu urbana, grupo marginal...), con lo cual ya obtenemos unas primeras coordenadas de comportamiento e incluso puede ser indicador junto a otros elementos de un trastorno de personalidad, una dificultad en las relaciones con los demás.

b) Observar la presencia de detalles incongruentes, por ejemplo, si un día de verano con un sol espléndido, el sujeto aparece vestido con una gabardina y paraguas, indica una patología; o un abuso de ornamentos –condecoraciones– puede ser revelador de una cierta megalomanía.

2. Conducta / Actividad psicomotora:

I. Control psicomotriz:

– Si presenta una agitación psicomotora, nerviosismo, inquietud.

– Inhibición psicomotora, movimientos enlentecidos, embotamiento.

– Gesticulación anormal (manierismos), tics y muecas, es lo que se conoce psiquiátricamente como movimientos anormales de la musculatura bucofacial (1996):

a) Pobreza mímica, por ejemplo: el semblante si es abierto/cerrado; animado/inmóvil, propio del melancólico; descompuesto, propio del demente.

b) Grandes manifestaciones emotivas (llanto, risa, cólera), o manifestaciones discordantes, ilógicas, fuera de lugar. Por ejemplo: mímica de los esquizofrénicos, risas inmotivadas de los catatónicos.

– Mirada (clara / sombría; huidiza / directa; fija / cambiante).

II. La actitud ante sí mismos (su problemática comportamental) (1981): Una hipocondría puede estar detrás de una preocupación muy excesiva por cuestiones banales, relacionadas con su salud, por el contrario, en un trastorno (histeria) somatomorfo, es lo que se conoce como la «bella indiferencia«, no conceden importancia a su enfermedad, a pesar de su gravedad, no les afecta en el ánimo.

III. La actitud ante el psiquiatra (1981) (1998):

– De tipo colaborador, en la que el sujeto se sienta, y concede ciertas prerrogativas, contesta todas las preguntas.

– Seductor hacia el psiquiatra, comportamiento abiertamente sexual, por ejemplo: mujer histriónica, o sociópata.

– Hostilidad, en la que el paciente permanece de pie, y contesta de mala gana como enfadado o no contesta, por ejemplo: sociópata.

– A la defensiva, es muy susceptible a todas las preguntas, se lo toma como algo personal.

3. Tipologías temperamentales:
Visualmente se puede clasificar a los sujetos de acuerdo a unas tipologías psicológicas que se basan en aspectos somáticos –biotipo– (constitución física) y psicológicos –psicotipo–.

4. Lenguaje
(1981)
Lenguaje y pensamiento son dos procesos cognitivos diferentes: si el pensamiento necesita al lenguaje para su concreción, éste no se reduce exclusivamente a ser una reproducción fiel del otro, aunque ambos se rijan por unas normas similares, y las irregularidades de un campo se reflejen en el otro:
A) Trastornos del lenguaje derivados por problemas neurofisiológicos:
- Afasia: dificultad para la comprensión y verbalización.
- Agrafía: incapacidad para escribir.
- Alexia: incapacidad para leer.

B) Anomalías lingüísticas indicadoras de trastornos mentales y/o alteraciones del pensamiento, tales como:
B-1. *Inabordabilidad:* negación a hablar.
B-2. *Semi-abordabilidad:* deseo de hablar imposibilitado, uso exclusivo de monosílabos.
B-3. *Reticencia:* imposibilidad de trata ciertos temas determinados (presume un conflicto psíquico).
B-4. *Musitación:* tono de voz casi inaudible (propio del esquizofrénico).
B-5. *Verborrea:* discurso descontrolado (euforia propia de episodios maníacos), también puede vincularse a la *taquipsiquia* o *pensamiento rápido* (hipertiroidismos maníacos), y /o al *pensamiento ideofugitivo*, con gran cantidad de ideas en un espacio de tiempo muy breve.
B-6. *Lenguaje viscoso:* uso reiterativo de los mismos términos y expresiones, puede relacionarse con el pensamiento:
I) *Perseverante:* reiteración constante sobre la misma idea (propio del obsesivo).
II) Una derivación de la perseveración es la *prolijidad*, caracterizada por larguísimos circunloquios, descripciones farragosas y pormenorización de detalles.
B-7. *Lenguaje incoherente:* ininteligible (propio de los esquizofrénicos).
B-8. *Lenguaje disgregado:* fragmentado el continuum significativo, a veces puede asociarse a la fuga de ideas.
B-9. *Neologismos:* palabras nuevas inventadas mayormente por el esquizofrénico.
B-10. *Estereotipias verbales:* abuso patológico de muletillas, es decir, intercalado reiterado de frases o palabras innecesarias.

5. Estado de conciencia:
Estado de conocimiento subjetivo y respuesta apropiada a los estímulos externos. Alteraciones: *desorientación, confusión, obnubilación, sopor, somnolencia, delírium, estado crepuscular* (alucinaciones), *estupor, estado oniroide (epilepsia psicomotora), coma, síndrome del anochecer* (situación nocturna provocada por la medicación sedante).

6. Estado de ánimo y afecto:

I. Ánimo: sentimiento de placer y displacer por el cual una persona se experimenta a sí misma, el mundo externo y las reacciones a ambos. Relacionado con el caudal energético del sujeto y su capacidad para el impulso activo y resistencia al esfuerzo (Marina y López Penas, 1999).
Dimensiones: –Calidad; –Estabilidad; –Reactividad; –Intensidad; –Duración.
Tipos: Disfórico, eutímico (constante en la medianía), expansivo, irritable,

variable, elevado, eufórico, júbilo, éxtasis, depresión, anhedonia (pérdida del sentido del placer), duelo, alexitimia (incapacidad para reconocer el estado anímico propio), ideación suicida.

II. Afecto: expresión externa (audible y visual) de la reacción emocional del sujeto a los estímulos, por ejemplo: el miedo es una reacción emocional frente a un peligro. Entendiéndose por *emoción*, la sensación física cuyo origen viene determinado por la necesidad del sujeto para su supervivencia, de reaccionar de forma activa ante cualquier cambio (reflejo de orientación de Pavlov). Al aumentar su grado de complejidad, se van distinguiendo diversas formas de sentir, y cuando éstas se racionalizan, se incluyen en el ámbito de los sentimientos, siendo éstos, en palabras de Marina y López Penas «el paso de la experiencia física (emociones) a lo psíquico» (sentimientos).
Dimensiones: Calidad; Intensidad; Duración; Congruencia.

Tipos: Afecto apropiado, inapropiado, embotado, constreñido (reducción de la expresión afectiva), aplanado (ausencia), labilidad afectiva (variable).

7. Pensamiento:

A través del lenguaje se manifiesta el proceso mental, siendo ambos procesos cognitivos diferentes –a tener muy en cuenta–, a veces se desarrollan en paralelo y en otras ocasiones las funciones se disocian, así mientras el pensamiento actúa correctamente sin embargo en el lenguaje se observan dificultades y viceversa:

7.1. Corriente de pensamiento: (1982)

a) Productividad :

* *Bradipsiquia*, pensamiento lento
* *Taquipsiquia*, pensamiento rápido, propio de los maníacos
* *Inhibido*, lento y fatigoso, incapacidad de pensamientos nuevos
* *Interceptado*, se corta el pensamiento y así lo manifiesta de inmediato el lenguaje
* *Pensamiento ideofugitivo*, gran cantidad de ideas en poco tiempo

b) Naturaleza : (1981)

* *Perseveración*, reiterar sobre una idea concreta o grupo de ideas
* *Prolijidad*, forma de perseveración, el paciente realiza largas descripciones por su incapacidad para resumir, le es imposible distinguir lo fundamental de lo accesorio

c) Procesos asociativos con el lenguaje:

7.2. Contenido de pensamiento:

a) Preocupación / tendencia del pensamiento (paranoide, suicida, homicida)

b) Trastornos del pensamiento: egomanía, monomanía, hipocondría, obsesión, compulsión, coprolalia (empleo compulsivo de palabras obscenas), noesis (iluminados), fobias: específica, social, acrofobia (vértigo), agorafobia, algofobia (al dolor), ailurofobia (a los gatos), eritrofobia (al color rojo), panfobia (generalizado), claustrofobia, zoofobia, aguja...

b-1) Despersonalización

b-2) Desrealización

b-3) Ideas delirantes, ideas que no son lógicas, y que no son creencias culturales, ni compartidas socialmente. Se distinguen los siguientes tipos: delirio extravagante, sistematizado, congruente / incongruente (con el ánimo), nihilista (apocalípticos), de ruina (económica), somático, de autoacusación, de control, erotomanía (los demás se enamoran de él/ella), pseudología fantástica (mentiras que terminan creyéndose), delirio paranoide: de persecución, de grandeza, celotípico (celos), de referencia (los demás o los medios de comunicación hablan de uno)

c) Trastornos perceptuales, ilusiones ópticas o visuales

8. Orientación:

Capacidad de identificarse a sí mismo (reconocerse) y situarse en el tiempo y espacio.

9. Memoria:
Capacidad para recordar acontecimientos, experiencias, hechos e impresiones pasadas.
Tipos de memoria: –Inmediata; –Reciente; – Pasado reciente; –Remota.
Alteraciones: Amnesia, hipermnesia (excesiva retentiva), represión, letológica (incapacidad para recordar un nombre propio), palimpsepto (amnesia alcohólica), imagen eidética (memoria visual casi alucinatoria), paramnesia (falsa memoria): déjà vu, déjà entendu, déjà pensé, jamais vu, falsos recuerdos, confabulación.
10. Inteligencia:
Capacidad de captación de las situaciones y problemas, y rapidez de razonamiento
Niveles: –Retraso mental: profundo (C.I. inferior a 20-25), grave (C.I. de 20-25 a 35-40), moderado (C.I. 35-40 a 50-55), leve (C.I. de 50-55 a 70); Demencia; Pseudodemencia (estados depresivos).
11. Concentración:
Capacidad para mantener la atención a los estímulos externos o las operaciones mentales necesarias para resolver problemas y cálculos.
Tipos: Distraibilidad, atención selectiva, hipervigilancia, trance (atención focalizada con alteración de conciencia: hipnosis, éxtasis religioso, trastornos disociativos).
12. Pensamiento abstracto:
Capacidad para usar símbolos.
13. Juicio:
Capacidad para establecer los objetivos adecuados a las posibilidades de cada uno, alcanzándolos de acuerdo a los medios socialmente aceptados. Es un indicador de: sentido de la realidad; inteligencia; experiencia.
Tipos: crítico; automático; alterado.
14. Introspección:
Conciencia de la enfermedad, capacidad de comprensión de los propios sentimientos y comportamientos.
Nivel: intelectual (racional); verdadero (racionalidad más control emocional); escaso.

Otros estudios para la valoración psiquiátrica

(Kaplan y Sadock, 1989; Fadem y Simring, 1998; Vallejo Ruicoba, 1991; Ortega-Monasterio, 1991.)

1. Examen físico
2. Entrevistas: Con objeto de obtener la máxima información fiable es necesario realizar varias entrevistas, puesto que la realidad psíquica es cambiante, y puede verse modificada ante la presencia de conocidos o extraños y también por el contexto:
   a. Entrevistas al paciente, familiares, amigos y compañeros
   b. Entrevistas «diagnósticas»
3. Tests Psicológicos: Se utilizan para averiguar si el paciente padece un síndrome neuropsiquiátrico, también permiten obtener la capacidad intelectual, y detectar la simulación. Se establece la siguiente clasificación:
   3.1. Tests neuropsiquiátricos (Bender-Gestalt: manifiesta problemas en la coordinación perceptivo-motora (copiar figuras geométricas simples; Batería de Halstead-Reitan (HRB): lesiones cerebrales; Batería neuropsicológica de Lúria-Nebraska: identifica alteraciones cerebrales como la dislexia y permite descubrir la dominancia cerebral) (Fadem y Simring, 1998).
   3.2. Tests de Inteligencia (Wechsler Adult Intelligence Scale Revised (WAIS-R): valora el CI y el rendimiento verbal y motor del paciente) (1998)
   3.3. Tests de Personalidad, revelan las características de personalidad y evalúan las alteraciones psicopatológicas: (1998) (Ortega-Monasterio, 1991)
   A. Técnicas Objetivas, basadas en registros psicofisiológicos

B. Técnicas semi-objetivas, cuestionarios o inventarios: Minnesota Multiphasic Personality Inventory (MMPI-2) (FIG. 4.6.; Inventario de hostilidad de Buss-Durkee (BDHI); Escala Clark de personalidad y adaptación a la red social; Escala de depresión de Zung; Inventario de depresión de Beck; Cuestionario de 16 factores de personalidad de Cattell; Inventario de preferencia personal de Edwards...

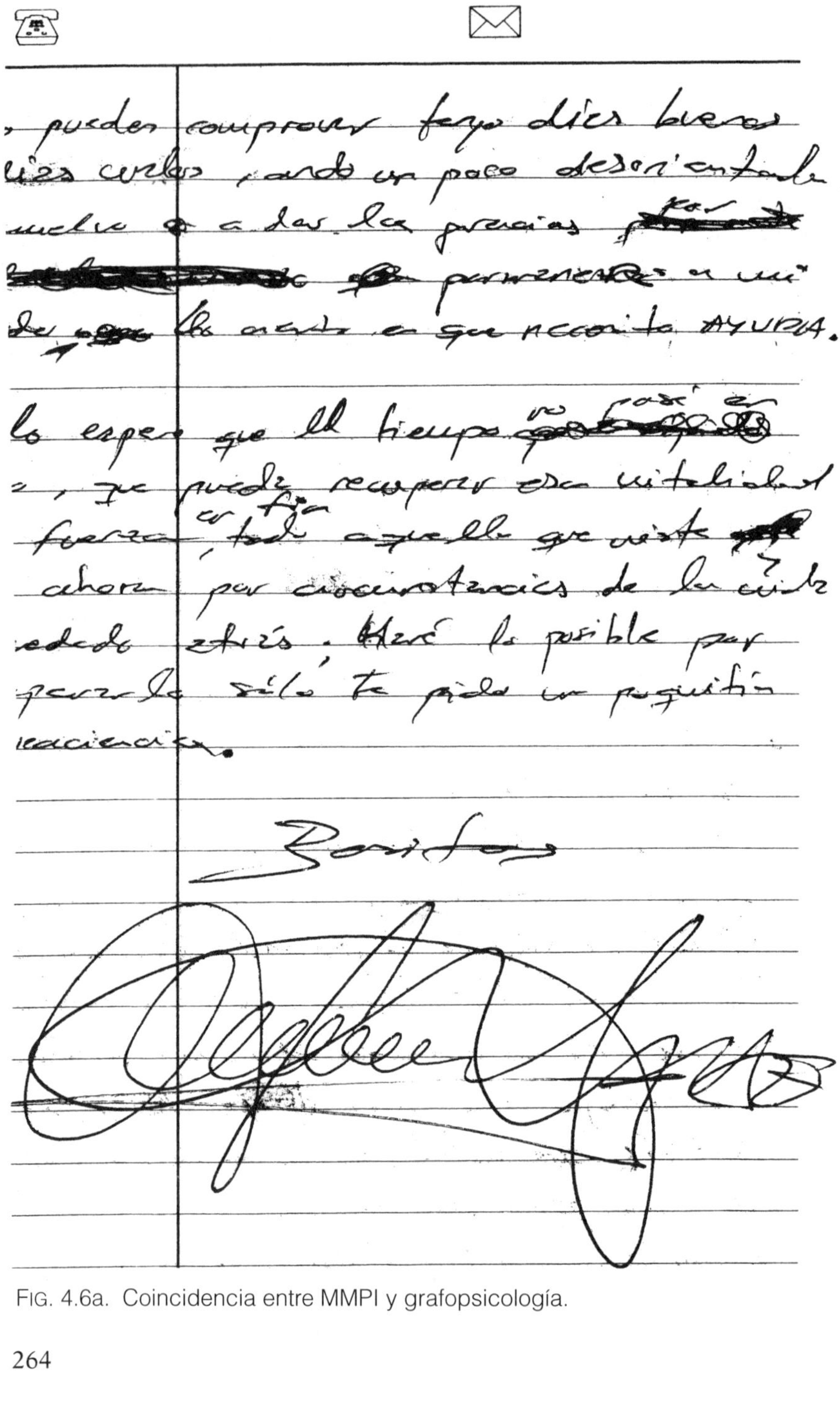

FIG. 4.6a. Coincidencia entre MMPI y grafopsicología.

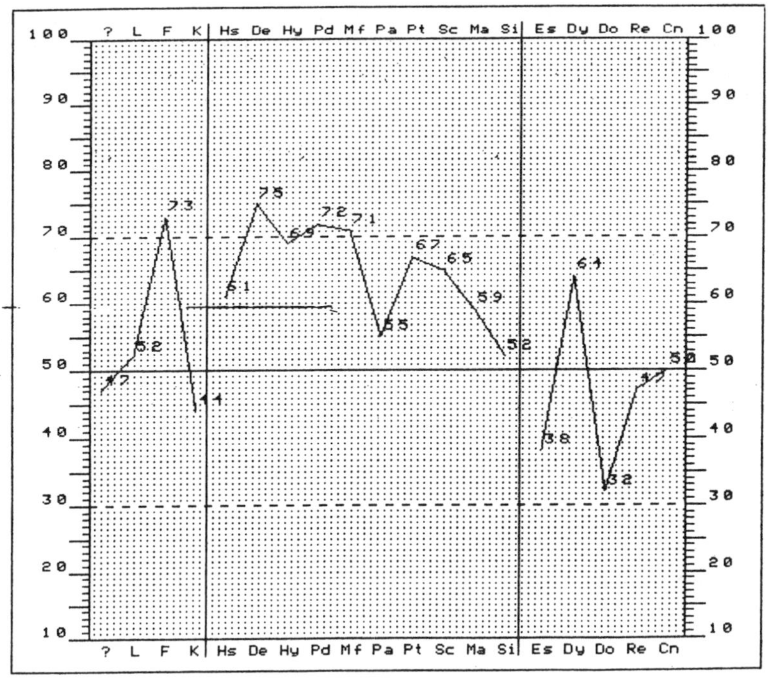

INFORME RELATIVO A LA APLICACIÓN DEL CUESTIONARIO MULTIFACTORIAL DE PERSONALIDAD DE MINNESOTA (MMPI)

Dentro de lo que son los resultados de la prueba, lo primero en llamar la atención en lo que respecta a las escalas de validez es la puntuación alta (por encima de la media) en la escala F (73), lo cual es indicativo de una persona con unas convicciones sociales, políticas o religiosas muy desviadas. Asimismo, puede manifestarse clínicamente un trastorno neurótico o psicótico grave. Sin embargo, si la persona está relativamente libre de psicopatología grave, como se presume que sea el caso en cuestión, se describe como una persona melancólica, intranquila, afectada, impaciente, insatisfecha, cambiable, inestable, curiosa, compleja y algo testaruda.

En lo referido a las escalas clínicas, tomándolas en su conjunto y no aisladamente mediante un proceso de combinación entre las mismas, podemos concluir que éstas se ajustan a un perfil denominado 24, que se caracteriza por una puntuación alta en las escalas 4 (desviación psicopática) y 2 (depresión). Este perfil suele ser propio de personas impulsivas que en alguna ocasión han podido tener problemas con la ley o con sus familias, con poco respeto por las normas sociales, y con un posible problema de abuso de sustancias tóxicas.

Pueden reaccionar a la tensión bebiendo en exceso o usando drogas adictivas. Del mismo modo, pueden expresar remordimiento y culpa por sus delitos, depresión y ansiedad, pero sus expresiones no parecen sinceras. Cuando estas dos escalas son muy elevadas, es posible que se presenten ideaciones e intentos suicidas, a menudo dirigidos a hacer que los demás se sientan culpables.

Cuando no tienen problemas, tienden a ser enérgicas, sociables y amistosas. Crean primeras impresiones favorables, pero su tendencia a manipular a los demás produce sentimientos de enfado en las relaciones prolongadas. Abrigan sentimientos de inadecuación e insatisfacción consigo mismas y están incómodas en las interacciones sociales, particularmente en las que involucran a miembros del sexo opuesto.

FIG. 4.6b. (Continuación).

C. Técnicas Proyectivas: Sentence Completion Test (SCT); Técnica de Rorschach; Técnica de manchas de tinta de Holtzman; Técnica de manchas de tinta de Harrower; Thematic Apperception Test (TAT); Test de realización de una historia gráfica de Shneidman (MAPS); Test de historia gráfica de Symonds; Test de Kahn de disposición simbólica; Test de Rosenzweig de imágenes frustrantes; HTP (casa, árbol y persona); Test de la Familia; Test de la Figura Humana; Test del Horizonte del Mar del Prof. Ricardo Carreras; Test Psicotipográfico de Viñals y Puente; Test del Camino de Susana Urbano; Grafopsicología y tests grafológicos: Test del Graphe; Test de Grafología y Psicodrama de Dolores Mora; Test Miokinético de Emilio Mira y López (PMK)...

4. Pruebas especiales:

- Electroencefalograma.
- Resonancia magnética (RM), descubre anormalidades cerebrales (atrofia en Alzheimer).
- Tomografía computorizada (TC), hallazgo de anormalidades cerebrales.
- Tomografía por emisión de positrones (TEP) mide la actividad fisiológica cerebral e identifica áreas cerebrales según actividades específicas.
- RM funcional, descubre anormalidades cerebrales.

1.3.8.4 La grafopsicología y los tests psicológicos

Los profesionales clínicos seleccionan las pruebas más indicadas para cada caso específico con objeto de analizar las diferentes áreas y niveles de funcionamiento mental del paciente (Kaplan y Sadock, 1989). Normalmente las baterías de tests se componen de:

a) Tests de inteligencia: aptitudes mentales.

b) Tests visual-motor (Grafomotor): coordinación muscular-motora (Test Gestáltico visual motor de Bender, test de dibujo de la figura humana –técnica grafomotora y proyectiva–).

c) Tests de personalidad: aspectos no cognoscitivos de la conducta. Se destacan las técnicas proyectivas: un test de asociación (Rorschach), un test de narración (TAT), un método de completamiento de frases (SCT).

La definición dada por Peña Baztan (1977) sobre los Tests, «instrumentos cuyo idéntico contenido, aplicado mediante un sistema normalizado, permite apreciar las diferencias que en su resolución producen cuantitativa y cualitativamente, los diversos sujetos a los que se aplica, resultados que permiten la comparación entre sí, mediante la aplicación de la estadística matemática», engloba los diversos constructos existentes, por un lado los tests psicométricos / psicotécnicos, también denominados analíticos (Barea y Villegas, 2002) restringidos a la medición (cuantitativos) de unas determinadas aptitudes psicológicas (valoración sectorial); y por otra parte los tests proyectivos o sincréticos (2002) que atienden (cualitativos) al conjunto de la personalidad (valoración global).

Existen igualmente otros métodos de obtención de conocimiento sobre la existencia y naturaleza de cualidades psicológicas que no se atienen a la definición estricta de test y no deben tomarse como tales, por ejemplo la comunicación no verbal (lenguaje gestual) o la Grafopsicología. La escritura fue ideada por la humanidad para fijar todo cuanto fuera expresable –hechos, ideas o sentimientos...–, no con un propósito de exploración psicomotora (grafofisiología, grafología medica...), mental (grafopatología, grafopsicología...) o con carácter identificativo (pericia caligráfica) sobre el escribiente, sino que ello se desprendió a posteriori a través de la observación, experimentación y correlación; convirtiéndose la Grafología en un corpus de conocimientos sistematizados obtenidos a partir de una metodología rigurosa, científica (Alegret, 1986). Si bien, la Grafología no es un test, sino una ciencia conformada por diversas especialidades, ello no implica que expertos de reconocido prestigio hayan elaborado tests («instrumentos larga, profunda y científicamente elaborados para medir algunos aspectos psicológicos de la complicada personalidad humana con una certeza estadística» J. Paricio) basados en premisas grafológicas, es decir, en aspectos y subaspectos de la metodología grafológica. Ejemplos destacados son la prueba del Graphe del Dr. Malespine, el Test Palográfico de Salvador Escala, el Test Miokinético (PMK) de Emilio Mira y López, o el test Grafología y Psicodrama de Dolores Mora.(Véase la obra de Augusto Vels: *La Selección de Personal y el Problema Humano en las Empresas*, Barcelona, Ed. Herder, 1981.)

El «cientifismo» de los tests se determina por los principios de *validez* y *fiabilidad* de R. A. Fischer:

1. *Validez* o constatación:

a) del modelo teórico (*validez de constructo*), por ejemplo: el Roscharch se fundamenta en «el diagnóstico por la percepción, pues podemos efectivamente, deducir de la elección y del modo de elaboración de las impresiones (en la percepción existe ya un muy complicado proceso de elaboración) el estado correspondiente de la instancia central y también de la personalidad» (Bohm, 1984); y los tests gráficos (HTP, la figura humana) y algunos grafológicos (la prueba del Graphe del Dr. Malespine, Test Palográfico de Salvador Escala, Test Miokinético (PMK) de Emilio Mira y López, etc..., se basan en los impulsos que tienden a la acción, concretándose estos movimientos expresivos en creaciones gráficas de los que se infiere la personalidad.
b) del concepto que se desea medir (*validez de contenido*), por ejemplo la escala métrica de inteligencia elaborada por Alfred Binet en 1905 se basaba en un modelo de inteligencia determinado. Sobre la naturaleza de la inteligencia, destacan las investigaciones de Charles L. Spearman *(teoría bifactorial)* que distinguió un factor general de inteligencia (G) y factores específicos relativos a particularidades de la inteligencia (S), Thurstone *(teoría multifactorial)* quien diferenció éstos (S), clasificándolos en: verbales, numérico, espacial, razonamiento y memoria, o Wechsler que suma un segundo tipo de inteligencia: de *acción o performance* (Peña Baztan, 1977).

Por tanto, no basta con decir como Binet: «la inteligencia es lo que mide mi test», si se desconoce lo que se debe medir. Por otra parte, con frecuencia los psicotécnicos plantean graves deficiencias en este apartado, pues pese a su pretendida objetividad, las pruebas no son neutras sino que arrastran una carga ideológica socio-cultural, tanto en el contenido como en la expresión de los enunciados, que invalida la universalidad de los resultados. (Véase capítulo III: «Lingüística Forense».)

c) de los resultados obtenidos mediante la correlación con un *criterio externo* –otras pruebas o tests ya validados– (*validez criterial*: *concurrente / predictiva*) comparativamente homogéneo, puesto como bien sostiene Bleuler, y aplicable a todas las esferas de lo humano: «La verdadera exactitud de la especulación y de los resultados obtenidos proviene no tanto de la aplicación de las matemáticas, sino de su justa aplicación, es decir, el peso principal recae en la precisión del pensamiento» (1984). Entre los múltiples trabajos de correlación entre Grafología y Test citaremos como ejemplo: «El nivel de atención. Los Test psicométricos de atención y su correlación con la Grafología», Boletín 5 AGC 1989, realizado por el que fue primer presidente de la Agrupación de Grafoanalistas Consultivos, el profesor Josep Sadurní Selva. Si bien, como anteriormente se ha comentado, la Grafología y sus especialidades no se insertan en la categoría restrictiva de test, se han realizado innumerables trabajos de validación sobre sus resultados que han sido recopilados por Michael Degraves en su trabajo: «Quelques donnes sur la question des travaux de validation en Graphologie» (Françoise Bourdon, 1999, Ed. Electrónica).

2. *Fiabilidad* o constancia de los resultados, ésta se verifica mediante varios sistemas –de la partición (*Split-test-method)*, de la repetición *(test-re-test)*, de las formas paralelas...– más aptos para los psicotécnicos que para las técnicas proyectivas, puesto que el material de estas últimas, al no ser un cuestionario de preguntas, difícilmente puede dividirse a la mitad (*Split-test-method)* de manera homogénea «el total es mayor que la suma de sus partes» o el estímulo visual o creativo en su repetición (test-re-test) pierde la fuerza y espontaneidad primera, siendo sustituida por la «memoria y el deseo de variación» (Bohm, 1984).

3. *Tipificación o* estandarización de la mecánica, condiciones de aplicación y obtención del protocolo de la prueba (individual/grupal, tiempo, orden de contenidos, papel del examinador...) que evite las posibles alteraciones de los resultados producto de la práctica inadecuada y/o de la *situación experimental* o personal.

Antecedentes históricos de los Tests

Si bien a Francis Galton se le reconoce como precursor del empleo de tests para la evaluación psicológica (1883), James Mckeen Cattell, fue el primero que los aplicó para medir la inteligencia (1890), y Münsterberg inició los tests de aptitud profesional, no es menos cierto que ya en 1575 el pregrafólogo español Juan Huarte de San Juan reclamaba la necesidad de pruebas específicas (psicotécnicos) para los funcionarios de la administración pública como un medio para conocer las aptitudes psicológicas individuales y su correcta adecuación profesional.

El propio Alfred Binet junto a Víctor Henri (1895) recurrió el estímulo perceptivo de las manchas en lo que sería un antecedente de técnica proyectiva formulado más tarde por H. Rorschach. Será en 1904 cuando Jung elabore la primera prueba proyectiva: el test de asociación de palabras. Éste se utilizó en criminología, intercalando vocablos vinculados a los hechos inculpatorios, para estudiar la reacción del sujeto ante esas palabras con fuerte carga emocional, y sus variaciones fisiológicas en las respuestas verbales; Jung le llamaba «indicios de complejo». En contraposición, Freud no consideraba válida la práctica de la asociación libre para detectar a sujetos que han cometido un delito, puesto que el que ha perpetrado realmente la acción fraudulenta, en la asociación libre, no deja plenamente libertad, hace esfuerzos por controlar la situación; mientras que por el contrario el neurótico, por sentimientos de culpa, va a delatarse, por el miedo a que se den cuenta, precisamente de su miedo a que le crean culpable, es el llamado *delincuente por sentimiento de culpa* (Dr. Jorge Ulnik. Psiquiatra Psicoanalista de la Facultad de Medicina de la Universidad de Buenos Aires).

En 1920, M. Klein las emplea en el psicoanálisis de los niños, obteniendo excelentes resultados, pues éstos se expresaban mejor ante el juego y el dibujo, y en 1920, aparece la técnica del Rorschah, donde la personalidad de cada uno determina la percepción de las manchas.

A. *Técnicas proyectivas*

(Kaplan y Sadock, 1989; Vallejo Ruicoba, 1991; Ortega-Monasterio, 1991; Bohm, 1984.)

Son utilizadas frecuentemente por los profesionales en los peritajes médico-psiquiátricos y psicológicos porque aportan un profundo conocimiento de la personalidad global del sujeto, que ante elementos presumiblemente inocuos (imágenes, manchas, dibujos, grafismo) se relaja obviando las censuras previas. El planteamiento de las pruebas proyectivas –material poco organizado y estructurado, la libertad completa del sujeto para llevar a cabo la tarea, sin marcajes de tiempo, ni de corrección en las respuestas, aplicación individualizada, etc...–, es uno de los mayores atractivos de estas técnicas que, sin lugar a dudas, contribuye a sus excelentes resultados, pese a las críticas recibidas sobre la subjetivad inherente a las mismas, así como las dificultades de verificación (*validez* criterial y *fiabilidad*).

Clasificación

Sobre esta cuestión no existe un consenso entre los especialistas, por ejemplo Bohm clasifica las diferentes pruebas proyectivas a partir del mecanismo reactivo: a) estímulo visual-vía perceptiva (proyectivos): Test de Rorschach, b) estímulo expresivo- vía de acción (expresivos): escritura. Asimismo, Emilio Mira y López coincidiendo con esta posición define a su test miokinético (PMK) como expresivo, al igual que la Grafología; Vallejo Ruicoba, lo hace en función del material empleado, distingue entre Tests temáticos o estructurados (Test de Rorscharch, TAT, Test Pata Negra...), y Tests gráficos (HTP, Test de la Familia...).

La dificultad radica en el sinfín de pruebas que existen, así como en la diversidad de sus elementos constituyentes que, según los casos, convergen, impidiendo determinar categorías puras.

Son criterios taxonómicos:

a) objetivo,

b) finalidad: pronostico/diagnóstico,

c) material: verbales, impresos, gráficos o manipulativos...

d) disposición del material: temáticos o estructurados, desestructurados... (Vallejo Ruicoba, 1991),

e) mecanismo reactivo: vía perceptiva (impresiones sensibles) / vía de acción (movimientos expresivos.., (1934; Mira y López, 1944),

f) aplicabilidad: individual/colectiva,

g) examinador: personal/impersonal,

Lawrence K. Frank quien utilizó en 1939 por primera vez la expresión «Métodos Proyectivos» estableció la siguiente clasificación:

1) *Constitutivos*; 2) *Constructivos*; 3) *Interpretativos*; 4) *Catárticos*; 5) *Refractivos, son* aquellos que se fundamentan en la acción expresiva del hombre, como por ejemplo la escritura.

Principios conceptuales

Las técnicas proyectivas forjadas sobre planteamientos psicoanalíticos (el sustrato inconsciente de la personalidad), gestálticos y holítiscos se sustentan en los principios de percepción y proyección:

1) Percepción:
Está compuesta a su vez por:

a) *percepción objetiva*, compartida por todos los individuos; ofrece información;

b) *apercepción*, es una modificación personal de la percepción objetiva, a causa de sus aspectos psicológicos (sentimientos, deseos, intereses), y sociológicos.

2) Proyección: (Mieli)

El concepto de proyección, a) en el sentido restrictivo freudiano (proyección afectiva) como mecanismo de defensa del Yo, en que se vuelve inconsciente aquello que se reprime, y se vierte (proyecta) al exterior lo que no se desea, b) está superado hoy día por la psicología contemporánea que ha ampliado su significado (proyección estructural), argumentando que se proyecta no lo reprimido, sino la percepción que tiene el sujeto de la realidad (cosmovisión) y su respuesta a ésta, en función de sus intereses, hábitos, ánimo, etc...:

a) «Proyección afectiva»: estriba en la proyección de contenidos afectivos sobre algo o alguien. El mecanismo de defensa (estrategias de reequilibrio psíquico) de la «identificación proyectiva» implica una relación simbiótica entre el depositario (aquel sobre el que se deposita algo de uno) y el depositador (vigía del depositario con objeto de controlar aquello que colocó en él). El Dr. Jorge Ulnik, psiquiatra psicoanalista de la facultad de medicina de la Universidad de Buenos Aires, lo ilustra claramente con el siguiente ejemplo: un hombre sospecha de la infidelidad de su mujer, y le encarga a un detective que investigue, éste le presenta todas las pruebas que confirman la culpabilidad de ella, y sorprendentemente el marido regaña a su esposa, pero sin embargo no rompe la relación; puesto que ha depositado algo de él en ella, y si su esposa se marchara de su lado, representaría una sangría psíquica para él.

b) «Proyección estructural»: Es el fundamento de las pruebas proyectivas; la personalidad aflora (se proyecta) al exterior a través de la reacción natural ante un estímulo (visual: test de Rorschach... / lingüístico: test de asociación de palabras...) o de acciones creativas (grafismo, dibujo) que son interpretadas psicológicamente por transposición simbólica.

B. La técnica de Rorschach y la grafopsicología

Ewald Bohm, uno de los especialistas más eminentes en Rorschach y gran conocedor de la obra de Klages y Müller-Emskant, establece paralelismos continuos entre esta técnica y la Grafología en su *Manual del Psicodiagnóstico de Rorschach* (1984). Un texto completo y riguroso, integrador de las diversas escuelas existentes (americana y europea) que ofrece además una exhaustiva información sobre trastornos mentales, e ilustrado con numerosos casos prácticos.

Las múltiples convergencias entre el Rorschach y la Grafología (leyes de interpretación: simbolismo espacial, zonal, formal...) son consecuencia de su común enfoque proyectivo, si bien, como apunta Bohm, ambas difieren en cuanto al mecanismo reactivo: «impresión» versus «expresión». Es decir, en el Rorschach se vehicula a través de las *vías perceptivas* (estímulos visuales) frente a las *vías de acción* (movimientos expresivos) en la Grafología, o las *vías instintivas* (representación de los deseos) en el test de Szondi. Razón por la cual para E. Bohm, la técnica de Rorschach «se completa magníficamente con el test de Szondi (combinación usada también en la Menniger-Clinic) o con la Grafología».

El mismo autor insiste en que la aplicación –exclusiva o conjunta– de estas pruebas requiere de una propedéutica en Psicología que permita realizar una valoración adecuada: «Con la Grafología y con el test de Szondi, comparte el test de Rorschach la particularidad de ser sólo un instrumento en el que el exclusivo dominio de la técnica no garantiza los resultados, pues lo más importante son los conocimientos psicológicos».

Y es que estas pruebas siguen en líneas generales, las mismas pautas de interpretación: 1ª) visión de conjunto; 2º) estudio científico de sus componentes (estadístico); 3º) síntesis crítica del total (diagnóstico): «Con la Grafología, más vieja, y el test de Szondi, más joven, la prueba de Rorschach tiene de común la regla fundamental de su método de interpretación. Dice así: percepción intuitiva del total con control científico de los componentes o, como Ludwig Klages ha expresado (en *Fundamentos de la Caracterología*, pág 11), «debe conocerse el total antes de emprender con éxito el examen de las partes»; lo cual no es de ningún modo poco científico y presenta las mismas características que, por ejemplo, la filosofía oriental. Para poder leer y comprender una frase japonesa, debemos conocer los signos aislados de la escritura ideogramatical, de los que, casi todos, tienen varios significados, por lo que para leerlos y comprenderlos han de ser determinadas previamente sus relaciones; primero ha de considerarse la frase entera para poder leer; después los signos aislados.

»Así ocurre también en la interpretación de un protocolo de Rorschach. Aunque a veces algunos factores aislados pueden, por su poca frecuencia, dar indicios diagnósticos muy importantes, lo único decisivo es el cuadro total, y por él son comprendidos los datos (casi siempre ambiguos) en su valor sintomático. Esto requiere un pensamiento complejo y formal que es lo que hace tan difícil la prueba. Pero en esto reside también su superioridad frente a otros muchos medios auxiliares de diagnóstico de aplicación más mecánica: cada factor controla los restantes y no raramente se pueden llegar a los mismos resultados por dos, tres, o más caminos distintos. Sólo cuando todos los caminos llevan a la misma solución podemos sentirnos, hasta cierto punto, seguros» (1984).

En el caso específico de la Grafología, si bien no existe un criterio único, se pueden sintetizar las siguientes fases necesarias en la elaboración de un grafodiagnóstico:

(Véase la obra de Augusto Vels: *Escritura y Personalidad*, Barcelona, Ed. Herder, 1991.)

1.º Reconocimiento general de los aspectos y subaspectos gráficos.

2.º Distinguir e interpretar los signos gráficos fundamentales (más sobresalientes, de mayor fuerza).

3.º Distinguir e interpretar los signos gráficos secundarios.

4.º Distinguir e interpretar los gestos-tipo.

5.º Interrelación de las diversas interpretaciones de los signos gráficos (fundamentales, secundarios y gestos-tipo): Es la etapa más compleja puesto que la dificultad radica no tanto en la distinción de los componentes gráficos (técnica/ciencia), sino en interpretar y valorar (intuición/conocimientos psicológicos) correctamente su articulación y posibles combinaciones. Igual que el arquitecto erige sus construcciones sólidas y estables (ingeniería/matemática) sin obviar la sensibilidad artística, la riqueza expresiva y estética de los elementos.

Para ello se deben atender las siguientes reglas:

a) Interpretación del conjunto escritural: éste se interpreta a partir del estudio y comprensión de sus partes.

b) No existen valores absolutos: los signos en sí son ambiguos carentes de significado por separado.

c) El significado de un signo puede modificarse en función del significado de los otros: «de igual manera que la mezcla de dos colores da un tercero (como el amarillo con el azul da el verde; el encarnado con el azul el morado, el blanco con el encarnado el rosa, etc..), así la mezcla de dos cualidades puede dar una cualidad tercera, o ambas pueden fortalecerse o debilitarse» (Peláez, 1959).

I. Técnica de Rorschach (Fig. 4.7.)

(Bohm, 1984; Kaplan y Sadock, 1989; Vels, 1981; 1994)

Creada por el psiquiatra suizo Hermann Rorschach, es el instrumento de valoración diagnóstica más utilizado en el ámbito clínico. Definida como técnica, por la complejidad y dificultad inherentes así como por la amplia y profunda información que facilita, requiere una formación técnica especializada de tres años, en contraposición a los tests que son de mayor sencillez.

Psychodiagnostik, publicado en 1920, es una selección de 10 láminas que presentan manchas de tintas simétricas, que sirven de estímulo a las asociaciones. Precedentes en el juego sugerente de las manchas aparecen Boticelli y Leonardo da Vinci (s. XV) en el ámbito artístico; Shakespeare (s. XVI) y Kerner (1857) en las letras; Kant (1764) en la filosofía; y en su aplicación a las pruebas psicológicas, Alfred Binet con Víctor Henri (1895), Dearborn (1897), Sharp (1899), Whipple (1910) y Rybakoff (1910) (test de imaginación); Kirkpatrick (1900), Parsons (1917) (infantiles); Bartlett (1916) (test de percepción –color– e imaginación); siendo la contribución de H. Rorschach, la conceptualización, sistematización y puntuación sobre las mismas.

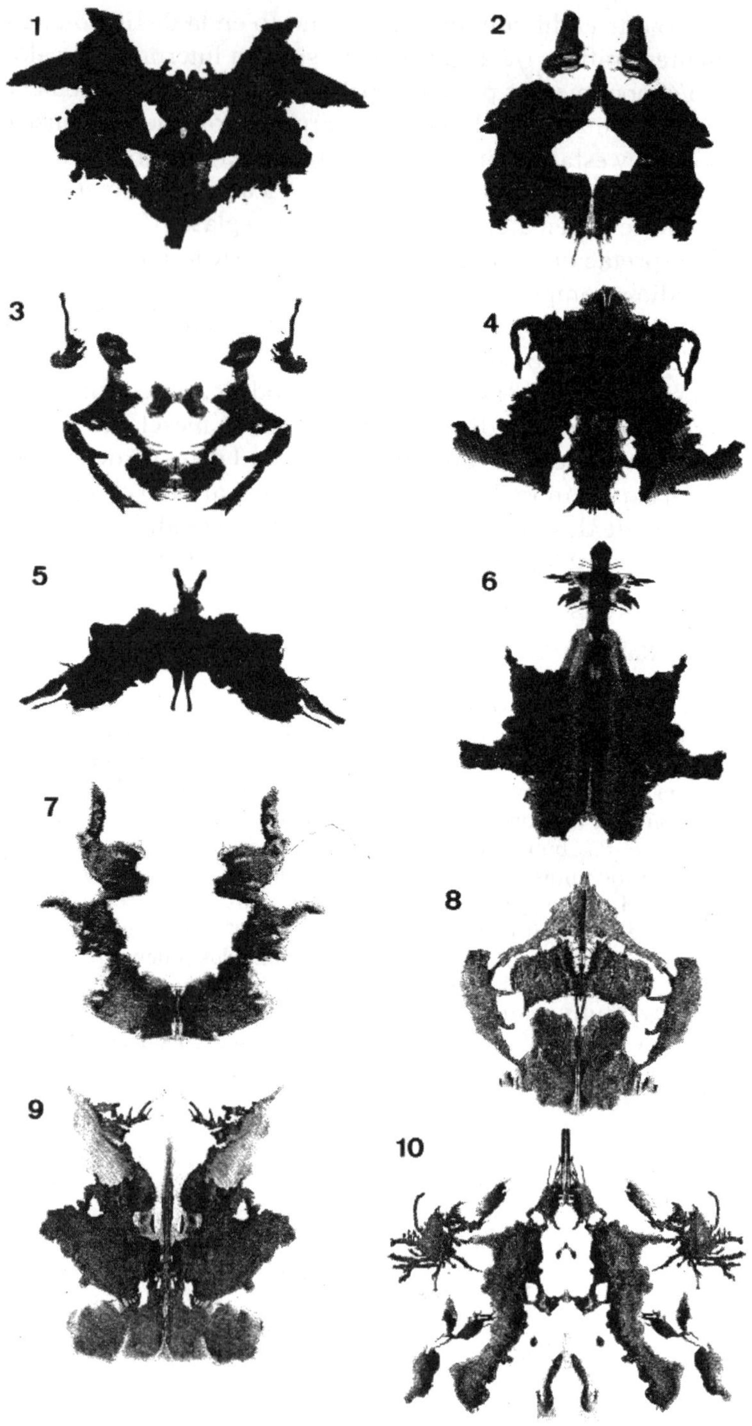

FIG. 4.7.

A continuación presentamos una simple aproximación al funcionamiento de la prueba y los elementos de valoración, sin más pretensión que la de divulgar esta especialidad que requiere para su ejecución, amén de formación específica, una dilatada experiencia por parte del profesional.

Operativa. El examinador lleva a cabo una anotación literal de todas las respuestas, incidiendo en los comentarios, expresiones gestuales, tiempo total de las respuestas, así como el tiempo de reacción del examinado. Finalizada la libre respuesta, el examinador puede preguntar sobre aspectos determinados que clarifiquen la respuesta.

Es necesario indicar al examinado unas mínimas nociones sobre el desarrollo de la prueba, tales como presentación de las láminas (*«en cada cartulina verá un dibujo formado por una mancha de tinta»*), cronometraje (*«tómese el tiempo que necesite»*); validez de las contestaciones (*«no hay respuestas correctas ni incorrectas»*), exclusividad (*«no hay dos personas que vean exactamente lo mismo»*), libertad total (*«cuénteme todo lo que vea, aunque le parezca un detalle sin importancia»*).

Valoración.
I Elementos de análisis (En el protocolo se emplean abreviaturas con objeto de simplificar).
Síntesis (elaborada como homenaje y reconocimiento a nuestro maestro) basada en la obra de A. Vels: *La selección de personal y el problema humano en las empresas,* Barcelona, Herder 1981.
Zonas de localización, determinantes (forma, movimiento, color, claroscuro o sombreado), contenido, originalidad.
1. Zonas de localización, relacionado con aspectos cognitivos, intelectuales:
* toda la mancha –respuesta global– (G): buena capacidad organizativa, alto nivel de inteligencia.
* detalle común (D): aspectos prácticos
* detalle singular (Dd): pequeños detalles (obsesivo, paranoide)
* espacio en blanco (DZw): oposición, resistencia (sociopatía)
2. Determinantes (motivan las respuestas): Forma, Movimiento, Color, Claroscuro o Sombreado.

RESPUESTAS BASADAS EN LA FORMA (F)
Indica el grado de percepción de la realidad. Representan los procesos cognitivos. Un correcto empleo de la forma como base de las respuestas, indica buena capacidad y control de la realidad. Un predominio de forma significa rigidez, empobrecimiento, estrangulamiento; y por el contrario un nivel insuficiente es señal de bajo control.
PORCENTAJES F:
– INFERIOR AL 20%:
Propio de individuos variables e irresponsables, poco formalistas.
Habitual en sujetos con una socialización deficiente, rebeldes a las normas sociales, siendo peligrosos (sociópatas) sobre todo, si realizan varias interpretaciones de espacios en blanco.
En el aspecto positivo, puede ser connatural en personas creativas (artista innovador) o geniales.
– SUPERIOR AL 50%:
a) Excesiva formalidad, motivado por una rutinariedad excesiva o un bajo nivel emotivo.
b) Común en los minuciosos, y algunos neuróticos, que desarrollan sus actividades de forma fatigosa.
Los formalistas que obvian lo esencial (la sustancia), asientan su seguridad en las

formas exteriores, conceden excesiva importancia al protocolo y ceremonial, siendo incapaces de una acción natural y espontánea. Su conducta artificial es una defensa ante los imprevistos y las relaciones interpersonales.
c) El mismo porcentaje se produce entre los deprimidos –con respuestas apocadas y retraídas– siendo el tiempo de reacción (retardado) lo que marca la diferencia entre este grupo y el de los minuciosos (tiempo normal de respuesta).

RESPUESTA DE FORMA BIEN VISTA (F +)
* buen nivel de memoria visual (capacidad para la evocación)
* capacidad crítica (selección adecuada entre los recuerdos y las manchas)
* facultad de atención y concentración en la tarea.

PORCENTAJES F +:
– NORMAL (80-95%):
Buena inteligencia.
– INFERIOR AL 80% / PREDOMINIO DE FORMAS MAL VISTAS (F -) :
* Inteligencia limitada, existe una deficiencia en el almacenamiento de los recuerdos visuales, así como insuficiente capacidad de concentración, valoración y selección entre las imágenes mnémicas.
* Propensión a la emotividad que interfiere en la función intelectiva: los sujetos sometidos al influjo del shock emotivo producen respuestas de formas mal vistas, como una liberación psíquica.

Señal de una intelectualidad pobre debido a una alteración emotiva, abatimiento intelectual o desorden orgánico.
– F + SUPERIOR AL 95% Y SIN RESPUESTAS FB (FORMA Y MOVIMIENTO):
Tiene un sentido negativo, refleja conducta rígida y un control exagerado en sujetos fríos o de escasa vida emotiva.
– ELEVADO F + DENTRO DE LA NORMALIDAD PERO CON FORMAS INTERPRETADAS VULGARES (V):
Nivel de inteligencia con tendencia a la mediocridad.

RESPUESTAS BASADAS EN EL MOVIMIENTO (B)
La actividad del pensamiento que crea e identifica, entendiendo por esto último la proyección que de sí mismo realiza el individuo sobre cualquier persona, cosa o situación. Grado de fantasía.
PORCENTAJES (B):
– GRAN NÚMERO DE B:
Sujetos que no necesitan a los demás (no son gregarios), se bastan a sí mismos y cualquier actividad física o mental les complace tanto o más que integrarse en un grupo de amigos.
– MAYOR NÚMERO DE B:
Más recursos de inventiva y mayor capacidad creadora de tipo interior.
– B DESCOMPENSADAS POR LOS FACTORES COLOR (Fb) Y GENERAL (G):
Desarrollada actividad mental y creativa pero poca realización material.
El desequilibrio entre el factor color (impulso) y general (acción) es característico en la inventiva pero con escasa combatividad, con falta del empuje y la fuerza necesaria.
– POCAS O NINGUNA B:
Persona deprimida, melancólica y triste.
– B DE FLEXIÓN:
Pasividad, actitudes sumisas, conformistas y resignadas con renuncia a la lucha. Frecuente en neurasténicos.
– B DE EXTENSIÓN:
Dominio, fortaleza, energía y vitalidad (tendencias frenadas por el factor forma).

RESPUESTAS SOBRE MOVIMIENTO (B) HUMANO
Impulsos instintivos y afectos sublimados. Con un fondo anímico coartativo, expresión de deseos reprimidos.

RESPUESTAS B DE ANIMAL:
Avidez de deseos naturales poco cultivados, común en niños y adultos pueriles con tendencias instintivas defectuosamente socializadas. En láminas de animales indica gratificación inmediata y primariedad.

RESPUESTAS B REFERENTES A OBJETOS INANIMADOS
Reflejo inconsciente de tensiones o deseos no resueltos ni sublimados.

RESPUESTAS: PETARDO, EXPLOSIÓN DE UNA BOMBA, UNA MINA A PUNTO DE ESTALLAR...
Estas respuestas de destrucción violenta manifiestan una actitud de deseo acompañada de la limitación del Superyó como idea de no poder cumplirlo.
La frustración genera agresividad incontrolada, especialmente grave cuando se realizan abundantes interpretaciones de los espacios en blanco.

RESPUESTAS BASADAS EN EL COLOR (Fb)
Control afectivo, relacionado con las reacciones emocionales al impacto social.

PROPORCIÓN NORMAL DE LAS RESPUESTAS DE COLOR:
3 FFb (FORMA-COLOR), 1 FbF (COLOR-FORMA) y 0 Fb (COLOR PURO)
PREDOMINIO DE FORMA-COLOR (FFb):
Adecuada socialización. Emotividad ajustada y socialmente aceptable. Característica de sujetos alegres, de trato simpático, que poseen el hábito del trato social, es decir, que comprenden y aceptan las exigencias sociales y respetan los derechos y sentimientos de los demás, principalmente de las personas con las cuales convive (empatía).
FFb CON MUCHAS FORMAS MAL VISTAS (F -):
No señala ya la adaptación de la emotividad, sino una deformación del concepto que el individuo debería tener de la realidad, en cuyo caso podría tratarse de una patología.
PREDOMINIO DE Fb Y COLOR-FORMA (FbF) SOBRE LAS FFb:
Indica deficiencia en el control emotivo.
PREDOMINIO DE Fb SOBRE LAS DEMÁS:
Afectividad impulsiva, inestable, egocéntrica con explosión de agresividad inmediata. Propia de individuos irritables, violentos, caprichosos y refractarios que desconsideran y a los demás lesión exigen que se adapten a sus deseos; no pueden ni quieren controlarse (sociópatas).
PREDOMINIO DE FbF SOBRE LAS DEMÁS:
a) egocentrismo, con un elevado nivel de exigencias y demandas sobre los demás, e inclinación a los arrebatos impulsivos.
b) inestabilidad e inconstancia, abandono fácil de metas.
c) impresionabilidad y optimismo; gusto por la vida cómoda, contrario al esfuerzo y perseverancia (falta de control moral y afectivo).
d) gregarismo; necesidad de continuo afecto, atención y aprobación del ambiente (histrionismo).
Hay que tener en cuenta que, dada su gran receptividad a los estímulos externos, los sujetos de humor alegre se confían en la prueba intercalando alguna FBF sin atenerse al sentido crítico.

RESPUESTAS DE DENOMINACIÓN DE COLORES (FbN):
Desorganización con respecto a los estímulos del color.

RESPUESTAS MIXTAS DE MOVIMIENTO Y COLOR (BFb):
Talentos artísticos múltiples. Inventiva.

REACCIONES ANTE EL CLAROSCURO (Hd)
Las respuestas de claroscuro (Rorschach) o sombreado (Binder) y color adecuados (Fb), indican una correcta sensibilidad, afecto, y respuesta emocional al entorno.
Las respuestas de claroscuro se agrupan en:
* difusas, inestructuradas, tridimensionales, indicador de ansiedad y frustración de las necesidades afectivas.
* estructuradas y tridimensionales, refleja intentos de introspección por abordar la ansiedad afectiva.
* de textura, grado de conciencia y diferenciación de las necesidades afectivas y de dependencia.

RESPUESTAS Hd
Sufrimiento interior, inestabilidad por angustia, vacilación e inquietud (ansiedad libremente flotante). Personalidades que temen angustiosamente las dificultades económicas, aquellos que miran una y otra vez su reloj, los que no resisten las esperas y siempre temen lo peor (obsesivos).

RESPUESTAS Hd PURAS
Reacción de ansiedad a los estímulos exteriores (la sensibilidad a la angustia procede aquí de la dificultad de adaptación de los deseos íntimos a la realidad exterior). El sujeto impotente en su lucha contra la angustia, no sabe ni puede canalizar su emoción, con el resultado de gran sufrimiento interno (neuróticos y deprimidos).

RESPUESTAS DE FORMA MÁS CLAROSCURO (FHd)
* positivo: defensas contra la angustia. Indica prudencia y previsión que eviten fracasos o imprevistos.
* negativo: disimulo y ocultación de los deseos, y en casos más graves doblez, fingimiento, hipocresía y falsedad. Maldad activa, cuando la vivencia no se compensa con un buen grado de coartación y con la ausencia de respuestas de interpretación de espacios en blanco.

RESPUESTAS DE CLARO-OSCURO DETALLADO (HdD)
Propias casi exclusivamente de sujetos normales.
* si tienen contenido depresivo: actitud de reserva y prudencia en exceso frente al ambiente.
* si el contenido es agradable: confianza y desenvoltura educada ante el entorno.
* si se interpretan paisajes, escenas o motivos arquitectónicos: el sujeto se ve a sí mismo en relación a lo que interpreta, se ve grande o pequeño en consonancia al plano que describe.

RESPUESTAS DE CLARO-OSCURO DETALLADO QUE SOBREPASAN EL 15% DEL TOTAL
Dificultad para la adaptación práctica, o una tendencia a reaccionar con sentimientos depresivos de tipo ansioso, sin que el sujeto sepa a menudo lo que le perturba.

REACCION EN LA QUE SE NOMBRA EL COLOR DE LAS LÁMINAS GRISES: RESPUESTAS QUE HACEN REFERENCIA AL COLOR NEGRO
a) una reacción disfórica pesimista, depresiva (el sujeto lo ve todo negro, es impresionable al lado oscuro de la vida).
b) deseo de precisión intenso.

RESPUESTAS EN LAS QUE SE UTILIZA EL BLANCO COMO COLOR, EN EXPRESIONES COMO «ESTO BLANCO DE AQUÍ NO SÉ LO QUE ES»
Idéntica interpretación a los espacios en blanco (DZW): actitudes agresivas, frías y de carácter oposicionista.

RESPUESTAS DE TEXTURA
Experimentación real de la sensación visual y táctil en lo que describe.
Necesidad de verificación y garantías ante situaciones sociales; el individuo no avanza con firmeza y seguridad sino que adelanta el pie y luego la mano, con prudencia y cautela. Socialización de la ansiedad.

RESPUESTAS DE TEXTURA QUE HACEN REFERENCIA A OBJETOS DUROS Y RÍGIDOS Y NO ESTÁN CONTROLADAS POR EL FACTOR FORMA
La inseguridad motiva reacciones con escaso o ningún dominio de sí; distinguiéndose agresión directa (física o verbal) e indirecta (intriga, deslealtad, conspiración).
3. Contenido de las respuestas.
Reflejan los intereses.

RESPUESTAS DE ANIMALES (T) / PARTES DE ANIMAL (Td)
Inmadurez de pensamiento, falta de amplitud cultural. Las respuestas de movimiento con animales bien percibidas y activas, se correlaciona con una adecuada expresión impulsiva.
PORCENTAJES:
NÚMERO NORMAL: 35 a 50%
NÚMERO INFERIOR:
20 a 35% indica individuos inteligentes, dotados de buena fantasía y excelente humor.
INFERIOR AL 20%:
a) artistas excepcionalmente dotados (constructividad y fantasía múltiple).
b) sujetos de reacciones muy variables, incontrolados y desorganizados que rechazan las normas y convencionalismos sociales.
c) impertinentes; bromistas de mal gusto, cuyo atrevimiento habitualmente excede los límites de lo social, ético y estético.
NÚMERO SUPERIOR: MÁS DEL 50%:
a) falta de originalidad, repetición mecánica de hábitos, ideas, costumbres y comportamiento.
b) apatía, indolencia y relajamiento de la voluntad en el ámbito personal y profesional.
c) pensamiento rutinario y uniforme, que obedece a varios factores:
1– inteligencia débil o limitada
2– efectos de la depresión y de la ansiedad por causas accidentales o crónicas
3– a causa de la represión afectiva –inhibición, dificultad de expresión– (neuróticos).
MAYOR NÚMERO DE T:
Sentimiento de minusvalía más o menos agudizado.
PREDOMINIO DE LOS ANIMALES QUE CORRESPONDEN A LOS AGRESIVOS Y FEROCES, LEONES, TIGRES, OSOS LUCHANDO O ATACANDO:
Hostilidad y agresividad manifiesta.
PREDOMINIO DE CONEJOS, CIERVOS, OVEJAS...:
Humildad, pasividad, ternura y resignación.
PREDOMINIO DE RATAS, CHINCHES APLASTADAS, SERPIENTES Y ANIMALES ASQUEROSOS...
Escasa moralidad.

PREDOMINIO DE MARIPOSAS, CISNES, PÁJAROS, PALOMAS...
Ansia de libertad; espiritualidad.

RESPUESTAS DE PERSONAS (M) / PARTES DE PERSONA (Md)
Respuestas humanas bien percibidas, activas y con movimiento indica interés y conciencia de los demás, capacidad para identificarse y tener relación empática con los demás, aunque no necesariamente implicación.
a) positivo: movimiento adecuado a la forma, y en un contexto de actividad apropiado a la realidad.
b) negativo:
– escasez o carencia total de respuestas humanas: problemática en las relaciones interpersonales (falta de empatía, rechazo o actitud crítica con los demás, incapacidad de identificación o identificación confusa; carácter antisocial).
– abundancia de respuestas humanas: ansiedad extrema y una preocupación excesiva por los demás (histrionismo).
Identificación sexual, en las figuras ambiguas se supone que el observador las identifica con su mismo sexo, sino fuera así significaría identificación con el rol sexual opuesto. La confusión actual de roles sexuales pone en entredicho estas consideraciones.

ABUNDANTES RESPUESTAS DE PERSONAS EN MOVIMIENTO:
a) vivencia introvertida: carácter individualista, mal adaptado, poco integrado a causa de la inclinación excesiva a la identificación consigo mismo.
b) vivencia extravertida: carácter gregario, necesita la integración con los demás; identificación y capacidad de adaptación ambiental.
ABUNDANTES RESPUESTAS DE PERSONAS VISTAS SIN CABEZA:
Tendencia latente a quitar la vida a ciertas personas o a sí mismo (dependiendo del tipo de vivencia).
ABUNDANTES RESPUESTAS DE PERSONAS SIN PRECISAR NI SEXO NI OTRAS PARTICULARIDADES REVELADORAS:
Distanciamiento, autismo, dificultades en las relaciones interpersonales y el ambiente.
a) desatención infantil.
b) confusionismo interno sobre sí mismo.

RESPUESTAS ANATÓMICAS (Anat)
a) Existencia de ciertos trastornos cinestésicos que invitan al sujeto a preocuparse exageradamente por su estado de salud (hipocondría).
b) Un intento de desviación de los conflictos perturbadores de la emotividad, o una expresión directa de la alteración sufrida.
EXCEPCIONES:
– estudiantes y profesionales del área de la salud
– sujetos con pretensiones intelectuales que desean reflejar erudición
– en los niños revela curiosidad y actitud de exploración
LA RESPUESTA SANGRE:
Grave desorden emotivo, destructor del equilibrio interior.
LA RESPUESTA RADIOGRAFÍA:
No tan turbulento como la anatómica, refleja cierto relieve y control intelectual del pensamiento, influido por la angustia emocional.
PORCENTAJES:
– NORMAL (DOS o TRES)
Interés normal por la sexualidad así como la libertad para referirse a este tema.
–ABUNDANTE (CON FORMAS MAL VISTAS):
Deseos reprimidos, sexualidad desviada o mal adaptada, complejo de impotencia, insatisfacción sexual

RESPUESTAS DE PLANTAS (Pl)
Espíritu pueril e infantil (estructura psíquica poco evolucionada) y limitación intelectual.

RESPUESTAS DE CONTENIDOS GEOGRÁFICOS (Geo)
Interés por la naturaleza y afición a los viajes y excursiones.
LAS RESPUESTAS: MAPAS, CARTAS GEOGRÁFICAS...
Términos medios poco comprometedores.
MAPAS (IDENTIFICACIÓN CON PAÍSES)
Deseo de impresionar al examinador.

RESPUESTAS REFERENTES A PAISAJES (N)
Correlación entre el sujeto y lo que interpreta; si se siente pequeño o grande en relación al plano observado.
Panorama:
– sentimientos de inseguridad y de ansiedad unidos a una fuerte necesidad de comprensión de Si mismo, que parecen estar sometidos al control de la inteligencia.
MÁS DE 3 RESPUESTAS DE PAISAJES SOBRE 25 O 30 DEL TOTAL:
Adaptación práctica defectuosa, pesimismo e inestabilidad propia de una personalidad ansiosa e insegura. Cosmovisión melancólica y depresiva; ansiedad flotante, no focalizada.

RESPUESTAS REFERENTES A ARQUITECTURA (Arch)
EDIFICIOS O SUS PARTES CONSTITUTIVAS:
Asociadas a las respuestas de paisajes, evidencian estados de ansiedad.

RESPUESTAS ALIMENTARIAS
Necesidad pasiva y regresiva de cuidados maternales.

RESPUESTAS SOBRE COSAS ABSTRACTAS (Abstr)
Sujetos muy intuitivos, idealistas o creadores, que expresan sus estados anímicos a través de la simbología.

RESPUESTAS COMO PUTREFACCIÓN, APARICIÓN, LUCHA SUBTERRÁNEA...:
Interpretaciones de tipo francamente patológico (esquizofrénico) reflejan una escisión entre la personalidad consciente y la profunda. Descoordinación entre el mundo interior y las exigencias colectivas impuestas por la familia, el trabajo y la sociedad.

RESPUESTAS REFERENTES A NUBES
LAS RESPUESTAS: NUBES, HUMO, TINIEBLAS...:
Ansiedad indecisa y no canalizada. Frecuentes en sujetos neuróticos, e inusual en sujetos normales.

RESPUESTAS REFERENTES A MÁSCARAS (Masc)
LAS RESPUESTAS: MÁSCARAS, ANTIFAZ, ARLEQUÍN, PAYASO...
a) Corresponden a sujetos que ocultan su verdadera personalidad. Pueden darse ciertos rasgos psicasténicos.
b) Preocupación excesiva por la muerte, como en el caso de algunos histéricos y de otras formas de psiconeurosis.
INTERPRETACIONES GLOBALES:
Pensamiento mágico, unicidad entre el sujeto y el mundo.
INTERPRETACIONES DE DETALLE O LAS MÁSCARAS SE VEN DE PERFIL:
Pensamiento objetivo y abstracto, tendencia a separar el yo del mundo circundante.

FIGURAS ENMASCARADAS EN MOVIMIENTO:
Disposición eufórica, así como el deseo de pasar inadvertido o de representar otra personalidad distinta de la suya.

4. Originalidad

Originales (Orig)

Vulgares (V)

II Otros aspectos: Sucesión de las láminas, reacciones y preferencias

1. Tipo de sucesión

La manera en que la persona aborda las láminas del test –la secuencia laminal– se relaciona con la manera en que actúa su pensamiento, así como su capacidad de reflexión o de instinto ante situaciones nuevas. Distinguiéndose 5 modalidades:

1. **ORDENADA:** Es indicativo de una mente habituada a pensar en forma abstracta o deductiva. Visión panorámica del problema o del asunto, tras de lo cual se pasa al análisis o apreciación de sus partes o detalles. Denota inteligencia superior.
2. **RÍGIDA:** Modalidad de pensamiento denominada formalista, que antepone la forma al contenido, lógica automatizada. Frecuente en personas que se identifican en demasía con su labor profesional.
3. **RELAJADA:** Atención y afectividad lábil. Inestabilidad, influenciabilidad.
4. **DISOCIADA:** Disociación mental, falta de coherencia y lógica en el pensamiento, y a menudo en la conducta.
5. **INVERTIDA:** Pensamiento inductivo, a partir de la observación de pequeños detalles infiere la interpretación general, de conjunto.

2. Láminas (Reacciones y Preferencias)

Reacciones:

<u>**LÁMINA Nº 2:**</u>

UN SHOCK: Conflicto más o menos grave entre los factores sexuales y los afectivos.

<u>**LÁMINA Nº 3:**</u>

A– UNA CONSIDERACIÓN POSITIVA ESTÉTICAMENTE: Complejos de culpabilidad sexual atenuados o inexistentes, cierto equilibrio erótico-sentimental.

B– SI NO SE HA PRODUCIDO UN SHOCK EN LA ANTERIOR PERO SÍ EN ÉSTA Y NO SE INTERPRETAN LAS FIGURAS HUMANAS O UN SHOCK EN LA ANTERIOR Y EN ÉSTA: Graves problemas sexuales-afectivos.

<u>**LÁMINA Nº 4:**</u>

UN SHOCK, UNA NO–RESPUESTA O COMENTARIO DESPECTIVO:
Representación de la autoridad como una imposición tiránica (dificultades en asimilar la autoridad paterna).

RESPUESTAS SIN CARGA ANGUSTIADA O INDIFERENTE (NI POSITIVA NI NEGATIVA): Aceptación normal de la autoridad.

REHUIR O CONSIDERAR CON DESDEÑO LOS ÓRGANOS SEXUALES MASCULINOS Y FEMENINOS REFLEJADOS EN LA LÁMINA: Existencia de un problema de castración.

<u>**LÁMINA Nº 5:**</u>

SHOCK EN LA ANTERIOR Y TAMBIÉN EN ÉSTA: Sujetos con componente histérico o epiléptico.

OBSERVACIÓN DISPLICENTE: Problemas de menstruación.

<u>**LÁMINA Nº 6:**</u>

REHUIR LAS ZONAS QUE REPRESENTAN LOS ÓRGANOS SEXUALES MASCULINOS y FEMENINOS Y CENTRAR LA RESPUESTA SOBRE LA LÍNEA MEDIA DE LA LÁMINA: Problemas de castración.

SHOCK NEGRO: Neurasténicos sexuales.

EXCESO DE RESPUESTAS HD EN ESTA LÁMINA Y EN LA ANTERIOR:
Síntoma de inhibición sexual, y como consecuencia de frecuente tendencia a la angustia.

LÁMINA Nº 7:
RECHAZO O COMENTARIO DESPECTIVO:
Cierto grado de agresividad latente ya sea contra sí mismo (vivencia introvertida) o contra los demás (vivencia extravertida).
INTERPRETACIÓN DEL ESPACIO CENTRAL BLANCO:
Tendencia a buscar el lado débil de los demás para dar rienda suelta a su agresividad oculta.
FIGURAS FEMENINAS TIERNAS:
Proteccionismo maternal y paternal, sentido de la ternura.
LÁMINA Nº 8:
LÁMINA EN COLOR:
Fuerza de las emociones expansivas y el grado de impulsividad eufórica del individuo, así como su modo de comportarse en relación a los estímulos de excitación exterior.
LÁMINA Nº 9:
IMPRESIONES ESTÉTICAS E INTERESANTES:
Sublimación, propio de artistas y personas de elevada espiritualidad.
RESPUESTAS DE COLOR EN LA LÁMINA ANTERIOR Y EN LA SIGUIENTE, PERO NO EN ÉSTA:
Incapacidad para la sublimación, cierto primitivismo en la afectividad y sus instintos.
LÁMINA Nº 10:
Indicador de visión global cognitiva.
PORCENTAJES:
DAR UN 1 o 5 DE LAS RESPUESTAS TOTALES:
Personas sin patologías mentales.
POCAS RESPUESTAS EN ESTA LÁMINA:
Estado depresivo agudo.
Preferencias:
PREFERENCIA POR LAS LÁMINAS NÚMEROS: 8, 9,10 Y RECHAZO DE LAS LÁMINAS NÚMEROS: 1, 4, 5, 7:
Personalidades bien adaptadas.
DISTORSIÓN DE LO ANTERIOR:
Signo de problemas psíquicos.

II. EL TEST DEL HORIZONTE DEL MAR Y LA GRAFOPSICOLOGÍA

(Notas originales del Prof. Ricardo Carreras Batlle, 1986, acompañadas de comentarios de los autores.)

Este test fue ideado y creado por Ricardo Carreras Batlle, cuando era discípulo de uno de los antiguos cursos que impartía el profesor Vels en el año 1973; como el test de Wartegg, el test del árbol, el de Machover, el de la familia, o cualquier otro inspirado en el dibujo, es esencialmente un test proyectivo.

(Este test de gran éxito en Alemania es poco conocido en su lugar de origen, España, lo que ha ocasionado en más de una ocasión el intento de usurpación de la autoría por parte de algún desaprensivo.)

La base de interpretación del test del mar es esencialmente psicoanalítica, pues expresa inconscientemente el estilo personal, el modo de pensar y de actuar, los bloqueos, conflictos, represiones y situaciones de angustia que cada sujeto puede poseer. Por el simbolismo del espacio gráfico, este test es muy importante para el grafólogo porque sirve de reforzante al estudio grafológico, puesto que las interpretaciones, en este sentido, son iguales tanto en el dibujo como en el texto manuscrito. La ideación y creación de este test fue pensada gracias al simbolismo de la línea recta, de Max Pulver, que dice: Si invitamos a dibujar una línea recta dentro de un espacio blanco, el sujeto, y de forma inconsciente, expresa el nivel en que él se cree situado ante la hipérbole de la vida.

(El objeto del dibujo es para que el interesado estampe una línea recta sin necesidad de expresárselo directamente, y esta circunstancia queda plasmada en el horizonte del mar.)

La aplicación del test es muy sencilla: consiste en pedir al sujeto que haga un dibujo del «Horizonte del mar», sin preocupaciones artísticas, remarcándole que se trata de una prueba de imaginación solamente y que no cuentan ni las dotes artísticas ni como dibujante. Una vez efectuado el dibujo, se le invita para que describa qué es lo que ha dibujado, indicando primordialmente el mes dentro del año en que lo ha situado, si es de día o de noche, si la mar está en calma o alborotada y qué es lo que hacen las personas o cosas que ha puesto en el dibujo, y libremente lo que crea oportuno describir. Terminado el dibujo y la redacción ya podemos «in situ» ver el conjunto de ambos trabajos que a través del simbolismo del espacio, han de expresar lo mismo.

Para el grafólogo esta prueba tiene un gran interés, ya que la descripción del dibujo, para el sujeto, hace que la atención esté más puesta en el dibujo que en la forma de expresarlo en el escrito, quedando así el grafismo, libre de las tendencias latentes y sin apenas control, la imagen de las tendencias profundas, que es lo que interesa al grafólogo. Hay que tener en cuenta al ver la disposición en que ha sido efectuado, la colocación de los distintos elementos principales, como el horizonte, el sol, las olas, las cosas, etc., puesto que la visión del mar a través de las imágenes recibidas es muy distinta de los seres que viven en zonas marítimas y los del interior que solamente lo conocen a través de postales o a través de otros medios de comunicación. Como dato curioso, hay que señalar que los zurdos, en un amanecer, ponen el sol a la derecha en lugar de la izquierda, como lo ponen los diestros.

(A continuación se insertan algunas interpretaciones de los elementos principales que se acostumbran a poner en el dibujo del test del mar.)

INTERPRETACIONES

EL HORIZONTE. Anímicamente representa la situación en que se encuentra el sujeto con relación a la hipérbole de la vida. Para unos el horizonte es el ideal o pensamiento mágico; para otros, la tierra, lo material, o, quizás, la imago de la madre protectora.

HORIZONTE EN ARCO. Es una necesidad de aparentar y de demostrar una cierta superioridad.

HORIZONTE MUY DESCENDENTE. Depresión grave. Debilidad de la voluntad.

HORIZONTE ALTO SIN SOL. Aspiraciones elevadas. Idealismo. Ausencia o muerte del padre.
EL MAR. En psicoanálisis simboliza el claustro materno, la imagen de la madre, pero también simboliza la soledad y la depresión. Puede ser la imagen de su estado afectivo, o de la propia vida: en calma, agitado, tormentoso, de acuerdo con sus problemas de índole familiar, o bien, conflictos en el ambiente profesional.
MAR EN RAMPA ASCENDENTE. Aspiraciones a metas elevadas. Insatisfacción.
MAR SOLITARIO. Idealización de la angustia y la soledad.
EL SOL. Es la imago del padre, o el deseo de potencial activo, la fuerza creadora, de ambición de poder. A veces representa el propio sujeto, indicándonos el énfasis del *Yo,* o bien rodeado de nubes que simboliza tener problemas. La ausencia del Sol, en la mayoría de los casos, está relacionado con la separación conyugal, ausencia o fallecimiento.
SOL ENTRE NUBES. Conflictos con el padre, angustia, temores.
PÁJAROS EN GENERAL. Evasión de la realidad. Libertad para soñar.
SOL, LUNA Y NUBES. Luchas intrapsíquicas, «ánima» o «animus».
SOL MUY GRANDE. Exceso de imaginación y de amplitud de necesidades del YO. Necesidades de protección y de admiración.
SOL EN EL CENTRO DEL DIBUJO ALGO GRANDE. Proyecta esta forma una limpieza de sentimientos.
SOL DEBAJO DEL HORIZONTE. Impacto o reflejo de problemas. Se siente sumergido. Normalmente esta forma va acompañada de olas en forma de puñal o de cuchillos, que es un mecanismo de autodefensa.
EL REFLEJO DEL SOL O DE LA LUNA. Siguiendo una dirección hacia la derecha, es una actitud ofertante, de entrega; hacia la izquierda, la actitud es de rechazo; y hacia abajo o perpendicular, es un equilibrio.
LA HORA DEL DÍA. Situarlo en la mañana expresa esperanza, juventud, plenitud, alegría, actividad o acción. El atardecer es el fin de la etapa, el logro de la ambición, el final de una ilusión para poder alcanzar la meta deseada, la de amar y la de la profesión. La noche puede representar un romanticismo trasnochado, o los estados de angustia o ansiedad, la soledad, la nostalgia, el complejo de abandono o los conflictos afectivos del sujeto. El amanecer es el exponente del deseo, la ambición de ser, las posibilidades de ilusión para alcanzar una meta.
OLEAJE ANGULOSO. Actitud poco adaptada a un plan social. El YO, muy sensibilizado, reacciona agresivamente contra el entorno.
OLEAJE A TRAZOS ONDULADOS SIMÉTRICOS. Actitud pasiva ante los demás. Ante el trabajo, la persona no desea que le interrumpan el trabajo empezado.
OLAS ENCRESPADAS. Fluctuante adaptación social.
OLAS DIBUJADAS PERPENDICULARES. Visión muy personal para ver las cosas; bajo una apariencia de seriedad, oculta una cierta inseguridad personal.
NUBES. Problemas de autorrealización. Conflicto con la realidad. Angustia vital.
NUBES VARIADAS. Son problemas de ambiente familiar.
DIBUJO CENTRADO EN LO ALTO. Tendencia a buscar metas elevadas. Evasión de la realidad.
DIBUJO CARGADO HACIA LA IZQUIERDA DE LA PARTE BAJA. Dependencia materna, especialmente en los niños.
TODO EL ESPACIO UTILIZADO (Mar, cielo y tierra). Imaginación embrollosa y complicada.
TRAZOS EN ESPIRAL. Egocentrismo, narcisismo, deseos de admiración.
BARQUITA FRAGIL FRENTE A SOL POTENTE. Complejo de destete.
PAISAJE DESPOBLADO. Soledad, angustia, aislamiento.
ÁRBOLES. Creatividad, actividad.
GRANDES OLAS ANGULOSAS. Agresividad violenta. Tormentas emocionales.

2. EL GRAFOANÁLISIS

(Los rudimentos del Grafoanálisis, así como su interrelación con el AT aparecen en nuestra obra: *Psicodiagnóstico por la Escritura. Grafoanálisis Transaccional*, Barcelona, Ed. Herder, 1999.)

Protocolo para la realización de un Grafoanálisis:

I) Datos necesarios para proceder al análisis:
1. Edad del analizado
2. Sexo
3. Nivel Socio-cultural
4. Información sobre la mano con la que escribe y circunstancias que pudieran alterar el grafismo (enfermedad, situación o circunstancias psicofísicas especiales o anormales).

II) Material gráfico preciso para el estudio:
1. Cantidad del material gráfico: es conveniente disponer de varios documentos para observar la constancia o variabilidad, incluso posibles fallos del útil inscriptor, etc. Como mínimo es aconsejable unas quince líneas y forma.
2. Calidad: cuanto más espontáneo sea mucho mejor (la escritura realizada ex profeso para ser personalizada acostumbra a perder espontaneidad, en dicho caso es preferible dictar un texto al analizado).

III) Seguidamente se procederá a la valoración de los parámetros gráficos atendiendo al cuadro del Grafoanálisis, las características dominantes de 6 a 10 puntos y las subdominantes entre 3 y 5. No es necesario puntuar en todos los recuadros, este sistema está preparado para puntuar lo destacable (para el cálculo grafonómico pueden hacerse transparencias de los módulos de plantilla).

IV) Una vez obtenido el egograma o tanto por ciento de tipos caracterológicos (nueve exteriorizaciones del Yo) procedemos a elaborar el perfil o retrato de personalidad, distinguiendo tres apartados:
a) Características psicosomáticas: (Psicobiología y Temperamento)
b) Características volitivo-morales: (Carácter)
c) Características Intelectuales y Mentales

V) Iremos contrastando cada dominante gráfica con la predominante caracterológica y realizaremos una síntesis de los puntos en común que iremos distribuyendo en cada uno de los apartados según se trate de peculiaridades de tipo psicofísico (por ejemplo: fuerza, actividad, expansión), carácter (por ejemplo: voluntad, sociabilidad, espontaneidad, honestidad) o mental (por ejemplo: intuición, percepción, pensamiento teórico, práctico, imaginación). Antes de completar el borrador, nos aseguraremos de verificar que no aparezcan contradicciones, en todo caso deben explicarse adecuadamente (por ejemplo: en caso de elementos chocantes de tipo neurótico).

En la confección del estudio se tendrá en cuenta la orientación (si se trata de un estudio simplemente de personalidad, de orientación familiar, de selección de personal, informe de tipo clínico para otros profesionales, etc.).

Cuadro del Grafoanálisis por AT (F. Viñals y M. Puente, 1999) FIG. 4.8.

ORDEN ESPACIAL ORGANIZACIÓN GLOBAL		P	PN	PC	A	pp	NA	NAS	NAR	NL
Organizada					●					
Proporcionada o sobria					●					
Desproporcionada (rizada o inflada)				●						●
Eje vertical (predominio trazos verticales)				●						
Eje horizontal (predom. trazos horizontales)						●				
Cilíndrica (predom. zona media y curva)			●							
Ordenada (muy cuidada en situación de palabras, líneas, puntos y aparte, etc.)		●								
Desordenada										●
Ilegible						●				
Inacabada o palabras y letras saltadas							●	●	●	●
Suspendida (trazos finales inhibidos)							●			
Movida (predom. movimiento sobre forma)										●

DISTRIBUCIÓN DEL ESPACIO		P	PN	PC	A	pp	NA	NAS	NAR	NL
Clara (Bien espaciada, legible y proporcionada)		●			●					
Confusa (líneas entremezcladas, jambas pisan)										●
Espaciada interlínea							●			
Concentrada líneas		●	●	●						
Espaciada interpalabras					●		●			
Insuficiente distancia entre palabras (<«m»)				●						●
Espaciada interletras (extensa)			●							
Apretada interletra									●	
Cortes, chimeneas, bolsas de espacio							●			

DISPOSICIÓN DE MÁRGENES		P	PN	PC	A	pp	NA	NAS	NAR	NL
Márgenes rígidos		●		●						
Márgenes regulares		●			●					
Márgenes irregulares										●
Margen izq. grande o ensanchándose			●							●
Margen izq. pequeño o estrechándose con margen derecho grande o ensanchándose							●	●	●	
Sin margen (el texto invade todo espacio)				●						●

FIG. 4.8a.

DIMENSIÓN	P	PN	PC	A	pp	NA	NAS	NAR	NL
Grande (zona media entre 3,5 y 4,5 mm.)	●	●	●						
Mediana (zona media entre 2,5 y 3,5 mm.)				●					
Pequeña (zona media entre 1,5 y 2,5 mm.)					●	●	●	●	
Sobrealzada (alargamiento hampas/jambas)			●						
Rebajada (acortamiento hampas/jambas)							●		
Creciente (aumentando tamaño hacia el final de palabra)									●
Gladiolada					●				
Uniforme (tamaño invariable)	●								
Fluctuante (tamaño variable)									●
Ancha							●		●
Estrechada						●			

PRESIÓN

TENSIÓN	P	PN	PC	A	pp	NA	NAS	NAR	NL
Firme	●			●					
Firme suave (curva)		●							
Firme dura (ángulo)			●						
Blanda							●		
Vacilante						●			
Hampas o palos cóncavos a la derecha		●					●		
Hampas o palos convexos a la derecha								●	

PROFUNDIDAD	P	PN	PC	A	pp	NA	NAS	NAR	NL
Profunda o marcada (aprieta sobre el papel)			●						
Superficial (no aprieta sobre el papel)					●		●		
Truncada						●			
Presión desigual									●

CALIBRE (Peso)	P	PN	PC	A	pp	NA	NAS	NAR	NL
Nutrida (>0,5 mm en plenos)	●	●	●						
Ligera (<0,5 mm en plenos)						●			
Apoyada (aumentos bruscos del grosor)			●						
Neta (contornos precisos y limpios)	●			●					
Acerada (finales de trazo en punta de aguja)					●			●	
Masiva (finales trazo en maza)			●						
Fusiforme/empastada/entintado desigual									●
Desplazada (carga en perfiles y aligera en plenos)								●	

FIG. 4.8b. (Cont.).

FORMA

ESTRUCTURA		P	PN	PC	A	pp	NA	NAS	NAR	NL
Infantil								●		●
Caligráfica		●		●				●		
Tipográfica					●	●				
Redonda			●					●		
Redondeada			●		●					
Semiangulosa					●					
Angulosa				●					●	
Sencilla					●		●			
Ornada			●							●
Simplificada					●					
Complicada/Artificial						●				●
Arqueada						●				
Filiforme						●				
Buclada						●				
Mayúsculas en todo el texto				●		●				

COLIGAMIENTO		P	PN	PC	A	pp	NA	NAS	NAR	NL
Col. guirnalda oval			●		●					
Col. guirnalda redonda			●					●		
Col. arcos						●				
Col. diagonal ascendente									●	
Col. mixto					●					●

ESTÉTICA		P	PN	PC	A	pp	NA	NAS	NAR	NL
Estética					●	●				
Vulgar								●		●
Con impresión de relieve					●	●				

VELOCIDAD O RAPIDEZ		P	PN	PC	A	pp	NA	NAS	NAR	NL
Lenta								●		
Pausada		●	●	●						
Rápida					●					
Lanzada o precipitada						●				●
Inhibida							●			

ORIENTACIÓN

DIRECCIÓN DE LÍNEAS		P	PN	PC	A	pp	NA	NAS	NAR	NL
Horizontal rectilínea		●			●					
Horizontal flexible			●		●					
Ascendente				●						●
Descendente								●		
Sinuosa o serpentina						●				●
Rígida		●		●						
«a brincos» (*scattante*)							●			

FIG. 4.8C. (Cont.).

INCLINACIÓN LETRAS	P	PN	PC	A	pp	NA	NAS	NAR	NL
Inclinación dextrógira ligera (90º a 120º)		●							
Inclinación dextrógira pronunciada (>120º)									●
Vertical (entre 85º y 95º)	●			●					
Invertida (levógira o sinistrógira) (<80º)								●	
Oscilante flexible					●				
Inclinación discordante (vacilante)						●			
Inclinación rígida (paralela)			●						

ABREACCIÓN (apertura/cierre óvalos)	P	PN	PC	A	pp	NA	NAS	NAR	NL
Cerrada	●		●	●		●		●	
Doble cierre/bucle					●				
Abierta derecha/arriba		●							●
Abierta abajo					●			●	●
Abreacción variable					●				●
Abierta izquierda						●			●

COHESIÓN	P	PN	PC	A	pp	NA	NAS	NAR	NL
Ligada	●	●	●						
Desligada					●			●	
Agrupada (grupos de 2 o 3 letras)				●					
Cohesión desigual					●				●
Combinada (conexiones originales)				●					●
Fragmentada (letras divididas o partidas)					●	●		●	
Reenganchada (enlace a 2 tiempos)						●			
Adosada (letras pegadas)							●		

CONTINUIDAD	P	PN	PC	A	pp	NA	NAS	NAR	NL
Monótona	●						●		
Estable	●								
Inestable					●				●
Cadenciada		●		●					
Rítmica				●					●
Vacilante						●			
Retocada						●			
Variable (cambio estilo en escritos distintos)					●				●

GESTOS-TIPO

RIZOS	P	PN	PC	A	pp	NA	NAS	NAR	NL
Rizo de la «independencia»			●						
Rizo de la «inseguridad material»					●				●
Rizo del «materialismo»			●						●
Rizo de la «mitomanía»	●								●
Rizo de la «vanidad»		●							●
Rizo del «subjetivismo»			●						●
Rizo del «ocultamiento»					●	●	●		

FIG. 4.8d. (Cont.).

PUNTUACIÓN	P	PN	PC	A	pp	NA	NAS	NAR	NL
Puntuación muy precisas	●								
Puntuación ausente							●		●
Puntuación conectada letra siguiente				●					
Puntuación adelantada				●					
Puntuación en círculo	●								●
Puntuación en acento			●						
Puntuación excesiva (en escrito)					●			●	

BARRAS DE «t»	P	PN	PC	A	pp	NA	NAS	NAR	NL
Barras de «t» muy precisas	●								
Barras de «t» ausentes					●		●		●
Barras de «t» conectadas letra siguiente				●	●				●
Barras de «t» adelantadas			●	●					
Barras de «t» atrasadas						●	●		
Barras de «t» altas			●						
Barras de «t» a media altura				●					
Barras de «t» bajas						●			
Barras de «t» en lazo					●				
Barras de «t» en «golpe de sable»			●						
Barras de «t» en diagonal ascendente								●	
Barras de «t» descendentes o caídas						●	●		
Barras de «t» en «sombrilla»		●							
Barras de «t» en «u»								●	
Barras de «t» desiguales					●				●
Barras de «t» cortas				●		●			
Barras de «t» largas			●						●

JAMBAS (pies, ejes geotrópicos inferiores)	P	PN	PC	A	pp	NA	NAS	NAR	NL
Jambas largas			●						●
Jambas cortas						●	●		
Jambas redondas									●
Jambas regresivas (desvío izquierda)								●	
Jambas triangulares			●						
Jambas en «8» de guarismo					●			●	●
Jambas recubiertas					●	●			
Jambas cóncavas a la derecha							●		
Jambas convexas a la derecha								●	

HAMPAS (Crestas, palotes o ejes geotrópicos superiores)	P	PN	PC	A	pp	NA	NAS	NAR	NL
Hampas, rasgos o grammas en «sombrilla» (curva cubriendo la siguiente)		●							
Hampas rasgos o grammas disparadas en diagonal ascendente								●	
Hampas, rasgos o grammas con recorrido inverso (inicio desde el punto final)								●	

FIG. 4.8c. (Cont.).

ÓVALOS		P	PN	PC	A	pp	NA	NAS	NAR	NL
Óvalos con ángulo abajo				●						
Óvalos con ángulo arriba									●	
Óvalos protuberantes						●			●	●
Óvalos pinchados							●	●		

FIRMA		P	PN	PC	A	pp	NA	NAS	NAR	NL
Firma trazos verticales predominantes				●						
Firma envolvente							●			
Firma complicada (alambrada)						●				
Firma Ángulo izquierda							●	●		
Firma Ángulo derecha				●					●	
Firma ilegible o evasiva						●				
Firma con disparo diagonal ascendente									●	
Firma tachada							●	●		
Firma simbólica					●	●				●

Explicaciones para el uso del Cuadro del Grafoanálisis Transaccional

La primera columna, que está en blanco, es la reservada para ir anotando las puntuaciones, según la intensidad de los signos o características gráficas. Los dominantes los valoramos de 6 a 10 puntos, ya que suponen una mayor intensidad de los parámetros.

Para obtener el «egograma» del A.T. procederemos a sumar por separado los valores de cada columna (cada círculo negro tiene el valor que hemos puntuado en la primera casilla de su línea horizontal).

Una vez sumados todos los totales parciales (de cada columna), podemos ya obtener los porcentajes:

$$\frac{\text{Total puntuación del P (Padre) x 100}}{\text{Total puntuación P + PN + PC + A + pp + NA + NAS + NAR + NL}} = \text{\% P (Padre)}$$

$$\frac{\text{Total puntuación del PN (Padre Nutritivo) x 100}}{\text{Total puntuación P + PN + PC + A + pp + NA + NAS + NAR + NL}} = \text{\% PN (Padre Nutritivo)}$$

$$\frac{\text{Total puntuación del PC (Padre Crítico) x 100}}{\text{Total puntuación P + PN + PC + A + pp + NA + NAS + NAR + NL}} = \text{\% PC (Padre Crítico)}$$

$$\frac{\text{Total puntuación del A (Adulto) x 100}}{\text{Total puntuación P + PN + PC + A + pp + NA + NAS + NAR + NL}} = \text{\% A (Adulto)}$$

$$\frac{\text{Total puntuación del pp (Pequeño Profesor)}}{\text{Total puntuación P + PN + PC + A + pp + NA + NAS + NAR + NL}} = \text{\% pp (Pequeño Profesor)}$$

$$\frac{\text{Total puntuación del NA (Niño Adaptado)}}{\text{Total puntuación P + PN + PC + A + pp + NA + NAS + NAR + NL}} = \text{\% NA (Niño Adaptado)}$$

$$\frac{\text{Total puntuación del NAS (Niño Adaptado Sumiso)}}{\text{Total puntuación P + PN + PC + A + pp + NA + NAS + NAR + NL}} = \text{\% NAS (Niño Adaptado Sumiso)}$$

$$\frac{\text{Total puntuación del NAR (Niño Adaptado Rebelde)}}{\text{Total puntuación P + PN + PC + A + pp + NA + NAS + NAR + NL}} = \text{\% NAR (Niño Adaptado Rebelde)}$$

$$\frac{\text{Total puntuación del NL (Niño Libre)}}{\text{Total puntuación P + PN +PC + A + pp + NA + NAS + NAR + NL}} = \text{\% NL (Niño Libre)}$$

FIG. 4.8f. (Cont.).

2.1 Correlaciones entre AT y Eneagrama (los 9 tipos y sus mezclas)

2.1.1. INTERRELACIÓN AT (ANÁLISIS TRANSACCIONAL) - CARACTEROLOGÍA (HEYMANS - LE SENNE) - ENEAGRAMA - PREDISPOSICIÓN DE TRASTORNO DE PERSONALIDAD (MILLON) - GRAFOANÁLISIS

Padre (P): Flemático. **Uno o Ético** (predisposición trastorno: obsesivo-compulsiva). **Estabilidad regularidad** (gráfica y psicológica).
Padre Nutritivo (PN): Realista. **Dos o Ayudador:** Predisposición (enfermedad: histriónico teatral). **Atracción vinculante** (gráfica y psicológica).
Padre Crítico (PC) (combinación de temperamentos Bilioso-Sanguíneo). **Ocho o Jefe** (predisposición trastorno: megalomanía). **Imposición afirmación** (gráfica y psicológica).
Adulto (A): Apasionado –EAS– (Emotivo, Activo, Secundario). **Tres o Mediador** (predisposición trastorno: psicopatía). **Eficiencia** (gráfica y psicológica).
Pequeño Profesor (pp): Nervioso. **Cuatro o Romántico** (predisposición trastorno: esquizoidismo autodestructivo). **Camuflaje** (gráfica y psicológica).
Niño Adaptado (NA): Sentimental. **Cuatro o Leal** (predisposición trastorno: fobias, esquizoide, masoquismo) **Duda-vacilación** (gráfica y psicológica).
Niño Adaptado Sumiso (NAS): Indolente. **Nueve o Pacífico** (predisposición trastorno: fantasías, negación de le realidad, depresión) **Blandura** (gráfica y psicológica).
Niño Adaptado Rebelde (NAR): Inhibido frío. **Cinco u Observador** (predisposición trastorno: esquizoide, paranoide, autismo). **Refracción o contra-adaptación** (gráfica y psicológica).
Niño Libre (NL): Activo exuberante. **Siete o Vitalista** (predisposición trastorno: Manías, histeria, perversión). **Libertad sin censura** (gráfica y psicológica).
Ejemplo de respuesta de cada uno de los Estados del Yo del AT a una pregunta utópica:

¿Qué consideración le merece el AT (Análisis Transaccional)?:
Respuesta del P: Por sus principios y leyes, podríamos considerarlo como dogma de fe.
Respuesta del PC: ¡El que no lo utilice es un insensato!
Respuesta del PN: Confiad en él, os ayudará.
Respuesta del A: Es una teoría psicológica integrada.
Respuesta del pp: Es todo un descubrimiento, me ayudará a saber cómo son los demás y a manejarme mejor.

Respuesta del NA: Espe.. espero, que me ayu.. ayudará a.. a tener m.. más, seguridad..., perdonen...
Respuesta del NAR: Bah..., una teoría más...
Respuesta del NAS: Sí señor, es muy bueno, pero, como yo no sé explicarme muy bien, se lo explicará mejor el profesor, gracias y perdone.
Respuesta del NL: ¡Es como un juego supermegadivertido!

2.1.2 LOS TIPOS DEL AT-ENEAGRAMA Y SU IDENTIFICACIÓN EN PERSONAJES DE CÓMIC

Seguidamente y a modo puramente didáctico exponemos algunos personajes de cómic ilustrativos sobre cada predominante o mezcla de tipos del AT y Eneagrama:

Mafalda: predominio «Uno» («Padre» con «Adulto»)
Sr. Ulises: «Dos» («Padre Nutritivo», «Realista» de Heymans Le Senne)
Papá Pitufo: «Padre» con «Padre Nutritivo»
Susanita: «Dos» negativo (narcisismo)
Jan, Gil Pupila: «Tres» + «Adulto»
Lucky Luke: «Tres» con «Cuatro»
Felipe: «Cuatro»
Simson: «Niño Adaptado Rebelde»
B. Allen: «Cinco» con «Seis» «Niño Adaptado» con «Niño Adaptado Rebelde»
Padres de Mafalda, Pablo Mármol y Bubu: «Seis» «Niño Adaptado»
Guille, Oso Yogui, Snoopi: «Siete» «Niño Libre»
Pedro Picapiedra, Trencapins: «Siete» con «Ocho» «Niño Libre» con «Padre Crítico»
Julio César, General Alcázar: «Ocho» «Padre Crítico»
Obelix: «Nueve» «Niño Adaptado Sumiso»
Tintin: «Adulto Integrado» (carácter armónico o compensado). (FIG. 4.9.)

FIG. 4.9.

2.1.3 LA CARACTEROLOGÍA DEL AT Y PUNTOS DE COINCIDENCIA CON LOS TIPOS ENEAGRAMÁTICOS

EJEMPLO DE PADRE CON PADRE CRÍTICO (AT)-UNO (ENEAGRAMA)

En principio se observa un temperamento fuerte, apoyado por un autoconcepto firme y bien valorado.
Controla constantemente su emotividad y la somete a la voluntad, no quiere dejarse influir por el sentimiento.
Sus actuaciones y movimientos están siempre racionalizados, por ello puede dar la impresión de pose y de falta de espontaneidad (autocontrol excesivo).
Destaca una buena coordinación de las pulsiones que permite mantener el tono vital adecuado. Afirmación personal, buen rendimiento, predisposición a la acción, decisión, brío y firmeza en los deseos, voliciones, afectos, etc. Existe confianza en sí, constancia y decisión en los esfuerzos y de resolución.
Refleja tensión interna, temperamento que no permite que las cosas se le vayan de la mano. Puede en ocasiones demostrar una actitud un poco impositiva por excederse en la tenacidad y resistencia a la influencia externa.
Existe pues dinamismo psicofísico, capacidad productiva y realizadora, necesidad de actividad. Carácter enérgico y voluntarioso, es persona con ambición, tiende a la afirmación de su personalidad, incluso podría hablarse de dotes de mando. Exige una cierta autonomía, necesita independencia.
Según la oposición que encuentre puede adoptar posiciones tenaces.
En los asuntos importantes piensa que basta con observar con calma y precisión y no intervenir más que en el momento preciso, aunque ello también le potencia una cierta desconfianza con respecto a las ideas nuevas (por cuanto les falta la experiencia, no han sido puestas a prueba todavía).
Es independiente, se reserva así la libertad de ser como es y de actuar como quiere y cuando quiere.
No es demasiado sugestionable y difícilmente se pliega a órdenes y disposiciones cuya validez no comparta.
Si se encuentra en ambientes o situaciones en las que se siente forzado a someterse, a seguir la voluntad ajena, puede demostrar un cierto autoritarismo por actitudes algo rígidas.
Para lograr el objetivo de dominar, sabe inhibirse momentáneamente y someterse incluso a un duro trabajo, a notables sacrificios.
Así pues, en general denota un sentido del Yo algo rígido que exagera el concepto del honor, a veces se pone demasiado a la defensiva.
Su mecanismo intelectual se propone analizar los elementos del problema, progresar deductivamente hacia la solución, eliminando las incógnitas y por último extraer una ley.
Quiere primero separar lo esencial de lo accesorio, o sea haber encontrado con ello sus directrices, estructurándolas cada vez más firmemente. Le gusta examinar, estudiar, comprobar y sentenciar.
Buena capacidad de rendimiento y seguridad en el modo de pensar y ejecutar el propio pensamiento.
Inteligencia capaz de tareas imaginativas de gran profundidad.
Su capacidad es cognitivo-global, esto es, percibe el conjunto, el grueso del problema y puede atender varias cuestiones a la vez.

EJEMPLO DE PADRE CRÍTICO NEGATIVO
Es innegable su espíritu emprendedor, pero a pesar de una cierta capacidad resolutiva, su seguridad deriva en exceso de orgullo, su amor propio es muy acusado.

El analizado demuestra una clara inadaptabilidad para trabajos en posiciones subalternas. No puede soportar sentirse mandado por nadie, enseguida se siente humillado.
Precisa independencia y a la vez capacidad de mando, aspira a un cierto liderazgo, pero con los que considera inferiores se impone sin tacto.
Por su tendencia a acumular tensiones puede resultar un poco agresivo, pues se observa un constante reforzamiento de las actitudes defensivas, a base de orgullo e incluso de arrogancia. Esta situación psiconerviosa puede dar lugar a irritaciones persistentes, conflictos, exceso de tensión, y, cuando no, a una actitud inadaptada respecto al exterior.
Dificultad para soportar disciplinariamente la sumisión de su personalidad a la personalidad de otros.
Recelo y desconfianza al considerar las expresiones y las actitudes ajenas desde el punto de vista del honor y de la consideración a la cual cree tener derecho; por ello sus pretensiones pueden resultar exageradas.
Sobrevalora las ofensas reales o imaginarias. Tendencia a exigir satisfacciones excesivas.
Sus afectos se hallan perturbados precisamente por las interferencias relativas a la consideración de la propia personalidad y ello puede disminuirle su capacidad para ser altruista o humanitario en el sentido de considerar a los demás.
Carácter difícil, irritable y, a veces, inmoderado.
Pero todo su comportamiento no se manifiesta de una forma clara y espontánea, con los que considera superiores utiliza la vía indirecta, toda su carga negativa es capaz de canalizarla con acciones agresivas disimuladas, por la espalda, tendencia a la venganza oculta.
La capacidad de atención y la objetividad están perturbadas por la importancia concedida a las apariencias y, asimismo, a las cuestiones de honor.
Sus deliberaciones y decisiones se ven alteradas por la atribución exagerada de importancia a cuestiones de prestigio.
Es fácil que tienda a las exageraciones. Por el subjetivismo que demuestra, da la impresión de que se preocupa mucho más por la presentación personal en el sentido de dignidad y categoría al que aspira, que al verdadero fondo de las cuestiones.
Su pensamiento no se puede adaptar al de los demás. Sus facultades críticas quedan desvirtuadas por su exceso de combatividad.
Tiene una desenvoltura propia de persona habituada a contar con sus propias capacidades, ahora bien, se exalta fácilmente, incluso es fácil que por sus proyectos de *grandeur* incluso quiméricos, prometa más de lo que realmente haga y que exagere en la sobreestimación de su rendimiento, jactándose de su importancia.
Independencia de normas exteriores en pro de normas de acción y disciplina propias: sólo acepta las limitaciones y disciplinas para una tarea colectiva si está de acuerdo con los objetivos perseguidos.
Idealización de la arrogancia y del sustraerse a toda sujeción. No tolera imposiciones y por otra parte teme la pérdida de autonomía.

EJEMPLO DE PADRE NUTRITIVO (AT) – SANGUÍNEO-LINFÁTICO – DOS (ENEAGRAMA)

Se aprecia un nivel psicofísico elevado, refleja energía y al propio tiempo buena canalización y control de sí mismo.
Es seguro de sí, con un cierto orgullo pero sin llegar a la vanidad. Tiene un suficiente grado de prudencia.
Observa ardor en la actividad «iniciativa innovadora», por su espíritu emprendedor y entusiasta.
Es dinámico y realizador, le gusta moverse y puede atender varias cosas a la vez, sobre la marcha, y, al propio tiempo, sabe ser tenaz, ordenado, previsor y consecuente.

Persona activa, realista y práctico, sabe desenvolverse bien, especialmente en temas sociales; de hecho le gusta trabajar con personas, necesita el contacto y el trato social.
Le gusta actuar en ambiente claros, donde pueda expresarse abiertamente, expansionarse con cierta confianza.
Es clara y bastante honesta, además con sentido común y capacidad para discernir entre derechos y deberes, jerarquía de valores y lo que es de cada uno. No se confunde en el sentido de la propiedad, es equitativo y consciente del valor de cada cosa.
Posee fuerza de voluntad y es sociable. Prefiere trabajar con personas más que con cosas. Tiene un cierto carácter, necesita hacer las cosas a su manera, pero sabe manejarse bien en sociedad, incluso refleja un cierto gusto por las relaciones sociales, por las distinciones honoríficas, por lo ceremonial y los homenajes.
Así pues, tiene capacidad para conectar con los demás e influir en ellos por el sentimiento, dar muestras de adaptación y sintonizar sin perder la propia individualidad ni el dominio de sí mismo, y al propio tiempo, de hacerse comprender y querer.
Cuando se entusiasma es comunicativo. Comprende bien los problemas sociales, por otra parte intenta actuar sin perder su personalidad de práctico, ni su carácter individual, no tanto de criterios, sino de búsqueda e imposición de afectos (se mueve principalmente en el plano real y a la vez afectivo del «Yo»), le atrae el aspecto social de la vida.
Dispone de aptitudes para convencer y persuadir y buena disposición para adaptarse a lo que conviene. Necesita el reconocimiento social, el que se le conceda la debida importancia y aprecio, busca la relación amistosa, el ser la persona de confianza y a la vez disponer de su propio equipo, tener la autoridad debida, con un sentido a la vez dulcificado y protector respecto a sus subordinados. Sabe estimular a la gente, ganárselos y ayudarles.
Refleja empatía, capacidad social, facilidad para el diálogo, tendencia a la comunicación. Es persona que sabe ganarse a los demás, tiene un fuerte sentido social. A pesar de su emotividad, sabe controlarse. Le afectan las cosas momentáneamente, pero sabe recuperarse enseguida.
Su nivel de voluntad es elevado, lucha para llegar al objetivo marcado. Existe un cierto grado de ambición, pero siempre vinculado a su necesidad de realizar un proyecto social.
Sabe organizarse y tiene capacidad para manejarse con inteligencia, sentido práctico, creativo y social, por lo tanto, constructivo.
Actividad consciente, función discriminativa bien desarrollada; es objetivo y profundo en el pensamiento, con amplitud de ideas y sentimientos. De inteligencia cultivada, dispone de amplia capacidad para ordenar las propias ideas, positivismo, sentido de la realidad. Reflexiona y se ordena interiormente, observa previamente la realidad externa antes de comprometerse con un juicio o con una decisión. Ello favorece su espíritu de análisis, su curiosidad intelectual, capacidad crítica y la focalización de la atención en los detalles con suficiente precisión y sutileza.
Presenta predominio del pensamiento lógico y reflexivo sobre el pensamiento mágico; desea comprender las cosas profundamente, descubrir el misterio, aclarar lo oscuro, despejar incógnitas. Su pensamiento busca ante todo lo evidente, lo que puede ser demostrado, las causas que determinan los efectos. Afina sus sentidos y su inteligencia y procede con sagacidad y perspicacia, a la vez es diplomático.
Dispone de visión global de las cuestiones, ello hace que pueda percibir adecuadamente lo básico de cada problema y actuar sobre la marcha, pudiendo atender diversas responsabilidades.

EJEMPLO DE ADULTO

Se aprecia en la examinada una buena administración de la energía psicofísica, ello le ayuda a ordenarse en su actividad y a disponer de una natural tendencia a organizarse de acuerdo con un plan previsto de antemano (gusto por el método y el orden), es persona que sabe aprovechar el tiempo.

Por otra parte, esta tendencia a regular y concentrar la energía le facilita el control de los afectos, sentimientos y emociones, ello hace que confíe más fácilmente en sí misma y en sus recursos (fe en sí misma y en las cosas, aunque los demás no compartan tales creencias). Tiene pues vitalidad y tensión vital. Buen tono neuromuscular.

Es persona de tendencias profundas. Esta capacidad energética le da seguridad y capacidad de resistencia y afirmación de las tendencias, deseos y voliciones por su fuerza realizadora y por su firme decisión de las cosas. Puede ser incluso audaz, por sus aficiones a las tareas que requieren espíritu de competición y decisión.

Es dinámica, realizadora y a la vez sobria en sus manifestaciones. Avanza siempre adelante; cuando toma una decisión no se preocupa de considerar si su acción le reportará dificultades porque sabe que no comete fácilmente ligerezas o que su acción está suficientemente meditada.

Su actividad es pues firme y constante, de sentimientos fuertes y pasional es durables, pero con la suficiente reflexión como para equilibrar el impulso, domina la propia agresividad, sabe controlar el temperamento, espera para atacar en el momento oportuno.

Se le aprecia energía para resistir, capacidad para perseverar en el esfuerzo continuado, si se cansa es por la monotonía o por no poder ejercitarse en algo importante.

Es persona voluntariosa en la que destaca un gran sentido de la responsabilidad personal y de la propia dignidad, al propio tiempo, es sobria en su comportamiento. Respeta las normas sociales y los hábitos y costumbres de la colectividad, siempre que no se opongan a su propio criterio. Le gustan las presentaciones de ritual, sabe dar a cada uno el trato que corresponde.

Brío y decisión controlados, fuerza sugestiva y captativa, destaca asimismo por su carácter firme.

Es emotiva, pero se autocontrola, no sabe permanecer insensible ante nada, no es fría, aunque tampoco se precipita en sus juicios. Cuando le interesa es diplomática, capaz de persuadir a través de la seguridad que imprime a sus manifestaciones; existe habilidad para atraerse la atención cuando le interesa y para resultar convincente, todo ello sin desconsiderar su nivel ético básico respecto a los suyos (familia, íntimos y trabajo u organización a la que haya dado su palabra).

Por otra parte, se le observa una tendencia al perfeccionismo en su actividad, especialmente en la búsqueda de resultados, en este sentido es bastante práctica y realista, utilizando todo su potencial e inteligencia para alcanzar el objetivo o meta propuesta.

Se le reconoce disciplina mental, orden y claridad en los conceptos (necesita siempre aclarar, precisar y ordenar las cosas).

Su imaginación es regulada y metódica. Tiende a dirigir la atención al centro vital de las cuestiones.

Es firme y segura en el modo de manifestar su pensamiento, profunda en sus ideas y con buena capacidad para el rendimiento intelectual. En lo relativo a la memoria, dispone para datos concretos.

Dispone de muy buenas dotes intelectuales, apoyadas por su ambición realizadora y la disposición de ánimo para la acción.

Mentalmente se le descubre una inteligencia de nivel superior que dirige sus esfuerzos a conseguir las metas que se ha fijado, y ello es la razón de su capacidad lógico-selectiva, su perseverancia y organización analítico-constructiva.

Sabe adoptar una jerarquía de valores y una dirección por objetivos. No se queda en simples especulaciones teóricas, tiene una gran capacidad para poner el práctica lo que piensa y alcanzar el éxito.
En general, desde el punto de vista psicofísico, destaca una armonía y equilibrio en las distintas funciones psíquicas y orgánicas, a veces incluso se reprime en exceso para guardar las formas. Su inteligencia y la sensopercepción se armonizan. Su juicio es de tipo reflexivo, que no sólo se dedica a recoger datos y a clasificarlos, sino que siente la necesidad de intervenir en las cosas o en los hechos para adaptarlos a sus propias necesidades reales o a las de los demás (imaginación realista, capaz de comprender y de llevar a cabo tareas de cierta medida y profundidad, incluso aportaciones nuevas encaminadas al conocimiento y solución de los problemas).

EJEMPLO DE PEQUEÑO PROFESOR NEGATIVO CON ADULTO (AT) – TRES NEGATIVO (ENEAGRAMA)

A pesar de su capacidad psicofísica, no canaliza bien la energía.
Desperdicia su tiempo y su energía en dar una imagen que resulta artificial.
Le pierde su pretensión de mantener intacta su imagen, procurando quedar bien con todos, siempre en cualquier circunstancia.
Teme el rechazo, el no ser apoyado o el ser abandonado. Necesita el éxito y el brillo, huye del fracaso, concebido éste como un fallo de eficacia o eficiencia personal.
Está fuera de contacto con sus propios desengaños. De hecho tiende a recordar todos sus éxitos del pasado y no aceptar los fracasos. Todo rastro o vestigio de revés lo achaca siempre a la ineficacia de otros.
No existe naturalidad ni espontaneidad, todo está premeditado, calculado para quedar lo mejor posible, pero sus construcciones son sólo apariencia, es un *bluff*. Traspasando la máscara de su apariencia, nos encontramos con una caracterización bastante impersonal y fría.
Es un sujeto que se caracteriza mecánicamente en un rol y que puede sentirse incluso incómodo cuando se ve obligado a actuar fuera de este rol preconcebido. En el fondo es como si se sintiera hueco o vacío por dentro, como si fuese un actor que representa su papel (si la actuación termina, deja de ser exitoso). No tiene una verdadera personalidad, es el rol que ha asumido, todo su Yo es una imagen pública, la máscara sonriente hacia el exterior.
Su mente está como encartonada, se preocupa demasiado por la vanidad.
Dispone de facilidad para el formalismo, aunque puede resultar un tanto estatuario y frío, cordial, pero demasiado elaborado, piensa excesivamente lo que va a decir, calcula hasta los gestos.
Es el reflejo del narcisismo, del que tiene que vender la imagen y por eso cuida tanto la presentación, que puede parecer como un escaparate, precioso de admirar, pero frío y distante, en el que esa barrera de cristal no permite entrar.
Más que «ir a la búsqueda de», es persona que espera y trata de cautivar por su atractivo personal, no tanto por su convicción en las comunicaciones. Es un reflejo de algo, «la imitación de». Quiere ser original, pero se queda en el relumbrón. Parece que tenga más personalidad de la que realmente tiene; se esfuerza por dar una apariencia de mayor dignidad, ocultando sus complejos. No se aprecia una auténtica capacidad para asumir responsabilidades, ni para integrarse bien a una organización.
Su interior es impenetrable, le cuesta mucho ser espontáneo, tiende a ocultar todo lo que piensa que pueda perjudicar su imagen.
Tiende a una autoprotección excesiva del Yo. Normalmente empieza suave y cordial en su comunicación, pero una vez tiene confianza puede afirmarse de forma un tanto chocante, con exceso de afirmación, desproporción en las pretensiones, efectivamente, da la sensación de muy respetuoso y con mucho cuidado en su for-

malismo, pero una vez ha tomado confianza entonces puede incluso ser imprudente (resultado de estar constantemente en tensión y vigilándose para ser creíble de cara a los demás).
Su exceso de artificiosidad hace que dirija su potencial psíquico e intencional hacia el formalismo, el «dar el pego», con lo que no es extraño que todas sus propuestas queden en la simple apariencia. Es sólo el vendedor de sí mismo.

EJEMPLO DE CUATRO (ENEAGRAMA - ADULTO (AT + TEMPERAMENTO NERVIOSO POSITIVO INTROVERTIDO (RASGOS DEL PEQUEÑO PROFESOR [AT] + SOL [TIPOLOGÍA PLANETARIA])

Es bastante nervioso, aunque interioriza en lo posible sus preocupaciones e inseguridad, en contraposición, demuestra ser bastante rápido para resolver los problemas del momento y para improvisar soluciones.
Es persona que establece un orden en el dominio de las realizaciones y luego coordina sus fuerzas internas para salvar obstáculos y seguir con empeño los objetivos primordiales que se ha propuesto.
Algunas veces puede inhibirse por falta de seguridad personal, aunque normalmente su capacidad de iniciativa le mueve a llegar al fondo de las cuestiones o la meta de sus proyectos. Su actividad es más mental que motriz.
Busca la precisión, dispone de fuerza de voluntad. Es algo introvertido y a la vez diplomático para que no se note su desconfianza inicial. No abandona sin tomar precauciones el medio en que se siente seguro.
Su actitud resulta algo ambigua por autoprotección e, incluso en algunos momentos, huidiza, cuando ve demasiados problemas o ante los enfrentamientos directos.
Es persona que afina sus sentidos, que procede con tacto, con prudencia, con cautela, a veces sigilosamente o con astucia, utiliza la sagacidad, no le gusta la violencia.
Se observa claramente su sutileza de espíritu, perspicacia, diplomacia y como dicen los franceses savoir faire.
Le gusta sorprender por su rapidez ideativa, poniendo lógica implacable a sus intervenciones. Necesita y quiere tener seguridad en las cosas, para ahorrarse gastos inútiles o molestias innecesarias. Por eso es cauto y prudente, es decir, emplea el discernimiento para distinguir lo que tiene valor de lo que no lo tiene, lo que es bueno y favorable, de lo que es malo para él o inaceptable. Su postura es clara: o acepta y sigue una idea o huye de ella.
Existe un gran sentido de la economía. Utiliza su capacidad para obtener el máximo beneficio reduciendo esfuerzos innecesarios.
También se advierte facilidad para sonsacar a los demás sin descubrir sus propias intenciones. Por otra parte, necesita de cierta independencia, enseguida siente el agobio del mando sobre sí por su hipersensibilidad, ahora bien, a él sí le gusta sentirse importante, con estatus superior. Su nivel mental es alto, dispone de claridad de ideas y buen juicio. Es muy receptivo y demuestra una gran intuición.
Se le aprecia capacidad de concentración, precisamente porque fija la atención en un número restringido de cosas. A veces puede ser un poco terco e impositivo en los detalles.
Su pensamiento es de tipo analítico, es decir, separa para comprender, quiere conocer en profundidad los detalles de cada cosa, asunto o problema en evitación de errores o de complicaciones para él. Tiene capacidad de observación y afición al análisis sutil.
Actividad consciente, función discriminativa bien desarrollada, objetivo y profundo en el pensamiento. Capacidad para ordenar las propias ideas, positivismo, sentido de la realidad, reflexiona y se ordena internamente. Observa previamente la realidad externa antes de comprometerse con un juicio o una decisión. Ello favorece su espíritu de análisis, su curiosidad intelectual, capacidad crítica y la focalización de la atención en los detalles, minuciosidad, precisión, sutileza y economía.

Predominio del pensamiento lógico y reflexivo sobre el pensamiento mágico. El pensamiento busca ante todo lo evidente, lo que puede ser demostrado, las causas que determinan los efectos. Afina sus sentidos y su inteligencia y procede con tacto, con prudencia, sigilosamente o con astucia, utiliza la sagacidad, es perspicaz y diplomático.
Demuestra inventiva y originalidad de pensamiento, capacidad para improvisar soluciones. Tiene habilidad para similar y exponer la esencia (sentido utilitario y objetivo, simplificación, síntesis) seguridad de juicio, precisión y concisión, capacidad para la teoría y la síntesis, facultades críticas y actividad mental rápida).
Refleja pues una inteligencia activa en la que se suceden rápidamente las ideas (fecundidad mental) y las iniciativas que producen la prontitud de concepto y de réplica, la facilidad para representarse claramente los problemas, para dominarlos y para encontrarles soluciones.

EJEMPLO DE PEQUEÑO PROFESOR NEGATIVO (AT) - CUATRO NEGATIVO (ENEAGRAMA)

No le gusta seguir una línea ni un orden establecido, no es metódico, depende del interés del momento, va improvisando.
Se deja llevar del fácil entusiasmo pero no calcula demasiado bien los riesgos ni considera suficientemente los obstáculos.
Puede lanzarse de cabeza a la acción, pero sin una valoración preventiva; apenas le surge una idea la quiere llevar a efecto sin tener en cuenta las dificultades objetivas.
Comienza la actividad que le sugieren los impulsos, pero muchas veces no la termina porque entretanto le surgen otras ideas; desiste de su empeño apenas ve que no puede concluirlo rápido.
Por otra parte, existe la predisposición a dejarse sugestionar. Vulnerabilidad interna, pero a la vez con tendencia a sorprender, a crear misterios y artificios, a intrigar en cualquier sentido a los demás.
Desde el punto de vista más biológico se descubre una necesidad de simplificar el esfuerzo físico, adaptación polifacética, inestabilidad en las formas de comportamiento.
Se descubre una actitud interna que demuestra una cierta negligencia de principios. Sus juicios son superficiales. Puede hacer promesas con ligereza y no le preocupa si no está dispuesto a mantenerlas.
Aunque aparenta una buena disposición para adaptarse y acomodarse a lo que conviene, en su fondo tiende a la evasión.
Tiene facilidad para cubrirse ante las responsabilidades. Sabe sacar partido de las oportunidades.
Su carácter acusa pues, variabilidad, siempre depende de las circunstancias, por ello es difícil prever sus reacciones ante determinadas situaciones.
No existe una tendencia a seguir una línea, ni a adoptar reglas o normas, le cuesta adaptarse a los compromisos, tiende a evadirse. Tampoco demuestra gran capacidad para sacrificarse y en cambio sí es propenso al oportunismo y buscar para sí el máximo beneficio con el mínimo esfuerzo. Actúa con habilidad y sin demasiado condicionamiento de tipo ético; se anestesia la conciencia con la idea de que «el fin justifica los medios».
Su adaptación es pues simulada (compenetración aparente con los gustos, criterio y deseos de los demás, pero conservando la propia independencia y libertad de acción).
No es que actúe premeditadamente con malicia, pero cae fácilmente en la tentación, primero se autojustifica por las contraprestaciones que piensa que corresponderá, pero poco a poco puede ir confundiendo los límites y atribuciones.
Es vivaz e intuitivo, de rápida reacción cuando está por el asunto, desgraciadamente no logra estar lo suficientemente atento y controlado, incluso puede afir-

marse en una idea y tomar rápidamente otras, sin haber definido y precisado bien la primera. Obviamente esto influye sobre su eficacia, porque perturba la linealidad y consecuencias tanto en el modo de pensar como en el de razonar.
Se dedica con entusiasmo a la materia que él cree más fácil y descuida las demás.
Puede hacer afirmaciones demasiado rápidas y luego verse obligado a desmentirse, pronunciar juicios que no resisten la oposición de los demás.
Su comunicativa puede ser suelta, enriquecida por la vivacidad de ideas, tiene disposición para hacer observaciones inmediatas y brillantes sobre los argumentos y situaciones que describe.
En fin, a pesar de su imaginación relámpago, inventiva y originalidad de pensamiento, incluso capacidad para improvisar soluciones y para ver las oportunidades, es demasiado ambiguo e impreciso.
Es hábil, astuto y sutil para moverse hacia su interés sin que se note, es rápido mentalmente y con bastante intuición, pero es sinuoso, esconde mucho, busca el máximo beneficio con el mínimo esfuerzo y para ello adopta un comportamiento camaleónico.
Su energía es fluctuante, pasa rápidamente de la excitación a la melancolía, por otra parte no tiene demasiada paciencia. Tiende a los cambios repentinos de humor, a los sobresaltos, en fin a la inestabilidad de ánimo, deseos y voluntad.
Contradicción entre palabras y hechos, entre lo que dice y lo que hace. Capacidad para modificar la iniciativa propia, según la oportunidad y según la fuerza o debilidad ajena. Tacto en el trato con la gente (motivado por los dolorosos choques emotivos que le producen las contrariedades, desea evitar en lo posible, encuentros y discusiones desagradables con los demás), pero ataca por la vía indirecta, con gran astucia.
Es sensible a cualquier estímulo externo o interno (gran capacidad para captar o intuir las cosas). Tenencia a la imprecisión en las afirmaciones por falta de firmeza en los criterios y en las convicciones. Influenciabilidad, que lleva a las contradicciones más sorprendentes.
Inconscientemente se orienta demasiado a sus propios intereses, descuidando el sentido social, siempre se las ingenia para buscar su propio beneficio.
No es apto para trabajos y misiones que requieran atención, concentración, método; no tolera la disciplina.
Lo peor de su personalidad es esta especie de nebulosidad de sentimiento, a lo que corresponde un comportamiento poco limpio, poco espontáneo, más bien ambiguo y no fácilmente comprensible. En general, es fácil que se comporte de forma intrigante, tal como se ha dicho es hábil para «escurrir el bulto» y para desentenderse de las responsabilidades cuando hay problemas y en recoger los méritos y beneficios por la vía fácil. En fin, su nivel de lealtad y honestidad no es demasiado alto.

EJEMPLO DE NIÑO ADAPTADO (AT) - SEIS (ENEAGRAMA)

Su nivel psicofísico es medio, pero se esfuerza por superarse.
No es que tenga una gran seguridad en sí mismo, a veces incluso puede angustiarse por su preocupación en «dar la talla».
Es bastante responsable en las acciones, quiere actuar con prudencia y tiende a examinar y evaluar primero todos los pros y contras, su reflexión a veces puede hacer que vacile o dude un poco antes de tomar la decisión que considera más oportuna.
Es receptivo e impresionable, le afectan bastante las cosas, su emotividad le juega malas pasadas pues en ocasiones dificultosas, cuando hay mucha presión, se bloquea; pero en circunstancias normales es escrupuloso y preocupado por la labor, quiere cumplir al máximo. Más que fuerza tiene resistencia, le salva la constancia y la cautela, incluso a veces su postura defensiva de cara al exterior.

Desarrolla una gran fuerza de voluntad, tiene un gran sentido del deber y es consecuente con sus acciones, incluso su sensibilidad responsable hace que enseguida pueda sentirse culpable por cualquier cosa que ocurra y donde él podía haber hecho algo o simplemente por haber sucedido dentro de su zona de actuación, ello puede hacer que alguna vez se deprima.
Tiende al idealismo y quiere perfeccionarse constantemente, pero busca el apoyo y la corroboración, a veces la «palmadita en la espalda».
Intenta adoptar posturas reflexivas y de orden interior. Quiere conocer y observar previamente la realidad externa antes de comprometerse con un juicio o una decisión.
Quiere profundizar en los asuntos, sabe hacer observaciones refinadas y a veces también capciosas.
Se introvierte y le cuesta un poco el contacto, sobre todo en nuevos ambientes, se autoprotege de forma defensiva y a veces se aísla por prudencia.
Intenta compensar su infravaloración a través de un reconocimiento más intelectual que propiamente social o práctico, destacar por sus pensamientos o ideas, más que por la propia capacidad ejecutiva o incluso directiva. Es más consejero o staff que un mando o *Line*.
Es inteligente, un poco teórico más que práctico, escrupuloso y receptivo, con nervios interiorizados lo que hace que a pesar de que estrangule su emotividad pueda padecer una cierta angustia por dudas o vacilaciones, escrúpulos de conciencia o sentimientos desproporcionados del «peso de la responsabilidad» que le provoque en ocasiones difíciles un cierto bloqueo y falta de energía para adoptar determinadas decisiones.
Su inteligencia destaca en la faceta teórico-abstracta.
También refleja ser intuitivo y con espíritu de observación, pensamiento penetrante y contempla también los detalles para que no se le escape nada. Cuando analiza un hecho o una situación, busca profundizar en todos los aspectos para llegar a una visión más completa y objetiva.
A veces dedica demasiado tiempo a una sola cuestión, su afán perfeccionista le dificulta la visión global, tiende a profundizar en los detalles.
Es minucioso, tiende a la especialidad, no es persona de grandes cuestiones o para poder atender muchos asuntos a la vez, cuando se dedica a un tema necesita poderse concentrar en el mismo a fondo y una vez terminado se dedicará a otra cuestión, pero la interferencia de varios problemas a la vez le provocan ansiedad y pierde eficacia en la resolución de los mismos.

EJEMPLO DE SENTIMENTAL (HEYMANS Y LE SENNE) - SEIS CON CINCO (ENEAGRAMA)

Acusa una cierta debilidad psicofísica que fácilmente le puede llevar a la fatiga, a veces le abordan sentimientos de impotencia.
Su humor puede ser bastante variable, es persona que prefiere más observar que ser observada, se adapta provisionalmente, incluso no le cuesta estar entre los demás, pero suele ser bastante parca en la expresión, a menos de que tenga mucha confianza con su interlocutor.
No consigue un buen nivel de autoafirmación, su autoconcepto es discontinuo y algo acomplejado, aunque existe un cierto orgullo interno que le hace ser un poco susceptible, teme las posiciones rígidas de los demás y tener que enfrentarse para hacer valer su criterio.
Es vulnerable y preocupada por su dificultad de tomar iniciativas y poner en práctica las ideas. Es fácil que se introvierta y que se encierre en su «torre de marfil».
Se regocija en su trabajo pero es lenta y si no se le concede su tiempo se bloquea y no es capaz de hacer las cosas correctamente.
Es persona que cumplirá bien un cometido, pero no puede dedicarse a dos cosas a la vez, una vez termine lo primero empezará lo segundo.

Es emotiva pero con tendencias a reservar sus sentimientos. Su inseguridad en lo íntimo hace que ponga un muro y sea impenetrable, se vulnera enseguida ante un contacto demasiado cercano, por una parte quiere que se le proteja, pero por otra, quiere guardar una cierta distancia por miedo.
Es persona que trabaja más a gusto con cosas que con personas, las cosas no le crean problemas, las personas pueden ser más hábiles que ella y ponerla en situaciones difíciles, tampoco se siente con capacidad para ser líder, ni siquiera para dirigir a los demás, sus aspiraciones le empujan a intentar superarse y ser alguien, pero en el fondo sabe que no dispone de demasiada capacidad para asumir grandes responsabilidades.
Quiere cumplir, quiere que estén satisfechos de su labor, por ello se dedica y profundiza en lo que hace, lo que ocurre es que no tiene visión de conjunto, sólo ve su faceta, piensa en su pequeño trabajo como si fuera muy importante y se dedica demasiado a buscar lo pros y contras, llegando a dudar constantemente y costándole demasiado tiempo el llegar a una idea clara y sobre todo a la puesta en práctica definitiva.
Necesita ser dirigida, su voluntad es la de la buena subordinada que cumple las indicaciones, pero no puede esperarse iniciativa ni celeridad. se escuda en la comprobación y en sus criterios de aplicación meticulosa. Dispone de cierta capacidad para la especialización y percepción para aprender y captar detalles, en este sentido es bastante receptiva.
Es observadora y buena especialista, le gusta profundizar en algo concreto, no pasa ágilmente de una idea a otra buscando la interconexión, se angustia enseguida, queda bloqueada cuando tiene que abordar una diversidad de cuestiones al propio tiempo.
Es fácil que se refugie en recuerdos del pasado, tiende a imaginar lo que no podrá conseguir por falta de iniciativa y resolución práctica.
En general se trata de una persona bastante receptiva a toda emoción interna o externa, pero que las introvierte por dificultad de canalizar la energía hacia el exterior, ello hace que muchas veces se aísle en vez de tomar partido.
No es una persona demasiado rápida, por el contrario es más bien indecisa, le cuesta tomar iniciativas, es un poco lenta y refugiada en sí.
Sus sentimientos son profundos y duraderos, pero tal como se ha comentado, de difícil exteriorización, en todo caso prefiere los círculos íntimos, y aquí será fiel y constante (en la amistad).
Esta tendencia a replegarse en sí puede agriarle un poco el carácter, incluso puede aparecer un poco como individualista.
No le gusta tener que imponerse, ni que le manden, pero por sus deseos de ser protegida, es cumplidora del deber y adaptada a las costumbres reinantes.
A veces puede resultar algo rencorosa por la hipersensibilidad comentada que no sale al exterior, puede guardar las ofensas y es consciente de ello, pero también dada su introversión, cae fácilmente en la melancolía; por otra parte, sufre por los defectos ajenos y trata de evitar lo que pueda herir.
Así pues, es prudente y reflexiva, le cuesta pasar a la acción antes de pensarse las cosas dos veces; huye de los peligros, no quiere conflictos, su naturaleza es algo débil y por otra parte tiene cierta ambición.
Tiende a idealizar, a soñar en todo lo que podría hacer o llegar a ser, en el fondo cree que podría ser algo, pero en realidad es tímida, de poco carácter; tiene capacidad de adaptación; se deja llevar, precisa ser dirigida y dada su tendencia melancólica, lo que busca en los superiores es comprensión y paternalismo, ser protegida.

EJEMPLO DE CINCO (ENEAGRAMA)

Aunque tiene momentos de gran actividad, puede existir una cierta dispersión en el tiempo, por excesiva valoración de las dificultades que le provoca insegudad. Ello puede hacer que exista un exceso de «contemplación» en detrimento de la acción (indeterminación).

Por otra parte se observa un fuerte impulso de autoconservación. Refleja una especie de sentimiento de desamparo y soledad interior que le dirigen a refugiarse en sí mismo, incluso a potenciar las aficiones solitarias y contemplativas sin riesgos para el Yo.

Esta persona está predispuesta a la angustia y dificultad de recuperación ante las dificultades, incluso podría hablarse de un fácil desánimo cuando las cosas no salen de la forma esperada, teniendo que hacer esfuerzos para recuperarse.

Si no tiene un fuerte respaldo y no se siente valorado, cae enseguida en la melancolía.

Quiere resultar atractivo a los demás, pero hay algo interior que le impide expresar su verdadero sentir con naturalidad, necesita elaborar las respuestas afectivas por el miedo a ofender o a que los demás se tomen mal lo que diga.

Existen contradicciones entre sus aspiraciones y su dificultad para plantear con firmeza sus ideas y ejercer el mando; tiene que recurrir a la vía indirecta.

Dispone de más fuerza intelectual que física y busca la consideración por su inteligencia (en el fondo espera que se le reconozca por su capacidad mental y se le atribuya un estatus sin tener que manifestarse de forma directa para que se cumplan sus directrices). Tiene fuerza de voluntad, pero la sociabilidad es un poco simulada.

Puede acusar una cierta carencia afectiva, por el exceso de mecanismos de defensa hacia el exterior, llega a reflejar soledad moral, desconexión excesiva, dificultad para otorgar la amistad, para llegar a la intimidad y auténtica confianza.

Demuestra pues un gran temor a ser invadido por los otros, pero ello le produce dificultad para las expresiones de contacto y le desarrolla la individualidad. A pesar de lo anterior tiene facilidad para escoger los términos más adecuados a sus fines de defensa y/o de interés, incluyendo la habilidad para influir o intrigar a los demás, callando el lado desfavorable y presentando los aspectos que ofrecen mayor atractivo o interés.

Las emociones negativas se viven en demasía, se pasa el tiempo «rumiando» en «¿Qué habrá querido decir con esto?», y enseguida rememora los episodios «negros» que le hacen caer en la melancolía y el pesimismo.

Su fuerza de voluntad es elevada, pero hay que tener en cuenta toda esta carga de angustia que le hace perderse en interpretaciones subjetivas.

Tendencia a la introspección. Por exceso de vida interior, se evade del mundo real y concreto. Exceso de análisis que lleva a hallar motivos para desear el distanciamiento. Pensamiento conceptual-abstracto propio del que vive prefiriendo el desarrollo de sus ideas como forma de compensar intelectualmente sus deficiencias vitales.

Denota un gran sentido crítico, piensa las cosas mil veces antes de tomar una decisión, es capaz de ver todo lo malo o negativo antes que lo positivo de las cuestiones, proyectos, planes, trabajos, situaciones, comportamientos, etc.

El excesivo razonar reflexivo y discursivo hace que se entretenga demasiado analizando y pensando sus acciones hacia el futuro más o menos cercano en el contexto de las circunstancias y posibilidades de éxito, lo que le lleva a la indeterminación, causándole sufrimiento interno. Pretende aclarar excesivamente los juicios, lo cual le aísla del objeto y coloca en lugar de las relaciones espontáneas la relación abstracta entre sujeto y objeto, ello puede dar lugar a una sobreabundancia de argumentaciones críticas.

EJEMPLO DE NIÑO LIBRE (AT) - SIETE (ENEAGRAMA)

Es bastante dinámico, movido y oscilante en sus afectos y en su estado de ánimo. Es fácil que descargue sus problemas y su agresividad en el ambiente, especialmente con los íntimos o con los que tiene confianza, sobre todo si no tienen un carácter demasiado firme.

No puede estarse quieto, no puede someterse a un trabajo monótono, le gusta moverse y actuar, necesita ocuparse en tareas variadas.

En las cuestiones de trabajo es rápido y con tendencia a tomar iniciativas. Dispone de capacidad para atender varios asuntos a la vez.

Sus reflejos son rápidos, tiene buen sentido del movimiento y de la mecánica de las fuerzas, por ello es capaz de actuar sobre las cosas en plena marcha.

Tendencia a grandes y variadas iniciativas, pero si los resultados se hacen esperar, se deja subyugar por lo primero que le atrae, volcando su entusiasmo y su acción en lo inmediato.

Es impulsivo y ansioso por conseguir rápidamente lo que quiere, no tiene paciencia, cuando quiere algo, lo quiere ya y su entusiasmo es igual de impetuoso y variable, una vez pasados los momentos iniciales, la fase de euforia, puede perder el interés por el asunto y dirigirse por otro lado; su comportamiento y actividad es muy variable, así como su rendimiento. Puede tener ideas muy buenas, pero entre éstas también es fácil que aparezcan importantes fallos o proyectos erróneos.

Se apasiona fácilmente, incluso se deja sugestionar. Es expresivo pero a la vez bastante subjetivo.

Es pues emotivo, pero su impresionabilidad es momentánea y enseguida la canaliza al exterior, por lo que tiende a recuperarse pronto de sus descompensaciones, Ahora bien, desconcierta mucho a los que le rodean, pues él sólo se entiende a sí mismo, es caprichoso y un poco «artista», los demás tienen que adaptarse a él y no a la inversa, no puede sentirse integrado íntimamente a nada ni a nadie, son los demás que tienen que quererle a él, necesita sentirse admirado, necesita adeptos, servidores, fieles colaboradores a los que apoyará pero de los que a la vez exigirá un alto rendimiento; no da nada por nada, cuando da un mínimo pretende obtener diez veces más, ya sea materialmente o en servicio. Necesita mandar, ordenar a los demás, dirigir y conseguir alcanzar un mayor estatus constantemente.

Sus sentimientos son bastante caprichosos y subjetivos, normalmente es interesado, pero también tiene «golpes de altruismo», puede dejarse sensibilizar por súplicas que le halaguen su íntima vanidad y le hagan sentirse superior.

Le gusta la ostentación, desea llamar la atención, despertar interés.

Puede resultar algo subjetivo por su inclinación a valorar los hechos, las personas o las cosas, según le inspiren simpatía o repulsión.

Precisa de horizontes para moverse y la presencia de los demás.

Se adapta a nuevos ambientes, de los cuales se aparta si no están en consonancia a su forma de ser y de sentir (necesita sentirse importante en todas partes), pero no se adapta a las normas de los demás, únicamente a las que él pone.

Su vanidad se siente estimulada siempre que pueda rivalizar con otros, su finalidad es alcanzar el máximo nivel, brillar dentro del grupo social o profesional, pero a la vez necesita dominar, mandar, ejercer la imposición de su voluntad.

Es persona que busca vivir el momento presente y tener honores, para ello trata de conseguir apoyos en sus relaciones sociales.

Activo y dinámico, seguro de sí mismo y con una gran necesidad de exteriorizar su personalidad, a veces puede resultar demasiado impositivo por el deseo de que se note que está allí y de que se cumplan sus deseos. Sus aspiraciones se encaminan hacia el aspecto social de la vida, se siente ávido de cargos, de honores y de proyección social. Esta vanidad centra su ambición en todo cuanto pueda aumentar su esplendor y brillo social, su necesidad de ver y oír su nombre destacado de los demás.

Se mueve mucho por su receptividad e intuición. Capta bastante las intenciones de la gente, es perspicaz y hábil con sus interlocutores, sabe influir por el sentimiento, cuando quiere y lo necesita es diplomático, cordial, persuasivo, puede ganarse fácilmente la simpatía del público, incluso podría hablarse de un cierto talento político.

Por otra parte, también es fácil que se olvide de sus acuerdos, compromisos e incluso de la palabra dada, ahora bien, por su astucia, también sabe salirse bastante bien de las responsabilidades.

Necesita dirigir, sentirse importante, no se conformará en un segundo plano, ahora bien, como organizador es un poco anárquico, tiende a ir «a salto de mata», puede desconcertar bastante por los constantes cambios que va aplicando a capricho. Su avidez en el campo de la empresa, puede llevarle a constantes proyectos e iniciativas y, a pesar de su anarquía, consigue cosas; es más «cabeza de ratón» que «cola de león», entre otras cosas porque no puede soportar que nadie le diga lo que tiene que hacer, no puede sentirse subordinado a nada ni a nadie, quiere libertad absoluta para moverse «a su aire».

Con los subordinados también puede resultar muy variable y a veces contradictorio, es subjetivo y no concede a cada cual lo que le corresponde, a veces deja mucha manga y a veces ahoga, en todo caso, exige siempre consideración y disposición para todo y muchas veces se salta los límites pidiendo más de lo que puede exigir, pero si está de buenas también es capaz de conceder ciertos privilegios, pero que por supuesto puede quitar en cualquier momento, cambiando incluso caprichosamente las atribuciones y todo el organigrama, así como la confianza.

En el ambiente íntimo tiende a ser muy dominante y exige una fidelidad que a él no se le puede pedir.

Es imaginativo, tiene capacidad persuasiva y representativa, a veces teatral; sabe imponer sentimientos y hacer fijar a los demás la atención en él.

Percibe de la realidad lo que le atrae, lo que le sirve como fin preciso para su necesidad de actividad social.

No es minucioso, capta la visión de conjunto, aunque se queda un poco en la superficialidad. A pesar de ello es innegable su capacidad para atender varios asuntos a la vez.

Busca lo singular de cada situación, lo expresivo y significativo, lo simbólico a los ojos del sentimiento. Dispone de memoria y capacidad lógico-retentiva, procede por deducción, pero siempre impone una relación afectiva en las cosas, su interés por destacar socialmente trasciende a su sentido práctico.

Imaginación muy productiva y exuberante que vuela con viveza y agilidad, capacidad para representarse los problemas, para relacionar y asociar imágenes y combinarlas con originalidad. Capacidad para hacer de los recuerdos, hechos o anécdotas, verdaderas versiones artísticas.

A veces es algo exaltado, pero su inteligencia es viva. Dispone de una gran capacidad comercial, sabe ganarse la confianza del posible cliente y transmitirle seguridad. Tiene más capacidad para encontrar nuevos recursos que para mantener o llevar un control o labor sistemática y constante de los asuntos. Se le aprecia un gran empuje inicial, pero se puede cansar enseguida de un tema y si no llega rápida la solución, puede abandonarlo para dedicarse a otro nuevo y más sugestivo.

Se deja atraer por los temas novedosos, por lo original y lo más nuevo y futurista, en este sentido puede captar detalles importantes y ser creativo a su manera, lo malo es que a veces se obsesiona demasiado por ideas que posiblemente están cargadas de un exceso de subjetividad.

EJEMPLO DE NIÑO ADAPTADO SUMISO (AT) - NUEVE CON UNO (ENEAGRAMA)

Su ritmo es tranquilo, tiene paciencia (gesto dulce, suave y relajado).

Su actividad, como es propia de la edad, se dirige un poco a capricho, incluso, al dedicarse demasiado a los detalles, en ocasiones puede desatender a otras cuestiones tan o más importantes o urgentes que la que le ocupa.

A veces puede reflejar una cierta melancolía (producto de sus frustraciones, especialmente si se siente rechazado).

No puede correr demasiado, pero es resistente y se adapta melódicamente al movimiento. Su acción es pausada.

Es plácido, al propio tiempo, desea vivir en un lugar amable, en un ambiente alentador.

Las relaciones con los demás se extienden principalmente hacia el círculo familiar y social, hacia un ambiente de ayuda y apoyo mutuo.

Le gusta compaginar lo útil con lo agradable, y busca en la amistad el beneficio común de la asociación, la solidaridad y la protección colectiva. Presta ayuda para recibirla a su vez de los demás.

Gusta de lo seguro y estable. Se inclina por la conservación, seguridad y bienestar personal. Sufre mucho cuando se siente aislado, sobre todo por el hecho de que se le juzgue desfavorablemente. Tiende a acomodarse y adaptarse a la gente tal como es.

Dispone de una inteligencia de tipo medio, con elevado desarrollo de las cualidades perceptivas (posee en alto grado el don de la observación), pero a veces puede obsesionarse demasiado en comprobar, recoger datos, examinar, e incluso perderse en la ensoñación.

Clasifica los hechos con sagacidad, analiza escrupulosamente las relaciones de unos objetos con otros en su forma más concreta y física, estudia sus conexiones de coincidencia.

Sabe desenvolverse bien con la gente, dispone de inteligencia social, aptitud para el contacto.

En general se aprecia un buen nivel de sociabilidad; en cierta medida refleja una tendencia a identificarse con los demás, se vuelve por una parte humilde y por la otra acomodaticio. Se acomoda gustosamente a los demás porque su sentido del sí mismo depende de ello. Cuanto más se idealiza al otro, más fuertes son los vínculos emocionales.

Su problema esencial podría originarse si se excede al identificarse con el otro (persona, ideal, grupo, etc.), perdiendo demasiado de sí mismo en el proceso. Los deseos y pensamientos de quien admira, se convierten con facilidad en sus propios deseos y pensamientos. A veces puede pecar incluso de cierta ingenuidad.

También es buen mediador porque toma en serio las quejas de los demás, siente que se gana mucho más con la cooperación que con la división.

Es afable, jovial, natural y espontáneo, al propio tiempo es modesto y trata a todo el mundo con la misma sencillez honesta, sin importar si la persona es alguien importante o simplemente un marginado, es por ello fácil de tratar y de contacto suave. Otra de sus cualidades es la franqueza, ello a pesar de que su intención no es herir a nadie. Su franqueza puede ser muy valiosa, y se distingue por su sentido común, una combinación de sencillez y candor. Buen nivel de adaptación, incluso podría hablarse de dotes de conciliación, sabe calmar los ánimos de la gente, tiene un efecto tranquilizador, incluso su rechazo por la agresividad hace que muchas veces prefiera inhibir sus reacciones o impulsos, dirigiendo hacia sí la agresividad que exteriorizarla hacia el exterior, es también compasivo y se sacrifica por los demás, tiene un alto concepto de la amistad.

También es capaz de perdonar y olvidar con facilidad, quiere dejar atrás los conflictos y seguir adelante con un buen ambiente social.

Capacidad de tolerancia, al propio tiempo tiende a ser sencillo. Dispone de facultades de observación y percepción, capacidad para la adaptación fácil a las tareas y a las personas.

En síntesis, refleja una personalidad amigable, comprensiva, a veces un poco soñadora y despreocupada (puede perderse en la fantasía, descuidando parte de las obligaciones), pero siempre cooperador y sensible a los problemas de los demás.

"Padre" (AT). "Uno" (Eneagrama). Especialista en organización – empresariales.

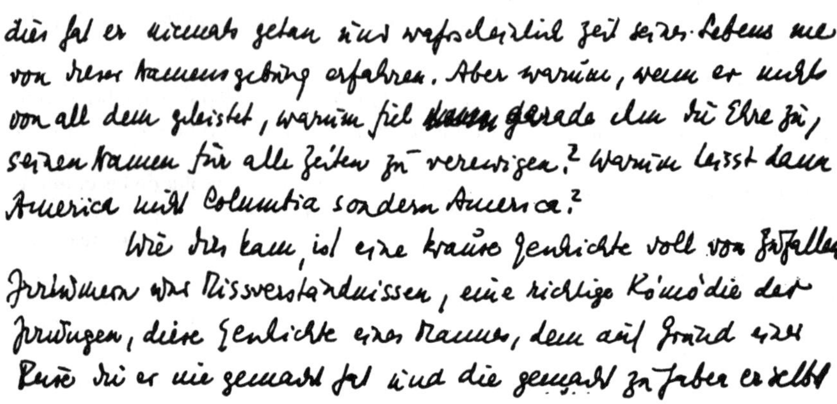

"Padre"-"Adulto"-"Pequeño Profesor"(AT). "Uno"-"Cuatro" (Eneagrama). Stefan Zweig, escritor (biógrafo y pacifista que sufrió las persecución nazi).

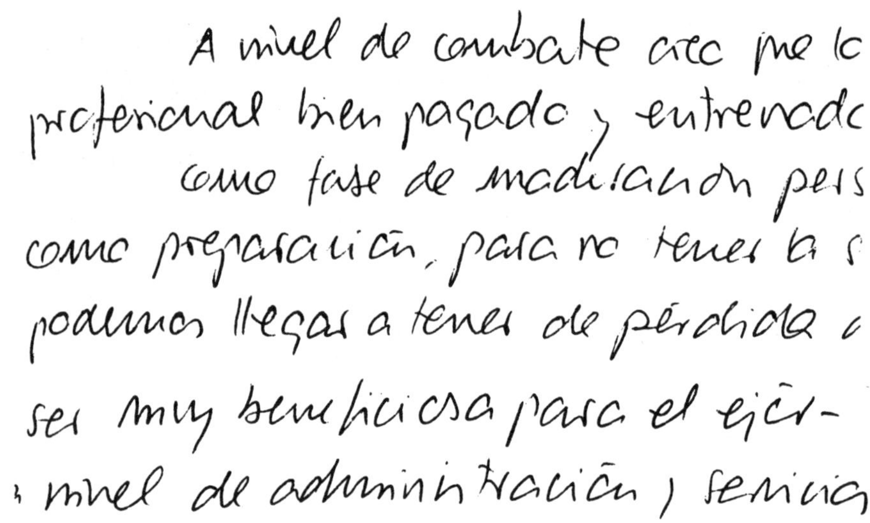

"Padre Crítico"-"Adulto"(AT). Mando.

FIG. 4.10a.

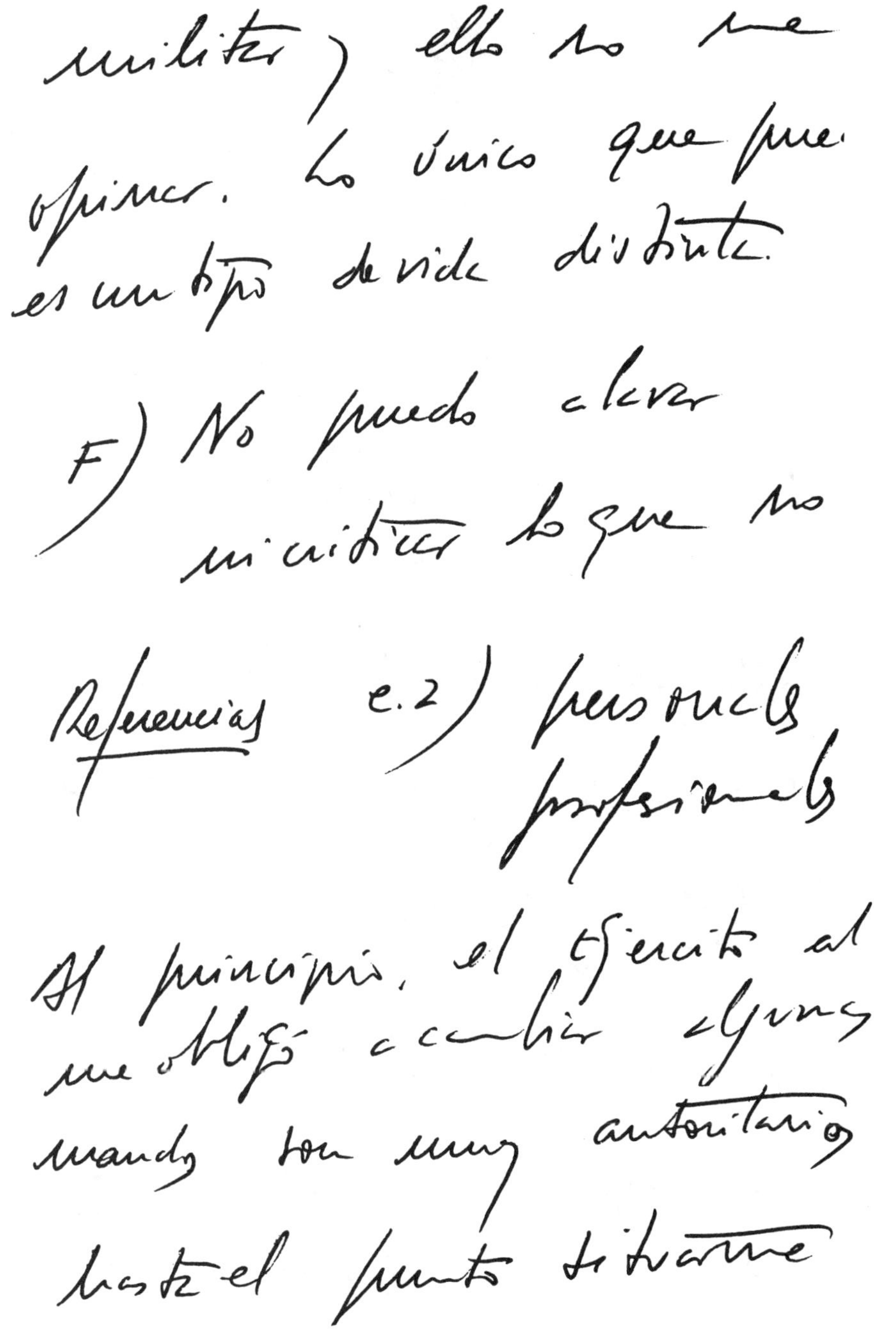
militar) ello no me
opinar. Lo único que pue.
es un tipo de vida distinta.

F) No puedo elevar
mi crítica lo que no

Referencias e.2) personales
profesionales

Al principio, el ejército al
me obligó a cambiar algunos
mandos son muy autoritarios
hasta el punto situarme

"Padre Crítico"-"Niño Libre"(AT). EAP, Colérico (Heymans-Le Senne).

FIG. 4.10b.

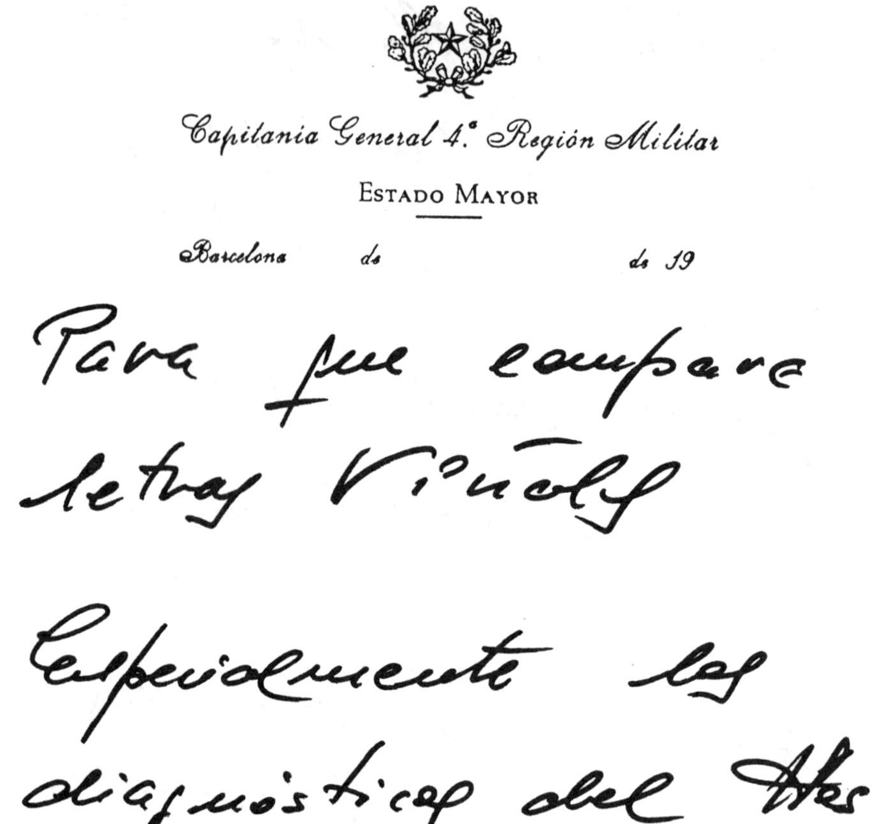

Capitanía General 4.ª Región Militar

ESTADO MAYOR

Barcelona de de 19

Para que compare letras Viñolas especialmente los diagnósticos del Hospital Militar con las fichas que parece de los mozos del Hospital Militar.- .

« Ocho » ala « Siete » (Eneagrama). Mando de la Guardia Civil, Agregado a Estado Mayor del Ejército.

FIG. 4.10C.

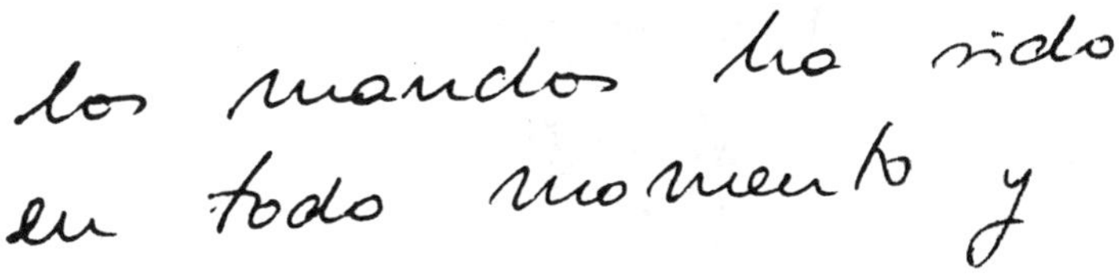

"Padre Nutritivo"-"Adulto"(AT). "Dos"-"Tres"(Eneagrama). Cargo asistencial.

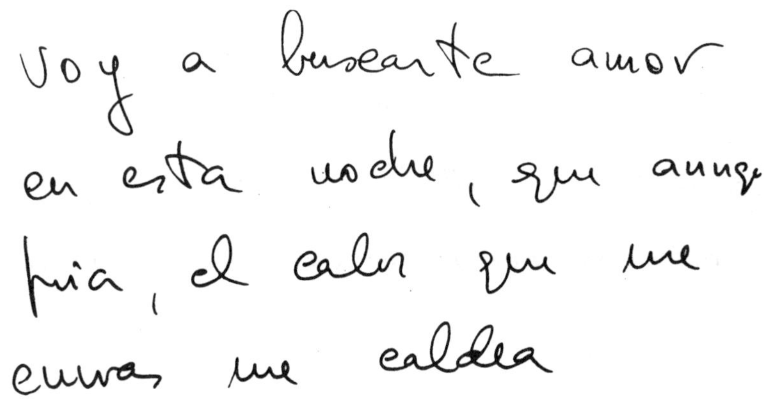

(reducción 70 %) "Padre Nutritivo"-"Niño Libre". Enfermería.

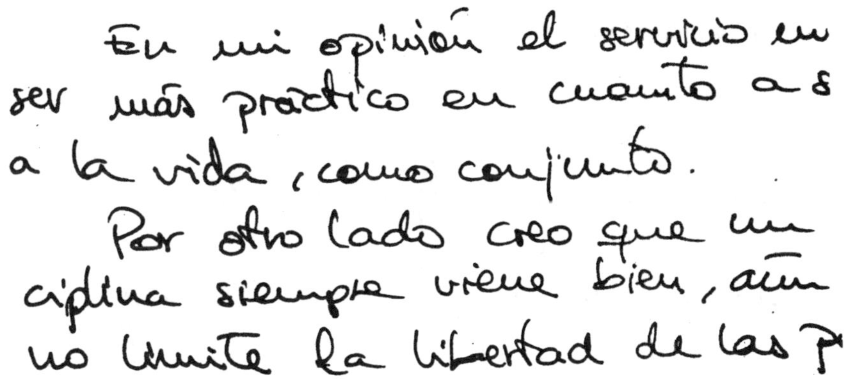

"Padre Nutritivo"-"Pequeño Profesor".

FIG. 4.10d.

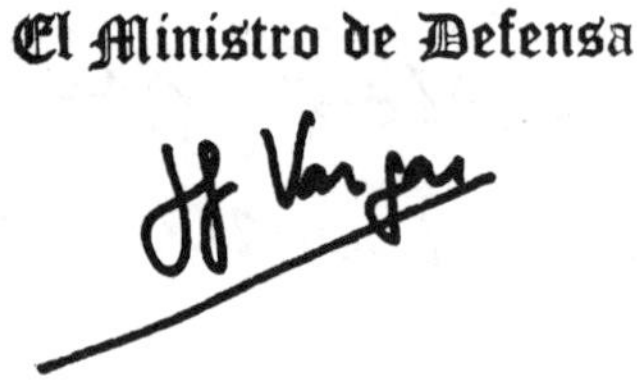

"Adulto"(AT). Exmo. Sr. D. Julian García Vargas.

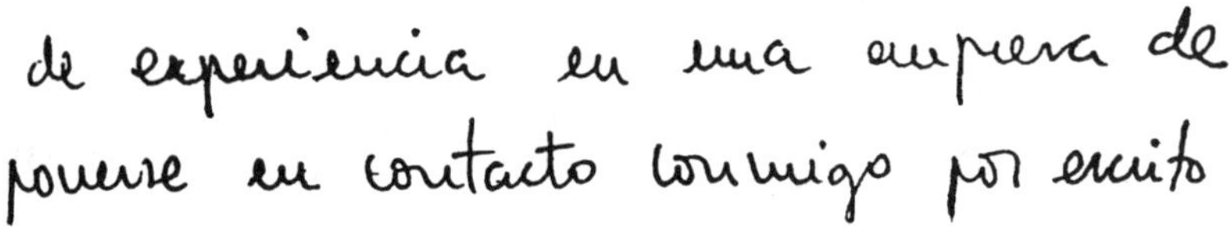

"Adulto"-"Pequeño Profesor"(AT). "Tres"-"Cuatro"(Eneagrama". Mujer ejecutiva.

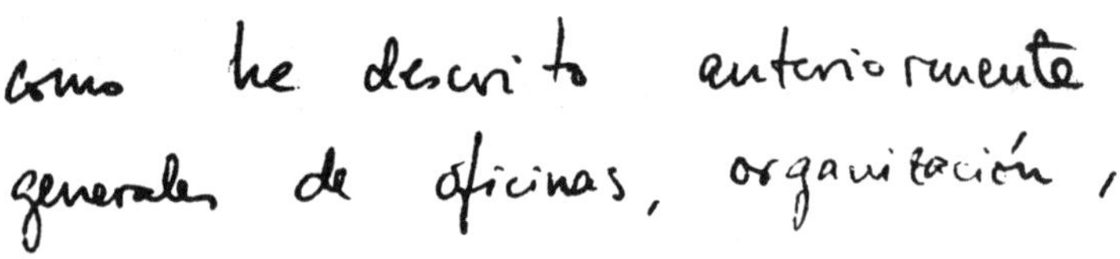

"Adulto"(AT). Ingeniero de organización.

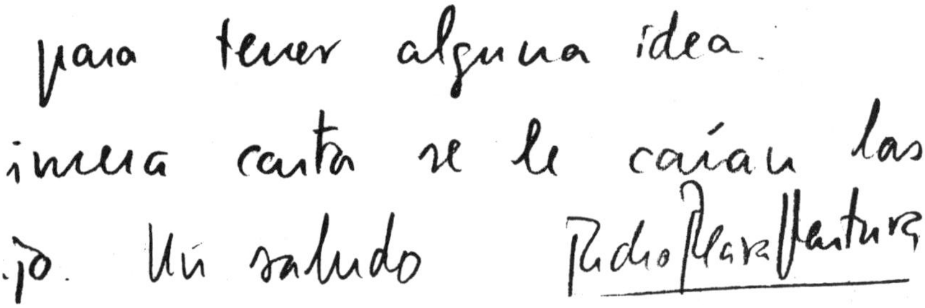

"Adulto"-"Padre"(AT). D. Pedro Plaza (Premio extraordinario a la Dirección de Recursos Humanos).

FIG. 4.10e.

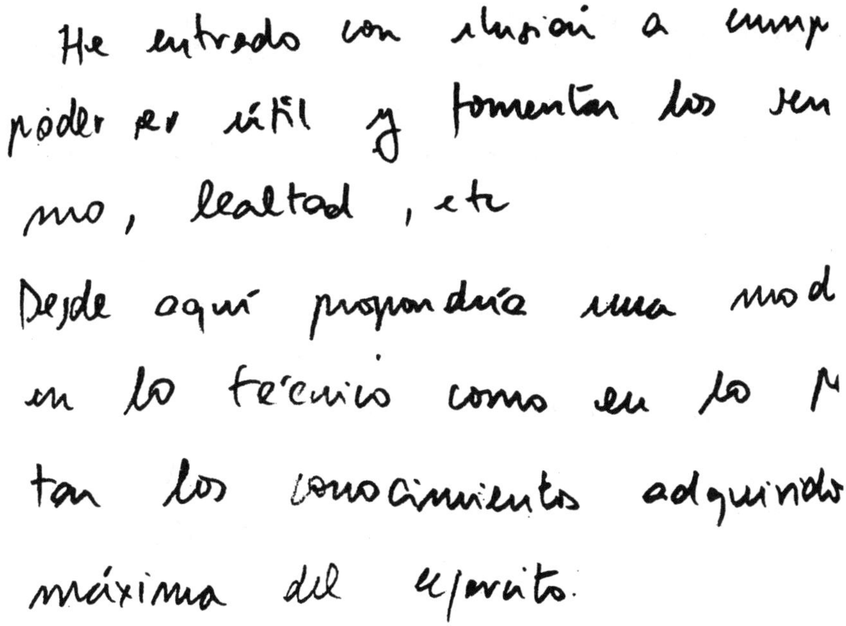

"Adulto"-"Pequeño Profesor (AT). "Cuatro"-"Tres" (Eneagrama).

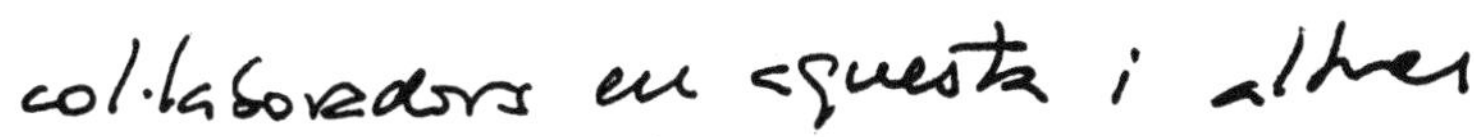

"Tres" ala "Cuatro" (Eneagrama). "Adulto"-"Pequeño Profesor"(AT)

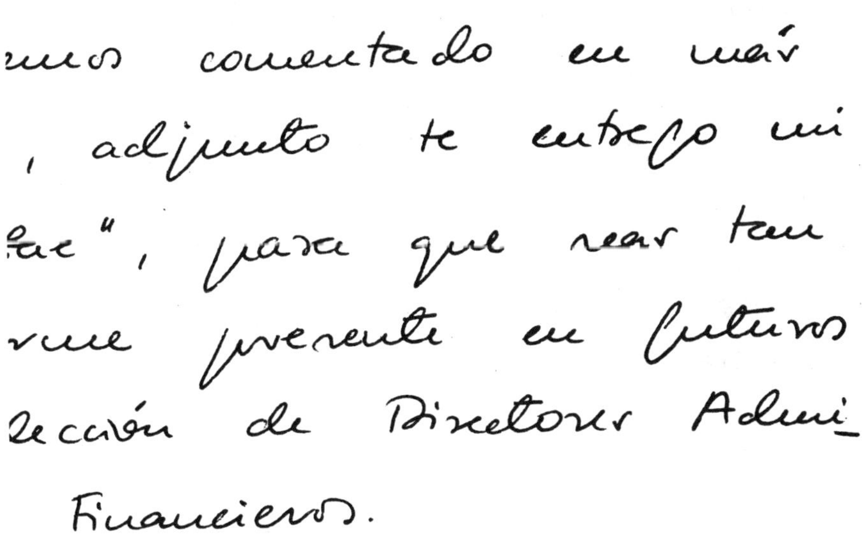

"Tres" ala "Dos"(Eneagrama). Mujer ejecutiva.

FIG. 4.10f.

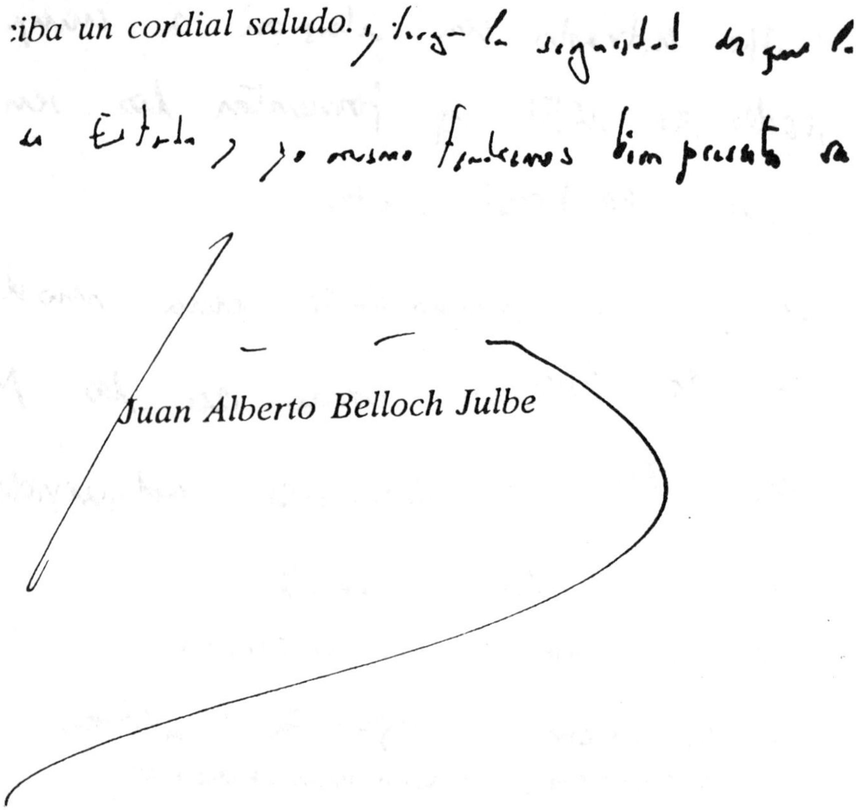

"Pequeño Profesor"(AT). Exmo. Sr. D. Juan Alberto Belloch

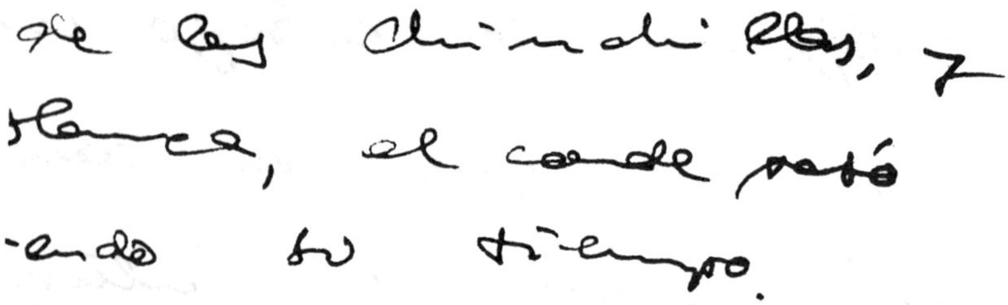

"Pequeño Profesor"(AT).

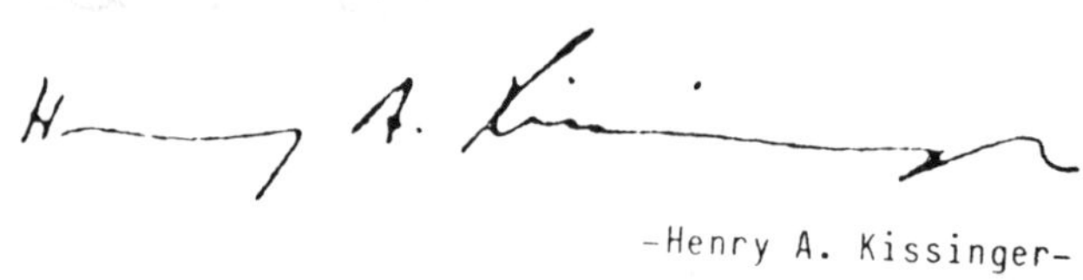

"Pequeño Profesor"(AT).

FIG. 4.10g.

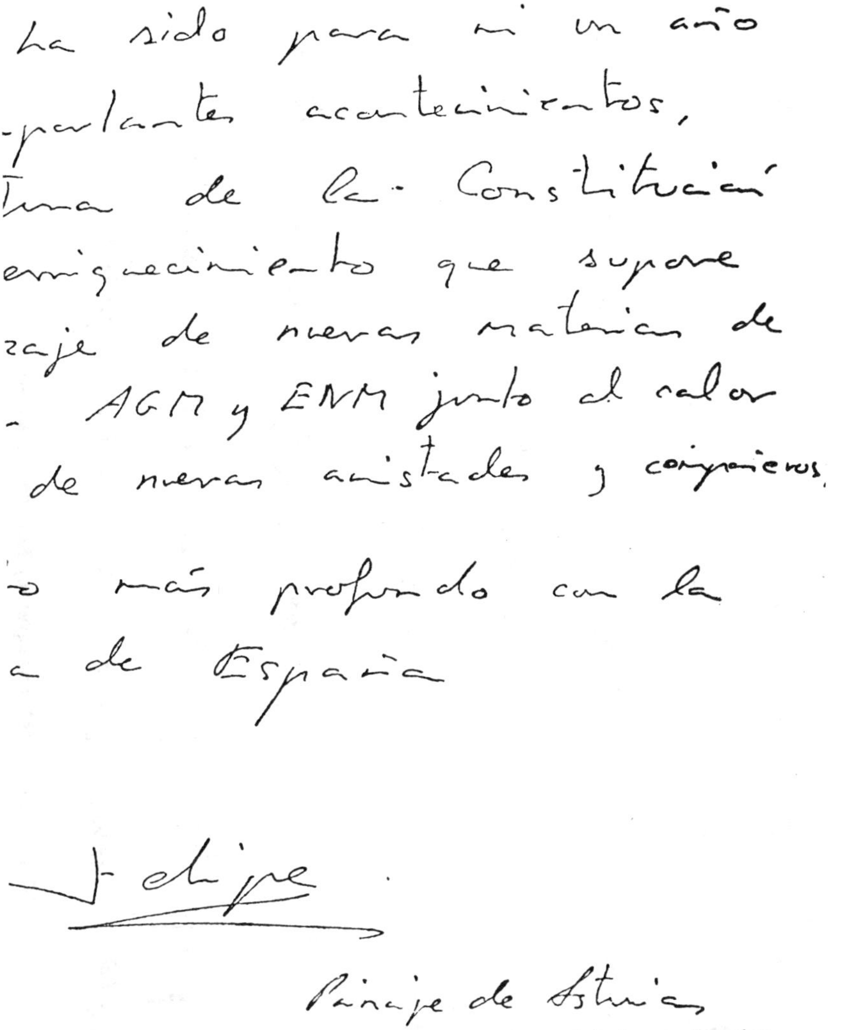

ha sido para mí un año
portantes acontecimientos,
Firma de la Constitución
enriquecimiento que supone
zaje de nuevas materias de
AGM y ENM junto al calor
de nuevas amistades y compañeros.

o más profundo con la
a de España

Felipe.

Príncipe de Asturias

"Cuatro"(Eneagrama). Nervioso-Bilioso. SAR Don Felipe, Príncipe de **Asturias.**

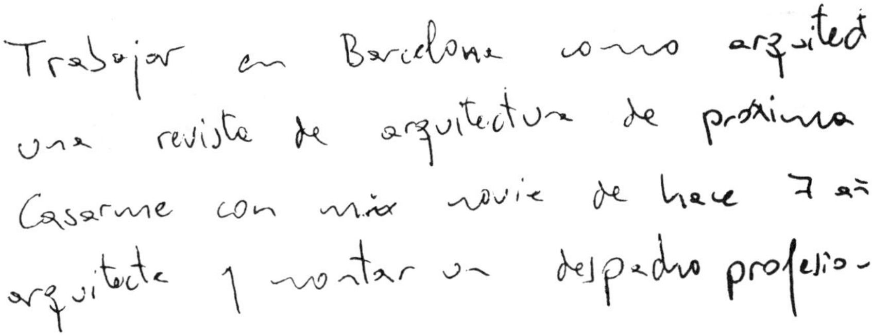

Trabajar en Barcelona como arquitect
una revista de arquitectura de próxima
Casarme con mi novia de hace 7 añ
arquitecta y montar un despacho profesio-

"Cuatro"(Eneagrama). Creativo, arquitecto.

FIG. 4.10h.

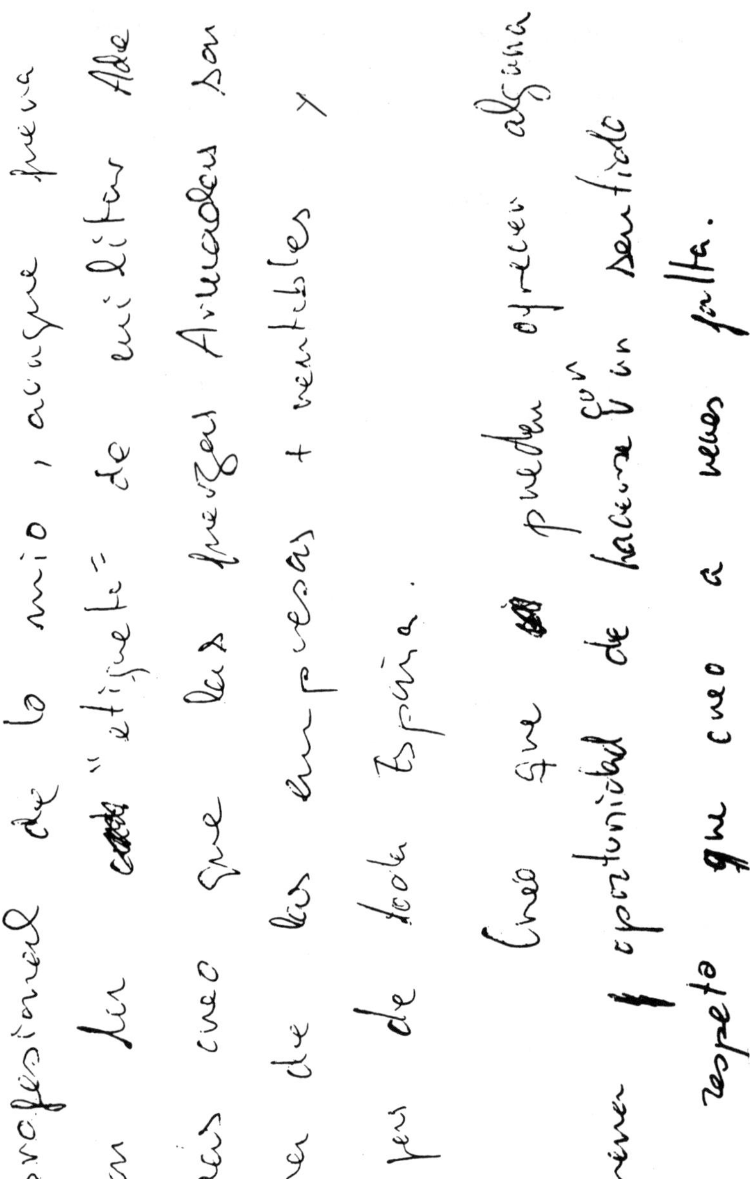
profesional de lo mío, aunque fuera
con las "etiqueta" de militar. Ade-
más creo que las fuerzas Armadas son
una de las empresas + rentables y
fiables de toda España.
Creo que pueden ofrecer alguna
tener oportunidad de hacerme con un sentido
de respeto que creo a veces falta.

"Cuatro" ala "Tres" (Eneagrama). Nervioso "creativo".

FIG. 4.10i.

Considero necesario algún tipo
por parte de la totalidad de
no sólo hombres; ~~...~~ ya que
militares una pérdida de recursos
podrían utilizarse a mujeres (en
consideradas no aptas podrían ser
de apoyo (registro y demás).

"Cuatro"(Eneagrama). Artista-creativo.

REGIÓN MILITAR PIRENAICA
CUARTEL GENERAL-ESTADO MAYOR
Sección de Inteligencia

Con V.º E.M.

CUESTIONARIO

NOMBRE Y APELLIDOS: Francisco [redacted]

EMPLEO: Ing. Químico

NACIDO EN: Barcelona **PROVINCIA DE:** Barcelona

EL 7 **DE** Enero **DE 19**74

ESTADO CIVIL: Soltero **HIJOS:** ninguno

DOMICILIO ACTUAL: Sant [redacted] **CALLE:** torrente de la [redacted] 3º2ª

TELEFONO: 93 - [redacted] . 90[redacted]

RESIDENCIAS ANTERIORES: Ciudad Meridiana

ESTUDIOS REALIZADOS: Ing. Químico Superior

TÍTULOS CIVILES: Ing. Químico superior

(reducción 50%). Sentimental (Heymans-Le Senne). "Niño Adaptado"(AT).

FIG. 4.10j.

estudios también he aprendido una disciplina

los objetivos que te marcas en la vida

no valdría para nada si no estuviese

unas relaciones humanas satisfactorias

la vida sea más agradable.

Aparte que he adquirido durante todos

profesionales es el conocer el trato

personas dentro del ambiente profesional,

he conocimientos referentes a cada cargo.

"Niño Adaptado"(AT). "Seis"(Eneagrama". Químico.

Me imagino que debe tener muchas soli

y que tiene un equipo de trabajo completo, pero si

necesita los servicios de algún profesional, le agradecería

mi candidatura.

"Seis" ala "Cinco"(Eneagrama". "Niño Adaptado"(AT). Químico.

FIG. 4.10k.

Técnicas de compresión de imágenes digitales

Estudio de radiómetros interferométricos para la

Tierra embarcados en satélite.

Sistema para realizar el montaje económico

- una oficina de decorados.

"Niño Adaptado"-"Niño Adaptado Sumiso"(AT). Ingeniero.

Soy una persona que ha tenido una

normal y simple, tengo cosas de

que me enorgullezco y otras de las

no.

"Nueve"(Eneagrama). Conciliador.

~~atropelló~~ ~~da~~ Me atropelló un coche (desde entonces

que soy el chico más tranquilo que existe)

Empecé a fumar.

Empecé a salir con mi 1ª Novia, ~~fal~~ ~~esa~~

me dejó y lo pasé bastante mal.

"Niño Adaptado Sumiso"(AT)

He servido para aprender a obedecer

jefes, y a trabajar en equipo.

"Niño Adaptado Sumiso"(AT). "Nueve"(Eneagrama). Indolente (Heymans-Le Senne).

FIG. 4.101.

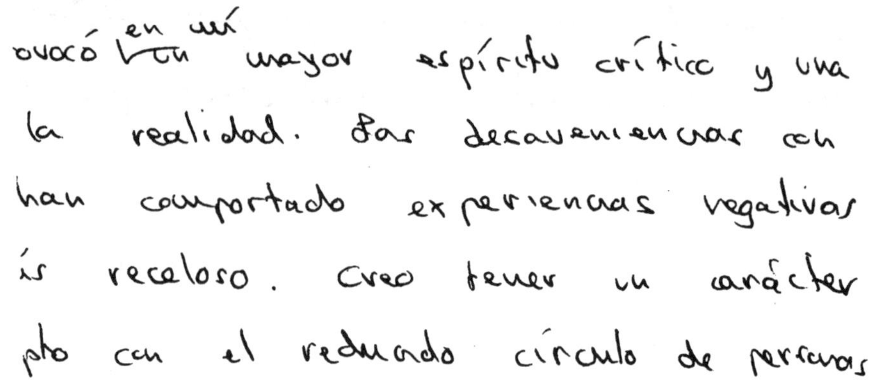

"Sentimental"(Heymans-Le Senne). "Seis"-"Cinco" (Eneagrama).

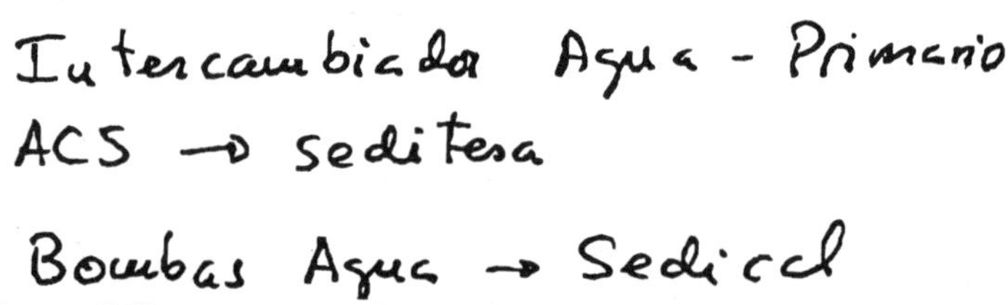

"Sentimental"(Heymans Le Senne). "Niño Adaptado"(AT). Ingeniero de Laboratorio Técnico (bueno pero un poco lento).

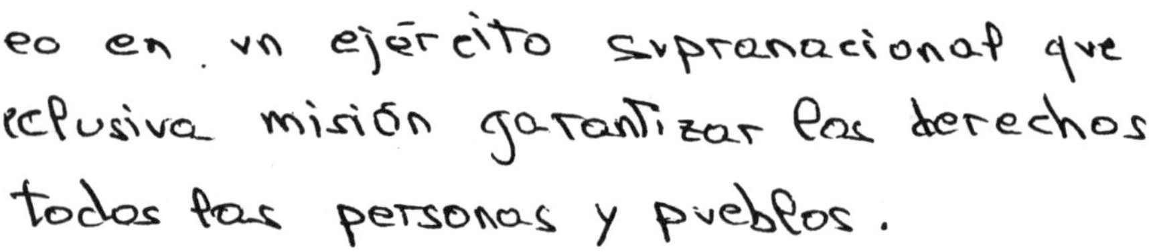

"Sentimental"-"Apático"(Heymans Le Senne). "Niño Adaptado Rebelde"-"Niño Adaptado"(AT). "Cinco"-"Seis"(Eneagrama).

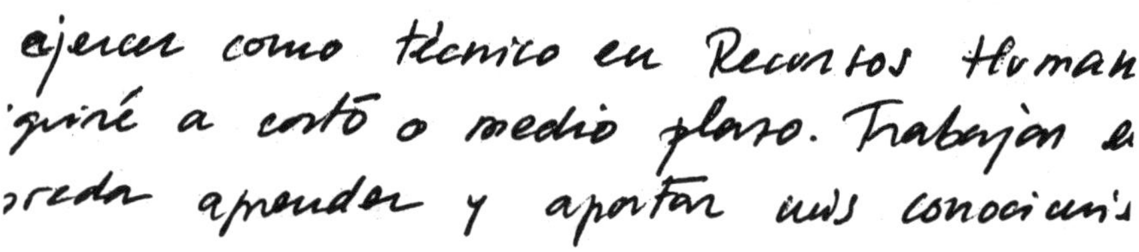

"Niño Adaptado Rebelde"(AT)

"Pequeño Profesor"-"Niño Adaptado Rebelde"(AT)

FIG. 4.10m.

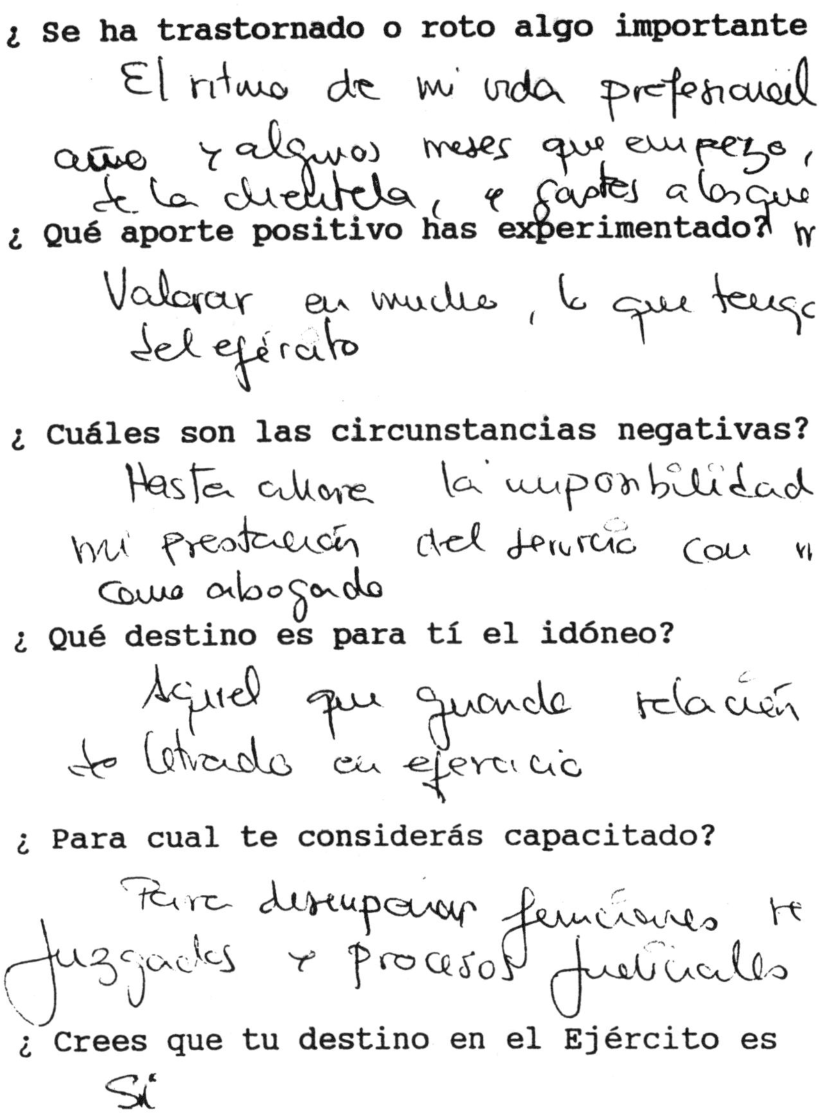

¿ Se ha trastornado o roto algo importante

El ritmo de mi vida profesional
año y algunos meses que empezó,
de la clientela, y gastos a los que

¿ Qué aporte positivo has experimentado?

Valorar en mucho, lo que tengo
del ejército

¿ Cuáles son las circunstancias negativas?

Hasta ahora la imposibilidad
mi prestación del servicio con
como abogado

¿ Qué destino es para tí el idóneo?

Aquel que guarde relación
de letrado en ejercicio

¿ Para cual te considerás capacitado?

Para desempeñar funciones de
juzgados y procesos judiciales

¿ Crees que tu destino en el Ejército es

Sí

'Sanguíneo"(Heymans-Le Senne). "Niño Libre"-"Niño Adaptado"(AT). "Siete" ala 'Seis" (Eneagrama).

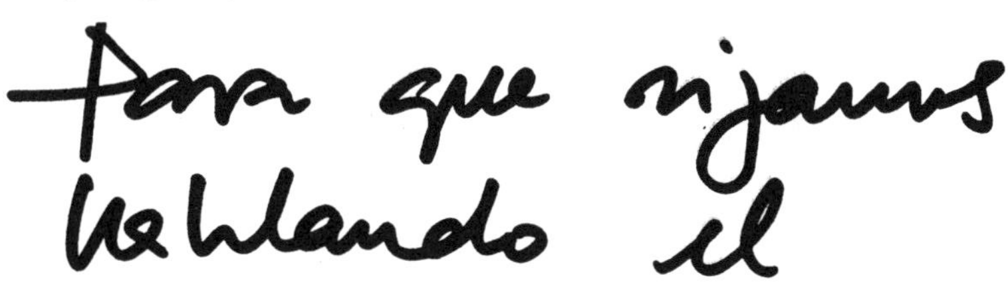

Para que sigamos
hablando el

"Siete"(Eneagrama). "Niño Libre"(AT).

FIG. 4.10n.

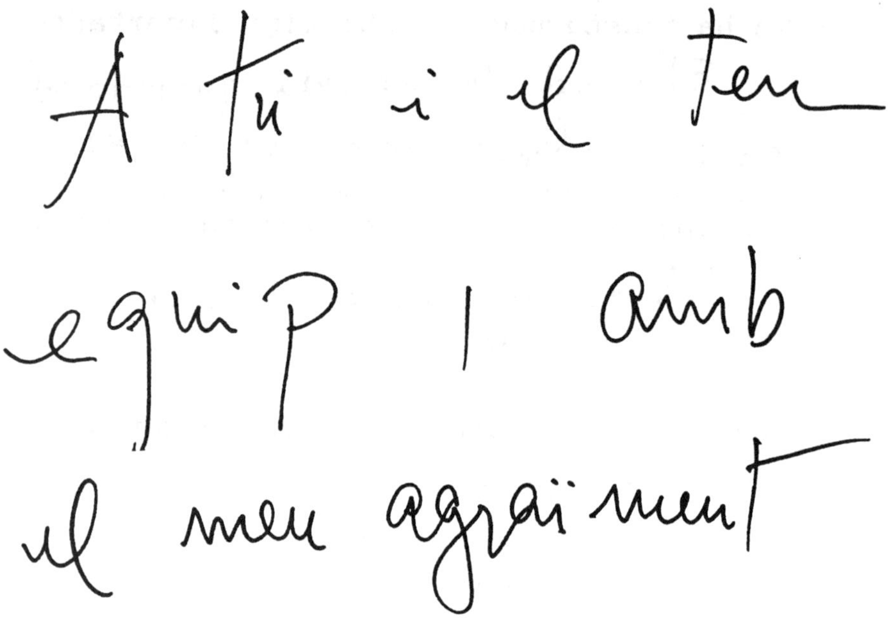

"Niño Libre"(AT). "Siete"(Eneagrama).

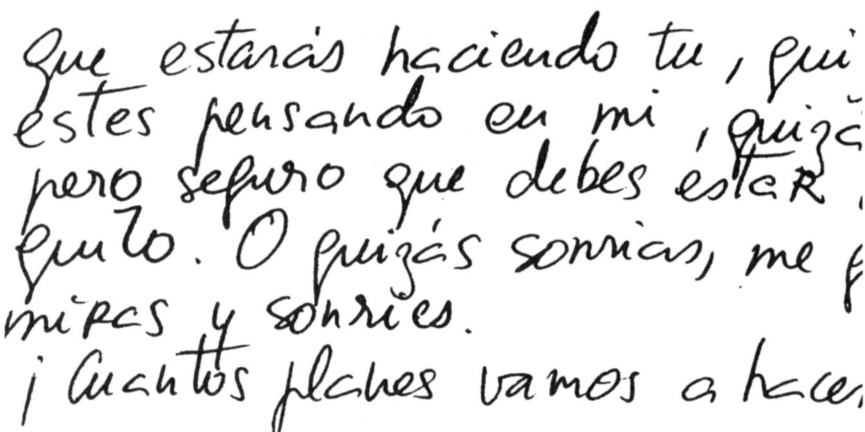

"Niño Libre"-"Padre Nutritivo"(AT). Mujer.

FIG. 4.10ñ.

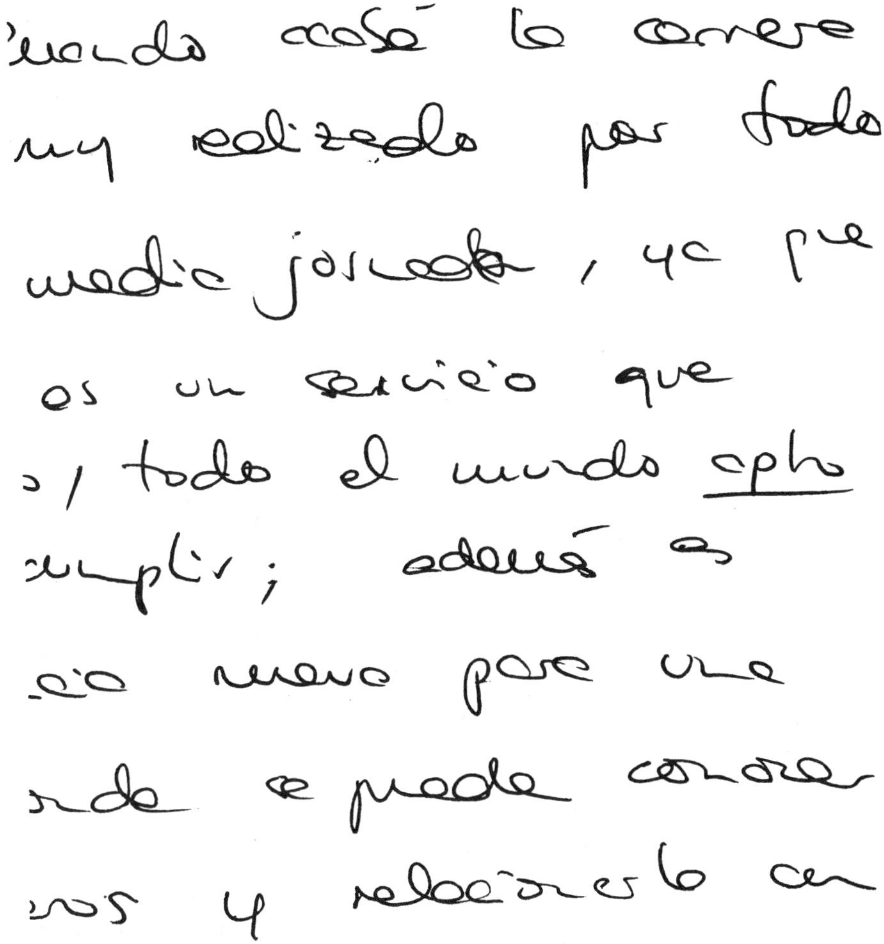

"Niño Libre"-"Pequeño Profesor"(AT). Mujer.

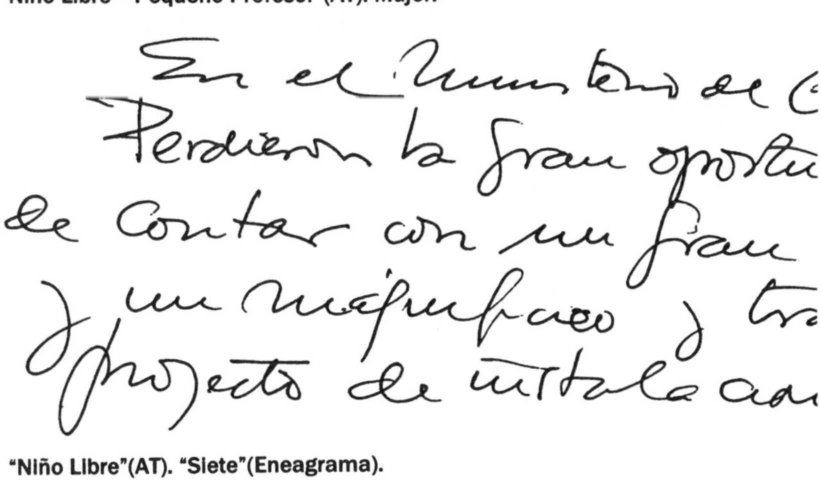

"Niño Libre"(AT). "Siete"(Eneagrama).

FIG. 4.10O.

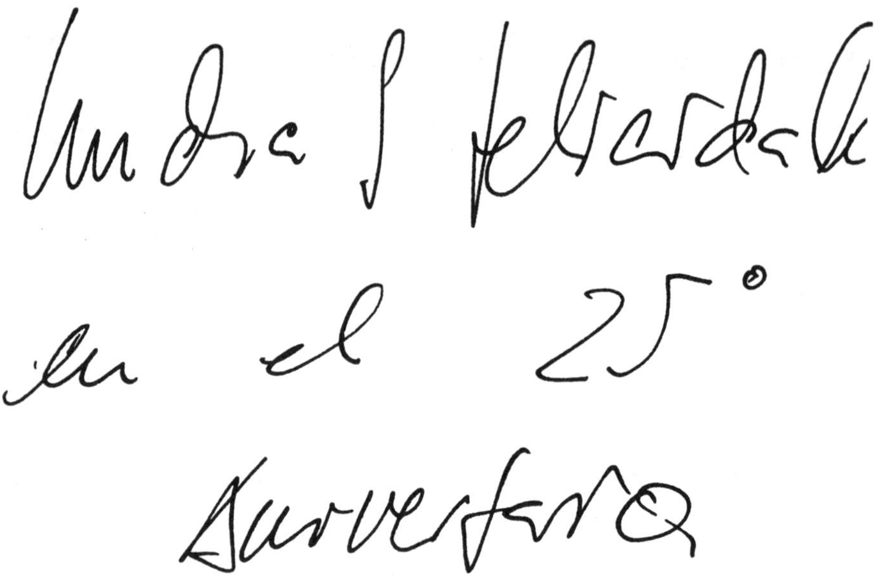

"Siete" ala "Ocho"(Eneagrama). "Niño Libre"-"Padre Crítico"(AT).

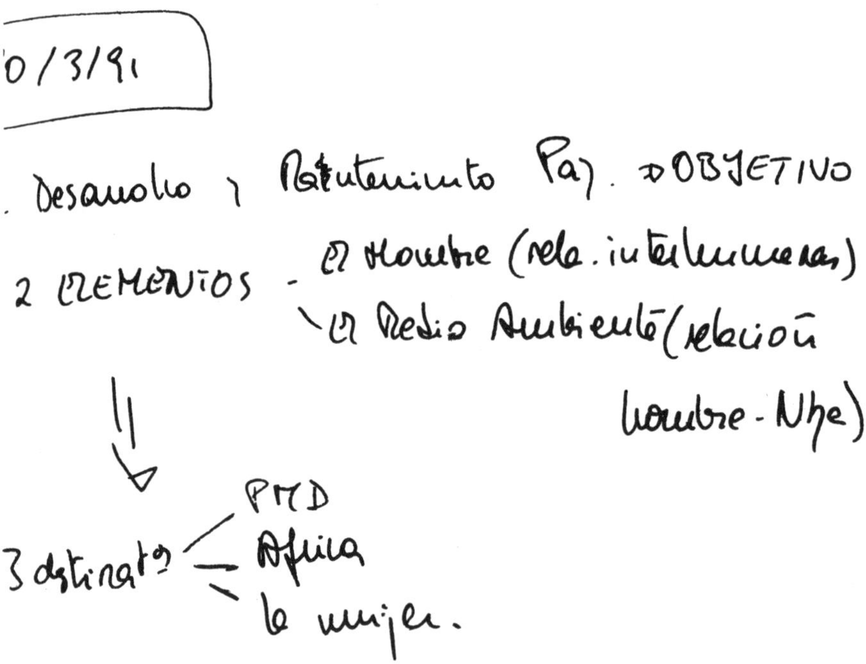

Equilibrio de contrarios. Tendencia hacia el "Adulto Integrado". SAR. Infanta Cristina.

FIG. 4.10p.

Ejemplo práctico de valoración en el cuadro de Grafoanálisis por AT (F.Viñals y M. Puente) (FIG. 11 muestra gráfica. FIG. 12 cuadro)

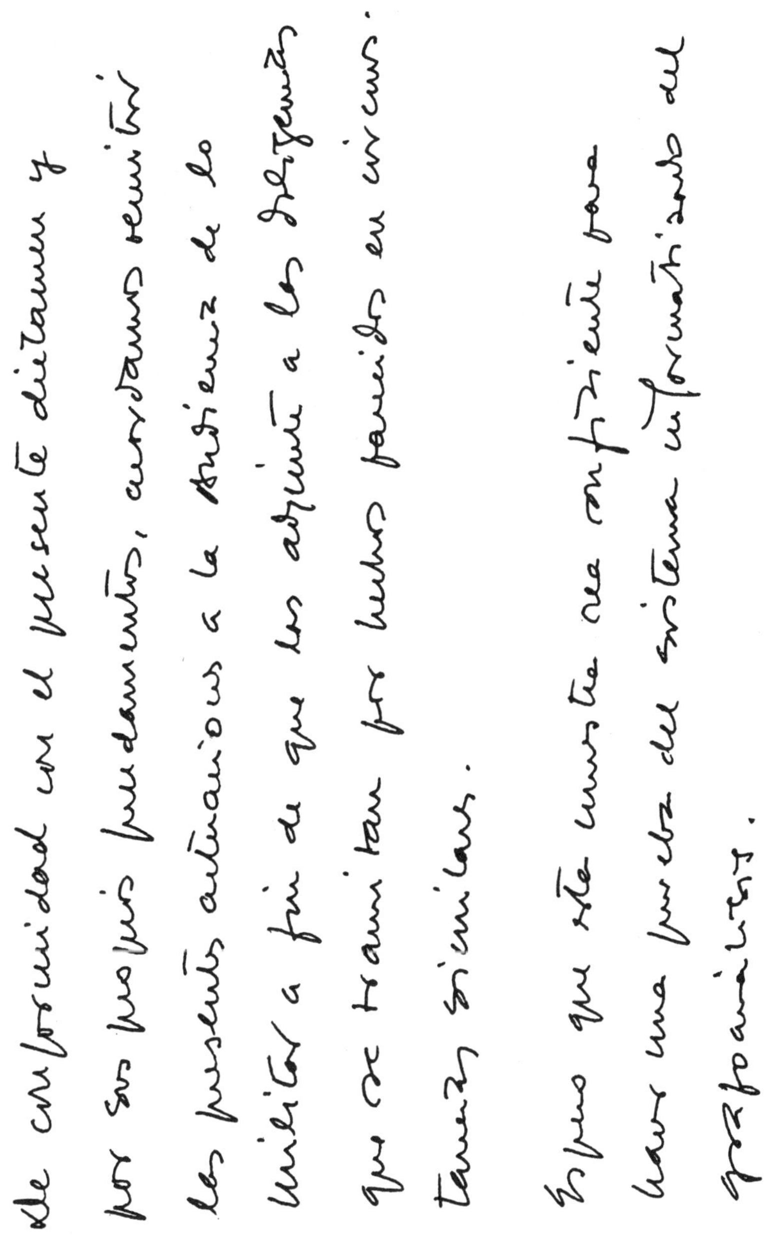

FIG. 4.11. Muestra gráfica analizada.

ORDEN ESPACIAL

ORGANIZACIÓN GLOBAL		P	PN	PC	A	pp	NA	NAS	NAR	NL
Organizada	8				●					
Proporcionada o sobria	7				●					
Desproporcionada (rizada o inflada)				●						●
Eje vertical (predominio trazos verticales)				●						
Eje horizontal (predom. trazos horizontales)						●				
Cilíndrica (predom. zona media y curva)			●							
Ordenada (muy cuidada en situación de palabras, líneas, puntos y aparte, etc.)		●								
Desordenada										●
Ilegible						●				
Inacabada o palabras y letras saltadas							●	●	●	●
Suspendida (trazos finales inhibidos)							●			
Movida (predom. movimiento sobre forma)	5									●

DISTRIBUCIÓN DEL ESPACIO		P	PN	PC	A	pp	NA	NAS	NAR	NL
Clara (Bien espaciada, legible y proporcionada)	6	●			●					
Confusa (líneas entremezcladas, jambas pisan)										●
Espaciada interlínea	5						●			
Concentrada líneas		●	●	●						
Espaciada interpalabras					●		●			
Insuficiente distancia entre palabras (<«m»)				●						●
Espaciada interletras (extensa)			●							
Apretada interletra									●	
Cortes, chimeneas, bolsas de espacio							●			

DISPOSICIÓN DE MÁRGENES		P	PN	PC	A	pp	NA	NAS	NAR	NL
Márgenes rígidos		●		●						
Márgenes regulares		●			●					
Márgenes irregulares										●
Margen izq. grande o ensanchándose	8		●							●
Margen izq. pequeño o estrechándose con margen derecho grande o ensanchándose							●	●	●	
Sin margen (el texto invade todo espacio)				●						●

DIMENSIÓN		P	PN	PC	A	pp	NA	NAS	NAR	NL
Grande (zona media entre 3,5 y 4,5 mm.)		●	●	●						
Mediana (zona media entre 2,5 y 3,5 mm.)	7				●					
Pequeña (zona media entre 1,5 y 2,5 mm.)						●	●	●	●	
Sobrealzada (alargamiento hampas/jambas)				●						
Rebajada (acortamiento hampas/jambas)								●		
Creciente (aumentando tamaño hacia el final de palabra)										●
Gladiolada	6					●				
Uniforme (tamaño invariable)		●								
Fluctuante (tamaño variable)										●
Ancha								●		●
Estrechada							●			

PRESIÓN

TENSIÓN		P	PN	PC	A	pp	NA	NAS	NAR	NL
Firme	8	●			●					
Firme suave (curva)			●							
Firme dura (ángulo)				●						
Blanda								●		
Vacilante							●			
Hampas o palos cóncavos a la derecha	4		●					●		
Hampas o palos convexos a la derecha									●	

FIG. 4.12a. Cuadro con las valoraciones.

PROFUNDIDAD		P	PN	PC	A	pp	NA	NAS	NAR	NL
Profunda o marcada (aprieta sobre el papel)				●						
Superficial (no aprieta sobre el papel)						●		●		
Truncada							●			
Presión desigual										●

CALIBRE (Peso)		P	PN	PC	A	pp	NA	NAS	NAR	NL
Nutrida (>0,5 mm en plenos)		●	●	●						
Ligera (<0,5 mm en plenos)							●			
Apoyada (aumentos bruscos del grosor)				●						
Neta (contornos precisos y limpios)	6	●			●					
Acerada (finales de trazo en punta de aguja)						●			●	
Masiva (finales trazo en maza)				●						
Fusiforme/empastada/entintado desigual										●
Desplazada (carga en perfiles y aligera en plenos)									●	

FORMA ESTRUCTURA		P	PN	PC	A	pp	NA	NAS	NAR	NL
Infantil								●		●
Caligráfica		●		●				●		
Tipográfica					●	●				
Redonda			●					●		
Redondeada			●		●					
Semiangulosa	6				●					
Angulosa				●					●	
Sencilla					●		●			
Ornada			●							●
Simplificada	9				●					
Complicada/Artificial						●				●
Arqueada						●				
Filiforme						●				
Buclada						●				
Mayúsculas en todo el texto				●		●				

COLIGAMIENTO		P	PN	PC	A	pp	NA	NAS	NAR	NL
Col. guirnalda oval			●		●					
Col. guirnalda redonda			●					●		
Col. arcos						●				
Col. diagonal ascendente									●	
Col. mixto	8				●					●

ESTÉTICA		P	PN	PC	A	pp	NA	NAS	NAR	NL
Estética	8				●	●				
Vulgar								●		●
Con impresión de relieve					●	●				

VELOCIDAD O RAPIDEZ		P	PN	PC	A	pp	NA	NAS	NAR	NL
Lenta								●		
Pausada		●	●	●						
Rápida	8				●					
Lanzada o precipitada						●				●
Inhibida							●			

ORIENTACIÓN DIRECCIÓN DE LÍNEAS		P	PN	PC	A	pp	NA	NAS	NAR	NL
Horizontal rectilínea		●			●					
Horizontal flexible	7		●		●					
Ascendente				●						●
Descendente								●		
Sinuosa o serpentina						●				●
Rígida		●		●						
«a brincos» (*scattante*)							●			

FIG. 4.12b. (Cont.).

INCLINACIÓN LETRAS		P	PN	PC	A	pp	NA	NAS	NAR	NL
Inclinación dextrógira ligera (90º a 120º)	5		●							
Inclinación dextrógira pronunciada (>120º)										●
Vertical (entre 85º y 95º)	7	●			●					
Invertida (levógira o sinistrógira) (<80º)									●	
Oscilante flexible						●				
Inclinación discordante (vacilante)							●			
Inclinación rígida (paralela)				●						

ABREACCIÓN

(apertura/cierre óvalos)		P	PN	PC	A	pp	NA	NAS	NAR	NL
Cerrada		●		●	●		●		●	
Doble cierre/bucle						●				
Abierta derecha/arriba			●							●
Abierta abajo						●			●	●
Abreacción variable	6					●				●
Abierta izquierda							●			●

COHESIÓN		P	PN	PC	A	pp	NA	NAS	NAR	NL
Ligada		●	●	●						
Desligada						●			●	
Agrupada (grupos de 2 o 3 letras)	8				●					
Cohesión desigual						●				●
Combinada (conexiones originales)	7				●					●
Fragmentada (letras divididas o partidas)						●	●		●	
Reenganchada (enlace a 2 tiempos)							●			
Adosada (letras pegadas)								●		

CONTINUIDAD		P	PN	PC	A	pp	NA	NAS	NAR	NL
Monótona		●						●		
Estable		●								
Inestable						●				●
Cadenciada	6		●		●					
Rítmica	6				●					●
Vacilante							●			
Retocada							●			
Variable (cambio estilo en escritos distintos)						●				●

GESTOS-TIPO

RIZOS		P	PN	PC	A	pp	NA	NAS	NAR	NL
Rizo de la «independencia»				●						
Rizo de la «inseguridad material»						●				●
Rizo del «materialismo»				●						●
Rizo de la «mitomanía»		●								●
Rizo de la «vanidad»			●							●
Rizo del «subjetivismo»				●						●
Rizo del «ocultamiento»						●	●	●		

PUNTUACIÓN		P	PN	PC	A	pp	NA	NAS	NAR	NL
Puntuación muy precisas		●								
Puntuación ausente								●		●
Puntuación conectada letra siguiente	6				●					
Puntuación adelantada	6				●					
Puntuación en círculo		●								●
Puntuación en acento				●						
Puntuación excesiva (en escrito)						●			●	

BARRAS DE «t»		P	PN	PC	A	pp	NA	NAS	NAR	NL
Barras de «t» muy precisas		●								
Barras de «t» ausentes						●		●		●
Barras de «t» conectadas letra siguiente					●	●				●
Barras de «t» adelantadas	7			●	●					
Barras de «t» atrasadas							●	●		
Barras de «t» altas	8			●						
Barras de «t» a media altura					●					
Barras de «t» bajas							●			
Barras de «t» en lazo						●				
Barras de «t» en «golpe de sable»				●						
Barras de «t» en diagonal ascendente									●	
Barras de «t» descendentes o caídas							●	●		
Barras de «t» en «sombrilla»			●							
Barras de «t» en «u»									●	
Barras de «t» desiguales	6					●				●
Barras de «t» cortas					●		●			
Barras de «t» largas				●						●

FIG. 4.12c. (Cont.).

JAMBAS (pies, ejes geotrópicos inferiores)		P	PN	PC	A	pp	NA	NAS	NAR	NL
Jambas largas				●						●
Jambas cortas	4						●	●		
Jambas redondas										●
Jambas regresivas (desvío izquierda)									●	
Jambas triangulares				●						
Jambas en «8» de guarismo						●			●	●
Jambas recubiertas						●	●			
Jambas cóncavas a la derecha								●		
Jambas convexas a la derecha									●	

HAMPAS (Crestas, palotes o ejes geotrópicos superiores)		P	PN	PC	A	pp	NA	NAS	NAR	NL
Hampas, rasgos o grammas en «sombrilla» (curva cubriendo la siguiente)			●							
Hampas rasgos o grammas disparadas en diagonal ascendente									●	
Hampas, rasgos o grammas con recorrido inverso (inicio desde el punto final)									●	

ÓVALOS		P	PN	PC	A	pp	NA	NAS	NAR	NL
Óvalos con ángulo abajo				●						
Óvalos con ángulo arriba									●	
Óvalos protuberantes						●			●	●
Óvalos pinchados							●	●		

FIRMA		P	PN	PC	A	pp	NA	NAS	NAR	NL
Firma trazos verticales predominantes				●						
Firma envolvente							●			
Firma complicada (alambrada)						●				
Firma Ángulo izquierda	7						●	●		
Firma Ángulo derecha	7			●					●	
Firma ilegible o evasiva	7					●				
Firma con disparo diagonal ascendente									●	
Firma tachada							●	●		
Firma simbólica					●	●				●

FIG. 4.12d. (Cont.).

Modelo de Dictamen Grafoanalítico completo de personalidad (FIG. 4.13 muestra gráfica, 4.14 informe).

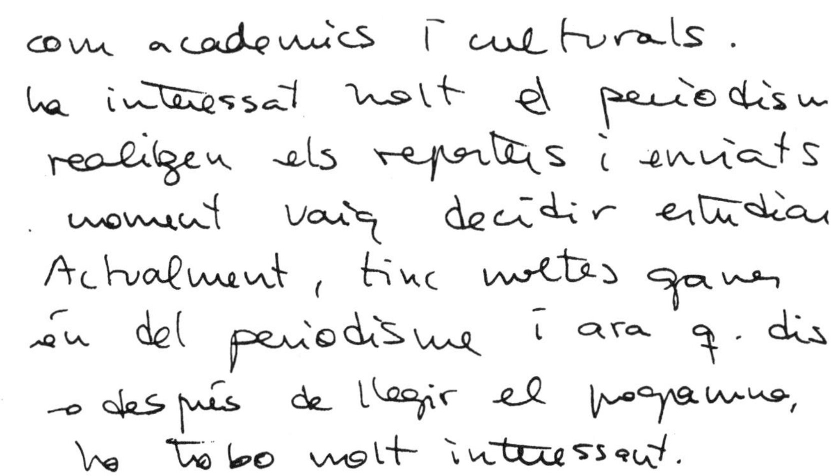

FIG. 4.13. Muestra gráfica analizada.

Mujer de 26 años.
Licenciada en Traducción e Interpretación.
Soltera, de clase media sin problemas.
Trabaja actualmente en [redacted]
Vive independiente, sin sus padres, pero participa de su entorno con buena sintonía.
Es la mayor de tres hermanos. (chico y chica)

<u>Análisis Transaccional (A.T.)</u>

Una vez analizado y valorado todos los aspectos de su grafismo, aparecen los siguientes porcentajes:

A	29,5 %
NA	18,2 %
P	13,8 %
PC	13,3 %
NAS	10,1 %
p.p.	08,7 %
PN	04,9 %
NAR	01,5 %
NAR/L	00,0 %

P-----------32 % **A-------------29,5 %** N-------------38,5 %

Se observa un equilibrio de su personalidad, por tener en su dominio los rasgos del **A.**

A la vez que su temperamento será **B-N-S-L**, con porcentajes bastante equilibrados.

Por poseer en el A. T. un dominio de <u>Adulto</u>, sus características más destacadas son: Analítica, Lógica, Objetiva, Reflexiva, Equilibrada, Confiada, Constante, Autocontrol, Seguridad en si misma, Capacidad de actuación, Responsabilidad meditada, Madurez, Autoafirmación moral, Criterio seguro.

Ello nos conduce a un equilibrio entre el **P** y el **N**, llamado <u>Adulto Integrado</u> (Integración armónica de los tres Yo).

Así como el A, es un sistema organizativo, inteligente, pero desvinculado de sentimientos, ya que trabaja científicamente mediante el análisis y sistemas de datos. **El adulto Integrado, se integra a los otros dos sistemas psíquicos** -P y N-, pero sin conflictos, es decir consiguiendo una personalidad, motivada por el niño (N), aconsejada por el padre (P) y dirigida por el adulto (A). Originando así tres sistemas psíquicos y una única personalidad armónica.

2.- **<u>Subdivisión</u>**

Una vez analizado el grafismo, se observa que las **dominantes** más importante son: Ordenada, Limpia, Firme, Redondeada, Barras de T bajas y en cruz, Firma grande y a la izquierda, Sencilla, Semiangulosa, Coligamento con guirnalda, Vertical, Cohesión con desigualdades, Jambas cortas y estrecha.

Subdominantes: Margen izq.descendente, Rebajada, Movida, Contenida, Tensión firme suave, Profundidad, Relieve destacado, descendente y óvalos pinchados.

Gestos-tipo: r, rápidas; q, con palito hor.; ximeneas; i, con rayita; Acento con vírgola; f en forma de lazo; g, óvalo ancho y jamba corta; v con ángulo agudo; p, reseguida; n,m, semiangulares y en arcada; òvalo pinchado (algunos).

3.- **<u>Resultado por ordenador de los signos psicológicos más destacado</u>**.

(pag. A-B)

4.- **<u>Interpretación de los signos gráficos.</u>**

(D) **Ordenada:** Es un indicativo de madurez psicológica, supone en el individuo una educación gradual por un aprendizaje e influencia educativa cultural y social que ha actuado ajustando sus tendencias y necesidades a un orden moral-el término moral se entiende por conducta o comportamiento-. La percepción, la representación mental, la memoria, la capacidad de aprendizaje, el juicio y el razonamiento son más equilibrados.

Limpia: Es un indicador de buena salud física, emotividad tranquila, claridad y veracidad en las ideas, es ponderada en sus juicios, tendrá buena adaptación al enotrno, un buen sentido ético y estético; en la escala de Pophal tendría un porcentaje correcto en los grados II y III.

Firme: Corrobora la buena salud , buena capacidad de rendimiento realizador y creativo, entereza y firmeza moral, seguridad en la forma de pensar y ejecutar las creaciones del propio pensamiento, prácticas y utilitarias. Esta firmeza supone romper con un mundo de rutinas y de convencionalismos, por lo cual se necesita una voluntad firme.
Pero la firmeza con signos de introversión, puede manifestarse como fuerza de resistencia defensiva, por lo cual, el sujeto se apoya en la reflexión, los principios, las normas, no invade el terreno de los demás, pero tampoco deja que invadan el suyo.

Redondeada: Es signo de una adaptación equilibrada y una líbido en progresión, es decir, el sujeto se desenvuelve sin trabas, sin tropiezos, sin inhibiciones importantes en el desarrollo de sus impulsos de vida. Satisface sus deseos sin dificultades.

FIG. 4.14a. Análisis realizado por Josep Capdevila (alumno nuestro, recién titulado por la Universidad Autónoma de Barcelona en Pericia Caligráfica Judicial y en Peritaje Grafopsicológico, Instituto de Ciencias del Grafismo – Escuela de Doctorado, UAB c. S. Antoni Mª Claret, 171 Barcelona. Ap. Correos 89015, 08080 Barcelona - Spain).

De ello deriva que tiene una corriente de simpatía, carácter agradable, comprensión, benevolencia y empatía personal. yiene facilidad para el amor, la amistad, la amabilidad, etc..

Barras de T-en cruz-: Es una necesidad de apoyo en su experiencia. Reflexión antes de actuar o de tomar decisiones. actividad prudente, sensata y previsora. No obstante podría ser un indicador simbólico de sufrimiento -estar haciendo por ej. algún sacrificio personal por otros-.

Firma grande y a la izquierda: Puede indicar cierta reserva o introversión, no obstante destaca serenidad, estabilidad y equilibrio entre ambición y realización. La fuerza de su autoimagen está identificada en su en su rango o rol social.

Sencilla: Es un buen signo de madurez psicológica, de adaptación reflexiva y prudente, de ausencia de segundas intenciones. El sujeto suele optar por el diálogo para resolver los conflictos. Desprecia las intrigas y cualquier tipo de deslealtad. En su estimaciçón prevalece la moderación, la sobriedad, el buen criterio y un claro sentido de lo que es suyo y mío. (integridad moral) Tiene una repercusión mental de un juicio objetivo y claro, en el que separa lo esencial de lo secundario.

Semiangulosa: Tiene habilidad en el saber decir y en el saber hacer, sentido de la oportunidad , organización y elaboración.

Coligamento con guirnalda: En letra no muy grande (más bien contenida y pequeña), la adaptación al medio ambiente suele ser algo parcial, el sujeto selecciona a los ambientes y a las personas con las que quiere tener trato (introversión), es decir selecciona por afinidad, de acuerdo con sus razonamientos y sus emociones de agrado - desagrado-. por lo tanto su sociabilidad es selectiva.

Vertical: Tiene la dominante psicológica del autocontrol emocional, controla la sensibilidad; por lo cual poseerá firmeza, estabilidad, serenidad de juicio, frialdad de razonamiento, constancia de caracter, madurez de criterio, actitud de reserva, poca necesidad de la presencia de otros, ecuanimidad, etc..

Cohesión: Las desigualdades existentes, suponen una actitud inconsciente de desvinculación, de separación. La sintonía entre el YO y el objeto, no existe. Hay resistencias, recuerdos desafortunados, pequeños conflictos internos. Se puede hablar de introversión, desconfianza, temor, despegue afectivo.

Jambas cortas y estrechas: Puede tener la líbido débil, **jambas puntiagudas**, indican cierto grado de dureza y resentimiento (oposicionismo). También puede desplazarse la líbido a otras esferas -sobriedad,modestia,misticismo-, si se observa, en negativo, podría denotar una falta de confianza en sus atractivos físicos.

Hampas de un solo trazo: pueden indicar la necesidad de precisar y simplificar, de ir a lo esencial, de buscar el núcleo de cada cuestión -puede empobrecer la imaginación y la creación-.

(Subd.) Margen izquierda y descendente: Inhibida y regresiva.

Rebajada: Renuncia a destacar la importancia del YO, cierta humildad, sencillez y modestia.

Movida: Dinamismo expansivo y radiante, viveza de carácter e imaginación; signo vital de actividad, repulsa a todo inmovilismo y a los convencionalismos inútiles e innecesarios.

Contenida: Tiene un mecanismo interno de regulación y control de los impulsos y de la conducta, que pueden cohibir al individuo, profesional o socialmente. Destaca la prudencia,reflexión, timidez y elevada responsabilidad. Busca lo esencial. Madurez mental.

Tensión firme suave: Carácter firme enérgico, pero suaviza sus actitudes en sus relaciones con los demás (adaptación controlada reflexiva). Sabe escuchar a otros, sabe comprender y valorar otras opiniones, admite diálogo y puede considerar la parte positiva de los demás.

Profundidad: Excelente salud y líbido en progrsión.

Relieve destacado: También es signo de buena salud, tiene facultades creadoras, innovadoras y realizadoras, tiene carisma personal y se puede comportar como lider en las reuniones de trabajo.

Descendente: Descenso del ánimo que puede producir el pesimismo, la tristeza y el abatimiento. Falta de interés por el futuro, acontecimientos externos, las relaciones sociales (puede ser temporal). (hay que estudiarlo con los elementos dominantes). Puede ser "un complejo de inferioridad no compensado". Puede ser un talante negativo familiar, que se sucumbe en momentos críticos.

Óvalos pinchados: Autorreproche, su ideal YO, no aprueba -desconte de sí mismo-.

FIG. 4.14b. (Continuación).

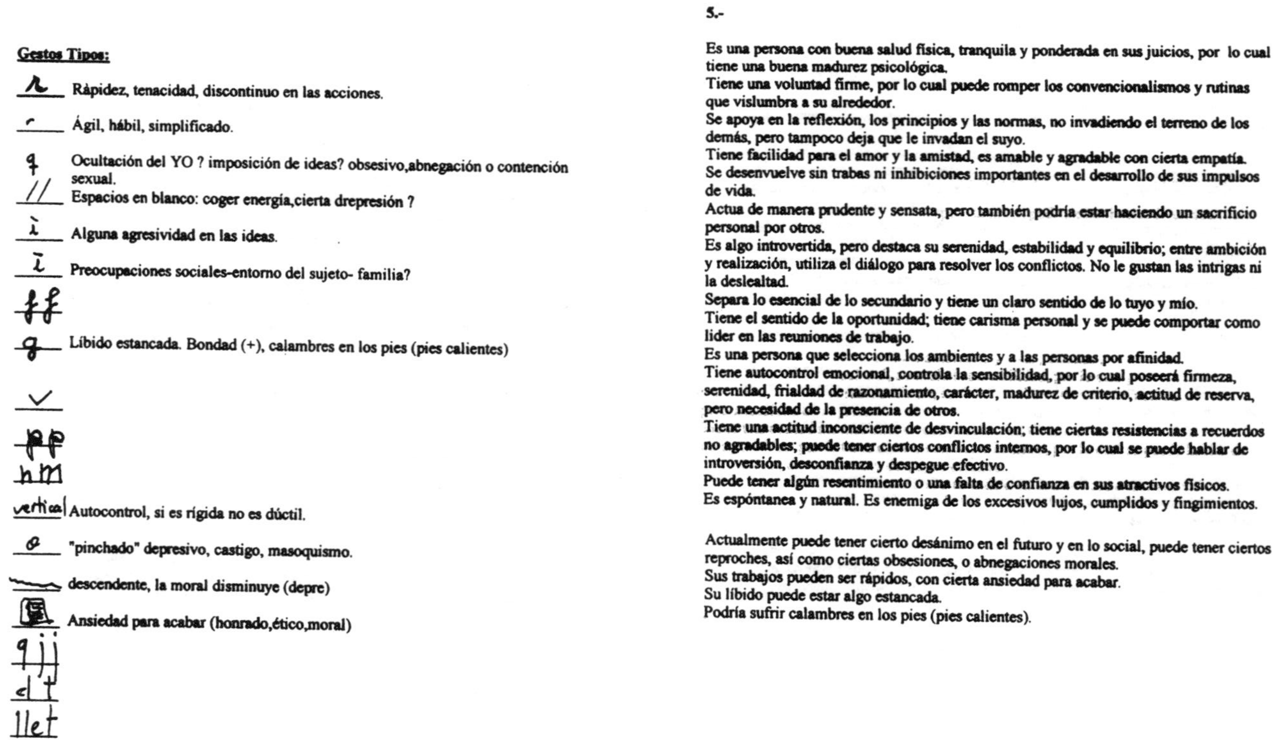

Gestos Tipos:

Ràpidez, tenacidad, discontinuo en las acciones.

Ágil, hábil, simplificado.

Ocultación del YO ? imposición de ideas? obsesivo,abnegación o contención sexual.

Espacios en blanco: coger energía,cierta drepresión ?

Alguna agresividad en las ideas.

Preocupaciones sociales-entorno del sujeto- familia?

Líbido estancada. Bondad (+), calambres en los pies (pies calientes)

Autocontrol, si es rígida no es dúctil.

"pinchado" depresivo, castigo, masoquismo.

descendente, la moral disminuye (depre)

Ansiedad para acabar (honrado,ético,moral)

5.-

Es una persona con buena salud física, tranquila y ponderada en sus juicios, por lo cual tiene una buena madurez psicológica.
Tiene una voluntad firme, por lo cual puede romper los convencionalismos y rutinas que vislumbra a su alrededor.
Se apoya en la reflexión, los principios y las normas, no invadiendo el terreno de los demás, pero tampoco deja que le invadan el suyo.
Tiene facilidad para el amor y la amistad, es amable y agradable con cierta empatía.
Se desenvuelve sin trabas ni inhibiciones importantes en el desarrollo de sus impulsos de vida.
Actua de manera prudente y sensata, pero también podría estar haciendo un sacrificio personal por otros.
Es algo introvertida, pero destaca su serenidad, estabilidad y equilibrio; entre ambición y realización, utiliza el diálogo para resolver los conflictos. No le gustan las intrigas ni la deslealtad.
Separa lo esencial de lo secundario y tiene un claro sentido de lo tuyo y mío.
Tiene el sentido de la oportunidad; tiene carisma personal y se puede comportar como lider en las reuniones de trabajo.
Es una persona que selecciona los ambientes y a las personas por afinidad.
Tiene autocontrol emocional, controla la sensibilidad, por lo cual poseerá firmeza, serenidad, frialdad de razonamiento, carácter, madurez de criterio, actitud de reserva, pero necesidad de la presencia de otros.
Tiene una actitud inconsciente de desvinculación; tiene ciertas resistencias a recuerdos no agradables; puede tener ciertos conflictos internos, por lo cual se puede hablar de introversión, desconfianza y despegue efectivo.
Puede tener algún resentimiento o una falta de confianza en sus atractivos físicos.
Es espóntanea y natural. Es enemiga de los excesivos lujos, cumplidos y fingimientos.

Actualmente puede tener cierto desánimo en el futuro y en lo social, puede tener ciertos reproches, así como ciertas obsesiones, o abnegaciones morales.
Sus trabajos pueden ser rápidos, con cierta ansiedad para acabar.
Su líbido puede estar algo estancada.
Podría sufrir calambres en los pies (pies calientes).

FIG. 4.14c. (Continuación).

6.- **Síntesis Caracterológica:**

Temperamento:
Predominio del BILIOSO (tendencia al control emocional y efectivo); seguido del NERVIOSO (movilidad, improvisación); buena dosis de SANGUINEO, pero controlado (acciones rápidas, emprendedora, activa); y también tiene una buena dosis de LINFATICO (adaptación, actitud conservadora).
En general tiene una buena distribución de su temperamento.

Actitud Vital:
Buen equilibrio con tendencia a la introversión . Por su buena Percepción , tiene un buen sentido de la realidad, que racionaliza adecuadamente y debido a su madurez psicológica prefiere tener espacios y momentos para sí.

Fórmula Caracterológica:
Es la siguiente: E. A. S. (Emotiva, Activa y Secundaria)
Tiene un equilibrio pero destaca el control de su emotividad, en un alto grado superior a la media estadística, por lo cual destacan en ella, la calma, la serenidad, una actitud objetiva fría e imparcialidad.

Nivel de tensión y dureza, según la escala del Dr. Pophal:
Está superando el grado III, en el grado IVa, o sea actitud algo rígida, contenida y cautelosa, muy cerca de lo considerado óptimo.

Motricidad:
Activa con energía pero también adaptable, persona activa.

Función Psiquica predominante:
Tiene como más destacado la función de la percepción y el pensamiento, seguidos del sentimiento y la intuición.. Por ello tiene gran sentido de la realidad con un análisis racional de los hechos.

Inteligencia:
su nivel es elevado y racional, más que intuitivo.

Juicio:
Equilibrado y mesurado, aunque con posible obstinación, según sea el caso.

Atención:
Despierta, concentrada, puede sintetizar rápidamente, percibe facilmente.

Memoria:
Buena,clara y nada desvirtuada de la realidad.

Imaginación:
Pragmática, positiva e independiente, sin florituras

Sentido Estético:
Cultura estética media, no se implica mucho en elementos espirituales ni materiales.

Cultura:
Alta por sus estudios y experiencias profesionales.

Aptitudes Científicas:
Amplias y variadas.

Aptitudes Artísticas:
Más bien bajas, si bien puede ser participativa en el aspecto organizativo.

Tenacidad:
Amplia, si le interesa el tema.

Voluntad sobre los demás:
Puede dominar y ser lider, pero su generosidad y complacencia podría ser un obstáculo.

Voluntad aplicada al Rdto. Profesional:
Buena.

Voluntad sobre si mismo:
Fuerte.

Rdto. en el trabajo:
Bueno y puede ser óptimo si se encuentra en sintonía con el entorno del trabajo y su dirección.

Convivencia en el trabajo:
Buena, óptimo.

Esfera Moral:
Honestidad buena
Fidelidad buena
Valor moral ante la vida, bueno

Consejo Profesional:
Apta para trabajos con responsabilidad y disciplina. Si el trabajo es intelectual debe ser organizado. Aptitud para trabajos de organización y logística deductiva. Puede ser Consultor, Ejecutiva, Analista, Psiquiatra, Psicoanalista, Psicóloga, Tecnica-Científica, etc..

FIG. 4.14d. (Continuación).

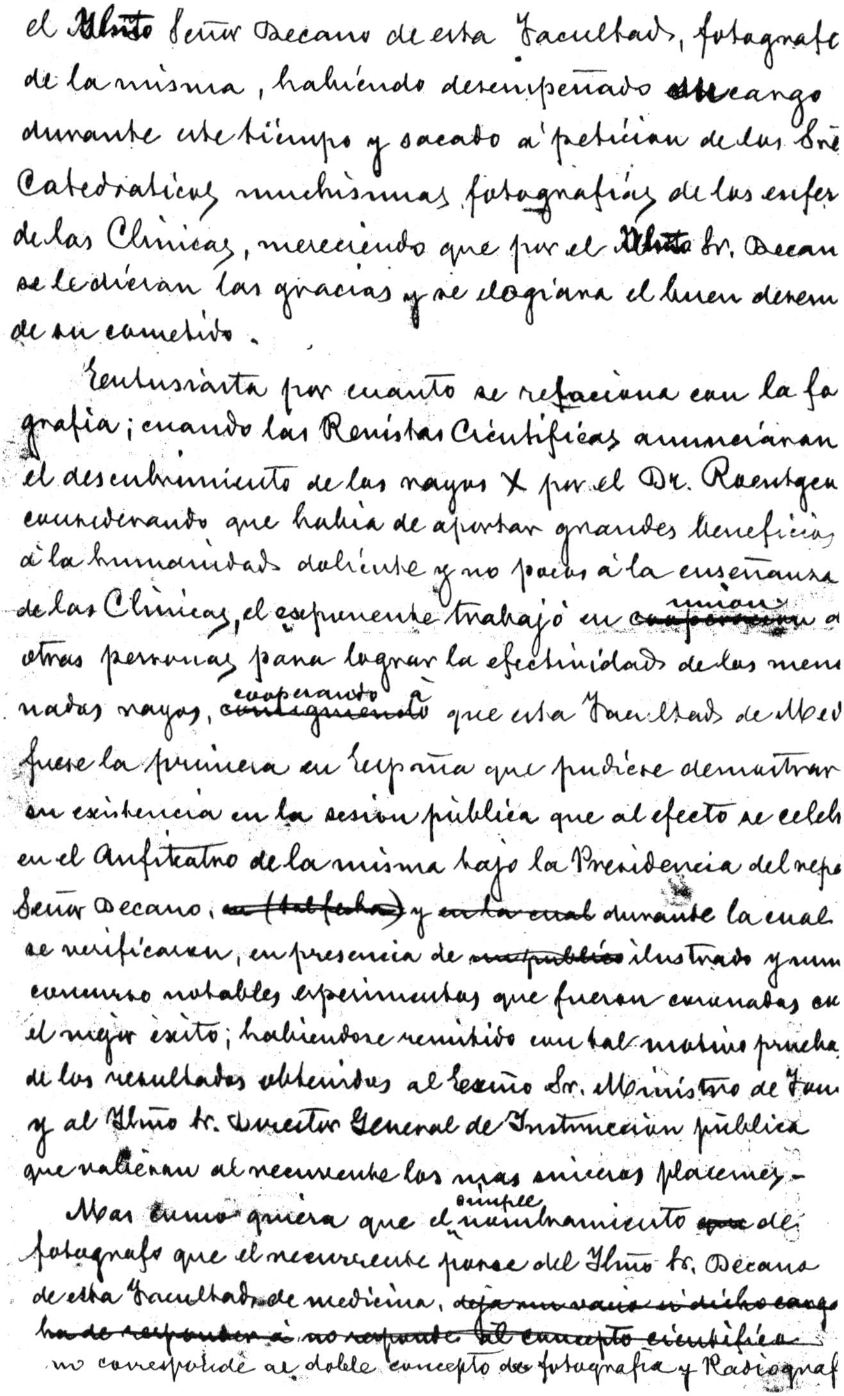
el ~~Iltmo~~ Señor Decano de esta Facultad, fotógrafo
de la misma, habiendo desempeñado ~~este~~ cargo
durante este tiempo y sacado á petición de los Sres
Catedráticos muchísimas fotografías de los enfer
de las Clínicas, mereciendo que por el ~~Iltmo~~ Sr. Decan
se le dieran las gracias y se lograra el buen desem
de su cometido.
Entusiasta por cuanto se relaciona con la fo
grafía; cuando las Revistas Científicas anunciaran
el descubrimiento de los rayos X por el Dr. Roentgen
considerando que había de aportar grandes beneficios
á la humanidad doliente y no pocos á la enseñanza
de las Clínicas, el exponente trabajó en unión ~~cooperación~~ á
otras personas para lograr la efectividad de las menci
nadas rayos, cooperando á ~~consiguiendo~~ que esta Facultad de Med
fuese la primera en España que pudiese demostrar
su existencia en la sesión pública que al efecto se celeb
en el Anfiteatro de la misma bajo la Presidencia del resp
Señor Decano, ~~(Iltmo)~~ y ~~en la cual~~ durante la cual
se verificaron, en presencia de ~~un público~~ ilustrado y num
concurso notables experimentos que fueron coronados con
el mejor éxito; habiéndose remitido con tal motivo prueba
de los resultados obtenidos al Excmo Sr. Ministro de Fom
y al Ilmo Sr. Director General de Instrucción pública
que valieran al recurrente los mas sinceros plácemes.
Mas como quiera que el simple nombramiento ~~que~~ de
fotógrafo que el recurrente posee del Ilmo Sr. Decano
de esta Facultad de medicina, ~~deja muy vago á dicho cargo~~
~~ha de responder á no responde al concepto científico~~
no corresponde al doble concepto de fotografía y Radiograf

FIG. 4.15. Letra del Dr. César Comas Llavería (predominio «Padre» (AT), «Uno» (Eneagrama)

2.2 DICTAMEN PERICIAL GRAFOANALÍTICO

(Estudio de la personalidad por la escritura)

Muestras gráficas analizadas relativas a: DR. CÉSAR COMAS LLABERÍA

Informe especial de –apoyo a la investigación– en Tesis Doctoral de la Prof. Francesca Portolés

Francisco Viñals Carrera, y

Mª. Luz Puente Balsells,

ambos, coordinadores de la especialidad de tercer ciclo en Peritaje Grafopsicológico de la UAB y autores de PSICODIAGNÓSTICO POR LA ESCRITURA, Ed. Herder, Barcelona 1999 y PERICIA CALIGRÁFICA JUDICIAL, Ed. Herder, 2001, con domicilio social en UAB «Casa de Convalescencia» Hospital de Sant Pau, C/.Sant Antoni M.ª Claret, 171, 08041 Barcelona, como mejor proceda,

MANIFIESTAN

Que ambos peritos emiten el presente DICTAMEN PERICIAL GRAFOANALÍTICO, a instancias de la profesora Francesca Portolés i Brasó, que pone a su disposición documentación manuscrita relativa al DR. CÉSAR COMAS LLABERIA (1874-1956), según descripción en Anexo de este informe, a fin de que se examinemos la grafía obrante en la misma y expongamos informe diagnóstico sobre la personalidad del citado Dr. Comas, como apoyo a la investigación en tesis doctoral sobre el mismo que está realizando la Profesora Portolés.

Para poder realizar el presente estudio en primer lugar se ha tenido en cuenta la cronología y las particularidades caligráficas de la época en que se realizaron los escritos (1885-1931), y, una vez considerados los citados módulos, se ha utilizado básicamente la siguiente metodología científica:

–Método Grafonómico

–Grafoanálisis (Vels)

–Grafoanálisis AT (Berne)

–Grados de Tensión-dureza (Pophal)

–Grafopatología (AGC)

CARACTERÍSTICAS PSICOSOMÁTICAS

(Psicobiología y temperamento)

Vitalidad Capacidad energética que le da seguridad, resistencia y afirmación de las tendencias, deseos y voliciones por su fuerza realizadora y por su firme decisión en los objetivos. Puede dominar perfectamente los impulsos instintivos.

Motricidad Su gestualidad grafoescritural refleja una rigurosidad subyacente, un control de las emociones, que están contenidas.

Consigue una buena canalización de esta fuerza psicofísica, lo cual le ayuda a ordenarse en su actividad y a disponer de una natural tendencia a organizarse de acuerdo con un plan previsto de antemano (gusto por el método y el orden).

Tendencias temperamentales El predominio Bilioso se equilibra con el Linfático, seguido de Sanguíneo y Nervioso. Así pues el empuje de la superación queda controlado por la constancia, la paciencia meticulosa que no permite la precipitación pero es continua hacia la meta. Sus tendencias, instintos, deseos y necesidades los somete a una actitud de conciencia reflexiva sublimándolos hacia la esfera del ideal, sin excluir la racionalización, por un predominio de la mente sobre la emotividad. La predisposición a regular y concentrar la energía, le facilita el control de los afectos, sabe dominar las emociones. Podríamos hablar de hipercontrol emocional y acatamiento concienzudo de las reglas y la autoridad. Su afectuosidad está controlada por una vida regular, puntual, organizada y estructurada racionalmente. La prevención contra las emociones toma en él la apariencia de un humor inteligente y fino. Dispone de capacidad para la actividad realizadora. Distribución clara y organizada del tiempo y de la actividad. Es persona de tendencias profundas, cuando llega a la convicción de algo, se dedica a fondo y su actividad lleva siempre el sello de su convicción.

CARACTERÍSTICAS VOLITIVO MORALES (Carácter)

Voluntad Su nivel de voluntad es muy alto, es capaz y regular en su actividad y autoafirmación moral, siempre con sentido común. **Tenacidad** No le gusta desviarse de los planes marcados. Su disciplina no permite las informalidades y la relajación.
Constancia Se ciñe a los principios, teniendo normas personales de las que no se desvía y toma decisiones en base a lo que considera fundamentos objetivos y racionales, siempre haciendo lo que se considera debe hacerse, ello a pesar del interés inmediato que pudiera despertarle otra cuestión.
Método Tendencia a organizar los datos sensoriales, los afectos y las ideas en configuraciones sencillas y armónicas.
Su aptitud para ver las consecuencias de los actos, le otorga una buena capacidad de clarificación en los medios y la actuación que debe seguirse para afrontar las situaciones, tanto de forma preventiva como para abordar los problemas.
Sistematiza su tiempo y lo distribuye de tal modo que, cuando se ocupa de una cosa se concentra plenamente en ella.
Disciplina Ponderado y fiel a sus principios y a las disciplinas y normas establecidas. Muy escrupuloso en temas de moral o valores. Tiene una gran fe interna en sus principios, que le hace firme en su carácter, ello le desarrolla un notable sentido de la justicia, lo cual no le impide ser magnánimo. Detesta tanto la injusticia que prefiere sufrirla él antes que ser injusto.
Iniciativa La iniciativa es en él un proyecto dirigido a una meta; no es persona de múltiples y variadas iniciativas y aunque le interesan los temas relativos al orden, organización y eficiencia, se moviliza sobre todo por cuestiones de interés intelectual, por las cuales puede llegar a obsesionarse.
Espíritu de equipo Aunque de espíritu concentrado por sus tendencias a la investigación, se integra e implica en los planes donde tenga que compartir su trabajo ya que posee un elogiable sentido social. En todo caso siempre es el más comprometido y el que da ejemplo de dedicación y sacrificio por su afán altruista y a la vez perfeccionista.
Deseos de superación Quiere alcanzar el objetivo de sus investigaciones, saber, descubrir la verdad, siempre con esta necesidad de perfeccionamiento. Tal como hemos dicho, piensa y actúa con método, en cualquiera de sus actos es siempre fiel a sí mismo.
Relaciones humanas Las relaciones con los demás tienden al formalismo convencional, pero destaca siempre un profundo sentido de la lealtad. Es íntegro, ético en extremo. No concibe mentir o engañar a nadie. Refleja oblatividad en todas sus actitudes.
Capacidad de mando Su rigurosidad le otorga criterio de juez, fiel a las normas y a los principios de la ley y a la justicia. No le gustan las debilidades, las rechaza en él y posiblemente tampoco las acepte demasiado bien en los demás, todo y que es tolerante y no se impondrá por la fuerza, sino por el convencimiento racional, la justificación del orden y la propia justicia.
Capacidad de adaptación Destaca un gran sentido de la responsabilidad personal y al propio tiempo demuestra sobriedad en su comportamiento.
Predomina la austeridad y seriedad.

CARACTERÍSTICAS INTELECTUALES Y MENTALES

Inteligencia abstracta Inteligencia superior. Excelente asimilación de los conceptos esenciales y de valor trascendente, unido a una gran capacidad para captar lógica o científicamente las relaciones y datos de los hechos para insertarlos adecuadamente atendiendo a una jerarquía de valores.

Inteligencia concreta Se le puede atribuir una inteligencia que además de profunda, dirige sus esfuerzos a conseguir las metas que se ha fijado, las cuales están directamente vinculadas. Ello también queda apoyado por su perseverancia y capacidad de organización constructiva.
Atención En este plano se observa disciplina mental, orden y claridad de ideas; es firme y seguro en el modo de manifestar su pensamiento. A veces un poco obsesivo con los detalles, las normas, la organización o los horarios.
Imaginación Muy regulada, únicamente adaptada de forma creativa a las iniciativas intelectuales y sociales derivadas de su trabajo.
Memoria Elevado nivel perceptivo que le facilita la unión de ideas y de conceptos con especificidad de detalles.
Iniciativa en las ideas Le atraen las actividades intelectuales, la investigación científica, la teoría, la filosofía, las matemáticas y todo cuanto se desenvuelve en el campo de la abstracción.
Inteligencia numérica Su claridad de conceptos, la propia racionalización y capacidad lógica deductiva le facilitan el desarrollo de la inteligencia numérica.
Juicio Su profundo deseo de racionalizar y hacer lo correcto hace que desconfíe de la pasionalidad y que se proponga firmemente hacer lo posible por ser objetivamente correcto.
Pensamiento Pensamiento deductivo (de lo general a lo particular). Es lógico en sus deducciones. Al tomar a examen una situación, sabe conjugar los diversos elementos y las causas.
Aptitudes Se adapta mucho mejor en el terreno de las ideas que en el de los sentimientos. Tiende a la reflexión lógica. Le gusta trabajar en silencio y no ser interrumpido en su labor. Se concentra de modo tan excepcional en lo que hace que le cuesta pensar en otra cosa. Gusto por el trabajo bien realizado (conciencia profesional).
Refleja una tendencia científica que le mueve a la observación de la realidad, el poder entenderla, captar lo oculto.
Es incisivo en el descubrimiento, existe curiosidad intelectual y afán de descubrir.

SÍNTESIS DE LOS RASGOS BÁSICOS DE LA PERSONALIDAD

Riguroso, veraz, severo, objetivo, con lucidez y claridad de espíritu.
Es una persona acostumbrada a controlar los impulsos naturales dentro de un orden y una disciplina ceñida tanto a las exigencias internas (principios morales de conducta) como a las exigencias externas impuestas por las relaciones sociales, las normas de trabajo y el sentido ético y estético en general.
Por otra parte es siempre un hombre atareado, absorto en sus hábitos de vida y de trabajo. Su carácter es serio y reservado, sin fantasías y sin «pájaros en la cabeza»; aunque tiene, a veces, sentido agudo del humor.
Rechaza cualquier egoísmo, mezquindad o pasión desbordada que pudiera encontrar en sí mismo, obligándose a erradicar estas fuentes de desorden. Siendo virtuoso se siente en paz consigo mismo.
Al darse cuenta de lo valiosas que son la razón, la maduración, la templanza y la imparcialidad en su vida, no siente que las restricciones que ha interiorizado le limiten de alguna manera. Demuestra ser una persona muy voluntariosa, con un extraordinario nivel moral.
Sentido del orden y de la continuidad. Es perseverante, tenaz y paciente, fiel a los hábitos, a sus principios y a las normas. La regularidad preside sus actos. Comportamiento pues, disciplinado, mantiene una vida regulada, estructurada y sumamente organizada. Es ordenado, tenaz y estable, acepta ciertas cosas y rechaza otras que no están de acuerdo con los principios morales que considera, a pesar de ello sufre con paciencia y dando ejemplo antes que enfadarse con los demás. Cuando reacciona a un estímulo, hecho o circunstancia exterior, sabe lo que quiere y adonde va; así pues, no pierde los estribos, es firme pero con una gran capacidad de sacrificio. Su propósito es

siempre el de llevar a cabo lo que ha empezado. Se adapta a las circunstancias sin perder su gran personalidad y con la idea de convencer a los demás para que se eleven a la perfección.
Entregado al trabajo excluye las actividades ociosas; es meticuloso y eficaz. Digno de la máxima confianza. Sabe jerarquizar su pensamiento, actividad y conducta. En su fondo sabe que, para llegar tan lejos como sea necesario para alcanzar el objetivo, se debe renunciar a las superficialidades, y para ello dispone de una poderosa fuerza de voluntad, concentración mental y atención precisa, minuciosa y sostenida. Su inteligencia y sensopercepción se armonizan.
Refleja una conciencia muy clara en cuanto a la diferenciación del bien y el mal, aplicándosela a sí mismo, por lo tanto siendo consecuente con sus principios. Necesidad de hacer lo correcto. Integridad en la conducta, entereza, sentido de la formalidad y de la responsabilidad en el comportamiento y en el trabajo. Es tan objetivo que puede alejarse de sí mismo y juzgar sus propias acciones, actitudes y sentimientos. No desea estar equivocado y no le importa admitir sus errores tan pronto se percata de los mismos. La rectitud y la veracidad son incondicionales para él.
La defensa del Yo y de las propias ideas se realiza sin dar motivo a roces o conflictos con el entorno. Madurez y autocontrol de la conducta sin llegar al ocultamiento, a la insinceridad, al fingimiento o al disimulo, esto es, sin perder la naturalidad. Su conciencia es sensible a los juicios sociales y desea evitar las críticas adversas, aunque llegado el caso, el temor es vencido y aborda las cuestiones peligrosas y adversas (amor a la justicia y a la verdad). El equilibrio emocional hace el carácter prudente, sereno, juicioso y fiable.
Es también tolerante porque mantiene valores fundamentales ante su mente. Al tener en cuenta el ámbito trascendental consigue una perspectiva más amplia sobre la realidad lo cual le dota de la capacidad de ver todo en su propio contexto, la profundidad de su discernimiento es tal, que es capaz de situarse en lo que es verdaderamente más importante en cualquier situación. Su precisión de juicio le facilita la personalidad de sabio. Va más allá del razonamiento lógico, para discernir lo mejor que se debe hacer en cualquier circunstancia en que se encuentre.
Maduro y equilibrado. No espera que la vida sea fácil o libre de preocupaciones, pero tampoco es pesimista, acepta muy bien las cargas y sacrificios, es ascético y a la vez realista, aceptando su responsabilidad con un notable empuje interior que le lleva a dominarse y utilizar todo su potencial de forma constructiva con un gran sentido social y desprendido de todo egoísmo. Es como si intuyera que tiene una misión que cumplir y la aceptara con todas las consecuencias.
En fin, es un realista, ha trascendido su propia comprensión de la realidad para ver que, en cierto nivel profundo donde se puede entender o expresar, subyace una armonía de la que no nos percatamos a simple vista.
Barcelona, a siete de marzo de dos mil uno.
Por Coordinadores de Peritaje Grafopsicológico, Escola de Doctorat, UAB,

Fdo: Prof. Francisco Viñals Carrera — Fdo: Prof. Mariluz Puente Balsells

RELACIÓN DE DOCUMENTOS ORIGINALES EXAMINADOS
ESCRITOS I FIRMADOS POR EL DR. CÉSAR COMAS LLABERÍA (1874-1956):

– Felicitaciones padres.
– Felicitaciones padres 1885 –Carta y sobre, 1887.
– Matrícula curso Historia Crítica de la Medicina 1897. Cédula personal 1898. Carta... 1858 –Fotografías: Bégas 1902. Paraninf 1910. Terrassa Cortes 1928 –Postal Berlín 1905.
– Título de miembro de la Société... (a mano), 1~. Real Sociedad Española (nombramiento a mano) 1918.

– Papel de envolver recibos 1914-18. Hoja de envolver Ecran Pergola 1912 –Escrito de inauguración Laboratorio Rontgen 1926. Sobre pequeño con escrito retrato hecho por Florindita 1929. Foto de César en el interior. Sobre vacío con la R de recibo, Mar 151934. –Sobre fotografía de colores... 1935. Sobre Recortes de periódicos... 1935. Agenda (8 páginas) 1935.
– Sobre escrito en lápiz azul Nombramientos H.S.C. y S.P. Nota de años de servicio... 1939. Carné colegio de médicos con foto.
– 2 hojas de descripciones de radiografías de cadera, clavícula... Carnet colegio de médicos 1940, con foto pegada y otra hecha en el mismo día y firmada por detrás. Cédula personal, 1942.
–Hoja cuartilla Entrega a Rocamora, 1943. Sobre vacío escrito con lápiz de color azul y rojo. Oficio Jubilación, 1944. Sobre azul con dos documentos en su interior: Certificado escrito a mano, 1948 y hoja referente a una fe de vida, 1948.
– Copia a mano del Cementerio General de Barcelona, 1949.
– Carta del Dr. Clavera, 19SQ. Carta de la Mutua Médica, 1951 –Hoja de agenda, 7-8-9-10 mayo, 1952.
– Hojas iniciales de los escritos por J. Malaret Vllar.
– Hoja copia Negociado de Cementerios, 1953. Nota sobre recibos, 1953. Nota para pagar al Sr. Rocamora 10 años, 1953.
– Firma en una carta, 1955. Dibujo y descripción de cabeza y hombros. Dirección y teléfono, letra muy temblorosa, septiembre 1955.
– Tarjeta fotógrafo Feller, notas escritas a mano al dorso, 20-XII-55. Una de las fotografías.
– Cartones donde describe detalles de fotografías, 1913, 1914, 1915.
– Libro Real Academia de Medicina... dedicado a su esposa, 1931.

METODOLOGÍA UTILIZADA (Métodos de análisis y diagnóstico recogidos en la especialidad de Peritaje Grafopsicológico y Pericia Caligráfica Judicial de la Escuela de Doctorado de la Universidad Autónoma de Barcelona)
– MÉTODO GRAFONÓMICO Valoración de los Aspectos de: Orden, dimensión, presión, forma, velocidad, orientación en la dirección (e inclinación, continuidad y gestos-tipo, sino que incorpora la identificación por variables del propio ritmo o movilidad intrínseca). Este método integrador de las Escuelas: Alemana, Francesa, Italiana y Española, sirve básicamente para identificar la escritura y valorar correctamente los signos gráficos, concediendo la importancia debida a los valores dominantes y secundaria a los subdominantes, y ordenar la combinación de signos para proceder a su interpretación.
– GRAFOANÁLISIS (Método inicial de A. Vels, Escuela Española) En esta segunda fase, con las valoraciones de los parámetros grafonómicos se logra obtener el tanto por ciento de los factores temperamentales y caracterológicos, así como la actitud vital y la función psíquica de Jung.
– GRAFOANÁLISIS AT (Método avanzado donde se incorporan los últimos descubrimientos del Análisis Transaccional del Dr. Eric Beme como derivado del Psicoanálisis y otros correlativos como Eneagrama e Inteligencia Emocional).
– GRADOS DE TENSIÓN-DUREZA (Método derivado de la Escuela Alemana. Dr. Pophal) Valoración de la energía, tensión, alteraciones, inhibiciones del grafismo.
– GRAFOPATOLOGÍA (Investigaciones de la AGC de España – Congreso de Psicopatología Clínico-Grafológica en el Colegio de Médicos de Barcelona, 1991) Cuadros de valoración y descripción de síntomas patológicos por el grafismo.

FACTOR NEUROBIOLÓGICO EN LA ESCRITURA

(Principios de psicología de la Escritura Departamento de Medicina Legal. Universidad Complutense de Madrid).

Los signos gráficos del lenguaje escrito, gráfica funcional biológica, son el resultado de un acto muy complejo originado tras un largo aprendizaje en el que intervienen las estructuras del sistema nervioso íntegro al más alto nivel, con expresión de toda la personalidad somatopsíquica a través de los condicionamientos o informaciones cerebrales que las neuronas motoras se encargan de plasmar por medio de quinientos músculos efectores que van desde la articulación del hombro hasta los dedos de la mano, proyectando movimientos congénitos o heredados por un lado, y por otro, motivados por el método de aprendizaje, deformaciones o simplificaciones que por el hábito gráfico sean reflejos, automáticos y permanentes. Todo movimiento traducido en los trazos, rasgos y espacios del grafismo corresponde a maneras de ser mentales ubicadas en el complejo mundo neural y a una función psicomotora que traduce perfectamente las anomalías de la motilidad.

El grafismo como contenido y como sentido traduce las características del psiquismo. Las tendencias psíquicas tienen una forma, una «esencia» de la que es receptiva la neurona sensitiva; seguidamente los neurotransmisores se encargan de comunicar las señales eléctricas y, después de varios pasos, los axones nerviosos terminan sobre los husos musculares y la mano del que escribe realiza automáticamente los gestos grafoescriturales correspondientes.

Los signos gráficos guardan entre sí estrechas relaciones; cada factor y cada detalle deben valorarse, más que en términos absolutos, en sus respectivas relaciones dinámicas.

Es obvio insistir en que no es posible interpretar una gráfica biológica por el análisis de uno o varios signos aislados sin la lógica conexión a que obliga la unidad dinámica de toda expresión funcional.

La grafística, grafopsicología y grafopatología, constituyen auténticas especialidades que tienen un contenido doctrinal y técnico semejante a otras ramas y especialidades médicas y biológicas.

Por las teorías grafoanalíticas queda demostrado que las proyecciones que el sistema nervioso transmite a través del movimiento gráfico, hacen que siempre que se rompe o se desordena el mecanismo de la escritura, se presenten discordancias reveladoras de la medida exacta de la afectación y de sus causas determinantes. la repetición del acto, bajo las mismas condiciones, nos indicará la insistencia y la permanencia de esas causas.

Es de todos conocido el fenómeno de que después de una fatiga nerviosa intensa, los movimientos manuales quedan mal encadenados.

Lo podemos comprobar en los convalecientes cuando empiezan a recobrar las fuerzas perdidas en la enfermedad, vemos como su modo de andar es torpe, vacilante, débil; lo mismo ocurre con la acción motora de la mano en la misma situación.

El pulso radial es el que queda implicado en el movimiento ascendente descendente de cada pulsación. Es aquí donde puede comprobarse la curva en la que la persona deja grabado su estado físico y psíquico. Quien posea un pulso defectuoso permanente, por la causa que sea, siempre lo reflejará en su escritura, puesto que las alteraciones circunstanciales son de corta duración y desaparecen con el reposo y con medicación.

El Dr. César Comas fue uno de los padres de la radiología en España, expuso su propia vida para el desarrollo de las investigaciones con rayos X, además compaginó la ciencia con la fotografía y su colección (más de 3.000 fotografías) constituye un excelente retrato de la Barcelona de principios de siglo. En el centenario de la radiología en Cataluña, el Ayuntamiento bautizó con su nombre el jardín situado frente al Hospital Militar, además de diversos homenajes, exposiciones como la del Centro de Cultura Contemporánea de Barcelona (octubre 1996) y la edición de un libro a cargo del doctor Felip Cid.

3. ÉTICA Y CONFIDENCIALIDAD

La Grafología es un instrumento que puede hacer mucho daño en manos inexpertas, pero pesa mucho más el bien que puede aportar a la sociedad ya que no deben ponerse cortapisas a la verdad, eso sí, siempre que se use con sensatez a requerimiento de parte legítima con la discreción y el amparo que concede el artículo 20.1 apartado d de la Constitución Española (en nuestro caso) y bajo las condiciones éticas a las que estamos obligados por nuestro Código Deontológico (Agrupación de Grafoanalistas Consultivos de España).

Hay que tener en cuenta que muchas pruebas judiciales se basan en manuscritos, sin posibilidad de poderlas obtener de otra forma, igual que informaciones biográficas de personalidades y que, de la misma forma en que una persona puede grabar su conversación con otra con un fin probatorio, puede asimismo utilizar, con un fin de prueba o indagación de la veracidad, una carta de la que es destinatario y cuando no, el juez puede autorizarlo por la necesidad de clarificar un hecho o una conducta.

REFERENCIAS BIBLIOGRÁFICAS

AJURIAGUERRA (1984): «La escritura del niño», *La escritura*, pp 30-45, Barcelona, Edit. Laia

ALEGRET, Joaquín (1986): «Grafopsicología y ciencia», *Boletín AGC*, n.º 2, Barcelona AGC

BOHM, Ewald (1984): *Manual del psicodiagnóstico de Rorschach*, Madrid, ediciones Morata

BROSSOM, Paul (1983): «La grafología y sus relaciones con la biotipología», *Boletín AGC*, n.º 5, Barcelona, AGC

BUXÓ, Mª Jesús (1998): *Antropología Lingüística*, Barcelona, Proyecto A

CARRERAS BATLLE, Ricardo (1986): «Test del Horizonte del Mar», Barcelona, Agrupación de Grafoanalistas Consultivos de España – Boletín n.º 1.– Enero

COMER, Michael J. (1987), *El Fraude en la Empresa, Manual para su detección y prevención*, Bilbao, Ediciones Deusto

CRISTOFANELLI, Pacífico; LENA, Silvio (2002): *Grafología et Età Evolutiva*, Brescia, Editrice La Scuela

– (2003): *Disgrafic*, Cátedra Internazionales Moretti, Librería G, Moretti

EY, Henry; BERNARD, P. y BRISSET, Ch. (1996): *Tratado de psiquiatría*, Barcelona, Masson

FADEM, Barbara y SIMRING, Steven S. (1998): *Autoevaluación en psiquiatría*, Barcelona, Masson

FREEDMAN, Alfred, KAPLAN, Harold y SADOCK, Benjamin (1982): *Tratado de Psiquiatría*, Barcelona, Salvat

GOODY, J.(1989): *La domesticación de la mente salvaje*, Madrid, Alianza Editorial

GRACE, P. (1988): «El aprendizaje y el niño», *¿Cómo aprende el infante?*, Edit. Trillas, pp 15-30

GROSS, W. (1990): «La Motricidad en el niño», *El juego en la motricidad del niño*, Edit. Panamericana, México, pp 120-125

HALES, R., YUDOFSKY, S., TAKBITTM H., (1996): *Tratado de Psiquiatría*, Barcelona, Áncora

KAPLAN, Harold y SADOCK, Benjamin (1989): *Tratado de Psiquiatría. Tomo I*, Barcelona, Salvat
– (1996): *Sinopsis de Psiquiatría*, Ed. Willians & Wilkins, Buenos Aires, Ed. Médica Panamericana
– (1989): *Tratado de Psiquiatría. Tomo II*, Barcelona, Salvat
LERNER W. J. (1993), «Learning disabilities: Theories, Diagnosis and teaching satrategies», *Fine Motor*, Edit. Hougton Mifflin Company, Boston, pp 60-70
LEVI-STRAUSS, Claude (1984): *El Pensamiento Salvaje*, México, Fondo de Cultura Económica
LURIA, Aleksandr Romanovich (1985): *El cerebro en acción*, Barcelona, Martínez Roca
MAGAÑA, Edmundo (1992): «La palabra, el silencio y la escritura: notas sobre algunas tribus de las Guayanas», *Revista Chilena de Antropología* n.º 12
MALINOWSKI, Bronislaw (1985): *Magia, ciencia y religión*, Barcelona, Ariel
MARINA, J. A., LÓPEZ PENAS, M. (2001): *Diccionario de los sentimientos*, Barcelona, Anagrama
MIRA Y LÓPEZ, Emilio (1944): *La Psiquiatría en la Guerra* («Psychiatry in War»), Buenos Aires, Editorial Médico-Quirúrgica
MYERS, I. P, (1991): «Métodos para educar niños con dificultades en el aprendizaje», *Sistemas perceptivo-motores*, Edit. Limusa, pp 337-411
ORTEGA-MONASTERIO, Leopoldo (1991): *Psicopatología Jurídica y forense*, Barcelona, PPU
OSTERRIERTH, P. A., (1981): «Psicología infantil», *Disgregación de la subjetividad primitiva*, Edit. Morata, Madrid, pp 141-166
OTHMER, Eikkehard y OTHMER, Sieglinde C. (2003): *DSM-IV-TR. La entrevista clínica. Tomo I.* Barcelona, Masson
– (2003): *DSM-IV-TR. La entrevista clínica. Tomo II. El paciente difícil*, Barcelona, Masson
PELÁEZ (1959): *Grafología*, Barcelona, Ed. Bruguera
PEÑA BAZTAN, Manuel (1990): *Dirección de personal: organización y técnicas*, Barcelona, ESADE, Hispano-Europea
SERRATRICE, y HABIB, (1997): *Escritura y Cerebro. Mecanismos neurofisiológicos*, Barcelona, Ed. Masson
SKINNER, B. F. (1974): *About behaviourism*, London, Jonathan Cape
SMITH, C.UM. (1977): *El cerebro*, Madrid, Alianza Universidad
SPERBER, D. (1978): *El simbolismo en general,* Barcelona, Anthropos
SPRINGER, SALLY P. y DEUTSCH, Georg (2001): *Cerebro izquierdo /Cerebro Derecho*, Barcelona, Ariel
USDIN, Gene y LEWIS, Jerry (1983): *Psiquiatría en Medicina General*, Barcelona, Salvat
VALLEJO-NÁGERA, J. Antonio (1981): *Introducción a la Psiquiatría*, Barcelona, Ed. Científico-Médica
VALLEJO RUICOBA (1991): *Introducción a la Psicopatología y la Psiquiatría*, Barcelona, Salvat
VANSINA, Jan (1966): *La tradición oral,* Barcelona, Ed. Labor
VELS, Augusto (1981): *La Selección de Personal y el Problema Humano en las Empresas*, Barcelona, Herder
– (1994): *Escritura y Personalidad,* Barcelona, Herder
VIÑALS, Francisco y PUENTE, Mª Luz (2001): *Pericia caligráfica judicial. Práctica, casos y modelos*, Barcelona, Editorial Herder
– (1999): *Psicodiagnóstico por la escritura. Grafoanálisi Transaccional,* Barcelona, Herder
WALLON, T. (1991): «El desarrollo del Infante». *¿Cómo se empieza a desarrollar un niño?*, Edit. Médica, Barcelona, pp 71-75

CAPÍTULO V

EL ANALISTA COMO CONSULTOR EN LOS PROCESOS DE RECLUTAMIENTO Y SELECCIÓN DE PERSONAL

The right man in the right place
El hombre adecuado en el lugar adecuado

La especialización en Recursos Humanos en un amplio sentido donde incluso cabe la gestión del conocimiento, constituye desde hace ya un tiempo uno de los pilares imprescindibles para la visión completa del analista, no solamente desde la vertiente del Grafoanálisis o análisis de la personalidad por la escritura en combinación con la entrevista y demás pruebas como orientación o valoración para determinados puestos (cuyos excepcionales resultados pueden valorarse en este capítulo), sino también en los procesos de reclutamiento. En nuestra función de reclutadores de candidatos muy especializados, en vez de utilizar el habitual engaño con falsas expectativas de un supuesto «fichaje», creamos el sistema del «contacto a través de la formación», esto es, según el caso, hemos organizado seminarios específicos con ponentes de primera categoría, con condiciones para inscribirse francamente difíciles de rechazar, y en el transcurso de los actos se ha producido el contacto, sondeo y oportunidad de profundizar en la futura oferta.

1. PSICOLOGÍA INDUSTRIAL

Por *Psicología Industrial* se entiende «*la aplicación o la extensión de los principios y los datos psicológicos a los problemas relativos a los seres humanos que operan en el contexto de los negocios y la industria*». (Blum y Naylor, 1992). Y en torno a ésta gravitan una serie de subdisciplinas que focalizan su atención en aspectos específicos pero interdependientes (Prieto, 2000):

1. *Psicología de las Organizaciones,* desde un enfoque sociológico o propio de la *Psicología Social* trata de la institución (fábrica, empresa, negocio...): tipología, filosofía, estructura, ambiente de trabajo, interacción de grupos, relaciones directiva-sindicatos...

2. *Psicología del Trabajo*, centrada en el análisis de puestos (tareas, funciones...) que en su correlación con el sujeto y su eficiencia se vincula a la *Ergonomía* y la *Psicoingeniería.*

3. *Psicología del Personal*, referida al personal y su selección (enlaza con la *Psicología Diferencial*), así como la formación y relación contractual con la organización (contratos, salarios...).

4. *Psicología del Consumidor*, que estudia el comportamiento de éste respecto al producto, servicio y/o empresa que lo oferta (diseño, marketing y publicidad). Es interesante consultar el trabajo de Manuel J. Moreno: Grafología y Diseño Gráfico Publicitario, de Ediciones Lasra, prologado por la coautora de esta obra, Mª Luz Puente.

El estudio científico sobre el trabajo (racionalización de métodos de producción e incremento del rendimiento laboral) se inició a partir de los trabajos del ingeniero Frederick W. Taylor (1911), máxima figura junto a Fayol (reorganización de la gerencia) y Gilbreth (micromovimientos) de la denominada Organización Científica del Trabajo, una corriente muy influyente en EEUU. En contraposición al paradigma mecanicista tayloriano de preeminencia del trabajo sobre otras consideraciones, las obras de Hugo de Münsterberg (1914) y, de Eduard Claparède (integraba la grafología dentro de los métodos de evaluación cualitativos: *psicoléxicos* o *psicográficos*) que incidían en la importancia de las capacidades individuales y su adecuación al puesto de trabajo para un satisfactorio desempeño e incremento de la productividad, señalaron el inicio de la aplicación de las propuestas psicológicas (psicología diferencial y aplicada) al mundo del trabajo. Un tema ya presente en la obra del pregrafólogo y médico español Juan Huarte de San Juan (1575): *Examen de ingenios para las ciencias...* Verdaderamente revolucionario en su época, este texto basado en la observación y el análisis certero, se alejaba de la estereotipia eclesiástica. Escrita en la lengua castellana y no en latín, motivado por el deseo de traspasar las fronteras de los doctos, engendró disciplinas científicas futuras como la psicología diferencial, la orientación profesional y la pedagogía, realizando interesantes apuntes sobre un sinfín más de especialidades: medicina (neurofisiología, frenología, psicofísica), filosofía, antropología y ciencias de la expresión (fisonomía y grafología).

Esta obra se centra en el concepto de *Ingenio* –entendido como talento o aptitud mental– y, todo aquello íntimamente ligado a él, a saber: su naturaleza y tipología (psicología diferencial), localización y condiciones orgánicas (neurofisiología), competencias, evaluación y selección (tests psicológicos aptitudinales), desarrollo académico (orientación profesional) y laboral (recursos humanos) correspondiente, así como indicios psicosomáticos (biotipos) y expresivos (fisionomía y grafología) a través de los cuales se exterioriza. Igualmente trata sobre la eugenesis (psicopedagogía) y aspectos de la psicología individual (sexo, edad...) y de los pueblos (antropología). Traducida a varios idiomas: inglés, alemán, francés holandés, y en latín; fue reeditada más de 80 veces en total. El pensamiento de Juan Huarte de San Juan alcanzó una gran difusión en Europa, influyendo a autores tan significativos como el fisionomista Lavater, los filósofos Schopenhauer y Nietzsche, el frenólogo F. Joseph Gall, Cabanis, el tipólogo Krestmer... En España, el propio Cervantes creó los perfiles psicológicos de los personajes del Quijote a partir de los retazos psicofísicos de Huarte.

La *Psicología del Personal* (Selección de Personal) alcanzó su máximo apogeo como disciplina, durante las dos Guerras Mundiales, cuando se requería personal para determinadas misiones de alto riesgo o muy especializadas; de ahí provienen las connotaciones militares del término *Reclutamiento* aplicado a los Recursos Humanos. Las necesidades de la guerra sobre evaluación y capacitación del personal militar e incremento de la productividad industrial (economía militarizada) estimularon estudios e investigaciones sobre el mundo del trabajo en general que se extendieron con posterioridad a las empresas e industrias civiles, y que en la actualidad son de uso común (Prieto, 2000; Blasco; Peña Baztan, 1977):

Análisis de puestos, reclutamiento, selección, evaluación, valoración, clasificación, seguimiento en el desempeño de personal militar, estudio de condiciones laborales (climatológicas, ambientales, toxicidad, aceleración, velocidad, ingravidez...), reorganización y distribución del personal, promoción, descensos, sustituciones y bajas; tipos de dirección y liderazgo, elaboración de tests, pruebas y simulación de tareas para evaluar las aptitudes psicológicas del personal aplicando las últimas tecnologías como la realidad virtual (Programa LAMP (Learning Habiliteis Measurement Program) de las Fuerzas Aéreas norteamericanas, desarrollado entre otros, por los españoles Roberto Colom, Manuel Juan Espinosas y Óscar García López para la evaluación de los pilotos de cazas; Programa europeo VAT (*Virtual Assisted Testing*) que recrea tres ambientes de trabajo: en una central nuclear, como conductor de vehículos pesados o mercancías peligrosas, y de vigilancia policial urbana; y formación continuada del personal militar (2000).

1.1 Marco teórico de la selección de personal

Como expone el profesor Ricardo D. Blasco (2002) de la Universidad de Barcelona, en el ámbito de selección existen en términos generales, unos principios objetivos con independencia del modelo de intervención o del enfoque metodológico que se le aplique:

1. Empleo (análisis de empleo)
2. Enfoque metodológico

3. Reclutamiento (búsqueda del personal adecuado)
4. Preselección (filtro selectivo)
5. Evaluación (instrumentos de obtención de información)
6. Valoración (interpretación de la información)
7. Informe (síntesis evaluativa y valorativa escrita)
8. Validación (comprobación de la eficacia)

1.1.1 EMPLEO

Implica una síntesis de análisis de diferentes aspectos (organización, empleo, candidato y mercado).

➢ A. El análisis de la organización:

Filosofía empresarial y modelo de Dirección, indicativa del carácter de la misma: tipo competitivo, predominio de las relaciones interpersonales en el ámbito laboral, o de tipo cooperativo: preponderancia de la individualidad (Paterson en Higham, 1989).

➢ B. Descripción del empleo:

Se debe tener en cuenta varios factores (el trabajo y su imbricación en la organización) (Higham, 1989).

❖ Sobre el trabajo específico:
- ♦ Tareas del trabajo: habituales, ocasionales, tardías...
- ♦ Jerarquía de importancia de dichas tareas
- ♦ Ejercicio de la función: Capacidad de decisión, obligaciones
- ♦ Posición dentro del organigrama de la empresa
- ♦ Gratificaciones: sueldo, pensión de jubilación, seguros, vacaciones, promoción...
- ♦ Inadaptaciones / patogénesis laboral (presiones, dificultades)

❖ Sobre el contexto global de la organización:
- ♦ Características generales (funciones, necesidades) del Departamento y subsecciones al que pertenece el trabajo específico

❖ Perfil del candidato:
- ♦ Características, destrezas, habilidades, conocimientos y potencialidades que debe reunir el candidato
- ♦ Formación académica; Experiencia profesional; Aptitudes psicológicas; Dificultades durante el periodo de formación en la empresa; Acciones correctoras propuestas por la empresa

❖ Análisis del mercado

Cuestionario de análisis de empleo

La confección de un cuestionario o impreso donde se consigne la descripción sobre el análisis del empleo resulta de gran utilidad para definir minuciosamente las necesidades reales y objetivas, diferenciando entre las prioritarias y las secundarias, ya que a veces se mezclan o suplantan, y, que estén en consonancia con la organización. Dicho cuestionario debe reunir una serie de condiciones, para alcanzar su máxima efectividad:

- Constancia por escrito, a través de un formulario específico para ello, porque facilita la concreción y clarifica, ahorra tiempo, y sobre todo, evita los posibles problemas que puedan surgir por las explicaciones indeterminadas, ambiguas, informales, precipitadas y exclusivamente verbales que ofrezca el cliente.
- Se obtiene la conformidad de los implicados en el ámbito laboral (cargos superiores, iguales e inferiores), lo que evita interpretaciones subjetivas respecto a las funciones reales de la tarea a desempeñar, y que luego incidiría negativamente en la fase de post-selección, de la validación, con la evaluación del desempeño.
- Descripción pormenorizada de las tareas a realizar; su jerarquía de importancia; su incidencia en el tiempo (se recomienda que se cuantifique al máximo aquello que sea posible: nº de veces).
- Formato normalizado, ni demasiado extenso, que provocaría malestar y aburrimiento a la organización que debe cumplimentarla, lo que sería contraproducente, ni demasiado esquemático, que sería inútil por su generalización.

No siempre coincide lo «ideal» desde el punto de vista teórico a la práctica real, por ello, es bueno diseñar conjuntamente con la organización solicitante el perfil del candidato, pero siempre induciendo a la receptividad y apertura en los profesiogramas, aleccionando debidamente sobre los aspectos donde hay que apurar más, como son la verdadera disposición, adaptación, honestidad, etc. sobre otras cualidades que, aún siendo importantes desde el punto de vista intelectual, de nada servirían sin las anteriores, caso por ejemplo de especialistas con un CI muy elevado pero cuyo potencial lo han dedicado a estafar a la propia organización.

CIENCIAS FISICO-QUIMICAS (Ingeniería Mecánica, Química, Astronaútica y afines) . Requieren alto nivel de inteligencia abstracta y espacial; habilidad para el dibujo y cálculo; memoria de datos físicos y abstractos; excelente imaginación visual; sentido práctico y capacidad de organización y jerarquización del trabajo. Químicos : Atención-concentración en objetos próximos y gran sensibilidad visual, olfativa y tactil.

CIENCIAS BIOLOGICAS (Medicina, Fisiología, Zoología, Botánica, Veterinaria, etc.). Requiere interés por la investigación de los fenómenos naturales, condiciones sensoriales buenas, excelente capacidad de observación, buen equilíbrio lógico-intuitivo y discreta habilidad manual. Presencia agradable y dotes sugestivas para Medicina.

C A L C U L O (Estadística, Economía, Auditoría, Administración, en general, etc.) Requiere elevado rendimiento de la función organizadora, clasificadora y ponderal para la distribución y control de fondos económicos, para obtener de ellos el máximo rendimiento al aplicarlos a una finalidad productiva. Indirectamente, son profesiones que, al controlar el dinero, "controlan también el poder de otros". Necesaria gran honestidad.

N E G O C I O S (Operaciones comerciales y financieras : Banquero, Director de empresa, Fabricante, Importador, etc.). Precisa alto nivel intelectual, evaluación de valores económicos, capacidad de organización y rápido juícío crítico; amplitud del campo de trabajo mental, temperamento sereno y carácter enérgico; personalidad de tipo sintónico, más no efusiva (capacidad para atraer, sin dar). Excelente memoria de números y de caras y buena expresividad verbal. Saber dirigir, organizar y controlar.

ACTIVIDADES EJECUTIVAS (Dirección, Organización, Supervisión y Mando) Requiere capacidad de observación, de ordenación de datos y comprensión de secuencias psicosociales y psicoindividuales, es decir, comprender bien y objetivamente las interrelaciones dinámicas que se producen entre el indivíduo y el grupo; buena memoria de datos verbales; resistencia a los agentes sugestivos o coactivos (firmeza de carácter y honestidad) y, desde luego, una capacidad de juício lógico y ético superiores al promedio.

ACTIVIDADES PERSUASIVAS (Política, Jurisprudencia, Asesoramiento Fiscal o Comercial, etc.) Requiere gran capacidad de información y de retención de datos; evaluación ponderada y jerarquizada de acuerdo con criterios normativos genéricos; buena inteligencia verbal para expresar con claridad y precisión lo que se ha de decir. Integridad y ética a toda prueba y ausencia de toda actitud exhibicionista.

ACTIVIDADES LINGÜISTICAS (Periodismo, Publicidad, Comunicación o Información, Recopilación de hechos pasados o presentes (historiador), etc.). Estas profesiones requieren : Buena inteligencia general; buen desarrollo de la sociabilidad; personalidad plástica, con buena capacidad para abarcar diferentes campos de trabajo; atención panorámica, ágil y de rápida concentración y movilización; excelente memoria de conservación y evocación de datos (principalmente nombres, fechas y relación de los hechos con las personas; buenas condiciones éticas.

ACTIVIDADES HUMANITARIAS (Profesiones de actividad social y benéfica). Disposición natural y espontánea a ayudar a los demás; buen control emocional; bondad.

ARTES PLASTICAS (Pintura, Escultura, Decoración, etc.). Buena sensibilidad estética y habilidad para el dibujo; buena percepción cromática y de relieves.

M U S I C A (Audición, Composición, Ejecución). Buena memoria auditiva y excelente percepción de intervalos y ritmos temporales; capacidad para diferenciar tonos y timbres auditivos; gran rapidez de lectura. Fácil valoración de efectos melódicos.

FIG. 5.1. Ejemplo de un cuadro clásico de aptitudes en orientación profesional

1.1.2 ENFOQUE METODOLÓGICO

Hace referencia al cómo se va a programar y de qué manera. Concretamente qué aspectos son los que se priorizan y su interrelación en el conjunto del proceso de selección, a partir de los cuales éste se va a estructurar. Si bien ello viene, en líneas generales, determinado por el análisis de empleo (organización/empleo/candidato), y de una manera más personalizada, por la orientación tanto a nivel conceptual como operativo, otorgado por el seleccionador o el director de Recursos Humanos, y que está en función de su experiencia personal y profesional, del ámbito al que pertenezca, así como de los medios de que disponga; en la práctica, la metodología, es decir, la manera de afrontar aquellos principios objetivos e inherentes a cualquier selección, a saber: las organizaciones, perfil del candidato, las estrategias de captación, las técnicas e instrumentos de evaluación y su valoración posterior, así como la disposición del material sobre el candidato para la elaboración del dictamen final y, su posterior seguimiento en el desempeño; se convierte como afirma Ricardo

Blasco, en una adaptación flexible de modelos de intervención ya preestablecidos, exponentes de diferentes corrientes de pensamiento que han forjando la disciplina desde sus inicios hasta el momento actual.

Aunque existen diversos modelos de intervención (Autodidacta, Psicotécnico, Sociotécnico, Clínico, Integrado, Psicosocial y, Psicosocial integrado), únicamente examinaremos aquellos empleados habitualmente:

1.1.2.1 El método autodidacta

Blasco (2002) le otorga el nombre de intuitivo, pero también se le podría denominar «improvisado» o «amateur», pues se caracteriza por la improvisación, la arbitrariedad y la confusión. Normalmente lo emprende aquel propietario de una pequeña empresa, cuando le urge la contratación de personal, y lo realiza por sí mismo ya que no cuenta con grandes medios económicos para encargar una Selección de Personal, o simplemente piensa que puede arreglárselas solo. En primer lugar, no se realiza un análisis de empleo a fondo, puesto que no está claro cuales serán las funciones concretas a desempeñar por el empleado, se supone que debe atender todas las que vayan sucediéndose sobre la marcha. En cuanto al reclutamiento, habitualmente hace servir redes sociales: los mismos empleados, familiares y amigos para la captación de candidatos, o a veces, tras el rutinario y minúsculo anuncio en el periódico, recibe a la mayoría de ellos, en medio de sus otras funciones, con la dispersión mental y pérdida de tiempo que ello supone, pues no ha llevado a cabo una sistemática preselección de los currículums.

La entrevista se convierte en la única técnica evaluativa sobre los candidatos, y dado de que el entrevistador amateur no dispone de conocimientos especializados en la materia y se deja llevar únicamente por su experiencia y gustos personales, no resulta muy definitoria sobre las capacidades reales de los candidatos y, por, tanto, se pierde su acción predictiva, de cumplimiento en el futuro de las expectativas presentes.

El eje central de este método es precisamente que no tiene ningún método, obviamente ninguno de los modelos expuestos a continuación es la panacea, pues a veces incurren en cierto reduccionismo, cuando dan una interpretación general del fenómeno de la selección incidiendo únicamente en un factor determinado, y además también, porque se debe aceptar que el alma humana es demasiado compleja para aprehenderla en su totalidad, y ello puede inducir a errores, pero al menos siguen unas pautas lógicas probadas y no se abandonan a la suerte o a la subjetividad del seleccionador, evitando al máximo los desaciertos en la evaluación del desempeño.

1.1.2.2 El método psicotécnico

La filosofía del método psicotécnico es la optimización empresarial, por una parte heredera de la Organización Científica del Trabajo de Taylor sobre racionalización productiva (Métodos y Tiempos), prioriza los análisis de puestos (descripción minuciosa sobre las tareas) y por otra, seguidora de la corriente psicotécnica, aplica la psicometría (Münsterberg, Cattell...) cuantificando las aptitudes exclusivamente requeridas para el puesto. Únicamente se valoran las destrezas sin atender a la psicología y «necesidades» del trabajador, y el contexto laboral (2002).

El término psicotecnia empleado por primera vez en 1903 por Stern, y posteriormente adoptado por la comunidad psicológica hacía referencia a la psicología aplicada, es decir, a la intervención psicológica en cualquier área con objeto de solventar problemas concretos; en psicología industrial se entendió como un sistema científico de evaluación y selección del personal a partir de la medición de las capacidades y destrezas por medio de tests psicométricos: cuestionarios (*test de lápiz y papel*) y mecanismos diversos que reproducen las condiciones de trabajo: antaño aparatos mecánicos o electromecánicos, y en la actualidad programas de simulación virtual. Obtuvo una gran difusión durante la primera mitad del siglo XX, destacan en España los Laboratorios de Psicotécnica de Madrid y Barcelona (Peña Baztan, 1976; Prieto, 2000).

Cayó en desuso por su connotación peyorativa (desprecio hacia las necesidades del trabajador), limitación evaluativa (mayor preponderancia en las cuestiones sensorio-motoras) y recibió fuertes críticas en el seno de la profesión por su estandarización –y en la actualidad informatización– que obvia el trabajo artesanal e intuitivo del psicólogo industrial, además del rechazo social provocado por su aplicación exclusiva sobre segmentos inferiores de la escala productiva, quedando exentos mandos medios y directivos.
(2000)

1.1.2.3 El método sociotécnico

Deviene de la triangulación de los ámbitos: psicológico, sociológico y antropológico. Así pues, se fundamenta en las investigaciones psicosociales que el profesor de la Harvard Business School, Elton Mayo (paradigma sistémico cerrado: dinámica intra/intergrupal), realizó en la factoría de Hawthorneplant de la Western Electric Co., durante los años 1924-1939 en la ciudad de Chicago; además de los estudios posteriores de sociología y antropología urbana de la Escuela de Chicago con Milton Friedman como iniciador; del también antropólogo Warner; y finalmente, de las aportaciones de los sociólogos denominados Teóricos del Grupo como, Lippitt, White, Lewin, Likert, Zander... (paradigma sistémico abierto: dinámica externa)

(Blasco, 2002; Munné, 1974); que consideran el trabajo, como actividad económica, inserta en un medio social, por lo que la individualidad, el «yo», no existiría; y, en sintonía con la etnología de la comunicación de Erving Goffman (1971) –que recoge influencias de la escuela de Chicago y de Warner– y su noción de interacción, que retoma la idea de Herbert Mead, de la vida social como un teatro en el que cada sujeto (actor social) se esfuerza por representar un rol, el más favorecedor, según sea su interlocutor; el sujeto quedaría así supeditado a la estructura del grupo: a su dinámica intragrupal, es decir, las interrelaciones establecidas en su seno; a su dinámica intergrupal, relaciones con otros grupos, y, a su dinámica externa, interacciones con el entorno social (Munné, 1974); así pues los conocimientos y destrezas considerados base imprescindible del aspirante para un óptimo desempeño laboral (coincidencia con la psicotécnica) son potenciados o inhibidos en función de la capacidad adaptativa del individuo al ambiente socio-profesional (aportación sociotécnica), vinculándose el carácter de éste último con la productividad; por ejemplo, un clima laboral *conjuntivo*, caracterizado por vínculos positivos, democráticos, solidarios y de cooperación, estimularía un aumento cuantitativo y cualitativo de la productividad; en contraposición al *disyuntivo*, o a la apatía y estancamiento productivo del *indiferente* (1974); este método, por tanto, prima además de aptitudes de carácter profesional, todas aquellas psicosociales que aseguren la adaptabilidad del candidato, como por ejemplo: integración, empatía, extroversión, comunicación...; además de ser igualmente objeto de análisis, la atmósfera laboral; así como la personalidad del responsable o responsables inmediatos del futuro empleado, para garantizar el engarce perfecto entre candidato y colocación.

Los instrumentos de valoración utilizados preferentemente son:

1. El Currículum Vitae, pues un estudio en profundidad de su biografía personal y profesional, alerta sobre posibles dificultades de integración por sus múltiples cambios de residencia, académicos o profesionales.

2. Pruebas Sociométricas, la Sociometría es una especialidad fundada por J. Moreno en 1934 que estudia las relaciones interpersonales a través de las grupales: a) Sociograma laboral; b) Psicograma laboral; c) Tests sociométricos, con preguntas específicas que revelen estas interacciones (Munné, 1974).

3. Pruebas Psicotécnicas: Tests de intereses profesionales y de aptitudes.

4. Pruebas Psicológicas: *Entrevista no directiva,* aquella que permite conocer las «necesidades» del aspirante y su compatibilidad con el que será su responsable inmediato. (Prieto, 2000); y Tests de Personalidad, que incidan en lo anterior.

1.1.2.4 El método clínico

Este método es el propio de la Escuela Humanista representada por Maslow, McGregor y Argyris (1974), quienes, basándose en los postulados de la Psicología Humanista de Carl Rogers, inciden en el individuo (paradigma organicista) y en su dimensión psicológica. La empresa se vertebra a partir del individuo y su motivación, implicación e identificación con ésta; emplea diversos sistemas para conseguir esa implicación: estructura flexible, democrática, en la que haya participación en decisiones y capacidad de responsabilizarse del propio trabajo.

Los instrumentos de evaluación aplicados son pruebas de psicodiagnóstico clínico, especialmente técnicas proyectivas y entrevistas diagnósticas, así como el estudio del currículum vitae. La técnica de Rorschach en su combinación con la Grafopsicología ofrece unos excelentes resultados en Selección de Personal.

Desde nuestra experiencia, este método es el que ofrece una mayor garantía de éxito sobre la predictividad del desempeño ya que no se ciñe únicamente a aquellas cualidades psicológicas requeridas para el puesto (valoración sectorial: pruebas psicotécnicas) sino que informa sobre la personalidad total del individuo (valoración global). La visión fragmentada, limitada y estática sobre la personalidad que ofrecen los psicotécnicos disminuye la predictividad de la conducta laboral del candidato, puesto que desestima la concepción de la personalidad como un proceso dinámico en interacción constante con el medio. Pero también debe señalarse que según los casos (empleo y organización), la dimensión pura de este método no es operativa, siendo necesario combinarlo con pruebas psicotécnicas que evalúen las destrezas y habilidades del candidato para un óptimo desempeño ya que no se admite la improvisación ni hay lugar para la adquisición de experiencia, pues supondría un grave peligro para sí mismo o la comunidad.

Hay que señalar que cuestiones como la integridad, fidelidad, estabilidad, disposición y ánimo, accidentalidad, etc..., son muy valoradas por la dirección, de tal manera que frecuentemente se decantan por la contratación de un candidato con una personalidad armónica, entregado al trabajo, sacrificado, confiable, etc..., en lugar de un trabajador más destacado profesionalmente que quizás, rápidamente busque otra mejor oferta laboral o exija un aumento de sueldo o manifieste un carácter problemático o lleve a cabo algún acto delictivo o irregular en la empresa. La protección que garantiza el método clínico al empresario desestimando potenciales candidatos con trastornos psicopatológicos, de personalidad, tendencias a la apropiación indebida, problemáticas de adicciones, refractarios, inestables, espías laborales..., es motivo de crítica por aquellos que consideran que adentrándose en demasía en la intimidad del trabajador vulnera su derecho al trabajo al desecharse candidatos a priori óptimos para el desempeño, pues en el proceso de selección se prioriza la salud psicológica sobre las habilidades (Blasco, 2002; Peña Baztan, 1976).

1.1.3 RECLUTAMIENTO

1.1.3.1 Tipos de reclutamiento

R. Interno.–

No siempre es necesario recurrir a la búsqueda de candidatos fuera de la propia organización, para ello deben concurrir los siguientes factores:

- Disponibilidad de la plantilla, que la organización cuente con el número suficiente de empleados que permita una redistribución o promoción laboral, que se denomina «movimiento vertical», cuando se produce dentro de la misma estructura de plantilla; «movimiento horizontal», si es una transferencia desde otro departamento; y «movimiento en diagonal», si dicha transferencia es una promoción (Ernst &Young, 1998). Las transferencias, pueden ser un buen sistema para no incrementar innecesariamente el personal de la empresa y llevar a cabo una gestión más optimizada.
- «Políticas de compañía», la filosofía de la empresa, debe estar en consonancia con la promoción de los propios empleados. En otros casos, se prefieren nuevas incorporaciones (externas) porque aportan ideas innovadoras (aire fresco), y/o no tienen los vicios de la rutina laboral de la propia organización, o simplemente porque la organización «clasifique» al empleado y sea incapaz de verlo con otros ojos.
- «Planes de recursos humanos» = Proyectos/Estudios/Directrices sobre/de Selección de Personal, que la organización cuente con un departamento de recursos humanos y con personal especializado, bien «coordinado e integrado» con todos los departamentos, de tal manera que le permita resolver adecuadamente las necesidades de la empresa, como por ejemplo: a) cubrir un puesto laboral; b) realizar «una auditoría de recursos humanos», aproximadamente una o dos veces al año, en el que se verifiquen las «estructuras» de plantilla, a través del análisis de funciones y tareas de cada puesto, para comprobar si están bien asignados, eliminando las posibles descompensaciones; lo que repercutiría en c) un control de la productividad y rendimiento laboral de los trabajadores, actuando contra el «paro encubierto», es decir, personal que no acepta todas las responsabilidades de su puesto (1998). La gestión del departamento de recursos humanos permite optimizar la gestión empresarial, no incrementando innecesariamente el personal, y reestructurando aquellos desajustes laborales, generando un ahorro económico importante.

- Exigencias del puesto, a veces la complejidad del empleo es tal, al ser altamente especializado, que imposibilita la localización del candidato en la propia organización e incluso fuera de ella, se hace dificultoso dependiendo del mercado.

A continuación exponemos los pros y contras quie ofrece el R. Interno (Ernest & Young, 1998; Nebot, 1999).

⇛ Ventajas: Menor coste económico (ahorro en publicidad, anuncios...), mayor rapidez en el proceso de selección (ahorro en la búsqueda y el tiempo de respuesta de los posibles candidatos), superior capacidad predictiva del proceso de selecciónа, puesto que se conoce de antemano a los candidatos y sus potencialidades con lo que debería obtenerse en principio mejores resultados en la evaluación del desempeño (conocimientos, integración, efectividad). Igualmente existe una mejor disposición por parte del empleado por su motivación ante la promoción laboral, contribuyendo a la creación de un ambiente laboral más satisfactorio («efecto noria») y a una estabilidad de plantilla.

⇛ Desventajas: Puede ser un arma de doble filo, porque puede crearse un clima de «amiguismos y recomendaciones y/o estrategias e intrigas laborales».

R. Externo:

Es el que se realiza fuera de la organización y cuenta con las siguientes ventajas y desventajas (1999):

⇛ Ventajas: Al no existir una relación directa con los candidatos potenciales, existe una mayor objetividad, distancia y menor presión en su selección, lo que redundaría en una mayor objetividad. Asimismo un mayor número de candidatos, incrementa también las posibilidades de selección, lo que implica una mayor holgura en la decisión final.

⇛ Desventajas: El proceso es más largo y más costoso económicamente.

1.1.3.2 Estrategias o técnicas de reclutamiento

El reclutador profesional se nutre de numerosas técnicas de búsqueda y captación de posibles candidatos, desde el tradicional «boca a boca» o los anuncios de prensa, hasta los más sofisticados sistemas internáuticos (Blasco, 2002).

➢ Red social:

Candidatos potenciales entre familiares, amigos y conocidos, que son suministrados por los propios miembros de la organización y/o de la empresa de selección. En función de la filosofía de la organización, esta vía no es recomendable, en algunas se rechaza expresa o tácitamente cualquier relación («afinidad» o consanguínea) entre los empleados por sus posibles repercusiones laborales (nepotismo, amiguismo...) y de cara a la empresa de selección por su poca objetividad (García Moya, 1997), y porque la fuente del propio empleado puede no resultar válida ante una organización de grandes dimensiones, ya que es mayor el desconocimiento sobre las funciones y tareas reales de los puestos de trabajo pertenecientes a otros departamentos o secciones diferentes a los del propio informador (Ernst & Young, 1998).

➢ Anuncios (Prensa escrita, Radio, TV...):

Emitir anuncios radiofónicos puede ser válido para determinadas ocupaciones no especializadas, y que están en relación directa con el perfil del oyente de cadenas de radio específicas, por ejemplo: Señoras de la limpieza, transportistas, camioneros, chóferes...

Los anuncios siguen constituyendo la vía más eficaz para atraer al mayor número posible de candidatos; conseguir la máxima afluencia y que reúna las condiciones exigidas depende –no sólo del presupuesto económico– sino en gran parte del contenido, exposición/redacción y composición gráfica del anuncio. Es importante que resulte atractivo, sin que por ello pierda su función descriptiva sobre los requisitos del empleo y del candidato, así como información sobre la empresa, si fuera el caso.

Elaboración de un anuncio

(Olleros, 1997; Riesgo, 1983; García Moya y cols. 1997)

A. Contenido:

El anuncio debe exponer de forma clara y precisa aunque somera, los siguientes apartados:

1. Nombre de la Empresa o sector empresarial:

Es recomendable que aparezca siempre el nombre y logotipo de la empresa, si tuviera este último, porque facilita el proceso de selección, transmite respetabilidad y confianza a los posibles candidatos, con lo que se recibe un mayor número de solicitudes –muchos aspirantes ideales por formación y experiencia pueden inhibirse al desconocer la identidad de la empresa por temor a que sea la misma en la que están empleados–; también suministra aspirantes más perfilados ya que se pueden aportar más datos específicos referentes a la triangulación del análisis de empleo: organización– puesto– persona (aunque en algunas circunstancias, una redacción abierta resulta altamente productiva pues amplia las opciones); amén de otras implicaciones inherentes ventajosas, como son las publicitarias, con una mayor difusión del nombre y productos/servicios de la empresa, y el efecto que se crea de empresa en crecimiento y expansión, pues necesita ampliar personal. De todas maneras, pueden existir determinados casos, en los que se requiere que el anuncio sea anónimo, es una forma de sortear el acoso de las recomendaciones y de los contactos directos de los solicitantes, y/o también de soslayar públicamente la política de la empresa: a la competencia (reorientación, expansión...), al propio ocupante actual de la plaza, no interfiriendo en la preparación del relevo laboral, o incluso al cliente y/o público en general, si acaso se ha producido un replanteamiento de la selección, que ha obligado a insertar anuncios de perfil diverso para el mismo puesto, y que podría enturbiar, de esta manera, la imagen de seriedad de la empresa.

2. Actividad o sector empresarial:
Lógicamente es imprescindible, y no sólo porque es el marco de referencia donde se sitúa la selección, sino porque de este modo se evitan posibles confusiones con denominaciones empresariales iguales o similares (Riesgo, 1983).
3. Denominación del puesto:
Debe constar con la máxima claridad e inteligibilidad, haciéndose resaltar gráficamente. En casos puntuales es útil decantarse por la terminología tradicional, antes que por la técnica o foránea, que puede generar dudas.
4. Descripción del empleo:
Es uno de los apartados más decisivos y complejos a la vez, especialmente en los cargos directivos, pues se debe realizar una síntesis –condicionada por el espacio y el presupuesto económico–, lo más detallada e interesante posible, de las funciones del empleo, así como sus tareas fundamentales, la responsabilidad, y el grado de mando y de dependencia; de tal manera que se ofrezca al lector una información real que actúe de filtro ante aquellos que no se consideren capacitados.
5. Requisitos del candidato:
5.1. Académicos y profesionales: Debe constar la formación académica solicitada, así como la experiencia profesional en cargo similar y otras habilidades y conocimientos (idiomas, informática...) que sean inexcusables para el normal desempeño del empleo, sin sobrepasar el nivel de exigencia estrictamente necesario, puesto que se puede eliminar a candidatos útiles para el cargo, o por el contrario, seleccionar alguien de nivel superior que afronte el nuevo empleo como algo pasajero.
5.2. Condiciones personales:
a) características psicológicas, sobre la necesidad de indicar atributos psicológicos en el anuncio tales como dinámico, emprendedor, activo..., es mejor no expresarlo de manera explícita, pues a priori nadie se autoelimina ante aptitudes de este tipo, así que es preferible que indirectamente se indague a través de los requerimientos de tipo académico y sobre todo experiencial
b) sexo de los candidatos, algo que actualmente no es una cuestión ineluctable, puesto que se supone que se dirigirá al anuncio toda aquella persona que se considere preparada, con independencia de este factor, y aunque sea cierto que existen ocupaciones que socialmente se adjudican a varones y otras a féminas, y que muchas empresas por la configuración de sus equipos de trabajo, anteponen un sexo biológico determinado, es mejor no hacer mención expresa de ello, por el carácter discriminatorio que puede conllevar tal anuncio y, como consecuencia, una imagen negativa para la empresa
c) edad de los aspirantes, se ha de proceder de igual forma que en los casos anteriormente expuestos; en sí ya viene determinada por el empleo, pero si resulta indispensable explicitarlo, siempre de manera muy amplia y con enunciados positivos, prescindiendo de vocablos restrictivos del tipo: abstenerse...
d) presencia física
e) lugar de residencia
f) lugar de trabajo
g) disponibilidad
6. Condiciones generales del empleo:
Retribución, horario y promoción.
7. Contacto:
Hace referencia a quién deben dirigirse, de qué manera y la documentación que deben aportar y las respuestas.

B. Composición Gráfica:
Se debe jugar con los recursos gráficos necesarios para dar sensación de espacio, que facilite una lectura relajada; utilizar sombreados, recuadros, subrayados, y diferentes tipografías para resaltar aquello que se considere prioritario. Hay países

como Inglaterra y últimamente Italia, que conceden una gran importancia a estas cuestiones, elaborando verdaderas obras de arte, que además tienen funciones publicitarias sobre la empresa y sus productos o servicios; por el contrario en Alemania, España y algo menos en Francia, la tendencia es de «austeridad, sobriedad», con un predominio del texto sobre la imagen (Olleros, 1997). Recurrir a los servicios de un creativo publicitario mejora sensiblemente el producto, pero es cierto que también lo encarece.

- Bolsas de trabajo:
  - Académicas: Universitarias, Instituciones privadas y /o estatales, «Escuelas de negocio» (1997).
  - Profesionales: Colegios profesionales, Asociaciones, Gremios
- Servicios de la Administración estatal: INEM.
- Servicios de otras Administraciones: autonómicos, comarcales, locales...
- Ejército: Frecuentemente empleado en Estados Unidos.
- «Base de datos» (García Moya y cols. 1997) crear un archivo de candidatos y mantenerlo al día puede ser una buena solución ante un caso imprevisto, puesto que cuenta con la ventaja de la inmediatez, y de su bajo coste económico. Éste puede estar conformado por «aspirantes no solicitados» que entregaron currículum a la espera de una futura oferta, o bien por candidatos de anteriores selecciones que fueron descartados en su momento, o por candidatos ya seleccionados e integrados a una organización, que desean un cambio profesional. Lógicamente, en ambos casos se sobreentiende que por motivos ajenos a su valía personal y profesional, siendo imprescindible atenerse a la Ley de Protección de Datos y contar con los permisos necesarios para ello.
- Clientes y proveedores: Algunas empresas utilizan esta vía, pues las relaciones profesionales que se mantienen pueden aportar contactos sobre este particular, siendo en ocasiones muy interesantes por sus conocimientos certeros sobre la empresa y también por su interés en «quedar bien».
- La competencia de la propia organización es una fuente extremadamente valiosa, puesto que poseen los conocimientos del sector y la experiencia en el desarrollo de tareas similares, y su infravaloración en su empresa de origen es una de las motivaciones que pueden decantarle hacia otras ofertas mejores. Siempre se ha de actuar con la máxima delicadeza para no comprometer a ninguna de las partes, y especialmente al candidato, por ello parece recomendable tantear previamente sobre su predisposición a entablar negociaciones o confiar el asunto a empresas especializadas como los Head Hunting.
- Ferias, congresos y seminarios profesionales: Lugares donde se dan cita gran número de profesionales, estudiantes o interesados en el sector y que multiplican los contactos y las relaciones.

➢ Presentaciones de empresa (política de puertas abiertas: *open house*). (Ernst & Young, 1998).
➢ Internet.
➢ Consultores externos.
- Empresas de selección.
- Head Hunting: Procedentes de Estados Unidos, estas empresas están especializadas en puestos de alto nivel: cargos ejecutivos y/o «técnicos muy cualificados y escasos» de experiencia y solvencia contrastada. Estas firmas, a diferencia de las empresas de selección convencionales, no utilizan las vías tradicionales de captación y selección de personal. Se basan exclusivamente en sus archivos, completamente actualizados, y en una red de contactos que les nutre de información confidencial, realizando sus actividades con gran discreción, secretismo y prudencia, tanto durante los contactos previos con el candidato como durante el proceso de «negociación», hasta la toma de decisión final; sus sistemas de evaluación, se centran exclusivamente en el estudio del currículum, la entrevista personal y sobre todo las referencias aportadas por las diferentes fuentes consultadas sobre el candidato (1998). Son empresas de tipo pequeño, con gran flexibilidad, que no requieren mucho personal, y que trabajan «casi artesanalmente», obteniendo sin embargo una gran facturación, pese a su coste bastante elevado, respecto a una asesoría tradicional, en torno al 25-33% del bruto, aunque no es menos cierto que el período de garantía sobre la evaluación del desempeño es también mayor, entre 6 meses y 1 año (Olleros, 1997).

⇛ VENTAJAS: Aumenta la capacidad predictiva de la selección, puesto que se trata de personal de probada experiencia, que se rentabiliza desde el primer momento de su incorporación (García Moya, 1997; Riesgo, 1983).

⇛ DESVENTAJAS: Su elevado coste económico, y cuestionabilidad desde el punto de vista ético, la forma de adquirir la información confidencial sobre los candidatos, así como sus sistemas de reclutamiento; aunque también es matizable, atendiendo a las circunstancias de los candidatos y sus empresas (1983) que puede hacer forzoso un cambio de trabajo: cierre o reestructuración de empresa, cambios de domicilio, dificultades de promoción, motivaciones personales (entablar relaciones sentimentales en el trabajo es una de las razones más frecuentes entre los altos cargos).

- Empresas de Trabajo Temporal: Según consta en la ley de 1 de junio de 1994, las denominadas ETT son aquellas que contratan y pagan directamente a personal –normalmente de la escala inferior laboral–, para ofrecerlos de forma temporal a otras empresas, las cuales determinan las funciones, tareas, horarios, etc..., a realizar. Las ETT, que pertenecen a aquellas asociaciones internacionales que se rigen por un código deontológico profesional, ofrecen una mayor garantía de calidad del servicio, y ciertamente, suponen una buena vía de contratación para algunas empresas, que pueden comprobar in situ el comportamiento laboral del trabajador, decidiendo posteriormente su incorporación definitiva; pese a que en muchas ocasiones la temporalidad del empleo no da el margen necesario para que el trabajador se adecue y adapte a las necesidades del empleo. E igualmente, en principio, dispensan un trato más favorable a empleados que firman contratos de tipo temporal pero de diversa índole, según las circunstancias, como por ejemplo, de obra y servicios, de acumulación de horas, de baja maternal..., retribuyéndoles lo marcado por el convenio regulador del sector profesional, aunque ligeramente más elevado puesto que se prorratean las pagas extras y la parte correspondiente del finiquito. De todas maneras, la mayoría de ellas están muy desacreditadas, por su fama de explotación hacia los trabajadores.

- Agencias privadas de colocación: De muy reciente implantación en nuestro país, son poco conocidas, de hecho ésa es una de sus desventajas, que no reúnen un número «suficiente de candidaturas» entre las cuales poder elegir holgadamente; por contra, al ser agencias privadas, se les presupone una atención más personalizada tanto hacia los candidatos como a los patronos, además de prestar un servicio gratuito para los empresarios y sólo cobrar por determinadas gestiones a los candidatos, según regula el Real Decreto 735/1995, 5 de mayo (Olleros, 1997).

A[redacted], Gil M.

DIRECCION ACTUAL:
Córcega, [redacted], 4°
08037 Barcelona
España
Tel. 93) [redacted]
DATOS PERSONALES: 28 años, americano, soltero.

DIRECCION PERMANENTE:
P.O. Box [redacted]
Austin, Texas [redacted]
EE.UU.
Tel. 1) 512 [redacted]

EDUCACION

1988-1990	**I.E.S.E., UNIVERSIDAD DE NAVARRA** Master en Economía y Dirección de Empresas.	**BARCELONA, ESPAÑA**
1980-1984	**THE UNIVERSITY OF TEXAS AT AUSTIN** Ingeniero Superior de Petroleo.	**AUSTIN, TX, EE.UU.**
Verano 1979	**UNIVERSIDAD DE SALAMANCA** Curso sobre lengua y cultura española.	**SALAMANCA, ESPAÑA**

EXPERIENCIA

Abril-Agosto 1990	**CONSULADO GENERAL DE LOS ESTADOS UNIDOS** **Consultor.** Realización de un estudio sobre el estado de la tecnología en los sectores de microelectrónica, biotecnología y automatización industrial en Catalunya con objeto de identificar oportunidades para transferencia de tecnología, y suministro de equipos y materias primas.	**BARCELONA, ESPAÑA**
Verano 1989	**INIEXPORT, S.A.** **Consultor.** Becado para un estudio de mercado de rocas ornamentales españolas y su proyección en el exterior para presentar a la Alta Dirección del Grupo INI.	**MADRID, ESPAÑA**
1985 - 1988	**EXXON COMPANY, U.S.A.** **Ingeniero de Proyectos; Compra y Venta de Terrenos Petrolíferos.** - Responsable de análisis económico y recomendación. - Organizador y miembro de un *task force* para vender terrenos de baja rentabilidad. **Ingeniero de Proyectos; Ingeniería de Producción.** - Encargado de mantenimiento y explotación de reservas petrolíferas. - Trabajo individual y en equipos de proyectos encargados de la implantación de avanzados proyectos de recuperación de petroleo (con un valor de $120.000-$20.000.000).	**MIDLAND, TX, EE.UU.**
Veranos 1981-1984	**PRACTICAS DEL VERANO** **Ingeniero de Proyectos.** Prácticas en distintos aspectos de ingeniería petrolífera incluyendo trabajos de campo, análisis informático y mejoras de producción con cuatro empresas distintas en Texas, Nuevo México y Canadá.	**EE.UU. - CANADA**
1979-1981	**THE GAME PEDDLER INC.** **Adjunto a Dirección.** Trabajo bilingüe en Departamento Comercial: venta directa.	**HOUSTON - AUSTIN, TX, EE.UU.**

IDIOMAS

Inglés Lengua materna Español Excelente

INFORMACION GENERAL

Experiencia en el manejo de programas en PC, Macintosh y Centros de Cálculo.
Director Social de Alumnos del IESE (1989-90).
Becario superior de la Fundación Rotary (1988-1989).
Competent Toastmaster, Toastmasters International.
Aficiones: natación, footing, alpinismo, esquí.

FIG. 5.2. Modelo de currículum vitae.

1.1.4 PRESELECCIÓN

Los candidatos con los que se cuenta a partir de la respuesta de anuncios, bolsas de trabajo externas o bases de datos internas, etc..., serán preseleccionados atendiendo principalmente a las exigencias básicas que requiera el puesto, por ejemplo, la aportación de experiencia en determinado sector, funciones, etc., titulación imprescindible, siempre que no se trate de puestos en que pudiera darse la posibilidad de ser formado expresamente al candidato. Por ello, el técnico debe no solo adaptarse a la oferta/demanda, sino que en casos de difícil obtención de candidaturas, debe estudiar conjuntamente con la entidad solicitante la posibilidad de no descartar candidatos que pudieran ser formados o reciclables que no se ajusten exactamente el perfil inicial, pero que en cambio reúnan condiciones de personalidad muy positivas para la receptividad y adaptación en poco tiempo a la función requerida, siempre que, lógicamente no suponga una inversión excesiva para la organización.

La aplicación de las técnicas grafopsicológicas en esta fase, van orientadas principalmente a descartar únicamente las cartas o cuestionarios manuscritos donde se destaca un ambiente gráfico significativamente negativo (invasión, confusión de líneas, desequilibrio entre lo escrito y lo no escrito, desproporciones de letras, cambios bruscos, etc.) (FIG. 5.3). También es corriente en esta fase inicial de selección realizar tres grupos (por ejemplo: A,B,C), donde los dos primeros reúnen a los aptos (mejores y suficientes) desde el punto de vista de la personalidad. No siempre es fácil encontrar la idoneidad entre los grafismos más positivos y los currículums más adecuados al puesto.

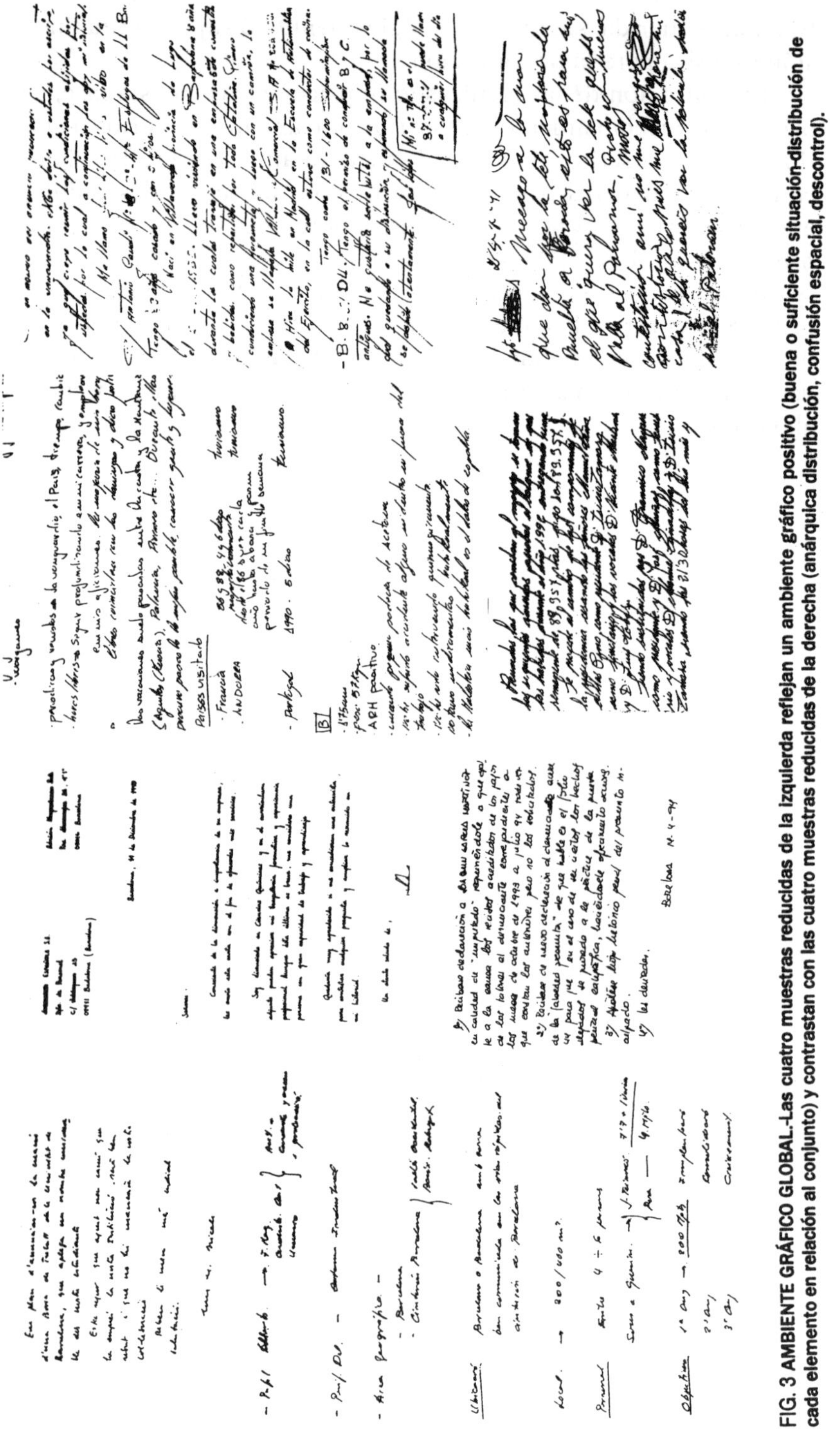

FIG. 5.3. Preselección: Primera impresión positiva o negativa de los grafismos.

Es conveniente que la escritura objeto de análisis sea lo más espontánea posible ya que al igual que en el test de Rorschach el analizado puede mostrar algunos síntomas de tensión e intentar dar un mejor aspecto formal los cuales no afectarán definitivamente al informe (FIG. 5.4), pero sí podrían alterar ligeramente algunas consideraciones; es por ello que acostumbran a crearse cuestionarios para que el candidato conteste preguntas en relación a la selección y que al propio tiempo servirá para el estudio grafológico (FIG. 5.5 y 5.6).

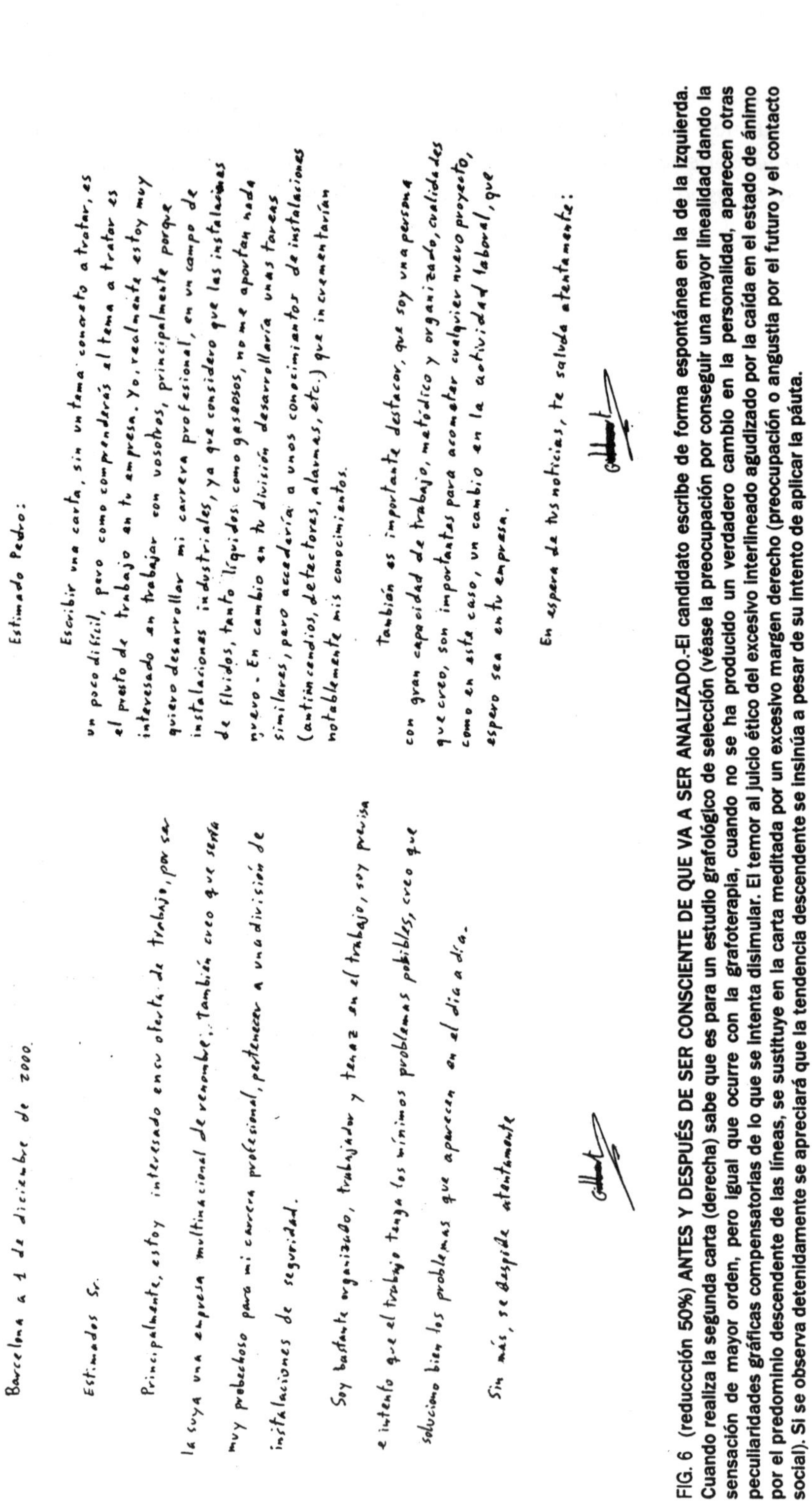

FIG. 5.4. Carta espontánea y carta sabiendo que es para analizar.

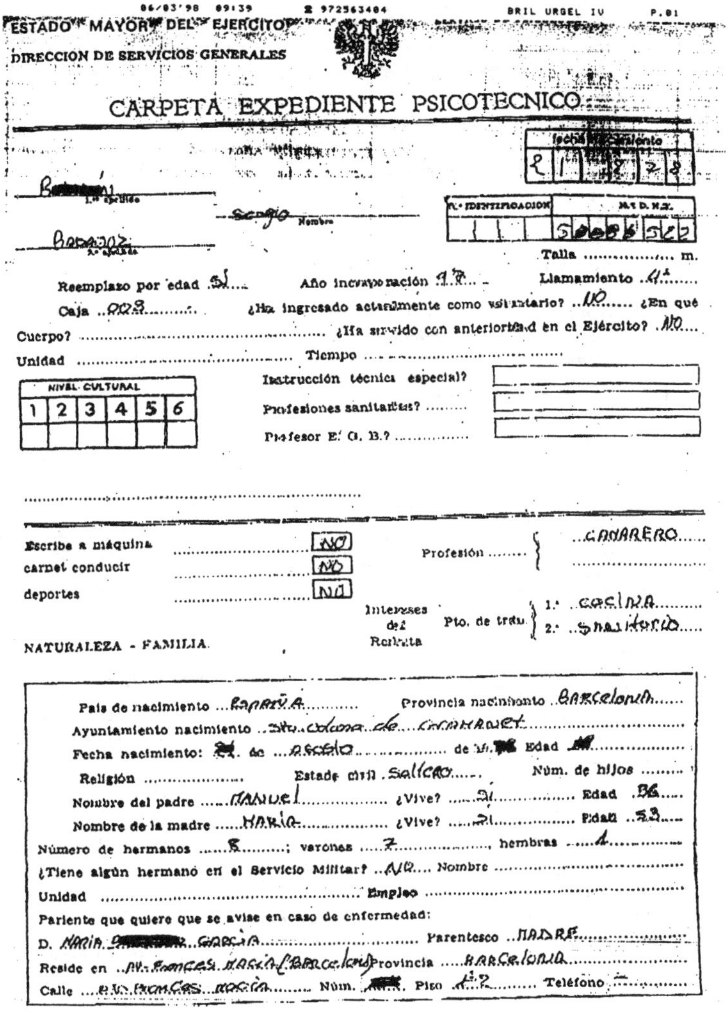

06/03'98 09:39 ☎ 972563404 BRIL URGEL IV P.01

ESTADO MAYOR DEL EJERCITO

DIRECCION DE SERVICIOS GENERALES

CARPETA EXPEDIENTE PSICOTECNICO

Fecha nacimiento: 2 1 . 7 8

B[redacted]i — 1.er apellido

Sergio — Nombre

Barajoz — 2.º apellido

N.º IDENTIFICACION — N.º D.N.I. 5[redacted]6 562

Talla .... m.

Reemplazo por edad .51.... Año incorporación .97... Llamamiento .4.º.....

Caja ..008......... ¿Ha ingresado actualmente como voluntario? ..NO...... ¿En qué Cuerpo? .... ¿Ha servido con anterioridad en el Ejército? .NO....

Unidad .... Tiempo ....

NIVEL CULTURAL					
1	2	3	4	5	6

Instrucción técnica especial? [ ]

Profesiones sanitarias? .... [ ]

Profesor E. G. B.? .... [ ]

Escribe a máquina .... NO

carnet conducir .... NO

deportes .... NO

Profesión ....CAMARERO......

Intereses del Recluta — Pto. de trdu. 1.º ..COCINA......... 2.º ..SANITARIO.....

NATURALEZA - FAMILIA.

País de nacimiento ...ESPAÑA......... Provincia nacimiento ..BARCELONA......

Ayuntamiento nacimiento ..Sta. coloma de GRAMANET..............

Fecha nacimiento: [redacted]. de ...ABRIL.......... de [redacted] Edad [redacted]..........

Religión .... Estado civil .SOLTERO..... Núm. de hijos ....

Nombre del padre .....MANUEL............ ¿Vive? .....SI.......... Edad .56....

Nombre de la madre ......MARIA............ ¿Vive? .....SI.......... Edad ..53....

Número de hermanos .....5........; varones .....3............., hembras .....1...........

¿Tiene algún hermano en el Servicio Militar? ..NO.... Nombre ....

Unidad .... Empleo ....

Pariente que quiere que se avise en caso de enfermedad:

D. MARIA [redacted] GARCIA............ Parentesco ..MADRE............

Reside en ..AV. FRANCES MACIA (BARCELONA) Provincia ....BARCELONA..........

Calle ....AV. FRANCES MACIA........ Núm. [redacted]. Piso .4.º 2.......... Teléfono ..—..........

FIG. 5.5a. Cuestionario para disponer de datos y letra (años 90).

06/03'98 09:40 ☎ 972563404 BRIL URGEL IU P.02

ESTUDIOS - [illegible]

Estudios cursados	Escuela o Centro	Cursos	Desde	Hasta	TITULO Si o No
1-FP Les [illegible]	Les [illegible]	1	89	93	

Profesión más importante y grado ...Dependiente...

Empresa en que la ejerció ..PAN.S.A. COMPANY. Años ...1..... Meses ...6.....

Labor realizada ..[illegible]..Dependiente..al cara al publico.....

Segunda profesión en importancia y grado .Aprendiz..DE.....

Empresa en que la ejerció .pasta Fiori...... Años ...1..... Meses ....

Labor realizada ......

Otras profesiones u ocupaciones que haya tenido y tiempo en ellas ......

......

Si tiene conocimiento de alguna materia de las que se relacionan a continuación, rodee con un circulo el número que tiene delante:

1. Mecánica.	4. Taquigrafía.	7. Zapatería.	10. Radio.	13. Sastre.
2. Electricidad.	5. Contabilidad.	8. Peluquería.	11. Pintor.	14. Jardinería.
3. Fotografía.	6. Imprenta.	9. Fontanería.	(12.) Sanitarios.	(15) Cocinero.

¿Qué idiomas conoce? ...... ¿Lo traduce? ...... ¿Lo habla? ......

¿Sabe conducir? ..NO.. ¿Tiene carnet? ..NO.. Clase ...... Fecha ......

¿Escribe a máquina? ..NO. Pulsaciones ...... ¿Sabe manejar la máquina de calcular? .Sí..... ¿Sabe dibujar? .NO... Clase de dibujo ......

VIÑALS

VOCACION - INTERESES.

1. Cabo.	7. Guerrillero.	13. Paracaidista.	19. Legionario.	(25) Policía Militar.
2. Radio.	8. Delineante.	14. Telefonista.	20. Topógrafo.	26. Apuntador.
3. Conductor.	9. Mecánico.	15. Carpintero.	21. Imprenta.	27. Armamento.
4. Oficinas.	10. Botiquín.	(16) Camarero.	22. Peluquero.	28. Cocinero.
5. Electricista	11. Albañil.	17. Fontanero.	23. Pintor.	29. Zapatero.
6. Acemilero.	12. Cuadras.	18. Granja.	24. Pastor.	30. Vaquería.

¿Desea continuar en el Ejército? ..NO.. ¿Por qué? ...No me gusta......

¿Desearía ingresar en la Guardia Civil? ...NO... o ¿en la Policía Armada? .Sí......

DEPORTES - AFICIONES.

¿A cuál o cuáles de estos deportes es aficionado y ha practicado con más frecuencia?— Rodee con un circulo el número que tiene delante:

(1) Ajedrez.	5. Ciclismo.	9. Montañismo.
2. Boxeo.	6. Equitación.	10. Natación.
3. Atletismo.	7. Esquí.	11. Pesca submarina.
4. Caza.	8. Judo.	(12) Baloncesto, fútbol.

¿Ha practicado algún otro deporte no relacionado aquí? NO......

¿Toca algún instrumento musical? ....NO... ¿Cuál? ......

En los ratos libres, ¿cuál es su entretenimiento preferido? ..Pasear, LEER......

Fecha: ..19...... de ..noviembre de 1997

Firma: [illegible]

FIG. 5.5b. (Continuación).

CUESTIONARIO DE RECURSOS HUMANOS

Éste cuestionario está encaminado a ofrecerle la oportunidad de exponernos puntos importantes acerca de su experiencia profesional y otros datos personales que puedan servir para una orientación o mejor adecuación al puesto o cargo a cubrir

Nombre y apellidos: DAVID [redacted] **DNI:** 46[redacted]

Domicilio: C/ [redacted] 3º 1ª **Profesión:** INGENIERO

Teléfono de contacto: [redacted]

Lugar y Fecha de Nacimiento: BARCELONA [redacted] **Estado Civil:** SOLTERO **Hijos:** -

Profesión de los Padres: [redacted] / [redacted].

Cuántos hermanos son y que lugar de orden ocupa Vd. entre los mismos: HIJO ÚNICO

Grupo Sanguíneo: A+ **Enfermedades:** —

Accidentes que ha sufrido: —

Permiso de Conducir tipo: B-1/B-2 **Vehículo:** RENAULT 19 **Matrícula:** B-[redacted]-NV

Procedimientos judiciales: —

Títulos universitarios, estudios y otros méritos que posee:

INGENIERO TÉCNICO MECÁNICO.
FP-2 AUTOMOCIÓN
FP-1 ADMINISTRATIVO.

Haga una breve descripción de lo que más domina en la práctica:

MI TRABAJO
ESQUIAR.

¿Qué programas informáticos le gustan más? DISEÑO (AUTOCAD)

Nivel de Idiomas: INGLES (INTERMEDIO)

Ocupaciones, cargos o empleos desempeñados:

ENTIDAD	CARGO	FECHAS	MOTIVO DEL CESE
[redacted]	INGENIERO	1/06/98 - HASTA EL DIA DE HOY	

Puesto que le interesaría: JEFE DE DEPARTAMENTO

¿Qué circunstancias le obligan a Vd. a solicitar dicho puesto: LA RESPONSABILIDAD.

Denos una versión de la idea que Vd. tiene del puesto:

TENER RESPONSABILIDAR, SER APLICADO, ORDENADO Y SABER LLEVAR UN GRUPO DE PERSONAS.

¿Pertenece Vd. a alguna Asociación, Entidad u Organización fuera del trabajo?:

NO

¿Qué afición o hobby tiene Vd.?

VIAJAR, DEPORTE (ESQUI)

Cite tres películas y tres libros que le hayan gustado mucho:

EL SOCIO
EL TESTAMENTO
EL MANIFIESTO NEGRO
EL SILENCIO DE LOS CORDEROS
SEVEN

FIG. 5.6a. Cuestionario para disponer de datos y letra (año 2000).

Si pudiera cambiar de profesión, ¿cuál elegiría? y ¿por qué?

NO ME INTERESA CAMBIAR MI PROFESIÓN.

¿Cuál es la profesión que de ninguna manera, le gustaría tener? y ¿por qué?

NO ME GUSTARÍA NINGUNA PROFESIÓN DONDE NO SE VALORESE MI TRABAJO.

Cite los rasgos más destacados de su personalidad:

ALEGRE Y CARIÑOSO.

Si no pudiera ser una persona humana, qué ser o elemento elegiría. ¿por qué?

CUALQUIER ANIMAL FELINO, POR SU FUERZA.

¿Qué ser o elemento no le gustaría ser de ninguna manera? y ¿por qué?

REPTIL, PORQUE ME DAN ASCO.

Le rogamos redacte un historial de su vida a partir de sus primeros recuerdos, es decir, una AUTOBIOGRAFÍA, destacando aquellos hechos que, a su juicio, han tenido mayor trascendencia en su persona.

LOS RECUERDOS MAS BONITOS DE MI INFANCIA ESTAN EN UN PUEBLO DE GERONA DONDE VIVIAMOS ANTES DE TRASLADARNOS A BARCELONA.
EN EL COLEGIO SIEMPRE TENIA PROBLEMAS CON LOS ESTUDIOS PORQUE RECUERDO QUE ERA COMO UNA OBLIGACIÓN CUANDO PUDE EMPEZAR A ESTUDIAR LO QUE REALMENTE ME GUSTABA ENTONCES CAMBIO MI VIDA Y PODIA SENTIRME ORGULLOSO DE SACAR ADELANTE ALGO QUE ME APETECIA.

Ya para completar este cuestionario, le agradeceremos invente una historia imaginaria sobre su futuro. Muchas gracias.

EL FUTURO ME GUSTARIA PODERLO VIVIR CON MI MUJER Y MIS HIJOS. PIENSO QUE SERÁ COMPLICADO POR TAL Y COMO EVOLUCIONA LA SOCIEDAD Y LA TECNOLOGÍA.
PIENSO QUE EL FUTURO HAY QUE VERLO LLEGAR Y NO SE PUEDE PREDECIR

fecha y firma: 7/07/00

FIG. 5.6b. (Cont.). Ejemplo de uno de los cuestionarios de RRHH creados por F. Viñals y M. Puente para el Estado Mayor de la Región Militar Pirenaica.

1.1.5 EVALUACIÓN

Siguiendo al profesor José Mª Prieto Zamora (2000) de la Universidad Complutense de Madrid, diferenciamos en el conjunto de herramientas de evaluación:

1.1.5.1 Instrumentos no psicológicos

1. Solicitud: calidad del papel, orden, fotografía...
2. Currículum vitae: titulaciones, cartas de recomendación...
3. Entrevista: presencia física, expresión lingüística...

Para que sea fructífera, debe crearse una ambiente distendido y amistoso, no inquisitorio. Si bien es el entrevistador quien debe dirigir en todo momento el encuentro, debe también estar dispuesto a responder las dudas del candidato, puesto que una entrevista de trabajo es una toma de contacto e intercambio de información y experiencias. Es preferible que el entrevistador tenga preparado un pequeño formulario en donde se recojan aquellas cuestiones que le interesen sobre el aspirante, y en el que pueda hacer breves anotaciones (escribir en demasía en presencia del candidato puede ser contraproducente); finalizada la entrevista se aconseja inmediatamente resumir las impresiones sobre la misma antes de que se borre o se deforme en la memoria, sobre todo evitando realizar comentarios despectivos ni humillantes sobre los aspirantes.

Se distinguen tres tipos de entrevista: a) individual; b) de grupo: un entrevistador con varios aspirantes; c) de panel: varios entrevistadores y un aspirante; ésta es la más intimidatoria (Peña Baztan, 1977).

4. Período de prueba.

1.1.5.2 Instrumentos psicológicos

0. Entrevistas diagnósticas (exclusivas del método clínico) (Véase capítulo IV Bases prácticas del grafoanalista: Exploración de los síntomas psicopatológicos.)
1. Los tests.
2. Las pruebas situacionales.
3. Los ejercicios en grupo, o Ass Center, procedentes del ámbito militar (ejército alemán de entreguerras para la promoción de cargos, Inglaterra durante la Segunda Guerra Mundial para la selección de personal de inteligencia y contrainteligencia, y en EEUU. Casi no tienen implantación en España, aunque hubo algún intento por parte de la empresa Telefónica, siguiendo a la multinacional americana, que no cuajó (Prieto, 2000).

1.1.5.2.1 Los tests psicológicos

En su aspecto general, este apartado se desarrolla en el capítulo IV: Bases Prácticas del Grafoanalista, por tanto aquí únicamente nos centraremos en lo concerniente a su aplicación al ámbito de Recursos Humanos.

Según José Mª Prieto Zamora (2000) de la Universidad Complutense de Madrid, que baraja los datos ofrecidos por TEDOC, las empresas de Selección de Personal españolas (además de la grafología) emplean habitualmente los siguientes tests:

A) Test de inteligencia: Escala de Alexander, inteligencia práctica; BADIG (Yuste, Martínez, Galvez); Test no verbal de inteligencia, capacidad para resolver problemas (Brown, Sherbenou y Johnsen); Test beta revisado, inteligencia general en adultos con escaso nivel cultural (Kellog y Morton); Test de fiabilidad cognitiva a partir de los cambios en una tarea gráfica compleja (Seisdedos); D-48 de inteligencia general, factor G (Anstey); D-70 de inteligencia general, factor g (Kowrousky y Rennes); Factor G. Escalas 1, 2, 3, inteligencia fluida (R.B. Cattell y A.K.S. Cattell); IGF, inteligencia general y factorial (Herranz); Raven matrices progresivas, factor g (Raven); Inteligencia General, nivel 2, prueba tipo ómnibus (TEA); Naipes, factor g (García Nieto y Yuste Herranz); Test de inteligencia general, serie dominós (TEA); Test de interpretación selectiva de datos, inteligencia cristalizada (Seisdedos).

B) Test de aptitudes: Caras, percepción de diferencias, percepción y atención (Thurstone y Yela); Cuadrado de letras, percepción y atención (Thurstone); Formas idénticas, percepción y atención (Thurstone); Test espacio perceptivo (Seisdedos); Test de observación de palabras en tareas rutinarias (Rosel Lana); Atención y concentración (Toulouse y Piéron); Test de destreza en el manejo de herramientas (Bennett); Test de coordinación visuomotora (Yela); Test de destreza con pequeños objetos (J.E. Crawford y D.M. Crawford); Test de destreza, rapidez y precisión (Stromberg); Test de rapidez motora (Yela); Batería de tareas administrativas (TEA); Test de aptitudes administrativas (Psychological Corporation); Instrucciones complejas (Yela); Método y orden (Seisdedos); Test de aptitudes administrativas (Bennett y Gelink); Aptitudes básicas generales, nivel cultural bajo y medio (TEA); Aptitudes básicas para la informática (de la Cruz); Batería para la actividad comercial (Seisdedos); Batería para conductores (Fernández Seara y TEA); Batería de operarios (TEA); Batería de pruebas de admisión (Seisdedos); Batería de subalternos (TEA); Test de aptitudes diferenciales (Bennett, Seashore y Wesman); Batería de test de oficios (Secadas); Aptitudes mentales primarias (L.L.Thurstone y Th.G. Thurstone); Comprensión de órdenes escritas (TEA); Test semántico de aptitud verbal (Pereña); Test de aptitudes mecánicas (MacQuarrie); Rompecabezas impresos (Yela y L. Thurstone).

C) Test de personalidad: Cuestionario de análisis clínico (Krug); Cuestionario de ansiedad rasgos y estado (Spielberger); Cuestionario Big Five (Caprara, Barbaranelli y Borgogni); Cuestionario de personalidad (Pinillos); cuestionarios de Personalidad EPI y EPQ (H.J. Eysenck y S.B.G. Eysenck); Escala de apreciación de estrés (Fernández Seara y Mielgo); Inventario diferencial de adjetivos para la evaluación del estado de ánimo (José Mª Tous –Profesor de los Estudios de Peritaje Grafopsicológico y Pericia Caligráfica Judicial de la UAB– y Pueyo); Inventario de actividad (Jenkins, Zyzansky y Rosemman); Inventario de desgaste emocional (Maslach y Jackson); Inventario de personalidad de los vendedores (Centre de Psychologie Appliquée); Inventario de situaciones y respuestas de ansiedad (Miguel Tobal y Cano); Inventario Psicológico de California (Gough); Inventario tipológico (K.C. Briggs, I. Briggs y Myers); NEO PI-R (costa y McCrae); 16 PF y 16 PF-5 (R.B. Cattell, A.K.S. Cattell; H.E.P. Cattell); Perfil e inventario de personalidad (Gordon). Perfil de Personalidad P.A.P.I. (Kostick) (FIG. 5.7).

D) Pruebas proyectivas: la técnica de Rorschach, el TAT, test de habilidades para la negociación (Poujard y Galier) y el Z test (Zulliger).

P.A.P.I. por el Dr. Kostick

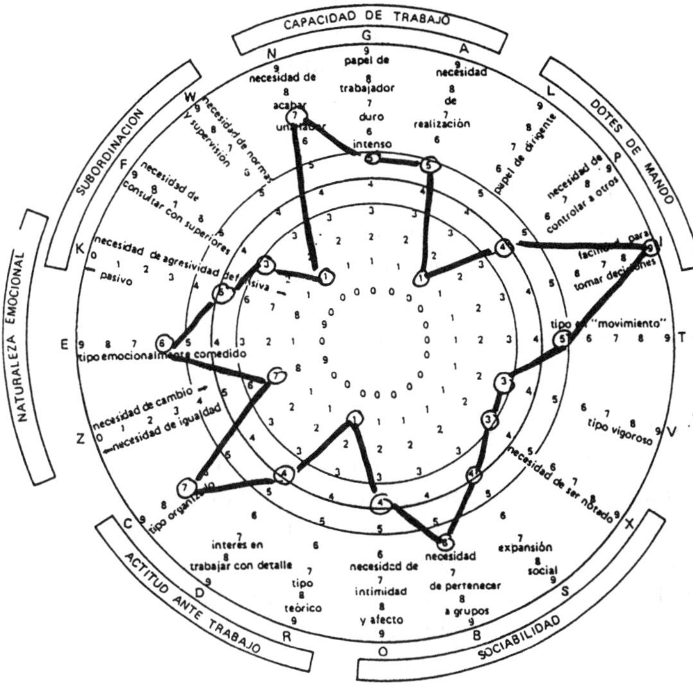

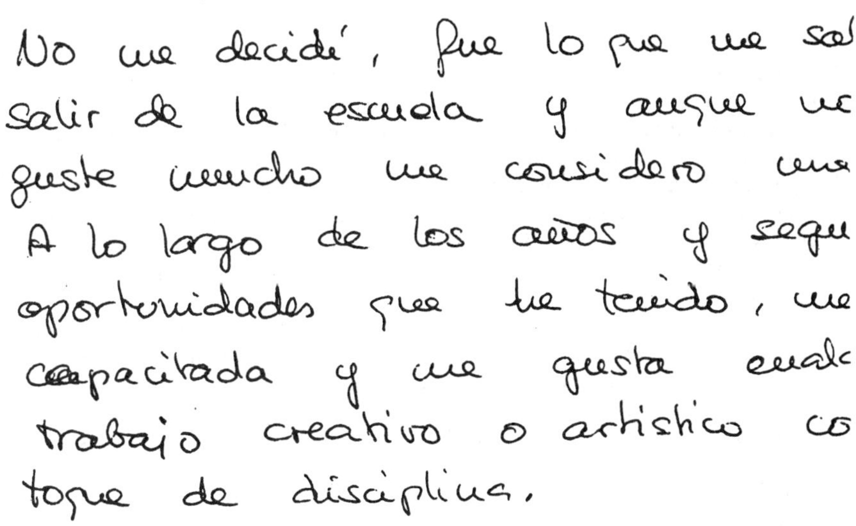

El P.A.P.I. no es tan completo y a veces falla si no se responde con espontaneidad y sinceridad, pero éste es un caso de plena coincidencia con el Grafoanálisis. Carmen (30 años de edad, estudios medios).

FIG. 5.7.

A. *La técnica de Rorschach*

Es una prueba vital para detectar la inestabilidad laboral y la tendencia a la accidentalidad («provocador de accidentes») en su vertiente activa (imprudencia, osadía) y, especialmente en la pasiva (castigo neurótico). Cuestión fundamental para puestos de máxima responsabilidad piloto de aviación, conductor de trenes, de vehículos pesados o sustancias peligrosas... (Bohm, 1984; Prieto, 2000). Sin embargo, el punto más crítico es según Prieto su incapacidad para precisar entre «familias ocupacionales» de un mismo sector industrial o empresarial, y su nula predictividad sobre éxito ni productividad en el trabajo.

(Para más información sobre la técnica de Rorschach, véase capítulo IV: Bases prácticas del Grafoanalista.)

B. *El TAT*

El TAT infiere aspectos motivacionales de la conducta, cuya expresión está influida por factores ambientales, no relacionados con la fuerza de los impulsos. Se emplea en Selección de Personal para identificar la *motivación de logro*, probabilidad de éxito o fracaso, percepción personal sobre la dificultad de las tareas encomendadas y las situaciones de éxito y fracaso. Se elaboró una versión para seleccionar personal de inteligencia y contrainteligencia norteamericana, en la que primero debían narrar una historia creíble con personajes reales, y posteriormente recrear una segunda historia imaginativa (Prieto, 2000).

Creado por H. Murray y Christiana Morgan en 1943 en la universidad de Harvard. En su origen eran unas 30 láminas y una cartulina en blanco, aunque actualmente se utilizan menos láminas, se seleccionan en función de las preferencias del examinador y de las áreas conflictivas a analizar.
Mecánica de la prueba: Se le muestra al paciente las láminas y se le pide que invente una historia acerca de cada imagen. No se trata de describir, sino de crear y narrar. No es un test de asociación, es de narración, crear, construir historias. Para ello se le inquiere al paciente sobre: a) *¿Qué ocurre en la escena?;* b)*¿ Qué ha dado lugar a esta escena?;* c) *¿Y cuál será el desenlace?*
Las imágenes reflejan a personas, pero de forma ambigua, es decir, no se sabe claramente cuáles son sus sentimientos, qué actividad realizan o incluso su sexo. En cada historia, el narrador se identifica con el héroe, el protagonista de la escena y le atribuye sus deseos, anhelos y conflictos. Las demás personas representadas manifiestan la concepción que tiene el narrador sobre las demás personas de su medio, de su entorno (relaciones interpersonales). Esta prueba se vincula con la teoría de la personalidad que tiene su autor, Murray: necesidades del héroe (sentimientos y anhelos), fuerzas en el ambiente, en el medio del héroe (presión); resolución/resultado entre las necesidades y la presión. Aquellos rasgos y motivaciones más aceptables y por tanto, conscientes, se le atribuyen a los personajes más cercanos al narrador, en cuanto a edad, sexo y aspecto. Y justamente a la inversa de los rasgos y motivaciones inaceptables e inconscientes.
EJEMPLO, LÁMINA 2:
Descripción.– Una escena de campo con una joven que tiene libros en la mano, un hombre trabajando la tierra y una mujer mayor que observa.

Interpretación.– Normalmente suele ser interpretada como una escena familiar, una estudiante, su padre y su madre. Los intereses, ambiciones y objetivos de la chica difieren de sus padres que son granjeros, la resolución varía según los casos, por ejemplo:

a) si las mujeres compiten por el amor y la atención del hombre, da lugar a interpretaciones del Complejo de Edipo.

b) si no hay ninguna interacción entre los personajes, indica falta de comunicación familiar.

(Kaplan y Sadock, 1989).

(Una aproximación al TAT, desde otro enfoque, la aporta la obra de Carlos Castilla del Pino: *Teoría de los sentimientos*, Barcelona, Tusquets editores.)

C. Grafoanálisis

La técnica grafopsicológica como instrumento de evaluación se emplea habitualmente en las empresas especializadas en Selección de Personal, por ejemplo en Francia en un abrumador 98% de consultoras (Bruchon-Scheweitzer y Ferrieux), estando presente igualmente en el Departamento de Recursos Humanos de un gran número de organismos oficiales, instituciones privadas, multinacionales y empresas destacadas, especialmente en Israel, Bélgica, Italia y España (S. Lowe, A.Ch. de Richoufftz, Deumier, Julio Cavalli y su destacada lista de correo del Emesson).

– *Organismos Oficiales:*
FBI – CIA – Department of Defense – St. Louis Police – San Jose Police Department – NJ State Police – Federal Express – Kansas State Prison – American Standards Testing Bureau – Bank of America – United States Court Systems– Mossad – Estado Mayor de la Defensa (España)

– *Instituciones Bancarias:*
Crédit Lyonnais, Citibank – Coldwell Banker – Wells Fargo Bank.

– *Instituciones Docentes:*
Arizona State University – Harvard Univ. (Leadership Sem.) – Ministerio de Educación Nacional Francés (reclutamiento de Directores escolares), Escuela de Doctorado de la UAB.

– *Instituciones Médicas:*
Centro de Oftalmología Barraquer – Instituto Dexeus – Fundación sanitaria de Igualada – Consorcio Sanitario de Mataró – Hospital Clínico provincial de Barcelona – Hospital de San Juan de Dios – Centro Médico Teknon.

– *Multinacionales y Empresas destacadas:*
Sony – Danone – Coca Cola – Burger King – S. A. Chupa–Chups – Nestle – Bimbo – H.J. Heinz – Xerox (LA computer Division) – Kodak – IBM– IRS – Alphagraphics – S.N.C.F. – Printshops Of The Future – United Technologies – Westinghouse – Ford Motor Company – Toyota Firestone – Peugot Motors – Renault – Attorney F. Lee Bailey – Attorney Melvyn Belli – Banker's Life – Boeing Co.– Pan Am– Bristol Myers – Chevron – BellAtlantic (Self–Improvement Seminars Only) – City Of Los Angeles – Conn. Mutual Life – Dallas Morning News – Foley's– Dun & Bradstreet – Emhart Corporation – Equitable of Ohio – Dow Chemical – Laboratorio Prodes–Farma – Laboratorio Almirall – General Battery– General Electric – H&R Block – Highway Patrol – Honeywell – Humana Care Plus– I. Magnin– J.C. Penney, Co.– Land O'Frost – Lloyds Of London– Macy's– Merrill Lynch – Montgomery Ward– Mutual of Omaha– Pacific Bell – New York Life Insurance– NW Mutual Life – Occidental Life Insurance

– Olympus Camera – Paine, Weber, Jackson & Curtis – Principal Financial Group – Olsten Employment Services– Prudential Insurance – Resorts International – Standard of Ohio – State Bar of Texas – The Aetna Life Insurance & Annuity Co. Thrifty Pay Less – Thrifty Rent-A-Car – Time – UPS – USX (US Steel) – Loewe Hnos – Sociedad Española de Carburos Metálicos – Winterthur.

Ejército y grafología: A principios de la década de 1980, Wolf-Dieter Rasch y Maria Paul-Mengelberg habían aplicado una escala grafológica a 60 candidatos en el centro de examen de oficiales de la Bundesweher (ejército de la República Federal de Alemania), habiendo comprobado que la fiafilidad de la grafología muestra una correlación oscilante entre el 80 y el 90% respecto a un examen pluridimensional consistente en test, pruebas deportivas y redacción de temas (*Boletín AGC*, n.° 1, Barcelona, 1986).

Tal como hemos comentado anteriormente, en selección de personal la Grafología básica ayuda en una primera fase para poder separar los grafismos que muestran un buen nivel general, una cierta armonía, equilibrio, respecto a los grafismos que presentan un nivel negativo, por ejemplo: rasgos exagerados, desproporciones o rasgos muy acusados o vulgares que pudieran demostrar demasiado subjetivismo y vanidad, juicio enfermizo o personalidades infantiles o inarmónicas.

Ahora bien, entrando ya en Grafoanálisis (valoraciones tipológicas en percentiles) la clasificación hipocrática de los cuatro temperamentos por la adaptación actualizada Vels-Periot (FIG. 5.8), resulta una clave básica para el Grafoanalista tienen asimismo relación con las Funciones Psíquicas de Jung (linfático: percibir; sanguíneo: sentir; bilioso: pensar; nervioso: intuir; –recomendamos las obras de Augusto Vels, *Escritura y Personalidad* y *La Selección de Personal y el Problema Humano en las Empresas*, Editorial Herder–). Con estos primeros datos tenemos ya una información psicofísica que nos orienta antes de entrar en lo más profundo de la personalidad. Muy esquemáticamente, la correspondencia grafológica de las tendencias psicobiológicas la detectamos en el temperamento linfático: por la melodía gráfica, estabilidad y uniformidad, junto con la lentitud y sensación de peso en el trazo principalmente redondeado; en el temperamento sanguíneo: por el movimiento armónico que dilata, inclina, engrandece o expansiona pero a la vez suaviza con grandes curvas los trazos y le imprime relieve; en el temperamento Bilioso: por el autodominio gráfico que regula el ritmo, con su sobriedad, simplificación, orden y concentración; en el temperamento Nervioso: por su combinación variable de las anteriores, caracterizando la desigualdad o inestabilidad del grafismo que aligera el movimiento.

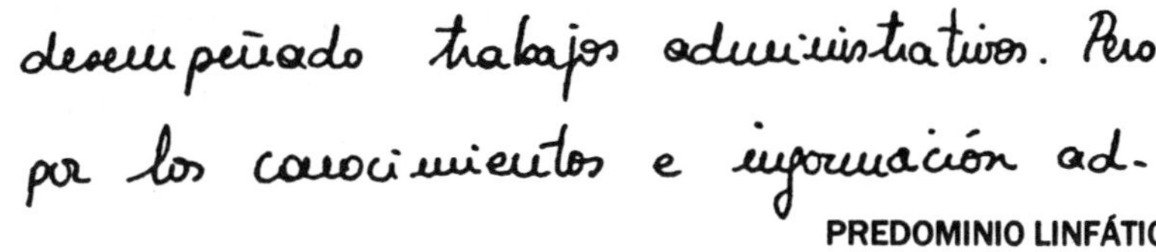

PREDOMINIO LINFÁTICO

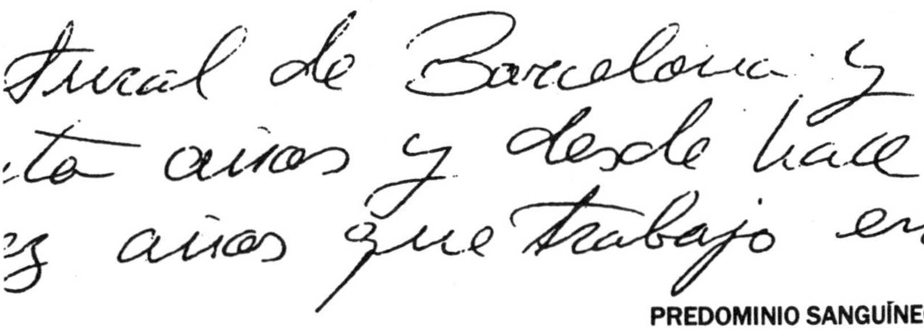

PREDOMINIO SANGUÍNEO

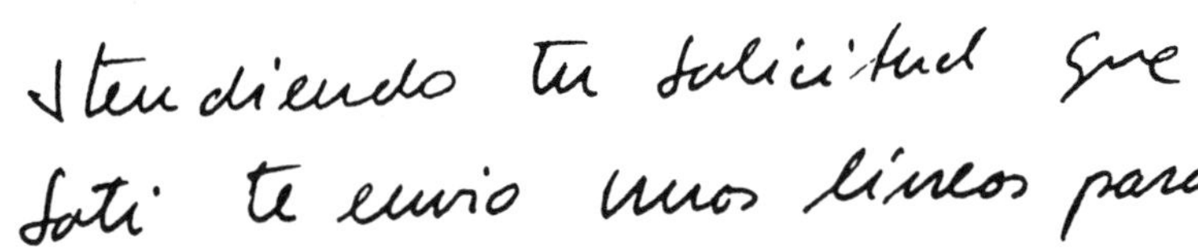

PREDOMINIO BILIOSO

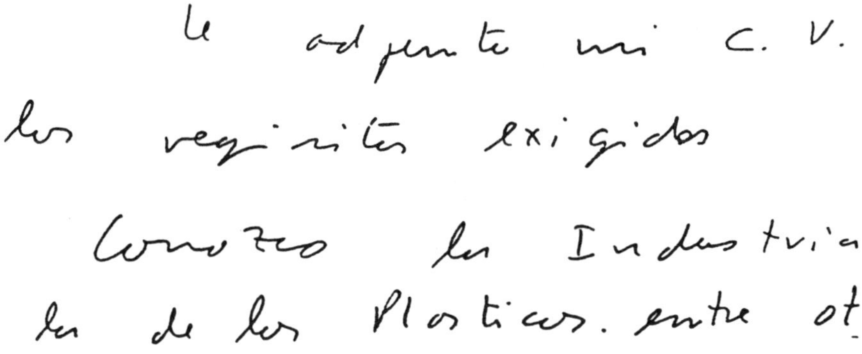

PREDOMINIO NERVIOSO

FIG. 5.8.

Con la combinación de los temperamentos disponemos asimismo de una base para identificar los caracteres (Hermans - Le Senne):

SANGUÍNEO-NERVIOSO-BILIOSO = predisposición a COLÉRICO (EAP-emotivo-activo-primario)

BILIOSO-NERVIOSO-SANGUÍNEO = predisposición a APASIONADO (EAS-emotivo-activo-secundario)

NERVIOSO-BILIOSO-LINFÁTICO = predisposición a SENTIMENTAL (EnAS-emotivo-no activo-secundario)

NERVIOSO-SANGUÍNEO-BILIOSO = predisposición a NERVIOSO (EnAP-emotivo-no activo-primario)

SANGUÍNEO-LINFÁTICO-BILIOSO = predisposición a REALISTA (nEAP-no emotivo-activo-primario)

BILIOSO-LINFÁTICO-NERVIOSO = predisposición FLEMÁTICO (nEAS-no emotivo-activo-secundario)

LINFÁTICO-NERVIOSO-SANGUÍNEO = predisposición a AMORFO (nEnAP-no emotivo -no activo-primario)

NERVIOSO-LINFÁTICO-BILIOSO = predisposición a APÁTICO (nEnAS-no emotivo-no activo-secundario)

Además de una larga experiencia profesional, la investigación socio-antropológica demuestra que la predominante temperamental favorece determinadas directrices profesionales:

En el temperamento Linfático, exponente de calma y constancia, nos encontramos principalmente con aptitudes de tipo administrativo y contable o de adaptación a la mecánica instrumental.

En el temperamento Sanguíneo (expansión-instinto social) a profesiones en que se requiere constante dominio del movimiento, por ejemplo: pilotos, y, especialmente la relación social, por ejemplo: comerciales.

En el temperamento Bilioso con su búsqueda de «controlar la situación»: funciones directivas, ejecutivas y técnicas.

En el temperamento Nervioso es habitual que aparezcan condiciones artísticas, también la creatividad, intuición y curiosidad puede favorecer a publicistas, periodistas e investigadores.

Es fácil que en cargos directivos nos encontremos con combinaciones del temperamento Bilioso con otros: en Dirección Comercial nos podemos encontrar con una combinación de temperamentos Sanguíneo, Linfático y Bilioso (SLB); y en Dirección Administrativa Contable o Financiera es fácil una combinación de temperamentos Bilioso, Linfático y Nervioso (BLN), o bien, Flemático.

Salvo lo anterior, en general la combinación más habitual que refleja un directivo es la del Bilioso, Nervioso y Sanguíneo (BNS) que corresponde al carácter Apasionado (EAS).

Desde otro punto de vista del Grafoanálisis, y dentro de la Psicología Profunda, concretamente en Análisis Transaccional (AT de E. Berne) –derivación avanzada del psicoanálisis integrando la psicología humanista y conductista–, donde salvando las distancias podría sustituirse: «Super Yo» «Yo» y «Ello» por «PADRE» (Exteropsiquis) «ADULTO» (Neopsiquis) «NIÑO» (Arqueopsiquis), hemos podido comprobar después de una suficiente estadística que, la manifestación de los sistemas del Ego se produce en una serie de exteriorizaciones de cada uno de los Estados del Yo a modo de tipología psicoanalítica, que se identifican por Grafoanálisis de la siguiente forma (FIG. 5.9):

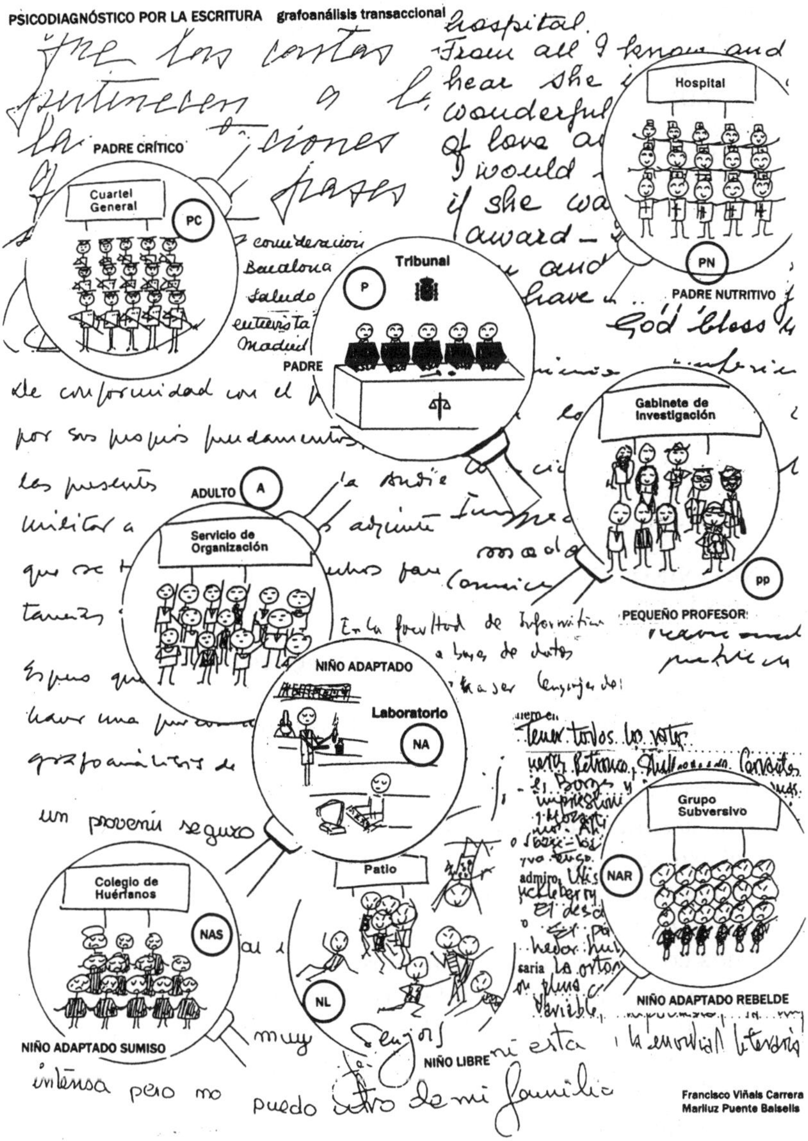

FIG. 5.9.

–P– «**PADRE**» (Regularidad): Podría desarrollarse una aptitud para cargos como Juez, Notario, Secretario Judicial, Registrador. Escritura del **P**: se detecta por estabilidad de la onda gráfica, uniformidad, orden y precisión.

PC «**PADRE CRÍTICO**» (Imposición): aptitud para cargos que requieran una actitud dominante o de mando, una necesidad de afirmación, profesionales, capataces y mandos en trabajos en que no pueda permitirse la debilidad, la transigencia por la dureza, peligrosidad o trascendencia de los mismos. También Suboficiales o Instructores de las Fuerzas Armadas y Cuerpos Especiales. Escritura del **PC**: Predominio de la rigidez gráfica, eje y presión vertical, sobrealzada y barras de «t» altas.

–PN– «PADRE NUTRITIVO» (Atracción vinculante, protección): aptitud para trabajos de protección social o humanitaria (orientación Asistencia Social y Sanidad, Magisterio, Jardin de Infancia, Monitores, Educación Especial).

–A– «ADULTO» (Eficacia, eficiencia): aptitud para trabajos de organización y lógica duductiva (Consultor, Ejecutivo, analista, Psiquiatra-Psicoanalista-Psicólogo, Técnico-científico).

–pp– «PEQUEÑO PROFESOR» (Camuflage, perpicacia, sutilidad): Creativo, artista, intuitivo. En la versión más femenina, aptitud para los trabajos que requieran capacidad creativa, representativa y manipulación, convencer o persuadir (Comercial, Intermediario y Diplomático). En cambio, en la versión más masculina, aptitud para la intuición y para descubrir sin descubrirse (inventor, investigador y agente secreto).

–NA–«NIÑO ADAPTADO» (Vacilación): Su necesidad de asegurarse desarrolla la capacidad de verificación, control de calida, laboratorios. En versión **–NAR–«REBELDE»** (refracción o contra-adaptación): las aptitudes de Niño Rebelde son todas negativas, actividades que requieran una motivación refractaria o de contraposición o reivindicación sistemática (Mercenario, cargo de oposición, ó crítica, escritor reivindicativo). En versión **–NAS–«SUMISO»** (Blandura): actividades sin iniciativa ni responsabilidad, en que se precise ser dirigido por otros (copia, reproducción, ayudantes).

–NL– «NIÑO LIBRE» (Libertad sin censura): actividades en que el sentimiento pueda expansionarse sin coacciones. (Actividades artísticas).

Las tipologías renovadas (AT-Eneagrama) resultan de un gran valor orientativo en relación a las predisposiciones profesionales del individuo, si bien nos encontramos en ocasiones que una persona con una predisposición natural para determinado tipo de actividad ha triunfado en otra completamente distinta, por ello debemos ser flexibles y dar asimismo la suficiente importancia a la vocación propia, interés específico; el éxito que ha ido asimilando el sujeto en una actividad. Puede a veces resultar más importante la Psicología Profunda o Guión Psicológico que la predisposición más Psico-biológica.

Si nos comparáramos a vehículos, el temperamento sería como el modelo entre furgoneta (Linfático), deportivo (Sanguíneo), turismo (Bilioso) o moto (Nervioso), y la personalidad profunda (–AT– como derivación avanzada del Psicoanálisis) nos indicaría en qué forma se conduce dicho vehículo; gracias a las increíbles variedades, oportunidades y circunstancias de la vida hacen que un coche utilitario pueda en ocasiones ganar a un deportivo, o que una moto pueda realizar un trabajo más pesado que un camión, etc...

El Grafoanálisis resulta el vínculo más preciso que poseemos actualmente entre la Psicología Periférica o Biológica y la Psicología Profunda, pues es la Técnica Psicofísica por excelencia. Actualmente disponemos ya de cuadros de valoración estadísticos para valorar con gran exactitud las combinaciones ya no sólo de los temperamentos y del carácter (Vels) sino también de las exteriorizaciones de los Estados del Yo (AT) con su equivalencia con otras clasificaciones homólogas como el «Eneagrama» y la detección de la «Inteligencia Emocional» a través del «Adulto Integrado» (AT).

Así pues, en Selección de Personal la Grafología nos ayudará en la primera fase para separar los grafismos negativos, seguidamente el Grafoanálisis nos orientará en las predisposiciones profesionales de los candidatos que, unido al examen vocacional o de interés así como de la formación y experiencia probada de los mismos, nos permitirá determinar la viabilidad de los finalistas para desempeñar un cargo positivamente.

Véase en el capítulo anterior la forma de proceder al análisis grafopsicológico mediante el correspondiente protocolo como desarrollo de la técnica explicada en nuestra obra *Psicodiagnóstico por la Escritura, Grafoanálisis Transaccional*, Ed. Herder, 1999.

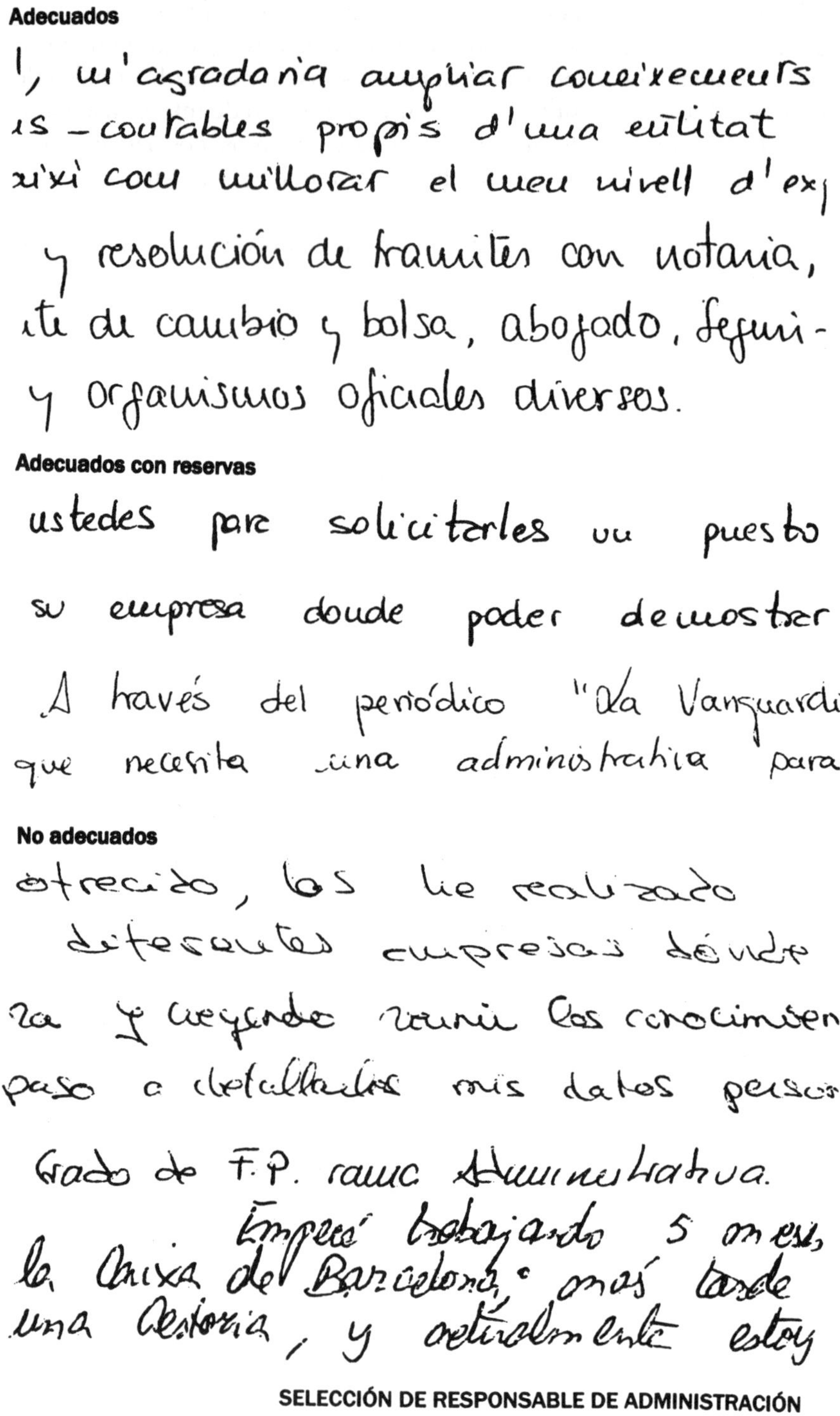

FIG. 5.10a. Ejemplos de muestras clasificadas en Selección por Grafoanálisis.

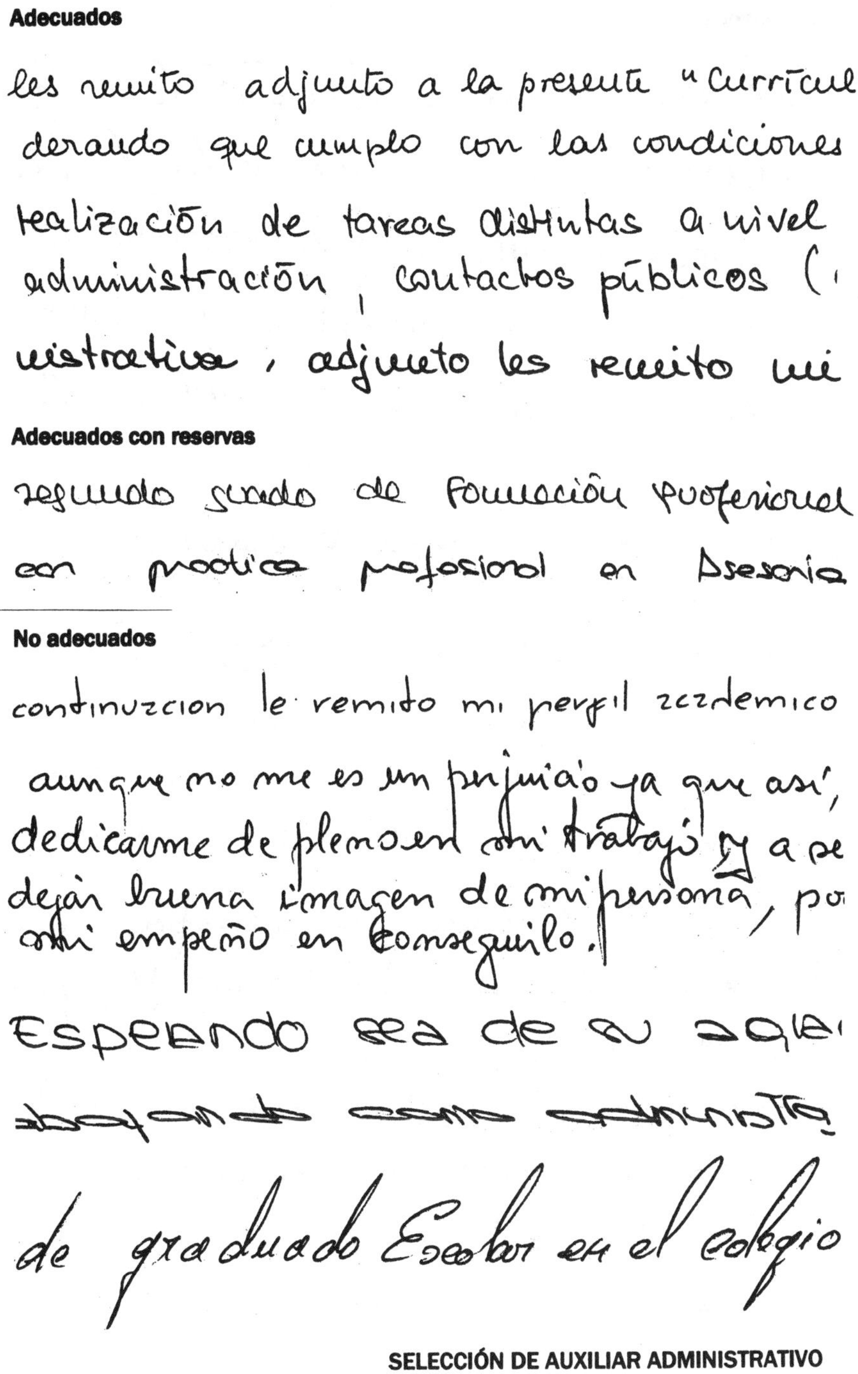
Adecuados
les remito adjunto a la presente "curricul
derando que cumplo con las condiciones
realización de tareas distintas a nivel
administración, contactos públicos (
nistrativa, adjunto les remito mi
Adecuados con reservas
segundo grado de Formación profesional
en practica profesional en Asesoria
No adecuados
continuacion le remito mi perfil academico
aunque no me es un perjuicio ya que así,
dedicarme de pleno en mi trabajo y a pe
dejar buena imagen de mi persona, po
mi empeño en conseguirlo.
de graduado Escolar en el colegio
SELECCIÓN DE AUXILIAR ADMINISTRATIVO

FIG. 5.10b.

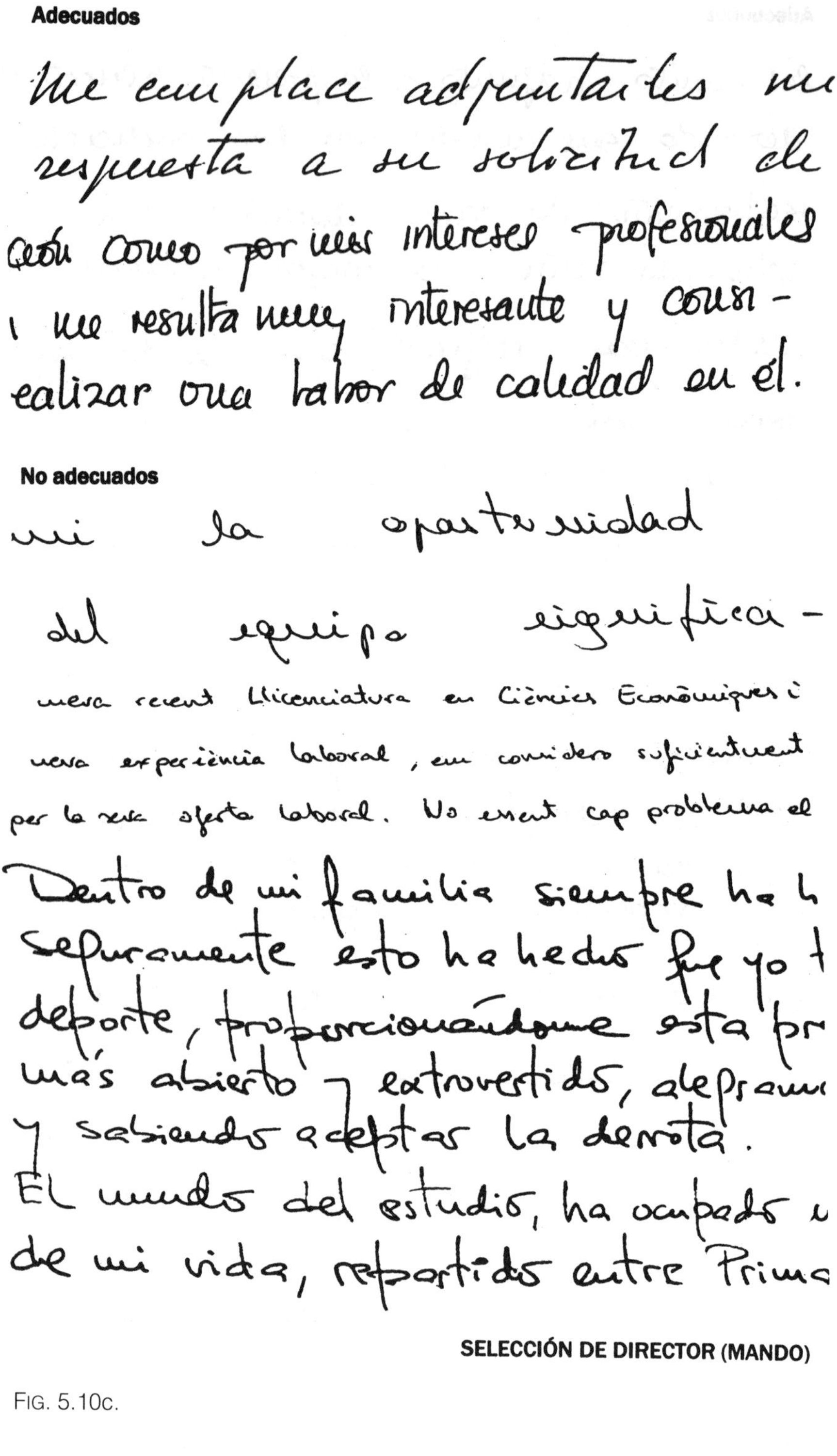
Adecuados
Me complace adjuntarles mi
respuesta a su solicitud de
ción como por mis intereses profesionales
i me resulta muy interesante y consi-
ealizar una labor de calidad en él.
No adecuados
mi la oportunidad
del equipo significa-
meva recent Llicenciatura en Ciències Econòmiques i
meva experiència laboral, em considero suficientment
per la seva oferta laboral. No existeix cap problema el
Dentro de mi familia siempre ha h
seguramente esto ha hecho que yo t
deporte, proporcionándome esta pr
más abierto y extrovertido, alegrame
y sabiendo aceptar la derrota.
El mundo del estudio, ha ocupado u
de mi vida, repartido entre Prima
SELECCIÓN DE DIRECTOR (MANDO)

FIG. 5.10C.

Adecuados

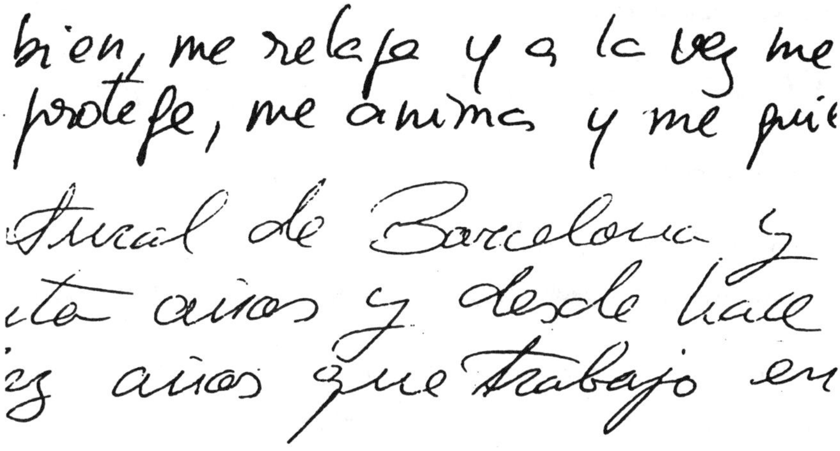

Adecuados con reservas

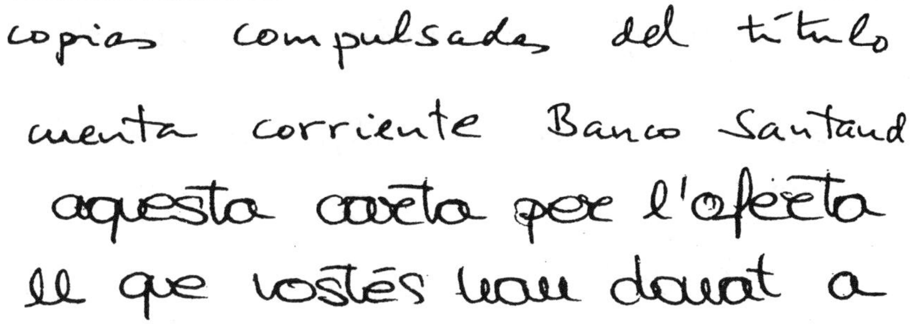

No adecuados

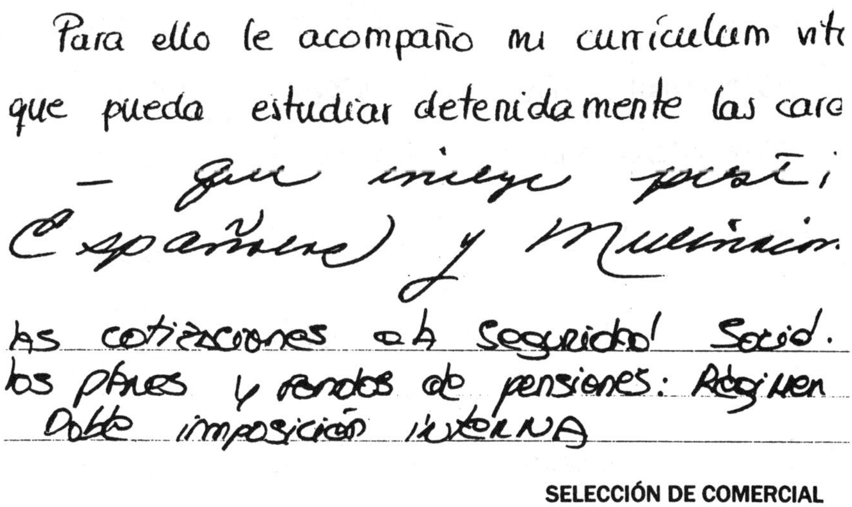

SELECCIÓN DE COMERCIAL

FIG. 5.10d.

Adecuados

Como referencia el Tusedrao 496 antes de recorrido

El tipo de lectura que me gusta

Narraciones, Temarios Científicos, como la

Desarrollarme profesionalmente en el Área de los Sis

Organización, alcanzando nuevas responsabilidades

Licenciado en Ciencias Químicas, rama Fundamenta

ler e implantar un método de seguimien.

Adecuados con reservas

Me dirijo a usted después de .

se han de cubrir algunos puestos

Tanto en los laboratorios

en A. alemán curse diver

No adecuados

duración de plantilla. Actualmente

[BLOQUEADO] EN GENERAL, FOTOGRAFÍA,

Y ESPECIFICAMENTE COMO INVESTIGADOR CIENTÍFICO HE

refiero al anuncio por Uds, insertado

aprender y ascender tenia

SELECCIÓN DE ESPECIALISTA DE LABORATORIO CIENTÍFICO

FIG. 5.10e.

Adecuado

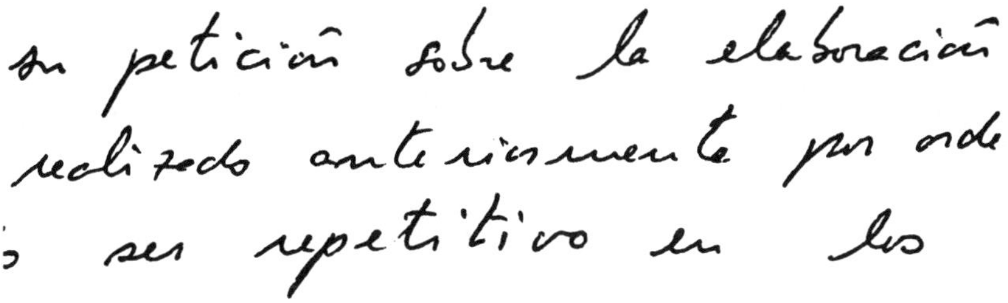

Adecuados con reservas

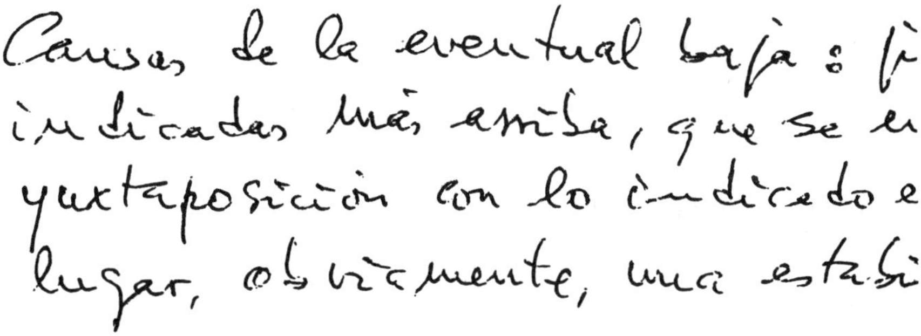

No adecuados

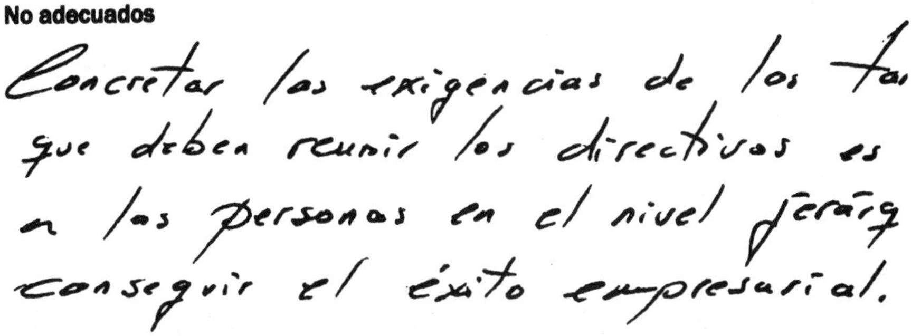

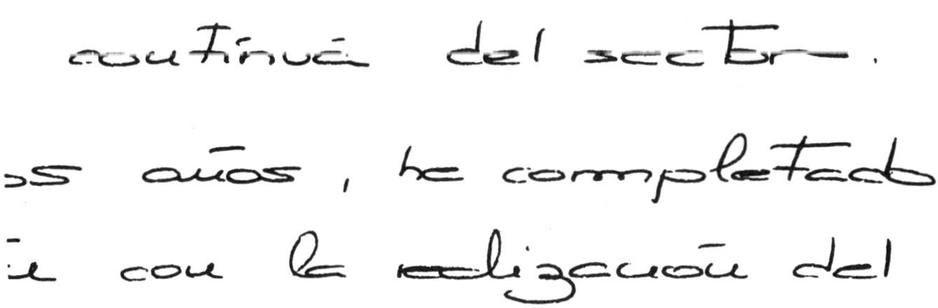

SELECCIÓN DE CARGO DE ORGANIZACIÓN

FIG. 5.10f.

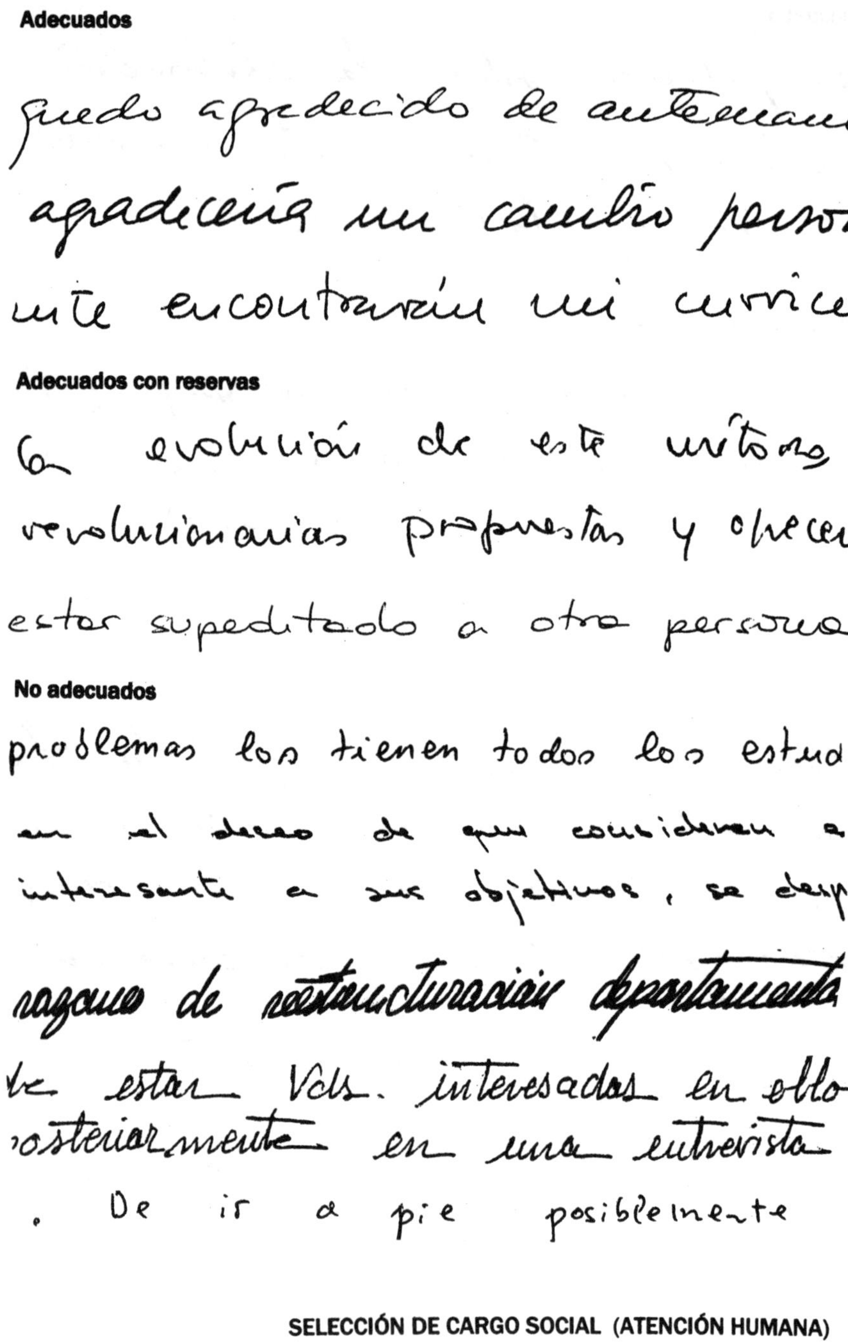
Adecuados
quedo agradecido de antemano
agradecería un cambio person
nte encontrarán mi currícu
Adecuados con reservas
la evolución de este sistema
revolucionarias propuestas y ofrecen
estar supeditado a otra persona
No adecuados
problemas los tienen todos los estud
interesante a sus objetivos, se dej
razones de reestructuración departamenta
de estar Vds. interesados en ello
posteriormente en una entrevista
. De ir a pie posiblemente
SELECCIÓN DE CARGO SOCIAL (ATENCIÓN HUMANA)

FIG. 5.10g.

1.1.6 VALORACIÓN

Una vez examinados los candidatos a fin de comprobar sus aptitudes para desempeñar idóneamente el cargo objeto de la selección, y tal como ya hemos comentado en el apartado de la preselección, nuestra experiencia nos hace abogar por la flexibilidad en la consideración de las aptitudes, efectivamente, bien es cierto que la predominante temperamental y caracterológica (donde incluimos los 9 tipos «AT» y «Eneagrama») juegan un papel importante en la facilidad para el desempeño de determinadas funciones, pero no es menos cierto que el sentido vocacional puede muchas veces suplir e incluso superar la menor predisposición psicofísica, por lo tanto no nos encerraremos en esquemas fijos de ajuste al profesiograma teórico sino que teniendo en cuenta la predisposición que nos marca el tipo de personalidad, atenderemos a la experiencia personal en la profesión ejercida, las ilusiones y aspectos motivacionales del candidato, elementos de su presunto «guión» de cara al futuro y con ello valoraremos las posibilidades de adaptación o no al puesto.

Ejemplos de grafismos primero por profesiones y luego por tipos de personalidad (AT-Eneagrama). Podremos observar como todos los tipos pueden adaptarse al amplio abanico de especialidades o modalidades de función que ofrece su profesión inicial. (FIG. 5.11).

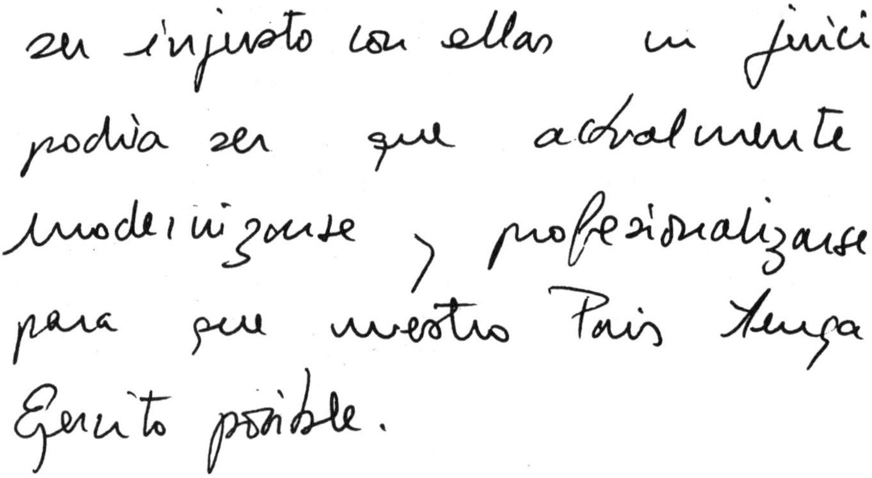

Ingeniero con éxito en Organización-Dirección. "Adulto""Padre Crítico"(AT)

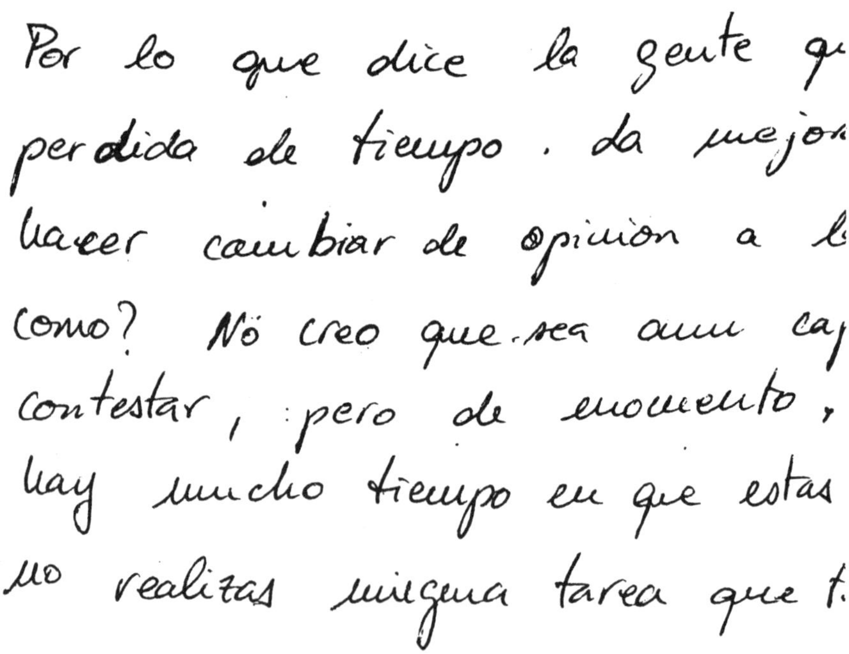

Ingeniero con excelentes aptitudes de técnico y profesor. "Tres"(Eneagrama)

FIG. 5.11a.

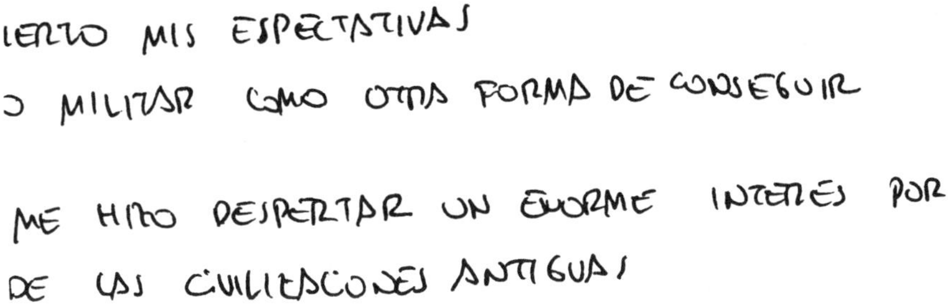
IERTO MIS ESPECTATIVAS
O MILITAR COMO OTRA FORMA DE CONSEGUIR
ME HIZO DESPERTAR UN ENORME INTERES POR
DE LAS CIVILIZACIONES ANTIGUAS

Ingeniero con aptitudes en diseño gráfico. "Tres"(Eneagrama)

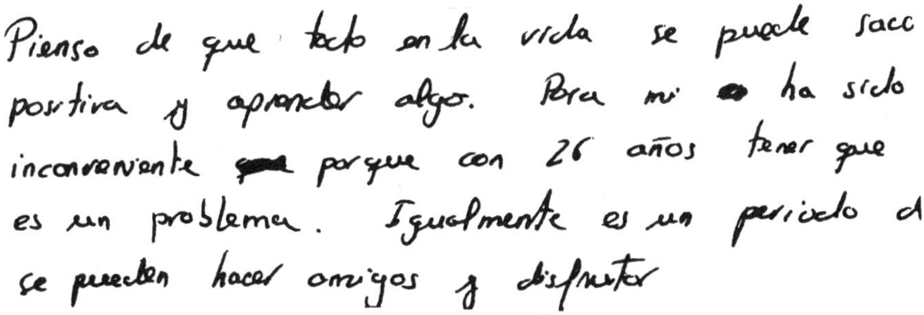
Pienso de que todo en la vida se puede sac
positiva y aprender algo. Para mí ha sido
inconveniente porque con 26 años tener que
es un problema. Igualmente es un periodo d
se pueden hacer amigos y disfrutar

Ingeniero bueno como técnico. "Sentimental"(Heymans-Le Senne). "Niño Adaptado"(AT).

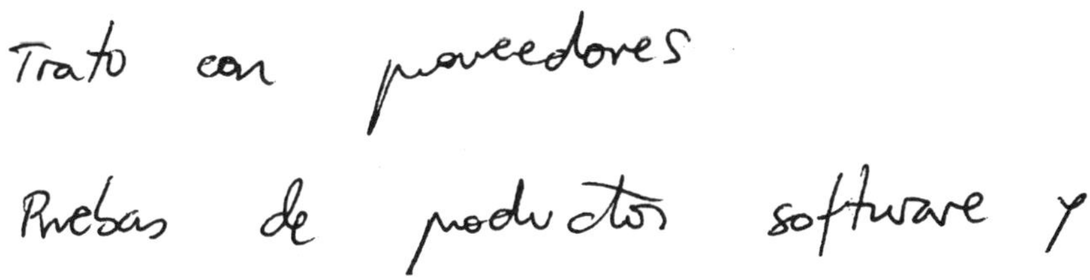
Trato con proveedores
Pruebas de productos software y

Ingeniero con éxito en informática. "Seis"(Eneagrama). "Niño Adaptado"(AT).

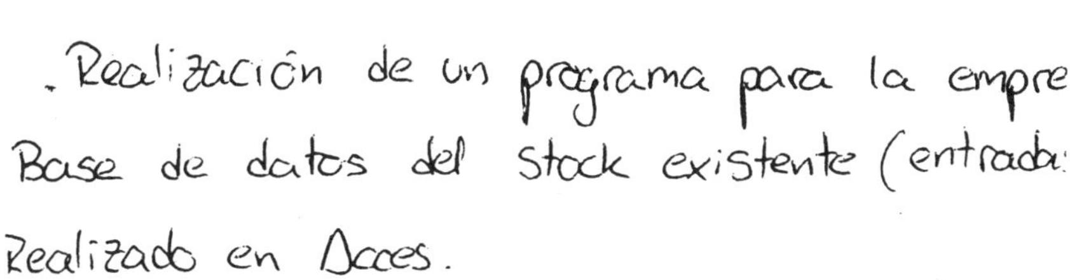
. Realización de un programa para la empre
Base de datos del stock existente (entrada
Realizado en Acces.

Ingeniero con buena adaptación al campo eléctrico. "Sentimental"(Heymans-Le senne). "Seis""Cinco".

FIG. 5.11b.

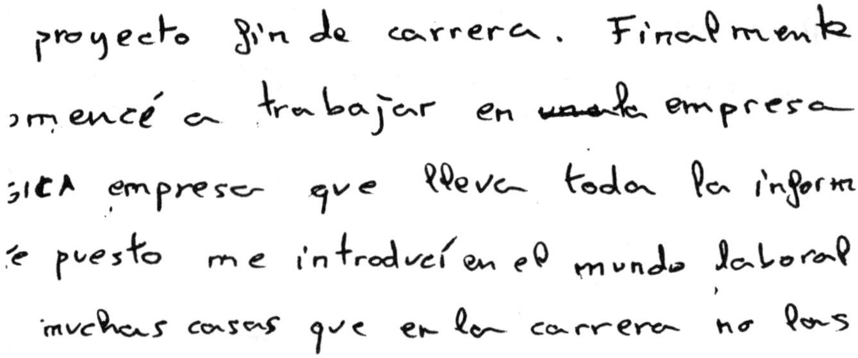

Ingeniero de Telecomunicaciones, adecuado en el campo electrónico. "Niño Adaptado"-"Niño Adaptado Rebelde"(AT).

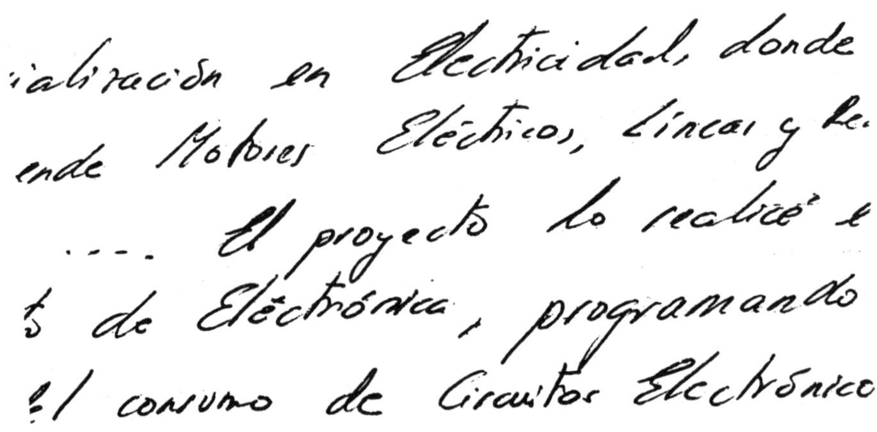

Ingeniero adecuando en el campo eléctrico. "Nueve"-"Ocho"(Eneagrama).

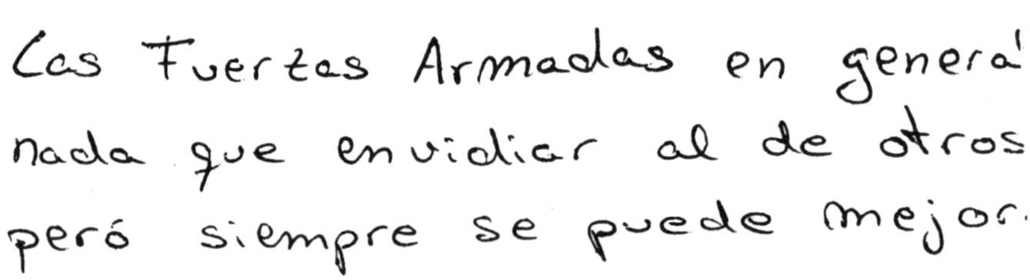

Ingeniero, técnico adaptado al campo eléctrico. "Sentimental para-Apático" (Heymans Le-Senne). "Cinco"-"Seis"(Eneagrama).

FIG. 5.11C.

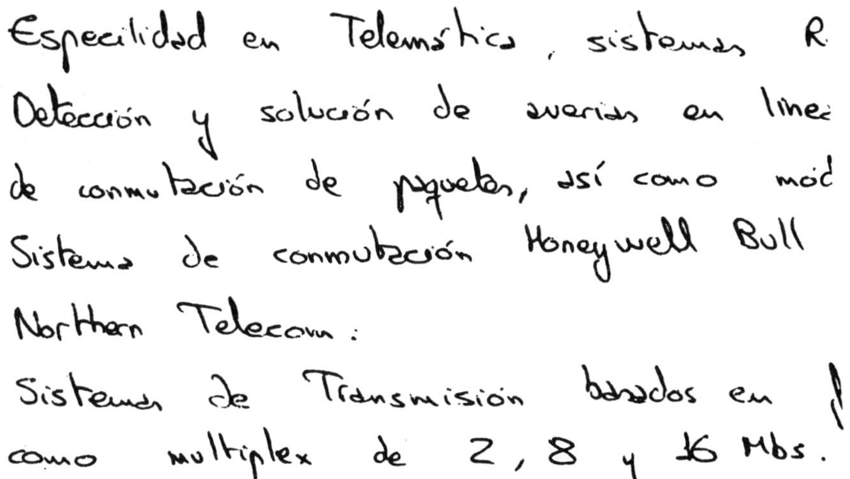
Especilidad en Telemática, sistemas R
Detección y solución de averias en línea
de conmutación de paquetes, así como mód
Sistema de conmutación Honeywell Bull
Northern Telecom:
Sistemas de Transmisión basados en
como multiplex de 2, 8 y 16 Mbs.

Ingeniero informático con facilidad para el estudio y preparación de oposiciones. "Cinco"-"Seis"(Eneagrama). "Niño Adaptado Rebelde"-"Niño Adaptado"(AT).

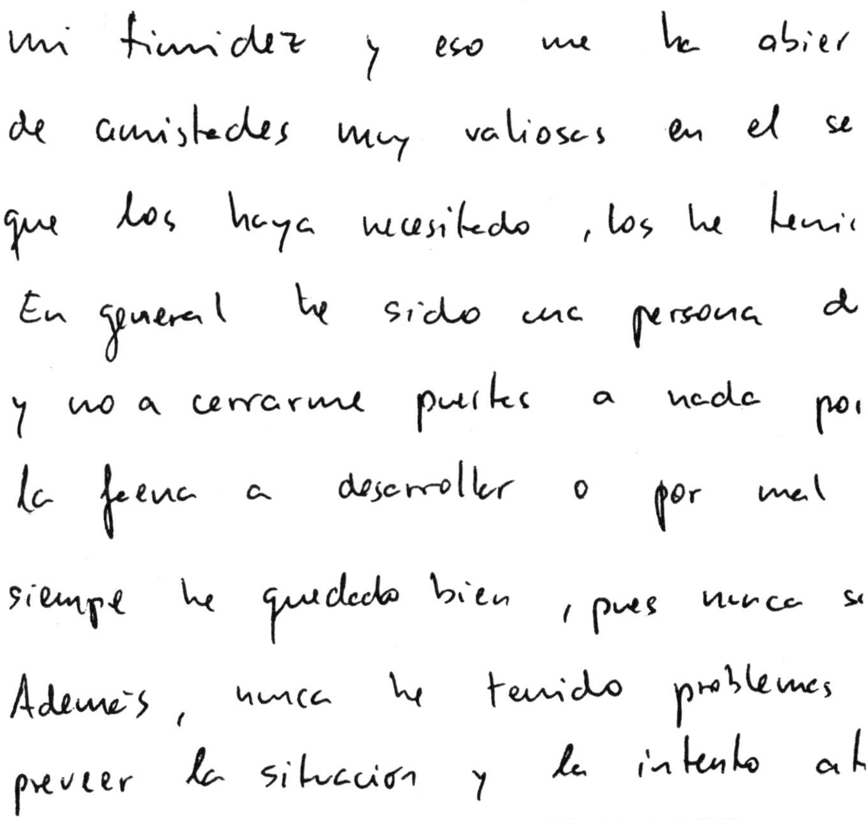
mi timidez y eso me ha abier
de amistades muy valiosas en el se
que los haya necesitado, los he teni
En general he sido una persona d
y no a cerrarme puertas a nada poi
la tarea a desarrollar o por mal
siempre he quedado bien, pues nunca s
Además, nunca he tenido problemas
prever la situación y la intento a

Ingeniero, excelente técnico e informático. "Adulto""Niño Adaptado"(AT).

FIG. 5.11d.

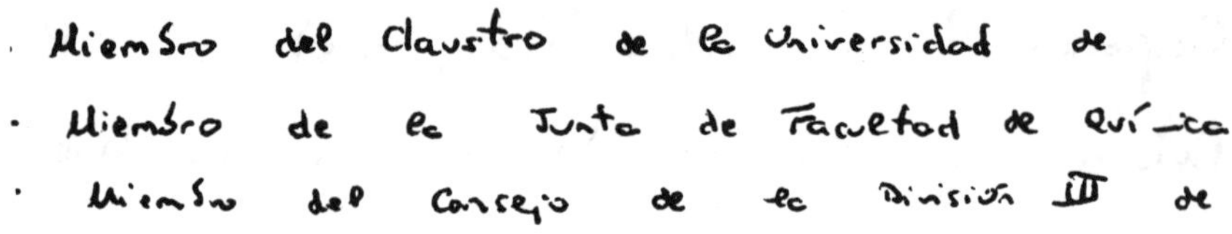

Químico, buen investigador científico

Químico, bueno en laboratorio I+D y verificación

FIG. 5.11e.

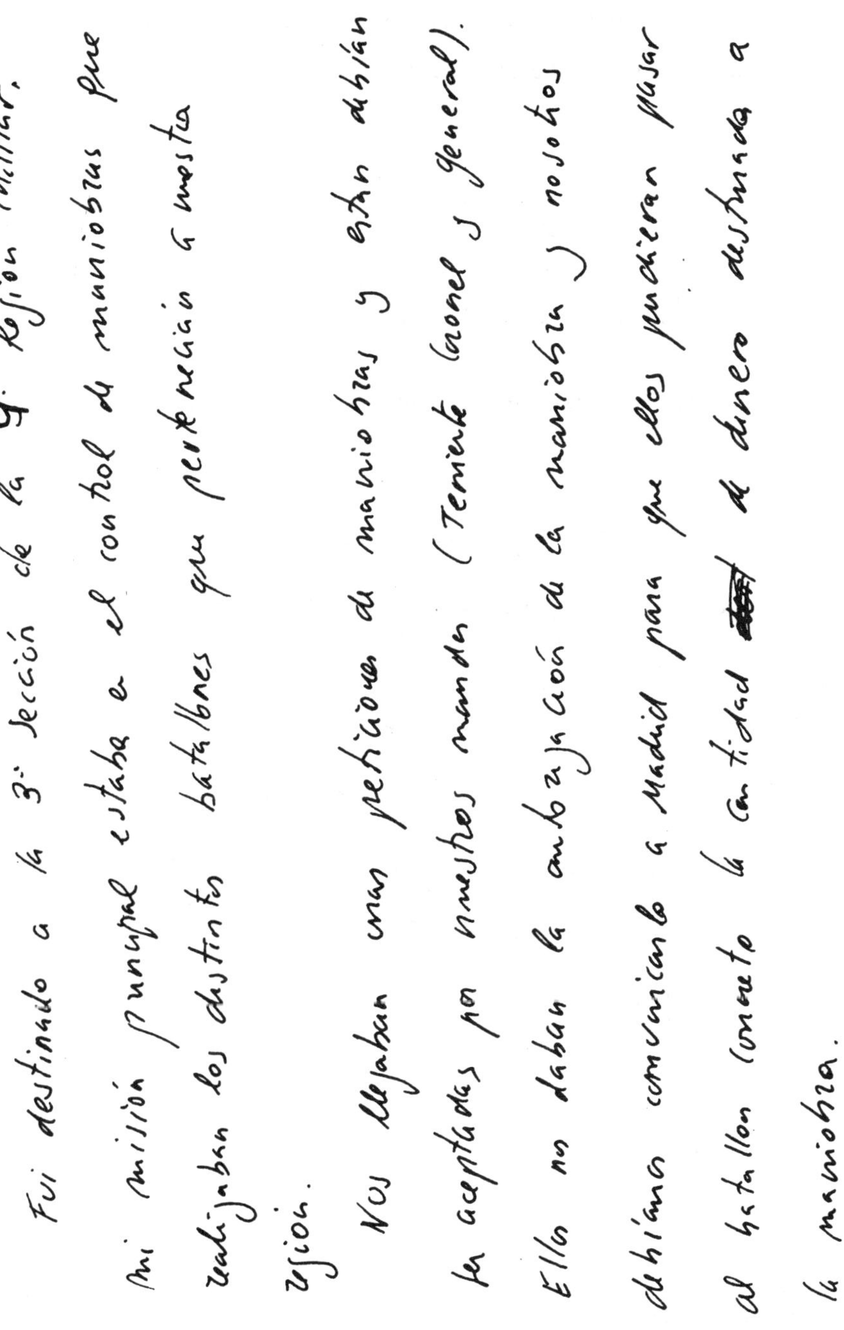

Economista-empresariales. Excelente técnico de organización. "Adulto"(AT)

FIG. 5.11f.

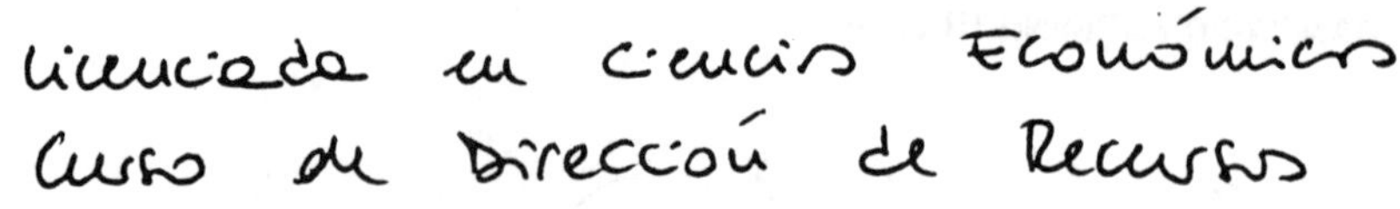

Economista, buena en Organización-Administración. "Uno"(Eneagrama)

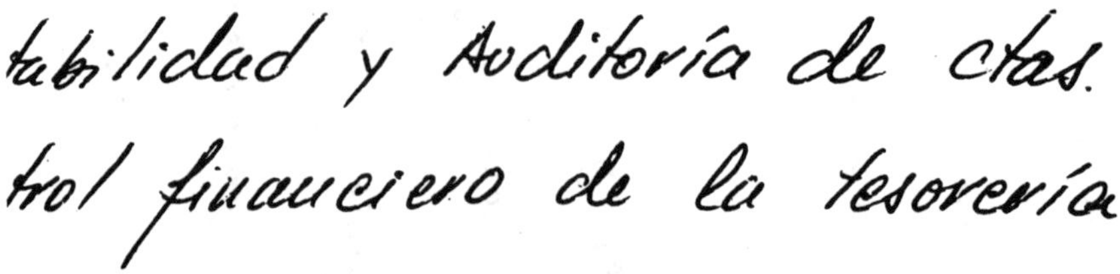

Dirección de Empresas. Acostumbrado al mando. "Padre Crítico" (AT). "Ocho"(Eneagrama).

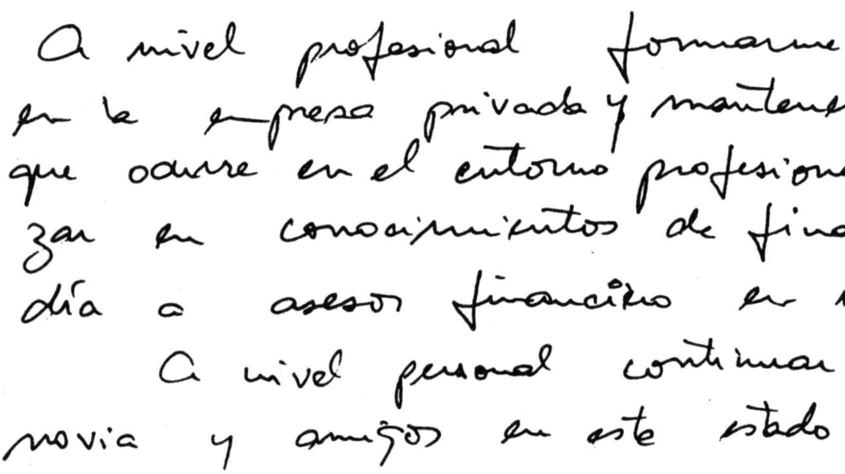

Asesor financiero, bueno como consultor independiente. "Pequeño Profesor"-"Adulto"(AT). "Cuatro"-"Tres"(Eneagrama)

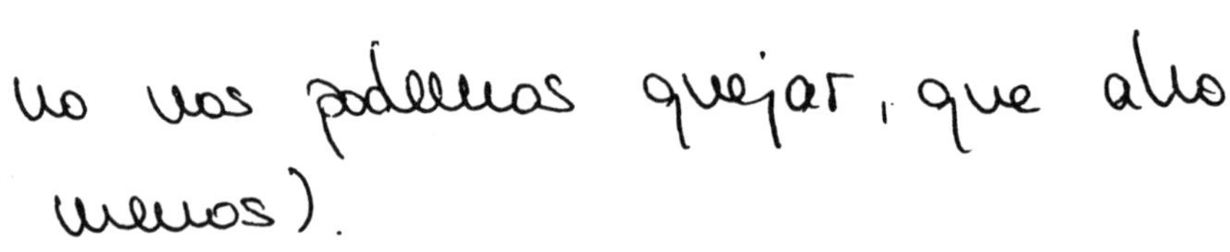

Desarrolla una carrera adecuada como Jefe Administrativo."Tres"-"Dos"(Eneagrama).

FIG. 5.11g.

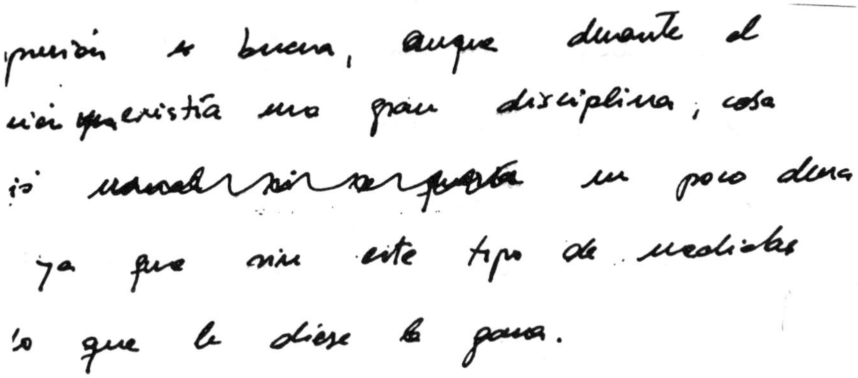

Economista con éxito en la docencia especializada superior. "Bilioso"-"Nervioso"(Temperamentos) (con síntomas de compulsivo).

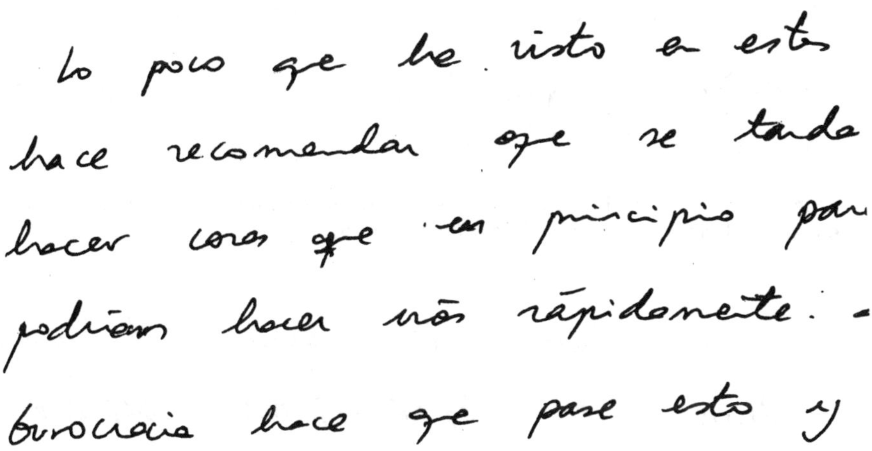

Administración, Dirección de Empresas. Exitoso consultor. "Adulto"-"Pequeño Profesor"(AT). "Tres"-"Cuatro"(Eneagrama).

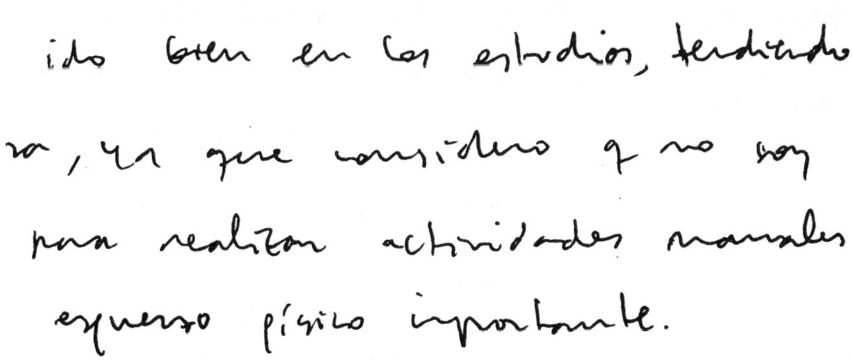

Economista con éxito Investigación y Estudios de Mercado. "Cuatro"-"Tres" (Eneagrama). "Pequeño Profesor"-"Adulto"(AT).

FIG. 5.11h.

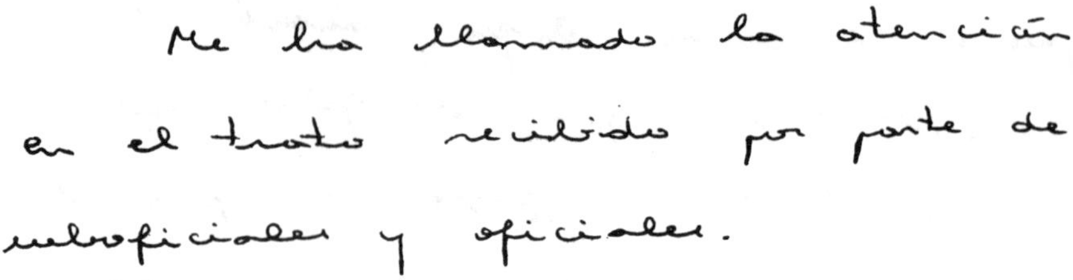

Economista adaptado a Investigación y Estudios de Mercado. "Cinco"-"Cuatro" (Eneagrama).

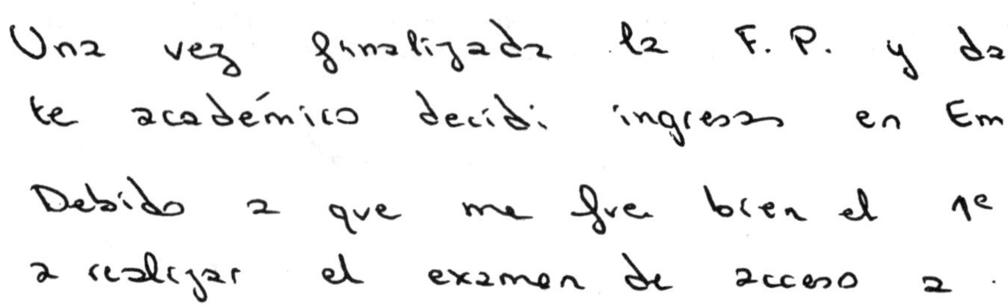

Economista y Administración de Empresas, bueno en matemáticas y con éxito en las funciones de Actuario. "Cinco" (Eneagrama).

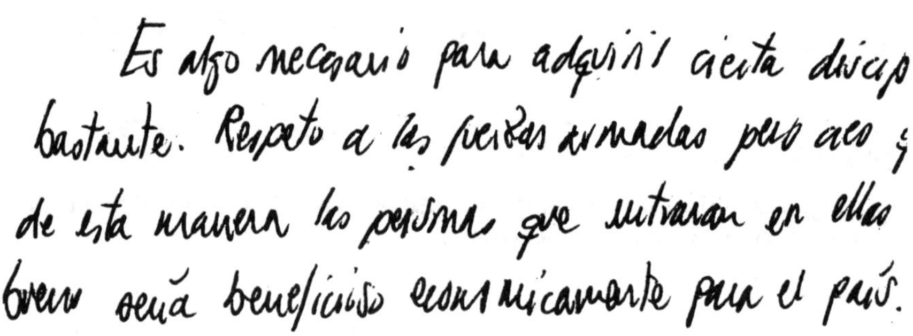

Economista con éxito en el puesto de Auditor interno. "Niño Adaptado Rebelde"-"Padre Crítico"(AT).

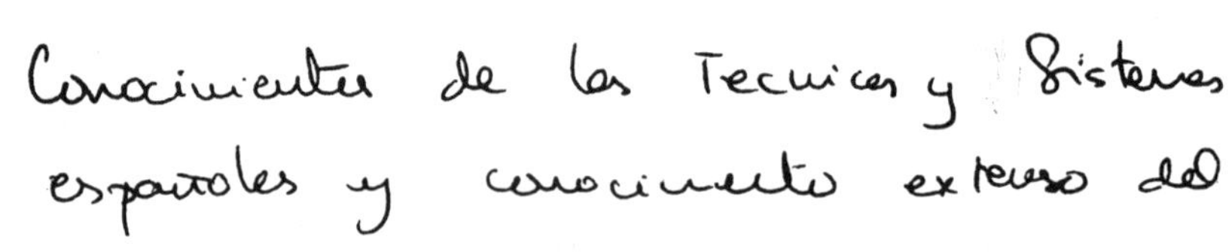

Economista, excelente contable. Linfático (Temperamento). "Uno"-"Nueve"(Eneagrama). "Padre"-"Niño Adaptado Sumiso"(AT).

FIG. 5.11i.

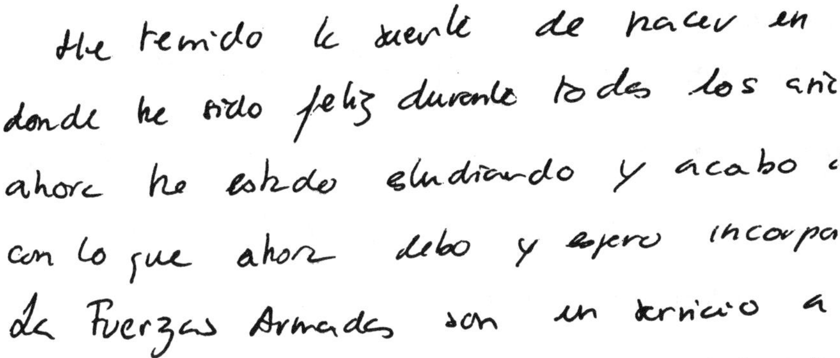

Administración y Dirección de Empresas. Buen analista consultor dentro de la organización. "Tres"-"Cuatro"(Eneagrama).

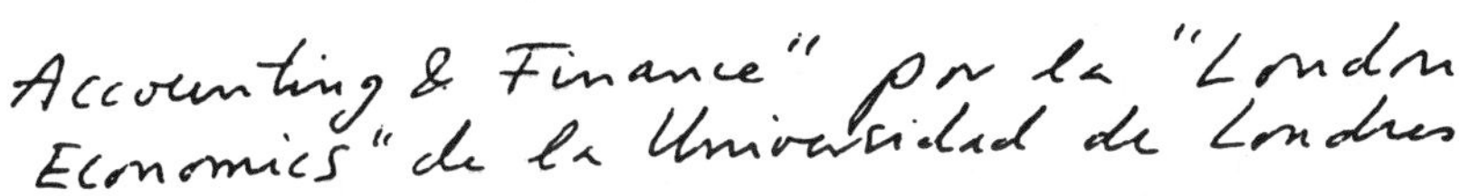

Éxito como financiero. "Padre"-"Adulto"(AT).

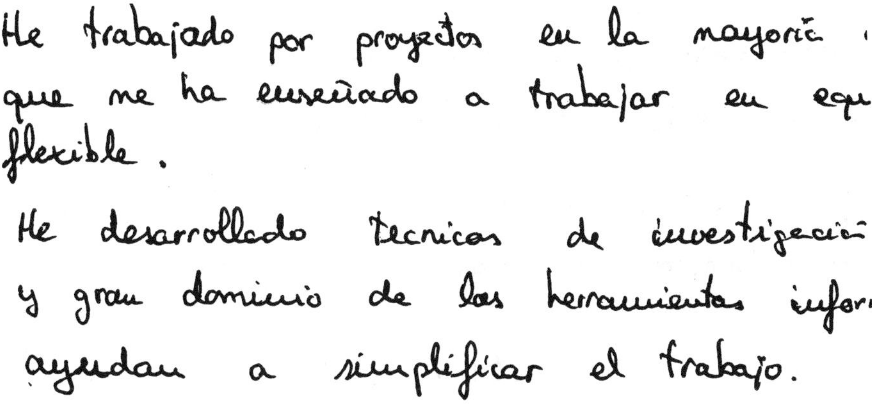

Economista bueno como contable. "Linfático"(Temperamento). "Uno"-"Nueve" (Eneagrama).

Economista con éxito como Inspecto-Auditor."Niño Adaptado Rebelde""Padre Crítico"(AT).

FIG. 5.11j.

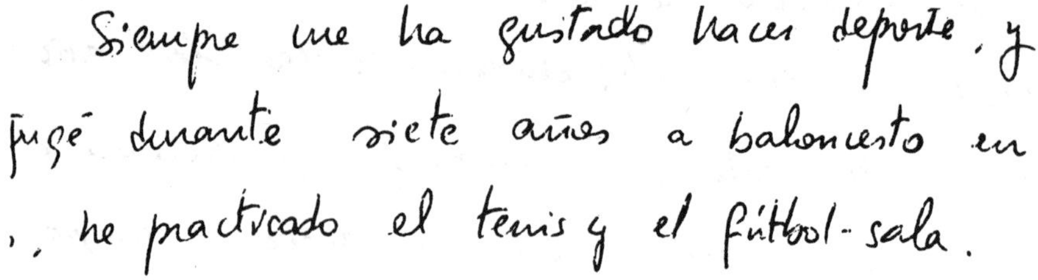

Joven jurista, bueno como asesor. "Adulto"(AT). "Tres"(Eneagrama).

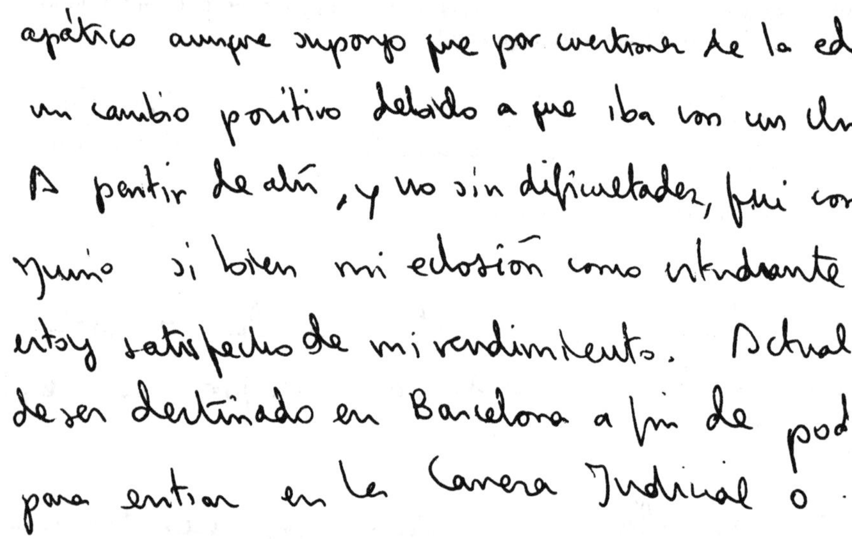

Jurista adaptado para la función de fiscal. "Cinco"-"Seis"(Eneagrama).

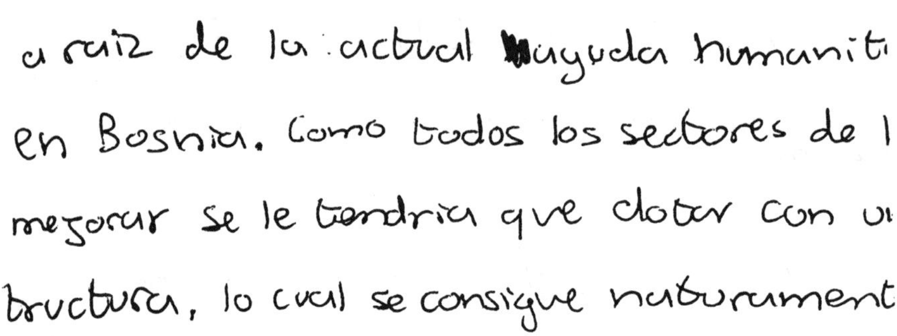

Jurista reciclado con éxito hacia la contabilidad y el Derecho tributario. "Nueve"(Eneagrama).

FIG. 5.11k.

En esta fase es también cuando se realiza paralelamente el informe pre-laboral, consistente en encargar a los investigadores la verificación del currículum, que sobre todo en cargos directivos no se limitarán a llamar a los antiguos directores del candidato sino que puede llegar a la observación del entorno donde vive el mismo. (FIG. 5.12 y 5.13).

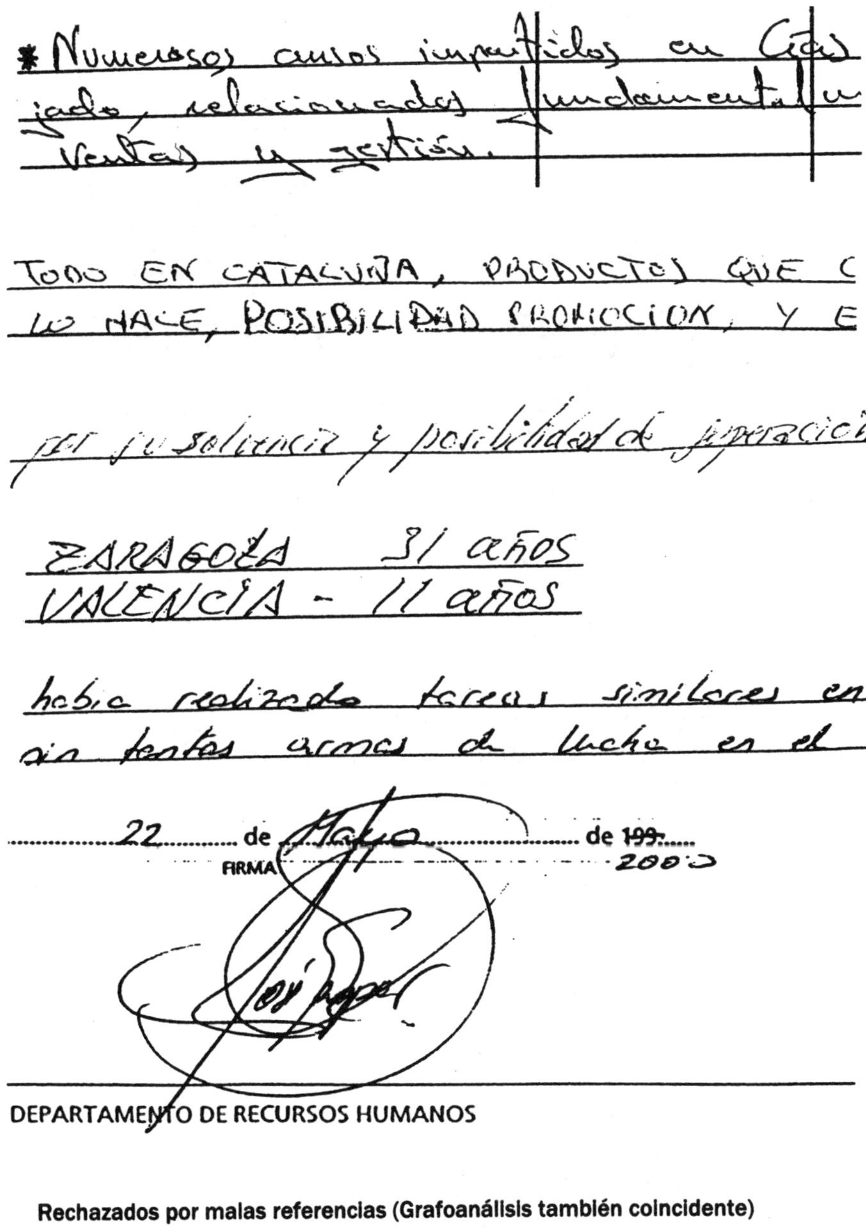

FIG. 5.12.

"CURRICULUM VITAE"

- DATOS PERSONALES:

Juan A[redacted] R[redacted] B[redacted].
Nacido en [redacted] ([redacted]) el [redacted] de junio de 19[redacted].
Casado. Dos hijas.
Domicilio habitual en C/ Crevillente, 7-2º-4º, 12005-Castellón.
Teléfono: (964) 23-39-21.

- FORMACIÓN ACADÉMICA:

: Formación reglada:

·(1976-1981): · **Licenciado en Ciencias Económicas y Empresariales** por la Facultad de Valencia.
·(1986-1988): · **MBA** por el Instituto de Estudios Superiores de la Empresa **IESE**.
·(1982-1983): · **Master en Finanzas** por el Instituto Universitario de Administración y Dirección de Empresas **ICADE**.
·(1984-1985): · **Master en Recursos Humanos** por el Instituto Universitario de Administración y Dirección de Empresas **ICADE**.
·(1985-1986): · **Master en Dirección Comercial y Marketing** por la Escuela Superior de Gestión Comercial y Marketing **ESIC**.

Amplia experiencia en el manejo de herramientas informáticas: Excel, Lotus 1-2-3, Word, Amipro, Word Perfect, Free Lance, Acces, SF1; así como del entorno AS-400.

- IDIOMAS:

· **Catalán:** Nativo.
· **Castellano:** Total dominio de escritura, lectura y conversación.
· **Inglés:** Alto nivel de escritura, lectura y conversación.
· **Italiano:** Alto nivel de escritura, lectura y conversación.

- EXPERIENCIA LABORAL:

·(1994-1997): · **Director de División (áreas comercial y logística)** de un importante grupo empresarial, dedicado a la distribución al por menor (retail) de productos de gran consumo, con sede central en la Comunidad Valenciana. En el desempeño de las funciones propias del cargo, tengo bajo mi responsabilidad los siguientes departamentos:

· Compras de Productos Frescos,
· Compras de Bazar y Ultramarinos,
· Logística (3 plataformas),
· Marketing,
· Gestión Ventas Supermercados,
· Planificación y Control de Stocks, y
· Expansión y Desarrollo.

·(1989-1994): · **Director Económico-Financiero** del Grupo Empresarial **LOGER, S. A.**, ubicado en Castellón y dedicado a actividades tan diversas como:
·hostelería y turismo,
·construcción y promoción inmobiliaria,
·fabricación de colchones y somieres,
·fabricación de pavimentos-revestimientos cerámicos,
· transporte de mercancías por carretera, etc.
En el desempeño de mis funciones tuve a mi cargo los siguientes departamentos:
· Compras y Logística,
· Administración de Personal,
· Informática,
· Asesoría Jurídica,
· Contabilidad General,
· Costos y Control Presupuestario,
· Tesorería,
· Análisis financiero y
· Auditoría Interna.

Asimismo, fui secretario del Comité Ejecutivo del Grupo Empresarial, cuya facturación anual es superior a los 20.000,- millones de pesetas, con una plantilla aproximada de 700 empleados.

·(1985-1989): · **Director Comercial y Marketing de IVECO ESPAÑA, S.A.** (división de vehículos comerciales e industriales de la multinacional italiana FIAT). Dicha Empresa, con una facturación anual superior a los 35.000,- millones de pesetas, tiene su sede en Madrid y estuvo dedicada (hasta la compra de Enasa-Pegaso) a la importación y distribución, en toda la Península Ibérica, de los camiones y furgonetas "Iveco", contando con un total de 62 concesionarios. Las áreas bajo mi responsabilidad fueron:

- Jefatura de Ventas de Vehículos Pesados,
- Jefatura de Ventas Autocares y Autobuses,
- Jefatura de Ventas de Vehículos Industriales Ligeros y Comerciales,
- Jefatura de Ventas de Vehículos Usados,
- Jefatura de Servicios de Marketing y Comunicación,
- Jefatura de Desarrollo de la Red,
- Jefatura de "Sales Financing".

·(1983-1985): · **Controller de Planta (factoría de Benicarló)**, de la Empresa **DU PONT IBÉRICA, S.A.** filial de la multinacional química norteamericana E. I. Du Pont de Nemours & Co. Inc. En dependencia directa de la Dirección de Finanzas, sita en Barcelona, estuvieron bajo mi responsabilidad las siguientes funciones:
- Confección de presupuestos de la unidad de negocio de pinturas (factoría de Benicarló),
- Control Presupuestario y análisis de desviaciones,
- Implantación del sistema de costes "Direct Costing",
- Implantación del Presupuesto Base Cero,
- Análisis de Inversiones (IRR y NPV) y autorización de las mismas,
- Reporting mensual a la sede central en España (Barcelona), en Europa (Geneva-Suiza) y Estados Unidos (Wilmington-Delaware).

·(1981-1983): · **"Product Manager"** (pinturas automoción) de la Empresa **DU PONT IBÉRICA, S.A.**; dedicada a la fabricación de productos químicos (pinturas, plásticos, agroquímicos, etc.) y farmacéuticos. Entre las labores propias del cargo se incluía la relación comercial directa con grandes cuentas como:
· Enasa-Pegaso,
· Fasa-Renault /Turismos (Valladolid),
· Renault-Vehículos Industriales,
· Ford España,
· Opel España,
· Seat, etc.

1. CARACTERÍSTICAS PROFESIONALES Y PERSONALES

Aunque, personalmente, considero que la auténtica idiosincrasia de una persona se conoce mejor por su capacidad para reconocer sus defectos, que por la de destacar sus virtudes; pienso que el motivo de fondo del presente documento es dar a conocer el estilo de dirección empresarial que entiendo más adecuado en la coyuntura actual del mercado y, por lo tanto, indicaré las aptitudes en las que, en mi opinión, sobresalgo, dejando para una futura entrevista (si considerara oportuno el que llegue a celebrarse) los defectos personales de los que soy plenamente consciente.

El estilo de dirección del que soy partidario, y que diariamente procuro llevar a cabo, es el siguiente:

1.- Auto-organización.
2.- Establecer objetivos, planificar cuidadosamente y definir estrategias.
3.- Comunicación (bi-direccional con el personal) y una eficaz política de Relaciones Públicas.
4.- Conocer el mercado (investigación permanente del mismo) y satisfacerlo (innovar continuamente, diferenciación de la competencia, fidelización del cliente, etc.).
5.- Pensamiento creativo, tanto personal como colectivo ("brainstorming, "think tank", "6-3-5", pensamiento lateral, pensamiento janista, etc.). Aceptación de nuevas ideas que valgan la pena, independientemente de su origen (personal de base, "benchmarking", etc.).
6.- Asignación y explotación adecuada de todos los recursos de la Empresa. No sólo los económicos y humanos, sino también la información, la imagen de marca, los contactos, etc.
7.- Dirección participativa y liderazgo. Utilizar la persuasión; el liderazgo se gana a pulso, no se impone.
8.- Supervisión y control, sin perjudicar la motivación del personal; o lo que es lo mismo: mantener la disciplina, sin aparentarlo.
9.- Asertividad: la verdadera acción empieza cuando surgen los imprevistos.
10.- Apostar firmemente por el crecimiento, para alcanzar economías de escala y una imagen de marca que garanticen el futuro de la Empresa.
11.- Fomentar el "marketing interno". Todos los empleados deben sentirse orgullosos de la Empresa y de su labor en la misma.
12.- Formación continua de todo el personal, y velar por la seguridad del mismo.

==========

Personalmente, me considero una persona organizada, analítica, creativa, polivalente (tanto en el plano personal como en el profesional), no demasiado sensible a los cambios bruscos (de domicilio, trabajo, etc.), prefiero escuchar que hablar, amante de la vida familiar, etc.

EJERCICIO Nº 12

Mi profesión me apasiona. Con ella no tan sólo he alcanzado los objetivos que desde niño me había marcado, sino que, además me ofrece la posibilidad de fijarme diariamente nuevos retos. Recuerdo que, de muy niño, me impresionaban los militares. Hoy en día, no ejerzo esa profesión pero, como ellos, puedo, y debo, definir estrategias, motivar a mis colaboradores, tomar decisiones, y llegar al objetivo final.

Pienso que no es fácil encontrar un trabajo que te guste y, además, dé de comer a tu familia. Yo lo he conseguido. Sin embargo, soy una persona muy ambiciosa, tanto profesional como económica y socialmente, y lo mejor de mi trabajo está todavía por llegar. Diariamente ~~ejerzo~~ hago ejercicio de automotivación, y esto me permite marcarme nuevos retos que hacen apasionante mi trabajo. El día que éste se vuelva monótono, deberé visitar un psicólogo, o cambiar de profesión.

FIG. 5.13. FALSIFICACIÓN DE CURRÍCULUM. El candidato se atribuyó el currículum de otra persona, lo único que hizo fue cambiar el nombre y datos personales. Supero todos los test y entrevistas pero no el Grafoanálisis, ni el informe de investigación pre-laboral. La escritura es artificiosa e inmadura.

1.1.7 INFORME

El informe de selección debe ser claro y pedagógico para la comprensión del destinatario, existe una gran variedad de modelos, pero normalmente se basan en una primera parte donde se expone el currículum del candidato seleccionado, las pruebas a las que se le ha sometido y se explican las características de su personalidad, justificándose la idoneidad para adaptarse al puesto.

Seguidamente exponemos unos informes breves de Recursos Humanos realizados para el Estado Mayor de la Región Militar Pirenaica.

1.1.7.1 Informe de RRHH a requerimiento de:

ESTADO MAYOR –Sección de Inteligencia– (FIG. 5.14)
Asunto: Recursos Humanos
Examinado: Ignacio ________________

A)

Ignacio es un joven de 23 años, hijo de empresario. el tercero de cuatro hermanos, en una familia aparentemente armonizada. Dispone de carné de conducir. Sus aficiones son acordes a su nivel socio-cultural.

Su personalidad es bastante madura, teniendo en cuenta su joven edad. De carácter firme, pero suave, no se impone por la fuerza, es sociable y persuasivo, intenta convencer más que imponer.

B)

Su nivel psicofísico es bueno, no se detecta ninguna alteración que pudiera afectarle, por el contrario, existe una buena canalización de la energía.

Su temperamento le ayuda a ser una persona realizadora y constante, seguro y práctico en la acción, adaptado y trabajador. Posee un buen desarrollo psicomotriz. Está bien dispuesto para las tareas y para abordar cualquier eventualidad y circunstancia. Es incluso audaz, por su afición a las tareas que requieran espíritu de competición y decisión.

No se apasiona febrilmente, pero es decidido, se equilibra entre el impulso a actuar y la reflexión (equilibrio entre los impulsos y tendencias inconscientes y el mundo consciente), esto es, existe una relación estable entre las funciones psíquicas y la conducta exterior.

Es persona que domina sus propios impulsos y los sabe subordinar a una actitud interior. Se trata de una persona receptiva (se le aprecia receptividad a las sensaciones múltiples y simultáneas, sin dañar su autocontrol temperamental).

C)

Se aprecia un nivel intelectual alto, tiene la carrera de Derecho, así como formación complementaria en idiomas, entre los que destaca el inglés.

Se aprecia una inteligencia superior que armoniza su capacidad lógica y su intuición, su capacidad de razonar y deducir no excluye la visión intuitiva ni ésta intercepta aquélla, sino que se apoyan mutuamente.

D)

Hace cuatro años que trabaja y ha adquirido una cierta experiencia profesional, y desde 1994 como pasante de un bufete de Abogados.

Su juicio es ponderado, lo cual le favorece la objetividad. Se trata de un individuo muy observador y a la vez reflexivo, pero que no se limita a recoger datos y clasificarlos, sino que los utiliza e interviene constantemente en las cosas o en los hechos para adaptarlos a las circunstancias y a la consecución de unos objetivos; ello en un momento, sin precipitarse ni caer en la monotonía o la rutina.

Sabe adoptar una jerarquía de valores y una dirección por objetivos. No se queda en las simples especulaciones teóricas, tiene asimismo una gran capacidad para poner en práctica sus ideas y dirigirlas hacia el éxito.

E)

Se trata de una persona voluntariosa, con un buen nivel ético y con capacidad de integración al ambiente, sin necesidad forzosamente de la influencia de los demás, si no es para apoyar su acción, esto es, se integra, pero no se deja enganchar por la emotividad, no se dispara, reflexiona y actúa en consecuencia.

Dispone, pues, de madurez y objetividad en las relaciones sociales.

Su nivel de voluntad es elevado, es capaz y constante en su actividad y autoafirmación moral, y ello sin perder su capacidad para resultar diplomático y para imponerse al ambiente, cuando las circunstancias lo requieran.

F)

Su impresión es bastante positiva; por otra parte, da la impresión de ser suficientemente sincero y honesto, es una persona con capacidad de integración, equilibrada e inteligente.

Por sus cualidades y buena disposición, puede resultar un candidato de confianza.

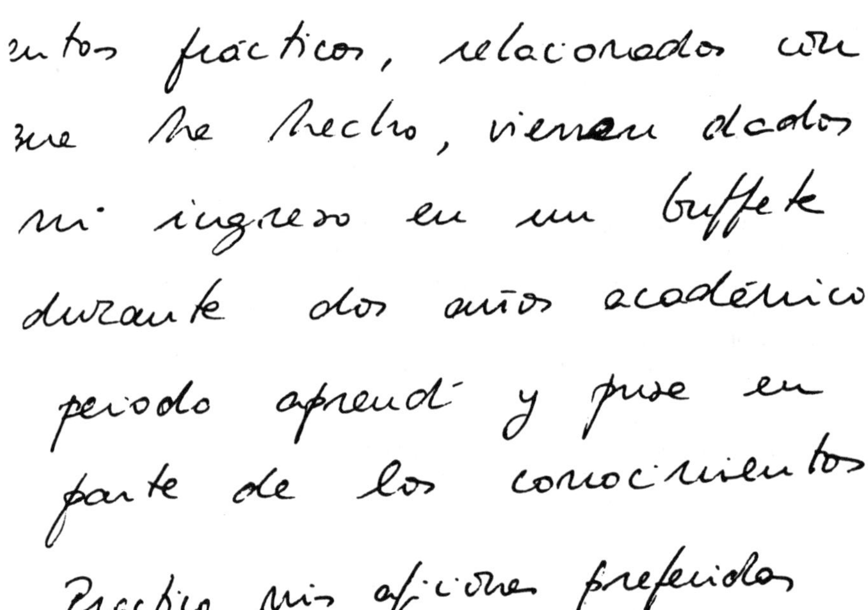

FIG. 5.14.

1.1.7.2 Informe de RRHH a requerimiento de:

2ª Secc. de E.M. (FIG. 5.15)

Examinado: JORGE ____________________

A) Joven de 24 años, situación familiar ________________.).

____

Compagina la lectura con otras aficiones como son el deporte y la música.

Es persona emotiva, nerviosa, que intenta reprimir sus reacciones inmediatas, a veces puede resultar algo impetuoso o al menos pinchante o irónico. Es impaciente, pero

el obstáculo le estimula. Tiene capacidad de acción. Sus sentimientos son fuertes y pasionales; a veces actúa con osadía, se lanza a la acción. Es orgulloso y susceptible en lo que se refiere a su dignidad, su personalidad es fuerte y con tendencia a dominar, exigiendo que los demás actúen con el mismo fervor que él. A veces puede dejarse llevar por el apasionamiento.
Es inteligente y a la vez intuitivo. Su mente analítica, racional y creadora le lleva a partir de unas ideas sólidamente arraigadas, a deducir, a la vez que a estructurar sus sistemas de acción y de pensamiento.
B)
Tiene fuerza, energía y también bastantes nervios (puede padecer crispaciones nerviosas).
Es muy activo, con un gran espíritu emprendedor y entusiasta. Se le observa ardor e iniciativa innovadora, es luchador por no decir combativo.
Cuando quiere tiene aptitud para comportarse de acuerdo con las circunstancias y situaciones del momento, pero sin perder su personalidad, firme y a veces sutilmente impositiva o dominante.
C)
Su nivel intelectual es alto, ha estudiado la carrera de Derecho, además ha adquirido una formación complementaria y un buen conocimiento del idioma inglés.
Su pensamiento va directamente al fondo de la cuestión, predomina la razón sobre la imaginación, es hábil para asimilar y exponer la esencia (sentido utilitario y objetivo, simplificación y síntesis).
Dispone de seguridad de juicio.
Es agudo con capacidad para investigar y descubrir por su curiosidad y sagacidad. Puede tener asimismo una cierta capacidad de inventiva e incluso originalidad de pensamiento.
D)
Ha adquirido ya un mínimo de experiencia en un gabinete jurídico.
Tiene capacidad para improvisar soluciones y para ver las oportunidades. Actividad mental, sutileza y astucia de pensamiento.
Se observa un importante desarrollo del juicio crítico. Desea llegar al fondo de las cuestiones, descubrir, aclarar, resolver, despejar incógnitas. Busca ante todo lo evidente, lo que puede ser demostrado, las causas que determinan los efectos: afina sus sentidos con astucia.
E)
No es una persona retorcida ni con rasgos que puedan demostrar mala fe; es bastante claro a pesar de su diplomacia y sutilidad; existe una suficiente ética en su comportamiento.
Hay que tener en cuenta que es persona con cierta ambición y con una íntima seguridad personal, que no le permite sentirse débil ante los demás, quiere tener responsabilidades, aspira a dirigir, a veces con una cierta osadía ya que puede ser un poco lanzado, pero al propio tiempo tiende a la autocorrección y subsanación de los errores de impulsividad.
F)
Su opinión es loable y sincera, tiene un concepto positivo y se expresa de forma constructiva, por sus condiciones puede resultar un buen colaborador.

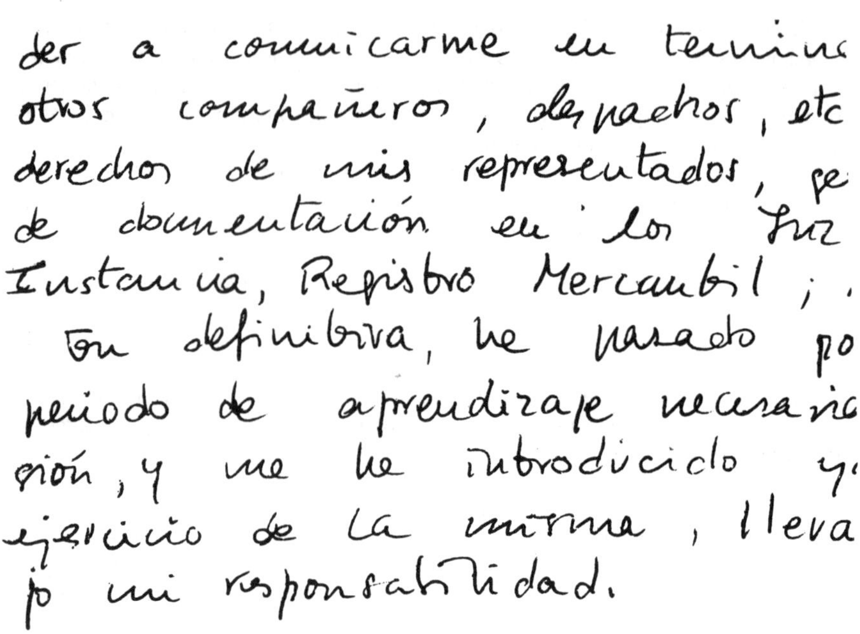

FIG. 5.15.

1.1.7.3 Informe de RRHH a requerimiento de:

2ª Secc. de E.M. (FIG. 5.16)
Examinado: LUIS ________________________

A)
Joven de 23 años. A pesar de su juventud y de ser hijo __________ observa una considerable madurez.
Las circunstancias familiares ____
Sus aficiones se basan sobre todo en la lectura, ______________________________
B)
Se observa armonía y en general no se aprecian alteraciones que puedan afectar a la buena canalización de su energía.
Persona práctica y realista. Su rendimiento es alto, es capaz de actuar sobre varias cosas a la vez, con bastante naturalidad. El trabajo le estimula, no le asusta la actividad.
Por su temperamento, tiende a ser efusivo, quiere ser simpático, dispuesto al entendimiento con todo el mundo, ello le favorece la extraversión.
Desde el punto de vista psicofísico, equilibra bien su actividad y domina la motricidad, pudiendo actuar sobre el movimiento.
C)
Como abogado que es, su nivel cultural parece alto, y, asimismo ha compaginado los estudios con la formación en los idiomas inglés, francés, y, también con música (solfeo y piano), parece que dispone de una buena sensibilidad artística.
Teniendo en cuenta su imaginación y buena dosis de fantasía, dispone de un suficiente sentido común, inteligencia concreta y práctica, facilidad de comunicación, sabe convencer por su diplomacia y ello le facilita el éxito social.
Asimismo tiene una excelente memoria práctica y capacidad sensoperceptiva que le facilita encontrar los argumentos más sensibles a la opinión general, adaptarlos y plantearlos con arte convincente.

Tiene visión global de las cuestiones, puede tener le mente en varios asuntos a la vez, ello por una parte le resta profundidad, pero por otro lado le facilita el poder atender varias cosas a la vez.

D)

Tal como se ha comentado, siendo muy joven, resulta bastante maduro, es abogado desde hace ya un año, pero antes realizó funciones de pasante durante cuatro años. Se le aprecian grandes aptitudes tanto profesionales como humanas.

E)

Tiene un carácter positivo, sabe adaptarse sin choques ni traumas para su personalidad, es persona fiel y honesta, con destacados valores humanos y una inteligencia elevada, no es vanidoso, por el contrario existe bastante sencillez en su comportamiento, dispone de condiciones para desarrollar un buen trabajo.

Puede tener bastante manga ancha con los defectos de los demás, es de tipo cordial, allana dificultades y se muestra partidario de favorecer las conciliaciones y evitar los disgustos y violencias, quiere sentir la estima de todos.

F)

La personalidad y aptitudes, tanto de orden ético como profesionales, hacen que este candidato resulte merecedor de la suficiente confianza y capacidad para desempeñar tareas de cierta responsabilidad.

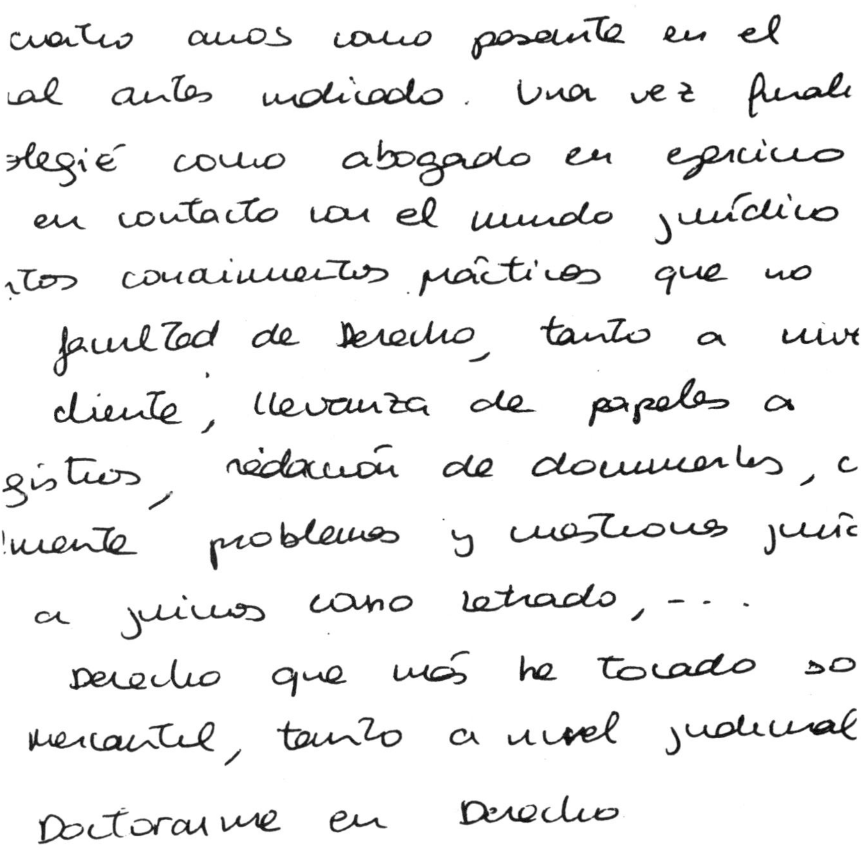

FIG. 5.16.

1.1.8 VALIDACIÓN

Denominada así por Blasco y por otros autores (Ricchino) como seguimiento, es la última etapa del proceso de selección, y consiste en un contraste entre los datos «teóricos» obtenidos durante el proceso de selección mediante las diversas técnicas e instrumentos de evaluación y su posterior valoración, y los datos «prácticos» aportados por la organización sobre el «comportamiento laboral» del candidato recién incorporado, y que algunos autores llaman evaluación del desempeño.

Esta etapa pese a encuadrarse en el período postselección, es imprescindible puesto que:

1. Permite corroborar la correcta acción predictiva de la selección, es decir, la comprobación de las potencialidades del candidato en el marco organizacional. El término predicción se entiende como el cumplimiento en el futuro de las expectativas a partir del análisis de «indicadores» presentes.

2. Dicha comprobación permite realizar los ajustes y mejoras necesarios, y evitar en lo posible errores en selecciones similares, aumentando progresivamente el grado de fiabilidad predictiva del proceso de selección.

Los aspectos que deben compararse entre sí, son los siguientes:

1. Los datos del proceso de selección.

2. Los datos aportados por la organización: jefe inmediato, de departamento, etc.

3. Algunos autores (Ricchino) con un enfoque más social, indican también otra fuente de información a tener en cuenta, que es el candidato mismo.

Sobre este proceso de validación existen discrepancias sobre si realmente puede ser útil, hay dudas sobre si los criterios sobre los que se basa son realmente objetivos y científicos, ya que las conclusiones de la organización no son incontestables ni incuestionables. Pueden producirse dificultades de adaptación entre candidato y organización, pero por ambas partes, sin que ello ponga en duda la labor del seleccionador y la profesionalidad del candidato.

La validación, al pertenecer a una fase de postselección, aporta una información valiosa, fruto de la experiencia, imprescindible para la revisión de las bases teóricas; además de otros beneficios adicionales, pues facilita los continuos contactos con el cliente:

1. Comprobación del grado de satisfacción de la organización respecto a la empresa de selección, contando ya para próximas selecciones.

2. Mantenimiento o continuidad de contacto a modo de «gesto adecuado de relaciones públicas» y comerciales, pues actúa a manera de recordatorio, a la empresa cliente, para futuras selecciones.

El proceso de selección viene determinado por una serie de factores que presentes en cada una de sus etapas, condiciona la resolución favorable de la selección y está en relación directa con su capacidad predictiva.

a) El análisis de puesto, respecto a las especificidades del empleo y del candidato,
b) La organización en cuanto a su concepción de empresa y su propio análisis del empleo.
c) El presupuesto económico, que incide directamente sobre los canales de reclutamiento del personal, y permite aumentar el número de candidatos óptimos.
d) El mercado laboral respecto a las posibilidades de localizar determinados especialistas, en ocasiones, es más aconsejable iniciar un proceso formativo con los empleados de la propia organización, que ir en busca de foráneos.
e) Las implicaciones legales, y ético-morales, sobre prácticas no recomendables para el reclutamiento de los mejores candidatos, o las de su evaluación.

1.2 Análisis de problemáticas más habituales en el contexto laboral o de las organizaciones

1.2.1 PATOLOGÍAS LABORALES

Existen numerosas enfermedades vinculadas a la actividad socio-profesional: adicción profesional, fatiga, desgaste personal, acoso moral /sexual, estados depresivos, afecciones psicosomáticas, psicopatología de la accidentalidad, neurosis profesionales, problemática comportamental del recién incorporado, del desempleado, jubilado y prejubilado.

1.2.1.1 «Workaholics»: adicción al trabajo («Trabajo Compulsivo»)

a) Descripción del fenómeno psicofísico:

Cuando el sujeto realiza jornadas laborales exhaustivas descuidando su vida personal y familiar, sin que haya causas objetivas y razonables para tal situación, pese a las coartadas que utiliza incesantemente, como la necesidad de aportar recursos al hogar, las obligaciones imperiosas del empleo en sí, o la coyuntura específica de la organización, es síntoma de una adicción al trabajo, puesto que se produce siempre en cargos de nivel superior, donde la motivación económica deja paso a otras determinantes. El origen de esta patología sería una búsqueda de admiración, de reconocimiento personal y profesional constante y excesivo, un deseo de demostrar la capacidad para afrontar retos continuos, sin poder sustraerse a la competición con uno mismo y con los demás, y, el placer que produce ejercitar sobre los otros cierta dominancia. Detrás de esta pantalla de requerimiento empresarial, se esconde una autoexigencia excesiva, competitividad, ambición y agresividad encubierta, que comporta una serie de dolencias como son migrañas, angustia, irritabilidad, insomnio, inapetencia sexual, tristeza, pérdida de relaciones afectivo-familiares, y otros trastornos somáticos (gástricos, cardiovasculares, hipertensión...) todo ello, producto de esta hiperactividad laboral.

b) Medios de intervención:
- Capacidad de introspección.
- Vigilancia respecto a las señales de nuestra pareja e hijos, familiares y amigos.
- Realizar actividades creativas, lúdicas y hobbies fuera del ámbito laboral.
- Ser asertivo, y conocer los propios límites.
- Objetividad, para discernir entre lo «necesario y posible» y lo que excede.

1.2.1.2 Estresamiento («problema de fatiga»): Fatiga profesional (FIG. 5.17)

Se analiza en términos médicos a través de mediciones objetivas que fijen baremos ergonómicos (adecuados a la fuerza y resistencia física sostenible del trabajador), que pueden estar en franco desacuerdo con los criterios empresariales. Distinguimos:

a) Fatiga Física: una serie de pruebas médicas, pueden tomar medidas fisiológicas objetivas.

b) Fatiga Mental: pruebas médicas (tele-electro-encefalograma) permite medición objetiva (Weiss, 1992).

curso estudios durante 5 años, y
· en esquiadas para toda la escu.
como en el equipo de rugby
de la facultad.
· Ingreso en Arthur Andersen al ter
carrera.

Hechos importantes, el haber trabajo
durante toda la carrera, y el hecho
salir al extranjero y conocer otras
y culturas.

. Tener un nivel cultural importante
que alecciona a la lectura y a la

FIG. 5.17. Stress del ejecutivo.

1.2.1.3 «Burn out»: desgaste personal o asco al trabajo

Se produce en aquellas profesiones altamente vocacionales como son la educación, la sanidad y la seguridad, en donde existe un contacto personal directo. Y se traduce en una pérdida de motivación, de autorrealización, de falta de interés por el trabajo que se somatiza en malestar general, fatiga, desánimo...

En una gran mayoría de casos pasa desapercibida como enfermedad con una sintomatología propia y se diagnostica como depresión, afectando en el año 2001 a unos dos millones de personas en todo el territorio español. Está tipificada, reglamentada como accidente laboral.

1.2.1.4 «Mobbing»: acoso psicológico en el trabajo

El «mobbing» (Leyman, 2001) o «bullying» son los términos anglosajones utilizados para definir aquello que los franceses denominan «acoso moral» (Irigoyen, 1999) y que se refiere al maltrato psicológico en el ámbito profesional. Se trata de un asedio laboral ejercido por jefes y/o compañeros que se manifiesta en acciones concretas que atentan contra los derechos y dignidad del trabajador, entre éstas se incluirían por ejemplo: a) funciones y/o tareas por debajo del nivel de competencia del empleado, o ilógicas; b) falta o abundancia de trabajo; c) nulas directrices, o contradictorias o incoherentes de los responsables; d) deterioro en las condiciones laborales; e) marginación en actividades comunes de la organización (reuniones, celebraciones...); f) propagación de rumores insidiosos sobre el empleado; g) constantes reprobaciones, ofensas, afrentas y vituperaciones; h) insultos, intimidaciones y coacciones.

Lo que genera en el empleado unas secuelas psíquicas (estrés, depresión, fenómenos de somatización, e incluso suicidio) que pueden poner en peligro su salud física y mental e incapacitarlo para el normal funcionamiento de su vida personal y profesional.

Las dificultades para diagnosticar médicamente el mobbing o acoso moral en el trabajo y su consecuente regulación jurídica, radica en la dificultad para objetivizar las acciones o hechos hostigadores que le fundamentan, y no confundirlo con apreciaciones difícilmente probatorias, más enraizadas en una percepción subjetiva por parte del trabajador. Así pues, resulta imprescindible realizar un análisis diferencial con otros tipos de conducta empresarial más o menos aceptada (extrema competitividad, exigencia, autoritarismo...) que no pueden ser consideradas mobbing, ya que no comportan una degradación sistemática y continua, que en la mayoría de veces estaría orientada hacia a un fin: el despido encubierto; y que en otros casos debe entenderse como una manifestación de conflictos afectivos del acosador, que a través de estas acciones intenta suplir sus inseguridades (Bandera, 2001). Pese al vacío legal existente en España (Francia, en mayo/junio de 2001 ya lo tipificó como delito, –siguiendo el ejemplo de Suecia y Suiza– con penas de 1 año de prisión y multas de hasta 2,5 millones de pts.), es posible demostrar cambios y rebajas en las funciones y tareas de los empleados, así como la erosión del ambiente laboral. De hecho en el Juzgado de lo Social nº 1 de Pamplona (febrero de 2001) por primera vez, se recoge en dos sentencias, el acoso moral como accidente de trabajo. Una enfermedad de tipo profesional, que según la OIT la padecerían en España un 5% (750.000 trabajadores) y, con un espectacular aumento (en torno a 1 millón desde 1995-2001) puesto que la maquinaria empresarial tiene como fin último, la obtención del máximo beneficio al mínimo coste, lo que obliga a adoptar toda clase de estrategias (elevados riesgos, competitividad, espionaje...) que permitan su cumplimiento, y una de ellas puede ser el «mobbing», un acoso y derribo psicológico hacia aquel empleado del cual se quiere prescindir, pero obligándole a que sea él el que dé el paso con el consiguiente ahorro económico para la organización (Díaz, 2001).

1.2.1.5 «Karoshi»: fallecimiento por agotamiento laboral

Este término japonés de nueva acuñación, derivado de la unión de las palabras *Karo* (agotamiento) y *Shi* (muerte), hace alusión a una patología laboral de extrema gravedad originaria de Japón, consecuencia de su idiosincrasia. La destrucción del país en la Segunda Guerra Mundial, y la necesidad de un sobreesfuerzo colectivo para su rápida recuperación económica, basado en los aspectos de jerarquización social, favoreció un desarrollo tecnológico e industrial durante los años 60-70 sin parangón, al amparo de la gran capacidad de entrega y de renuncia total del trabajador hacia la empresa (jornadas agotadoras, horas extras, reducciones en el descanso laboral a un día a la semana –domingo– y una semana de vacaciones al año –normalmente rechazada–), ésta que era considerada como una prolongación de la propia familia, procuraba en contrapartida, el bienestar de sus miembros; pero en el nuevo contexto de globalización, este modelo económico de explotación –de tono paternalista– que incidía en los valores tradicionales japoneses, como la colectividad (solidaridad, respeto...) ha sido sustituido por un deshumanizado capitalismo salvaje occidentalizado, individualista y competitivo, que exprime aún más a los sujetos, que indefensos y sin tiempo material ni energías para desarrollar armónicamente sus propios espacios, reaccionan ante este desgaste psicosomático, con una sintomatología diversa como pérdida de apetito, incomunicación, vértigos, alucinaciones, etc..., y que desenlaza con el fallecimien-to del sujeto por aparente enfermedad: cardiovascular... (muerte súbita), suicidio y/o accidente (de tráfico...) (Bru Rovira, 2001).

1.2.2 RELACIONES INTERPERSONALES EN EL ÁMBITO DE LAS ORGANIZACIONES

Relaciones Sentimentales

La imbricación entre la esfera de lo íntimo –sentimental– y lo laboral, es un fenómeno que habitualmente no goza del beneplácito de las organizaciones, pese a su elevada frecuencia, favorecida por largas jornadas laborales plenas de vivencias en espacios cerrados, y en contextos de desmembración familiar; porque en general, se teme una reducción de la productividad y desestabilización del ambiente laboral; aunque la mayoría (70%) no lo contempla en su reglamento interno y sólo un porcentaje muy pequeño (18%) posee normas muy estrictas respecto a ello, las consecuencias para los «infractores» pueden ser de diversa índole (despido, traslado forzoso, reducción de categoría profesional, amonestación, mayor o menor pérdida de la consideración profesional y/o personal) ; es un intento por parte de la empresa de evitar el deterioro laboral que afectaría al conjunto de empleados que experimentarían animosidad en su exclusión del nuevo tándem (rompimiento de la unidad de grupo) y que según los casos, provocaría suscep-tibilidades en cuanto a promociones, salarios, traspaso de información..., cristalizando en denuncias sobre nepotismo por parte de sus propios compañeros o incluso, entre la misma pareja, utilizado como arma arrojadiza en una eventual ruptura, creando situaciones de alta conflictividad como boicots, sabotajes, y en mayor medida denuncias por acoso sexual y/o psicológico (Martín, 2001).

1.2.3 EJEMPLOS DE FIGURAS PERJUDICIALES EN LA CONVIVENCIA LABORAL

A continuación analizaremos únicamente aquellas más conocidas popularmente: el *trepa o escalador social, el acosador moral / sexual,* y el *«hijo del jefe».*

1.1.3.1 El Escalador Social

Popularmente conocido en las organizaciones sociales como «trepa», este sujeto alcanza importantes puestos a costa de las virtudes y méritos de los demás; su enorme astucia y habilidad le hace ganar la confianza de la dirección, que le otorga responsabilidades y promociona constantemente. En algunos casos se le descubre demasiado tarde, cuando ya se ha apoderado del control de la organización, por su labor silenciosa y de zapa, que pasa inadvertida para sus superiores, y que incluye un sinfín de operaciones maquiavélicas como por ejemplo desacreditar a los que le molestan con invenciones y falsedades, asesoramiento profesional intencionadamente erróneo a grupos de iguales e inferiores, expoliación de documentación, plagio, usurpación y adjudicación de autoría de trabajos, abuso de los inferiores complacientes con falsas expectativas y en «nombre de la organización», aprovechamiento de los contactos de la cúpula, sin facilitar los propios, y sobre todo una labor solapada de crítica sistematizada de la dirección «por la espalda», combinada con una exagerada adulación a la misma en privado.

En la clasificación de T. Millon el «trepa», extravertido y sociable, se denomina «*narcisista elitista*» (por ejemplo: Saddam Hussein, suní admirador de Stalin y de Maquiavelo, su perfil psicológico, presentado por la CIA, indicaba personalidad calculadora con sentido mesiáncico que sólo confía en sí mismo sin tener en cuenta a los demás), mientras que el subtipo «*narcisista compensador*» parte curiosamente de una especie de supercompensación de la inferioridad.

Theodore Millon (2000) define de esta manera al *narcisista compensador*, un trepa altamente dañino por su aparente aureola de venerabilidad.

«El narcisista compensador se desvía de los otros subtipos de narcisistas y del prototipo. Los orígenes en los que se basan sus comportamientos claramente narcisistas se derivan más de un sentido subyacente de inseguridad y debilidad que de sentimientos genuinos de confianza y alta autoestima. Tras su apariencia pseudoconfiada, la postura que adoptan públicamente, están movidos por fuerzas similares a las de las personalidades negativistas y evitadoras.

(...) el narcisista compensador intenta superar su sentimiento de vacío mediante la creación de una ilusión de superioridad y construyendo una imagen propia de gran valía (...)

Los narcisistas compensadores necesitan que los demás secunden su esfuerzo por conseguir prestigio. Intentan mejorar su autoestima, obtener y almacenar en el Sí mismo todas las formas de reconocimiento que le «glorificarán» públicamente. Muy a pesar de los demás, estos narcisistas «se emborrachan» contando sus éxitos y los registran para que los demás sepan hasta los más mínimos reconocimientos públicos recibidos. Efectivamente, se adoran, son sus propios dioses. A medida que este hinchado y sobrevalorado sentido del Sí mismo se incrementa, el narcisista ve a los demás como pobres plebeyos. Adquieren una progresiva actitud despreciativa en la que los logros ajenos son ridiculizados y degradados.

Su vida es una constante búsqueda de pseudoestatus, una serie vacía de aspiraciones que no sirve a otro propósito que al de la autopromoción. Esta búsqueda de objetivos insulsos puede empezar a disparatarse, apoyada en un inseguro sentido de la propia valía que tiene poco que ver con logros tangibles. En vez de vivir sus propias vidas, persiguen el papel de líder en un escenario falso e imaginario. Nada de lo que consiguen tiene mucho que ver con la realidad. Su tenaz aspiración a la gloria puede impresionar al simple y al agradecido, pero tiene poco de genuina u objetiva.

En los casos en que estas persecuciones pierden veracidad y se convierten progresivamente en un mundo imaginario, con él mismo y con los demás como en un sueño, los narcisistas compensadores empiezan a autoengañarse de una forma no excesivamente distinta a la del paranoide fanático. Si trazáramos una línea que uniera estos dos subtipos de personalidad, veríamos que el narcisista compensador lucha por conseguir prestigio en un mundo compuesto por personas reales. Cuando la realidad retrocede y la fantasía pasa a un primer plano, vemos al fanático que interpreta sus aspiraciones en soledad. Uno actúa ante los demás, aunque sea exagerando o presumiendo; el otro permanece solo en su mundo interno, una «pseudocomunidad», como la ha denominado Cameron (1963), en la que la imaginación ha sustituido a la realidad.

Debido a la inseguridad en la que se basan sus expresiones narcisistas, los narcisistas compensadores están «hipervigilantes», por utilizar un término de Gabbard (1994). Lo que queremos decir es que son extremadamente sensibles a las reacciones de las otras personas, vigilan y escuchan atentamente en busca de cualquier juicio crítico y se sienten ofendidos por cualquier signo de desaprobación (...) estos narcisistas son propensos a los sentimientos de vergüenza y humillación, y se sienten muy ansiosos y vulnerables frente a los juicios de los demás. «Saben» que son un fraude, que pretenden una posición más elevada que la que se merecen. A pesar de este conocimiento, no actúan tímida ni dubitativamente, como cabría esperar, sino que se sumergen y encubren su sentido de inadecuación y deficiencia con pseudoarrogancia y grandiosidad superficial.»

Las manifestaciones gráficas del narcisista subtipo compensador no son siempre iguales ya que el individuo procede de una actitud vital «yo estoy mal, los demás están bien» por lo tanto existe una inseguridad inicial, normalmente con una carga de rebeldía muy destacada («Niño Adaptado Rebelde») y una supercompensación adquirida que le otorga el «narcisismo compensador» (trazos de la seguridad subjetiva del «Padre» negativo), por ejemplo, la aparición de «rizos». Es fácil que la persona se disfrace con la escritura en mayúsculas, donde aparecerán múltiples trazos en diagonal ascendente o presión desplazada, etc. (FIG. 5.18, 5.19).

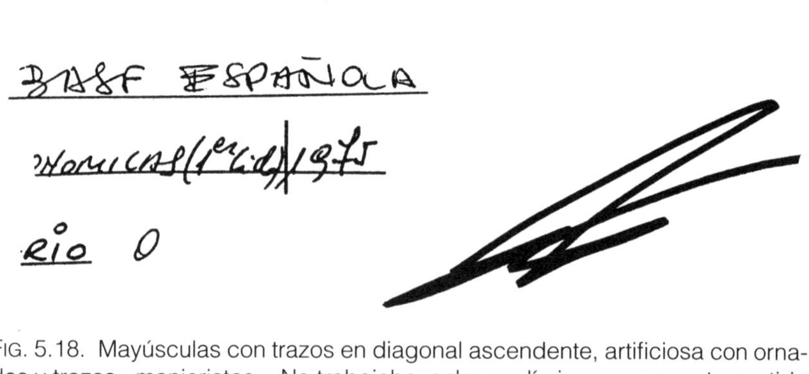

FIG. 5.18. Mayúsculas con trazos en diagonal ascendente, artificiosa con ornados y trazos «manieristas». No trabajaba, solo vendía imagen, en este sentido se ejercitaba a fondo (fiestas, amistades, apariencia, etc.). Se creció tanto que no dudó en «enamorar» a la mujer de su director general.

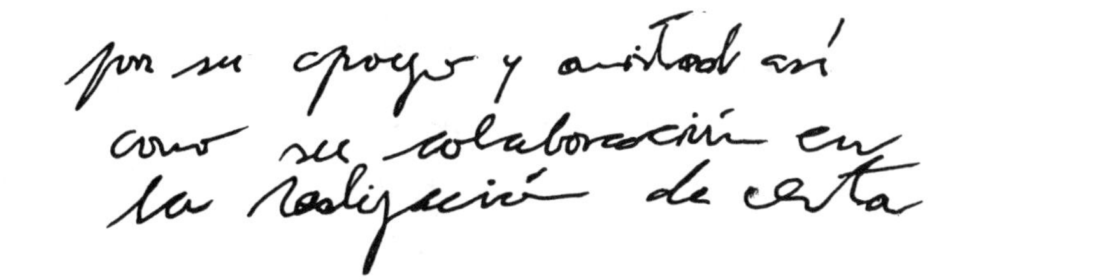

FIG. 5.19. Este individuo que escribe habitualmente en mayúsculas, nos revela en esta muestra gráfica, trazos de coligamento en diagonal ascendente (rebeldía latente), arcadas (encubrimiento de las apariencias), sinuosidad –inestabilidad lineal y de dimensiones (astucia y yo fluctuante)–. Se observa el rizo de la mitomanía (la seguridad falsa y subjetiva, la imposición de la idea fija) que en este caso determina la supercompensación de sus complejos.

Profundizando en análisis transaccional (AT): El «Padre Crítico» megalómano se ha desarrollado hasta paliar la inseguridad del «Niño Adaptado» uniendo sus fuerzas al «Niño Adaptado Rebelde» que en vez de sentirse en inferioridad de condiciones, se ha crecido hasta adoptar una falsa sensación de «yo estoy bien, cuando yo estoy bien y tú estás mal» y si trascendemos al análisis estructural descubriríamos que el «Adulto» (ordenador central) está «contaminado» (por el «Niño»: falsas ilusiones, y por el «Padre»: prejuicios), racionalizando cualquier alejamiento de la realidad a través del «Pequeño Profesor», por eso podemos hablar de trastorno.

1.2.3.2 El Acosador

Existen diversas variantes de acosador: moral/psicológico o sexual. En algunas ocasiones el acoso moral puede ir unido al sexual, pues es lógico que la desconsideración por la otra parte facilite el saltarse cualquier barrera de ética sobre la dignidad del considerado «inferior».

En un comunicado de prensa de la Unión Profesional de Guardias Civiles –UPGC– (2003) sobre la «epidemia» de bajas psiquiátricas (unas 3.500) y suicidios producidos en el Cuerpo, con una de las tasas más elevadas en relación a otros cuerpos de seguridad (Policía Nacional y Ejército) se reflejaba como causa primera el acoso moral, a tenor de un informe elaborado por miembros de la Asociación Asturiana de Psiquiatría.

Por razón de nuestro trabajo, hemos podido observar de cerca la nefasta influencia del acosador, no solo en el mundo de la empresa, sino también dentro de la propia Policía (una de las misiones del analista es precisamente la de poner al descubierto dichos casos de abuso, la mayoría de veces actúan de forma encubierta con muestras de un aparente servilismo ante los superiores).

El acoso es un hecho y la sensibilidad social hace que la repulsa sea más notable en todos los medios, ahora bien, la otra cara de la moneda es la posible utilización oportunista de personas desaprensivas que muchas veces por simple venganza y con el arte del engaño puedan resultar francamente difíciles de descubrir.

(Ver Patologías Laborales: Mobbing)

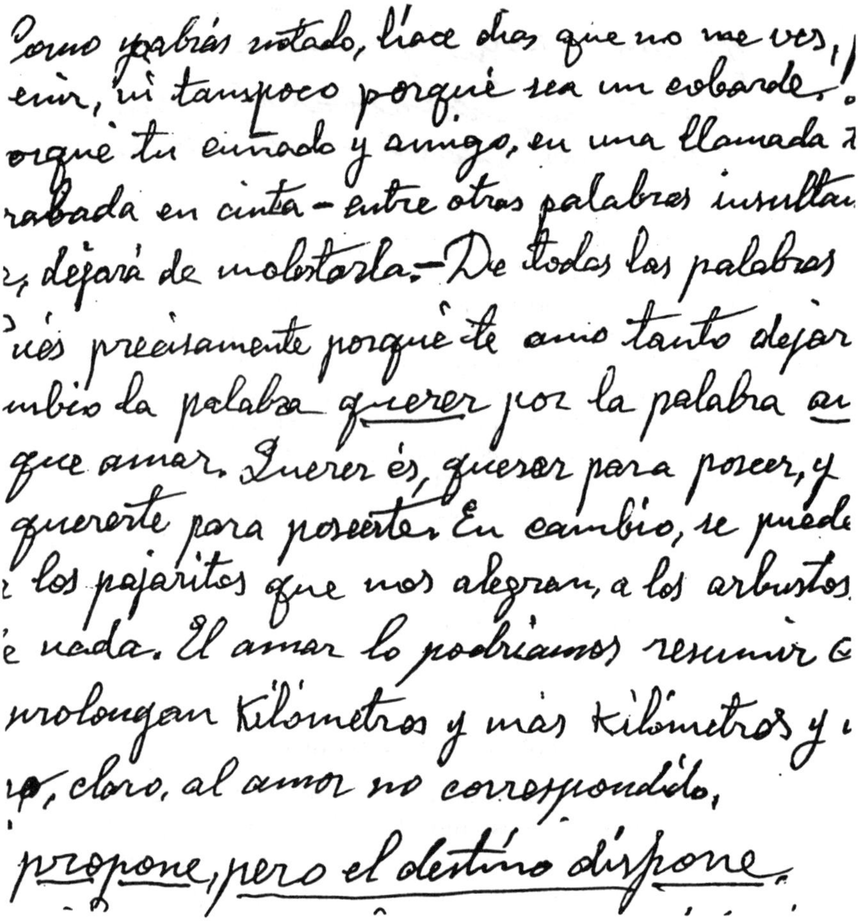

Como ya sabrás notado, hace días que no me ves,
enir, ni tampoco porque sea un cobarde!
orque tu cuñado y amigo, en una llamada
rabada en cinta – entre otras palabras insulta
e, dejará de molestarla.– De todas las palabras
ués precisamente porque te amo tanto dejar
mbio la palabra querer por la palabra a
que amar. Querer és, querer para poseer, y
quererte para poseerte. En cambio, se puede
los pajaritos que nos alegran, a los arbustos
é nada. El amar lo podríamos resumir e
prolongan kilómetros y más kilómetros y
o, claro, al amor no correspondido,
propone, pero el destino dispone.

FIG. 5.20a. Acosador. Predominio del eje vertical, dureza o rigidez, impulsividad y descontrol. Mezcla de «Padre Crítico» y «Niño Libre» (AT) y «Ocho» «Siete» (Eneagrama) en sentido negativo.

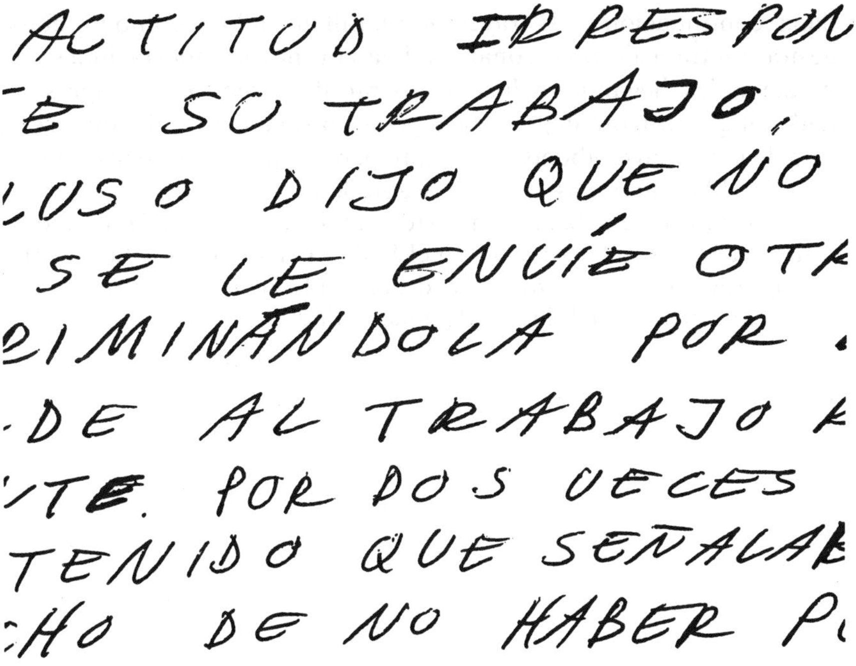

FIG. 5.20b. Acosador. Predominio del eje vertical con presión y dureza, jambas profundas que alcanzan a la línea inferior, irregularidades de tamaño y distribución, falta de freno, caprichosidad. Mezcla de «Padre Crítico» (AT) y «Niño Libre» (AT), en sentido negativo

1.2.3.3 El Hijo del Jefe (tipo negativista) (FIG. 5.21)

El Negativista antes denominado «pasivo-agresivo» por sus oscilaciones entre la inseguridad y las salidas de tono, e identificado también con una mezcla poco afortunada del «Niño Adaptado» y el «Niño Adaptado Rebelde». En ocasiones puede existir una correlación entre el estatus de hijo del jefe..., y el trastorno de personalidad negativista. Puesto que es el hijo que se ve absorbido por la importancia social del padre y no tiene la suficiente competencia para equipararse o superarle, sufriendo por ello, ya que las expectativas puestas en él no se confirman, y resulta un lastre o vergüenza familiar que se le recuerda a cada instante; pero sin embargo es incapaz de desprenderse de este núcleo familiar y sigue orbitando en el ámbito social y profesional del padre, adoptando una postura crítica e inconformista que manifiesta sistemáticamente ante propios y extraños, pero eso sí usando todas las prebendas y beneficios del padre, lo que causa más estupor entre los acólitos paternos, que no entienden la conducta inapropiada del que teniéndolo todo, no agradece nada. Su personalidad pendula entre el pasivismo del que no tiene fuerza, capacidad de acción, dinamismo por acometer la tarea encomendada, continuación de la trayectoria familiar, ya bien como un buen gestor continuista, o personalizándola con nuevas aportaciones generacionales, llegando incluso a superar al progenitor; y la agresividad, del que, impotente, se rebela por su propia ineficacia, nulo sentido de la responsabilidad e inacción, pero culpabilizando al entorno familiar, liberándose así su responsabilidad.

Entre los rasgos básicos de este comportamiento y, siguiendo el criterio diagnóstico expuesto en el DSM-IV-TR, cabe destacar control agresivo sobre los demás, tozudez, inconformismo, incompetencia personal y profesional, lentitud e inactividad...

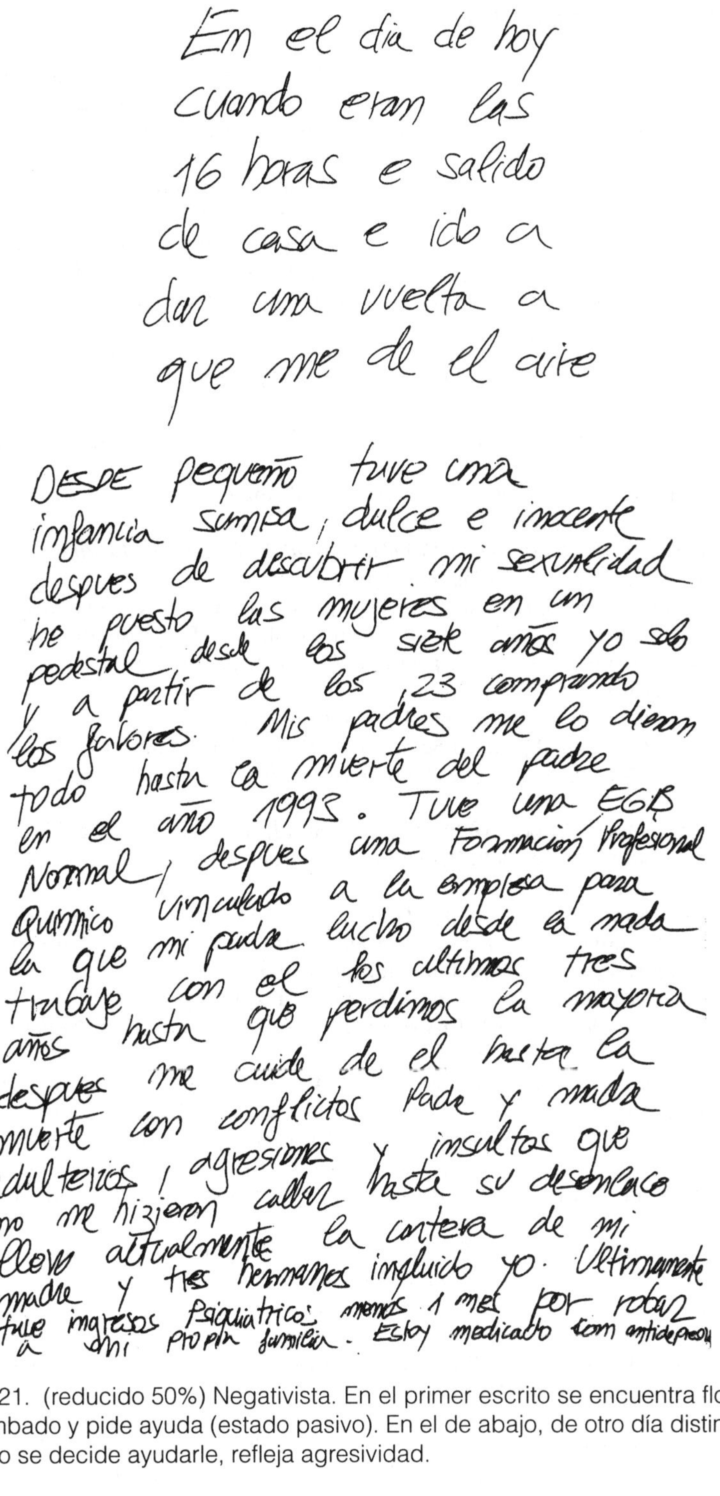

En el dia de hoy
cuando eran las
16 horas e salido
de casa e ido a
dar una vuelta a
que me de el aire

DESDE pequeño tuve una
infancia sumisa, dulce e inocente
despues de descubrir mi sexualidad
he puesto las mujeres en un
pedestal desde los siete años yo solo
y a partir de los 23 comprando
los favores. Mis padres me lo dieron
todo hasta la muerte del padre
en el año 1993. Tuve una EGB
Normal, despues una Formación Profesional
Quimico vinculado a la empresa para
la que mi padre lucho desde la nada
trabaje con el los ultimos tres
años hasta que perdimos la mayoria
despues me cuide de el hasta la
muerte con conflictos Padre y nada
adulterios, agresiones y insultos que
no me hizieron callar hasta su desenlace
llevo actualmente la cartera de mi
madre y tres hermanos incluido yo. Ultimamente
fue ingresos Psiquiatricos menos 1 mes por robar
a mi propia familia. Estoy medicado con antidepresiv

FIG. 5.21. (reducido 50%) Negativista. En el primer escrito se encuentra flojo, derrumbado y pide ayuda (estado pasivo). En el de abajo, de otro día distinto, cuando se decide ayudarle, refleja agresividad.

ARGYRIS, C. (1974): *El individuo dentro de la organización,* Barcelona, Herder
BANDERA, Magda (2001): *33 tristes traumas,* Barcelona, Plaza & Janés
–(2001): «Traumas modernos», del suplemento Magazine de *La Vanguardia*, Barcelona, domingo 17 de junio
BLASCO, Ricardo (2002): «Selección de Personal» en *Diccionario Crítico de Ciencias Sociales*, Tomo 3, Madrid, Universidad Complutense de Madrid
BLASCO, R. D. y PRIETO, J. M. (1993): «Validité et utilité de l'évaluation de la personnalité en gestion du personnel», *European Revieww of Applied Psychology. (Special Issue: The Validity and Utility of Personnality Assessment in Occupational Psychology),* 43(3)
BLUN, Milton y NAYLOR, James (1992): *Psicología Industrial, México,* Ed. Trillas
BOHM, Ewald (1984): *Manual del psicodiagnóstico de Rorschach,* Madrid, Ediciones Morata
BRU ROVIRA (2001): «Japón. El Gigante Agotado» en el Magazine de *La Vanguardia*, Barcelona, domingo 15 de julio
DÍAZ PRIETO, Manuel (2001): «El acoso moral» en el Magazine de *La Vanguardia*, Barcelona, domingo 13 de junio
ERNST & YOUNG CONSULTORES (1998): *Manual del Director de Recursos Humanos*, Madrid, Colección 5 días, Estructura.
GARCÍA MOYA, María, HIERRO DÍEZ, Enrique y JIMÉNEZ BUZAL, José Javier (1997): *Selección de Personal. Sistema Integrado*, Madrid, Esic Ediciones
GOFFMAN, Erving (1971): *La presentación de la persona en la vida cotidiana*, Amorrortu
– (1971): *Ritual de la interacción*, Tiempo Contemporáneo
HIGHAM, M. (1989): *ABC de la Selección de Personal*, Bilbao, Deusto
HUARTE DE SAN JUAN, Juan (1991): *Examen de ingenios para las ciencias*, Madrid, Cátedra
IRIGOYEN, Marie-France (1999): *El acoso moral*, Barcelona, Ed. Paidós
KAPLAN, Harold F. y SADOCK, Benjamín: *Tratado de Psiquiatría,* tomo I-II, Barcelona, Ed. Salvat
LEYMAN, Franz (1996): *Mobbing: La persecution au travail,* París, Seuil
MARTIN, Gemma (2001): «Las empresas disparan a Cupido», suplemento Dinero en *La Vanguardia*, Barcelona, domingo 10 de junio
MEPSA (1990): *Tests y técnicas psicológicas*, Madrid, Mepsa
MILLON, Theodore (2000): *Trastornos de la personalidad. Más allá del DSM-IV*, Barcelona, Ed. Masson.
MINISTERIO DE TRABAJO Y SEGURIDAD SOCIAL (1993): *Guía Laboral*, Madrid, MTSS
MORERA, Jansà, Jordi (2001): *Cómo ser más líder*, edita Jordi Morera Jansà
MUNNÉ, Federico (1974): *Grupos, masa y sociedades. Introducción sistemática a la sociología general y especial*, Barcelona, Editorial Hispano Europea
MÜNSTERBERG, Hugo (1914): *Psicología de la actividad industrial. Ensayo de psicología experimental aplicada,* Madrid, Jorro
NEBOT LÓPEZ, Mª José (1999): *La Selección de Personal. Guía práctica para directivos y mandos de la empresa*, Madrid, Fundación Confemetal
OLLEROS, Manuel (1997): *El proceso de Captación y Selección de personal*, Barcelona, Gestión 2000
PEÑA BAZTAN, Manuel (1990): *Dirección de personal: organización y técnicas,* Barcelona, ESADE Hispano-Europea
PRIETO ZAMORA, José Mª (2000): «Proyecto docente e investigador para el primer ejercicio del concurso para la plaza de catedrático de universidad en Formación de Personal, Evaluación de Personal, Área de Conocimiento: Personalidad, Evaluación y Tratamientos psicológicos», Madrid, Universidad Com-

plutense de Madrid Petra II. Dpto de Psicología Diferencial y del Trabajo. Campus de Somosaguas

PRIETO, J. M. (1982): «Técnicas multivariadas en psicología del trabajo». *Estudios de Psicología.* 11

PRIETO, J. M., BLASCO, R. D. y QUINTANILLA, Y. (1991): «Recrutement et selection du personnel en Espagne», *European Review of Applied Psychology.* 41(1).

RIESGO MÉNGUEZ, Luis (1983): *Selección de Personal*, Madrid, Ed. Paraninfo

– (1983): *La formación en la Empresa*, Paraninfo, Madrid

SECCIÓN DE ESTUDIOS TEA (1989): *Tests y Documentos psicológicos: información técnica y criterios de utilización,* Madrid, TEA Ediciones

TAYLOR, Frederick (1911): *Principles and Methodes of Scientific Management*, New York, Harper

WEISS, Dimitri (1992): *Tratado de la Función de los recursos Humanos*, Madrid, CDN

CAPÍTULO VI

APLICACIONES GRAFOPSICOLÓGICAS EN EL ÁMBITO DE LA INTELIGENCIA

Homo sum et humani nihil a me alienum puto
Soy hombre y nada de cuanto es humano me es extraño
TERENCIO

En el capítulo anterior hemos tratado la parte más genérica de los Recursos Humanos, si bien una de las funciones en que puede resultar más comprometida su función es en la valoración del liderazgo, decisivo en el ámbito de las organizaciones y específicamente en el militar. Por otra parte, respecto a los cargos de confianza en que ha intervenido para su valoración, una de las exigencias que se le plantea al analista es que contribuya a facilitar los datos para garantizar la fiabilidad de que determinado personal seleccionado o promocionado «de confianza» no es propenso a cometer ninguna irregularidad o acto punible que afecte a la organización, y, asimismo se espera del analista, que aporte los medios técnico-científicos de sus especialidades para la detección, control e investigación de las patologías, perturbaciones o casos delictivos que pudieran acontecer. En esta última modalidad ha sido de gran utilidad para el servicio la creación de la Prueba de la Verdad Grafopsicológica, que creamos y desarrollamos dentro de la Segunda Sección de Estado Mayor de la CAPGEPOR (Capitanía General Pirenaica Oriental) con la colaboración de su Grupo Operativo y nuestro patrocinio (Instituto de Ciencias del Grafismo - UAB).

En este sentido son muy apreciados aquellos instrumentos de valoración de la integridad (honestidad, fiabilidad...) de los candidatos, tales como a) Grafoanálisis y *Tests de integridad* (desarrollos específicos de cuestionarios generalistas ya validados); b) pruebas de situaciones: se provocan situaciones anzuelo para el candidato, y se estudian sus reacciones; c) prueba de la verdad o del polígrafo, un registro de las reacciones psicofísicas ante un dictado o determinadas preguntas (Prieto, 2000).

1. ANÁLISIS ESPECIALIZADO EN LIDERAZGO

1.1 Estudios sobre liderazgo

Atiende especialmente al liderazgo y la capacidad de mando, una cuestión de plena actualidad en las empresas privadas (J. Morera, 2001) y eje fundamental en la organización militar como una necesidad vital para la supervivencia de los subordinados y del propio estado.

Si Carl von Clausewitz en su obra *De la Guerra* (1999) señalaba como cualidades básicas del líder: a) el *Pensamiento,* una buena capacidad intelectual que le permita analizar una situación de conflicto –de por sí confusa– en su totalidad y en cada una de las partes, y determinar la solución más efectiva con los medios de que disponga; b) el *Coraje,* valor más que suficiente para la ejecución de la misión a riesgo de la propia vida; Napoleón Bonaparte, además agregaba como imprescindible el *Carácter,* la disposición para la acción, para la realización de la actividad.

Ambos se referían a un liderazgo de corte autoritario, éste se insertaba dentro de un paradigma socio-laboral mecanicista, es decir, de preeminencia del trabajo, de la misión encomendada, al margen de cualquier otra consideración; una concepción que paulatinamente fue derivando hacia el liderazgo democrático presente, de valoración del factor humano (organicista); y en donde el logro de la máxima eficiencia y rendimiento profesional depende no sólo de la racionalización y optimización laboral, sino también indudablemente de la motivación, implicación e identificación del personal con los objetivos de la organización (Taylor, 1911; Siguan, 1963; Argyris, 1974).

Es por ello que el líder militar actual debe sumar a las tradicionales características mentales y psicobiológico-temperamentales, las aptitudes psicosociales necesarias (empatía, extraversión, comunicación, dialéctica e integración) que faciliten el mando sobre los subordinados a través de la persuasión y el convencimiento, y le permitan la consecución de los objetivos propuestos. Si bien todas estas capacidades son innatas en un sujeto, no es menos cierto que pueden potenciarse, y orientarse en la dirección precisa mediante un proceso de aprendizaje; y de hecho ésa es la función que cumplen las academias militares para la formación de líderes en Norteamérica denominadas Professional Military Education –PME–, entre las que cabe citar el Reserve Officer Training Corps (ROTC), el Officer Training School (OTS), el Squadron Officer School (SOS), el Senior Noncommissioned Officer Academy (SNCOA), y la Escuela de Guerra Aérea y de Comando y Estado Mayor, entre otros, que admite oficiales jefes hispanoamericanos, españoles y portugueses.

Si bien como señala el Teniente Coronel Nowowiejski de los EE.UU en la revista *Military Review* (1995), para afrontar los nuevos retos del siglo XXI, se impone una revisión de los programas de estudios que deben contemplar, por una parte, materias teóricas que ejerciten la mente (lógica, literatura...), que atiendan la experiencia de los grandes estrategas del pasado (historia militar) y preparen para las nuevas tecnologías aplicadas al ámbito militar (ciberguerra, guerra virtual, guerra digital, electrónica, infoguerra...), sin desestimar las demandas del nuevo orden mundial globalizado (idiomas, relaciones internacionales, antropología, estudio de las organizaciones: agencias federales, humanitarias...); y por otra parte, una praxis continua a través de centros de adiestramiento de combate, simuladores interactivos –en los que se emplea la realidad virtual (Reinghold, 1994) para recrear un *Teatro de Operaciones* virtual, en el que pueden intervenir simultáneamente en el combate y en tiempo real personal de distintas fuerzas militares y destinos por medio de la red Simulation Network (*SIMNET*)–, prácticas de computación, etc..., que unido a la propia experiencia personal en el ámbito operacional moldearán a los oficiales en su camino hacia un liderazgo eficiente.

El modelo de liderazgo más adecuado a los diversos tipos y niveles de actuación militar y por ende utilizado como referente en la educación institucional militar es el denominado *liderazgo ambiental*, propuesto por Hersey y Blanchard (1982), que cuestiona la existencia de un patrón único de liderazgo; más bien al contrario, considera que la conducción viene determinada por dos factores: el personal subordinado y el contexto situacional. Igualmente válido para las fuerzas policiales, en la revista Ciencia Policial (número 56, sep-oct 2000) se recoge una investigación muy interesante sobre la aplicación del cuestionario Hersey y Blanchard a funcionarios de policía españoles.

Estudios sobre la efectividad de las diversas estrategias de integración y dirección castrense realizados por el coronel Donald Waddell III (1995), profesor de Liderazgo en el Colegio de Guerra Aérea (AWC), y el general John A. Shaud (1994), a partir de su propia experiencia en el Pentágono y posteriormente en el Cuartel General Supremo Aliado en Europa (SAPHE) coordinando labores de Estado Mayor para el Comandante Supremo de las Fuerzas Aliadas en Europa (SACEUR), manifiestan que su idoneidad está en función de las siguientes variables: situación (bélica/no bélica), estructura organizativa, nivel de actuación militar y composición de las fuerzas (combinada o conjunta):

1. Tiempos de paz, donde se vive una situación sostenible y se permite un mando más democrático, flexible y complaciente; contrario a un período bélico, complejo, confuso y tenso que requiere un jefe autoritario para hacer cumplir órdenes de vida o muerte (por ejemplo: Napoleón Bonaparte); además de la interpretación psicoanalítica que presenta a la tensión, generadora de relaciones de dependen-

cia como «*una regresión natural a una fuente primitiva de seguridad*» (Dixon, 1997).

2. La estructura organizativa: ya bien operacional, de liderazgo heroico o carismático; o de Estado Mayor (Información), con una conducción más intelectual, burocrática, indirecta (menor interacción con los subordinados) y formal (escrita).

3. El nivel de actuación militar: táctico (misión específica, como por ejemplo bombardeo de un blanco concreto) que implica un liderazgo participativo en la acción, directo (interaccional), e informal (verbal) sobre un número menor de subordinados; en contraposición a lo estratégico (plan general y abstracto, por ejemplo conquista de un territorio).

4. La composición de las fuerzas: se distingue entre a) la participación de los diversos cuerpos –tierra, mar y aire– de una misma nación (*fuerza combinada*) que exige un liderazgo conciliador ante las distintas posturas doctrinarias y metodológicas propias de cada cuerpo, superador de los habituales resentimientos entre éstos; y b) la participación de las fuerzas de distintas naciones (fuerza conjunta) que precisa un dirigente más diplomático y cosmopolita, más sensible a las peculiaridades histórico-culturales e idiomáticas. (por ejemplo: Norman Schwarzkopf y Colin Powell).

1.2 Perfil psicológico del líder militar

La personalidad es un conjunto de rasgos psicológicos que permanecen a lo largo del tiempo (factor *estabilidad*) y del contexto situacional (factor *consistencia*); no debe entenderse el *comportamiento* como un mero espejo de la personalidad, sino que éste es fruto de la interacción entre la personalidad y el contexto (Millon, 2000), por ello en ocasiones no se produce una concordancia entre la personalidad real y el comportamiento (manifestación externa del sujeto).

En el ámbito que nos ocupa, el factor *consistencia* de la personalidad adquiere una importancia primordial, pues la guerra, con la amenaza constante de muerte, la contaminación acústica, el estrés, y las carencias de todo tipo (alimentarias, higiénicas...) propicia una tensión, y aumento de la emotividad que dificulta sencillas operaciones mentales (atención, percepción, memoria, pensamiento...) importantísimas para el óptimo desempeño de la función de líder, siendo por tanto prioritario asegurarse del mantenimiento de las características psicológicas necesarias de un líder en cualquier situación bélica (Dixon, 1997).

Rasgos de personalidad que configuran al líder:

- Energía, abundante caudal energético para el cumplimiento de la misión
- Coraje, valor, arrojo
- Buena capacidad intelectual

- Creatividad e inventiva para concebir ideas o ingenios que resuelvan situaciones complejas y/o falta de medios
- Agilidad de pensamiento y de actuación
- Integridad ética-moral, una persona de conducta intachable, modelo de rectitud moral que se granjee el respeto de sus subordinados
- Autodisciplina y gran capacidad de sacrificio, poseyendo un dominio sobre sí mismo aún en las circunstancias más adversas. Así por ejemplo Lawrence podía conquistar Akaba tras un avance de más de 1.200 km por el desierto en una situación de privación total. (Dixon, 1997)
- Interiorizado los sentimientos de deber, honor y fidelidad a la Patria, anteponiéndolos a sus propios intereses de promoción profesional, y a su propia vida si fuera necesario.
- Aceptar la responsabilidad y la autoridad plena (ejercer el mando y tomar decisiones)
- Pensamiento crítico, no ser complaciente con el superior por motivos de promoción profesional

    Ejemplo 1: El mariscal de campo Montgomery, discrepó con su comandante en jefe del Estado Mayor, Lord Gort, sobre la elección del militar que debía realizar la evacuación en la operación Dunquerque durante la Segunda Guerra Mundial, lo que salvó la vida a muchos hombres. (1997)

    Ejemplo 2: El general Rommel se negó a que una guardia especial de las S.S. acompañara su batallón durante una inspección realizada por el propio Hitler (1997)
- Fortaleza de carácter, por ejemplo el General Benjamin O. Davis, pese a los prejucios raciales imperantes en West Point, en la década de los 40, consiguió graduarse y posteriormente durante la Segunda Guerra Mundial, dirigió en el Mediterráneo dos escuadrones conformados por hombres de color que fueron condecorados en varias ocasiones; contribuyendo a la lucha activa contra la segregación de las fuerzas aéreas estadounidenses.(Baldwin, 1993)
- Empatía, facilidad para la identificación emocional con el personal subordinado, lo que le permite conectar fácilmente con ellos; protegiéndolos pero a la vez extrayendo el máximo de sus potencialidades. En esta línea están por ejemplo comandantes de la categoría de Nelson, que se preocupaba por el buen estado físico de sus hombres en las aguas insalubres del Caribe; o el General zulú, Shaka, en África Central; Montgomery, con sus recomendaciones sobre las enfermedades venéreas al ejército inglés en Francia; o el General George S. Patton (1997) quien repetía «se habla mucho de la lealtad de abajo hacia arriba. Es más indispensable la de arriba hacia abajo y mucho menos prevaleciente» (Baldwin, 1993)
- Transmitir seguridad, calma, sosegamiento y confianza, por ejemplo los relatos sobre Montgomery, aluden a «ese aspecto de calma y paz que siempre tenía eran tan fuerte que al cabo de un momento (el) pánico empezaba casi a desaparecer por completo» (1997)
- Frialdad, nervios de acero
- Iniciativa
- Firmeza ante los subordinados
- Buen nivel de exigencia consigo mismo y los subordinados
- Presencia visible en todos los aspectos, por ejemplo el mismo Napoleón que despreciaba la vida de sus soldados, sacrificándolos inútilmente, sabía de la importancia de mantener contacto directo con sus tropas (Waddell)
- Capacidad para atender y valorar la opinión de los subordinados especialistas
- Saber delegar, no una microgerencia
- Aptitud dialéctica, de convencimiento y persuasión
- Capacidad de adaptación y flexibilidad a la situación cambiante, buen juicio para asimilar la información recibida, descartando los prejuicios sociales, étni-

cos y religiosos. Por ejemplo el caso Dreyfus, producto del antisemitismo de la cúpula militar, perjudicó gravemente al ejército francés (Véase nuestra obra: *Pericia Caligráfica Judicial. Práctica, casos y modelos,* Barcelona, Ed. Herder, 2001, pp.)

- Dosis de intuición, para reconocer lo fundamental de la realidad bélica aparentemente confusa, por ejemplo Rommel, durante sus campañas en África del Norte (Nowowiejsky)
- Integración
- Voluntad
- Flexibilidad
- Juicio
- Determinación, es decir, perseveración en una postura una vez adoptada

Los grafismos del liderazgo normalmente demuestran facilidad y fluidez en el movimiento, con expansión, estructura unida y simplificada, sin complicaciones. (FIG. 6.1, 6.2, 6.3, 6.4, 6.5).

FIG. 6.1. Edgar N. Eisenhower.

FIG. 6.1b. Rommel.

FIG. 6.2. Juan Carlos I.

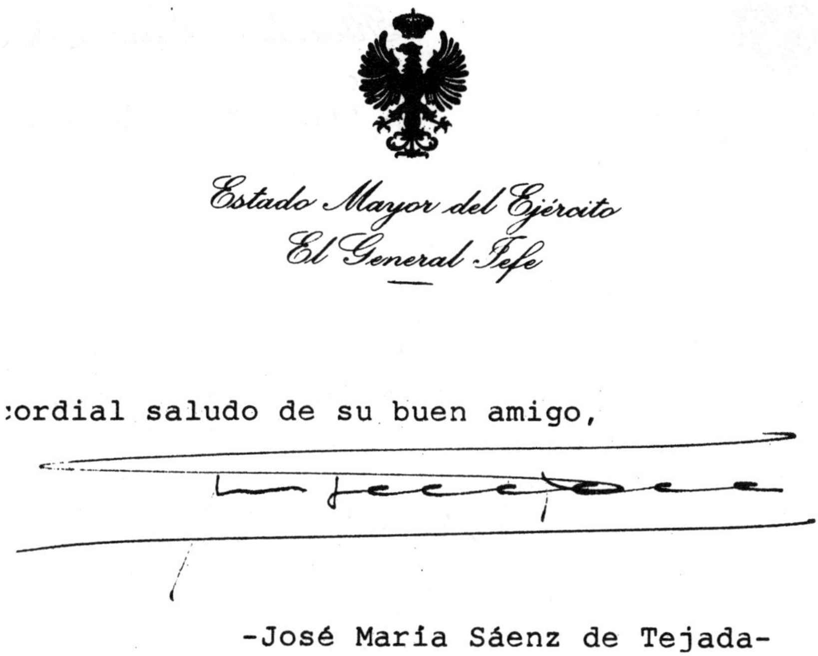

Estado Mayor del Ejército
El General Jefe

:ordial saludo de su buen amigo,

-José María Sáenz de Tejada-

FIG. 6.3. José María Sáenz de Tejada. General Jefe del Estado Mayor del Ejército, posteriormente fue Jefe Militar de la Casa de SM El Rey.

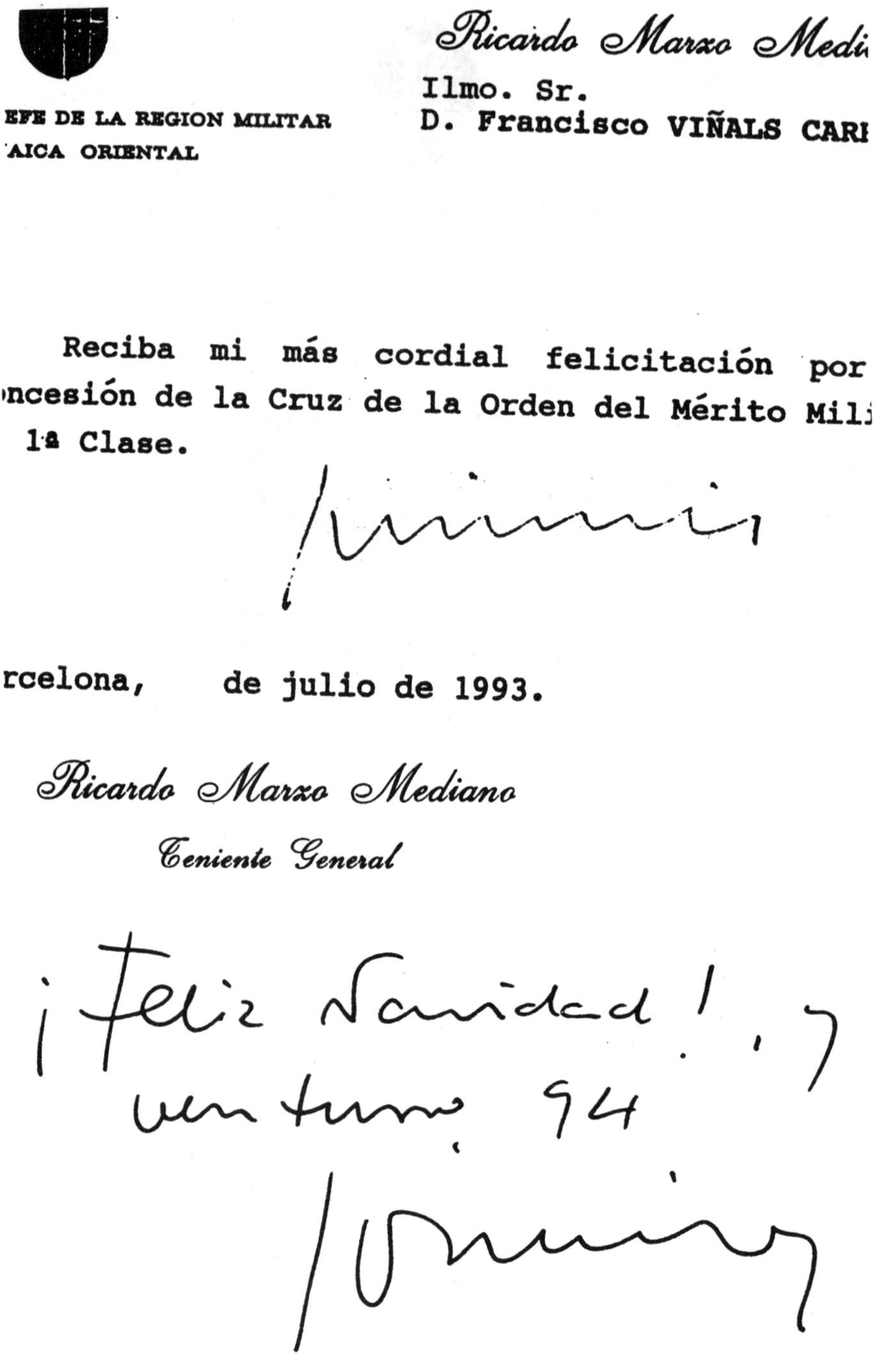

Ricardo Marzo Medi

EFE DE LA REGION MILITAR
AICA ORIENTAL

Ilmo. Sr.
D. Francisco VIÑALS CARI

Reciba mi más cordial felicitación por
ncesión de la Cruz de la Orden del Mérito Mili
1ª Clase.

rcelona, de julio de 1993.

Ricardo Marzo Mediano

Teniente General

¡Feliz Navidad!, y venturoso 94

FIG. 6.4. Ricardo Marzo Mediano. General Jefe de la III Región Militar Pirenaica.

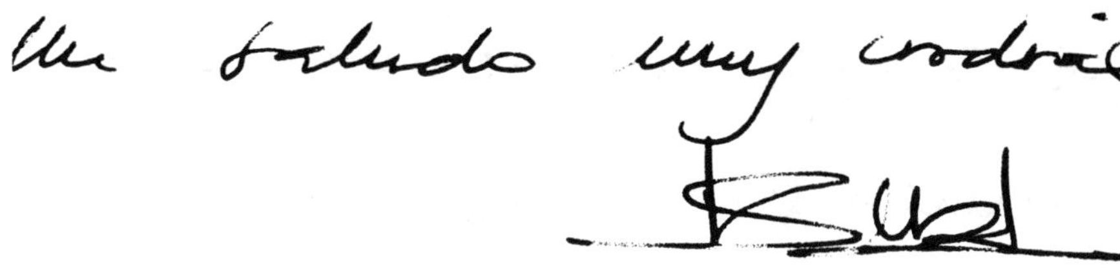

FIG. 6.5. Víctor Suanzes Pardo, General Jefe de la III Región Militar Pirenaica.

Los rasgos psicológicos del *Persuasivo*, son los que corresponden al liderazgo o la dirección empresarial:

a) experiencia en la materia;
b) objetividad: si se aprecia partidismo en su opinión se le tachará de tendencioso;
c) credibilidad: disimulo de la manipulación para un bien mayor o de cara a la sorpresa o sorpresa estratégica;
d) don de gentes y atractivo personal: sociabilidad, buena presencia física, educación y modales;
e) autoridad: solidez;
f) diplomacia: argumentar de acuerdo a los intereses del interlocutor;
g) escuchar: atender y dejar expresarse a los demás (Uncal, 1998).

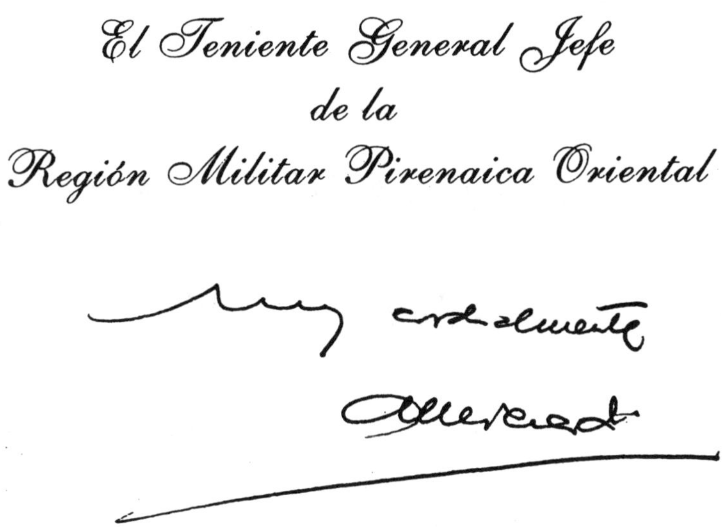

FIG. 6.6. Antonio Martínez Teixidor, general jefe de la III Región Militar Pirenaica.

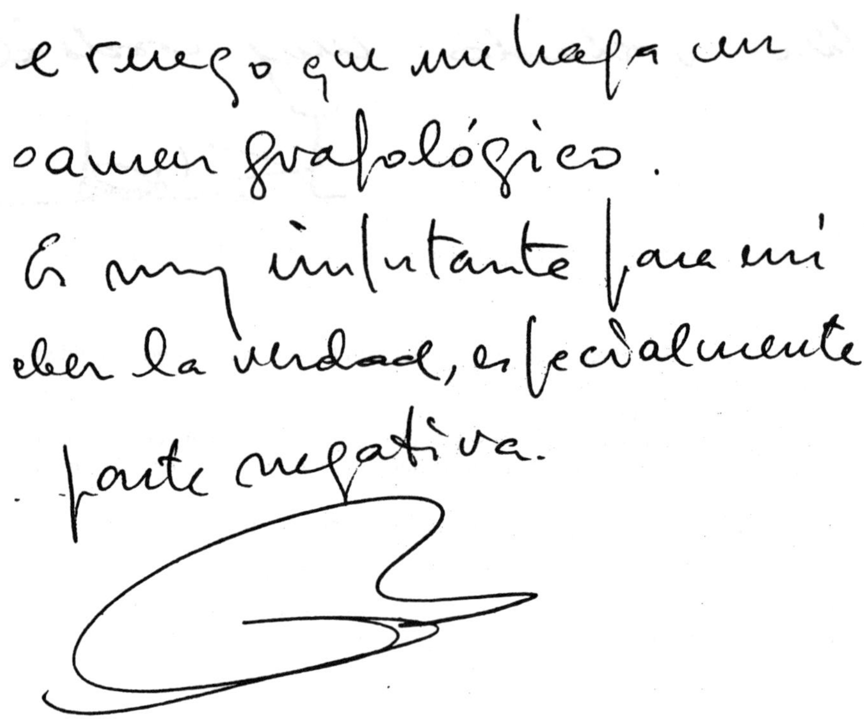

FIG. 6.7. Antonio Mestre, Lider empresarial (de la nada creó un imperio hotelero).

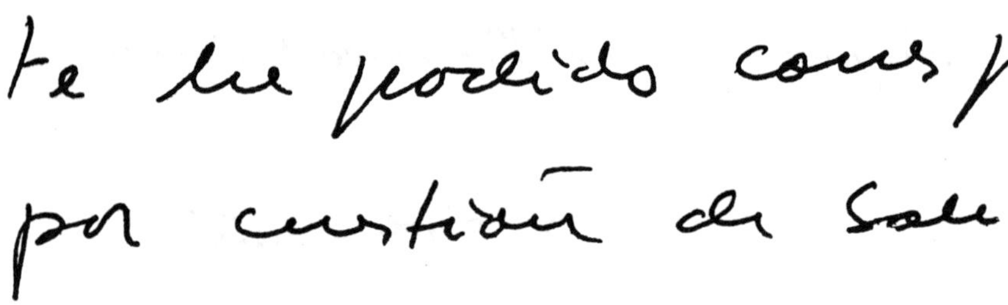

FIG. 6.8. Braulio Revilla, Líder social, académico, presidente y director de diversos medios de comunicación.

1.3 Liderazgo e inteligencia emocional

El mundo empresarial a remolque de las instituciones militares respecto al interés por el análisis científico del «liderazgo» se ha ido también especializando en la búsqueda de los rasgos más determinantes según las circunstancias, pero no es un tema fácil, no es una condición forzosamente innata, los viejos modelos y esquemas no siempre sirven. Los componentes del líder son complejos, muchas veces no basta la predisposición psicofísica tal como se desprende de los últimos estudios al respecto, desarrollados por una de las primeras autoridades en la materia, el catedrático Ronald A. Heifetz de la Escuela de Ciencias Políticas Kennedy adscrita a la Universidad de Harvard, y autor de la obra: *Liderazgo sin respuestas fáciles*, Barcelona, Ed. Paidos, 1997.

Actualmente no podemos hablar de capacidad para el «liderazgo» sin recurrir a la «Inteligencia Emocional» como lenguaje de actualidad. Goleman ha redescubierto a la sociedad que un CI (Cociente Intelectual) elevado no es sinónimo de éxito, para alcanzarlo deben concurrir otros factores, nosotros personalmente hemos podido observar que «Inteligencia Emocional» podría interpretarse como sinónimo de «Adulto Integrado» (Análisis Transaccional) y que los líderes más positivos acostumbran a tener desarrollada esta combinación armonizada del carácter, siempre eso sí con un predominio de seguridad personal propio del «Padre» (AT) en sus vertientes «Padre Crítico» («Ocho» –Eneagrama) o «Padre Nutritivo» («Dos» –Eneagrama–), o bien del «Adulto» («Tres» –Eneagrama–), ahora bien, el «Guión» (AT) y las circunstancias favorables marcan más de lo que parece para que pueda desarrollarse un posible «líder». El líder aparente o falso muchas veces utiliza el «Pequeño Profesor» para disfrazar sus oscuras intenciones de «narcisista» –combinaciones negativas del «Padre Crítico» (AT), «Ocho» (Eneagrama) o del «Niño Adaptado Rebelde», «Cinco» (Eneagrama), o del «Psicópata» (utilización del Sistema» Adulto» por el «Niño» con exclusión del «Padre» o conciencia moral).

Seguidamente exponemos un pequeño test de autorreflexión sobre la capacidad de Inteligencia Emocional:

Autocuestionario

1º ¿Se conoce Vd. a sí mismo?

¿Sabe cuáles son sus puntos fuertes y débiles, reconoce en Vd. los rasgos de temperamento o carácter, introversión-extraversión?

Es importante contrastar lo que uno piensa sobre sí mismo con la idea que tienen otras personas sobre Vd.

2º ¿Domina sus impulsos emocionales?

El primer paso es ser consciente de las propias emociones, ya se tiene algo ganado para aplicarse un cierto autocontrol, por ejemplo: Antes de dejarnos «enganchar» en una discusión o un enfado, es conveniente contar al menos hasta 20, este momento de reflexión como mínimo nos baja la adrenalina.

3º ¿Es capaz de automotivarse?

Está comprobado que el vendedor que ve la botella «medio-vacía» en vez de «medio-llena» está condenado al fracaso.

Actualmente se habla mucho de técnicas de pensamiento positivo, básicamente consisten en a) Ser conscientes de que estamos pensando en negativo b) Esforzarse por la representación imaginaria de ideas positivas. El bombardeo de imágenes gratificantes puede desplazar las negativas a un lugar secundario.

4º ¿Logra sacrificarse para alcanzar una meta mayor?

Tener una jerarquía de valores es imprescindible para organizarse y para desarrollar la fuerza de voluntad y dirigirse a una meta.

El delincuente común, dejando aparte su rebeldía (que muchas veces no es más que una autojustificación), la característica más destacada es su falta de fuerza de voluntad, su fácil caída en la tentación del placer o beneficio inmediato.

5º ¿Es capaz de comprender y ponerse en la situación de los demás?
Sociabilidad y empatía eran ya términos muy vinculados a lo que llamábamos Inteligencia Social (acercamiento a la IE), y, para el éxito social es imprescindible disponer esta capacidad, primero de integración social (poder sentirse parte integrante de un grupo o entidad colectiva) y luego, la intuición social suficiente como para captar a los demás.

La suma de estas características nos indicaría un elevado nivel de IE, lo que es también sinónimo de «armonización de la personalidad», única directriz viable para el nuevo concepto de «líder».

1.4 Génesis psicológica de la incompetencia militar

(Dixon, 1997)
- Desgaste innecesario sobre los recursos de toda índole (humanos, técnicos y económicos)
- Conservadurismo, rigidez e inflexibilidad mental (incapacidad para adaptarse a las nuevas tecnologías)
- Mentalidad prejuiciosa, que desecha informaciones valiosas que no concuerden con sus esquemas
- Arrogancia propia del que sobredimensiona sus propias fuerzas, infravalorando al otro
- Indecisión propia del que se encuentra en un estadio de responsabilidad superior al que puede asumir (complejo de Peter)
- Despreocupación por obtener información sobre el enemigo, sus puntos débiles, fallos graves de espionaje
- Predilección por la fuerza bruta y directa, en vez de la astucia. No utilizar las técnicas de sorpresa y engaño
- Deficiente planificación
- Pensamiento irracional, supersticioso

1.5 Aptitudes especializadas

Dentro de las aptitudes militares hay tipologías que se ajustan más a determinadas especialidades, por ejemplo los aviadores merecen una especial observación. El propio Dr. Mira y López creó una prueba específica para captar la capacidad psicofísica orientada a la selección de este tipo de personal. Desde el punto de vista grafopsicológico, paralelo al test de Mira y López, se aprecia un predominio de movimiento sobre forma. (FIG. 6.9)

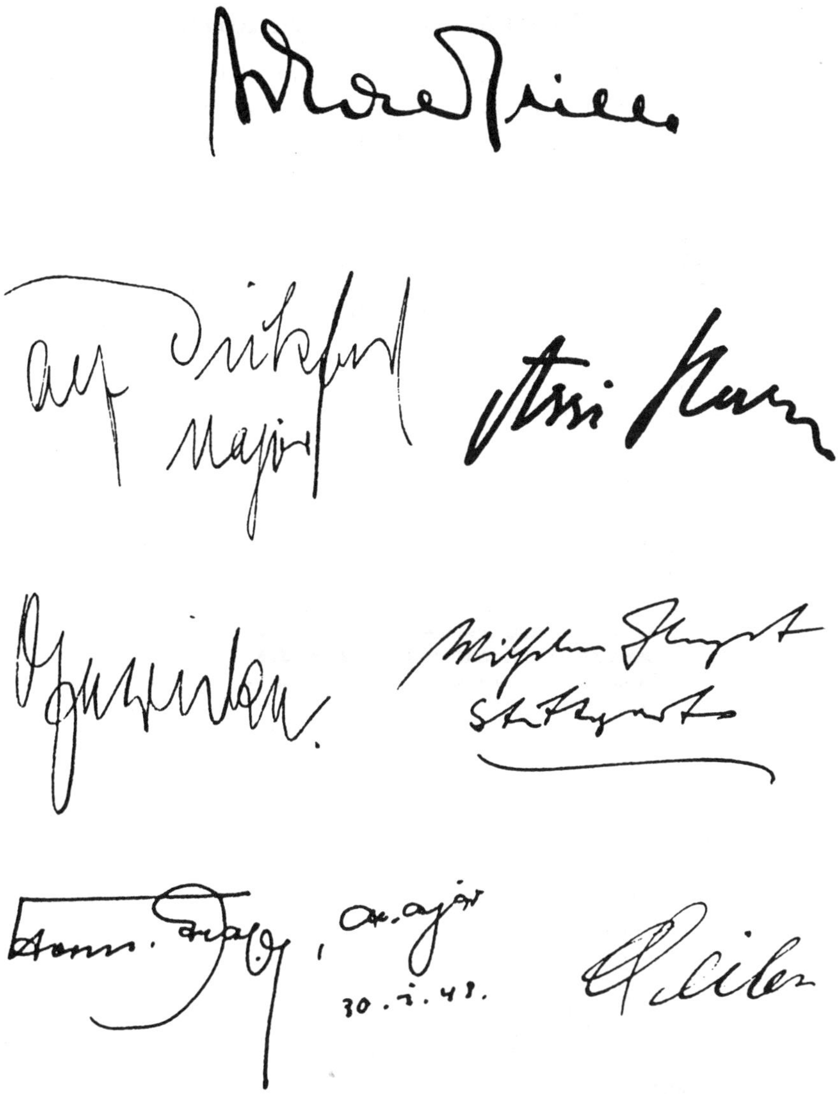

FIG. 6.9. Aviadores alemanes de la Segunda Guerra Mundial. A pesar de tratarse de escritura germánica, véase la facilidad para abordar el espacio gráfico, el movimiento es fluido y salta con gracia sobre la línea de base.

1.6 Los cargos de confianza

Lógicamente lo más valorado en las organizaciones de seguridad es la fiabilidad de sus miembros, aquí el analista tiene que perfilar al máximo para contribuir a dar el sello de garantía. (FIG. 6.10, 6.11)

MINISTERIO DE DEFENSA EJERCITO DE TIERRA CAPITANIA GENERAL DE LA 4.ª REGION MILITAR PIRENAICA ORIENTAL	DIVISION DE MONTAÑA «URGEL» NUM. 4 Brigada de Cazadores Alta Montaña XLII ESTADO MAYOR - 2.ª SECCION (S. I. I.)

C. F. 0892 B

IMPHET. Clara Campoamor, s/n. (antes General Barrón) — 28025-Madrid

NOTA INFORMATIVA

Núm. 51

Fecha 14-09-94

ASUNTO: Rdo. Cuestionario

NOMENCLATOR: (Número del PRI): 02-01-02

ORIGEN:

DIFUSION:

Adelantado por:

Télex:	a CAPGE ☐	GOB. o COM. ☐	G.U. SUP. ☐	Día y Hora ....
Teléfono:	Id. ☐	Id. ☐	Id. ☐	Día y Hora ....

(Tachar con una X el medio utilizado)

TEXTO.

Se remite a esa Sección de E.M. cuestionario formulado por el C[redacted] con destino en la Cía C.G. XLII, [redacted], propuesto para desempeñar las funciones de [redacted] del EXCMO. SR. GENERAL JEFE DE LA BRCZAM XLII, a efectos de recabar toda la información posible sobre el citado C[redacted]

SALIDA

N.º 112

Fecha 14.09.94

SELLO.

NOTA PARA: GERPOR(2Sección)

BARCELONA.-

FIG. 6.10. Solicitud de Informe a la 2ª Secc. de Estado Mayor para selección de personal.

MINISTERIO DE DEFENSA
EJERCITO DE TIERRA

4ª REGION MILITAR PIRENAICA ORIENTAL

ESTADO MAYOR

Viñals: Ruego nos facilites el perfil que a tu consideración me
ca el firmante de la encuesta presente.

G r a c i a s.

CUESTIONARIO CICLO B.

- Califique de A a E los contenidos de los temas que se han desarrollado en este Ciclo:

SITUACION REGIONAL:	D
CICLO INFORMATIVO:	D
CESID:	C
NORMAS PDC:	C
TERRORISMO:	D
TRAMPAS Y EXPLOSIVOS:	E
SEGURIDAD:	D
DROGA:	D
INTERROGATORIOS:	E

- Calificación Global del Ciclo:

E

- ¿Qué temas añadiría al Ciclo?

Análisis de Noticias aparecidas en los Medios de Comunicación Social.

- ¿Se debe suprimir o acortar alguno de los tratados?

Acortar el Tema de la Droga.

- Diga al menos una sugerencia para mejorar el Ciclo.

Que en cada Grupo los empleos de los Mandos sean distintos.

- ¿Considera adecuado el lugar para su desarrollo? En caso negativo, proponga el sitio idoneo.

Sí

FIG. 6.11a. Solicitud de Grafoanálisis para cargo de Inteligencia.

ESTADO MAYOR DEL EJERCITO
DIVISION DE INTELIGENCIA

I.G. 9/89
Apéndice G-1

MODELO DE FORMULARIO A EMPLEAR EN LAS INSPECCIONES ANUALES DE SEGURIDAD

(1) ____________ (2) ____________

INFORME DE INSPECCION ANUAL DE SEGURIDAD

1.- ORGANO INSPECCIONADO INSTITUTO POLITECNICO (3) DEL EJERCITO Nº 2

2.- INSPECCION ANTERIOR:
- 2.1.- Fecha en que se realizò ~~20 MAYO 92~~
- 2.2.- Realizada por ~~OFICIAL DE INTELIGENCIA~~(4) IPE Nº 2
- 2.3.- Parecer general expresado:
  - . Sobre el funcionamiento (5)
  - . Sobre la suficiencia del personal adscrito (5)
  - . Sobre la dotaciòn de medios y elementos de seguridad (5)

3.- INSPECCION ACTUAL:
- 3.1.- Fecha en que se realiza 20 MAYO 92
- 3.2.- Realizada por OFICIAL DE INTELIGENCIA(4) IPE Nº 2
- 3.3.- Parecer general:
  - . Sobre el funcionamiento (6) SATISFACTORIO
  - . Sobre la suficiencia del personal adscrito SATISFACTORIO
  - . Sobre la dotaciòn de medios y elementos de seguridad SATISFACTORIO
- 3.4.- ¿Se han corregido los defectos señalados en la anterior inspecciòn? (7)

4.- FACTORES DE SEGURIDAD PERSONAL:
- 4.1.- ¿Està designado el Oficial de Protecciòn de Materias Clasificadas? SI(8)
  - . Empleo, Arma y Escala CAPITAN ARTILLERIA(9) SUPERIOR
  - . Nombre y Apellidos [redacted] [redacted](9) [redacted]
  - . ¿Posee titulaciòn criptogràfica?. ¿Cual? NO (9)
  - . ¿Desempeña otras misiones?. ¿Cuales? BI PROFESOR (9)
- 4.2.- Situaciòn del personal adscrito a los Organos de Protecciòn ACTIVO(10)
- 4.3.- ¿Existe lista de control de personas habilitadas para el acceso a materias clasificadas? SI(8)
- 4.4.- ¿ Existe lista o fichas con las firmas del personal autorizado para retirar las materias clasificadas? (8) SI
- 4.5.- ¿Se comprueba el grado de confianza del personal destinado en el Servicio de Protecciòn? SI(8)
- 4.6.- ¿Existe algùn tipo de investigaciòn del personal que realiza la limpieza y mantenimiento y se supervisa su trabajo? NO(8)
- 4.7.- ¿Se comprueba la identidad de los visitantes al Organo de Protecciòn y se registran sus visitas? SI(8)
- 4.8.- ¿Està habilitado el personal del Servicio de Protecciòn? (8)SI
- 4.9.- ¿Existe un Programa de Adiestramiento del personal? (8)NO
- 4.10.- (11)

5.- FACTORES DE SEGURIDAD FISICA:
- 5.1.- ¿Estàn los locales del Organo de Protecciòn situados en emplazamiento adecuado con vistas a su seguridad? (8) SI
- 5.2.- ¿Està definida su àrea de seguridad? (8) SI
- 5.3.- ¿Es adecuado su sistema de control de accesos? SI(8)
- 5.4.- ¿Son consistentes sus muros? SI (8)
- 5.5.- ¿Las puertas de los accesos son seguras? SI(8)
- 5.6.- ¿Las ventanas y otros accesos estàn protegidas? SI(8)
- 5.7.- ¿Disponen de un sistema contraincendios? NO(8)
- 5.8.- ¿Existe un sistema de alarma? SI(8)
  - . ¿Dispone èste de fuente de energìa independiente? NO(8)
  - . ¿Està protegido contra su desactivaciòn no autorizada? SI (8)
  - . ¿Se comprueban periodicamente las alarmas? SI (8)
  - . ¿Està conectado al Servicio de Seguridad? SI (8)
  - . ¿Cuànto tiempo de reacciòn necesita la guardia de seguridad? — (8)
- 5.9.- ¿Dispone de Cajas y Armarios de Seguridad en nùmero y calidad suficiente? (8) SI

FIG. 6.11b. (Cont.).

. ¿Están anclados o son de suficiente peso? SI (8)
. ¿Las cerraduras están acordes con lo dispuesto? SI (8)
. ¿Se cambian las Combinaciones de las Cerraduras conforme a lo ordenado?. SI
¿Se registran los cambios? NO (8)

5.10.- ¿Gozan las otras dependencias donde se custodian materias clasificadas de elementos de seguridad similares a los anteriores? NO (8)

5.11.- ____________________ (11) ____________________

6.- CONTROL DE LA TRANSMISION Y REGISTRO DE LA DOCUMENTACION:

6.1.- Materias clasificadas controladas por el Organo de Protección:
. De nivel SECRETO SI (12)
. De nivel RESERVADO SI (12)
. De nivel CONFIDENCIAL SI (12)

6.2.- Materias clasificadas custodiadas en dependencias exteriores al Organo de Protección:
. De nivel SECRETO NO (12)
. De nivel RESERVADO NO (12)
. De nivel CONFIDENCIAL SI (12)

6.3.- ¿Existen los libros y archivos necesarios para el control y registro de la documentación tramitada por el Organo de Protección? S (8)
. ¿Están debidamente llevados? SI (8)

6.4.- ¿Se preparan adecuadamente los envíos de documentación (doble envuelta, lacre, etc.)? SI (8)

6.5.- ¿Se contrastan las firmas de los recibos con las registradas en las listas de firmas autorizadas? SI (8)

6.6.- ¿Existen materiales y documentos que deberían estar destruidos? SI (8)

6.7.- ¿Se confeccionan las actas de destrucción y se archivan? SI (8)

6.8.- ¿Las destrucciones de material se efectúan adecuadamente? SI (8)

6.9.- ¿Se utilizan procedimientos de distribución interior seguros? SI (8)

6.10.- ¿Se emplean los procedimientos de transporte autorizados para la difusión al exterior? SI (8)

6.11.- ¿Cuándo se realizó el último inventario de documentación ? (8)

6.12.- ¿Se efectúa la comprobación de documentos en poder de sus destinatarios? (8) NO

6.13.- ____________________ (11) ____________________

7.- SEGURIDAD CRIPTOGRAFICA:

7.1.- ¿Se aplican medidas de seguridad criptográfica en la transmisión de mensajes clasificados? NO (8)

7.2.- ¿Se dispone de lista de firmas autorizadas para la transmisión de mensajes? SI (8)

7.3.- ¿Se encuentra el Centro Criptográfico en un área de seguridad? SI (8)

7.4.- ¿Existe suficiente personal especializado para el Servicio de Cifra? SI (13)

7.5.- ¿El Centro Criptográfico dispone de las medidas de seguridad física adecuadas? SI (14)

7.6.- ¿El control y registro de mensajes se efectúa conforme a lo ordenado? SI (14)

7.7.- Situación del equipo y material criptográfico OFICINA DE (10) INTELIGENCIA

7.8.- ¿Se destruye el material auxiliar utilizado para la transmisión de mensajes cifrados? (8) NO SE HA UTILIZADO

7.9.- ____________________ (11) ____________________

8.- INFRACCIONES Y SANCIONES:

8.1.- ¿Se ha producido algún extravío u otro compromiso de materias clasificadas? (8) NO

8.2.- En su caso, cuantos y de que clase —

8.3.- ¿Se dieron los partes e informes previstos? (8) —

8.4.- ¿Se averiguaron las causas? (8) —

8.5.- ¿Hubo responsables culposos? (8) —

9.- INSPECCIONES Y CONTROLES:

9.1.- ¿Se efectúan controles de despachos y locales para comprobar que las materias clasificadas quedan debidamente custodiadas? (8) NO
. ¿Con qué frecuencia y por quién? —

9.2.- ¿Existen Patrullas de Vigilancia en la zona restringida para su control en horas no lectivas? (8) NO

FIG. 6.11c. (Cont.).

- ¿Se estiman necesarias dichas Patrullas? NO(8)

9.3.- ¿Existen Planes de Emergencia adecuados a las posibles contingencias? SI(8)

- ¿Los ejecutantes previstos para dichos Planes conocen su intervención en ellos? (8) SI
- ¿Se ensayan dichos Planes? NO(8)

10.- PROPUESTAS DE ACTUACIONES A EMPRENDER PARA MEJORAR LOS ORGANOS DE PROTECCION DE MATERIAS CLASIFICADAS:

____

____

____

[redacted], a [redacted] de [redacted] 1.9[redacted]

EL CAPITAN

[redacted]

Fdo.- [redacted]

FIG. 6.11d. (Cont.).

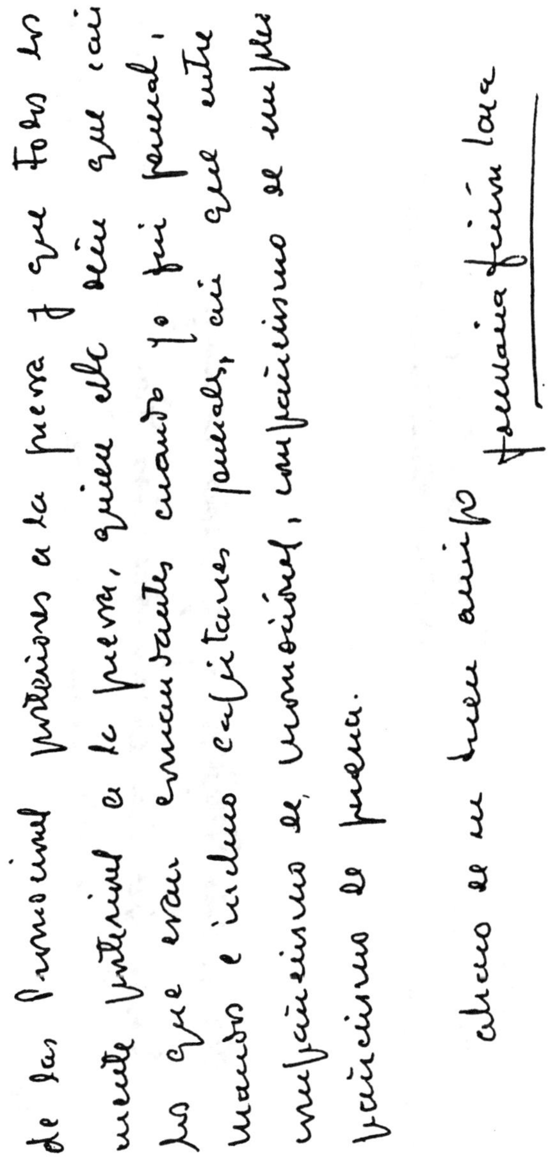

FIG. 6.12. Personalidad armónica, honesto y de máxima fiabilidad y confianza, «Adulto Integrado» (AT) predominio «Padre» «Adulto» (AT) equilibrado José Mª Timón Lara, General Gobernador Militar de Gerona (Cataluña), Ceuta (África) y Almería (Andalucía), y posteriormente, jefe inspector general de la Policía Nacional en el periodo de la transición donde dirigió eficazmente a los Servicios Secretos con la feliz resolución del secuestro del Sr. Oriol y el Tte. Gral. Villaescusa.

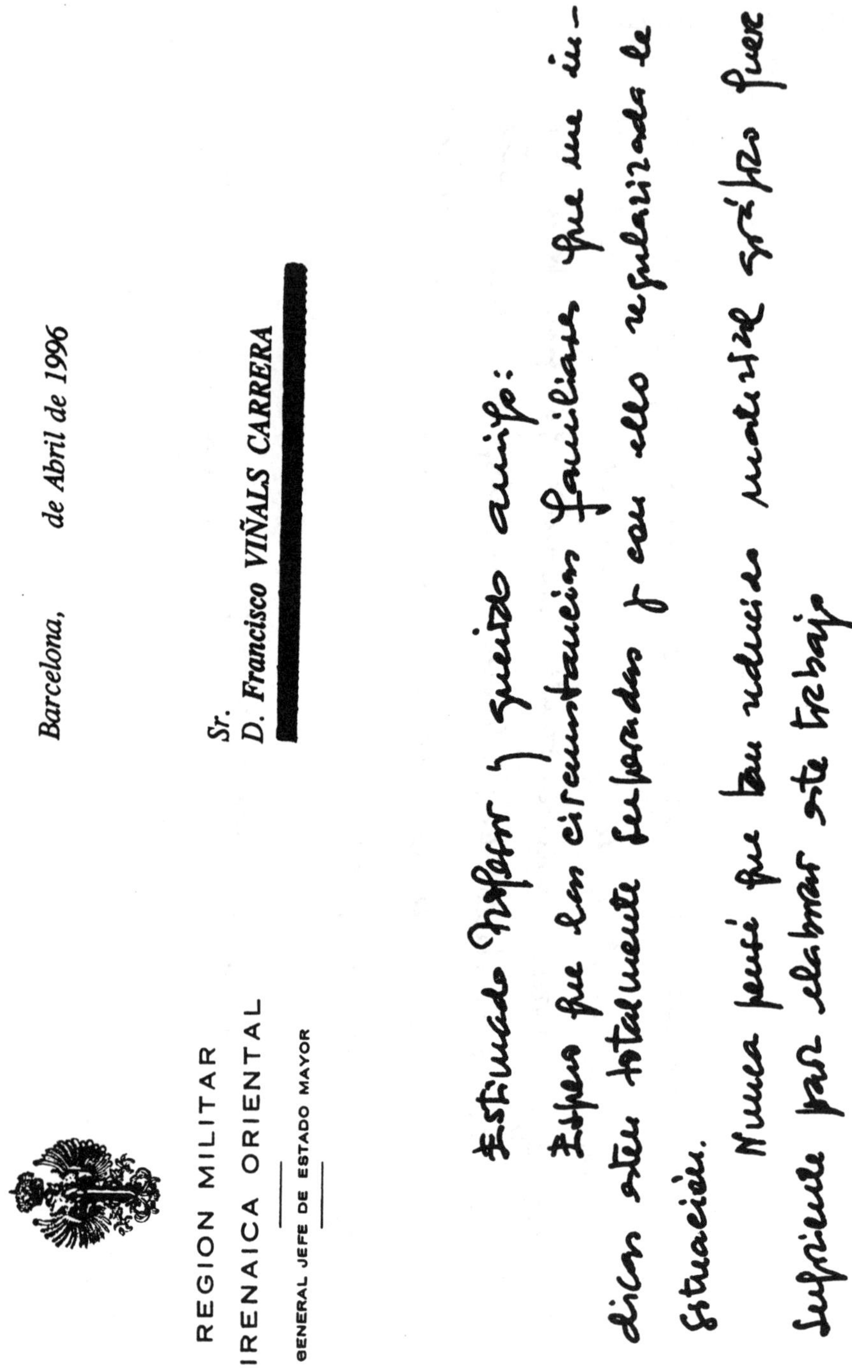

REGION MILITAR
PIRENAICA ORIENTAL

GENERAL JEFE DE ESTADO MAYOR

Barcelona, de Abril de 1996

Sr.
D. Francisco VIÑALS CARRERA [redacted]

Estimado Profesor y querido amigo:

Espero que las circunstancias familiares que me indican antes estén totalmente superadas y con ello regularizada la situación.

Nunca pensé que tan reducido material gráfico fuera suficiente para elaborar este trabajo

FIG. 6.13. Jefe de confianza, equilibrio de tendencias, predominio «Adulto» «Padre» (AT). Antonio García Bañales, general jefe de Estado Mayor, III Región Militar Pirenaica.

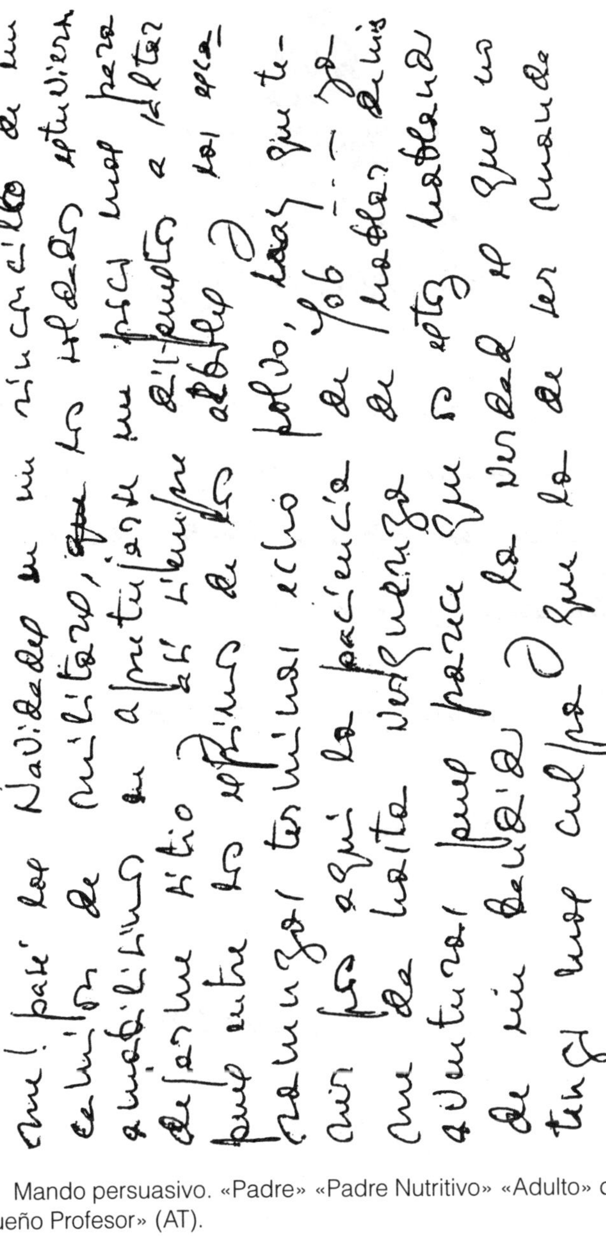

FIG. 6.14. Mando persuasivo. «Padre» «Padre Nutritivo» «Adulto» con detalles de «Pequeño Profesor» (AT).

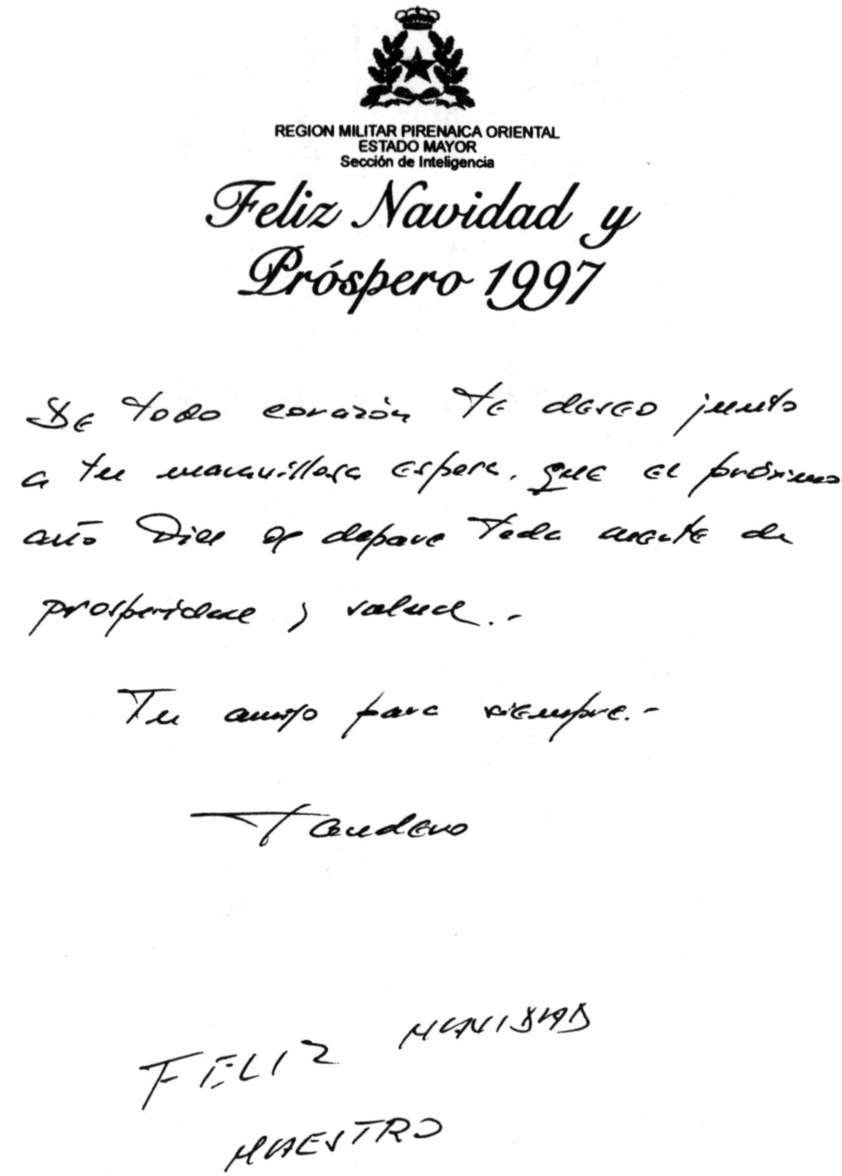
REGION MILITAR PIRENAICA ORIENTAL
ESTADO MAYOR
Sección de Inteligencia

Feliz Navidad y
Próspero 1997

De todo corazón te deseo junto a tu maravillosa esposa, que el próximo año Dios os depare toda suerte de prosperidad y salud.-

Tu amigo para siempre.-

FELIZ NAVIDAD
MAESTRO

FIG. 6.15. (reducido 70%). Mando carismático. «Ocho» «Siete» (Eneagrama).

Barcelona, 14 Septiembre 1.989

Capitanía General 4.ª Región Militar
ESTADO MAYOR
2.ª Sección

D. Francisco Viñals Carreras.
P L A Z A.

Respetado amigo:

Recibe este pequeño detalle como muestra de agradecimiento a tu labor y consideración a tus valores humanos, largamente reconocidos aun que sea en este momento cuando se produzca la demostración de ello.

Recibe la consideración del que suscribe y del Jefe del G.O.

Firmado: Jaime De la Nogal Nuñez.

4.º REGION MILITAR
PIRENAICA ORIENTAL
2.ª SECCION DE ESTADO MAYOR

Barcelona, 2 de julio de 1993

Sr. D.
Francisco **VIÑALS CARRERA**
Abogado

Querido amigo:

Le felicito muy sinceramente por la Cruz de la Orden del Mérito Militar de Primera Clase con distintivo blanco que le ha sido concedida el 24 de junio de 1993 según B.O.D. nº 122 página, 4316 y 4317 del que acompaño fotocopia.

La propuesta de su recompensa formulada, en su día por esta Sección de Inteligencia del Estado Mayor de la 4ª Región Militar, ha sido acogida positivamente por la Superioridad y, tal ocasión, nos alegra de manera muy particular

Para todos los componentes de esta Sección es una gran satisfacción comunicarle a Vd. tan grato acontecimiento.

Le saludo atentamente

Fdo: Juan Salmerón Martínez

FIG. 6.16. (reducidos 50%) Mandos diplomáticos.

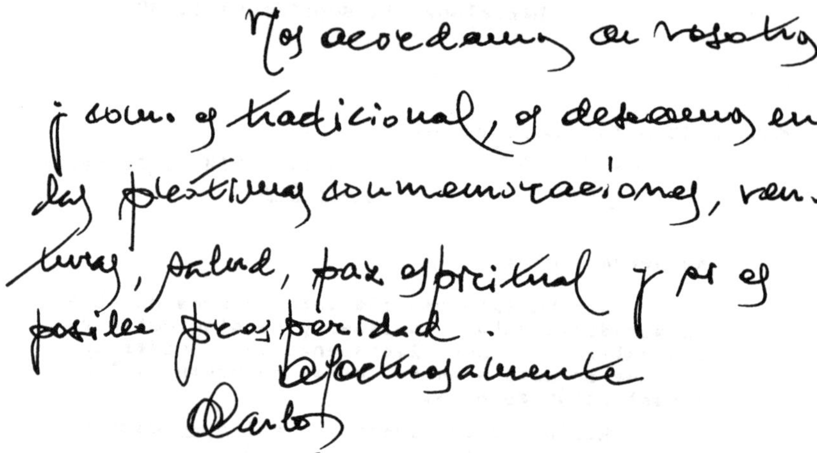

Nos acordamos de vosotros y como es tradicional, os deseamos en las festivas conmemoraciones, venturas, salud, paz espiritual y si es posible prosperidad.
Afectuosamente
Carlos

FIG. 6.17. Comisario jefe del Grupo Operativo del Servicio de Información Bis del Ejército (la popular «2ª BIS») RESIBE-24 (Jefatura Regional del Servicio, 2ª Sección, 4ª Región Militar). Años de la transición española. Gran habilidad de contacto y negociación. «Pequeño Profesor» (AT).

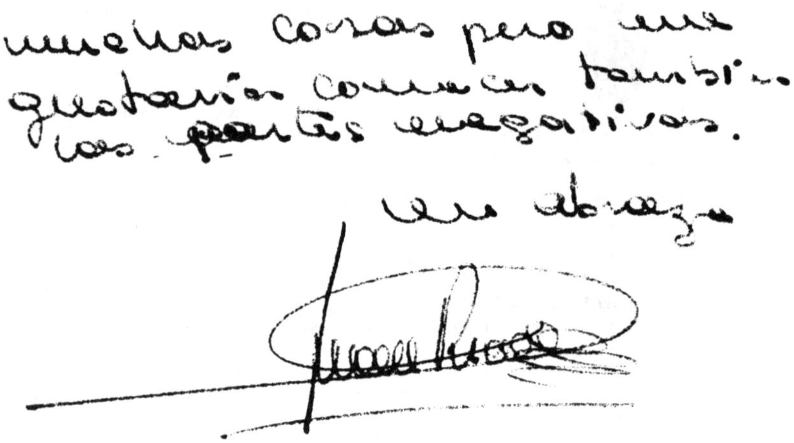

muchas cosas pero me gustaría conocer también los puntos negativos.
Un abrazo

FIG. 6.18. Comandante Jefe de la Sección 2ª de Estado Mayor del Cuartel General de la Región Militar Pirenaica. «Pequeño Profesor» (AT).

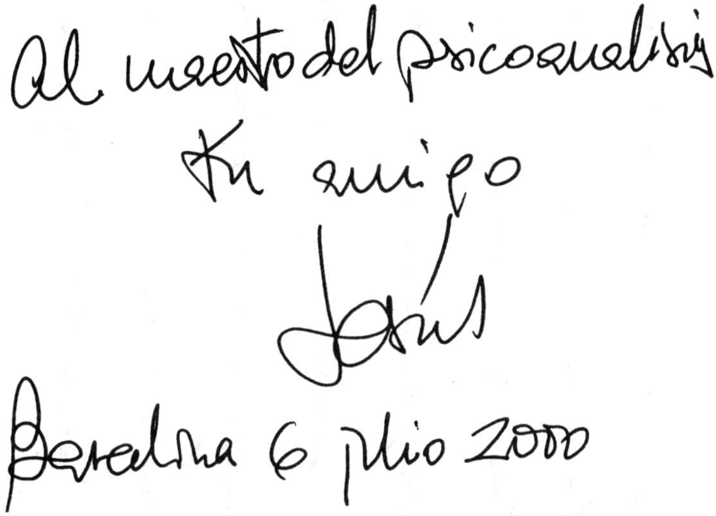

FIG. 6.19. Jefe de la Oficina de Inteligencia de la Comandancia Militar de Barcelona. «Siete» (Eneagrama) Muy apto para contactar y obtener información.

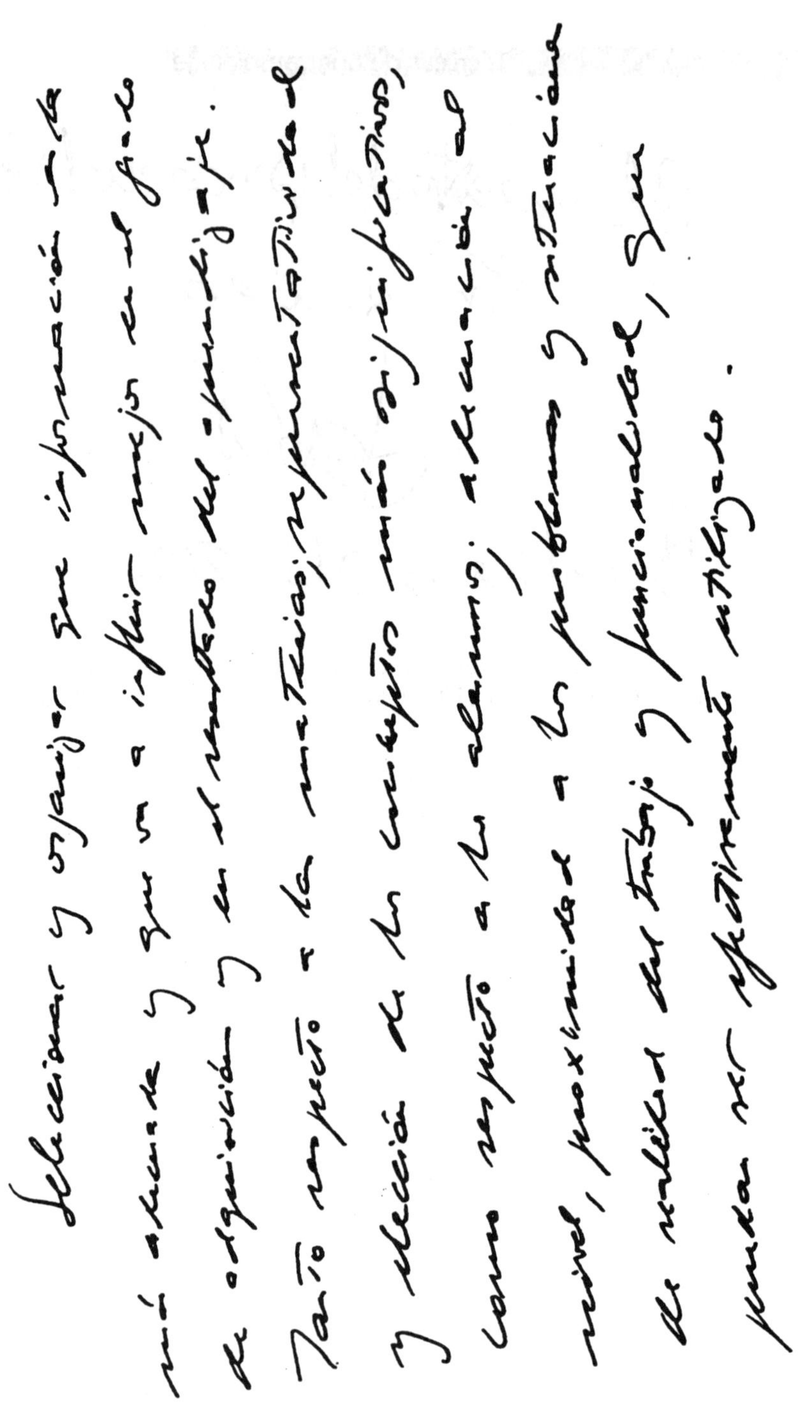

FIG. 6.20. Comandante jefe de zona en el CESID (Servicio de Inteligencia del Gobierno). «Pequeño Profesor» (AT).

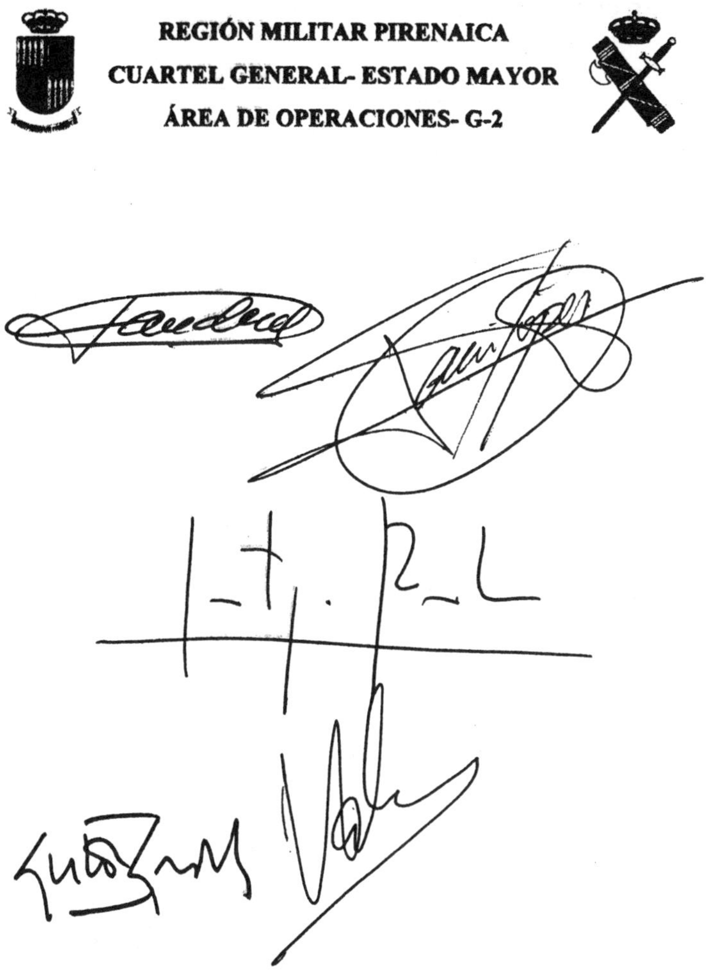

REGIÓN MILITAR PIRENAICA
CUARTEL GENERAL- ESTADO MAYOR
ÁREA DE OPERACIONES- G-2

FIG. 6.21. Miembros de Contrainteligencia. «Pequeño Profesor» (AT).

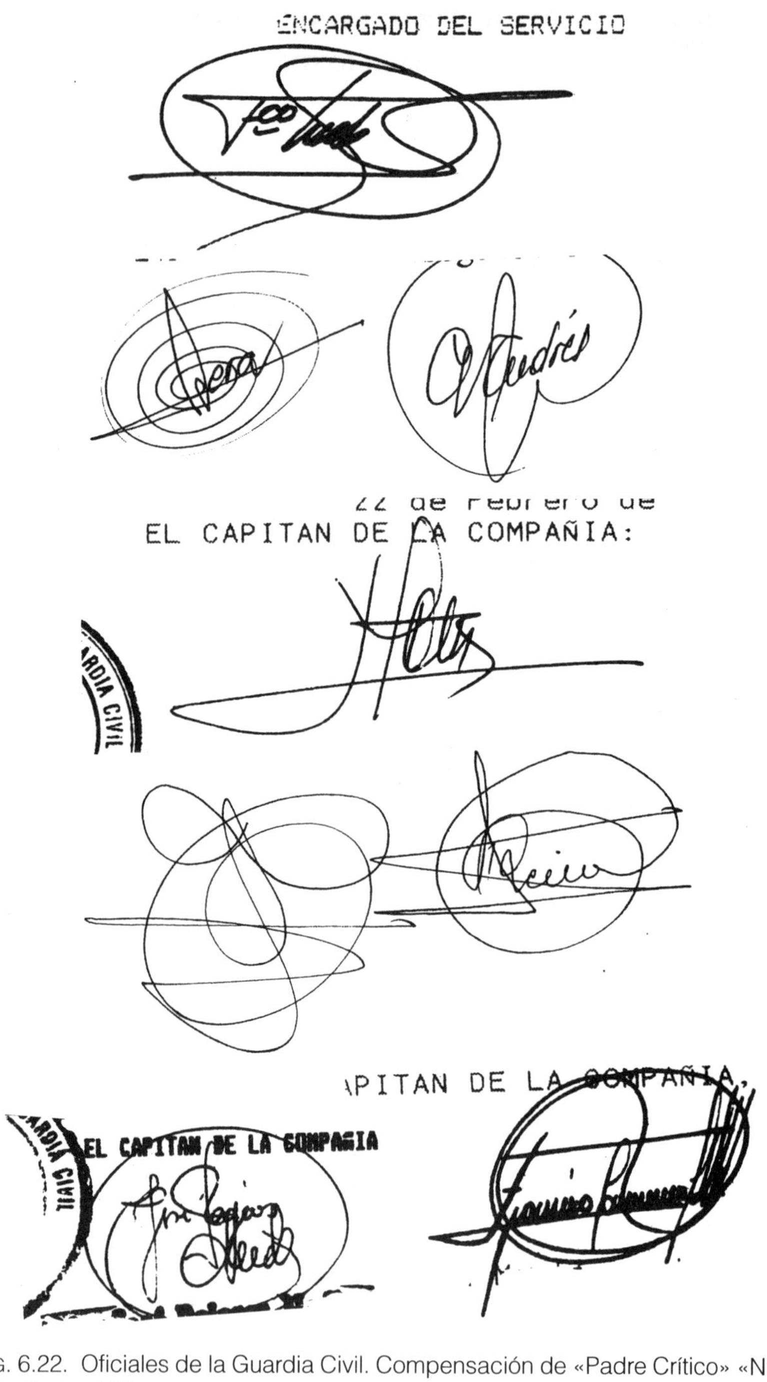

FIG. 6.22. Oficiales de la Guardia Civil. Compensación de «Padre Crítico» «Niño Adaptado» (AT).

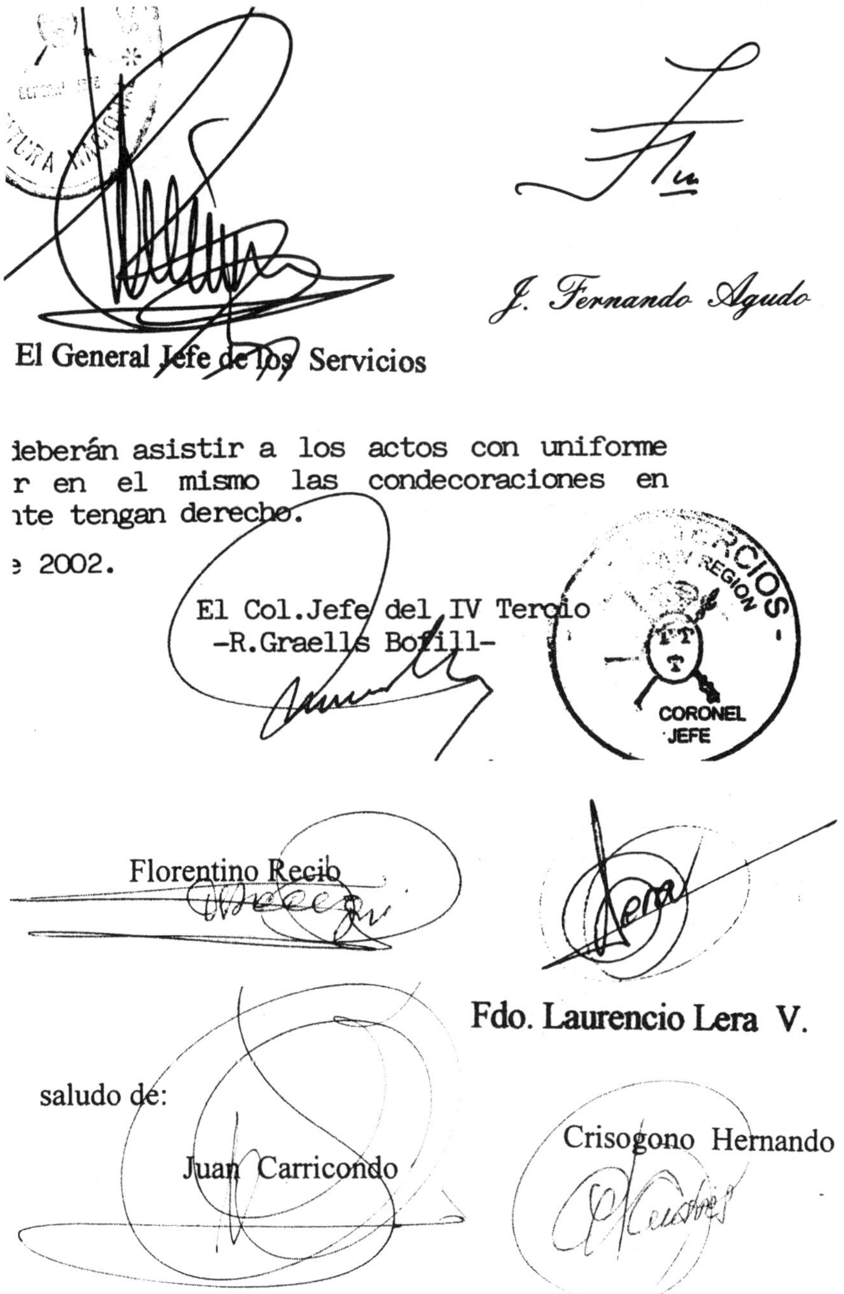

FIG. 6.23. Mandos de la Orden de los Reales Tercios» fundada por el General Kindelán. Id. anterior.

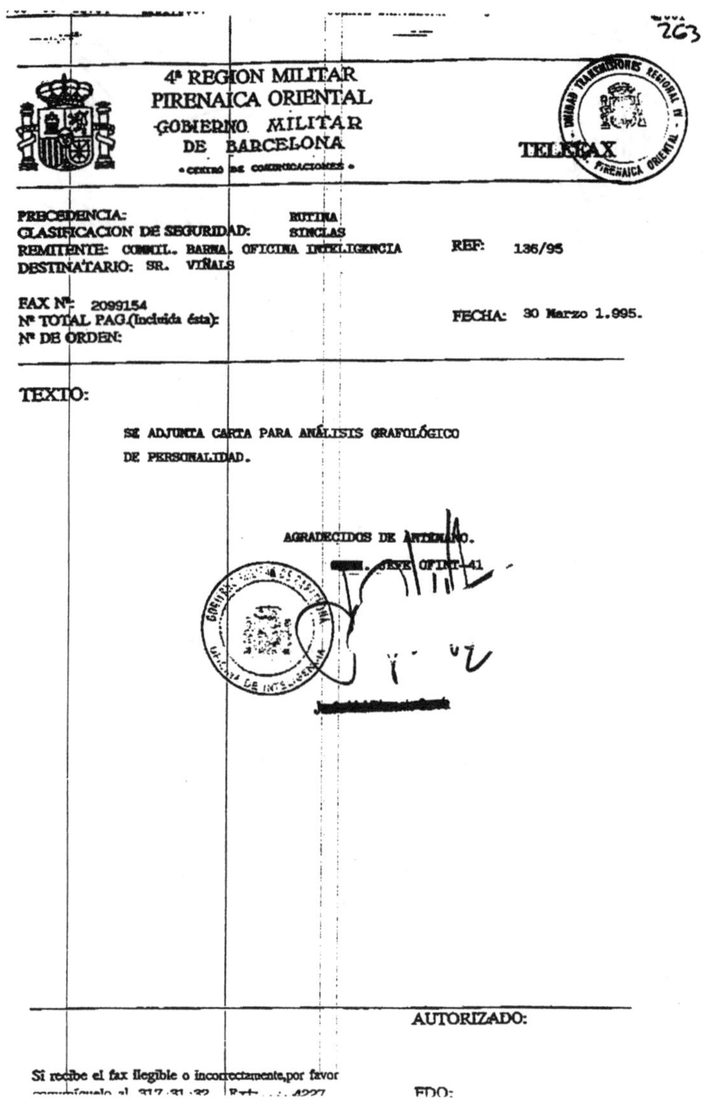

263

4ª REGION MILITAR
PIRENAICA ORIENTAL
GOBIERNO MILITAR
DE BARCELONA
• CENTRO DE COMUNICACIONES •

TELEFAX

PRECEDENCIA: RUTINA
CLASIFICACION DE SEGURIDAD: SINCLAS
REMITENTE: COMMIL. BARNA. OFICINA INTELIGENCIA REF: 136/95
DESTINATARIO: SR. VIÑALS

FAX Nº: 2099154
Nº TOTAL PAG.(incluida ésta): FECHA: 30 Marzo 1.995.
Nº DE ORDEN:

TEXTO:

SE ADJUNTA CARTA PARA ANÁLISIS GRAFOLÓGICO
DE PERSONALIDAD.

AGRADECIDOS DE ANTEMANO.
[redacted]. JEFE OFINT-41

[redacted]

AUTORIZADO:

Si recibe el fax ilegible o incorrectamente, por favor comuníquelo al 317-31-32 Ext- ... 4227

FDO:

FIG. 6.24. Solicitud de Grafoanálisis en la HUMINT.

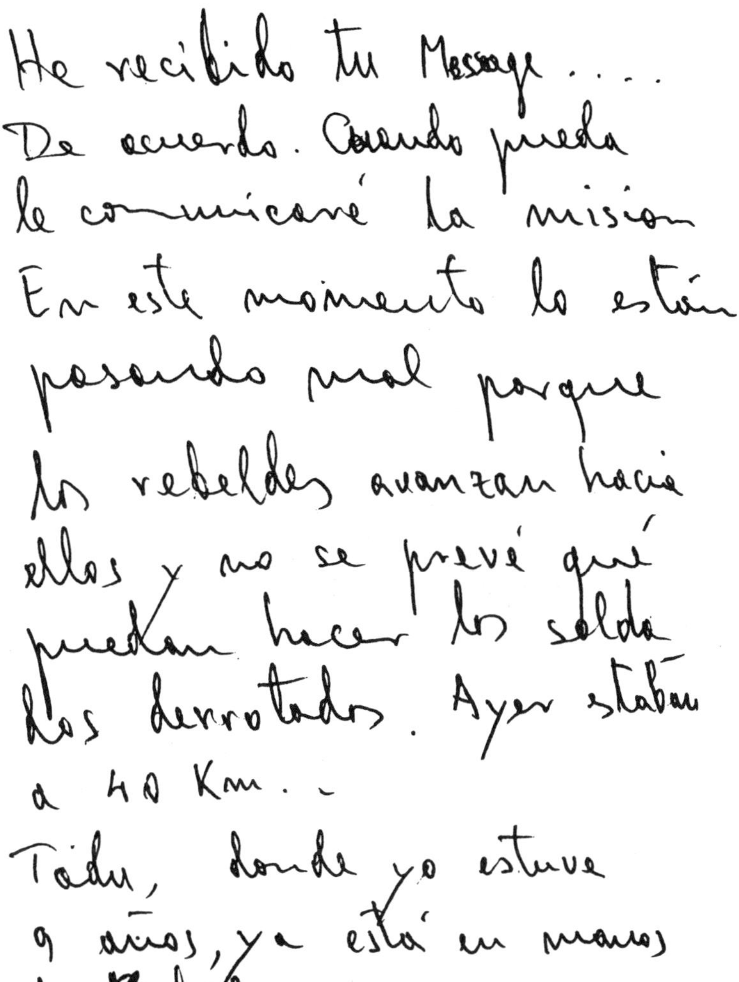

He recibido tu Message....
De acuerdo. Cuando pueda
le comunicaré la misión
En este momento lo están
pasando mal porque
los rebeldes avanzan hacia
ellos y no se prevé qué
puedan hacer los solda
dos derrotados. Ayer estaban
a 40 Km...
Todo, donde yo estuve
9 años, ya está en manos
de Kabila.

FIG. 6.25. Agente especial (identidad reservada).

GRAFISMOS DE AGENTES CÉLEBRES

FIG. 6.26. Coronel Otto Skorzeny, Agente especial de las SS.

FIG. 6.27. Almirante Wilhelm Canaris. Jefe de Inteligencia alemana.

FIG. 6.28. General Reinhard Hehlen. Jefe de Inteligencia alemana.

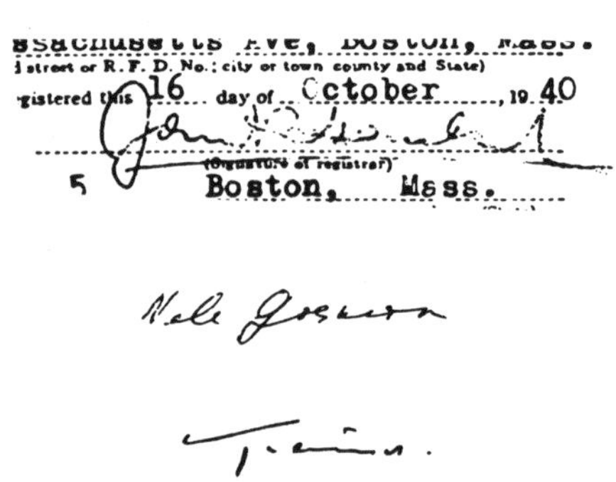

FIG. 6.29. Espías alemanes. Erich Gimpel, Nele Gorman y Dr. Kart-Heinz Kraener.

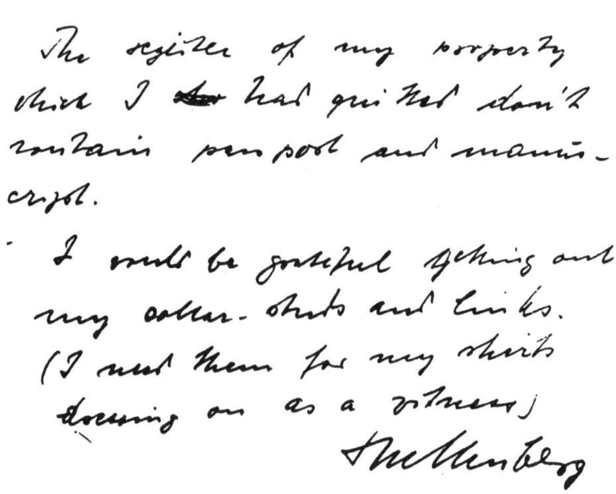

FIG. 6.30. Especialista alemán en contraespionaje.

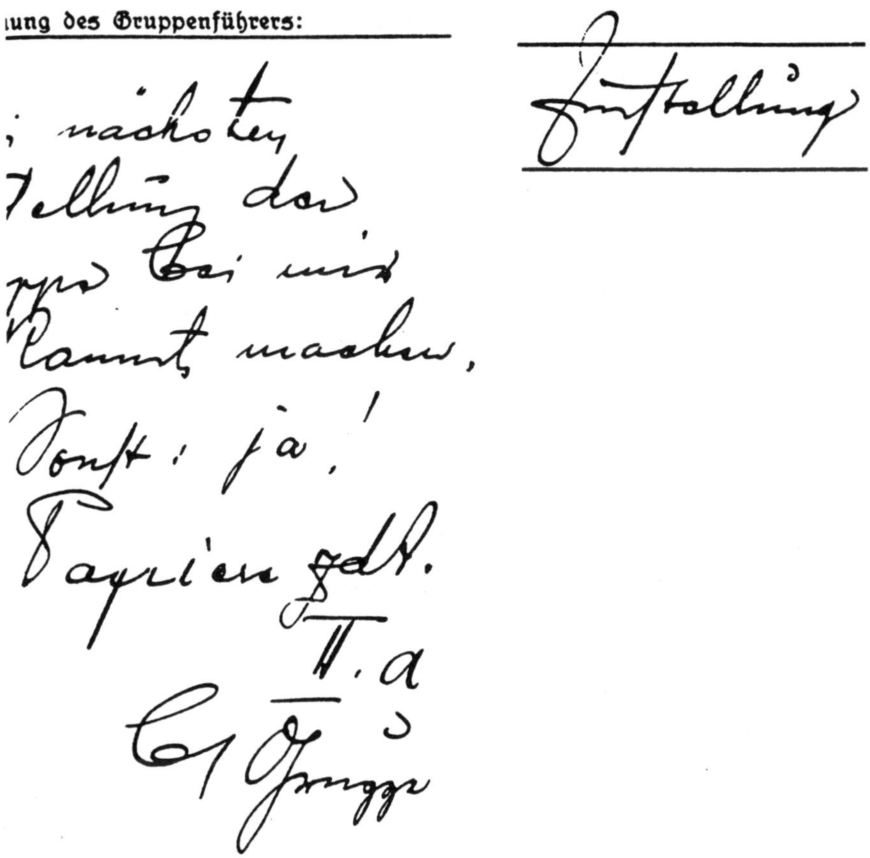

FIG. 6.31. Karl Ernst, oficial alemán con una promiscua homosexualidad. Escritura femenina en hombre «ánima» con gestos curvilíneos, regresiones o desviaciones, jambas en «8».

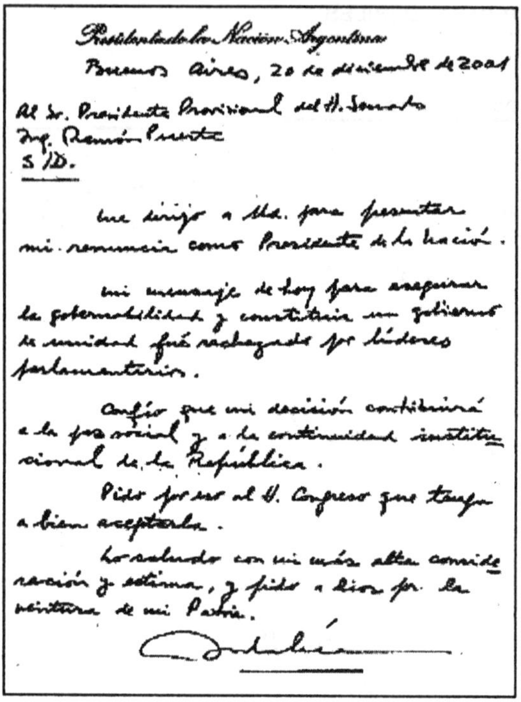

Presidencia de la Nación Argentina
Buenos Aires, 20 de diciembre de 2001

Al Sr. Presidente Provisional del H. Senado
Ing. Ramón Puerta
S/D.

Me dirijo a Ud. para presentar mi renuncia como Presidente de la Nación.

Mi mensaje de hoy para asegurar la gobernabilidad y constituir un gobierno de unidad fue rechazado por líderes parlamentarios.

Confío que mi decisión contribuirá a la paz social y a la continuidad institucional de la República.

Pido por eso al H. Congreso que tenga a bien aceptarla.

Lo saludo con mi más alta consideración y estima, y pido a Dios por la ventura de mi Patria.

FIG. 6.32a. De la Rúa: Respecto a la escritura del ex Presidente de la República Argentina, Dr. Fernando de la Rúa, queremos hacer hincapié en una característica gráfica, que en este caso por su frecuencia se convierte en un gesto-tipo muy cualitativo y que constituye una auténtica aportación de la Escuela Italiana («Morettiana»). Se trata de una de las tres modalidades del Rizo de la Mitomanía: prolongación rectilínea sobrante, ligeramente ascendente, en sentido dextrógiro en la zona superior del óvalo de la letra «o» (gramma recto a modo de apéndice que supone, una desproporción o disparo desde arriba de la «o» hacia la zona superior derecha, en vez de concluir la abreacción, apareciendo cuando dicha vocal está en final de palabra).

Los grafoanalistas somos un poco reacios a dar importancia a un solo signo, se valora según el conjunto, el ambiente general, equilibrio de forma-movimiento, puntuación de características gráficas dentro de cada aspecto y subaspecto (géneros y especies), pero gracias a destacados maestros como D. Augusto Vels y D. Jaime Tutusaus, hemos aprendido a ser eclécticos y a superar los cimientos de la Escuela Francesa con las aportaciones Alemanas, sobre todo en la captación del ritmo, y por supuesto, integrando la Escuela Italiana; mediante la cual hemos llegado a descubrir que determinados «Rizos» cuando se producen de forma sistemática en una misma grafía, pueden condicionar el análisis, en el sentido de otorgar más fuerza sobre el grado de trastorno en la personalidad global que comparativamente respecto al aparente equilibro del resto de características gráficas valoradas en percentil. Ello sucede porque, en principio, los cuadros clásicos de tipo grafoanalítico están pensados para la clasificación caracterológica a un nivel relativamente normal, sin entrar en grados destacados de trastorno, por ello un «rizo» cualitativo puede desvirtuar un pormenorizado grafoanálisis.

La escritura de D. Fernando de la Rúa, tiene otros componentes gráficos también desfavorables (gestos ocultantes «s», jambas en «8», rizo del subjetivismo en firma, filiformidad, etc...), suficientes como para descubrir una personalidad no especialmente armonizada, pero, únicamente nos centraremos en el ***Rizo de la Mitomanía*** porque nos merece una mayor atención dado el posible significado patológico del mismo y ya que hemos tenido la oportunidad de estudiarlo muy de cerca en otros casos. Vamos pues a exponer simplemente lo que dice la Escuela Italiana del Padre Moretti:

TORBIDONI, Lamberto – ZANIN, Livio (1991): *Grafología. Texto teórico–práctico*, Santander, Ediciones Tantín; Ed. Original: Editrice La Scuola.– IV edición, 1986, Brescia

–Rizo de la Mitomanía «...expresa tendencia a fijarse en una idea, a inventar hechos imaginarios, a dar una interpretación subjetiva a hechos reales (...) Quien tiene el ***Rizo de la Mitomanía*** tiene el campo de conciencia muy restringido, porque los estímulos y las solicitaciones están dirigidas hacia una idea o imaginación que lo comprometen y lo concentran largamente impidiéndole lucidez para comprender las demás cosas que la circundan. He aquí por qué se evaden de la realidad y la mitomanía se vuelve característica componente de su constitución psíquica, hasta hacerle difícil su curación. De ahí la patología expresada por el signo.

Cada llamada a la realidad lo irrita y lo vuelve turbulento e inquieto; se exalta y se agita por sus fijaciones o monomanía y no se explica el porqué no son comprendidos y compartidos por los demás. Es siempre extraño, sospechoso, unilateral; es fanático en el sostenimiento de las propias ideas y método de vida. Extremista en los juicios, en las simpatías o antipatías, aprecia y ama a quienes le dan la razón y le secundan, mientras condena y contesta violentamente a los que se le oponen.

Cuando cuenta cosas que ha visto, añade particularidades y adornos que son fruto de su imaginación; puede tener una inteligencia vivaz, pero sin eficacia práctica y, a menudo, inconcluyente. Su fantasía e interpretación de hechos suele tener un bajo fondo de representación erótica.

El mitómano tiene la mirada y el aspecto ausentes; al oír hablar no mira a su interlocutor, no está atento a lo que dice, suele responder con monosílabos y sin darse cuenta de cómo responde.

Parece distraído y embelesado, porque no recoge nada que no tenga referencia a la idea y al problema que le obsesionan. Cuando está con los demás suele tener el pensamiento en otra parte y la mirada en el vacío.

Es muy extraño en su comportamiento, puede hacer las cosas sin lógica ni coherencia, es poco respetuoso con las conveniencias sociales. En su apostura expresa protervia, tiene un paso cadenciado y seguro, el sueño muy agitado y lleno de pesadillas. En los casos más agudos tiene graves manifestaciones de histerismo.»

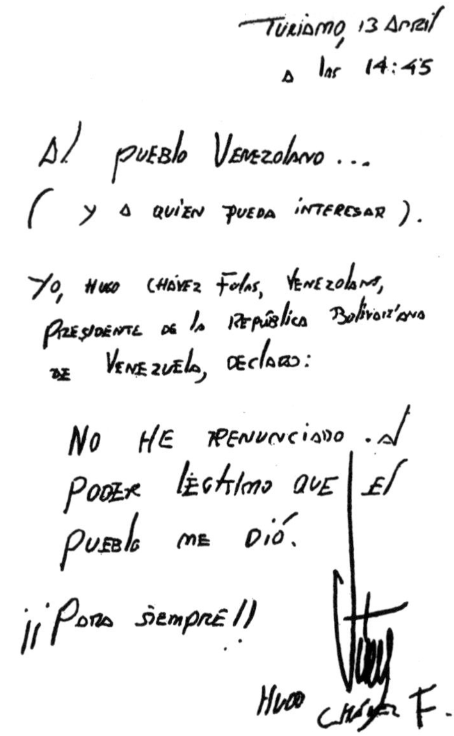

Turiamo, 13 Abril
a las 14:45

Al pueblo Venezolano...
(y a quien pueda interesar).

Yo, Hugo Chávez Frías, Venezolano,
Presidente de la República Bolivariana
de Venezuela, declaro:

No he renunciado al
poder legítimo que el
pueblo me dió.

¡¡Para siempre!!

Hugo Chávez F.

FIG. 6.32b. (grafismo reducido globalmente) Hugo Chávez: Escritura manierista, artificial, en mayúsculas con sobrealzados, propia de un megalómano con fachada de perfección, pero que adolece de empatía y de verdaderos sentimientos altruistas. La fachada le ha ayudado en su «escalada» a la cumbre en nombre del Pueblo, pero «sin el Pueblo». En esta época de la «imagen» éste es un caso prototipo del tipo de persona que, por su empuje, manipulación y ausencia de escrúpulos de conciencia, consigue fácilmente el triunfo en un tiempo récord, ahora bien, la caída también puede ser espectacular, sobre todo porque adolece de una base firme, y precisa constantemente convencer a personas que no le conozcan para sustentarse.

FIG. 6.33a. Jefes de Estado.

FIG. 6.33b. (Cont.).

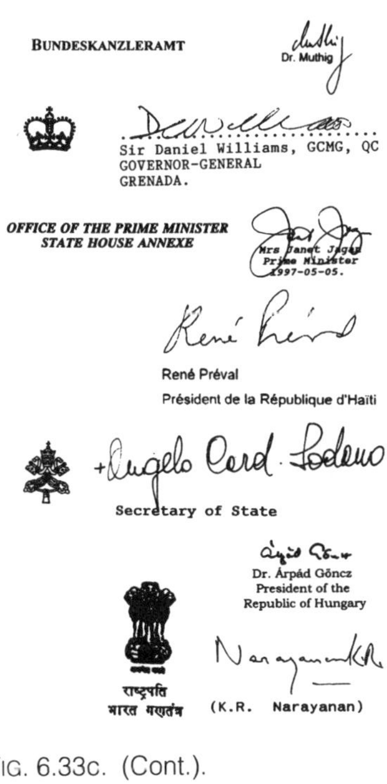

FIG. 6.33c. (Cont.).

FIG. 6.33d. (Cont.).

FIG. 6.33e. (Cont.).

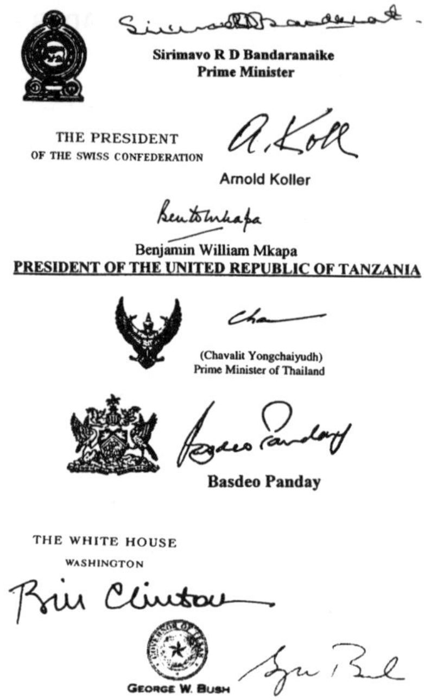

FIG. 6.33f. (Cont.).

FIG. 6.33g. (Cont.).

2. ANÁLISIS EN PATOLOGIA

2.1 Inteligencia y sanidad militar

El deber de las Fuerzas Armadas de proteger sanitariamente a la población civil en casos excepcionales –desastres provocados por la acción de la naturaleza o del hombre–, si bien era un hecho ya contemplado jurídicamente, por ejemplo en la legislación española existía la Ley 2/1985, de 21 de enero sobre protección civil; los acontecimientos del 11 de septiembre y su impacto directo sobre la salud –dispersión de esporas de carbunco (ántrax)– han reforzado el papel de información y orientación a Protección Civil llevado a cabo por Sanidad Militar (informes médicos, personal especializado, recursos, material...); así como una reestructuración de ésta, de acuerdo al nuevo marco estratégico de Defensa Nacional, básicamente en estudios preventivos.

2.1.1 INTELIGENCIA SANITARIA

El cálculo de riesgos sanitarios (enfermedades, lesiones...) en medios y circunstancias diversos (edificios, obras hidraúlicas...), ante potenciales ataques con armas de destrucción masiva NBQ (nucleares, biológicas y químicas), con objeto de prevenir y/o contrarrestar (farmacología) al máximo los efectos dañinos (coronel médico Luis Villalonga).

2.1.2 INTERDISCIPLINARIEDAD DEL GRAFOANÁLISIS CON LA PSIQUIATRIA-PSICOLOGÍA MILITAR

Desde el punto de vista psicológico son significativas las teorías que concurren sobre la propia condición militar, algunas de éstas consideran a las Fuerzas Armadas como organizaciones constituidas por personalidades psicológicas ansiosas que expresan sus impulsos con control social, desviando su agresividad –fruto de la frustración de sus deseos infantiles– hacia el enemigo externo; es por tanto un buen ejemplo de profesionalización de los instintos. Una serie de rituales militares (reglamentos, jerarquía, saludos, desfiles, maniobras, rutinas de limpieza...) actúan como mecanismos de defensa y de cohesión grupal ante la desazón del combate y la propia agresividad intrínseca del grupo (Dixon, 1997).

El especialista centra su actuación profesional en diversas áreas: a) elaboración de programas de prevención de salud mental; b) exploración de los síntomas psicopatológicos; c) tratamiento y seguimiento psicofísico del contingente militar y sus familiares; d) valoración de bajas, invalidez, incapacidad, idoneidad, etc...

Desde el punto de vista pericial, el mayor obstáculo que debe superar el especialista de la psiquiatría-psicología militar, al igual que el forense, en el ejercicio de su profesión es la *simulación* y sus variantes; un fenómeno ya referenciado por Hipócrates en el siglo V a.C. en su *Tratado de los aires, de las aguas y de los lugares*.

Nos referimos aquellos casos de pacientes que con la finalidad de eludir una pena o responsabilidad, obtener una mejora, y/o una gratificación económica, imitan de forma consciente y voluntaria una enfermedad mental u orgánica que no padecen (*Simulación*), o que padecieron hace tiempo y de la cual ya están completamente restablecidos (*Metadisimulación* o *Retrosimulación*), o lo que es más habitual en el ámbito castrense, agravan o exageran (*Sobresimulación*) la enfermedad real que sufren; aunque también puede darse el fenómeno inverso de ocultación de una enfermedad verdadera (*Disimulación*), con la pretensión de mantenerse en la carrera de las armas, y/u obtener una promoción, algo menos frecuente y que implica una mayor complejidad (buen nivel cultural, personalidad más estructurada) por la necesidad de adaptarse a una situación con una minusvalía en sus funciones.

La finalidad utilitaria de los fenómenos anteriormente descritos manifiestan la existencia de un engaño, que el especialista puede probar técnicamente a través de las actuales técnicas de exploración de los síntomas psicopatológicos (Test de Rorschach, Raven, T.A.T, Jung-Rosanof...), y otras tácticas-ardides, como por ejemplo, el método de Kracebig que consiste en divulgar a terceros una sintomatología absurda e inexistente sobre la enfermedad correspondiente, a la espera de que el paciente lo oiga, pique y lo reproduzca, descubriéndose él mismo; tácticas de signo bien diferente eran utilizadas antaño, como las de Zachias, médico del papa Inocencio X, que proponía quemar las plantas de los pies, o Percy, médico militar de Napoleón Bonaparte, cuya receta infalible ante cualquier enfermedad pasaba por cortar los testículos, desanimando a cualquiera al fingimiento. De todas maneras, la no adecuación de la enfermedad a la realidad por parte del paciente, ya implica que tras esa estrategia de simulación, subyace una alteración mental auténtica, que es más grave cuanto más perfecta sea dicha simulación (De Miguel, 1990; García Andrade, 1991).

El analista también auxilia en determinados casos de verificación de patologías psicofísicas.

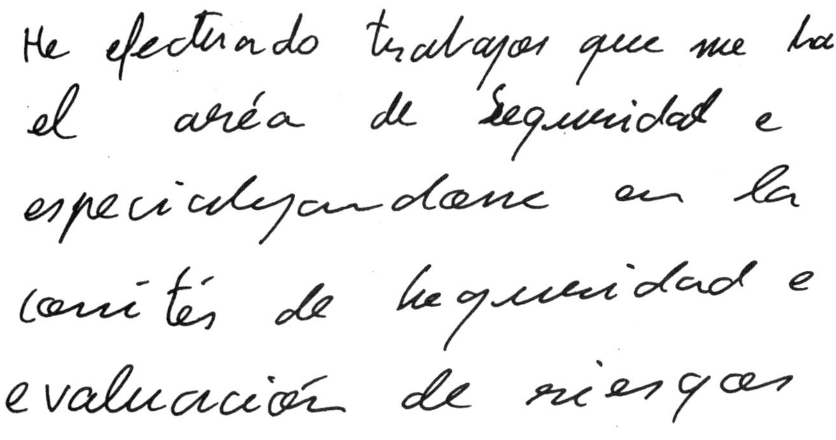

FIG. 6.34. Joven de 25 años, padece arritmia.

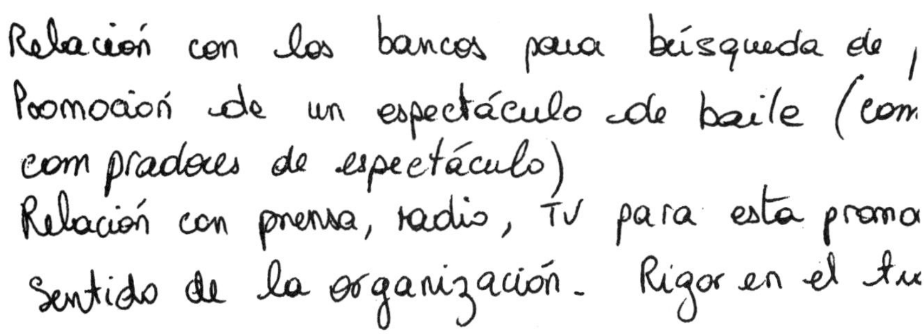

FIG. 6.35. Alergias. Es fácil encontrar alteraciones propias de la inseguridad, presión ligera, floja, cambios de tensión.

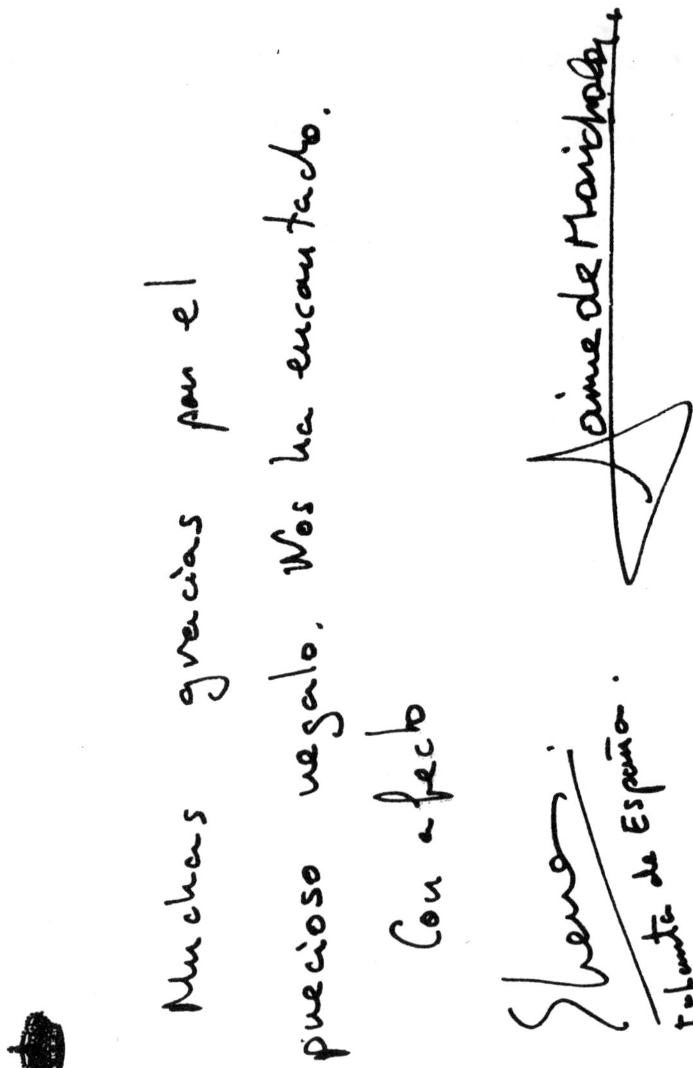

Muchas gracias por el precioso regalo. Nos ha encantado.
Con afecto
Elena
Infanta de España.
Jaime de Marichalar

FIG. 6.36. Debajo del texto suave y curvilíneo de S.A.R. la Infanta Elena («Sentimental» con grandes cualidades pedagógicas) tenemos la firma de su esposo Don Jaime, también Duque de Lugo y en el que vamos a centrar nuestra atención en este caso. Hace ya unos años que se producía este escrito y a pesar de la juventud de Don Jaime, véase, dentro de los límites que supone una reproducción del original, cómo existen dificultades en la presión (tensión y calibre, la profundidad no es apreciable sin acceder al original): roturas en el recorrido del subrayado (trazo que precisamente viene lanzado por tratarse de la última parte de un «golpe de sable»); las irregularidades en el calibre con especial dificultad en la confección de los óvalos y ojales con base angulosa y torsiones y/o brisados en zona superior levógira, agudizadas por los reenganches y/o adosados en el coligamiento y escalonado descendente en final de línea. Con dicha escritura no habríamos podido pronosticar el infarto cerebral que sufrió (2001), pero sí que como mínimo descubrimos dificultades a nivel del sistema circulatorio.

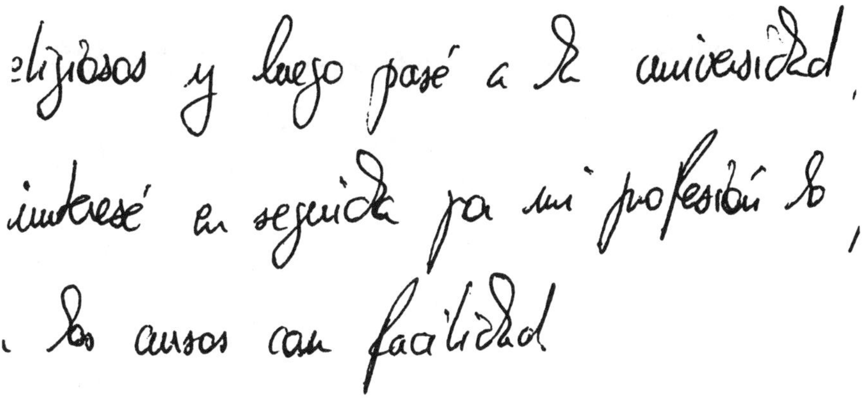

FIG. 6.37. Bronquitis asmática. En este tipo de afecciones respiratorias es fácil encontrar contorsión en las hampas.

En nuestra obra: *Psicodiagnóstico por la escritura*, Barcelona, Ed. Herder, 1999 ya sugeríamos la comparación entre el óvalo y el iris; con los años hemos ido verificando nuevos casos, ahora bien, debe tenerse en cuenta que en la escritura no aparece la alteración en todos los óvalos, solo alternativamente y es muy difícil precisar el punto exacto que corresponde en el mapa topográfico iridológico, ello unido a que las presuntas alteraciones pueden también ser debidas a otras cuestiones que muchas veces no tienen su reflejo somático, sería muy arriesgado aventurarse en este terreno, por lo tanto únicamente servirá para que el médico grafoanalista tenga un elemento más de observación en el control y seguimiento de la enfermedad y en todo caso para que el especialista confirme o no la posibilidad de sospecha sobre la misma y oriente al facultativo correspondiente.

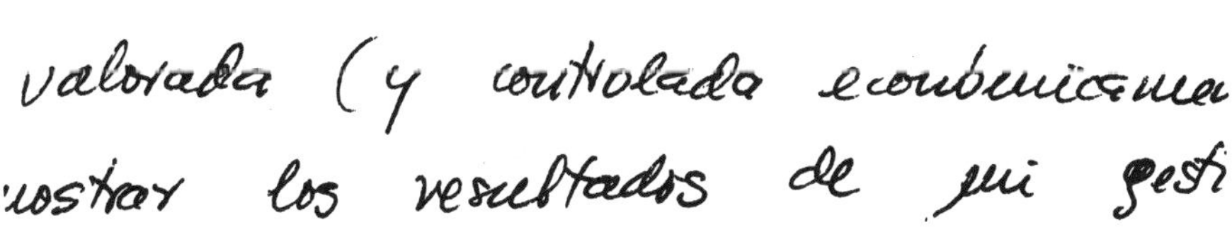

FIG. 6.38. Meningitis. Aparece en ocasiones la congestión en el óvalo (comparable en el mapa de referencia del iris).

FIG. 6.39. Sordera. Muestra facilitada por la Prof. Mª Lynn Pérez-Calvo Soler. Bloqueo antes de realizar la «e» observado por la Prof. Clotilde Gutiérrez (coincide con el punto de comparación en el mapa del iris).

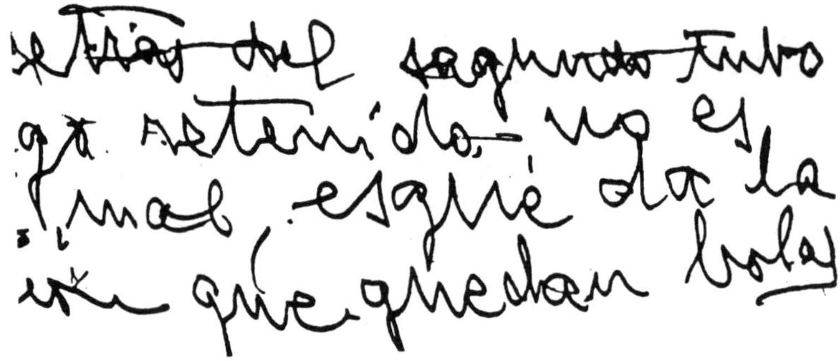

FIG. 6.40. Cáncer de laringe. Muestra facilitada por el Dr. Muñoz Calado (Hospital del Aire, Madrid).

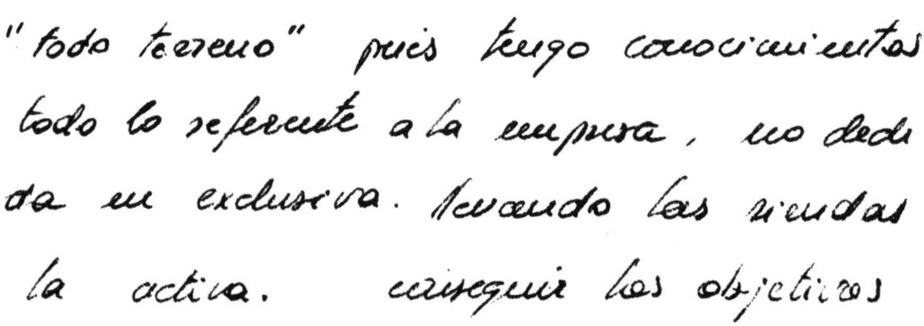

FIG. 6.41. Problemas intestinales.

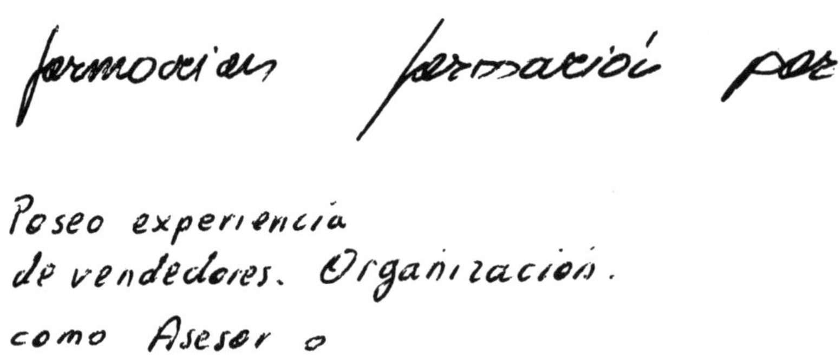

FIG. 6.42. Dos casos con problemas de vesícula biliar.

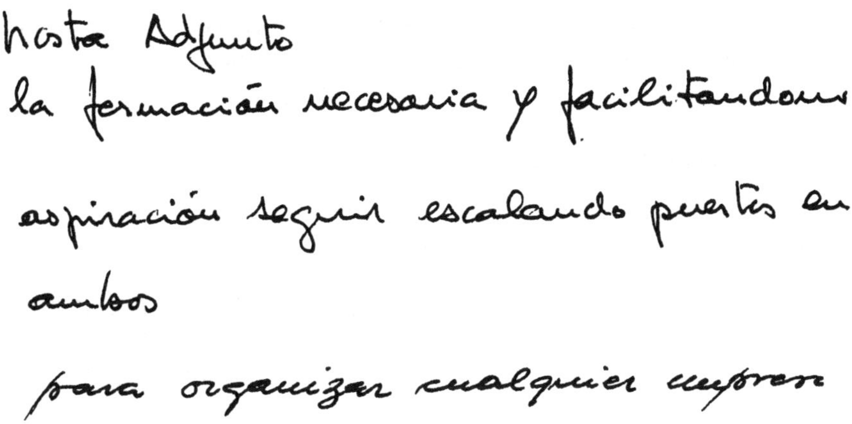

FIG. 6.43. Úlcera de estómago. Óvalos remarcados –congestionados o con doble trazo– bucle interior, jambas débiles.

Entre las afecciones preocupantes de nuestra época es la que sufren muchas jóvenes, se trata de la anorexia y la bulimia.

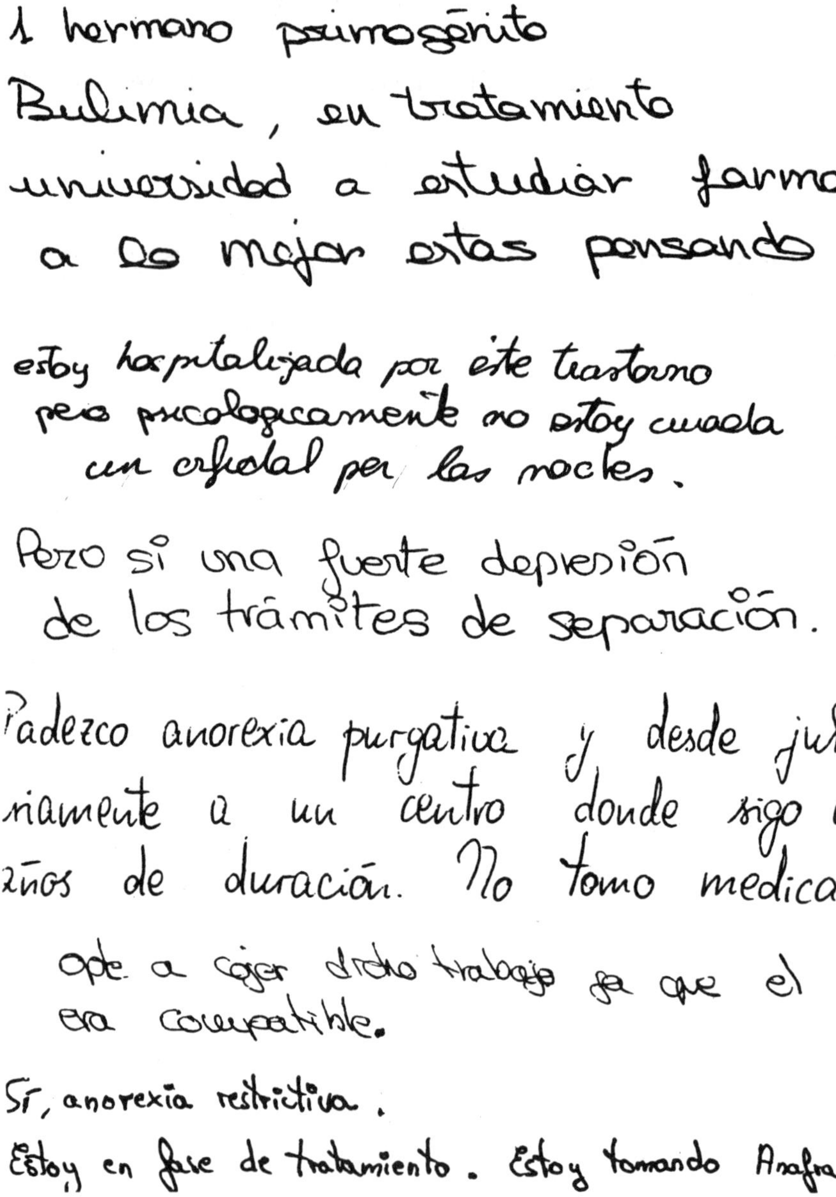

FIG. 6.44. Anorexia, Bulimia. Chicas jóvenes, habitualmente escrituras redondas, anchas adosadas o apretadas con alteraciones de presión. Predominio de carácter «Sentimental» –Emotivo–NoActivo–Secundario– (Heymans-Le Senne) «Niño Adaptado» (AT) o «Seis» (Eneagrama).

Notas de personalidad por grafoanálisis para orientación (sobre un caso específico).

GRAFONOMÍA MÁS SIGNIFICATIVA

Irregularidades en la presión, tendencia actual yuxtapuesta, zona media con fluctuaciones de tamaño y estrechada entre letras, redonda, semi-tipográfica, combinación de guirnalda y arcada, letras de orientación inversa, ordenada, signos y finales descendentes, signos de inhibición.

Observación inicial Refleja escritura típica de la anorexia. La zona media propia de la afectividad pero con dimensión reducida, fluctuante y con dificultades de expansión denota la baja autoestima; las alteraciones de la presión (tonos variables en el entintamiento o calibrado) podría denotar algo de toxicidad provocada incluso por medicación, los signos caídos y las regresiones en la abreacción, el pesimismo y junto a las inhibiciones, la dificultad de expansión de los sentimientos. El contraste con los espacios interpalabra con predominio de forma sobre movimiento, la rigidez y búsqueda de autocontrol de los impulsos, que, junto a las arcadas le dificulta dicha expresión y le frena la espontaneidad y favorece el temor a implicarse, al propio tiempo es como si sintiera sobre sus espaldas la responsabilidad de una enorme tarea. La necesidad de ordenar y de corregir denota que Marta sufre una especie de compulsión hacia el deber en detrimento del placer, llegando a veces al obsesivo perfeccionismo, que le produce una gran ansiedad, por ello necesita liberarse, rebelándose, si bien no lo consigue de una forma constructiva, la vulnerabilidad interna, necesidad de protección y dificultad para el proceso madurativo la retienen en su indecisión.

NOTAS COMPLEMENTARIAS

Existe la contradicción entre la necesidad de ser perfeccionista y cumplir, propia de la obediencia y sumisión, con la necesidad de rebelarse y liberarse de toda la carga ansiosa. Esta lucha intrapsíquica la neurotiza, alterándole el estado de ánimo.

Puede también padecer preocupaciones pesimistas porque le abordan fantasías negativas de sucesos negros e imposibles, relacionados frecuentemente con un incierto futuro.

Cualquier cosa puede hacer flaquear su seguridad personal. Falta de confianza en los propios recursos. Tendencia a dejarse sugestionar. Vulnerabilidad interna.

Infravalora la propia capacidad tanto por el pesimismo como por sentimientos de inferioridad. Su pesimismo puede afectar a la objetividad porque ve las cosas peor de lo que son.

Frente a las dificultades y las tareas variadas, experimenta inquietud y agitación en sentido morboso de la responsabilidad, falta de confianza personal, y el peligro de que la perseverancia se vea comprometida por actitudes de renuncia.

Falta de determinación debido a las frecuentes dudas que experimenta en detrimento de las aptitudes para afirmar su personalidad.

Se observa tendencia a la duda, a la inquietud, a la ansiedad. Quiere cumplir y ser ejemplar, pero al propio tiempo le gustaría dar rienda suelta a su originalidad. Demuestra temor al juicio ético por parte de los demás.

Le cuesta dominar el ambiente porque lo teme, de ahí sus ansiedades y sentimientos de inferioridad, por falta de confianza en sus propios recursos.

Sus frecuentes dudas pueden dar lugar a rectificar sobre sus acciones, volver insistentemente sobre lo mismo, cambiarlo y volverlo a hacer, de forma obsesiva. Tendencia a un estado permanente de insatisfacción y a un complejo de incapacidad realizadora. Es fácil que observe incertidumbre, dudas en las decisiones, obsesiones y manías.

Hay un claro complejo de inferioridad que es el causante de sus inseguridades. Trata de reprimir los defectos y de causar una impresión; oculta la falta de confianza en sí misma. Es fácil hacerle despertar el sentimiento de culpa. Muchas veces se refugia en su mundo interior, su imaginación y fantasía.

Existe mucha ansiedad por temor constante a equivocarse.

Puede ser persona minuciosa, pero a la vez indecisa, distraída, sugestionable, obsesiva y con tendencia a la depresión.

Es inteligente y con capacidad para ser original y creativa, pero su pensamiento vacila y no sabe proceder con soltura de las premisas a las conclusiones. Es capaz de hacer análisis sobre análisis, consideraciones incluso prolijas, pero existe en su mente un continuo titubeo entre la duda y la certeza que le impide tener visiones lo suficientemente precisas para poner en práctica las soluciones.

2.2 Trastornos psicopatológicos

Dentro de la uniformidad castrense, las alteraciones y trastornos psicopatológicos, más fácilmente divisables por sus consecuencias disciplinarias son según el psiquiatra militar Andrés de Miguel Lillo (1990): «Agresividad desusual específica (novatada), Agresividad inespecífica multiforme (indisciplina, deserciones, trastornos de la relación), Conductas impulsivas características (drogadicción...), Conductas autolesivas reactivas y pscicopatológicamente adscritas a nosología psiquiátrica complementaria o concomitante (psicosis, psiconeurosis)».

En relación a lo expuesto anteriormente, las patologías más habituales entre el personal militar son los trastornos de ansiedad (FIG. 6. 45), que se incrementan en situaciones de conflicto armado; sobresaliendo entre éstos, el Trastorno por Estrés Post Traumático (PTSD).

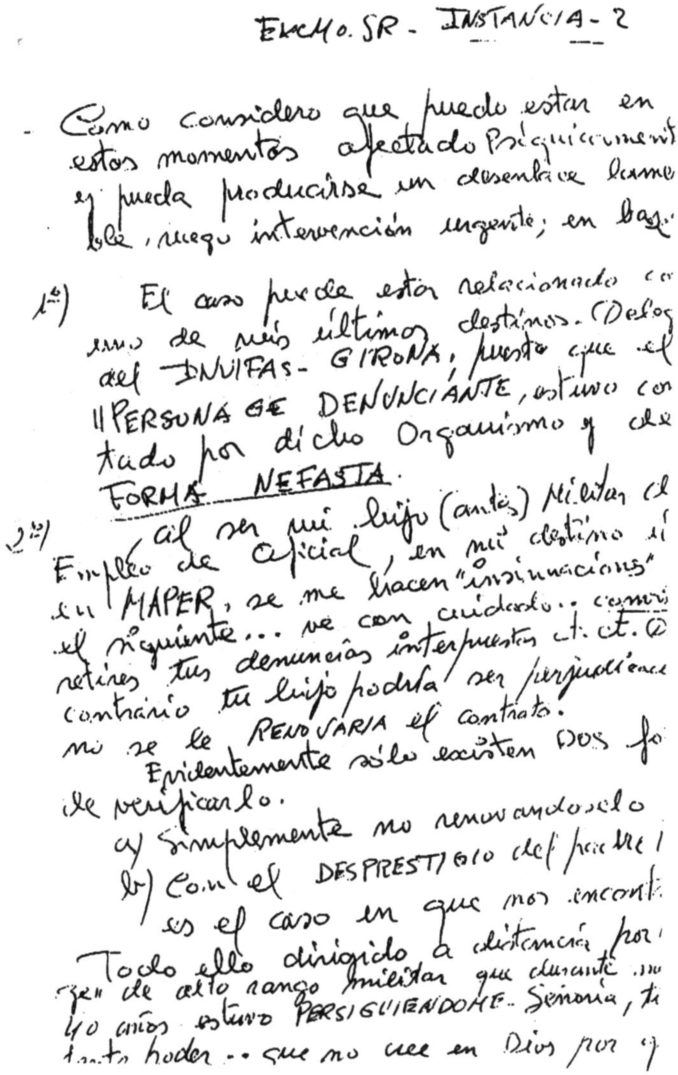

FIG. 6.45a. (reducción 50%). Crisis de ansiedad en un Oficial del Ejército. Muestra de la carta remitida por el Mando a la Sección de Inteligencia del Estado Mayor para su Análisis y valoración.

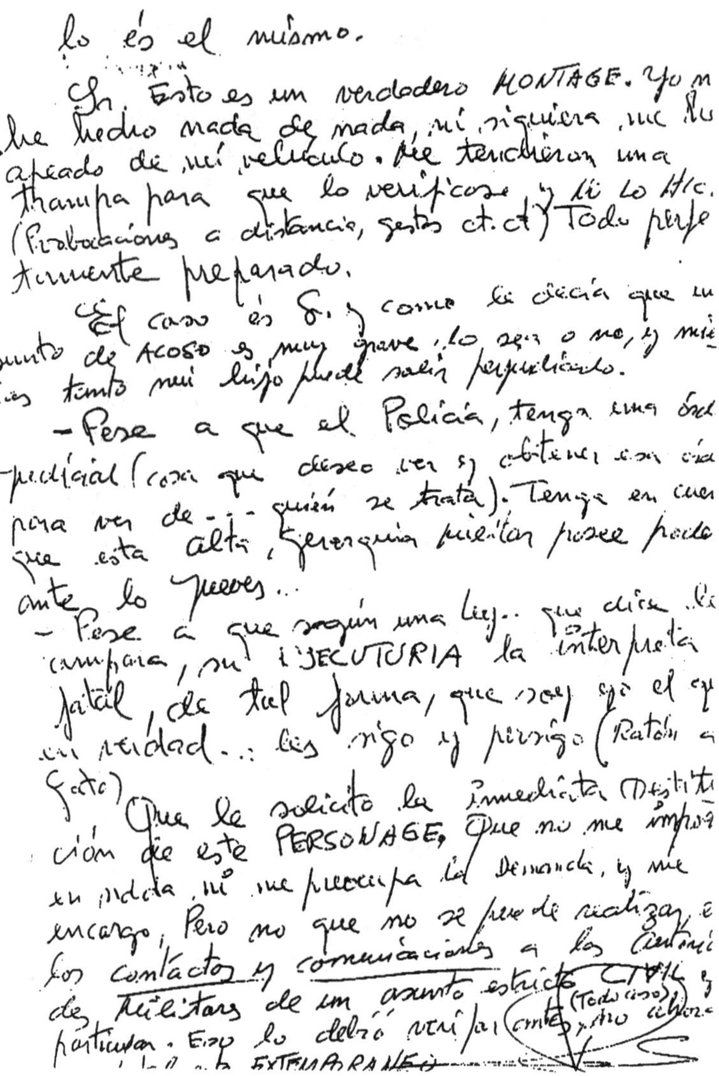
lo es el mismo.
Sí. Esto es un verdadero MONTAGE. Yo no he hecho nada de nada, ni siquiera me he apeado de mi vehículo. Me tendieron una trampa para que lo verificase y así lo hice. (Provocaciones a distancia, gestos etc. etc.) Todo perfectamente preparado.
El caso es: Sí y como le decía que su asunto de ACOSO es muy grave, lo sea o no, y mientras tanto mi hijo puede salir perjudicado.
– Pese a que el Policía, tenga una orden judicial (cosa que deseo ver si obtiene [illegible]) para ver de quién se trata). Tenga en cuenta que esta alta jerarquía militar posee poder ante los jueces...
– Pese a que según una ley.. que dice [illegible] campaña, su SECUTURIA la interpreta fatal, de tal forma, que soy yo el que en verdad..: les sigo y persigo (Ratón a Gato)
Que le solicito la inmediata Destitución de este PERSONAGE, Que no me importa en nada, ni me preocupa la Demanda, y me encargo, Pero no que no se puede realizar [illegible] los contactos y comunicaciones a los Centros de Militares de un asunto estricto CIVIL y particular. Eso lo debió ver para (Todo caso) [illegible] EXTEMPORÁNEO

FIG. 6.45b. (Continuación).

2.2.1 TRASTORNO POR ESTRÉS POST TRAUMÁTICO (PTSD) (FIG. 6. 46)

Concepto. El Trastorno por Estrés Post Traumático se produce cuando «la persona ha experimentado, presenciado o le han explicado uno (o más) acontecimientos caracterizados por muertes o amenazas para su integridad física o la de los demás. (Y)... ha respondido con un temor, una desesperanza o un horror intensos».

Es muy importante tener presente que esta definición recogida en el DSM-IV-TR (2002) extiende y multiplica su incidencia a todos los segmentos de la sociedad, convirtiéndose este trastorno en la plaga del Tercer Milenio, puesto que tal como se expone:

1.º No es necesario vivirlo en primera persona, ser actor de la situación traumática, sino también un mero testigo presencial, o haber sido informado de ello (medios de comunicación...) puede generar el desarrollo de la enfermedad, en función de la respuesta del sujeto. Así por ejemplo, estudios sobre la evaluación de la ansiedad –rasgo/estado– (mediante cuestionarios psicológicos, como el de Ansiedad Estado–Rasgo (STAI) de Spielberger, y otras pruebas fisiológicas: presión diastólica, tasa cardiaca y de recuperación...), centrados en colectivos de intervención en situaciones de riesgo y catástrofes (policías, bomberos, sanitarios, voluntarios...) recomiendan integrar en el plan de estudios correspondiente, estrategias de control y manejo de la ansiedad y el estrés para evitar contingencias de este tipo (Gallego y cols., 2002).

2.º Los hechos traumáticos en sí no se circunscriben al ámbito y personal militar, si bien es cierto que una situación de guerra abierta, latente o soterrada, atañe a todos los sujetos implicados por igual (niños especialmente), se producen múltiples acciones violentas provocadas por el hombre en «tiempos de paz»: terrorismo, secuestro, purgas políticas (torturas), violencia en barrios marginales..., a los que también deben añadirse los maltratos físico-psíquicos y de abuso sexual contra mujeres y niños (violencia doméstica), e igualmente los motivados por desastres naturales (que al ser únicos, no intencionales ni tener un origen humano desarrollan una sintomatología más benévola) y los accidentes (de mayor incidencia en sociedades tecnificadas).

3.º Y por último, el indicador de la gravedad y el curso evolutivo de la enfermedad no radicaría tanto en el hecho traumático desencadenante y sus variables –tipología, magnitud, reiteración, exposición...– sino en la respuesta emocional del sujeto ante ello (principio de la vulnerabilidad ya planteado por Stierlin tras sus estudios de 1906-1907 sobre una población no clínica). La apreciación sobre lo insufrible del hecho y su capacidad para hacer frente a dicha situación estresante viene determinada por la estructura de la personalidad –genética y experiencias vitales: tempranas e impactantes– que otorga un significado amenazante en mayor o menor grado, según el concepto de seguridad / vulnerabilidad que se tiene sobre sí mismo y el entorno que le rodea, e indica las tácticas psicológicas (mecanismos de defensa y estrategias de ajuste al estrés) para minimizar y afrontar el trauma emocional; además de por la configuración de su red familiar y social (2001; J.L.Medina y cols., 2002).

Sintomatología

Por tanto, esta interrelación entre el acontecimiento traumático, la vivencia (directa o indirecta), la percepción individual y el ambiente psicosocial son el fundamento de la aparición y posterior desarrollo evolutivo de este trastorno, que se caracteriza por la siguiente sintomatología, presente durante un mes como mínimo y que puede durar hasta años en sus formas crónicas (DSM-IV-TR, 2002):

1. Reexperimentación continua del hecho traumático de carácter doloroso (con sentimientos de rabia, terror, miedo, ansiedad, desesperanza, desamparo, acompañado de respuestas fisiológicas) a través de recuerdos –*flashbacks*–, pensamientos, imágenes, pesadillas, alucinaciones, episodios disociativos...
2. Evitación sobre el trauma (pensamientos, sentimientos, personas, lugares, actividades...), amnesia, embotamiento de la reactividad general (confusión mental, desorientación, alienación, distanciamiento social, dificultades en las relaciones interpersonales, sentimientos de culpa) asociado a problemas de drogadicción y alcoholismo.
3. Hiperactividad (insomnio, irritabilidad, desconcentración, hipervigilancia, sobresaltos).

Tratamiento

Dicha sintomatología, que puede aparecer años después del acontecimiento traumático, complicando aún más el diagnóstico –por la dificultad de retrotraerse al hecho originario– y su tratamiento, puede resolverse favorablemente en el 50% de los casos con una atención médica inmediata, aunque ésta difiere, según la escuela en la que se encuadre el profesional que la practique, desde una monoterapia –limitada exclusivamente a la administración de psicofármacos: ISRSs (sertralina, paroxetina, fluoxetina, fluvoxamina, citalopram), antagonistas 5-HT2 (nefazodona), antidepresivos triciclicos, anticonvulsivantes (carbamazepina, acido valproico, lamotrigina) hasta un tratamiento combinado de medicación con psicoterapia/s, que con enfoques divergentes, emplean múltiples recursos para adentrarse en el mundo interior del paciente y estimular su recuperación (Fadem y Simring, 1998; Bobes y cols., 2002). Por ejemplo, desde la etnopsiquiatría (Nathan, 1986) que a través de la terapia de grupo trabaja con refugiados y exiliados políticos, propone entre otros instrumentos, el uso clínico de la expresión literaria del paciente y su mundo cultural: poesía, tradición oral y sus derivados (Segura, 2002). En claro contraste, el Ejército de los Estados Unidos dentro de sus programas de investigación y desarrollo para el tratamiento de síndromes militares, aplica nuevas tecnologías como la realidad virtual; así nació el programa *Virtual Vietnam*, que reproduce virtualmente las condiciones medioambientales y bélicas del *Teatro de Operaciones* vietnamita, enfrentando a los afectados con situaciones vividas de máximo estrés como una terapia de superación de la angustia.

Estudios e investigaciones.

Si bien el término «Trastorno por Estrés Post Traumático» es de nuevo cuño, la alteración ya fue referenciada a mediados del siglo XIX por John Erich Erichsen como *Whipslash*, haciendo referencia a las *lesiones en latigazo* que padecían los accidentados en el ferrocarril, y posteriormente el neurólogo, Hermann Oppenheim, la denominó en 1889, *neurosis traumática*, destacando los estudios realizados por Briquet, Charcot y, muy especialmente, Pierre Janet, quien se había doctorado primero en Filosofía (1889) con un trabajo sobre los Automatismos Psíquicos en el que estudiaba entre otros fenómenos «la escritura automática», y posteriormente en Psiquiatría (1894) con una tesis sobre la histeria y su vinculación con el trauma emocional; de sus estudios concluyó como origen de la neurosis traumática la imposibilidad del paciente de integrar a su conciencia personal la experiencia traumática, lo que generaba en él una vivencia dramática continua, la misma reacción terrorífica inicial, fosilizándole en el tiempo y espacio, estructurando y orientando toda su personalidad y vida futura en torno a ello, sin posibilidad de escape.

El legado del Dr. Pierre-Marie Janet se ha revelado esencial en el campo de la neurosis traumática, así lo confirma Alfredo Calcedo Barba, (2002) profesor de Psiquiatría de la Universidad Complutense de Madrid: «En los últimos 20 años las aportaciones de Janet han sido redescubiertas y sus aportaciones ampliamente reconocidas». De la misma manera que su adelantado concepto sobre la interdisciplinariedad de lo que él denominaba «las diferentes ciencias psicológicas» (la psicología de lo normal, la psicopatología, la psicología evolutiva, etología, etnología, las expresiones de la fisiognomía, y por supuesto, la grafología como «una de las innumerables variedades del estudio psicológico»), que integró en un gran sistema.

En el 2° Congreso Internacional de Grafología de París de 1928, Pierre Janet definió la Psicología (*«una psicología de la acción, una psicología del comportamiento y una psicología de la conducta»*) y, los hechos psicológicos (*«combinaciones de movimientos, modificaciones de la acción en su tamaño, en su duración, en su rapidez»*) así como su concatenación con la Grafología, en cuanto que ésta, estudia *«un acto que al mismo tiempo que se realiza, registra por sí mismo su propio gráfico (...). La escritura es un gráfico, la fijación de un acto que se produce en un individuo, y se tiene en ella, en consecuencia, un admirable film obtenido sin trabajo y que representa un documento de más en más precioso para el porvenir»*; lo que le llevó a considerar a la ciencia grafológica de igual rango investigativo que la psicología: *«se quiere establecer, que la ciencia psicológica es una especie de directriz y de maestra, que ella procura a la grafología principios definitivos, que determina funciones que luego el grafólogo no tiene más que aplicar en su correspondencia gráfica. Nada de eso. La psicología busca esas funciones, y en esa búsqueda necesita más de la grafología que lo que ésta última necesita de ella. Es la grafología la que le suministra el documento, le procura las nociones preciosas, le pone en las manos la fijación ya perfectamente realizada de un acto; es su colaboradora y no su discípula. Es bajo este punto de vista que hay que considerar a la ciencia grafológica»*.

Durante la Primera Guerra Mundial, el psiquiatra militar británico Herbert Page, se refería a *«Shell shock»* (shock nervioso); mientras desde una perspectiva psicoanalítica, que consideraba erróneamente como la génesis del trastorno, los conflictos internos del paciente provenientes de su infancia, se aplicaba el término de *«neurosis de guerra»*. La contribución española al desarrollo conceptual de la neurosis traumática vino de la mano de dos ilustres psiquiatras, López Ibor, y Emilio Mira y López, lamentablemente el estallido de la Guerra Civil les dio oportunidad de estudiar muy de cerca la enfermedad, pues ambos desempeñaron sus funciones de psiquiatra militar en sus respectivos frentes, López Ibor (franquista) y Mira y López (republicano) (Alfredo Calcedo Barba, 2002).

En su obra *La Psiquiatría en la Guerra* (1944) Mira y López aborda las lesiones psicomotrices que se presentan en las neurosis de guerra como resultado de la alteración del sistema nervioso central: temblores, tics, espasmos y contracturas, paresias y parálisis, convulsiones, estupor, agitación, elación, desórdenes del habla; establece el diagnóstico diferencial con otras enfermedades (incluida la simulación) de manifestaciones análogas; y, ofrece el tratamiento «mediante influjos psicoterápicos, asociados al uso de recursos físicoquímicos» más adecuado en cada caso.

Entre la diversa sintomatología psicomotora señalada anteriormente, nos merece especial atención desde el ámbito grafológico, por su especial incidencia en el plano motor y por ende en su plasmación grafoescritural, el temblor [modalidad gráfica del subaspecto Tensión que nosotros incluimos dentro del aspecto Presión (1999)], el cual es descrito por Emilio Mira y López de la siguiente manera: *«... consisten en movimientos involuntarios, oscilatorios, y rítmicos, de gran rapidez y escasa atención; casi siempre perceptibles en las partes distales de los miembros. Müller señaló que en las personas diestras este tipo de temblor es siempre más evidente en el lado derecho que en el izquierdo y aparece solamente en ese lado en el 80 % de los casos.*

Cuando estos temblores se presentan, el diagnóstico diferencial ha de establecerse entre la esclerosis múltiple, el alcoholismo crónico, y la simulación, principalmente. La primera posibilidad no ha de ser olvidada, porque dicha enfermedad se evidencia, a veces, tras un trauma emocional. La ausencia de reflejos abdominales, el nistagmus, la palabra escandida, y otros signos neurológicos y de laboratorio permitirán decidir el diagnóstico, en ausencia de antecedentes clínicos. La comprobación de signos de alcoholismo y la lentitud del temblor, que no cambia por ejecución de movimientos intencionales, resolverán la segunda duda diagnóstica. En cuanto a la simulación, es aconsejable: a) observar al sujeto cuando se cree estar solo y no ser visto (a ser posible debería disponerse de un cuarto con visión unilateral); b) cambiar súbitamente al paciente la postura de sus extremidades temblantes –si hay simulación se notará siempre un cambio de ritmo y el estilo del temblor; c) tener al paciente durante observación directa más de treinta minutos (para provocar en él la fatiga, si los movimientos son voluntarios)».

Asimismo el correlato neurofisiológico de este temblor será expuesto posteriormente por los autores Serratrice y Habib *(1997)* en el texto, Escritura y Cerebro: Mecanismos Neurofisiológicos; Barcelona, Ed. Masson.

«... En algunos pacientes con una personalidad histérica a los que se les pide una prueba de escritura, por ejemplo, durante un informe pericial, puede observarse una simple exageración de un temblor fisiológico, un temblor vibratorio, oscilatorio y, en ocasiones, incluso trepidante. Antiguamente, estos casos se describían con frecuencia en las «neurosis de guerra».

Estos temblores, y especialmente el temblor fisiológico, tienen un origen doble. Por una parte, no se produce fusión de las oscilaciones de las unidades motoras, que se pulsan al azar las unas en relación a las otras, con frecuencias variables y sin sincronizar su actividad. En términos fisiológicos, el tétanos no es perfecto, es decir, la tensión del músculo no es estable. Por otra parte, según el valor del rendimiento obtenido se originan oscilaciones del bucle del reflejo de estiramiento. De este modo, la inestabilidad se debe al retraso producido en determinados bucles de retroacción. Si el rendimiento de estos bucles disminuye, la inestabilidad también disminuye. La exageración del temblor por ansiedad o estrés se relaciona con la liberación de la adrenalina a partir de las glándulas suprarrenales, lo que aumenta la sensibilidad al estiramiento de los husos neuromusculares e incrementa el rendimiento del bucle reflejo. De este modo, el temblor fisiológico es consecuencia de una inestabilidad de tipo periférico, fundamentalmente distinta de la autorritmicidad del tálamo, que origina un temblor parkinsoniano.»

Al mismo tiempo Mira y López (1944) recomienda la ejecución de una serie de ejercicios para tratar el temblor de guerra:

«(...) Hay que proceder al entrenamiento del sujeto en la ejecución de movimientos complejos, que requieren la disociación cinética de ambas mitades corporales. Tales movimientos se harán al principio de modo pasivo, bajo la presión y ayuda del psicoterapeuta, y luego irán seguidos por el esfuerzo voluntario del paciente para repetirlos, con cierta rapidez. Finalmente se harán superando la resistencia que les opondrá –físicamente– el psicoterapeuta, el cual aprovechará este momento para modificar su dirección, velocidad, y presión, con el fin de mostrar al paciente los correspondientes cambios del temblor y demostrarle su naturaleza puramente emocional o psicógena. Una vez obtenido este resultado se empieza una serie de movimientos oscilatorios, rítmicos, lentos, siempre bajo el control del experto. Si el temblor persiste, no hay que mostrar ningún signo de impaciencia, pero se continuarán los movimientos diciendo: «siga: conserve igual velocidad; no se ponga nervioso; todo va bien y Ud. se curará, aún cuando hayamos de permanecer aquí horas y horas; trate de obtener un buen ritmo; respire despacio y sincronice su movimiento al ritmo de sus respiraciones: uno, dos, uno, dos, así; ahora va a mejor...», etc.

Este manifiesto interés de Emilio Mira y López por la psicomotricidad, traspasó los límites de lo meramente médico, entusiasta de la denominada «Ciencia de la Expresión», e incluyendo a la Grafología que vivía un momento de gran auge en Alemania, y siguiendo los trabajos realizados por Klages, elaboró su propio test grafológico, denominado Test Miokinético (PMK).

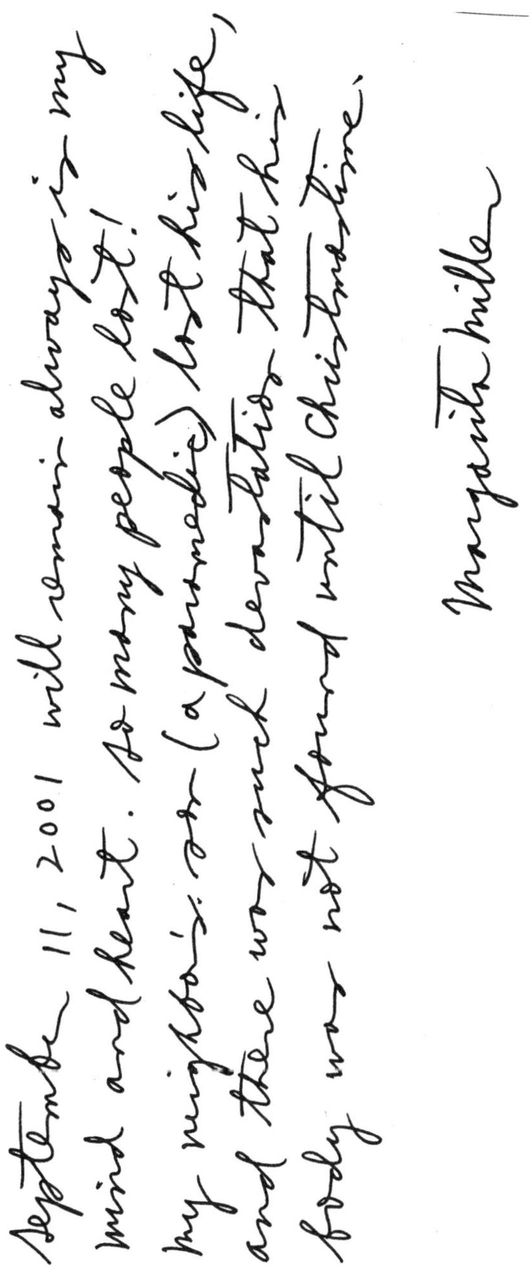

September 11, 2001 will remain always in my mind and heart. So many people lost! my neighbors, or (a paramedic) lost his life, and there was such devastation that his body was not found until Christmas time.

Margarita Miller

FIG. 6.46. Caso de Estrés Post Traumático de persona que sufrió directamente la experiencia del ataque terrorista del 11 de septiembre en Nueva York. La muestra se la facilitó la propia afectada a nuestra colaboradora la Prof. Marisa Ibertti. Pueden apreciarse los temblores que dificultan la marcha del trazo (existe una sensación de inseguridad no superada en una escritura que salvo lo anterior tendría todas las condiciones de firmeza y agilidad).

Pese a la diversidad de estudios clínicos existentes –enunciados anteriormente–, esta enfermedad no será tipificada hasta la primera edición (1952) del *Manual diagnóstico y estadístico de los trastornos mentales* (DSM-I) publicado por la American Psychiatric Association, pero con la denominación de *reacción a gran estrés,* a partir de las experiencias con ex combatientes de la guerra de Corea y la Segunda Guerra Mundial, siendo ampliamente reconocida la minuciosa labor descriptiva de Kardiner (coincidente con Pierre Janet), lo cual facilitó el diagnostico diferencial respecto a otros desórdenes; obteniendo tardíamente en 1980, el reconocimiento oficial de la existencia de trauma psicológico, e incluyéndose el Trastorno por Estrés Post Traumático en el DSM-3, con entidad médica propia, tras la presión ejercida por la asociación de Veteranos de Vietnam contra la Guerra, que contaba con más de un 30 % de afectados (Cazabat, 2001).

2.2.2 EJEMPLOS DE GRAFISMOS OBJETO DE EXAMEN POR EL ANALISTA EN LA VALORACIÓN DE POSIBLES TRASTORNOS

(FIG. 6.47, 6.48, 6.49, 6.50, 6.51, 6.52, 6.53, 6.54, 6.55).

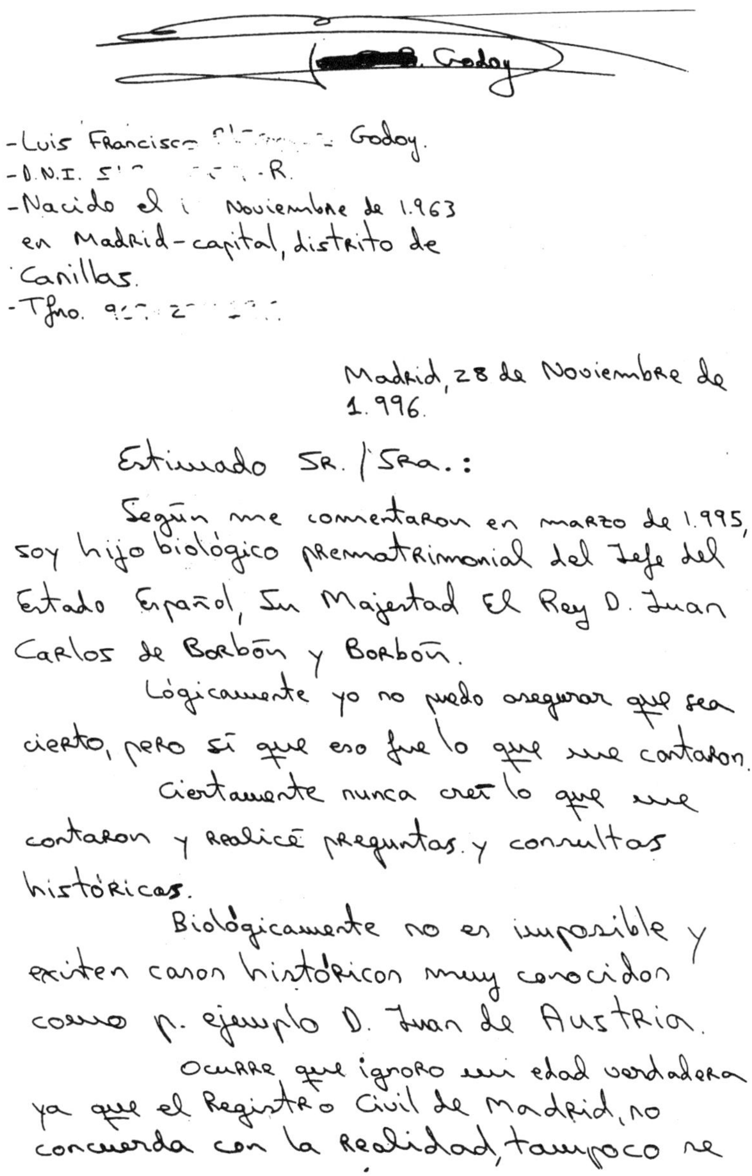

([redacted]. Godoy)

- Luis Francisco [illegible] Godoy.
- D.N.I. 5[illegible]-R.
- Nacido el [illegible] Noviembre de 1.963 en Madrid-capital, distrito de Canillas.
- Tfno. 9[illegible]

Madrid, 28 de Noviembre de 1.996.

Estimado Sr./Sra.:

Según me comentaron en marzo de 1.995, soy hijo biológico prematrimonial del Jefe del Estado Español, Su Majestad El Rey D. Juan Carlos de Borbón y Borbón.

Lógicamente yo no puedo asegurar que sea cierto, pero sí que eso fue lo que me contaron.

Ciertamente nunca creí lo que me contaron y realicé preguntas y consultas históricas.

Biológicamente no es imposible y exiten casos históricos muy conocidos como p. ejemplo D. Juan de Austria.

Ocurre que ignoro mi edad verdadera ya que el Registro Civil de Madrid, no concuerda con la realidad, tampoco se

FIG. 6.47. (reducción 70%) Primera hoja de una carta de varios folios de un psicótico. Trastorno delirante, tipo de grandiosidad combinado con persecutorio. Incoherencia del discurso, repasados insistentes en acentos y determinadas letras con yuxtaposición, inversión, interversión, rúbrica inflada con desarrollos en la zona superior, etc.

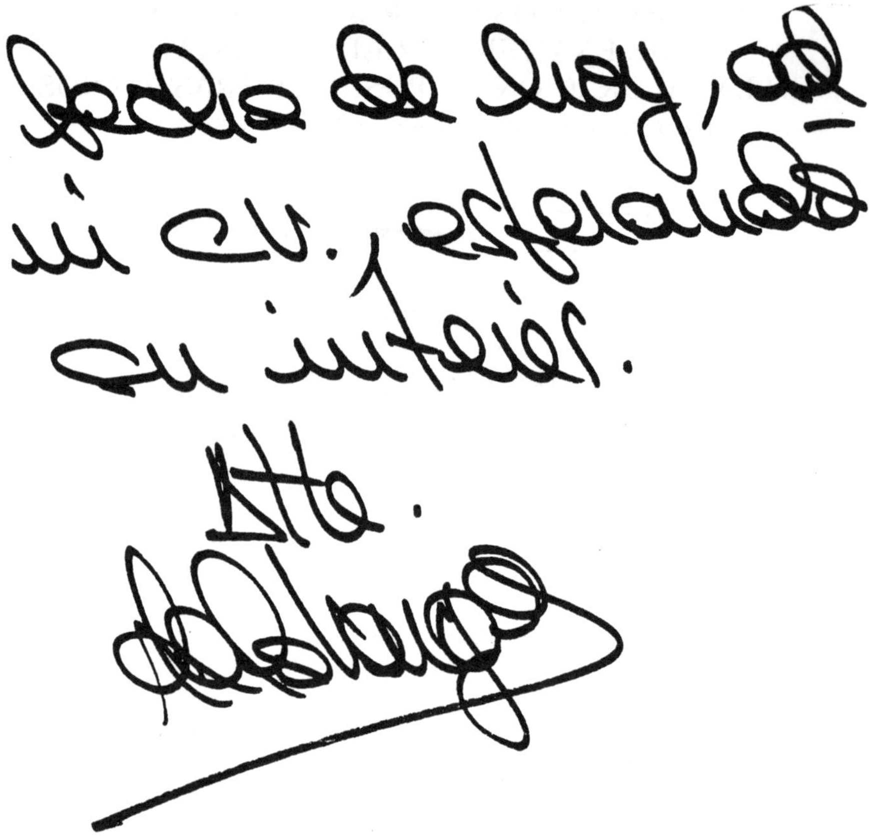

FIG. 6.48. Trastorno narcisista megalómano con rasgos histriónicos. «Siete» «Dos» –negativo– (Eneagrama). Desproporcionada, redonda, plena, curva, buclada.

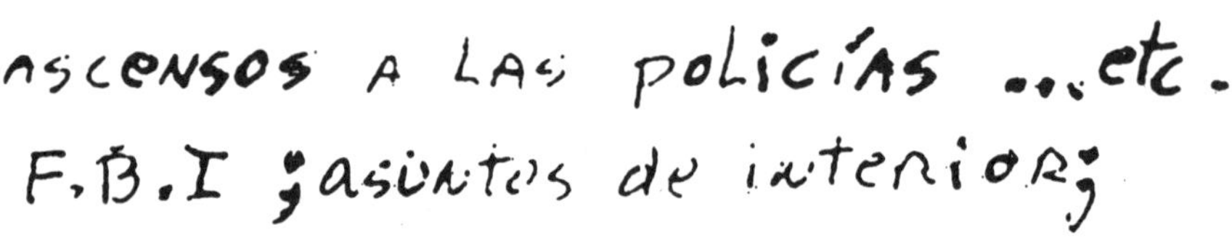

FIG. 6.49. Psicópata. Escritura pueril, combinación de mayúsculas y minúsculas, rígida y con alteraciones de presión.

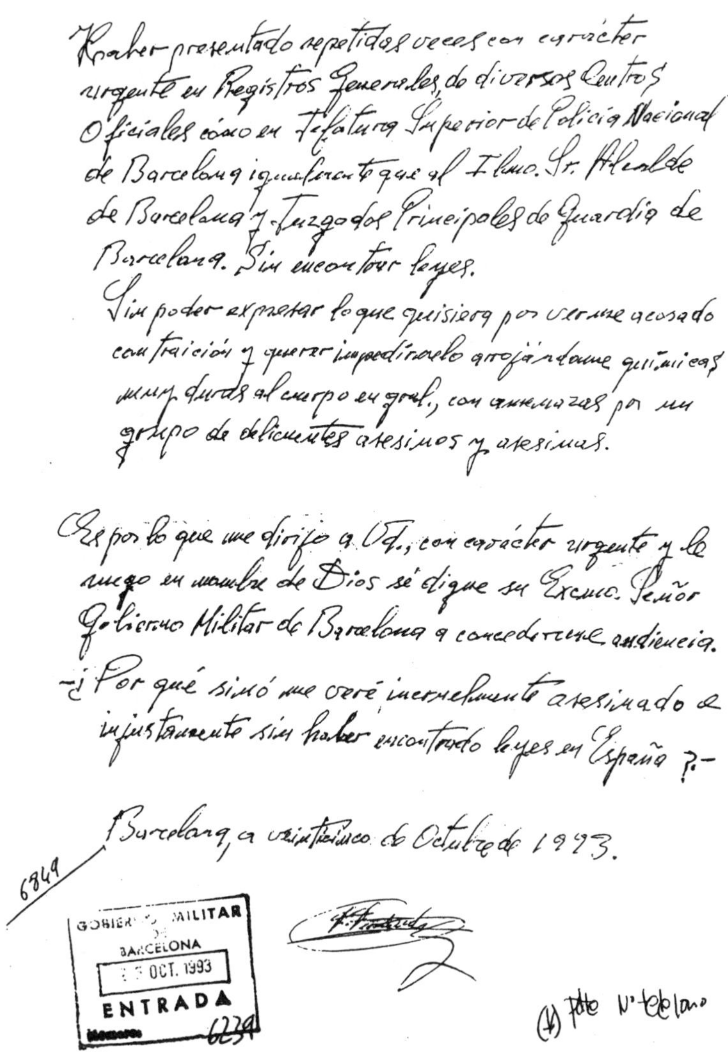

Haber presentado repetidas veces con carácter urgente en Registros Generales de diversos Centros Oficiales como en Jefatura Superior de Policía Nacional de Barcelona igualmente que al Ilmo. Sr. Alcalde de Barcelona y Juzgados Principales de Guardia de Barcelona. Sin encontrar leyes.

Sin poder expresar lo que quisiera por verme acosado con traición y querer impedírmelo arrojándome químicas muy duras al cuerpo en gral., con amenazas por un grupo de delincuentes asesinos y asesinas.

Es por lo que me dirijo a Vd., con carácter urgente y le ruego en nombre de Dios se digne su Excmo. Señor Gobierno Militar de Barcelona a concederme audiencia.

¿Por qué sino me veré inevitablemente asesinado e injustamente sin haber encontrado leyes en España?

Barcelona, a veinticinco de Octubre de 1993.

6849

GOBIERNO MILITAR DE BARCELONA

OCT. 1993

ENTRADA

FIG. 6.50. (reducción 50%) Trastorno paranoide de persecución. Rigidez, angulosa, vertical sobrealzada, caligráfica ornada, insuficiente distancia interpalabras, barras en diagonal ascendente, irregularidades cohesión, etc.

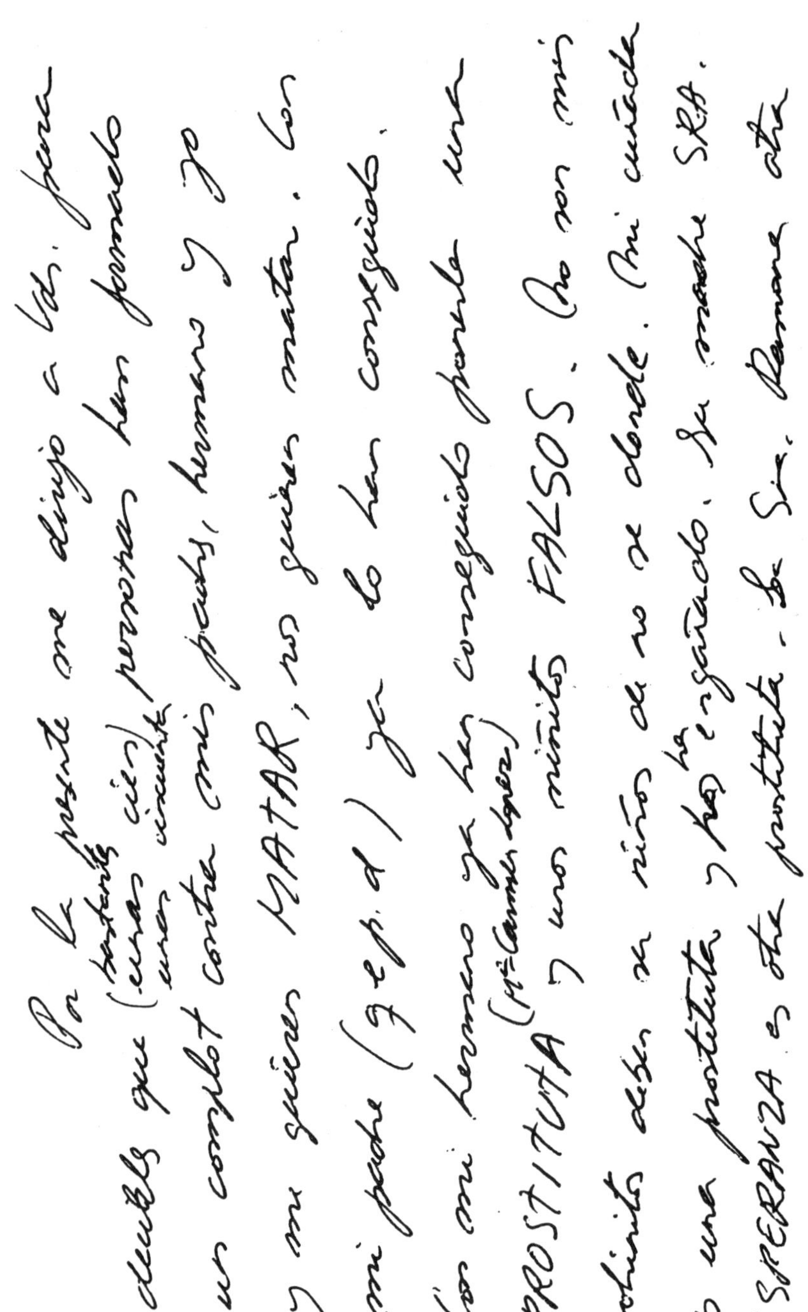

FIG. 6.51. Mujer paranoica. Página de una carta de múltiples folios. Continuamente intercala palabras en mayúsculas (magnificando los contenidos con incoherencia y subjetivismo).

Excmos. Sres.
Gobierno Militar
de Barcelona.—

Barcelona, 27 de Junio/95

Ref. Pre-aviso, sujeto y/a la espera y deseo de modificación de Pedido de Ayuda. Protección y/o declaración de indefensión, con menoscabo de presunción de inocencia y atentado o lesión a mi propio Honor e Intimidad, como consecuencia derivada de la actuación errónea o delictiva del abogado chileno-español Juan Enrique Piedrabuena Ruiz Tagle y el posterior dictamen de la Comisión de Deontología del Colegio de Abogados de Barcelona en fecha 15-3-91 Nº 906675.—
Ratificada en fecha 14 Junio/95 y con Nº 5496. Firmado Sr. Chamorro.

A los Excmos, hago constar: En la mañana de hoy estoy citado a comparecer ante Juzgado Nº 4 de Rubí, como acusado de supuestas amenazas a la Srta. Remedios Ruiz y Sr. Jose Martinez Ruiz.— Desconozco totalmente de que se sienten amenazados ambos hermanos y en especial con un tercero de nombre Luis me ha unido una profunda amistad desde años 88-91.— Los mismos denunciantes de hoy, lo han sido antes en: Jose Ruiz Martinez, Juicio de Faltas 639/93 Jdo Nº 11 Bcn. Srta Remedios Ruiz Juicio de Faltas 54/95, Jdo Nº 14 Bcn, pendiente de resolución.— Omito, me reservo hechos, pero hago constar que la situación con los hermanos Ruiz Martinez viene siendo instigada, programada, por personas del entorno del abogado denunciado y contra los cuales hasta hoy, no habido dictamen o resolución alguna, a saber Causas 3179/92 Jdo Nº20 Bc., Jdo Nº Hospitalet etc.

A todo esto contra el abogado denunciado tengo pendiente de resolución Causa 3021/90 en Jdo. Nº 11 de Barcelona de 1990.—

A todo esto yo me encuentro en situación de indefensión y desigualdad, etc. lo cual lo he denunciado, puesto en conocimiento de Juzgado de Guardia en fecha 11-1-95 con Nº Registro 5985.—

Yo estoy bajo recurso de amparo del Tribunal Constitucional

NIE X-[redacted]-R
NOMBRE: F[redacted]
1 APELLIDO: [redacted]
2 APELLIDO: [redacted]
FECHA DE NACIMIENTO: [redacted]
LUGAR: [redacted]
NACIONALIDAD: [redacted]
DOMICILIO: APARTADO [redacted]
LOCALIDAD: BARCELONA
PROVINCIA: BARCELONA
ACTIVIDAD 1: COMERCIO AL POR MENOR
PROFESION 1: AG. TECN. DE VENTA Y VIAJANTES
ACTIVIDAD 2:
PROFESION 2:
AMBITO GEOGRAFICO: NACIONAL
FIRMA DEL TITULAR
C Nº 482490
EXPTE. N.: R91/043804 TIPO PERMISO: D.
DEPENDENCIA LABORAL: CUENTA PROPIA
SEGUN RESOLUCION DE: 24/02/93
DIRECCION GENERAL DE MIGRACIONES
COMISARIA GRAL. DE DOCUMENTACION (D.G. POLICIA)
VALIDEZ DESDE: 11/03/93 HASTA: 10/03/94

FIG. 6.52. (reducción 50%). Primera página de una carta de múltiples folios. Confusión mental. Déficit en la correcta distribución del escrito sin espacios (el escrito no «respira»).

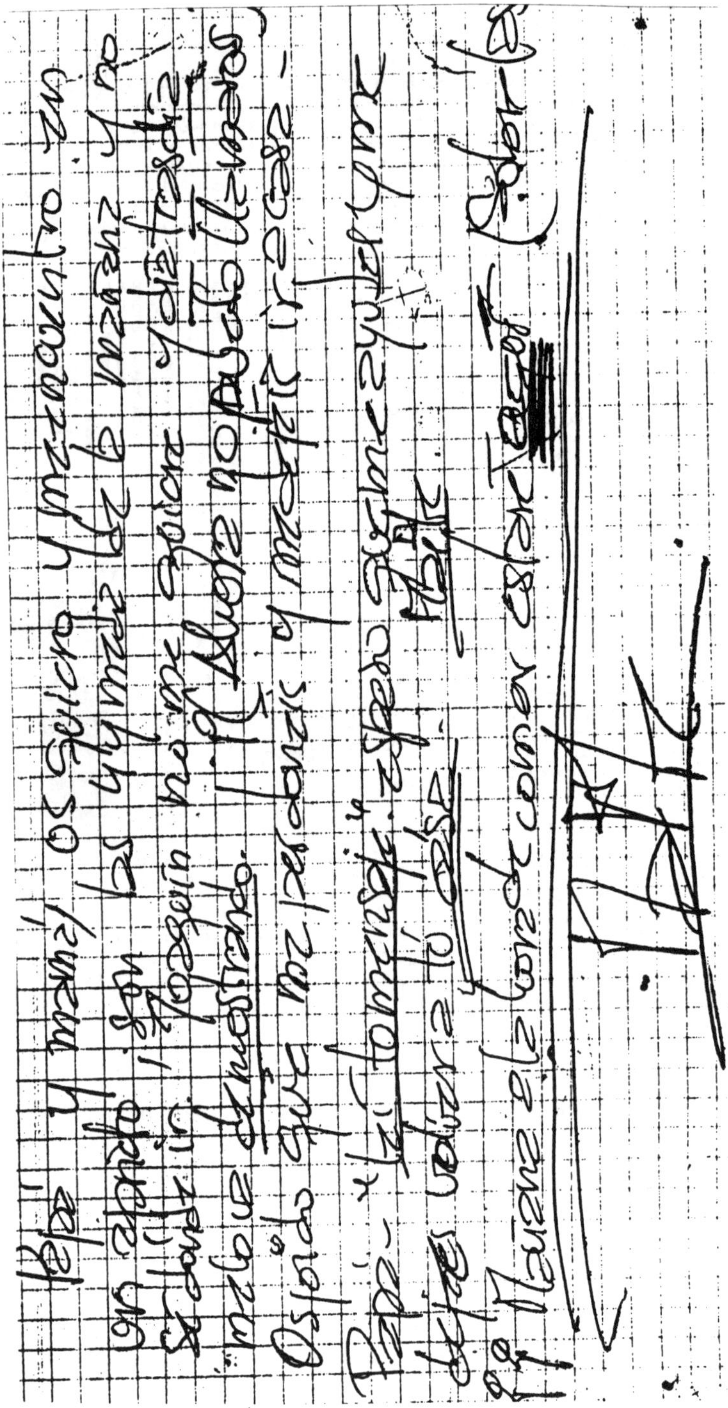

FIG. 6.53a. Suicidio. Histrionismo patológico (en los intentos de llamar la atención y la necesidad de que les hagan caso, algunas veces se les va la mano).

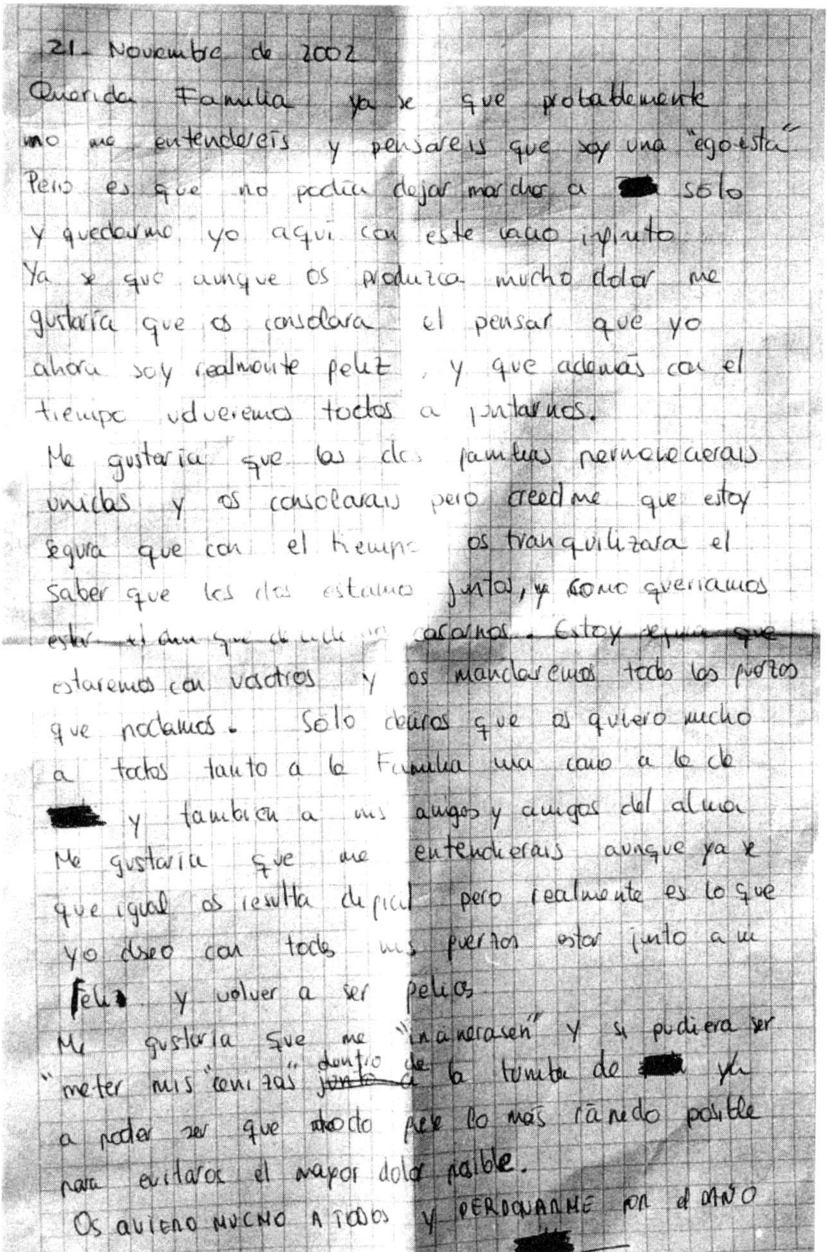

21- Noviembre de 2002
Querida Familia ya se que probablemente
no me entendereis y pensareis que soy una "egoista"
Pero es que no podia dejar marchar a [redacted] sólo
y quedarme yo aqui con este vacio infinito.
Ya se que aunque os produzca mucho dolor me
gustaría que os consolara el pensar que yo
ahora soy realmente feliz, y que además con el
tiempo volveremos todos a juntarnos.
Me gustaría que las dos familias permanecierais
unidas y os consolarais pero creedme que estoy
segura que con el tiempo os tranquilizara el
saber que los dos estamos juntos, y como queriamos
estar el dia que decidimos casarnos. Estoy segura que
estaremos con vosotros y os mandaremos todas las fuerzas
que podamos. Sólo deciros que os quiero mucho
a todos tanto a la Familia mia como a la de
[redacted] y tambien a mis amigos y amigas del alma
Me gustaría que me entendierais aunque ya se
que igual os resulta dificil pero realmente es lo que
yo deseo con todas mis fuerzas estar junto a él
feliz y volver a ser felices.
Me gustaría que me "incinerasen" y si pudiera ser
"meter mis "cenizas" ~~junto a~~ dentro de la tumba de [redacted] ya
a poder ser que todo fuese lo más rápido posible
para evitaros el mayor dolor posible.
OS QUIERO MUCHO A TODOS Y PERDONARME POR EL DAÑO
QUE OS CAUSO
[redacted]

FIG. 6.53b. Suicidio por amor. Sentimental, n.º seis (Eneagrama), NA (AT), posible trastorno de dependencia y evitación. Muestra cedida por nuestra colega Pilar Barbanoj.

2.2.2.1 4ª Región Militar Pirenaica Oriental Notas de Personalidad por Grafoanális de carta recibida en dependencias militares (FIG. 6. 54)

Gobierno Militar de Barcelona
Oficina de Inteligencia
Refª: 136/95
Asunto: Notas de personalidad por Grafoanálisis de carta recibida en dependencias militares
Fecha: 31-3-95

Desde el punto de vista psicofísico se observa inestabilidad, pasionalidad incontrolada; existe un estado de agitación debido a la hiperemotividad, que desordena los sentimientos y afectos.

Desplazamiento del «Yo» hacia «lo sofisticado», las experiencias de alucinación, la fantasía supersticiosa. El descontrol emotivo y mental le provoca exaltación, por ello tiende a «lo maravilloso», «lo misterioso», con una mezcla de sonambulismo.

Los pensamientos y las impresiones son, pues, incoherentes; incomprensión de la relación entre elementos y cosas. Incapacidad para ver lo esencial y para encadenar correctamente las ideas.

El sujeto queda inmerso en sueños y visiones internas, le sobrevienen oleadas de representaciones poco estructuradas que dan lugar a falta de claridad y también a una relación ambigua y problemática en las relaciones con los demás. Defectuosa inserción social. Sus desproporcionadas y subjetivas fantasías, originadas por la confusión de la realidad, dan lugar a sospechas absurdas (celos, etc...).

También demuestra atención y cavilaciones obsesivas por detalles poco prácticos, tiende a dar vueltas a pensamientos «mágicos» de los que no logra liberarse de su círculo vicioso, se obsesiona por cosas inútiles y accesorias.

Su razonamiento da la impresión de infantil o inmaduro, que atiende antes a un detalle personal de poca importancia que a un criterio general u objetivo. Es asimismo algo morboso en el disfrute de las cosas propias.

La memoria y automatismos de aprendizaje están desordenados.

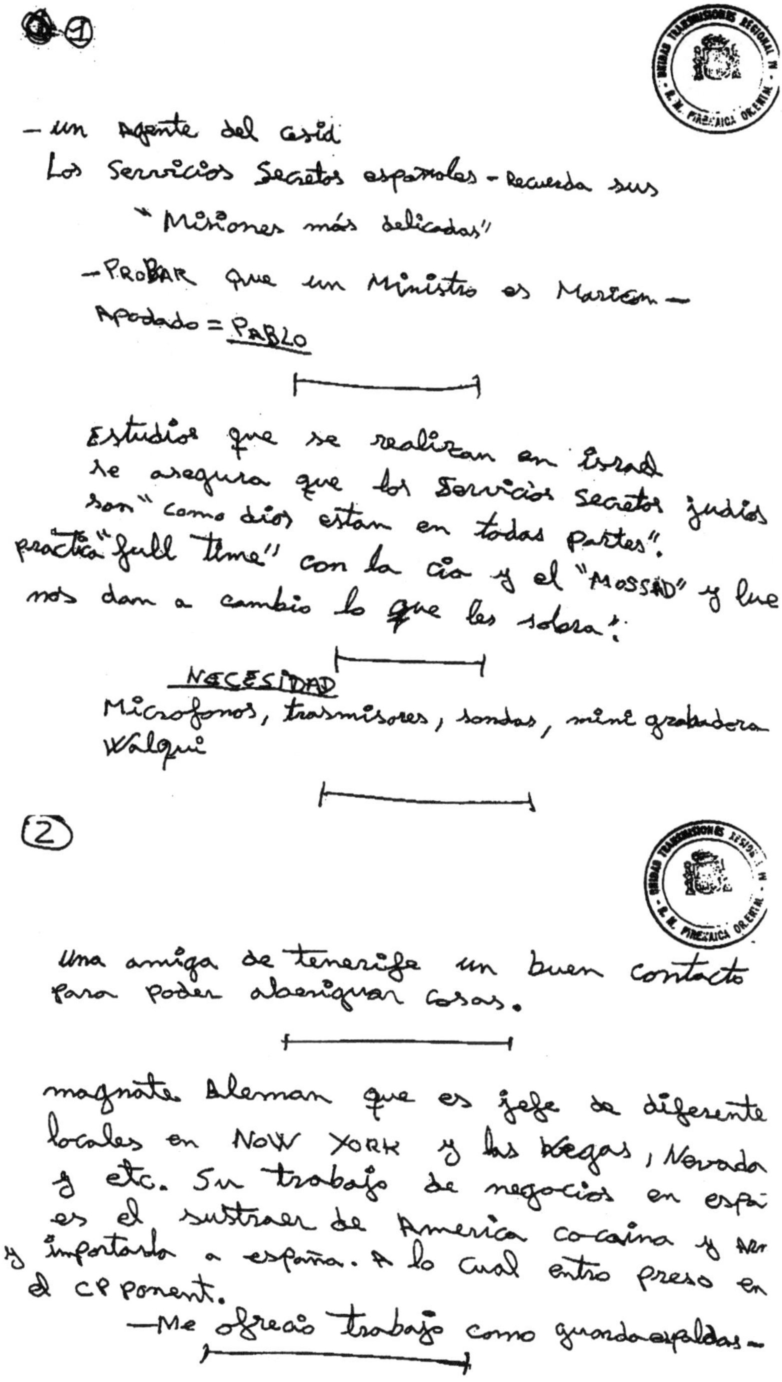
(1)

— un Agente del CSID
Los Servicios Secretos españoles - Recuerda sus
"Misiones más delicadas"
—PROBAR que un Ministro es Marrón —
Apodado = PABLO

Estudios que se realizan en Israel
se asegura que los Servicios Secretos judíos
son "como dios estan en todas partes".
practica "full time" con la cia y el "MOSSAD" y lue
nos dan a cambio lo que les sobra!

NECESIDAD
Microfonos, trasmisores, sondas, mini grabadora
Walqui

(2)

Una amiga de tenerife un buen contacto
para poder abeniguar cosas.

magnate Aleman que es jefe de diferente
locales en NEW YORK y las Vegas, Nevada
y etc. Su trabajo de negocios en espa
es el sustraer de America cocaina y ser
importarla a españa. A lo cual entro preso en
el CP ponent.
—Me ofreció trabajo como guardaespaldas—

FIG. 6.54a. (reducido 70%) Oferta de un psicótico. Escritura inmadura, sin estructuración definida ni suficiente control gráfico-espacial, a lo que hay que añadir los cambios bruscos de inclinación, reenganches y retoques insistentes, los puntos de la «i» en círculo y puntos repasados.

conflicto en que el cual consiste en proteger
a etarras, grapo, M.D.T. En la casa que
habita en actualidad y la que esta en
en principio de esta [illegible] Informe.
—Yo le dije: no se donde esconderme soy de MDT.
—El me dijo: tranquilo yo protejo a muchos terrori
en mi casa de .... con telefono ..... para
que puedas contactar [illegible] con-migo.

1995—Panama: Droga que se pasa por
aeropuertos de panama esta españa segun
palabras del comandante [illegible]

30/03 '95 12:56 ☎3179037 COMMIL BARCELONA →→→ 0 004

25-3-95

Sr:

Embio estos informes con [illegible] suficient
detalles de contrabando.

Se despide atentamente

Firmado

UNIDAD TRANSMISIONES REGIONAL IV M. PIRENAICA ORIENTAL

Lerida 25-3-95

Para el departamento del cesid
de Barcelona si en cullo caso no
lo hay embiendo a Madrid al Mando
mencionado en el Sobre.

Gracias

FIG. 6.54b. (Cont.).

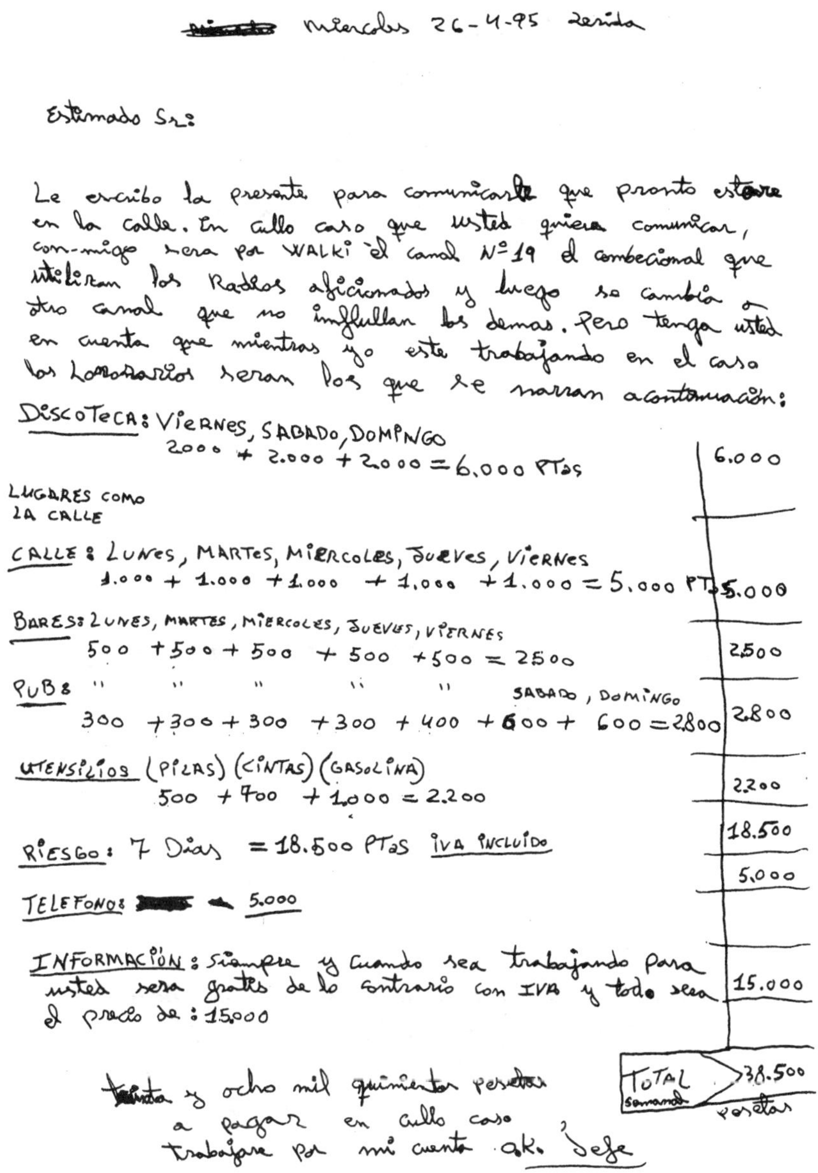

[redacted] Miercoles 26-4-95 Lerida

Estimado Sr:

Le escribo la presente para comunicarle que pronto estaré en la calle. En cullo caso que usted quiera comunicar, con-migo sera por WALKI el canal Nº 19 el combecional que utilizan los Radios aficionados y luego se cambia a otro canal que no influllan los demas. Pero tenga usted en cuenta que mientras yo este trabajando en el caso los horarios seran los que se narran acontinuación:

DISCOTECA: VIERNES, SABADO, DOMINGO
2000 + 2.000 + 2.000 = 6.000 PTAS — 6.000

LUGARES COMO LA CALLE

CALLE: LUNES, MARTES, MIERCOLES, JUEVES, VIERNES
1.000 + 1.000 + 1.000 + 1.000 + 1.000 = 5.000 PTAS — 5.000

BARES: LUNES, MARTES, MIERCOLES, JUEVES, VIERNES
500 + 500 + 500 + 500 + 500 = 2500 — 2500

PUBS: " " " " " SABADO, DOMINGO
300 + 300 + 300 + 300 + 400 + 600 + 600 = 2800 — 2.800

UTENSILIOS (PILAS) (CINTAS) (GASOLINA)
500 + 700 + 1.000 = 2.200 — 2.200

RIESGO: 7 Días = 18.500 PTas IVA INCLUIDO — 18.500

TELEFONOS: [redacted] 5.000 — 5.000

INFORMACIÓN: Siempre y cuando sea trabajando para usted sera gratis de lo contrario con IVA y todo sera el precio de: 15.000 — 15.000

TOTAL semanal 38.500 pesetas

treinta y ocho mil quinientas pesetas
a pagar en cullo caso
trabajare por mi cuenta. atº. Jefe

FIG. 6.54c. (Cont.).

Se despide atentamente

Firmado

242500

en total mensual son 265.500 PTas.

Dirigida al Sr: ALONSO MANGLANO

Tte GENERAL

D. EMILIO ALONSO MANGLANO

(CENTRO SUPERIOS DE INFORMACIÓN DE LA DEFENSA)

(MADRID)

RTeg Fdo JAVIER CASTELLÀ ROMERO

(CP PONENT) (LERIDA II)

Sr: Si en el gobierno militar no hay un departamento del Cesid agan el Fabor de enbiarselo al Teniente General D. Emilio mencionado en el otro dorso del sobre.

gracias

AUTODEX PAPEL ECOLOGICO LIBRE DE CLORO

FIG. 6.54d. (Cont.).

2.2.2.2 2ª Secc. E.M. Capgepor - Notas de Personalidad por Grafoanálisis - 12.11.92 (Fig. 6. 55)

Personalidad anormal, inmadura, anclada en el narcisismo infantil y con brotes de histeria. Tiende a la dispersión de tiempo y esfuerzos con la consiguiente falta de organización.

Es invasora, extravertida y terca en sus demostraciones subjetivas; desea acaparar la atención de los demás por exigencias desproporcionadas en el sentimiento y en la vida material (liberalidad y bohemia).

Refleja un obstinado deseo de tener la razón y siempre choca con el ambiente, por ello desarrolla actitudes obstruccionistas que no admiten los consejos ni la intervención ajena. Excesivo gregarismo y familiaridad que puede manifestarse en verbosidad exagerada, falta de tacto o nerviosidad mórbida.

Imaginación que vive hacia el pasado y en desacuerdo con el presente. Sus decisiones están radicalmente influidas por un tema-objeto o contenido mental del pasado.

Se observa ansiedad, fobias y a la vez tendencia intrapunitiva o autodestructiva con mezcla de actitudes de agresión al exterior.

Sensibilidad centrada neuróticamente en el contenido de las regresiones actuantes.

La inteligencia se agarra impulsivamente en el campo de la idealidad. Su atención está perturbada y le dirige a ideas fijas con exaltación mental y fuga de la realidad.

Autodefensa sin autocrítica, obsesiones morbosas, manías absurdas.

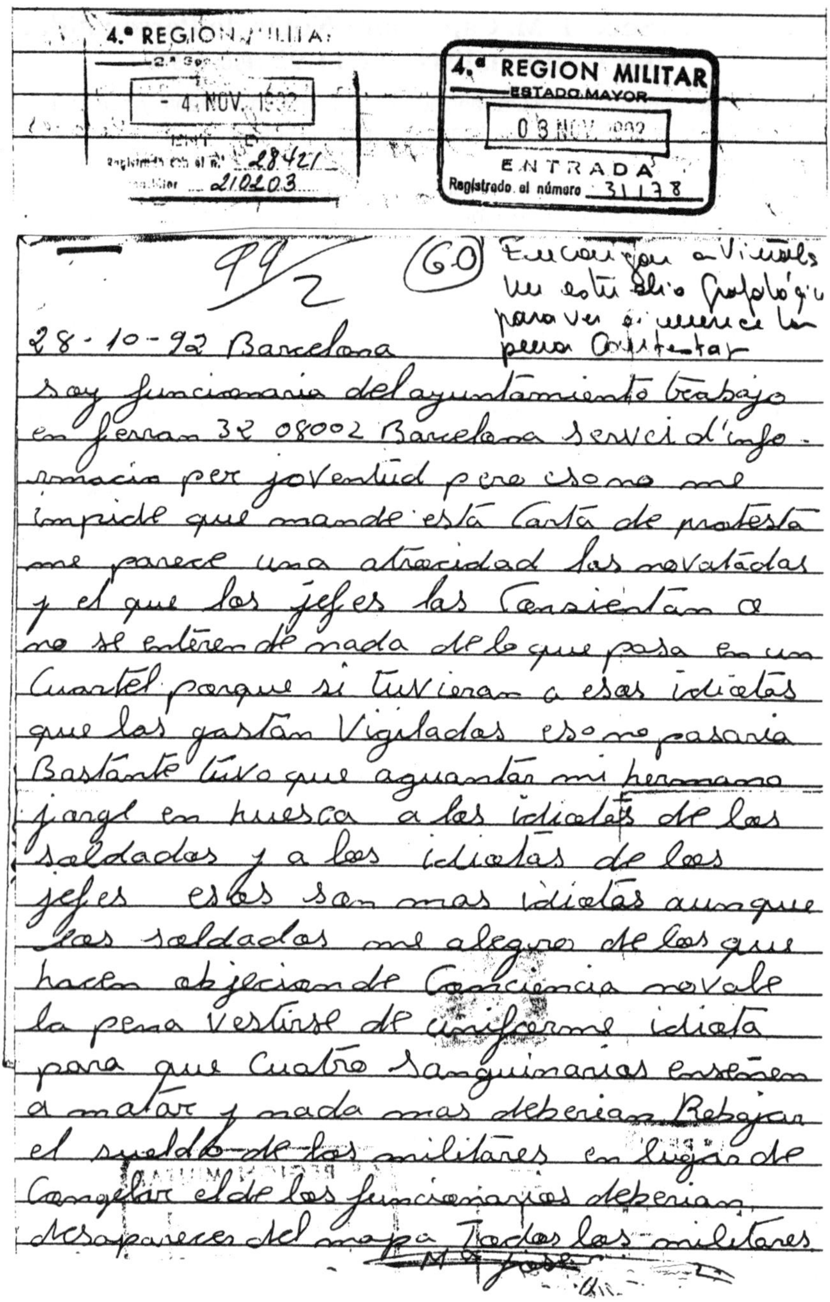

4.ª REGION MILITAR
2.ª Sec.
- 4 NOV. 1992
Registrado con el n.º 28421
210203

4.ª REGION MILITAR
ESTADO MAYOR
03 NOV. 1992
ENTRADA
Registrado el número 31178

99/2 (60) Encargar a Vicuals un estudio grafológico para ver si merece la pena contestar

28-10-92 Barcelona
soy funcionaria delayuntamiento trabajo
en ferran 32 08002 Barcelona servei d'info-
rmacion per joventud pero esono me
impide que mande está carta de protesta
me parece una atrocidad las novatadas
y el que los jefes las consientan o
no se enteren de nada de lo que pasa en un
cuartel porque si tuvieran a esos idiotas
que las gastan vigilados eso no pasaria
Bastante tuvo que aguantar mi hermano
jorge en huesca a los idiotas de los
soldados y a los idiotas de los
jefes estos son mas idiotas aunque
los soldados me alegro de los que
hacen objecion de conciencia novale
la pena vestirse de uniforme idiota
para que cuatro sanguinarios enseñen
a matar y nada mas deberian Rebajar
el sueldo de los militares en lugar de
congelar el de los funcionarios deberian
desaparecer del mapa todos los militares
M. Jose

FIG. 6.55. (reducido 70%).

3. ANÁLISIS CRIMINOLÓGICO

Una anomalía comportamental punible o no jurídicamente, y/o una reacción antisocial puede obedecer a diversas causas: 1).– un trastorno clínico puro, el sujeto presenta una alteración de las funciones psíquicas que no obedece a los factores a continuación expuestos; 2).– un trastorno de personalidad, es decir, una manifiesta dificultad en las relaciones interpersonales, por su incapacidad para establecer y mantener relaciones sociales e íntimas; 3).– un trastorno desadaptativo, es decir, un agente estresante, único generador de un malestar y sintomatología patológica; 4).– una problemática «psicosocial y ambiental», un contexto socio-cultural negativo (problemas familiares, duelo, abuso sexual o infantil, malos tratos, analfabetismo, y aculturación, inmigración, pobreza extrema, problemas laborales, paro forzoso, problemas legales) (DSM–IV, TR, 2002).

Las situaciones que más focalizan la atención de los seleccionadores son: el robo, la estafa, las adicciones (alcohol, estupefacientes, juego patológico, internet...), el espionaje industrial y la competencia desleal.

3.1 Robo

Desde un enfoque clínico se distinguen varios tipos de robo (Kaplan y Sadock, 1989):

a) Un *robo impulsivo,* que es fruto de una acción incontrolable, no reflexionada, que no resulta productiva, y en el que se incluye el *robo inconsciente* (automatismo comicial): muy infrecuente; el *robo por impulsión violenta* (robo de escaparates): asociado a diversas enfermedades médicas como por ejemplo, el parkinson postencefalítico; y el *robo por obsesión-impulsión,* que adopta la forma de cleptomanía.
b) Un *robo utilitario,* en que pese a una clara recompensa/gratificación material, esta apropiación indebida tiene un móvil patológico puesto que satisface «perversiones» («robos fetichistas»), «tendencias malignas» negativas («robos simbólicos»), o «reivindicaciones afectivas» («robos estereotipados»).

Ejemplo de tres casos de circunstancias caracterológicas que derivan fácilmente al robo (FIG. 6. 56 a, b, c).

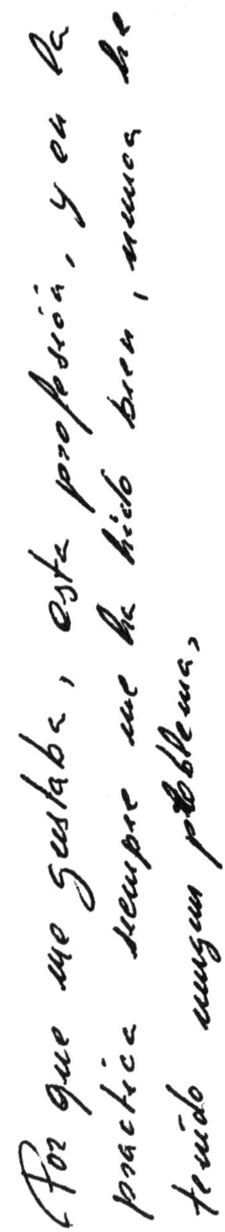

FIG. 6.56a. El primer caso es el de un Apático (nEnAS de Heymans Le Senne) con una enorme dificultad de adaptación-integración social, refractario y egoísta, despreocupado por las consecuencias, siendo vigilante se apoderó del contenido de una caja fuerte del lugar donde precisamente prestaba su servicio.

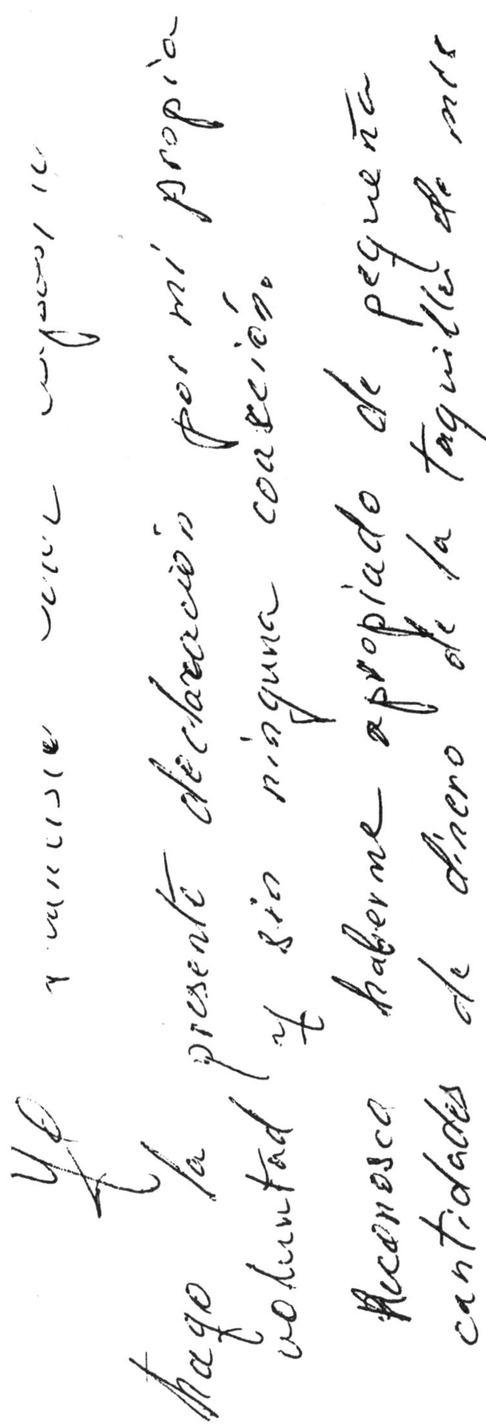

FIG. 6.56b. En el segundo caso tenemos a un Indolente o «amorfo» (nEnAP de Heymans Le Senne) es el ratero de la oportunidad, el influenciable que cae fácilmente en la tentación.

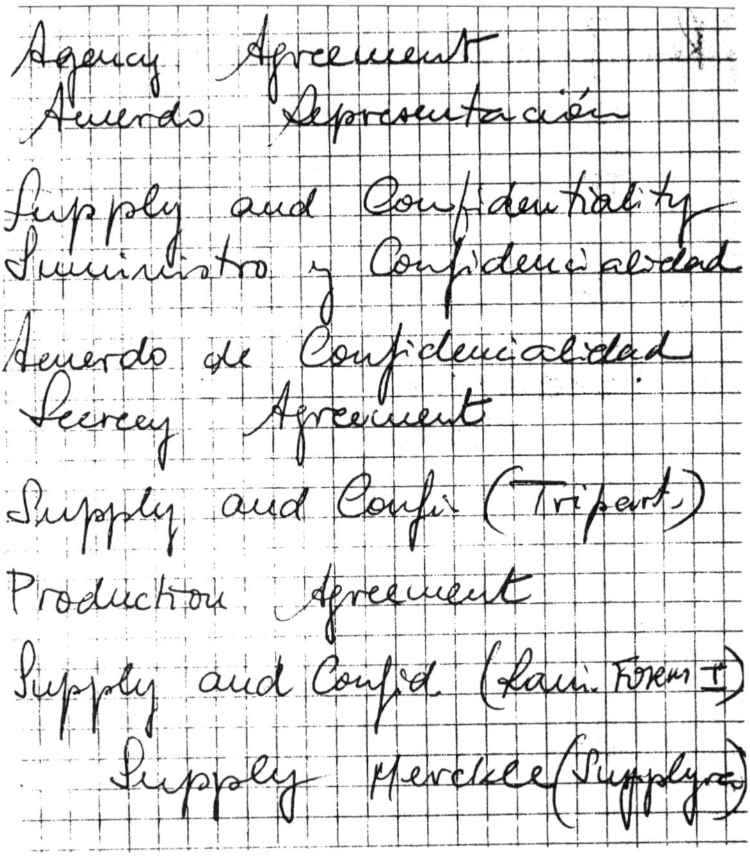

FIG. 6.56c. En el tercer caso se trata de una mujer resentida (carácter fuerte), le afectan mucho las cuestiones de dignidad y se siente maltratada. Su forma de venganza contra su Jefe, al cual odia, es simplemente hurtándole dinero a escondidas. Fue filmada durante varios días por una cámara oculta donde se daba constancia de los hurtos.

3.2 Estafa

(1989)

Hace referencia «al abuso de confianza, timos, cheques sin fondos» y, puede ser indicativo de trastornos clínicos: mitomanía, demencia en su estado inicial..., o bien de trastornos de personalidad: personalidad antisocial (sociópata).

La escritura artificial, «manierista», más si es en mayúsculas y ornados se encuentra muchas veces en este tipo de personalidad. (Véanse nuestras obras: *Psicodiagnóstico por la escritura*, Barcelona, Ed. Herder, 1999, y *Pericia Caligráfica Judicial*, Barcelona, Ed. Herder, 2001).

3.3 Juego patológico

Clínicamente se considera un trastorno del control de los impulsos. El sujeto siente una irrefrenable necesidad de jugar, como una compensación a un estado disfórico (depresión, desatención afectiva, pérdida familiar, etc...). Consume una gran cantidad de su tiempo, esfuerzo y energía en pensar y planificar acciones relacionadas con la actividad del juego, además de graves pérdidas económicas, lo que interfiere negativamente en sus relaciones familiares, laborales y sociales. Consciente del problema intenta repetidamente controlar, limitar o evitar definitivamente esta conducta, pero es en vano, llegando a mentir u omitir la gravedad del mismo a sus familiares (mentira patológica). En otras ocasiones la confianza excesiva en estos para solventar la mala situación económica, le da cierta tranquilidad para continuar en su actitud.

El progresivo aumento de las cantidades jugadas para obtener la misma gratificación, junto a su exigencia por recuperar las pérdidas puede abocarle a delitos de robo, falsificación, estafa, etc... para paliar las dificultades económicas.

La adicción ludopatía refleja en el grafismo un clara dificultad en el control de la firmeza y la continuidad grafoescritural (recomendamos la lectura del artículo del Prof. Jaime Tutusaus: «La Escritura del Jugador Patológico» *Boletín-AGC* nº 29, Barcelona, Ed. AGC). Normalmente observamos un predominio de «Niño Adaptado» «Niño Adaptado Sumiso» y «Niño Adaptado Rebelde» –AT– («Seis» «Nueve» y «Cinco» –Eneagrama–). (FIG. 6.57)

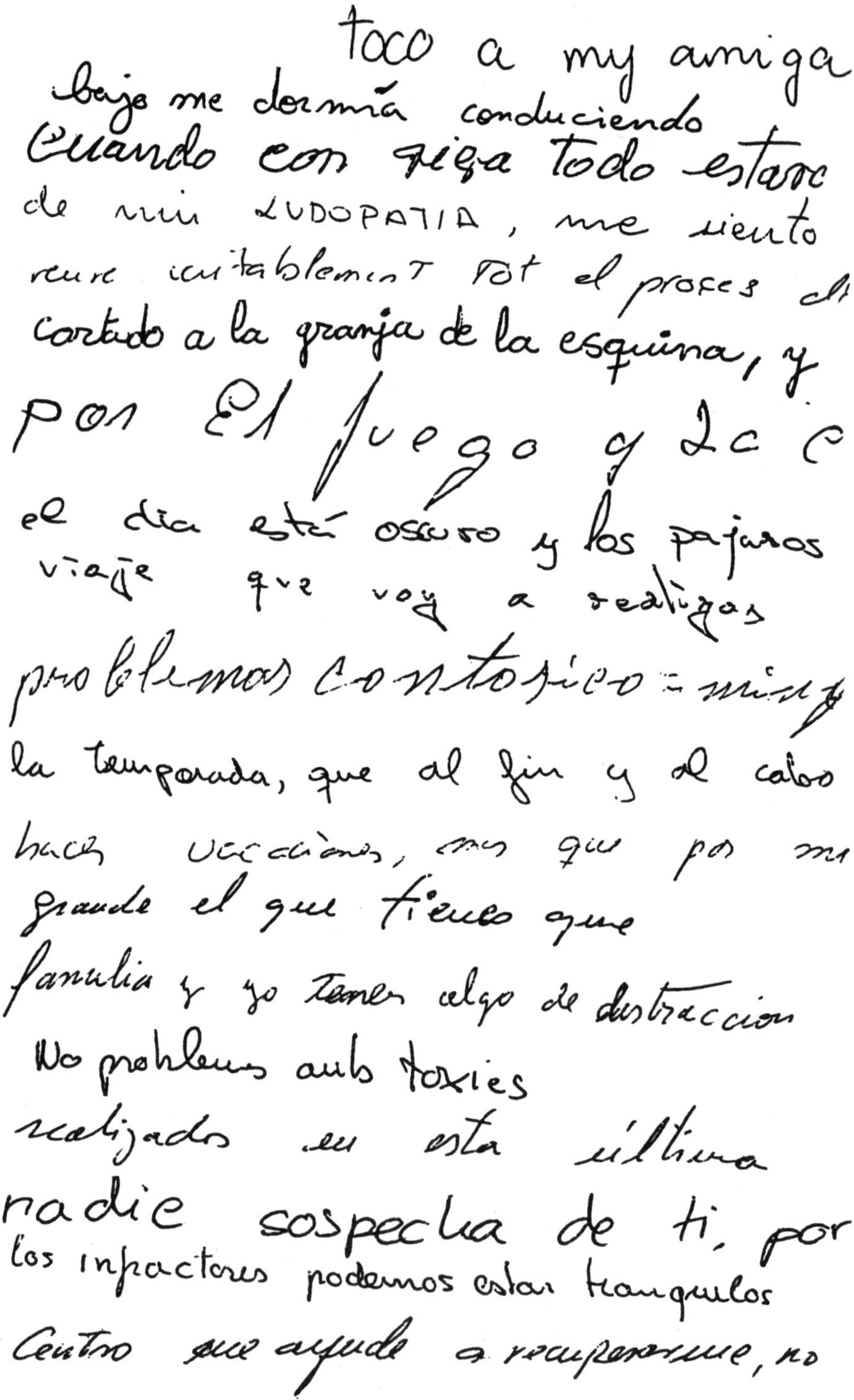

FIG. 6.57. Muestras gráficas de diecinueve hombres con adicción ludópata.

3.4 Alcohol y drogas (FIG. 6.58)

Entre los métodos psicológicos que pueden manifestar este tipo de conductas, destaca el TAT donde en ocasiones se narran en las escenas de forma explícita el consumo de alcohol y estupefacientes. Si bien la certeza absoluta la ofrecen pruebas biológicas, en los análisis de sangre, orina, saliva, pelo... Actualmente existe un test de fácil aplicación de venta en farmacias que a través del análisis del pelo determina la presencia de estupefacientes.

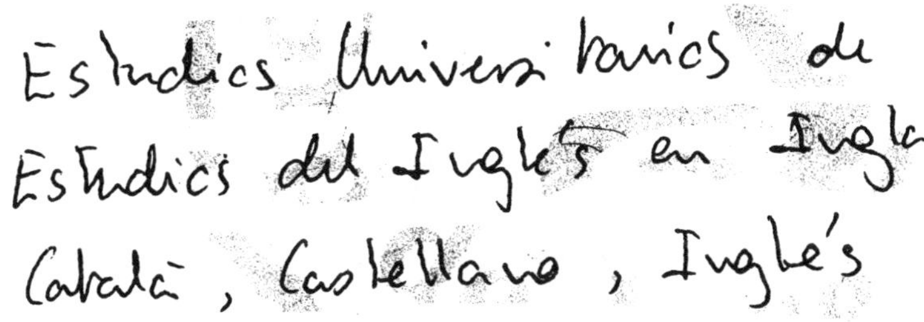

FIG. 6.58. Joven universitaria de 19 años de edad. Véanse los temblores que en este caso provoca la ingestión abusiva de «pastillas». Recomendamos la obra de D. Pedro Foglia, Profesor de la Universidad Católica de Buenos Aires y del Instituto de la Policía Federal Argentina: *Signos de enfermedad en la escritura*, Bs, Ed. La Rocca, 1996).

3.5 Abusos sexuales (Fig. 6.59)

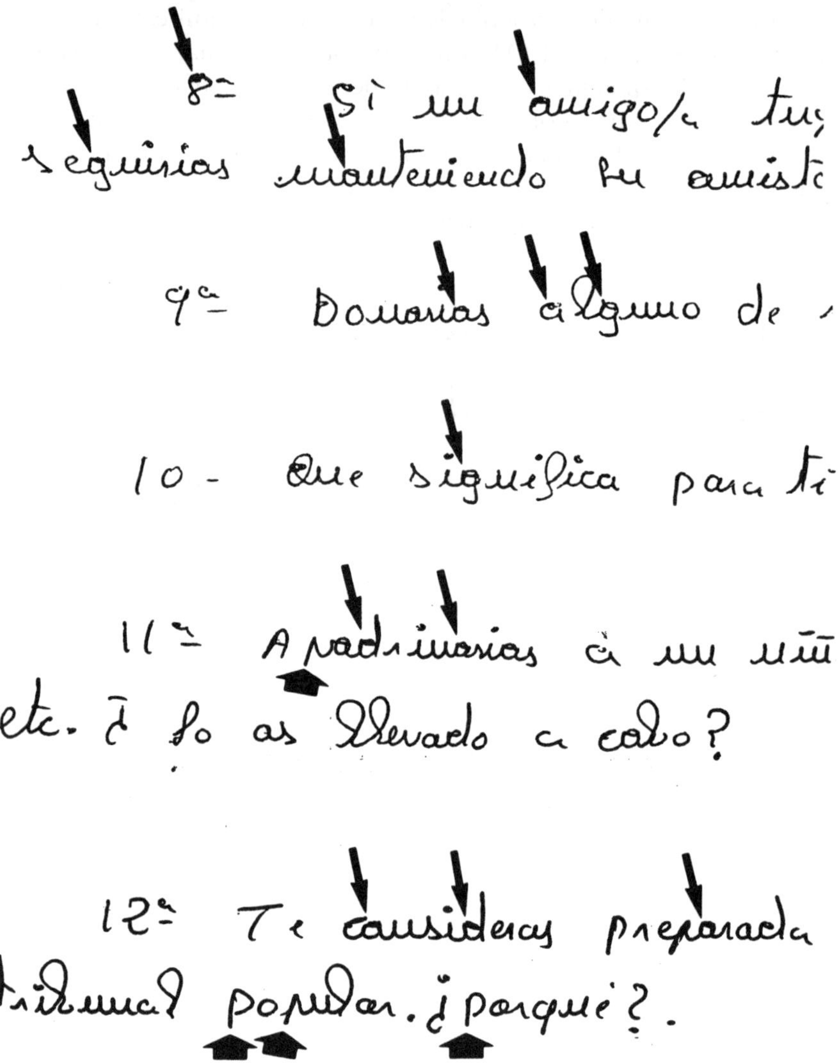

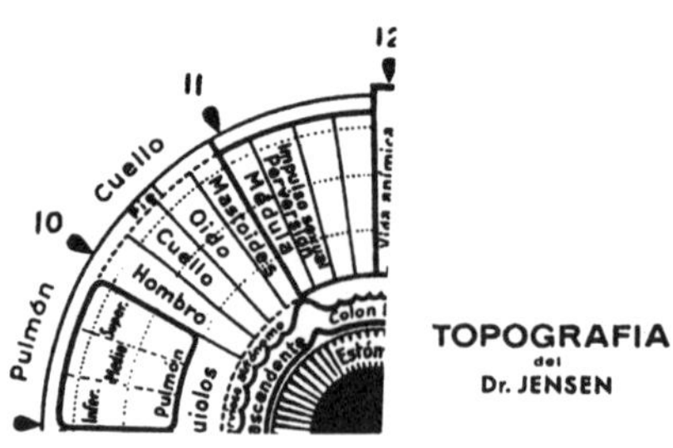

Fig. 6.59. Violador reincidente. Además de la presión desplazada con jambas acortadas, observamos congestión o doble circuito anormal en la zona superior izquierda del óvalo (véase zona relativa al mapa iridológico).

3.6 Infidelidad (FIG. 6.60)

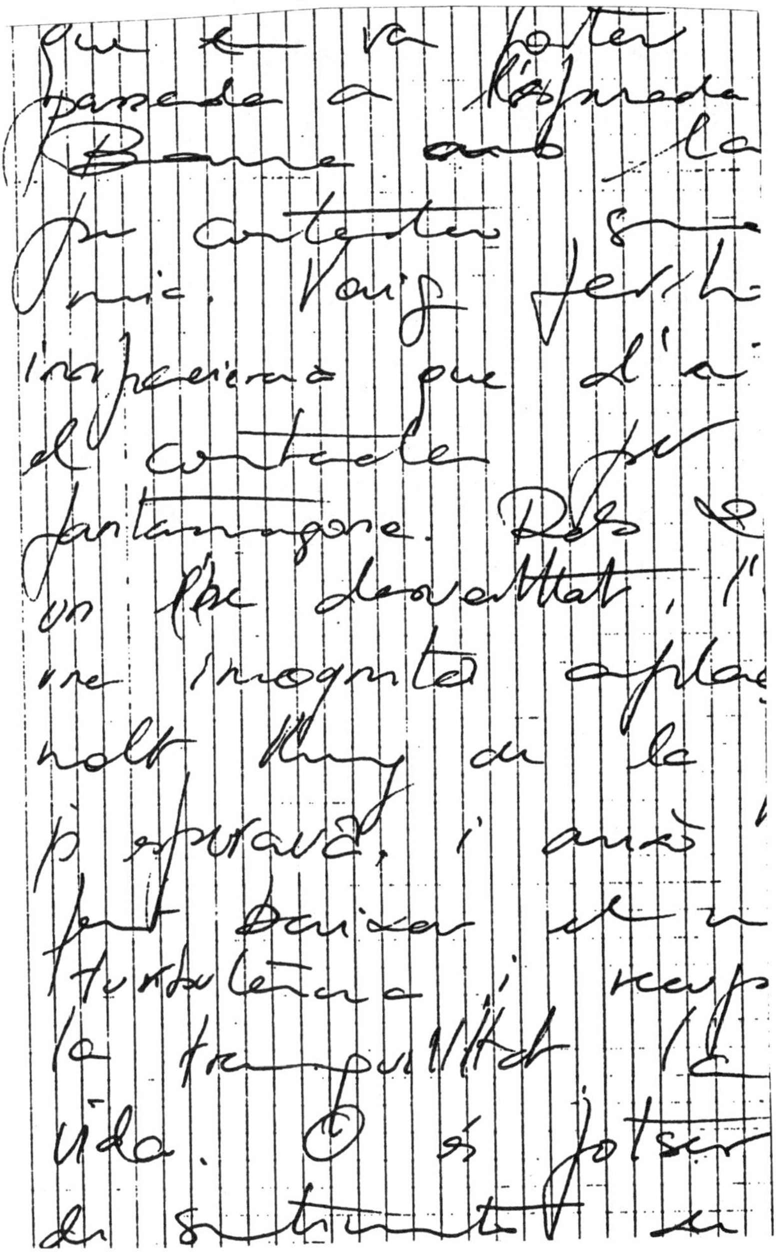

FIG. 6.60. Infidelidad reiterada. Expansión filiforme en una escritura poco controlada, con irregularidades excesivas, confusa interlínea con jambas infladas y cambios desproporcionados. Combina la parte negativa del temperamento «Sanguíneo» con el «Nervioso». «Niño Libre» y» Pequeño Profesor» –negativo–(AT). (Probable trastorno narcisista, subtipo amoroso.)

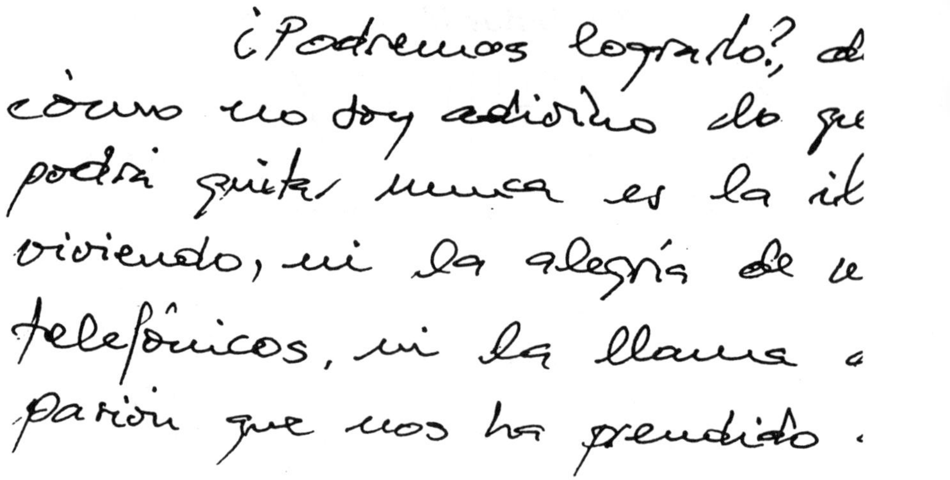
¿Podremos lograrlo?, d
cómo no soy adivino de qu
podrá quitar nunca es la il
viviendo, ni la alegría de u
telefónicos, ni la llama a
pasión que nos ha prendido.

FIG. 6.61. Infidelidad con doble engaño. Hombre maduro enamora a mujer joven, se relacionan como novios, pero él le engaña sobre quién es tanto profesional como socialmente. Se hace pasar por soltero, cuando realmente vive con su esposa e hijos, y así va repitiendo varias veces la historia. (Probable trastorno narcisista, subtipo amoroso).

3.7 Asesinato (Fig. 6. 62, 6.63)

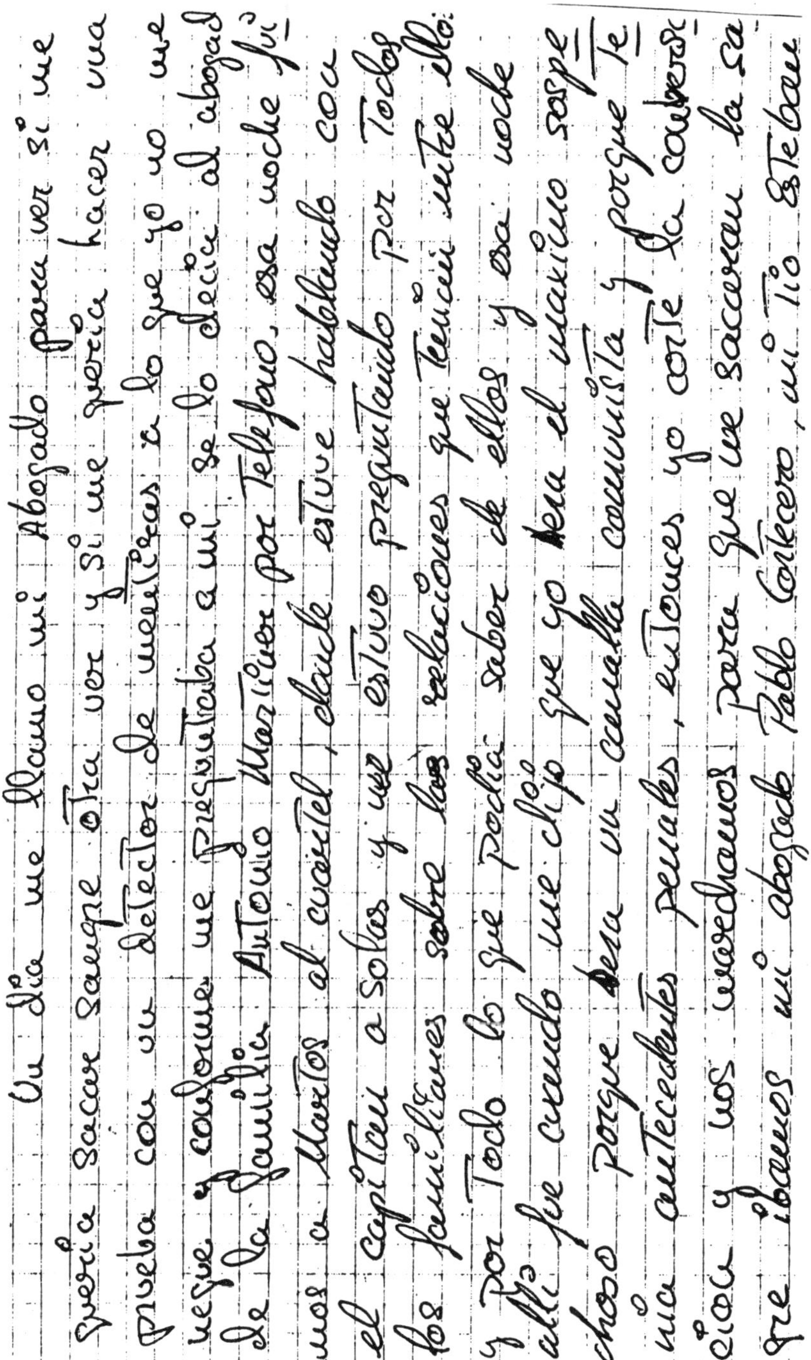
Un día me llamó mi Abogado para ver si me
quería sacar sangre otra vez y si me quería hacer una
prueba con un detector de mentiras a lo que yo no me
negué y conforme me preguntaba a mí se lo decía al abogado
de la familia Antonio Martínez por Teléfono, esa noche fui-
mos a Martos al cuartel, donde estuve hablando con
el capitán a solos y me estuvo preguntando por Todos
los familiares sobre las relaciones que Tenían entre ellos:
y por Todo lo que podía saber de ellos y esa noche
allí fue cuando me dijo que yo era el máximo sospe-
choso porque era un comunista y porque Te-
nía antecedentes penales, entonces yo corté la conversa-
ción y nos marchamos para que me sacaran la san-
gre íbamos mi abogado Pablo Cortecero, mi tío Esteban

Fig. 6.62a. Criminales. Véase la rigidez (ausencia del ritmo de base) con cambios de estilo.

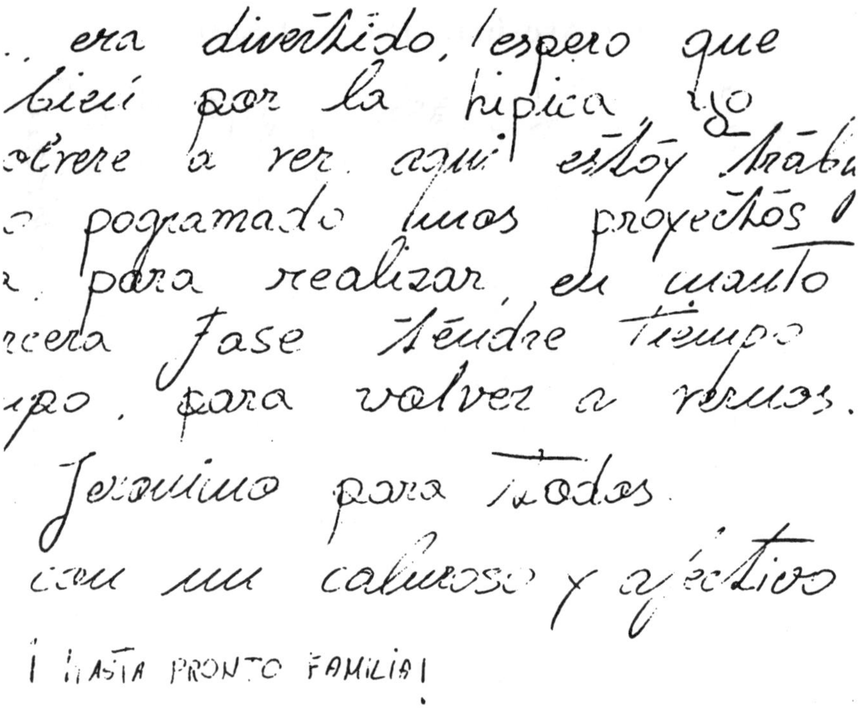
... era divertido, espero que
bien por la hípica, yo
atreve a ver. aquí estoy traba
o pogramado unos proyectos
a para realizar en cuanto
rcera Jose tendré tiempo
po, para volver a veros.
Jeronimo para todos
con un caluroso y afectivo
¡HASTA PRONTO FAMILIA!

FIG. 6.62b.

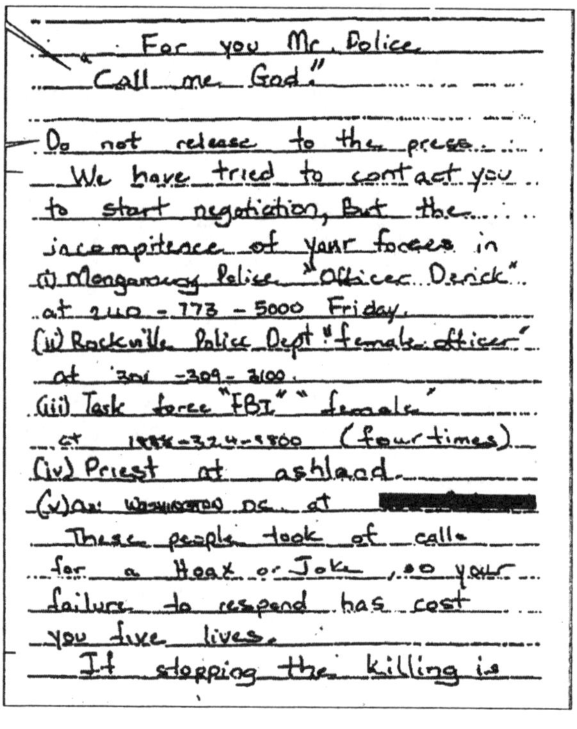
For you Mr. Police.
"Call me God."
Do not release to the press.
We have tried to contact you
to start negotiation, But the
incompitence of your forces in
(i) Mongomery Police "Officer Derick"
at 240-773-5000 Friday.
(ii) Rockville Police Dept "female officer"
at 301-309-3100.
(iii) Task force "FBI" "female"
at 1888-324-9800 (four times)
(iv) Priest at ashland
(v) an Washington DC at [redacted]
These people took of calls
for a Hoax or Joke, so your
failure to respond has cost
you five lives.
If stopping the killing is

FIG. 6.63. Francotirador.

El francotirador John Allen Muhammad (Tutusaus, 2002)

"Es de todos conocidos el francotirador de Washington, autor de varias muertes utilizando un rifle de repetición con mira telescópica de largo alcance. No se conoce el número de asesinatos porque le acompañaba su «ahijado» de 17 años John Lee Malvo, autor confeso de varias de las muertes contabilizadas en diversos estados.

A continuación, y sin florituras, vamos a intentar analizar la escritura de John Allen M. aparecida en los periódicos.

En principio, hay que destacar que no poseemos el original para el estudio objetivo de la presión. Asimismo el texto está escrito sobre pauta impresa. Como es frecuente en los países anglosajones el francotirador escribe en el llamado, estilo caligráfico que tiene todas las dificultades de interpretación de nuestra escritura caligráfica clásica. Con todo, hay muchos datos objeto de análisis.

Análisis gráfico

Movimiento cabré, (atiesada, barras «t» ascendentes, «r» voladiza o finales más bien largos, etc.).

Espacio interpalabras excesivo, a veces algo irregular.

Espacio interletras variable.

Escritura yuxtapuesta con barras «t» bajas y puntuación precisa.

Nótese que los sangrados de los párrafos correspondientes son regulares en su comparación vertical. Aunque hay faltas ortográficas: por ejemplo *incompitence* en vez de *incompetence*, esta escritura parece ser de una persona con mayor nivel cultural del que se le suponía.

Lanzamiento «en retroceso» horizontal de derecha a izquierda en letra «g».

Bosquejo grafológico

El síndrome complejo del tipo de movimiento *cabré* (encabritado) presenta una gran riqueza de matices latentes y configuran toda una actitud vital. Hay que convenir que corresponde a la escuela francesa la determinación de tipos de movimiento mediante el desarrollo del énfasis que C. Jamin hacía sobre el movimiento como producto gráfico complejo (Gobineau, Colo, Pinon). Son autores, pues, de una concepción que suprime en parte la noción de ritmo y rapidez.

La interpretación de tal tipo de movimiento nos conduce a lo siguiente: Se trata de una actitud de insurrección, rebeldía y de «sublevación» («motín contra las autoridades»).

Tal insurrección se origina en conflictos latentes (jambas «g»), las impulsiones nacen, pues, de un rencor solapado, oculto, no manifiesto (zona inferior). Alienta nuevos motivos a causa de su hipercrítica (espacio aireación excesivo). Hay una dosis de temeridad para compensar sus miedos (barras «t» atrasadas) y así «combatir», mediante un espíritu de revancha y de reivindicación, un supuesto daño recibido o para resarcirse de una pérdida. Con su espíritu de revancha compensa su permanente insatisfacción pues no se resigna en modo alguno.

Para no ceder, adopta una actitud contestataria y pone condiciones previas ante la toma de decisiones e iniciativas. Piensa que todo lo que le rodea encierra el peligro de ataques personales, de ahí las mencionadas reacciones.

Es persona muy analítica y detallista (puntuación precisa, yuxtaposición), lo cual nos habla de la minuciosidad de los «golpes» y la precisión de la puntería.

Su sociabilidad y capacidad de integración social es problemática pues se mantiene alejado del medio para que no le molesten, no tener dificultades ni compromisos (yuxtapuesta + «aislada»).

El rupturismo (parece que tuvo tres mujeres) es evidente en la escritura «recisa» (gesto abrupto, cortado = letra «t» en su palote vertical, etc.). Es la expresión (junto con yuxtapuesta) de la expeditividad, la brusquedad y la dificultad para la adaptación.

En la escritura yuxtapuesta cada letra es un mini-acto que da lugar a la partida de nuevas bases desde cada letra según las circunstancias y está pronto a desasirse de lo que estorbe a su libertad (yuxtapuesta + «aislada»– «recisa») así como a cambiar de ideas, de modo que le cuesta establecer una relación coherente entre causa y efecto. Todo lo cuestiona.

Las barras de «t» bajas y algunas jambas de «p» cortas nos hablan de signos de debilidad a compensar. ¿Cuál o cuáles son éstos? Esta pregunta, a nuestro criterio, se puede contestar con otra: ¿Cuál es la manifestación gráfica de la impulsividad incoercible? Nos parece que se trata de un contrasigno o contradominante (Saudek), a saber, la impulsión gráfica de derecha a izquierda en sentido horizontal de la letra «g». Se trata del signo más disonante con el conjunto ya expuesto. Se observa algo parecido en la línea 16 en «Joke». Por mecanismos que se nos escapan, pasa rápidamente de la concepción de la idea al acto. Esta característica la hallamos en el «Doctor muerte» que asesinó mediante jeringuillas a casi doscientas mujeres en Inglaterra. También lo hemos visto en algún asesino o maltratador. En el próximo boletín presentaremos la escritura y la tentativa de análisis correspondiente, el cual presenta, asimismo, algunas concomitancias con el francotirador.

El francotirador muestra un autodominio y frialdad de sentimientos importante (aislada + vertical, barras regulares, contenidas o atrasadas), lo cual no excluye miedo o espanto (espacio interletras irregular).

Tiende a encubrir su verdadera personalidad en las formas del Script y la involución de las arcadas sin mezcla. La espontaneidad queda frenada por la yuxtaposición y la excesiva distancia interpalabras.

En este tipo de escrituras la forma de proceder es la que preconizó Mme. Saint Morand: «El gesto de tipo "débil" descubre lo que inspira el comportamiento, y el gesto "fuerte" descubre la forma de comportamiento».”

(Extraído del boletín AGC nº 29).

3.8 Criminales de guerra
(FIG. 6. 64, 6.65, 6.66, 6.67, 6.68)

FIG. 6.64. J. Stroopor escritura alta de zona media (orgullo de clase o status), comprimida y superpuesta (desconfianza paranoide), Inclinada (subjetivismo pasional) Jamba inflada (inflación de los contenidos eróticos del subconsciente), disparo regresivo (autoanulación inconsciente: realización de actos que terminan dirigiéndose contra sí mismo).

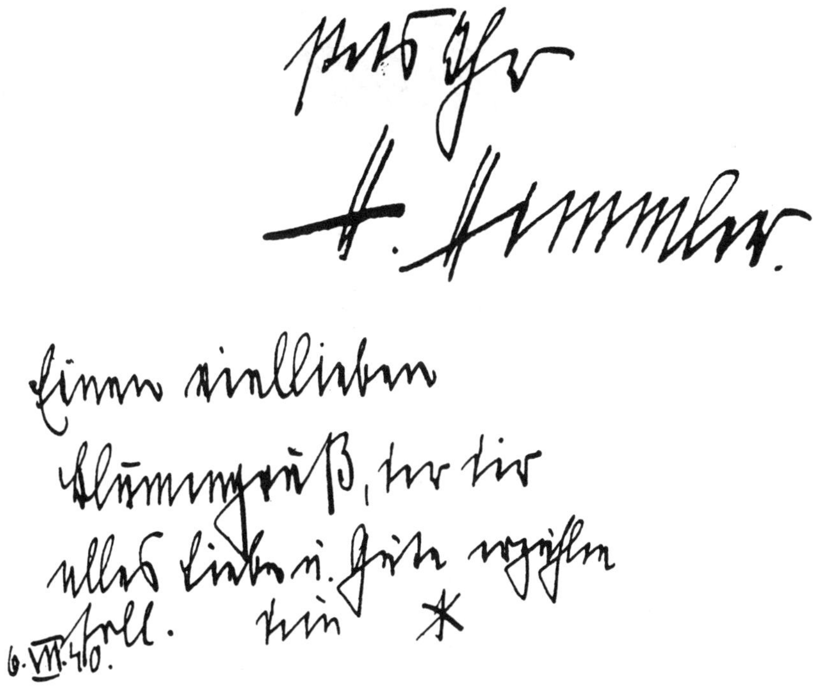

FIG. 6.65. Himmler. La famosa Grafóloga Marie Bernard ya lo describió a través del grafismo haciendo notar la excesiva angulosidad, triangulaciones y mazas (Crueldad inhumana, reacciones histéricas compulsivas y neuroticidad de los trazos; fanático peligroso).

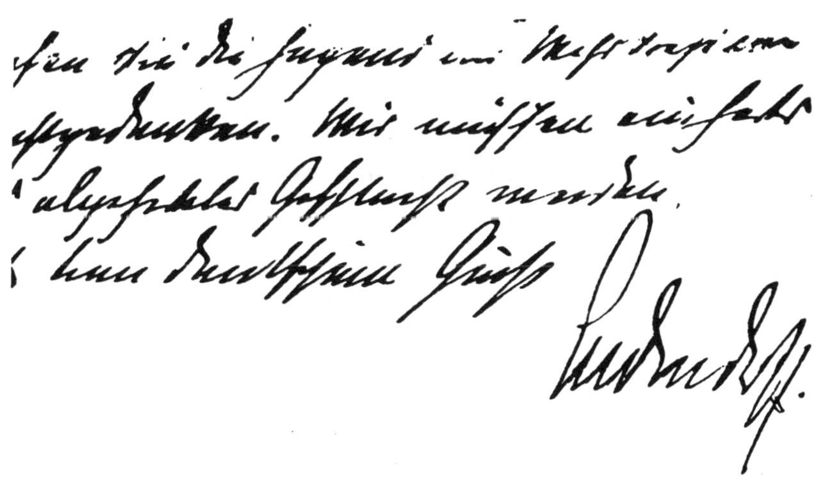

FIG. 6.66. Erich Ludenforff. Angulosa estrechada y sobrealzada (muy prejuicioso).

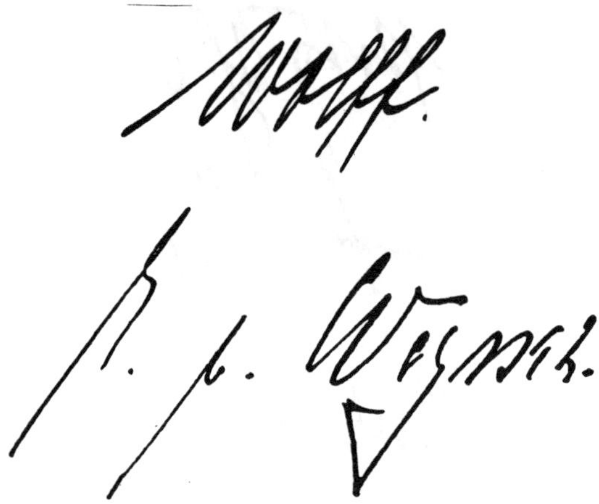

FIG. 6.67. Karl Wolf y Udovon Woyrsah. Jefes de las SS.

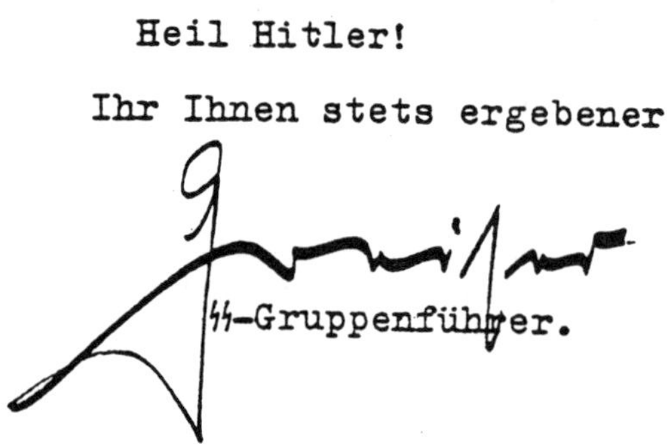

FIG. 6.68. Arthur Geiser. Presión desplazada exagerada.

3.9 Terrorismo

EJEMPLOS DE NOTAS POR GRAFOANÁLISIS EN CASOS DE TERRORISMO. MATERIAL GRÁFICO OCUPADO A UNA ORGANIZACIÓN TERRORISTA EN LLIÇA DE MUNT-CATALUÑA (EN ESTE CASO NO SE PUEDEN EXPONER LAS MUESTRAS POR TRATARSE DE MATERIAL CLASIFICADO).

* REPORTE DE ACTIVIDAD * 06/04 'XX 08:47 2099154

MODO	TEL CONEXIÓN	ID CONEXIÓN		HORA INICIO	T.USADO	PÁG.
TX	31784XX	G-3	06/04	08.44	02'51	05 (00)

GRUPO OPERATIVO
GRAFOANÁLISIS
A) (Folios del 3 al 59) (Folio 70)
(Folios del 110 al 116 agenda)
(Folio 118)
Escritura de tipo masculino,
Persona de actividad rápida, impaciente e impulsiva, Trabaja de forma irregular, un poco a capricho y con independencia; no puede soportar que le manden o verse some-

tido, tiene la necesidad de actuar a su manera (únicamente acepta la disciplina que se imponga él por su cuenta).

Su inteligencia es de nivel superior, especialmente de tipo teórico-abstracto; es sintético, sabe relacionar todo tipo de datos, esquematizar y llegar rápidamente a la esencia o estructura del asunto (ve inmediatamente el fondo de las cuestiones). Sus principales funciones mentales son las de «intuir» y «pensar» (Jung), esto es, capta enseguida cualquier detalle y lo relaciona automáticamente con las ideas que ocupan su interés. Dispone asimismo de una gran capacidad de observación.

Por sus características mentales (predominio teórico-abstracto) es más un diseñador de programas o teórico de la cuestión (Director de proyectos) que un buen materializador de sus planes o pensamientos, Puede cometer grandes fallos en la práctica, si bien puede motivar a otros y ser un impulsor ideológico-filosófico.

No es ordenado pero es organizado a su modo (orden desordenado), siempre dirigido a la meta propuesta, a su orgullosa ambición, a sus intereses erróneamente perfeccionistas.

Su temperamento es bastante agitado, de tipo Nervioso-Bilioso (la parte nerviosa le dirige a sobresalir mentalmente y sorprendiendo a los demás pero también le agita y descompensa en su interior, y la parte biliosa le exige fuerza de voluntad para alcanzar fines importantes y la necesidad de dominar sobre los demás), la mezcla hace que interiorice la emotividad, se resienta fácilmente y que incluso pueda afectarle en cierta manera al aparato digestivo o algún órgano abdominal.

Se observa una cierta tendencia al ocultamiento; facilidad para no descubrirse y para actuar de forma simulada o encubierta.

Curiosamente es un individuo impresionable, aunque su orgullo interno es más fuerte que su emotividad. Se aprecia asimismo una cierta inmadurez afectiva que podría tratarse de una «dependencia materna inconsciente» que le desarrolla una avidez afectiva que no consigue llenar y que canaliza de forma errónea en la búsqueda de un liderazgo o importancia dentro de su grupo. Le gusta el mando o al menos disponer de un cargo relevante o reconocido dentro de la rebeldía social (necesidad vital de sentirse importante en la oposición).

Es receptivo a las ideas que le ayuden a justificar su postura o comportamiento. Teniendo en cuenta su dependencia al pasado y a lo que representa la madre, así como su total oposición a la autoridad (odio al padre), es fácil que se apoye en cualquier fanatismo ideológico, especialmente de signo independentista, como autojustificación.

Existen rasgos que indican una cierta obsesión circunstancial, como si frecuentemente le diera muchas vueltas a pequeños detalles.

Es asimismo sutil, astuto y capacitado para «escurrir el bulto», sabe desprenderse rápidamente de los compromisos y de lo que le molesta. Al propio tiempo sabe introducirse fácilmente y sin problemas éticos en la intimidad de los demás: tiende a la osadía y tiene la concepción maquiavélica de que «el fin justifica los medios» (existe en él una especie de narcisismo por el que en el fondo es como si pensara que es más perfecto que nadie).

Sexualmente demuestra ser caprichoso e inestable, no se vincula definitivamente a nada ni a nadie. El sexo va desligado de la parte afectiva o en todo caso puede llegar a tener múltiples y cortos afectos, aunque existen rasgos que podrían detectar un cierto «fetichismo» (mezclas de narcisismo, complejo edípico y donjuanismo).

B) <Folios del 60 al 69)

<Folios del 119 al 120 –carta–)

Escritura de tipo femenino,

Desde el punto de vista psicofísico, no es una persona demasiado rápida, en su actividad tiende a la regularidad, a la rigidez, algo flemática, Asimismo es dominante y ambiciosa.

Su comportamiento social es forzado, «acartonado», distante con los que considera «inferiores». Exterioriza una fachada fría, intransigente e infranqueable, a través de la

cual no deja trasparentar nada de lo que ocurre en su interior, esta fachada es un muro donde se estrellan todos los intentos afectivos, persuasivos o sentimentales procedentes del exterior y que no sean respuesta a los iniciados por su propio interés.
Falta de espontaneidad en la conducta; Fanatismo, intransigencia y actitud agresiva contra todo lo que no sea formalismo, deber, disciplina y principios políticos o sociales asumidos.
Esta persona anula toda su emotividad, se exige a sí misma ser una máquina, un robot y únicamente abre sus sentimientos a los que admira ideológicamente, con los demás no le afecta ser incluso cruel, No piensa ni siente, únicamente cumple las instrucciones.
Es perceptiva, y aunque no refleja un nivel de inteligencia superior, puede tener una buena memoria.
Existen algunos rasgos que pueden denotar una gran tendencia a los celos.
C) (Folios 71 al 74)
Escritura de tipo masculino.
Se trata de una escritura de persona muy acomplejada, con grandes problemas de personalidad; alterado, preocupado, algo morboso.
Este tipo de escritura se observa actualmente en jóvenes ingenieros, informáticos, químicos, estudiantes de ciencias muy introvertidos y con una gran dificultad para el contacto exterior, refugiados en sí mismos y despreciativos de los demás, incluso con un cierto odio a la sociedad, Son personas que se refugian en la técnica y cada vez se van encerrando más en su «torre de marfil»; prefieren trabajar con cosas más que con personas.
Ahora bien, en este caso se acusa todavía mucho más la complicación de su personalidad, el rechazo al afecto y a la simpatía; está siempre a la defensiva, es un marginado muy resentido.
Demuestra estrechez de criterio, desconfianza introspectiva frente al ambiente, avaricia y mezquindad, egoísmo frío y calculador, falta de sentimientos positivos, Bajo una piel de indefenso cordero esconde una latente agresividad.
En general podemos clasificarle como individuo de tipo esquizoide. Sus características básicas son: Falta de afectividad expansiva (precaución, reserva, gusto por las ocupaciones solitarias, desconfianza, cálculo frío de las cosas). sequedad de conciencia, Su carácter es agrio, egoísta y rencoroso.
D) (Folios del 94 al 99)
(Folios del 117 al 118)
Escritura de tipo masculino.
Se trata sin lugar a dudas de la escritura de un psicópata-criminal.
Es inestable, impulsivo, de carácter incomprensible e inesperado en sus reacciones.
Desadaptación grave a los lazos de convivencia o contacto social, Se deja llevar por los instintos más primitivos como respuesta a una desconexión de la conciencia, por ello puede infringir en cualquier momento el código moral sin remordimiento alguno, por el contrario puede incluso disfrutar haciendo daño.
En este individuo no existe un modelo de cultura, ha excluido todo valor sobre lo que es «bueno» y lo que es «malo», sobre lo que «se debe» o «no se debe» hacer, ha decidido anular todo lo que sean normas referidas a la conciencia, por ello su conducta será siempre caprichosa, aunque pueda dar una apariencia de comportamiento normal y no de apariencia de enajenado mental.
Disfrutará manejando a las personas hacia sus fines macabros. Su inteligencia puede perfectamente calcular las consecuencias de sus actos, pero lo único que puede preocuparle es que le cojan, en ningún caso se preocupará por los demás. Su personalidad encierra a un sádico asesino frío y sin ninguna compasión ni sentimiento de culpa.
E) (Folios del 100.al 108)
Escritura ambigua, vulgar, torpe, de carácter amorfo (sin poder concretar si es masculina o femenina).
Se trata de una persona muy poco evolucionada, de gustos vulgares, inculta y trivial.

4. PRUEBA DE LA VERDAD GRAFOPSICOLÓGICA

Es una técnica grafoanalítica criminológica creada por Francisco Viñals Carrera, basada en la Grafología Emocional de Honroth, y desarrollada dentro de la 2ª Sección de Estado Mayor de la Región Militar Pirenaica con la imprescindible colaboración del Jefe de G.O. Sr. Landero.

Existen puntos importantes de coincidencia entre esta técnica y el polígrafo (aparato que registra datos psicofisiológicos como «la actividad electrotérmica, electromiográfica y electropletismográfica», la presión arterial, ritmo cardíaco y respiración). Parte del presupuesto de que la ansiedad produce una respuesta fisiológica observable y cuantificable claramente diferenciada de un estado normal. De la correlación establecida entre los datos fisiológicos o psicofísicos y las preguntas o inducciones (caso del dictado) formuladas de diverso tipo: intrascendentes, personales y aquellas vinculadas al hecho criminológico se infiere el grado de vinculación a los mismos. En dicha línea, Lawrence Farwell, neurólogo de Harvard, aplica la denominada toma de huellas o impulsos cerebrales mediante un análisis de actividad eléctrica en las fracciones de segundo en que el cerebro reconoce, por ejemplo, un detalle de la escena del crimen que sólo él conoce.

Evidentemente estos métodos no son adecuados para aquellas personas que sufran determinados trastornos psicológicos, por un lado los sociópatas (psicópatas) que carecen de escrúpulos, remordimientos y ningún sentido del bien y del mal, y por otro, en el polo contrario, neuróticos con sentimientos de culpa pueden deformar los resultados. Existen diversas estrategias de intervención respecto al enunciado de las preguntas o inducción del dictado escrito, quizás la que ofrece más posibilidades de éxito, según nuestra experiencia, es la que inquiere negativamente, es decir, las frases llevan implícito una negación que el examinando debe asumir produciéndose una escisión entre su Yo íntimo y su asentimiento externo, situación que genera una alteración psicofisiológica. Respecto a la validación de la «Prueba de la Verdad Grafopsicológica» existe un excelente trabajo de investigación elaborado por Patricia Sarrias Javier (2002), del *Grupo Ciencias del Grafismo-UAB* (Universidad Autónoma de Barcelona, promoción 2002).

La prueba de la verdad grafopsicológica adopta la forma de un dictado cuyo contenido no deben conocer las personas a las que se someterá (por voluntad propia), el elemento sorpresa es decisivo (para no dar tiempo al consciente de reaccionar sobre las propias pulsiones), también debe tenerse en cuenta que los cambios o variaciones delatadoras no son idénticos, cada caso refleja la irregularidad emocional de distinta forma, pero ya sea por descenso o caída circunstancial de la dirección lineal, constricción o apretujamiento, lapsus de cohesión, calami o desigualdad dimensional, firmeza y tono, siempre es chocante con el ritmo de pulsación, estilo y continuidad del resto del escrito.

En Recursos Humanos ya habíamos observado que algunos candidatos en su expresión grafoescritural espontánea, al exponer determinadas virtudes reflejaban alteraciones en la escritura que hacían sospechar una depresión en la convicción de lo manifestado (FIG. 6. 69).

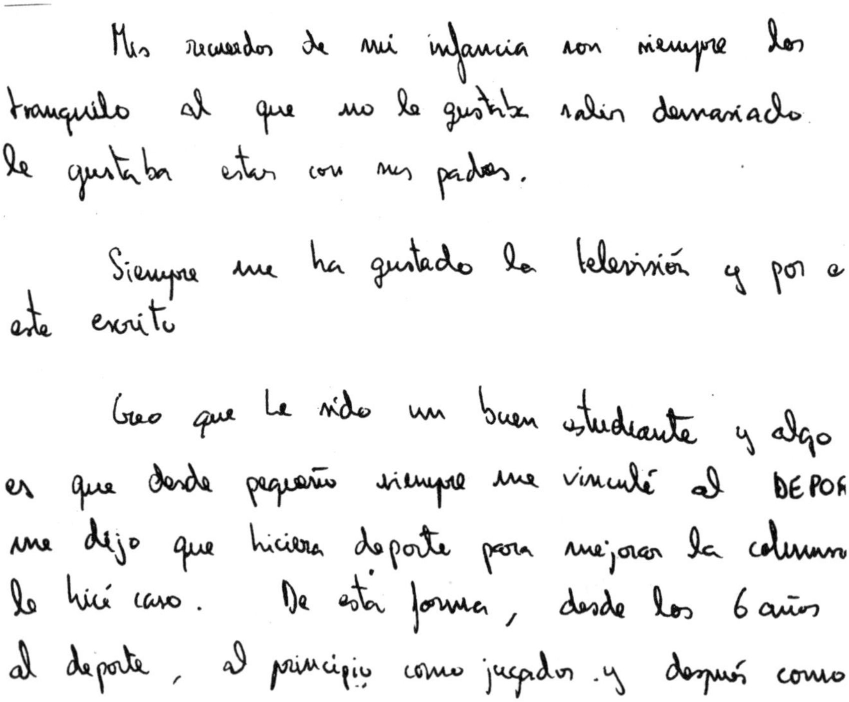
Mis recuerdos de mi infancia son siempre los
tranquilo al que no le gustaba salir demasiado
le gustaba estar con mis padres.

Siempre me ha gustado la televisión y por e
este escrito

Creo que he sido un buen estudiante y algo
es que desde pequeño siempre me vinculé al DEPOR
me dijo que hiciera deporte para mejorar la column
le hice caso. De esta forma, desde los 6 años
al deporte, al principio como jugador y después como

FIG. 6.69. (reducción 50%). Puede apreciarse una clara alteración depresiva cuando dice: «he sido un buen estudiante».

En las declaraciones manuscritas si no están meditadas, es fácil que reflejen puntos de alteración en los momentos de expresión donde existe una pulsión del subconsciente contraria a lo que se expone (Fig. 6.70).

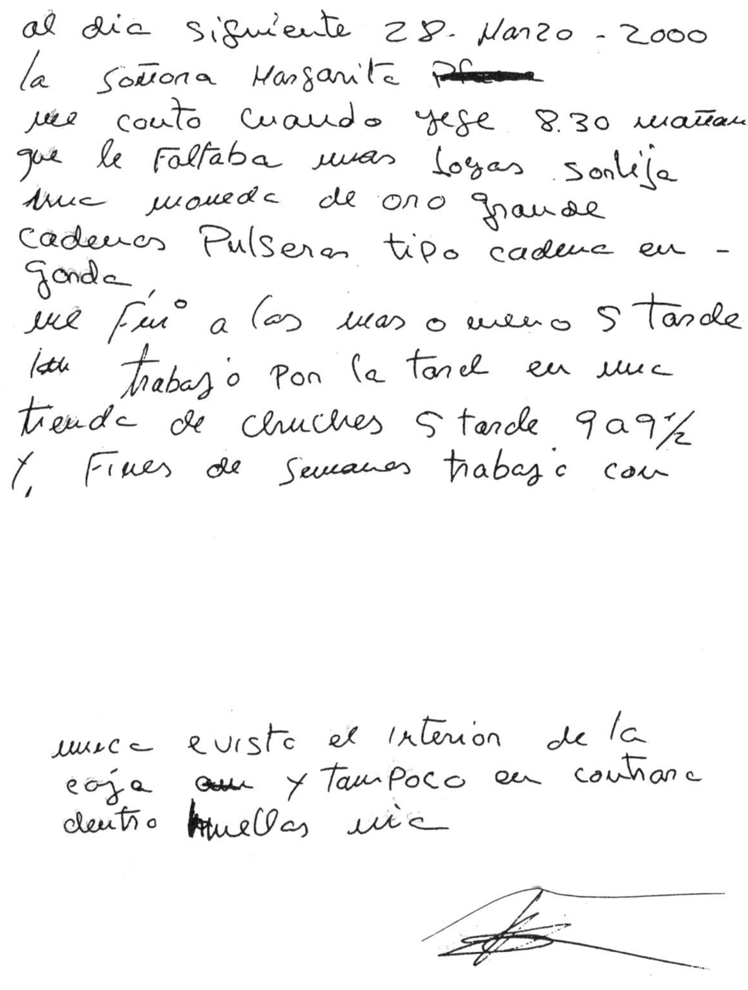
al dia siguiente 28- Marzo - 2000
la señora Margarita
me conto cuando yege 8.30 mañan
que le faltaba unas joyas sortija
una moneda de oro grande
cadenas pulseras tipo cadena en -
gorda
me fui a las mas o meno 5 tarde
trabajo por la tarde en una
tienda de chuches 5 tarde 9 a 9½
y, fines de semanas trabajo con

una evisto el interior de la
caja y tampoco encontrare
dentro uellas mia

Fig. 6.70. (reducción 50%). La declaración escrita de la sospechosa que se prestó voluntariamente a explicar por escrito su versión en un caso de desaparición de joyas.

En investigaciones policiales dentro del contexto militar se ha utilizado habitualmente la técnica grafopsicológica, tanto sobre las declaraciones espontáneas de personas presuntamente implicadas como de los dictados realizados ex profeso a modo de Prueba de la Verdad Grafopsicológica sobre grupos de sospechosos (FIG. 6. 71).

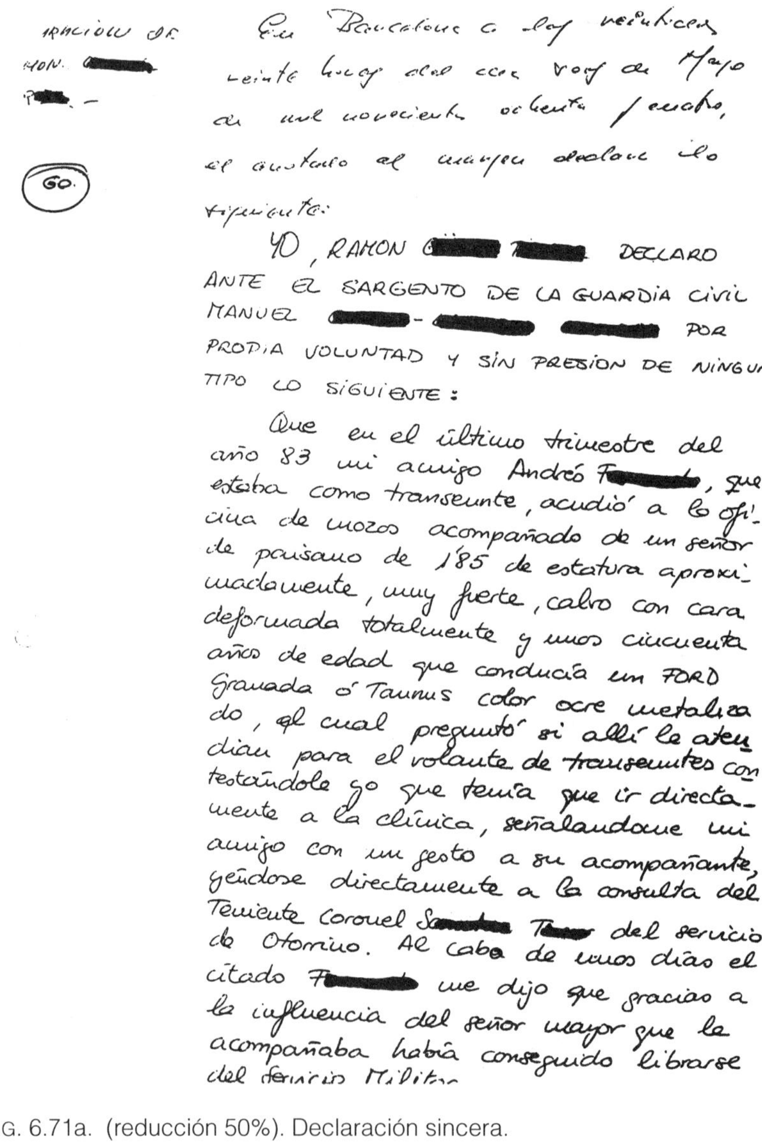

...RACIÓN DE
...MON. [redacted]
[redacted].-

60.

En Barcelona a las [illegible] veinte horas del dia [illegible] de Mayo de mil novecientos ochenta y ocho, el anotado al margen declara lo siguiente:

YO, RAMON [redacted] DECLARO ANTE EL SARGENTO DE LA GUARDIA CIVIL MANUEL [redacted] POR PROPIA VOLUNTAD Y SIN PRESION DE NINGUN TIPO LO SIGUIENTE:

Que en el último trimestre del año 83 mi amigo Andrés F[redacted], que estaba como transeunte, acudió a la oficina de mozos acompañado de un señor de paisano de 1'85 de estatura aproximadamente, muy fuerte, calvo con cara deformada totalmente y unos cincuenta años de edad que conducía un FORD Granada ó Taunus color ocre metalizado, el cual preguntó si allí le atendian para el volante de transeuntes contestándole yo que tenía que ir directamente a la clínica, señalandome mi amigo con un gesto a su acompañante, yéndose directamente a la consulta del Teniente Coronel S[redacted] T[redacted] del servicio de Otorrino. Al cabo de unos días el citado F[redacted] me dijo que gracias a la influencia del señor mayor que le acompañaba había conseguido librarse del servicio Militar

FIG. 6.71a. (reducción 50%). Declaración sincera.

Que asimismo declaro que en una ocasión, sin mediar ningún sentido de convencimiento puesto que ya estaba trabajando para el, y era por lo tanto una confidencia, Carlos [redacted] me dijo que había mucha gente "gorda" que se dedicaba a exclusiones irregulares comentándome que el sabía positivamente que el Teniente Coronel [redacted] y el Comandante [redacted] estaban en contacto con un tal Buenaventura [redacted] para conseguir exclusiones en la zona donde él vivía, es decir fuera de Barcelona, por la zona del Vallés.

Que en esa misma conversación y de forma igualmente confidencial me dijo que tenía relación en estos temas, de cuando era Jefe de la Caja de Reclutas, con el Teniente Coronel Jaime [redacted].

Una vez leída por mi los folios uno y dos de la presente diligencia lo firma en prueba de conformidad en Barcelona a las veintidós treinta horas del día seis de Mayo de mil novecientos ochenta y cuatro:

FIRMADO:

Y para que conste se extiende por diligencia.

FIG. 6.71b. (Cont.).

Normalmente la Prueba de la Verdad Grafopsicológica se utiliza como un medio auxiliar combinado con otras técnicas de investigación criminal (FIG. 6. 72).

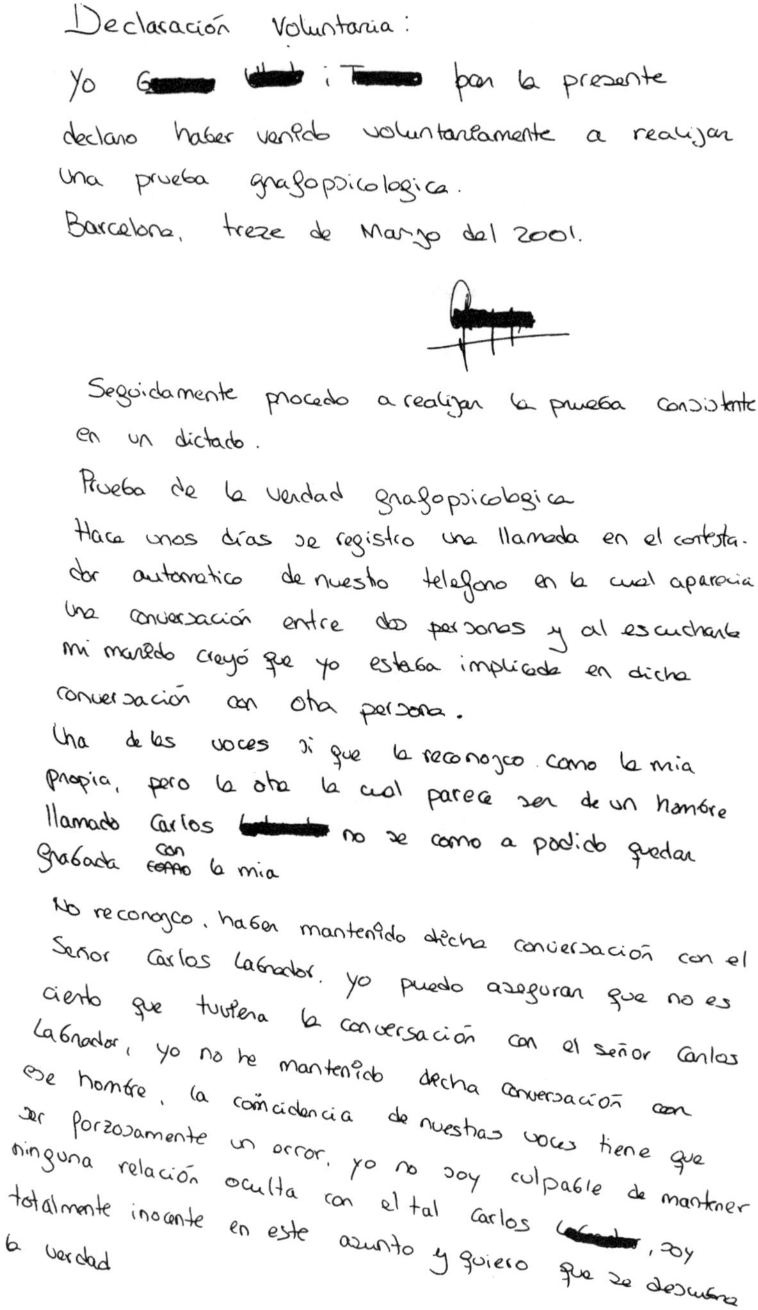
Declaración Voluntaria:

Yo [redacted] i [redacted] por la presente declaro haber venido voluntariamente a realizar una prueba grafopsicologica.

Barcelona, treze de Marzo del 2001.

[redacted]

Seguidamente procedo a realizar la prueba consistente en un dictado.

Prueba de la verdad grafopsicologica

Hace unos días se registro una llamada en el contesta. dor automatico de nuesto telefono en la cual aparecia una conversación entre dos personas y al escucharla mi marido creyó que yo estaba implicada en dicha conversación con otra persona.

Una de las voces si que la reconozco como la mia propia, pero la otra la cual parece ser de un hombre llamado Carlos [redacted] no se como a podido quedar grabada con la mia

No reconozco. haber mantenido dicha conversación con el Señor Carlos Labrador. yo puedo asegurar que no es cierto que tuviera la conversación con el señor Carlos Labrador, yo no he mantenido decha conversación con ese hombre, la coincidencia de nuestras voces tiene que ser porzosamente un error, yo no soy culpable de mantener ninguna relación oculta con el tal Carlos [redacted], soy totalmente inocente en este asunto y quiero que se descubra la verdad

FIG. 6.72a y b. (reducción 50%). La mujer negó a su cónyugue que hubiera contestado al teléfono a la llamada de un amigo de ambos a pesar de que quedó

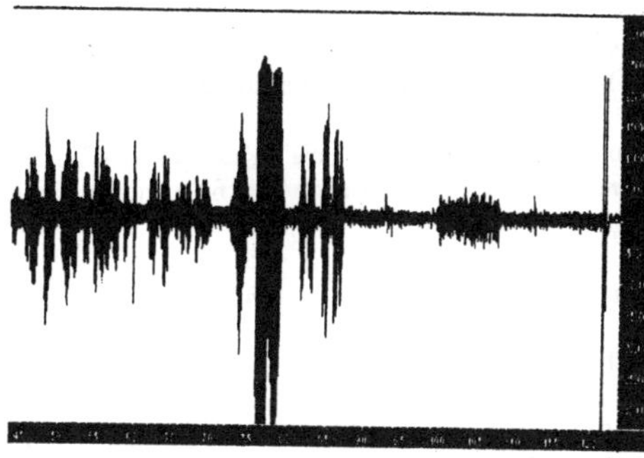

Fig b

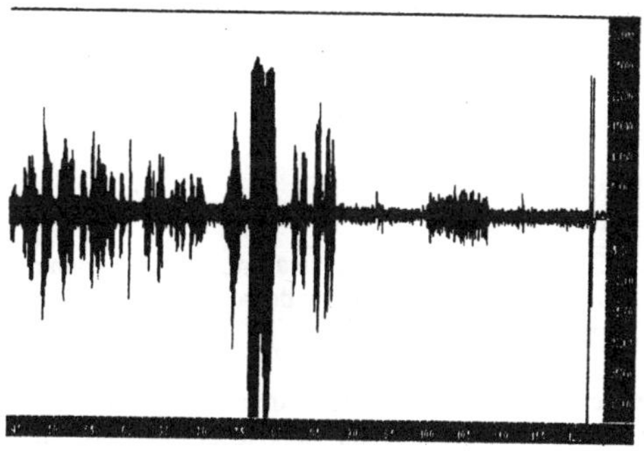

Fig b

De acuerdo a sus instrucciones pasamos a detallarles las conclusiones obtenidas después de un meticuloso análisis de la cinta micro cassette TDK MC60.

TIPO DE AGLUTINANTE : **Fe O**

VELOCIDAD DE GRABACIÓN DE LA SEÑAL: **2,4 cm/s**

ESTADO GENERAL DE LA GRABACIÓN: **Sonido apelmazado con enmascaramiento de la señal por ruido aleatorio propio de emulsiones de FeO gastadas y "CLICS+POPS . Fig a**

RESUMEN PROCEDIMIENTO ANALÍTICO

1.- Digitalización de la señal con los siguientes parámetros:
Frecuencia de muestreo: 44.100 mps
Bits de cuantización: 16
Sonido monoaural.

grabado en el contestador, el esposo que no le hubiera dado ninguna importancia si le hubiera dicho simplemente que podía ser que hubiera contestado, sin entrar en pormenores. La tozudez de negarse a tal aparente «evidencia» llevó al marido a verificar dicho extremo, técnicamente con una Prueba de la Verdad a la que ella accedió y al propio tiempo una pericial de voz para comprobar no sólo si era la suya sino que no pudiera tratarse de algún error por superposición de grabaciones, cruce de llamadas, etc. y el resultado fue unánime, ella había respondido al teléfono y no era posible la existencia de confusión o accidente alguno en las comunicaciones.

2.- Limpiza de la señal eliminando, dentro de lo posible, todos los transitorios de corta duración ajenos a la señal y que enmascaran el sonido original. **Fig b**

3.- Eliminar el máximo nivel posible de "Hiis". Ruido aleatorio presente en las grabaciones de sonido analógico en cintas de baja frecuencia de mala calidad y situado aproximadamente a partir de 5KHz.

4.- El sonido a analizar se ha sometido a:

PROCESADO DE DINÁMICA.

ECUALIZACIÓN PARAMÉTRICA DE CINCO BANDAS INDEPENDIENTES CON "Q" SELECTIVA Y CONTROL DE FRECUENCIAS ASIGNABLES EN TODO EL ANCHO DE BANDA.

CONTROL DE "STRETCH". (velocidad)

CONCLUSIONES

Analizada la DC (línea roja) y el ruido aleatorio presente en la cinta se observa que toda la conversación grabada forma parte de la misma secuencia en **TIEMPO REAL**. Ver **fig c y d**

Para demostrar esta afirmación se ha añadido un transitorio ajeno a la grabación, podemos apreciar la discontinuidad del ruido aleatorio izquierdo y el nivel de ruido de la derecha. Lógicamente ese sería un sonido, (ruido "hiis") ajeno a la grabación original. **Fig g.**

Podemos afirmar que la voz femenina forma parte de la conversación en tiempo real.

En el hipotético caso de que el "SI", voz femenina, estuviera grabado con anterioridad el nivel sería muchísimo mas bajo en el mejor de los casos, (cabeza de borrado con poca o mala polarización). No, como en este caso, con una saturación de la señal manifiesta en el recorte de la cresta, fig e

TRANSCRIPCIÓN

VOZ MASCULINA. **SI, EXACTE, VALE............**

VM. **PER DONARTE EL LLIBRE ET TRUCARÉ DEMA PELS VOLS DE LA SETMANA QUE VE. ¿VALE?.......**

VOZ FEMENINA. **¿SI???....**

VM. **QUE JA ET TRUCARÉ.**

FIG. 6.72c. (Cont.).

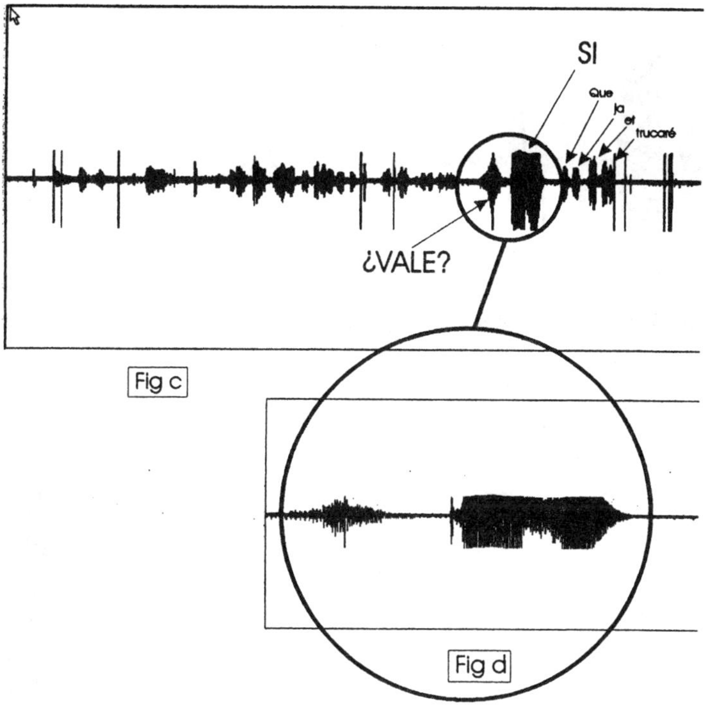

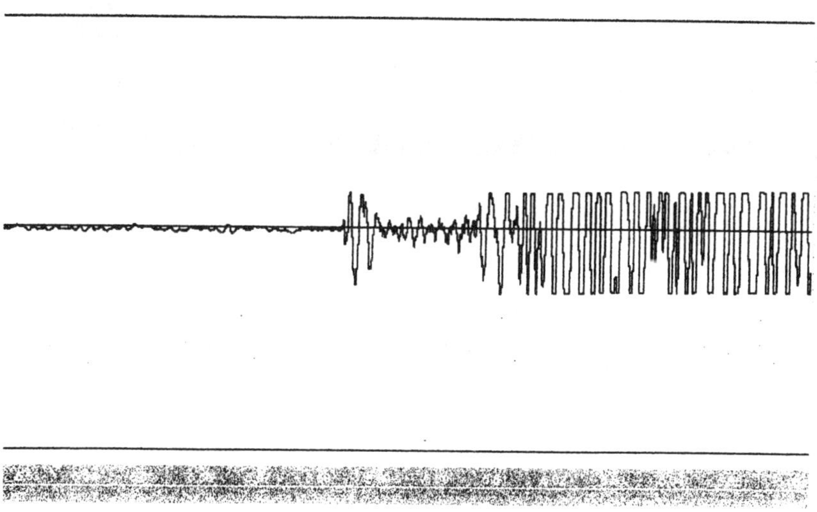

Fig e

FIG. 6.72d. (Cont.).

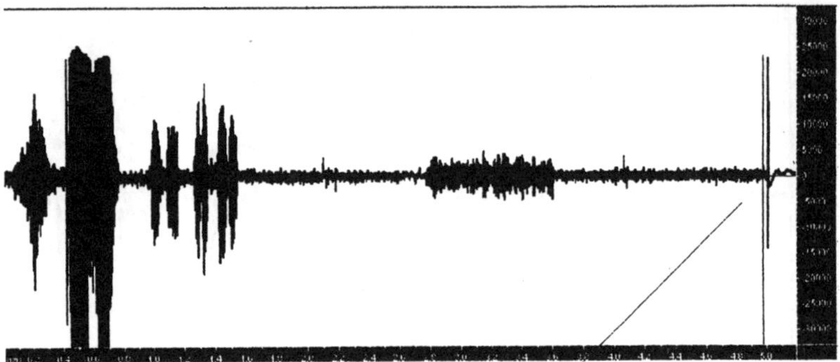

Fig f

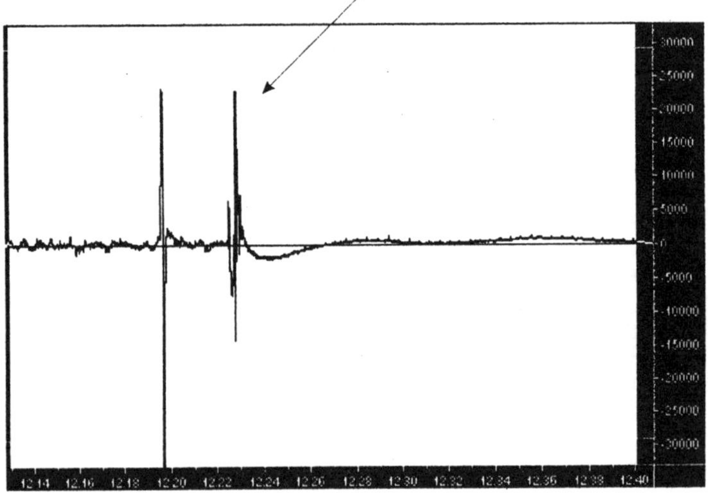

Fig g

FIG. 6.72e. (Cont.).

Ejemplo de alteraciones gráficas observadas en el grafismo del sospechoso que delatan su sentir «culpable» en relación a los hechos investigados (FIG. 6.73).

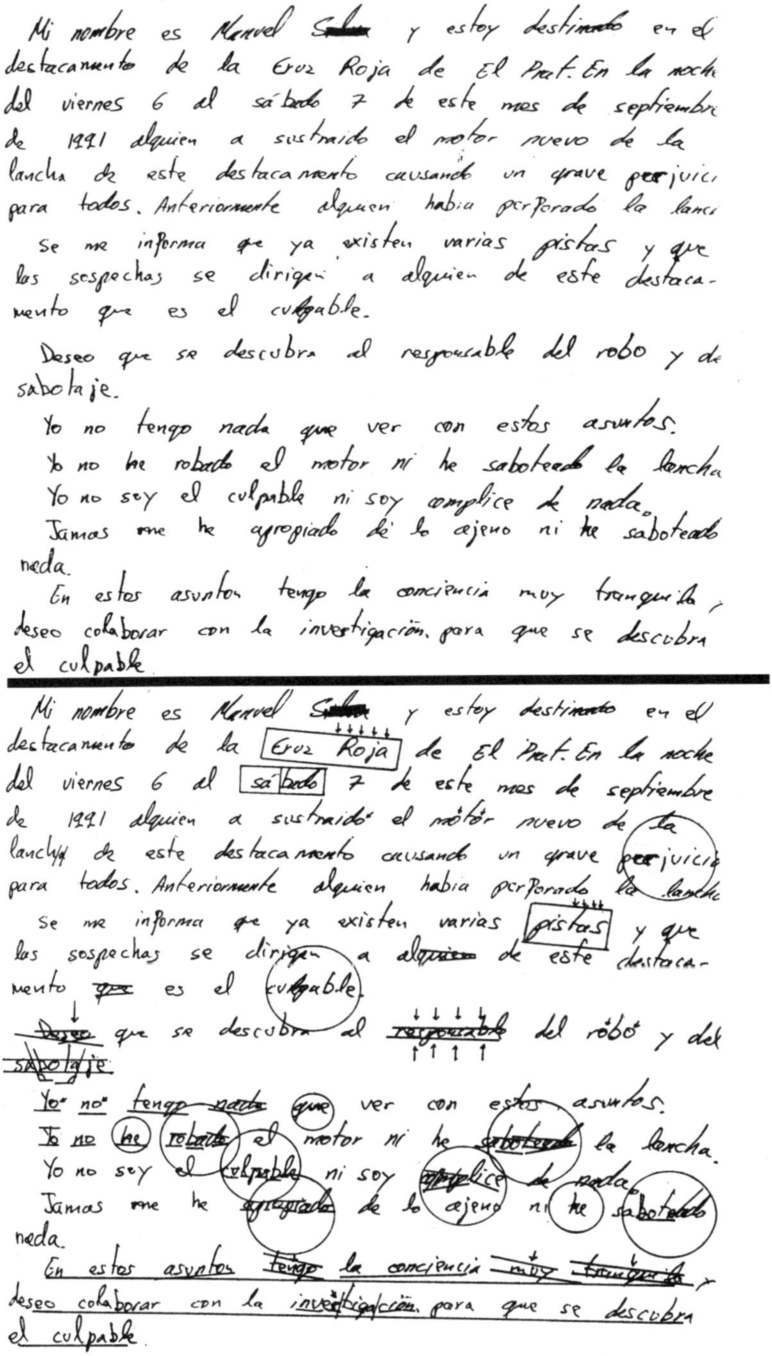
Mi nombre es Manuel S[redacted] y estoy destinado en el destacamento de la Cruz Roja de El Prat. En la noche del viernes 6 al sábado 7 de este mes de septiembre de 1991 alguien a sustraido el motor nuevo de la lancha de este destacamento causando un grave perjuicio para todos. Anteriormente alguien habia perforado la lancha.

Se me informa que ya existen varias pistas y que las sospechas se dirigen a alguien de este destacamento que es el culpable.

Deseo que se descubra al responsable del robo y de sabotaje.

Yo no tengo nada que ver con estos asuntos.
Yo no he robado el motor ni he saboteado la lancha
Yo no soy el culpable ni soy complice de nada.
Jamas me he apropiado de lo ajeno ni he saboteado nada.

En estos asuntos tengo la conciencia muy tranquila, deseo colaborar con la investigación para que se descubra el culpable

Mi nombre es Manuel S[redacted] y estoy destinado en el destacamento de la Cruz Roja de El Prat. En la noche del viernes 6 al sábado 7 de este mes de septiembre de 1991 alguien a sustraido el motor nuevo de la lancha de este destacamento causando un grave perjuicio para todos. Anteriormente alguien habia perforado la lancha.

Se me informa que ya existen varias pistas y que las sospechas se dirigen a alguien de este destacamento que es el culpable.

Deseo que se descubra al responsable del robo y del sabotaje.

Yo no tengo nada que ver con estos asuntos.
Yo no he robado el motor ni he saboteado la lancha.
Yo no soy el culpable ni soy complice de nada.
Jamas me he apropiado de lo ajeno ni he saboteado nada.

En estos asuntos tengo la conciencia muy tranquila, deseo colaborar con la investigación para que se descubra el culpable

FIG. 6.73. (reducción 50%).

En un recinto militar donde se impartía un curso a suboficiales, desapareció el dinero relativo a dicho curso que tenía el capitán en su caja. Se reunió a los suboficiales que podían haber tenido acceso por tiempo o circunstancias a la mencionada caja y se les aplicó la prueba al dictado, seguidamente se exponen los grafismos resultantes y al final la ampliación con los puntos remarcados del que resultó autor confirmado por las demás pruebas recopiladas por el Grupo Operativo de la Sección de Inteligencia de Estado Mayor, R.M. Pirenaica (FIG. 6.74).

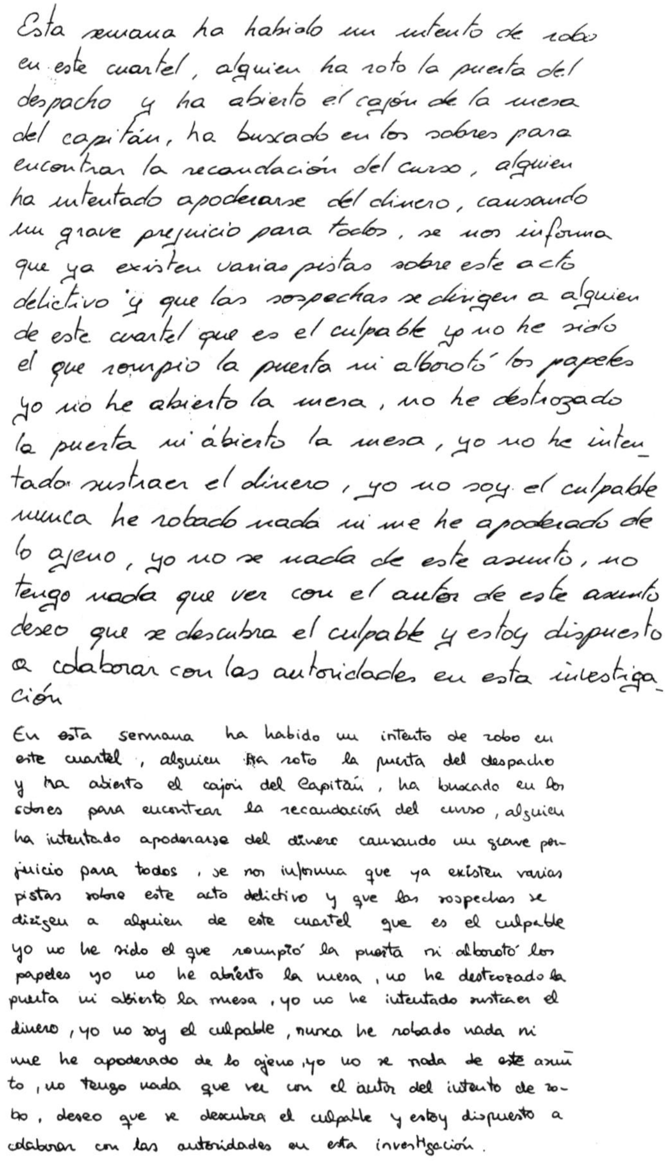
Esta semana ha habido un intento de robo
en este cuartel, alguien ha roto la puerta del
despacho y ha abierto el cajón de la mesa
del capitán, ha buscado en los sobres para
encontrar la recaudación del curso, alguien
ha intentado apoderarse del dinero, causando
un grave prejuicio para todos, se nos informa
que ya existen varias pistas sobre este acto
delictivo y que las sospechas se dirigen a alguien
de este cuartel que es el culpable yo no he sido
el que rompio la puerta ni alboroto los papeles
yo no he abierto la mesa, no he destrozado
la puerta ni abierto la mesa, yo no he inten-
tado sustraer el dinero, yo no soy el culpable
nunca he robado nada ni me he apoderado de
lo ajeno, yo no se nada de este asunto, no
tengo nada que ver con el autor de este asunto
deseo que se descubra el culpable y estoy dispuesto
a colaborar con las autoridades en esta investiga-
ción

En esta semana ha habido un intento de robo en
este cuartel, alguien ha roto la puerta del despacho
y ha abierto el cajón del capitán, ha buscado en los
sobres para encontrar la recaudación del curso, alguien
ha intentado apoderarse del dinero causando un grave per-
juicio para todos, se nos informa que ya existen varias
pistas sobre este acto delictivo y que las sospechas se
dirigen a alguien de este cuartel que es el culpable
yo no he sido el que rompió la puerta ni alborotó los
papeles yo no he abierto la mesa, no he destrozado la
puerta ni abierto la mesa, yo no he intentado sustraer el
dinero, yo no soy el culpable, nunca he robado nada ni
me he apoderado de lo ajeno, yo no se nada de este asun-
to, no tengo nada que ver con el autor del intento de ro-
bo, deseo que se descubra el culpable y estoy dispuesto a
colaborar con las autoridades en esta investigación.

FIG. 6.74a. (reducción 50%). Prueba de la Verdad aplicada a un grupo de suboficiales en un caso de robo.

En esta semana ha habido un intento de robo en este cuartel. Alguien ha roto la puerta del despacho y abierto el cajón de la mesa del capitán. Ha buscado en los sobres para encontrar la recaudación del curso. Alguien haintentado apoderarse del dinero causando un grave perjuicio para todos. Se nos informa que ya existen varias pistas sobre este acto delictivo y que las sospechas se dirigen a alguien de este cuartel que es el culpable. Yo no he sido el que rompió la puerta. Ni alborotó los papeles. Yo no he abierto la mesa. No he destrozado la puerta, ni abierto la mesa. Yo no he intentado sustraer el dinero. Yo no soy el culpable. Nunca he robado nada ni me he apoderado de lo ajeno. Yo no se nada de este asunto. No tengo nada que ver con el autor del intento del robo. Deseo que se descubra el culpable y estoy dispuesto a colaborar con las autoridades en esta investigación.

En esta semana ha habido un intento de robo en este cuartel. Alguien ha roto la puerta del despacho y abierto el cajon de la mesa del capitan. Ha buscado en los sobres para encontrar la recaudacion del curso. Alguien ha intentado apoderarse del dinero causando un grave perjuicio para todos. Se nos informa que ya existen varias pistas sobre este acto delictivo y que las sospechas se dirigen a alguien de este cuartel que es el culpable. Yo no he sido el que rompio la puerta ni alboroto los papeles. Yo no he abierto la mesa. No he destrozado la puerta ni abierto la mesa. Yo no he intentado sustraer el dinero. Yo no soy el culpable. Nunca he robado nada ni me he apoderado de lo ajeno. Yo no se nada de este asunto. No tengo nada que ver con el autor del intento de robo. Deseo que se descubra el culpable y estoy dispuesto a colaborar con las autoridades en esta investigacion.

FIG. 6.74b. (Cont.)

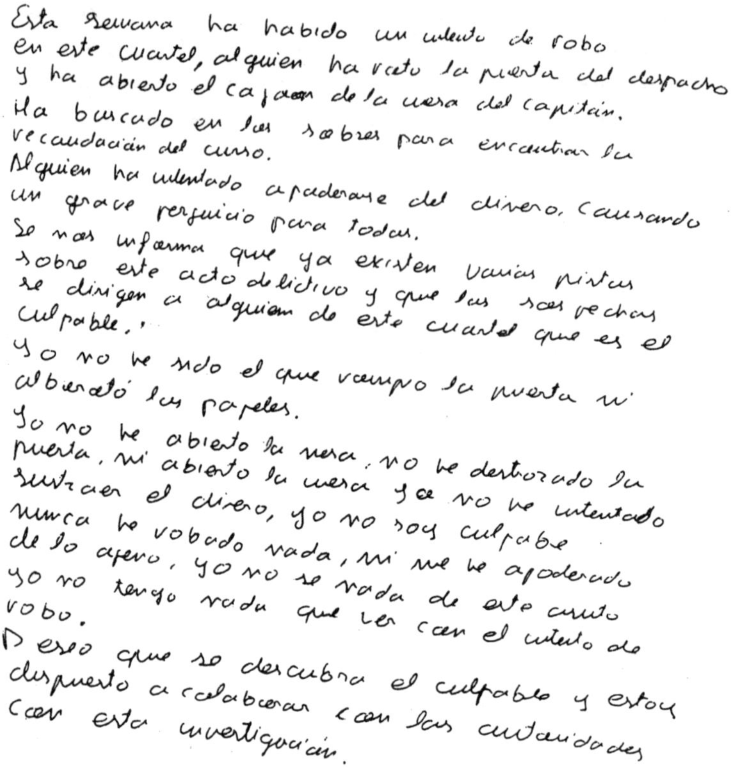

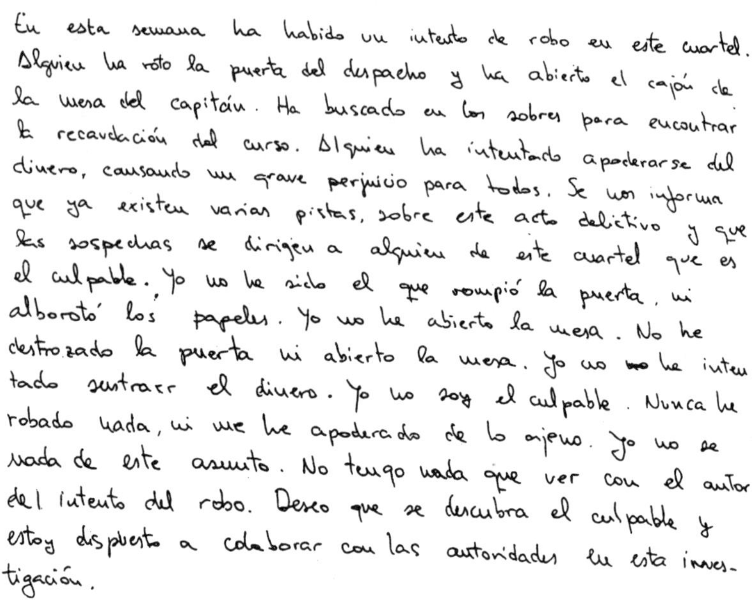

FIG. 6.74c. (Cont.).

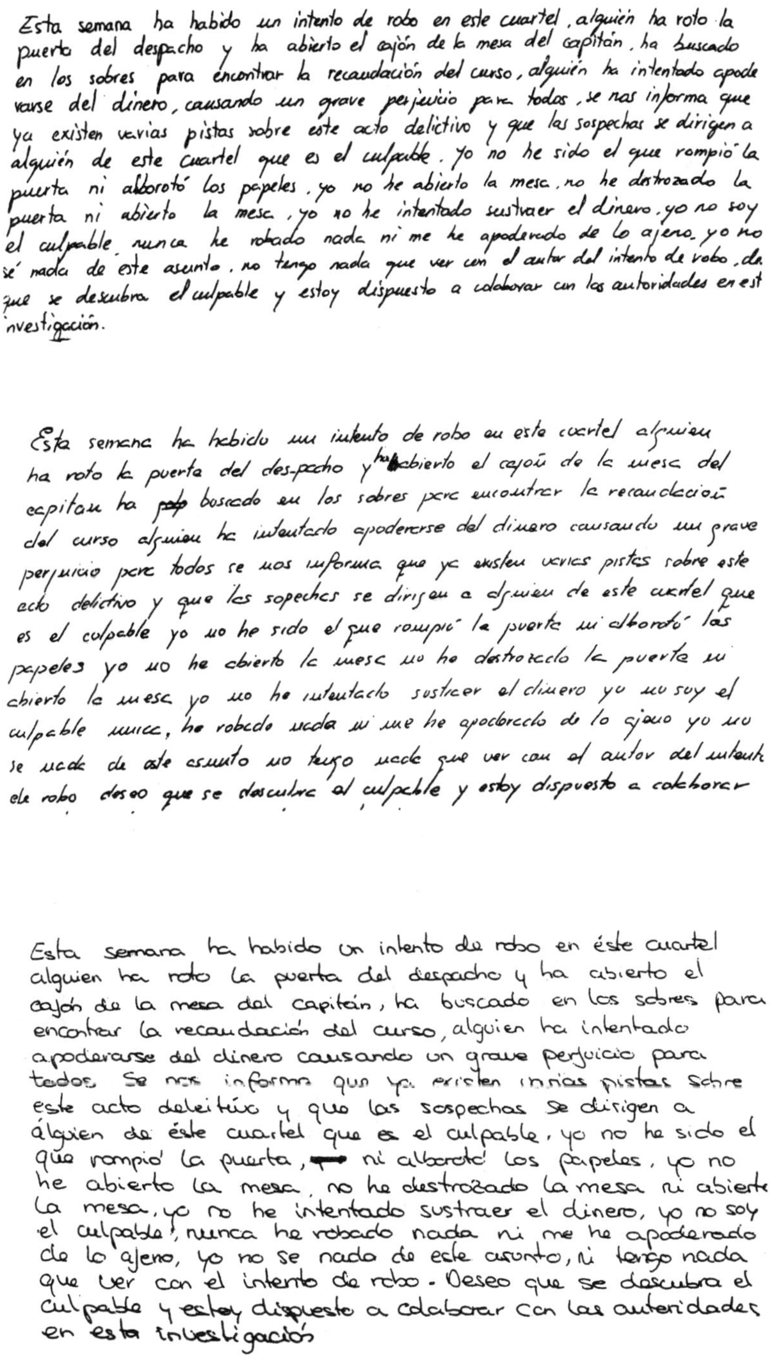

FIG. 6.74d. (Cont.).

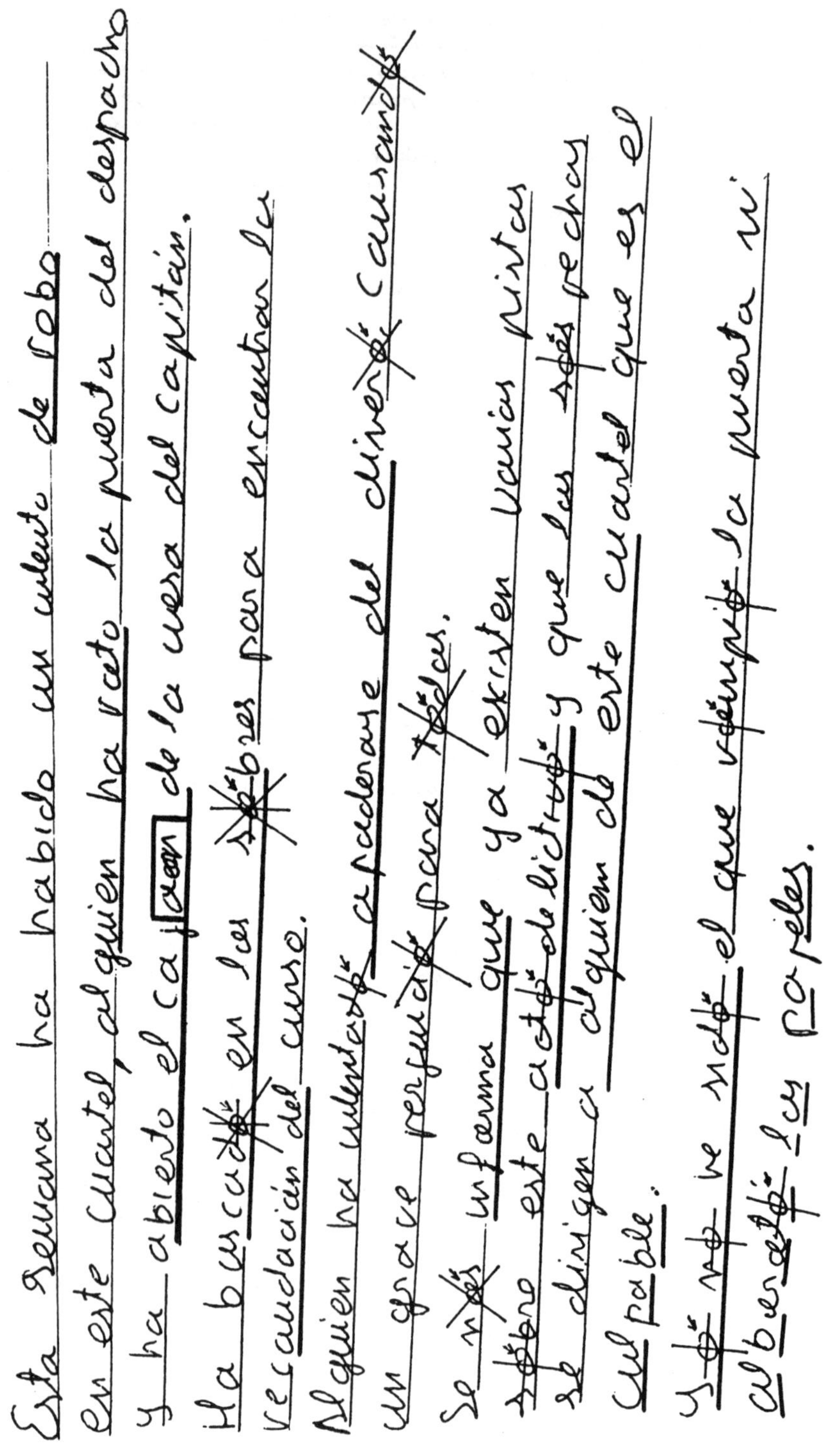

FIG. 6.74e. Suboficial que mostró su «sentir culpable».

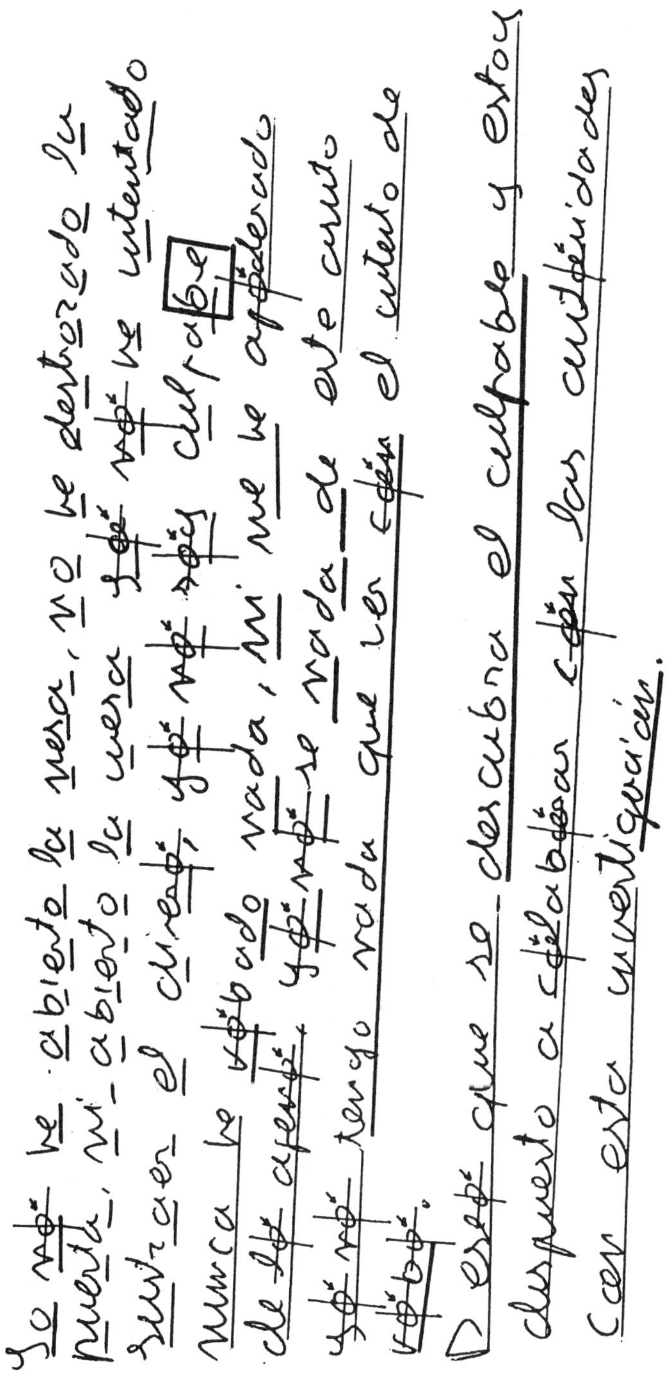

FIG. 6.74f. (Cont.).

Aplicación de la Prueba de la Verdad Grafoescritural en una empresa para la investigación de un robo del contenido de una caja fuerte. (Los resultado de la investigación y la prueba coincidieron en señalar al número 5) (FIG. 6. 75).

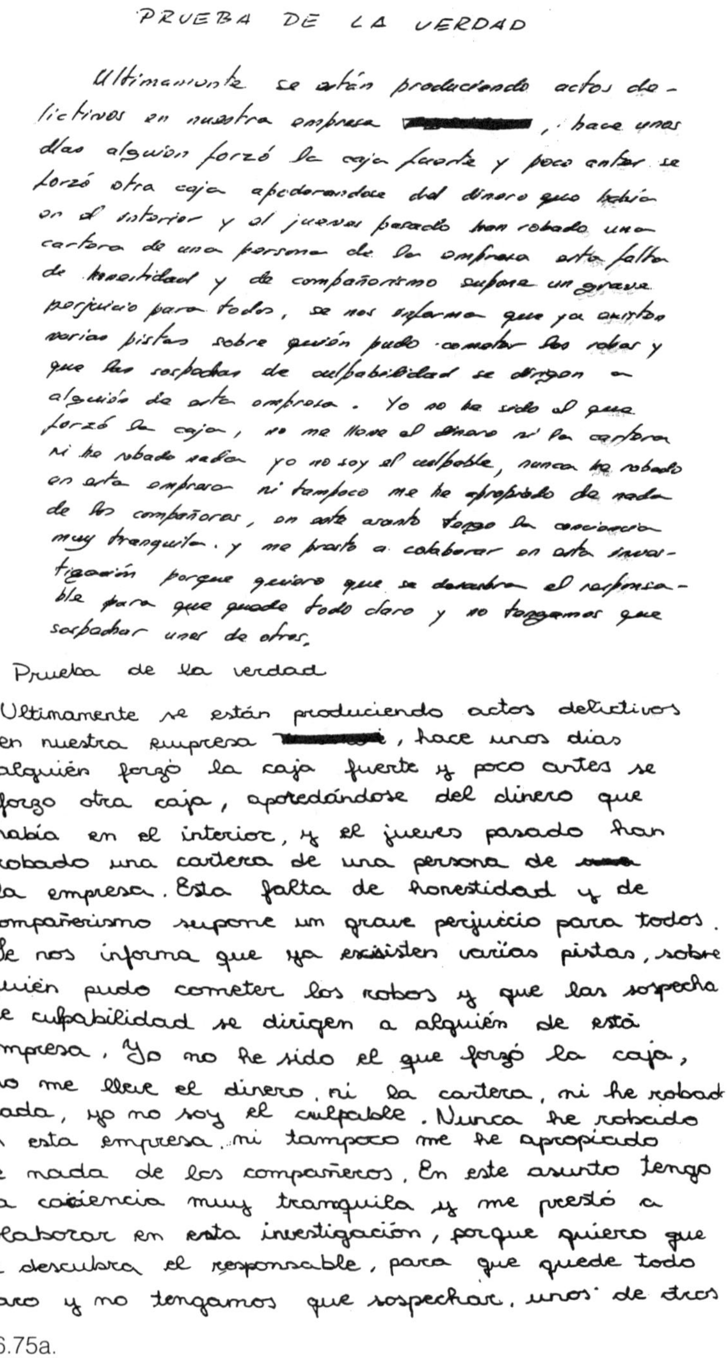

PRUEBA DE LA VERDAD

Ultimamente se están produciendo actos delictivos en nuestra empresa [redacted], hace unos días alguien forzó la caja fuerte y poco antes se forzó otra caja apoderandose del dinero que había en el interior y el jueves pasado han robado una cartera de una persona de la empresa esta falta de honestidad y de compañerismo supone un grave perjuicio para todos, se nos informa que ya existen varias pistas sobre quién pudo cometer los robos y que las sospechas de culpabilidad se dirigen a alguién de esta empresa. Yo no he sido el que forzó la caja, no me llevé el dinero ni la cartera ni he robado nada yo no soy el culpable, nunca he robado en esta empresa ni tampoco me he apropiado de nada de los compañeros, en este asunto tengo la conciencia muy tranquila. y me presto a colaborar en esta investigación porque quiero que se descubra el responsable para que quede todo claro y no tengamos que sospechar unos de otros.

Prueba de la verdad

Ultimamente se están produciendo actos delictivos en nuestra empresa [redacted], hace unos dias alguién forzó la caja fuerte y poco antes se forzo otra caja, aporedándose del dinero que había en el interior, y el jueves pasado han robado una cartera de una persona de ~~una~~ la empresa. Esta falta de honestidad y de compañerismo supone un grave perjuicio para todos. Se nos informa que ya existen varias pistas, sobre quién pudo cometer los robos y que las sospecha de culpabilidad se dirigen a alguién de está empresa. Yo no he sido el que forzó la caja, no me lleve el dinero, ni la cartera, ni he robad nada, yo no soy el culpable. Nunca he robado en esta empresa, ni tampoco me he apropiado de nada de los compañeros, En este asunto tengo la cociencia muy tranquila y me prestó a colaborar en esta investigación, porque quiero que se descubra el responsable, para que quede todo claro y no tengamos que sospechar, unos de otros

FIG. 6.75a.

Prueba de la verdad

Ultimamente se están produciendo actos delictivos en nuestra empresa [redacted]. Hace unos días alguien forzó la caja fuerte y poco antes se forzó otra caja apoderándose del dinero que había en el interior, y el jueves pasado han robado una cartera de una persona de la empresa. Esta falta de honestidad y de compañerismo supone un grave perjuicio para todos. Se nos informa que ya existen varias pistas sobre quién puede cometer los robos y que las sospechas de culpabilidad se dirigen a alguien de esta empresa. Yo no he sido el que forzó la caja, no me llevé el dinero ni la cartera ni he robado nada, yo no soy el culpable, nunca he robado en esta empresa, ni tampoco me he apropiado de nada de los compañeros. En este asunto tengo la conciencia muy tranquila y me presto a colaborar en esta investigación porque quiero que se descubra el responsable para que quede todo claro y no tengamos que sospechar unos de otros

Prueba de la verdad

Ultimamente se están produciendo actos delictivos en nuestra empresa [redacted] hace unos dias alguien forzó la cajá fuerte y poco antes se forzó otra caja apoderándose del dinero que habia en el interior y el jueves pasado han robado una cartera de una persona de la empresa ésta falta de honestidad y de compañerismo supone un grave perjuicio para todos, se nos informa que ya existen varias pistas sobre quien puede cometer los robo y que las sospech de culpabilidad se dirigen a alguien de ésta empresa, yo no he sido el que forzó la cajá, no me llevé el dinero ni la cartera, ni he robado nada, yo no soy el culpable, nunca he robado en ésta empresa, ni tampoco me he apropiado de nada de los compañeros, en ésta asunto tengo la conciencia muy tranquila y me presto a colaborar en ésta investigación poque quiero que se descubra el responsable para que quede todo claro y no tengamos que sospechar unos de otros.

FIG. 6.75b. (Cont.).

Ultimamente se estan produciendo
actos dêlectivos en nuestra empresa
[redacted], ace unos dias alguien forso
la caja fuerte y poco antes se forso
otra caja apoderandose del dinero
que avia en el înterior y el jueves
pasado an robado una cartera de
una persona de la empresa esta falta
de unestidad y de compañarismo
supone un grave percuicio para todos
se nos înforma que ya ecisten varia
pistas sobre el que puede cometer los robo
y que las saspechas de culpabilidad se
dirigen a alguien de esta empresa yo
no esido el que forso la caja
no me lleve el dinero ni la cartera
nie robado nada yo no soy el culpable
nunca e robado en esta empresa ni
tampoco me e apropiado de nada de las
compañeras en este asunto tengo la
consiencia muy tranquila y me presto
a colaborar en esta invetigacion por que
quiro de se descubra el responsable para
que quede todo claro i no tengamos que
sospechar unas de otras

FIG. 6.75c. (Cont.).

Prueba de la berdad.

Ultima mente se estan produciendo actos delictivos. en nuestra en presa [redacted]. Hace unos dias alguien forzo la caja fuerte y poco antes se forzo otra caja apoderandose del dinero que havia en el interior y el jueve pasado han robado una cartera de una persona de la empresa esta falta de onestidad y de compañerismo supone un grave perjuicio para todos.

Se nos informa que ya existen barias pistas sobre quien pudo cometer los robos y que las sospechas de culpabilidad se dirigen a alguien de esta empresa. yo no he sido el que forzo la caja. No me lleve el dinero ni la cartera. ni he robado nada yo no soy el culpable ~~nunca~~ nunca he robado en esta empresa ni tampoco me he apropiado de nada de los compañeros en este asunto tengo la conciencia muy tranquila y me presto a colaborar en esta inbestigación por que quiero que se descubra el responsable para que quede todo claro y no tengamos que sospechar unos de otros

Prueba de la verdad:

Ultimamente se estan produciendo actos delictivos en nuestra empresa [redacted], hace unos dias alguien forzo la caja fuerte y poco antes se forzo otra caja apoderandose del dinero que habia en el interior y el jueves pasado han robado una cartera de una persona de la empresa, esta falta de onestidad y de compañerismo supone un grave per-juicio para Todos, se nos informa que ya existen varias pistas sobre quien pudo cometer los robos y que las sospechas de culpabilidad se dirigen a alguien de esta empresa, yo no he sido el que forzo la caja, no me lleve el dinero ni la car-tera ni he robado nada, yo no soy el culpable nunca he robado en esta empresa ni tampoco me he apropiado de nada de los compañeros, en este asunto tengo la conciencia muy tranquila y me presto a colaborar en esta investigación porque quiero que se descubra el responsable para que quede todo claro y no tengamos que sospechar unos de otros

FIG. 6.75d. (Cont.).

4.1 Modelo de informes de prueba de la verdad grafopsicológica (FIG. 6.76)

A fin de cumplimentar la información solicitada por S. SEGURIDAD............................... a través de la Jefatura de la misma, hemos procedido a la práctica de esta investigación especial con «prueba grafopsicológica emocional» para averiguar el posible autor del hurto de una saca con cinco millones de pesetas producido entre el 26 de febrero y el 1 de marzo actual en dicha organización.

PRUEBA DE LA VERDAD

Dicha prueba consiste en el estudio psicológico-emocional del sujeto analizado, con base en la ritmología de HONROTH, detectando el sentimiento de culpabilidad o inocencia sobre determinados hechos o circunstancias que reflejan unas palabras «clave» que disparan la actuación espontánea del subconsciente en la expresión escrita.

PERSONAL QUE SE HA SOMETIDO A DICHA PRUEBA

- M. ____________________
- J. M.____________________
- R. ____________________
- E.____________________
- R. ____________________
- J. ____________________

MODELO Prueba-Dictado:

PRUEBA DE LA VERDAD

Hace unos días, entre el 26 de febrero y 1 de marzo de los corrientes, ha ocurrido un hecho grave en la Sede de S. SEGURIDAD.......... donde habitualmente presto mis servicios. Resulta que alguien ha sustraído una saca con billetes quedándose con una importante cantidad de dinero, concretamente 5 millones, causando un gran perjuicio a todos nosotros que desde entonces estamos muy preocupados.

Se nos informa de que ya existen unas pistas muy concretas sobre quien puede ser el autor material del robo de la mencionada saca de 5 millones.

Yo no he robado el dinero. Yo no soy el culpable.

Yo no tengo nada que ver con este asunto, no conozco quién ha robado la saca con el dinero, puesto que si supiera algo lo habría comunicado a mis superiores.

Nunca he robado nada y menos en esta empresa, puesto que considero que es más importante conservar mi puesto de trabajo.

Tengo la conciencia tranquila, porque no soy el autor del robo, ni cómplice en este asunto. Deseo colaborar en esta investigación para que se descubra el culpable que se ha quedado con los 5 millones.

Cuando se descubra el autor de los hechos, me quedaré muy tranquilo, puesto que yo no he robado el dinero, quedando demostrado que no soy el culpable de este incidente que tanto me preocupa.

Aunque tengo mi conciencia tranquila lo he pasado muy mal, puesto que pensaba que podrían sospechar de mí, cuando en realidad no soy el autor del robo, ni cómplice de este desagradable asunto.

Nunca he robado nada en el tiempo que trabajo en esta empresa, siendo muy lamentable que por culpa de un compañero desaprensivo estemos pasando por estos malos momentos.

A.1) BASES CIENTÍFICAS DE LA «PRUEBA DE LA VERDAD» GRAFOPSICOLÓGICA DE FRANCISCO VIÑALS CARRERA

Esta prueba de la Verdad Grafopsicológica ha sido dirigida por criminólogos grafoanalistas.

Seguidamente exponemos una breve síntesis de la filosofía de la prueba creada a partir de la Grafología Emocional de Honroth y asimismo una explicación específica de los resultados de las aplicaciones a las personas objeto de esta investigación, con ampliación de detalles gráficos:

La escritura proyectada como movimiento de expresión, constituye una combinación de líneas rectas, angulosas, curvas y mixtas, de las cuales cada una, como movimiento aislado, tiene un determinado significado. En cuanto a su interpretación psicofisiológica diremos, en términos generales:

La línea recta = Impulso que apunta la meta // La línea angulosa = Camino indirecto, desvío.

La línea curva = Movimiento convergente, tiende a la conexión // Cualquier mezcla = Ausencia de una modalidad definida, tanto en cuanto al factor volitivo como al emocional afectivo.

A todos los elementos mencionados, proyectados en forma combinada, como escritura, les es implícito un determinado ritmo básico, global, de tres aspectos: ritmo de fluidez, motriz, de forma y de espacio.

Todo movimiento expresivo tiene una medida que es igual al impulso que lo origina, desde el punto de vista dinámico: acción en sentido de esfuerzo, extensión en sentido de realización y tiempo en sentido de duración.

Todo debilitamiento circunstancial o alteración del ritmo es una advertencia para el examinador, en sentido de que la coordinación fisioneuromuscular está alterada, el recuerdo de una vivencia desplacentera circunstancial –imagen conductora vivenciada en este caso– o una retransmisión de resonancia en relación subjetiva u objetiva, con hechos y objetos que se hallan en contacto directo de un acontecer, importantes para nuestra vida, o que constituyen una problemática circunstancial, **causan un choque emocional que se visualiza por una perturbación de la conducción del trazo.**

La alteración o perturbación (UE= Unidad Emocional) repercute sobre el ritmo, produciendo el lapsus calami eufórico y el lapsus calami emocional euforizante, sin afectar por ello la valoración global del ritmo en sí y su interpretación específica.

(Honroth - Zarza. *Ritmología grafológica aplicada* (1964) Troquel, Buenos Aires, Argentina.)

TRANSCURSO DE LA PRUEBA

Previa entrevista y examen de la situación con la dirección correspondiente se reúne al personal que podía relacionarse con el hecho por haber estado de servicio los días y horas en que pudo realizarse el hurto, y durante el día 9 de marzo se les aplica la «Prueba de la Verdad Grafopsicológica».

A pesar de que en varios de los manuscritos se observan algunas alteraciones, únicamente pueden clasificarse como descompensaciones de tipo nervioso y también de desorganización gráfica por sus características de personalidad, desvinculadas del auténtico reflejo de culpabilidad relacionado con este caso concreto. Únicamente se ha detectado alteración culpabilizante en los Sres. E__________________ (de forma muy directa y especial) y J_______________ (como vinculación directa a hechos anteriores desvinculadas de esta empresa y caso); las alteraciones de este último se explican también por el temor a las sospechas de la investigación, ya que él mismo manifestó que antes de este empleo había incurrido en un hurto, por ello es precisamente en estos puntos de referencia donde se aprecian mayores alteraciones culpabilizantes en su «prueba de la verdad».

PRUEBA DE LA VERDAD APLICADA AL SR. E.________________

Se ha contrastado el grafismo habitual del SR. E.________________ y el propio de la «Prueba de la Verdad Grafopsicológica» y se aprecia una gran descompensación emotiva en este último, con claros indicios de angustia y depresión de contenido culpabilizante por existir un vínculo directo con los «puntos clave» que son los que le vinculan o relacionan directamente con los hechos.

No es normal que una persona cambie tan radicalmente en la onda gráfica, por su carácter debería haber efectuado la prueba con mucha más tranquilidad y seguridad personal, por el contrario se aprecia desde el primer momento un sentimiento culpabilizante muy agudo que va degenerando a peor a medida que se va introduciendo el tema específico del robo y que llega a su máximo apogeo en los «puntos clave» o momentos que se nota directamente reflejado en el asunto, no pudiendo controlar las pulsiones de culpabilidad que proceden del subconsciente.
En las primeras líneas aunque se observa ya una afectación, queda destacada de forma desproporcionada en palabras muy relacionadas con el caso como por ejemplo «sustraído», «billetes», «quedándose», «importante», «pesetas», «perjuicio».
Cuando escribe «Se nos informa de que ya existen unas pistas» aquí además de la carga angustiosa que le habían provocado las primeras líneas, ahora aparece una fuerte depresión, sobre todo al escribir «quién puede ser el autor», luego hay un momento de intento de recuperación, pero cuando realmente refleja su sentir culpable es al no creerse él mismo que escribe la verdad cuando pone «Yo no he robado el dinero»; existe un lapsus en la negativa de tipo inhibitorio-depresivo y un lapsus euforizante en la afirmación contraria.
El escrito va perdiendo ya la poca organización y equilibrio quedando totalmente descompensado, llegando a la desintegración de las palabras y las letras, perdiendo el hilo de algunas frases, corrigiendo excesivamente nuevas palabras clave como «culpable».
Las últimas líneas no pueden controlarse de ninguna manera, exterioriza toda su emotividad culpabilizante con la pérdida total del dominio grafoescritural, desintegrando completamente las palabras de mayor contenido emocional como «muy mal», «cuando en realidad no soy el autor del robo», «desagradable» rematándose definitivamente al escribir «por culpa de un compañero desaprensivo».
Es necesario insistir en que el sujeto no es que se trate de una persona que por razón de su personalidad pudiera ponerse tan nerviosa y angustiada que la prueba reflejara dicha alteración; en este caso y tal como puede apreciarse por otras muestras de su escritura dicha circunstancia no es habitual en él, por ello y precisamente por sus características de personalidad todavía queda más patente su sentir culpable en este caso concreto.

GRAFONOMÍA DEL SR. E. _________ Clasificación Grafométrica

ORDEN: (Distribución de letras, palabras o líneas, disposición del grafismo en la página de los trazos)
– Organizada en escritura habitual y pasa en la prueba a orden precario en la organización gráfica. Discontinuidad de los márgenes y desproporcionada.
DIMENSIÓN: (Amplitud de los movimientos)
– Grande y con predominio de la zona media. Desproporciones en la prueba.
PRESIÓN: (Intensidad o fuerza del impulso gráfico)
– De una cierta firmeza con relieve desigual para a irregular, blanda, contorsionada y brisada en puntos determinados (palabras «clave»).
FORMA: (Modalidad de estructura de las letras)
– Regresiva, redonda, buclada y plena.
RAPIDEZ: (Vivacidad del impulso gráfico)
– Pausada a inestable, retocada e inhibida en la prueba.
DIRECCIÓN: (Lugar o plano simbólico hacia donde se dirigen preferentemente los movimientos en el espacio gráfico)
– Irregular y alterada, a partir de los puntos clave.

GESTOS TIPO

– Deformaciones en los óvalos, buclados y regresiones características, retoques típicos.

GRAFODIAGNÓSTICO DEL SR. E ____________

CARACTERÍSTICAS PSICOSOMÁTICAS

(Psicobiología y Temperamento)

Actitud cerrada y opuesta a la adaptación espontánea y natural.

La forma de actuar con el medio se efectúa sobre la base de actitudes elaboradas, calculadas en virtud de una necesidad de aparentar y de demostrar una cierta superioridad. Falta de franqueza, falsedad, engaño y desconfianza. En el mejor de los ca-sos demuestra reserva y necesidad de vigilarse, de comportarse con una apariencia de distinción y cortesía, cubre las apariencias con maneras elegantes y con ademanes de orgullo.

Esta actitud evidencia un deseo de ser admirado, de donde deriva también la tendencia a rodear su persona de cierto misterio.

CARACTERÍSTICAS VOLITIVO-MORALES (Carácter)

Su nivel ético-moral es deficiente.

Tiende a esconder cuidadosamente sus pensamientos y sentimientos, a no dejar captar a los otros su realidad interior.

Cuando se refiere a sí mismo omite todos los detalles que puedan comprometerle, sabe callar lo que no le conviene y jugar con la información, quedar bien con los superiores o con quien le convenga.

Su porte puede ser distinguido, causando una buena impresión cuando se lo proponga.

Es persona discontinua en afectos y costumbres, algo caprichoso. Capacidad para fingir y disimular, para adoptar actitudes poco claras, en ocasiones descubre pretensiones exageradas y ridículas.

La tendencia a sofocar las tendencias espontáneas escondiéndose o disimulando los sentimientos e inclinaciones naturales, puede originar a la larga cualquier neurosis.

Duda siempre de los demás, es incrédula y algo maliciosa.

Su carácter es complicado, existen rasgos de astucia e hipocresía. Se le descubren tendencias excesivamente captativas y propias de un egocentrismo muy rígido con una clara predisposición a la «apropiación indebida».

CARACTERÍSTICAS INTELECTUALES Y MENTALES

Es inteligente pero peca de ligereza porque pierde la calma y condiciona sus aptitudes a los estímulos procedentes de las circunstancias, si bien no se descubre fácilmente, sabe manipular a los demás.

Dispone de una gran exuberancia psíquica que le resulta difícil refrenar y que le obliga a manifestarse en cualquiera de sus actividades.

Posee visión global y panorámica de las cuestiones, aunque un poco superficial.

Necesita ocuparse en varias cosas, la variedad le estimula, pasa ágilmente de unos temas a otros siempre que le atraigan, pero no puede atenderlos con gran precisión sino sólo a las premisas y a la realización en grandes líneas

Por otra parte, esta persona se deja llevar mucho por la estética (aptitudes y gustos artísticos), parece que debe disponer de una cierta memoria visual y sobre todo un gran espíritu de imitación de simulación de cultura y de pose (ello por compensación de sus complejos).

SÍNTESIS DE LOS RASGOS BÁSICOS DE LA PERSONALIDAD

A pesar de ser activo, busca la comodidad, quiere el máximo reconocimiento con el mínimo esfuerzo, por ello desarrolla al máximo su astucia.

Se observa una proyección de ansiedad de tipo neurótico, posiblemente producto de presiones educativas excesivas en relación al insuficiente vigor psíquico del sujeto en su infancia o adolescencia.

En términos generales, nos encontramos con una personalidad sensible pero con una ambición o exigencias que le obligan a destacar su «Yo» de forma solapada o encubierta pues en su fondo y por la rigidez impuesta no puede aceptar una posición subalterna, una imposición o mando ajeno que suponga la disminución de su independencia personal, ello tiene su origen en el orgullo interno susceptible, en la arrogancia que no puede exteriorizar abiertamente y que le hace encaminarse de forma indirecta; está en una constante actitud defensiva, por ello desarrolla también su habilidad, su astucia y sutilidad.

Así pues es desconfiado, pero a la vez con necesidad de reconocimiento social y de acción, con osadía, por ello y por los constantes choques con la realidad se ve forzado a encubrir, adoptar actitudes aparentemente diplomáticas, pero manipulativas a fin de conseguir sus objetivos, siempre impregnados de sentimiento subjetivo y ególatra que, dada su arrogancia, se convierte fácilmente en resentimiento y acciones ocultas cuando interpreta que no se le da precisa consideración o la atención que merece.

Es muy vivaz e inteligente pero su inmadurez moral y su egocentrismo hacen que se preocupe únicamente de sí mismo, de sus necesidades caprichosas, de conseguir el máximo de los demás sin tener que sacrificarse demasiado.

Es pues, inquieto, vulnerable, improvisador pero desconcertante. Teme la censura y las dificultades, es curioso y al mismo tiempo demuestra una amabilidad superficial, su entusiasmo es fugaz.

El analizado es del tipo de persona que al principio se esfuerza de forma exagerada dando las mejores muestras de perfeccionismo pero pasado un cierto tiempo exige compensaciones desproporcionadas en relación a su supuesta valía y puede originar graves problemas ya que puede deslizarse rápidamente a tendencias delictivas.

RESULTADOS

Después de realizados los correspondientes análisis y a pesar de que en alguna de las personas sometidas voluntariamente a la Prueba Grafopsicológica emocional, se han observado algunas alteraciones, las mismas no afectaban directamente a este hecho concreto y se han podido justificar por vínculos culpabilizantes latentes por otros hechos como es el caso del Sr. J. ______________ por un hecho confesado por él mismo en una entidad distinta donde trabajaba anteriormente, siendo únicamente el Sr. E.________________ el que realmente ha reflejado la alteración culpable en dicha prueba. Los informes de personalidad por Grafoanálisis asimismo potencian lo anterior.

Es por ello que las técnicos actuantes según su leal saber y entender elevan la siguiente

CONCLUSIÓN

Que los resultados de la «Prueba de la Verdad Grafopsicológica» señalan al SR. E.___________________como persona que refleja un sentir culpable directamente relacionado con el hurto de los cinco millones en la sede de S. SEGURIDAD....................

Córdoba, a diecisiete de marzo de mil novecientos noventa y _____.

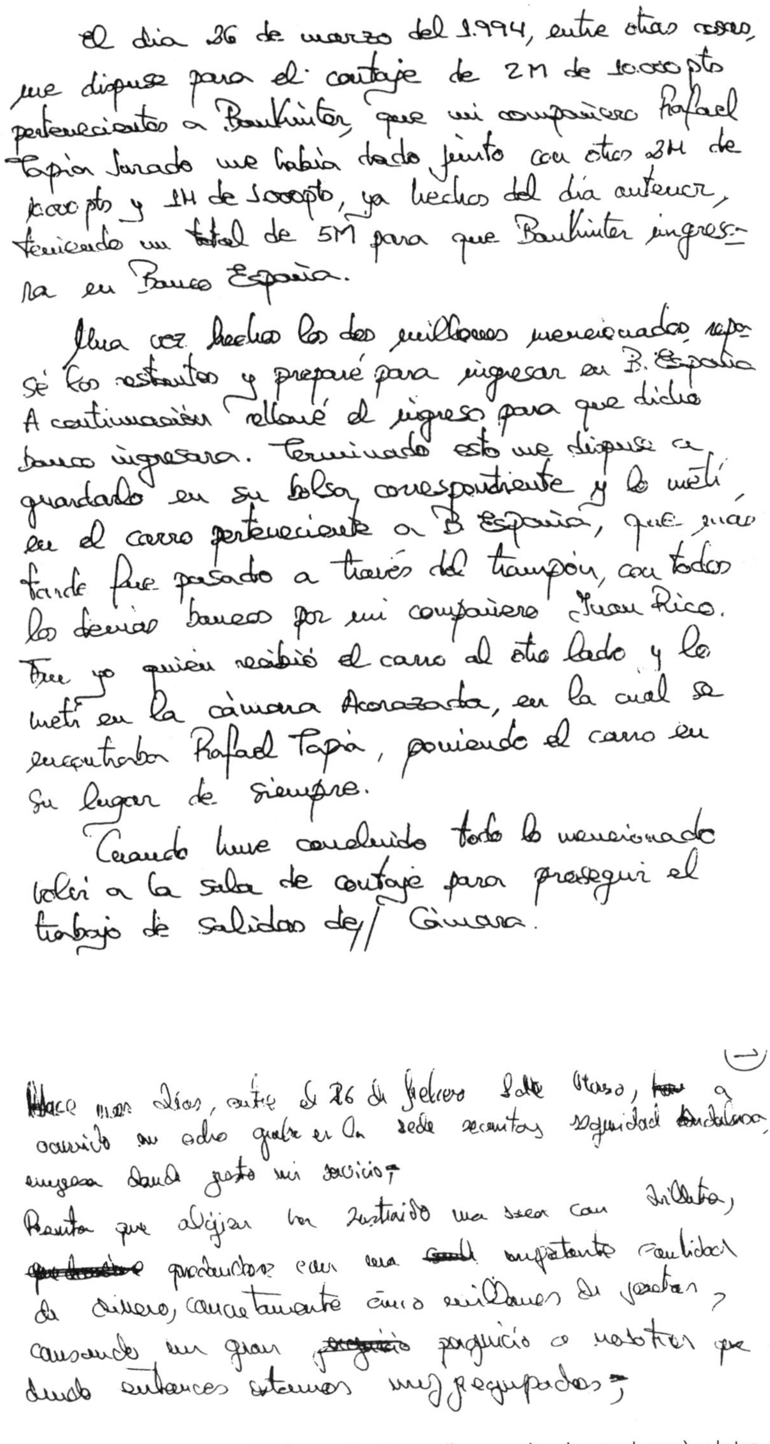

El día 26 de marzo del 1.994, entre otras cosas, me dispuse para el contaje de 2M de 10.000 pts pertenecientes a Bankinter, que mi compañero Rafael Tapia Jurado me había dado junto con otros 3M de 1.000 pts y 1M de 5.000 pts, ya hechos del día anterior, teniendo un total de 5M para que Bankinter ingresara en Banco España.

Una vez hechos los dos millones mencionados repasé los restantes y preparé para ingresar en B. España. A continuación rellené el ingreso para que dicho banco ingresara. Terminado esto me dispuse a guardarlo en su bolsa correspondiente y lo metí en el carro perteneciente a B. España, que más tarde fue pasado a través del tampón, con todos los demás bancos por mi compañero Juan Rico. Fue yo quien recibió el carro al otro lado y lo metí en la cámara Acorazada, en la cual se encontraba Rafael Tapia, poniendo el carro en su lugar de siempre.

Cuando hube concluido todo lo mencionado volví a la sala de contaje para proseguir el trabajo de salidas de/ Cámara.

(—)

Hace unos días, entre el 26 de febrero [illegible] Otaso, a ocurrido un robo grande en la sede [illegible] seguridad Andaluza, empresa donde presto mi servicio; Planta que alojan han sustraído una saca con billetes, produciendo con una importante cantidad de dinero, concretamente cinco millones de pesetas, causando un gran perjuicio a nosotros que dudo entonces estamos muy preocupados;

FIG. 6.76a. Letra habitual (después de realizar varios borradores) y letra de la Prueba de la verdad.

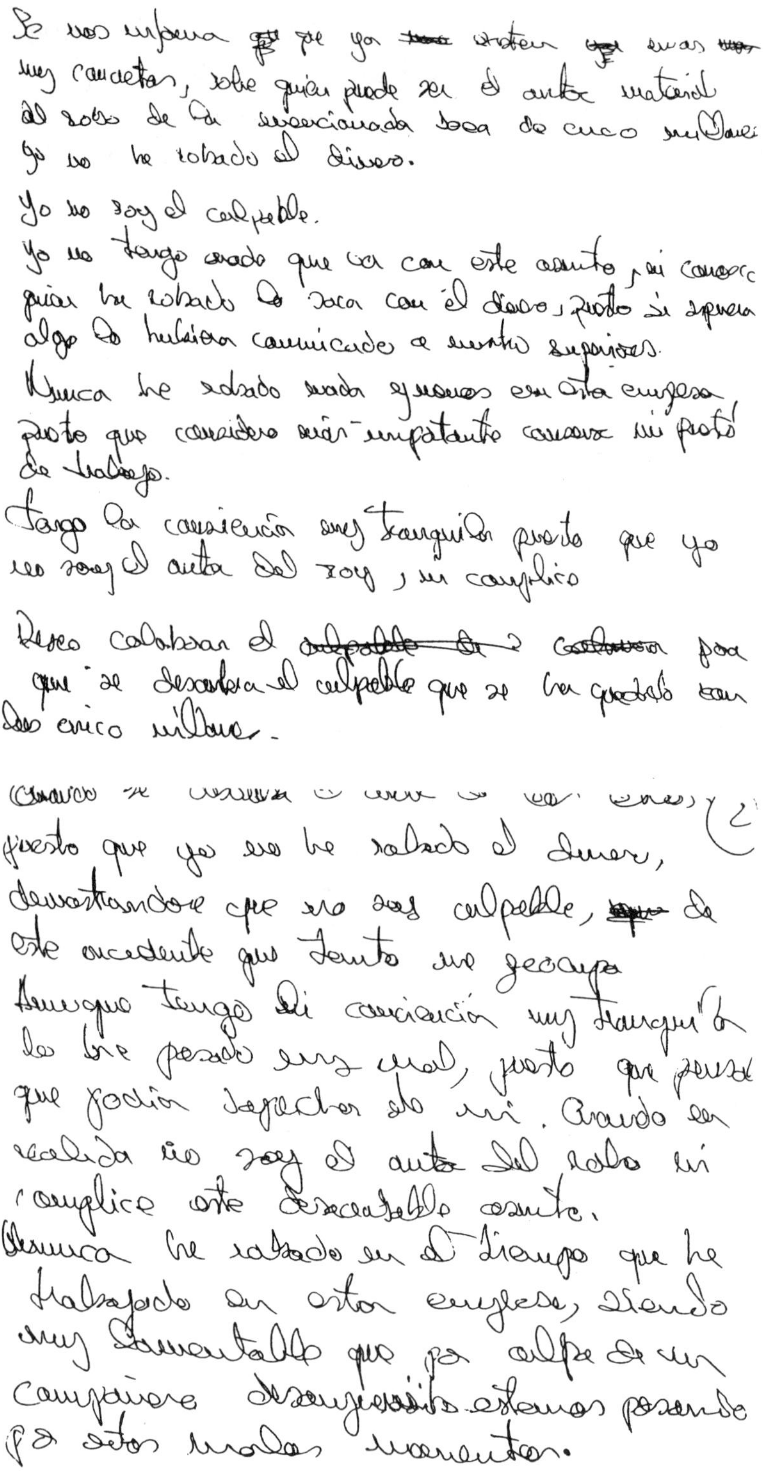
Se nos informa que yo estoy unas muy concretas, sobre quién puede ser el autor material del robo de la mencionada bolsa de cinco millones. Yo no he robado el dinero.

Yo no soy el culpable.

Yo no tengo nada que ver con este asunto, ni conozco quién ha robado la saca con el dinero, puesto si supiera algo lo hubiera comunicado a nuestros superiores.

Nunca he robado nada y menos en esta empresa, puesto que considero más importante conservar mi puesto de trabajo.

Tengo la conciencia muy tranquila puesto que yo no soy el autor del robo, ni cómplice

Deseo colaborar el por que se descubra el culpable que se ha quedado con los cinco millones.

[illegible]

puesto que yo no he robado el dinero, demostrando que no soy culpable, de este incidente que tanto me preocupa

Aunque tengo la conciencia muy tranquila lo he pasado muy mal, puesto que pensé que podían sospechar de mí. Cuando en realidad no soy el autor del robo ni cómplice este desagradable asunto.

Nunca he robado en el tiempo que he trabajado en esta empresa, siendo muy lamentable que por culpa de un compañero desaprensivo estamos pasando por estos malos momentos.

FIG. 6.76b. (Cont.).

4.2 Prueba de la verdad grafopsicológica de Francisco Viñals Carrera en caso de robo de valores. (Fig. 6.77)

ACREDITACIÓN DE LOS PERITOS Y OBJETO DEL INFORME______________

FUNDAMENTOS DE LA PRUEBA______________________________

TRANSCURSO DE LA PRUEBA

Previa entrevista y examen de la situación con personal de la dirección de la entidad y en vista de que la desaparición de valores se está produciendo de forma continuada, habiéndose detectado por primera vez el pasado 8 de marzo de 1995, la entidad teme que pudiera tratarse de un asunto interno, lo cual supone un problema de confianza y de sospecha continua entre todos, y ello ha motivado sobre todo la decisión de aplicar esta prueba; especialmente para descartar las sospechas generales y contribuir a un clima de tranquilidad en el personal y asimismo se informó a las personas a las que solicitamos su colaboración para la aplicación de la prueba, a quienes se reunió el día 10 de abril de 1996 a las 13 horas y, una vez explicado el motivo de la misma, accedieron voluntariamente al dictado, el cual se practicó por estos peritos criminalistas, de forma colectiva en una sala de juntas de la entidad, la cual transcurrió con plena normalidad sin ningún tipo de incidente.

PERSONAL SOMETIDO VOLUNTARIAMENTE A LA PRUEBA

–Dª J.______________________

–D. J. L.______________________

–Dª L.______________________

–D. J. C.______________________

–D. A.______________________

–D. P. P.______________________

CONTENIDO DEL TEXTO DICTADO

Desde el pasado año vienen sucediendo una serie de hechos que nos afectan a todos. Alguien aprovechado las circunstancias, primero se apoderó del contenido de un sobre con divisas, luego más tarde se ha apoderado de más valores.

El que ha cogido este dinero ha causado un grave perjuicio a todos nosotros.

Nos informan que ya existen algunas pistas sobre quién puede ser el autor de la desaparición de estos valores.

Personalmente puedo asegurar que no cogí las divisas del sobre, ni los otros valores, no me he quedado con el dinero, ni tengo nada que ver con este asunto.

No soy responsable de esta apropiación indebida. Yo no soy el culpable.

Yo no soy el autor del hurto. Yo no he robado el dinero.

No miento al asegurar que yo no soy culpable del robo. Yo no me he llevado el dinero

Deseo colaborar en la investigación.

Quiero que se descubra el autor del hurto para quedar libre de sospecha.

PRIMEROS RESULTADOS DE LA PRUEBA

A pesar de que en varios de los manuscritos se observan algunas alteraciones, únicamente pueden clasificarse como descompensaciones de tipo nervioso y también de desorganización gráfica, por las propias características de personalidad, desvinculadas del auténtico reflejo de culpabilidad relacionado con este caso concreto. Únicamente se ha detectado alteración culpabilizante en la grafía del Sr. A.______________.

PRUEBA DE LA VERDAD GRAFOPSICOLÓGICA RELATIVA AL SR. A.______________

En un principio, al poner el nombre y apellidos, elabora el grafismo de forma normal.

Cuando inicia la primera línea de la prueba, a pesar de un pequeño grado de alteración emocional apreciable al escribir «sucediendo una serie de hechos» concretamente en la palabra «serie», por lo demás aborda el espacio gráfico con normalidad.

El contenido de las frases primeras queda asimilado como verdades absolutas para el subconsciente, su traducción gráfica no origina problemas para el consciente, pues no debe forzar una exteriorización distinta de su íntimo sentimiento.
Por otra parte, el hecho todavía puede desvincularse un poco de personalidad, pues se habla de hechos y circunstancias que a pesar de su referencia al caso, todavía no apuntan directamente la autoría. El autor o culpable no queda todavía directamente comprometido.
A pesar de todo, sí que se aprecian ya síntomas de afectación al escribir «apoderó» con calda del ánimo ante la perspectiva de la imagen «contenido de un sobre con divisas», dicha imagen por su efecto retardado en relación a la velocidad del dictado provocará una notable descompensación grafonómica en el resto de la línea «luego más tarde se ha apoderado».
En la siguiente línea aparece otra alteración en «perjuicio» pero la afectación no es notable en relación al contexto; no existe un sentir destacado por el hecho de causar un «grave perjuicio para todos».
Cuando el ritmo grafoescritural empieza a alterarse de forma especifica y constante es después de escribir «nos informan que existen algunas pistas sobre quien» provocando fuertes contracciones en «puede», «autor» «desaparición». «estos».
Llegamos a las frases más definitivas, donde se vinculan directamente los hechos con la persona, cuando escribe «Personalmente puedo asegurar que no cogí las divisas del sobre», además de no conservar su natural dirección horizontal, se altera toda la línea; cabe resaltar las palabras «divisas» y «sobre» donde la alteración se manifiesta con mayor intensidad.
En la línea siguiente, continúa el desequilibrio iniciado, especialmente al llegar a «no me he quedado con el dinero», el salto emocional depresivo que se refleja en «no me» supone una auténtica traición del subconsciente.
Así pues, la seguridad demostrada en la transmisión gráfica de verdades asimiladas no se da cuando se está manifestando algo contrario al hecho veraz asimilado como tal en el subconsciente; distinto seria en el caso de un psicópata pues no se le puede «repescar» su íntimo sentimiento de responsabilidad por no afectarle emocionalmente un hecho que confunda, dada su amoralidad.
En el último párrafo con la constante incisión en el tema y sus referencias directas con la persona, en sentido negativo, se producen auténticos lapsus de rechazo de la pulsión subconsciente que alteran su expresión gráfica ya de forma definitiva, muy especialmente se aprecia al escribir «apropiación indebida» y un característico –derrumbe– al plasmar «No soy el culpable», «no he robado el dinero».
A partir de entonces el consciente no puede disimular, queda además agudizado el escribir «culpable» con una implícita emotividad delatadora que provoca un grafismo distorsionado respecto a su escritura normal.
La resonancia de la pulsión que le ha alterado se expansiona en los puntos clave de este último párrafo. Se observa una clara repercusión en el sistema nervioso, esto es, poner el «dedo en la llaga», varias veces seguidas en un intervalo pequeño, ha hecho que ya no se recupere en el resto del escrito. Por ello podemos apreciar una variabilidad, discontinuidad, una desproporción en las coordenadas, en fin un desequilibrio en la propia estructura de las letras, afectando a los parámetros básicos de su grafonomía.
Teniendo en cuenta la personalidad poco emotiva del analizado, las alteraciones observadas son todavía más destacables en el sentido culpabilizante ya que no es persona propensa a descompensarse y menos a sufrir lapsus de sentimiento emotivo deprimente en relación a hechos vinculados a culpa.
RESULTADOS
Aplicada la prueba grafoanalítica al personal antes citado y que voluntariamente dio su consentimiento, ha podido descartarse la mayoría, salvo el Sr A. ____________.
Teniendo en cuenta sus características de personalidad, las alteraciones emociona-

les que ha sufrido el Sr A. _______________son delatantes de un sentimiento de culpabilidad. En casos normales no se aprecian las alteraciones en los «puntos clave», en todo caso, se observa un sentimiento de culpabilidad general, una inseguridad general, pero el tratarse de la alteración circunstancial y especifica en los momentos directamente relacionados con el asunto en cuestión, las sospechas se dirigen hacia dicha persona.

Por lo anterior, los peritos informantes, según su leal saber y entender, elevan la siguiente:

CONCLUSIÓN

Que analizados en profundidad los grafismos relativos a la prueba grafopsicológica a que se han prestado voluntariamente las personas relacionadas en este informe y aunque en algunos casos se observan alteraciones emocionales, la mayoría se justifican por las propias características personales y no tienen vínculo directo con la desaparición de los valores, por lo que se descartan como sospechosos de su autoría la mayoría de los examinados salvo el Sr. A.__________________________ pues en su caso sí refleja alteraciones emocionales culpabilizantes en los puntos clave que se refieren a la autoría de la desaparición de los citados valores.

Barcelona, a ________________________

Por Gabinete de Criminalística

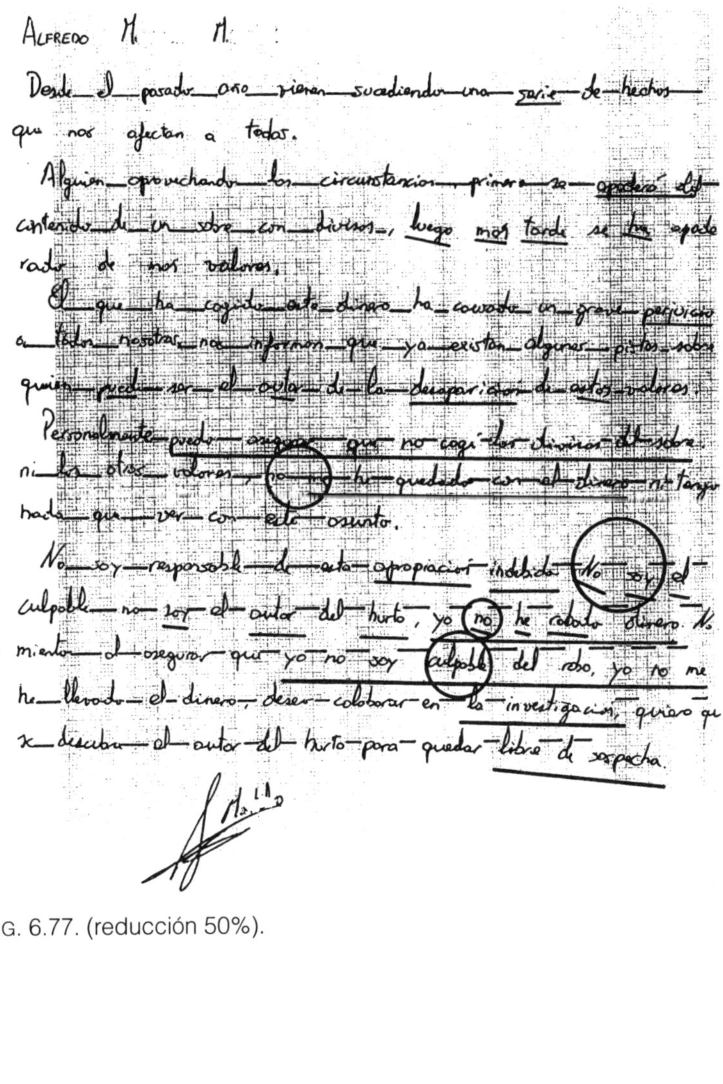

FIG. 6.77. (reducción 50%).

ARGYRIS, C. (1974): *El individuo dentro de la organización,* Barcelona, Herder

BALDWIN, Joe (1993): «The Leadership imperative in a transforming Air force», *Aerospace Power Journal,* Vol. III, n.º 3, Base Aérea Maxwell, Alabama

BANDERA, Magda (2001): *33 tristes traumas,* Barcelona, Plaza & Janés

–(2001): «Traumas modernos», del suplemento Magazine de *La Vanguardia,* Barcelona, domingo 17 de junio

BLASCO, Ricardo (2002): «Selección de Personal» en *Diccionario Crítico de Ciencias Sociales,* Tomo 3, Madrid, Universidad Complutense de Madrid

BLASCO, R. D. y PRIETO, J. M. (1993): «Validité et utilité de l'évaluation de la personnalité en gestion du personnel», *European Review of Applied Psychology. (Special Issue: The Validity and Utility of Personnality Assessment in Occupational Psychology),* 43(3)

BLUN, Milton y NAYLOR, James (1992): *Psicología Industrial,* México, Ed. Trillas

BOBES, Julio, GONZÁLEZ, M.P.; BASCARÁN, M.T.; BOUSOÑO, M.; SAINZ, P.A.; CALCEDO, A. (2002): «Tratamiento biológico del trastorno de estrés postraumático», III Congreso Virtual de Psiquiatría Interpsiquis, 2002, 1-28 febrero

BRU ROVIRA (2001): «Japón. El Gigante Agotado» en el Magazine de *La Vanguardia,* Barcelona, domingo 15 de julio

CALCEDO BARBA, Alfredo (2002): «El concepto de trastorno de estrés postraumático», III Congreso Virtual de Psiquiatría Interpsiquis, 2002, 1-28 febrero

CAZABAT, Eduardo (2002): «Desgaste por empatía», III Congreso Virtual de Psiquiatría Interpsiquis, 2002, 1-28 febrero

– (2001): «Un breve recorrido por la traumática historia del estudio del trauma psicológico», *Revista de Psicotrauma para Iberoamérica,* ed. electrónica

CLAUSEWITZ, Carl Von (1999): *De la guerra,* Barcelona, Idea Books

DE MIGUEL LILLO, Andrés (1990): «Psiquiatría militar en tiempo de paz», *Gramma,* año II, sept., Madrid, Ed. AG.

DÍAZ PRIETO, Manuel (2001): «El acoso moral» en el Magazine de *La Vanguardia,* Barcelona, domingo 13 de junio

DIXON, Norman F. (1997): *Sobre la psicología de la incompetencia militar,* Barcelona, Ed. Anagrama

DSM-IV-TR (2002): *Manual diagnóstico y estadístico de los trastornos mentales,* Texto revisado, Barcelona, Ed. Masson

ERNTS & YUNG CONSULTORES (1998): *Manual del Director de Recursos Humanos,* Madrid?, Colección 5 días, Ed.

FADDEM, Barbara y SIMRING, Steven S. (1998): *Autoevaluación en psiquiatría,* Barcelona, Ed. Masson

GALLEGO, Luis; MORALES, Guillermo; ROTGER, David; PRIOR, Carmen (2002): «El incremento de la ansiedad en los sujetos componentes de grupos de intervención en crisis y desastres», III Congreso Virtual de Psiquiatría Interpsiquis, 2002, 1-28 febrero

GARCÍA ANDRADE, José Antonio (1991): «Psiquiatría Forense», *Psicopatología Jurídica y Forense,* de Ortega Monasterio, Barcelona, PPU

GARCÍA MOYA, María, HIERRO DÍEZ, Enrique y JIMÉNEZ BUZAL, José Javier (1997): *Selección de Personal. Sistema Integrado,* Madrid, Esic Ediciones

GOFFMAN, Erving (1971): *La presentación de la persona en la vida cotidiana,* Amorrortu

–(1971): *Ritual de la interacción,* Tiempo Contemporáneo

GONZÁLEZ, Marcos; MEDINA, J.L.; PÉREZ-INIGO, J.L.; ROBLES, J.I.; GÓMEZ TRIGO, J. (2002): «Conductas individuales y reacciones ante una situación de catástrofe», III Congreso Virtual de Psiquiatría Interpsiquis, 2002, 1-28 febrero

HERSEY, Paul y BLANCHARD, Kenneth H. (1982): *Management of Organizational behavior utilizing human resources,* Englewood Cliffs, N.J. Prentice Hall
HIGHAM, M (1989): *ABC de la Selección de Personal*, Bilbao, Deusto
HUARTE DE SAN JUAN, Juan (1991): *Examen de ingenios para las ciencias*, Madrid, Cátedra
IRIGOYEN, Marie-France (1999): *El acoso moral*, Barcelona, Ed. Paidós
KAPLAN, Harold; JADOCK, Benjamín (1989): *Tratado de Psiquiatría,* tomo I-II, Barcelona, Salvat
LEYMAN, Franz (1996): *Mobbing: La persecution au travail,* París, Senil
MARTIN, Gemma (2001): «Las empresas disparan a Cupido», suplemento Dinero en *La Vanguardia*, Barcelona, domingo 10 de junio
MEDINA, J.L.; GONZÁLEZ, M.; PÉREZ-INIGO, J.L.; ROBLES, J.I.; GÓMEZ TRIGO, J. (2002): «Variables implicadas y respuestas de estrés en situaciones de amenaza», III Congreso Virtual de Psiquiatría Interpsiquis, 2002, 1-28 febrero
MEPSA (1990): *Tests y técnicas psicológicas*, Mepsa, Madrid
MILLON, Theodore (2000): *Trastornos de la personalidad. Más allá del DSM-IV,* Barcelona, Ed. Masson
MINISTERIO DE TRABAJO Y SEGURIDAD SOCIAL (1993): Guía Laboral, MTSS. Madrid
MIRA Y LÓPEZ, Emilio (1944): *La psiquiatría en la guerra,* Buenos Aires, Ed. Médico-quirúrgica
MUNNÉ, Federico (1974): *Grupos, masa y sociedades. Introducción sistemática a la sociología general y especial*, Barcelona, Editorial Hispano Europea
MÜNSTERBERG, Hugo (1914): *Psicología de la actividad industrial. Ensayo de psicología experimental aplicada,* Madrid, Jorro
NEBOT LÓPEZ, Mª José (1999): *La Selección de Personal. Guía práctica para directivos y mandos de la empresa*, Madrid, Fundación Confemetal
OLLEROS, Manuel (1997): *El proceso de Captación y Selección de personal*, Barcelona, Gestión 2000
PEÑA BAZTAN, Manuel (1990): *Dirección de personal: organización y técnicas,* Barcelona, ESADE Hispano-Europea
PLOOG, Helmut (1997): «De Angewandte Graphologie and Persönlichkeitsdiagnostik», *Graphology* nº 56, Dic., trad. Rosa Gubianas
PRIETO ZAMORA, José Mª (2000): «Proyecto docente e investigador para el primer ejercicio del concurso para la plaza de catedrático de universidad en Formación de Personal, Evaluación de Personal, Área de Conocimiento: Personalidad, Evaluación y Tratamientos psicológicos», Madrid, Universidad Complutense de Madrid Petra II. Dpto de Psicología Diferencial y del Trabajo. Campus de Somosaguas
– (1982): «Técnicas multivariadas en psicología del trabajo» en *Estudios de Psicología.*
PRIETO, J. M., BLASCO, R. D. y QUINTANILLA, Y. (1991): «Recrutement et selection du personnel en Espagne». *European Review of Applied Psychology.* 41(1)
RIESGO MÉNGUEZ, Luis (1983): *Selección de Personal*, Madrid, Ed. Paraninfo
– (1983): *La formación en la Empresa*, Paraninfo, Madrid
– SECCIÓN DE ESTUDIOS DE TEA (1989): *Tests y Documentos psicológicos: información técnica y criterios de utilización*, Madrid, TEA Ediciones
SARRIAS JAVIER, Patricia (2002): *Estudio sobre la utilidad de la prueba de la verdad grafopsicológica en falsificaciones de firmas,* Barcelona, Trabajo de investigación del Programa de Pericia Caligráfica Judicial, Escuela de Doctorado y Formación Continuada - Instituto de Ciencias del Grafismo, Universitat Autónoma de Barcelona
SEGURA, José Adolfo (2002): «Palabra poética y estrés postraumático de guerra y exilio: uso de la poesía como recurso para conservar y optimizar la distan

cia terapéutica adecuada. Primeras reflexiones», III Congreso Virtual de Psiquiatría Interpsiquis, 2002, 1-28 febrero
SIGUAN, M. (1963): *Problemas humanos del trabajo industrial,* Madrid, Eds. Rialp
SHAUD, John A. (1994): «La experiencia del Estado Mayor y el desarrollo del don de mando», *Aerospace Power Journal,* Base Aérea Maxwell, Alabama, verano 1994
TAYLOR, Frederick (1911): *Principles and Methodes of Scientific Management*, New York, Harper
TUTUSAUS LÓVEZ, Jaime (2002): «El Francotirador John Allen Muhammad», en *Boletín-AGC* nº 29, Barcelona, Ed. AGC
UNCAL, José Mª (1998): «Cómo ser más persuasivo» en *Guía Práctica de Psicología,* dirigida por el Dr. Vallejo-Nágera, Madrid, Ed. Temas de hoy
WADDEL, Donaldo Z. (1995): «Modelo de liderazgo ambiental para conductores militares», *Aerospace Power Journal,* Base Aérea Maxwell, Alabama, verano 1995
WEISS, Dimitri (1992): *Tratado de la Función de los recursos Humanos*, Madrid, CDN
VELS, Augusto: *Grafología de la «A» a la «Z»*, Barcelona, Ed. Herder

Capítulo VII

EL EXAMEN PERICIAL CALIGRÁFICO Y DOCUMENTOSCÓPICO EN LA INVESTIGACIÓN JUDICIAL CIVIL Y MILITAR

Verba volant, scripta manent
Palabras vuelan, escritos permanecen

Retornando a nuestro vínculo inicial –las ciencias forenses–, es en el cotejo grafístico o pericial caligráfico y documentoscópico el propio de la clásica intervención del analista de escritos y documentos, antes incluso de que adoptara estas nuevas denominaciones por el amplio espectro de servicios que debía ofrecer, y, precisamente por ello y por haberlo tratado con esmero en nuestra obra anterior, únicamente expondremos lo más complementario y práctico a fin de no repetirnos y también aportar la visión desde el punto de vista de la policía científica dentro del Estado Mayor del Ejército, en investigaciones practicadas en «asuntos internos» como ejemplo de uno de los ámbitos propios del analista dentro de los Servicios Secretos.

1. ANÁLISIS PARA IDENTIFICACIÓN DE MANUSCRITOS (GRAFÍSTICA)

1.1. Protocolo - Examen de las muestras objeto de análisis pericial caligráfico

Observación del documento original dubitado o cuestionado a la luz del día o la más similar posible:

Fijarse en las tonalidades de la tinta, que sea uniforme, que no aparezcan cambios; ver si el soporte, documento o papel guarda una coherencia global o por el contrario aparecen alteraciones como cambios de brillo, manchas difuminadas, fibras sueltas del papel o raspados.

Observar a trasluz y palpar anverso y reverso.

Muchas de las alteraciones se observan a simple vista en un examen detenido a la luz del día, pero ante la mínima sospecha siempre es conveniente auxiliarse con el instrumental óptico adecuado. Sobre el controvertido tema de superposiciones, hemos podido descubrir muchas veces cuál era el trazo que quedaba por debajo y diferenciarlo del superpuesto, no sólo por el arrastre de fibras sino observando por el microscopio la parte posterior del documento con iluminación al trasluz.

En el caso de que el grafismo a estudiar se nos facilite por fotocopia por no disponer de originales, deberá hacerse constar oportunamente y podrá realizarse el estudio sobre la firma, pero no sobre la autenticidad del documento, ya que podría tratarse de una reproducción fraudulenta (por ejemplo: resultado de una composición de partes), y, en todo caso su valor irá condicionado al que le quieran otorgar los litigantes.

Recabar la máxima información posible (datos, circunstancias que pudieran ayudar a justificar aparentes similitudes, divergencias, alteraciones, por ejemplo: persona enferma, divergencias cronológicas, acoso o presión por amenaza, etc.).

Examinar todos los grafismos indubitados para extraer sus constantes y una vez se dispongan de los parámetros y gestos-tipo, constatar peculiaridades que individualicen el escrito, diferenciándolo como propio y singular de alguien determinado; es entonces cuando se compara con el dubitado o dubitados (cuestionados).

Se trata de extraer no solo lo más personal por original y repetitivo, sino percibir el ritmo, cómo se mueve el grafismo, apreciarlo como una manifestación homóloga a la música, con su melodía (secuencia continuada), armonía (compensación de altibajos, aceleraciones y controles) y ritmo (compás propio). Si son firmas con rúbricas, observar todas las indubitadas y obtener el juego abstracto de las figuras geométricas que componen la firma, captar como se mueven en el espacio gráfico, como se expanden o reducen, entresacar una estadística de frecuencia del movimiento global o expansivo.

Para introducirse de lleno en esta especialidad es necesario conocer la terminología grafonómica y sus clasificaciones (cuadro del Grafoanálisis pero sin las interpretaciones psicológicas), en todo caso no nos dejaremos llevar por el aspecto formal (que es lo más imitable) escudriñaremos cada parámetro dentro de los aspectos y subaspectos gráficos (géneros y especies).

Con el objeto de profundizar en el protocolo a seguir, tanto en casos de comprobación de grafismos como de presuntas falsificaciones y autofalsificaciones, es conveniente consultar los capítulos 4 y 5 de nuestra obra: *Pericia Caligráfica Judicial, Práctica, casos y modelos*, Barcelona, Ed. Herder, 2001.

Plantillas grafonómicas (creadas por los autores con la ayuda del ingeniero y proyectista Jordi Viñals Carrera) (FIG. 7.1a y b):

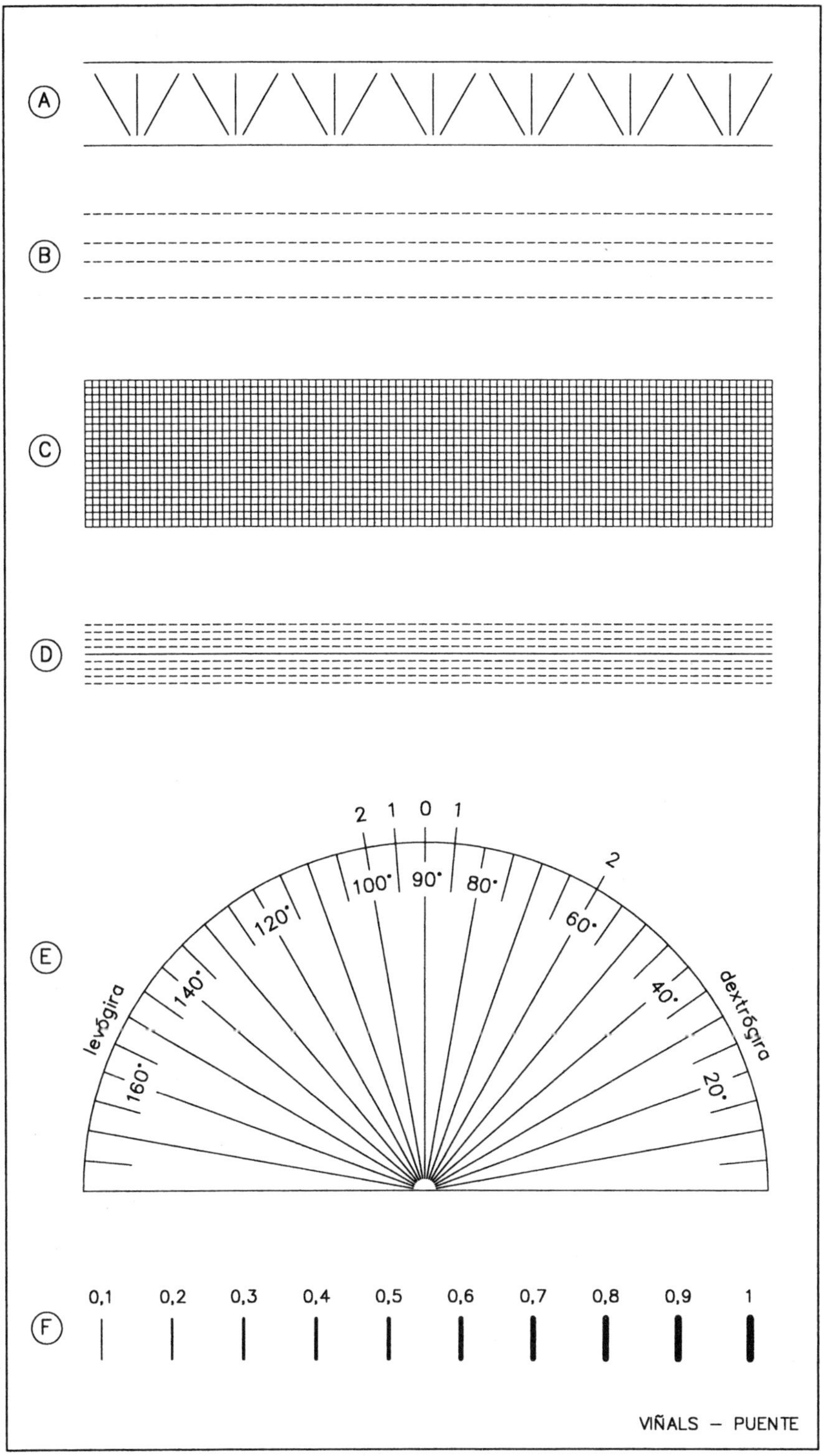
A
B
C
D
E
2 1 0 1
2
100° 90° 80°
120°
60°
140°
40°
levógira
dextrógira
160°
20°
F
0,1 0,2 0,3 0,4 0,5 0,6 0,7 0,8 0,9 1
VIÑALS – PUENTE

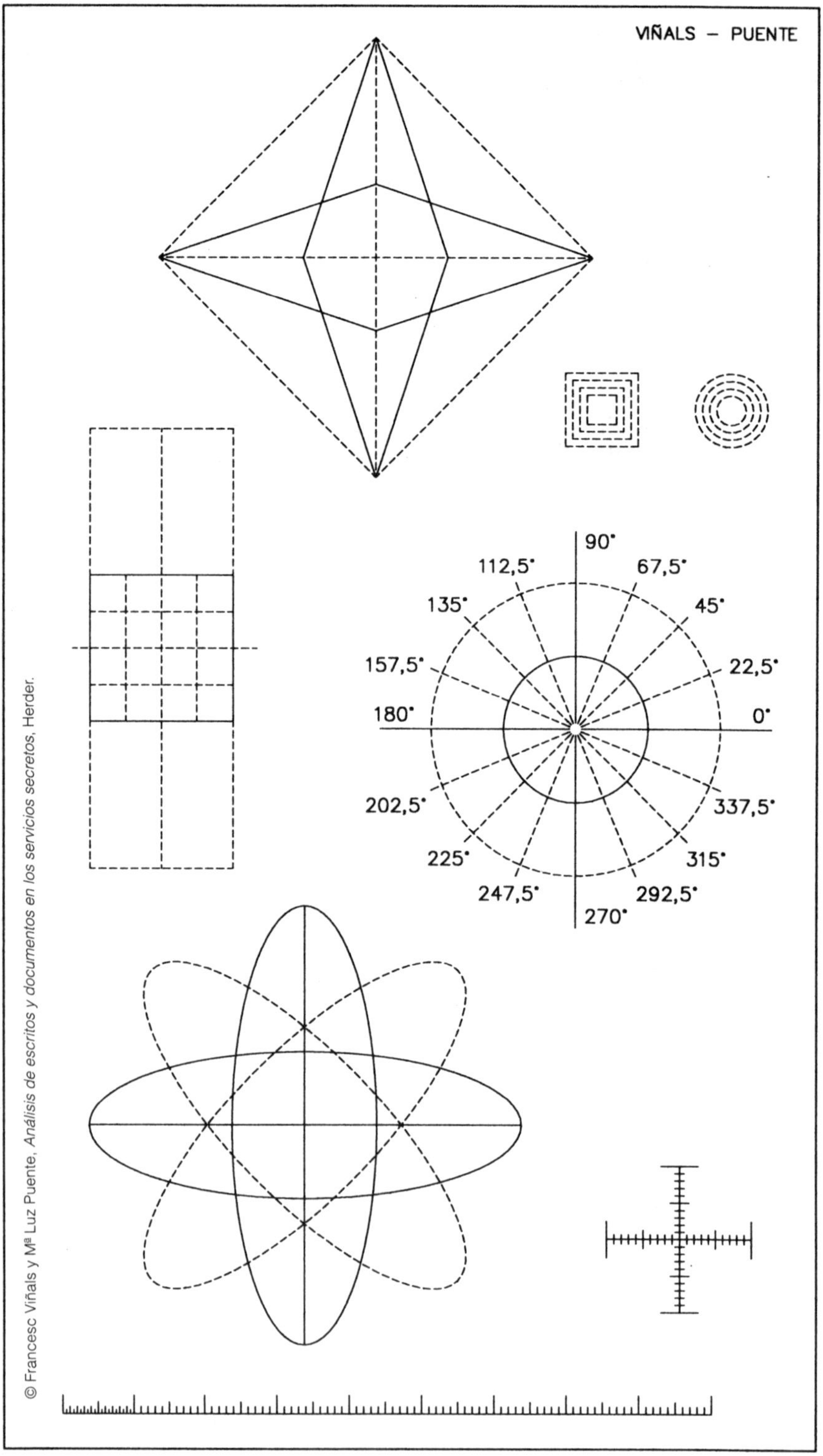
VIÑALS – PUENTE
90°
112,5°
67,5°
135°
45°
157,5°
22,5°
180°
0°
202,5°
337,5°
225°
315°
247,5°
292,5°
270°

A. Frecuencia de las oscilaciones respecto a la vertical.

B. Dirección cuerpo medio y ejes periféricos. Fluctuación del cuerpo de escritura.

C. Medidas y distancias (interletra, interpalabra, óvalos, alturas, etc.).

D. Fluctuación de la línea horizontal.

E. Grado de inclinación de los ejes respecto a la vertical y de la orientación lineal respecto a la línea de base.

F. Calibre de los trazos (como ejemplo gráfico del uso de las plantillas, véase FIG. 2.4 del capítulo 2).

La segunda plantilla resulta de gran utilidad para firmas-rúbricas con formas determinadas, a fin de concretar las tendencias de situación y forma de expansión de las figuras geométricas.

1.2 Protocolo para la toma de muestras de comparación (cuerpo de escritura)

Lo más conveniente sería que el propio perito fuera el que dirigiera in situ la práctica de toma de muestras de comparación o «cuerpo de escritura», y en esto nos adelantan otros países, por ejemplo Argentina (curiosamente el Derecho es parecido al español ya que deriva en muchos aspectos, pero en cuestiones como ésta han dado un paso más allá). Precisamente en España, ya que la toma de muestras la practican normalmente los propios oficiales de Justicia, es conveniente aleccionarles sobre la metodología que deben aplicar para que el perito tenga un mínimo de garantías en las muestras plasmadas. Seguidamente exponemos un modelo de protocolo que hemos preparado, completándolo con los puntos donde acostumbran a ponerse de acuerdo los profesores de las entidades más avanzadas en materia de documentos cuestionados (Servicios Forenses de los Departamentos del Tesoro –Secret Service–, y de Justicia de los Estados Unidos de América –FBI–, OIJ, etc.).

Preliminares

Se invitará a la persona objeto de análisis a sentarse en una silla donde pueda acceder bien a la mesa, con la idoneidad para poder escribir correctamente. Además del bolígrafo normal, previamente probado para verificar que no tenga anomalías en el fluido de tinta, se le facilitarán útiles inscriptores similares al utilizado para el documento cuestionado, así como el soporte adecuado (parecido al cuestionado en cuanto a medidas y dureza). En caso de «pintadas» también puede resultar efectivo el método aplicado por nuestra buena colega la Prof. Inma Lidón Corbí, consistente en preparar una sala con grandes papeles de embalaje en la pared, a fin de que también se practiquen las pruebas con un soporte similar.

Texto a escribir

Fase de calentamiento:

Escribir palabras memorizadas, por ejemplo: los días de la semana y los meses del año, nombres de capitales, etc. Aquí el examinador debe estar pendiente de la forma con que escriba la persona para ver qué letra plasma como si fuera la habitual.

Fase de prueba:

Se le somete a un dictado (si el texto cuestionado es en mayúsculas deberá indicarse que escriba en mayúsculas, en caso contrario en minúsculas). El dictado puede haber sido preparado con un texto donde aparezcan palabras o frases propias del cuestionado. El examinador se esforzará por dictar con claridad y a una cierta velocidad, siempre de acuerdo con las limitaciones del examinado, pero procurando que no tenga tiempo para meditar la confección de las letras, se trata de conseguir la máxima espontaneidad (muchos de los cuerpos de escritura no sirven debido precisamente a la artificiosidad con que han sido plasmados); seguidamente el propio texto cuestionado (es muy importante que la persona sometida a la prueba no tenga a la vista el documento cuestionado, ni se le facilite más información que la precisa; en el dictado no hay que indicarle los puntos y aparte ni detalles sobre las faltas de ortografía, etc.); si es preciso el texto se dictará las veces que se considere oportuno. A falta de texto concreto, pueden dictarse varios artículos de cualquier código o parte de periódico o texto. En el caso de cifras, se dictarán también un número suficiente de números y cifras completas.

Una cantidad conveniente de firmas y rúbricas. En el caso de que el objeto de dictamen sea por ejemplo una rúbrica, en vez del dictado anterior, deberá solicitarse una o dos páginas de firmas-rúbricas, y sería también aconsejable otra página de garabatos libres (muy adecuado por ejemplo en casos de autofalsificación de firma o de invención).

Fase final:

- Fecha, hora y lugar escrito también de su puño y letra.
- Firma con los testigos, letrados, perito y/o funcionario judicial.

Circunstancias que deberán constar en la toma de muestras:

- Datos personales y voluntad de efectuar el cuerpo de escritura (si no se produce por requerimiento del Juez y ante la Autoridad Judicial competente).
- Constancia de la extremidad usada (muy conveniente en el caso de persona zurda o ambidiestra):
- Manifestaciones que quiera hacer constar la persona sometida a dicha prueba (puede reflejarse en la propia Acta Judicial).

Ejemplos en caso de Anónimos (FIG. 7.2 y FIG. 7.3)

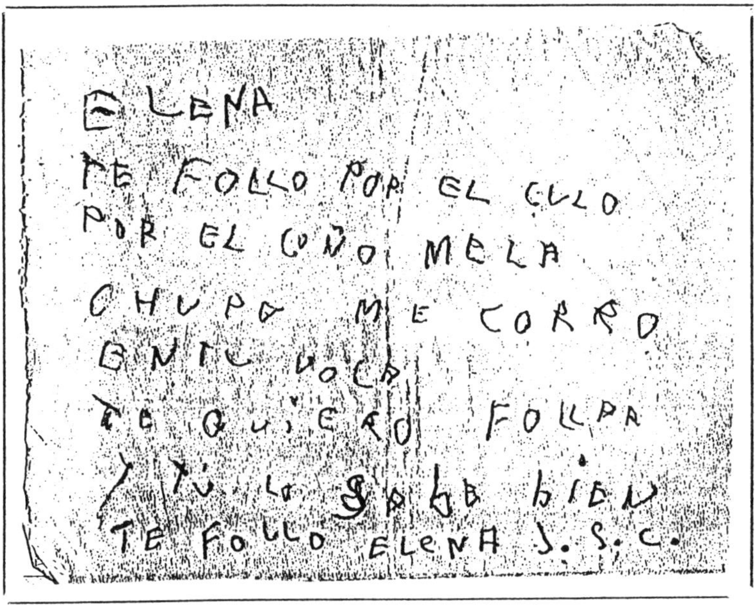
ELENA
TE FOLLO POR EL CULO
POR EL COÑO MELA
CHUPA ME CORRO
ENTU BOCA
TE QUIERO FOLLAR
Y TU LO SABE BIEN
TE FOLLO ELENA J.S.C.

FIG.2 Es conveniente dictar las palabras o frases contenidas en el texto anónimo, sin que esté a la vista de la persona a quien se practica la prueba. En este caso cuando apareció el anónimo en el cajón de la víctima, la Jefatura ordenó el dictado a los compañeros que por circunstancias y proximidad podían resultar sospechosos. El autor es el que corresponde a los grafismos señalados con número 4 y 5 (repitió la prueba dos veces, pues trató de desfigurar su escritura la primera vez). Los principales gestos-tipo que se observan: Letra "E": con torsión en trazos dextrógiros, intentando cerrar la letra. En la última línea pone Elena con una "e" minúscula, en sus indubitadas se le escapan otras "e" minúsculas. Letra "T": La barra consiste en rasgo superpuesto y ovalado. Puntos "i": en círculo o espiral y congestionados. Letra "U": Con tendencia a formar una "V". Letra "Q": Doble cierre y "pinchado" con idéntico rasgo. Letra "M": fragmentada. Óvalos: de base semiangulosa.

FIG. 7.2a.

1

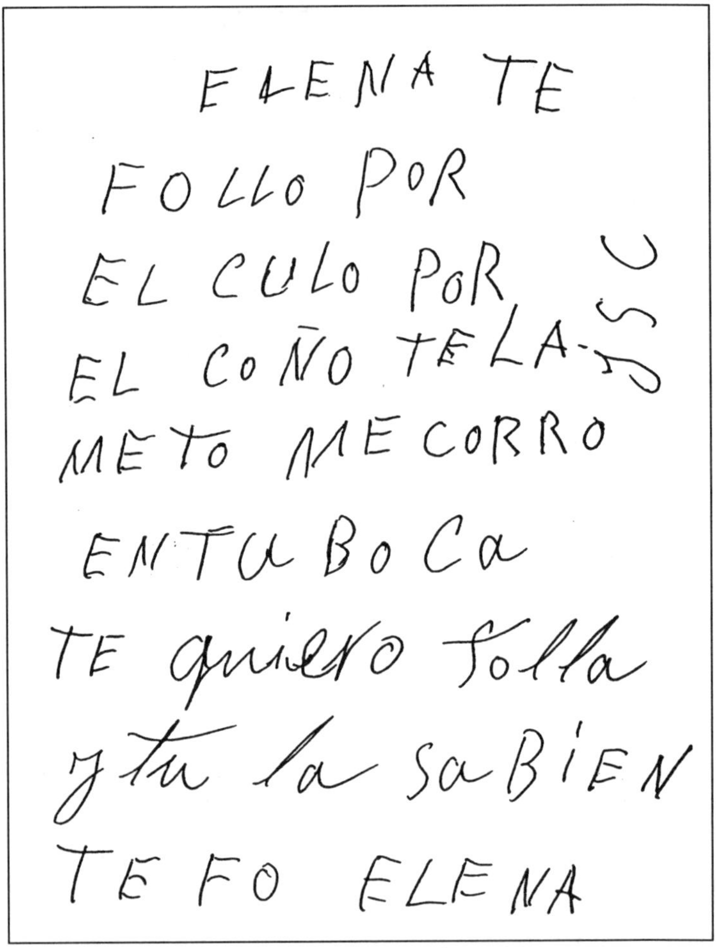

ELENA TE
FOLLO POR
EL CULO POR
EL COÑO TE LA
METO ME CORRO
EN TU BOCA
TE quiero folla
y tu la sa BIEN
TE FO ELENA
JSC

2

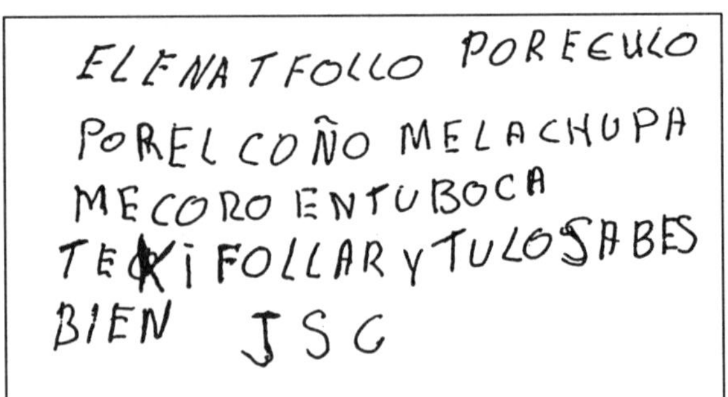

ELENATFOLLO PORECULO
PORELCOÑO MELACHUPA
MECORO ENTUBOCA
TEKi FOLLAR YTULOSABES
BIEN JSG

FIG. 7.2b. (Cont.).

3

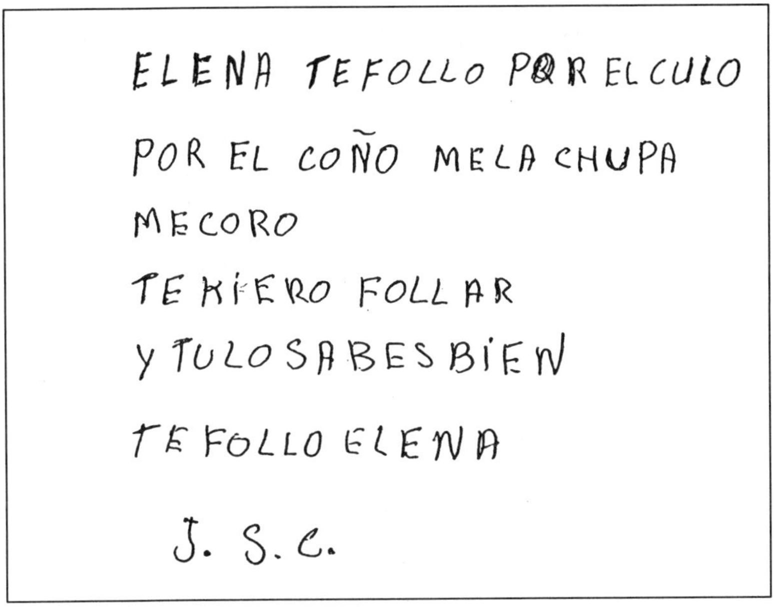

ELENA TEFOLLO POR ELCULO
POR EL COÑO MELA CHUPA
MECORO
TE KíERO FOLLAR
yTULOSABESBiEN
TEFOLLO ELENA
J. S. C.

4

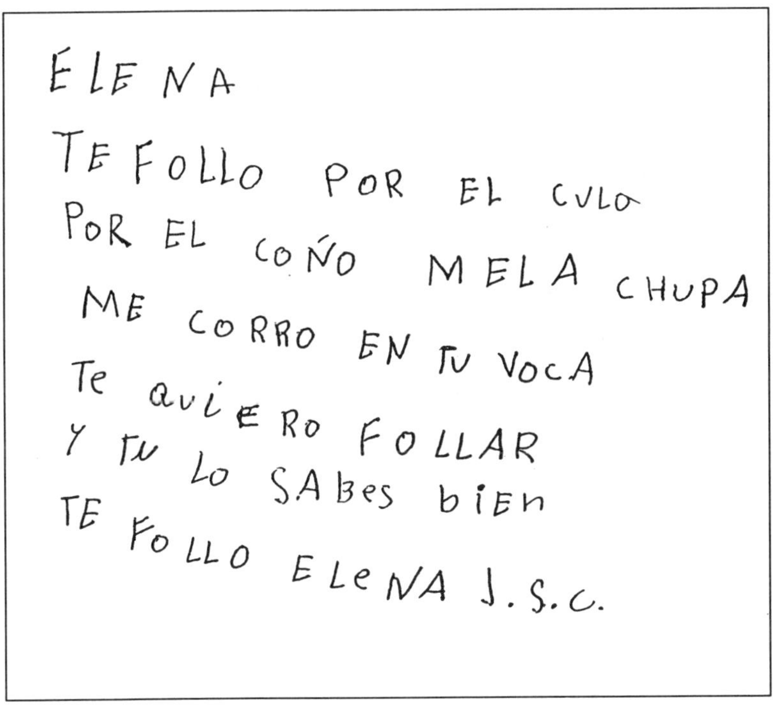

ELENA
TE FOLLO POR EL CULO
POR EL COÑO MELA CHUPA
ME CORRO EN TU VOCA
Te QUiERo FOLLAR
Y TU Lo SAbes bien
TE FoLLO ELeNA J.S.C.

FIG. 7.2c. (Cont.).

5

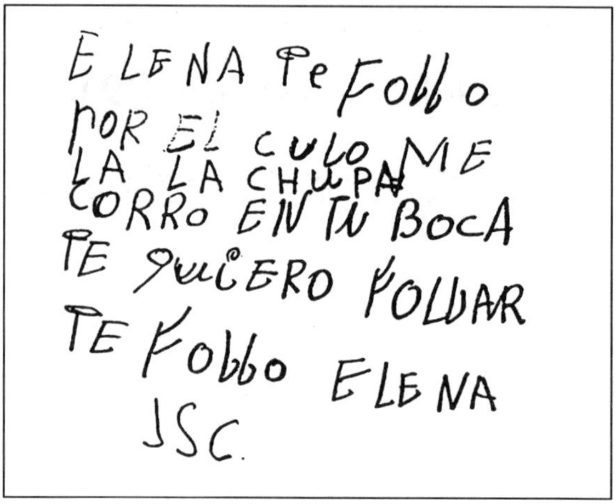

ELENA Te FOLLO
POR EL CULO ME
LA LA CHUPA
CORRO EN TU BOCA
TE QUICERO FOLLAR
TE FOLLO ELENA
JSC.

6

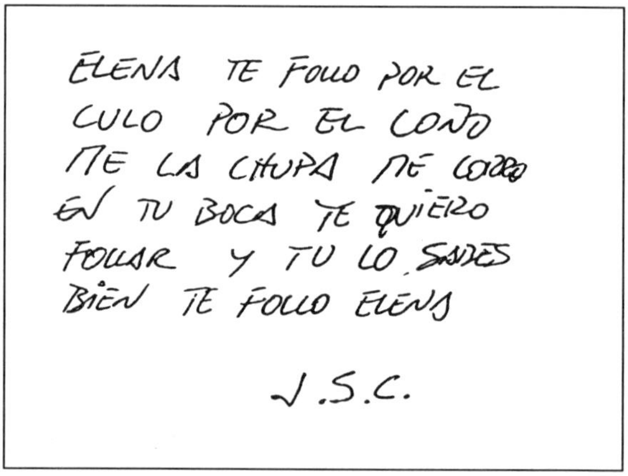

ELENA TE FOLLO POR EL
CULO POR EL COÑO
ME LA CHUPA ME CORRO
EN TU BOCA TE QUIERO
FOLLAR Y TU LO SABES
BIEN TE FOLLO ELENA

J.S.C.

7

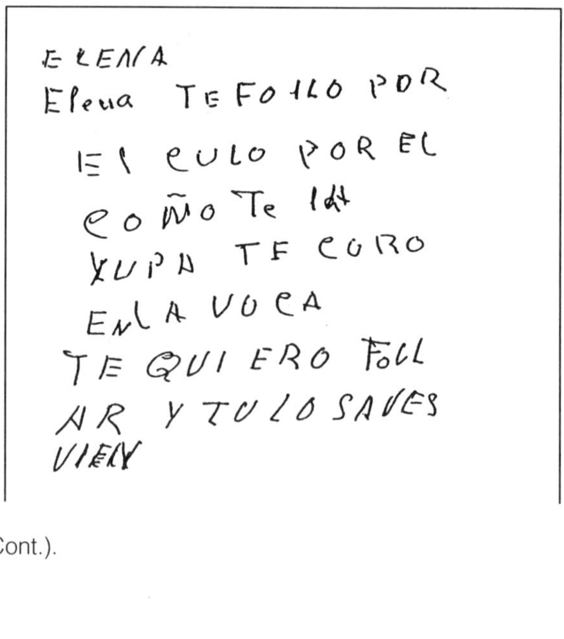

ELENA
Elena TE FOLLO POR
El CULO POR EL
COÑO Te LA
XUPA TE CORO
EN LA VOCA
TE QUIERO FOLL
AR Y TU LO SAVES
VIEN

FIG. 7.2d. (Cont.).

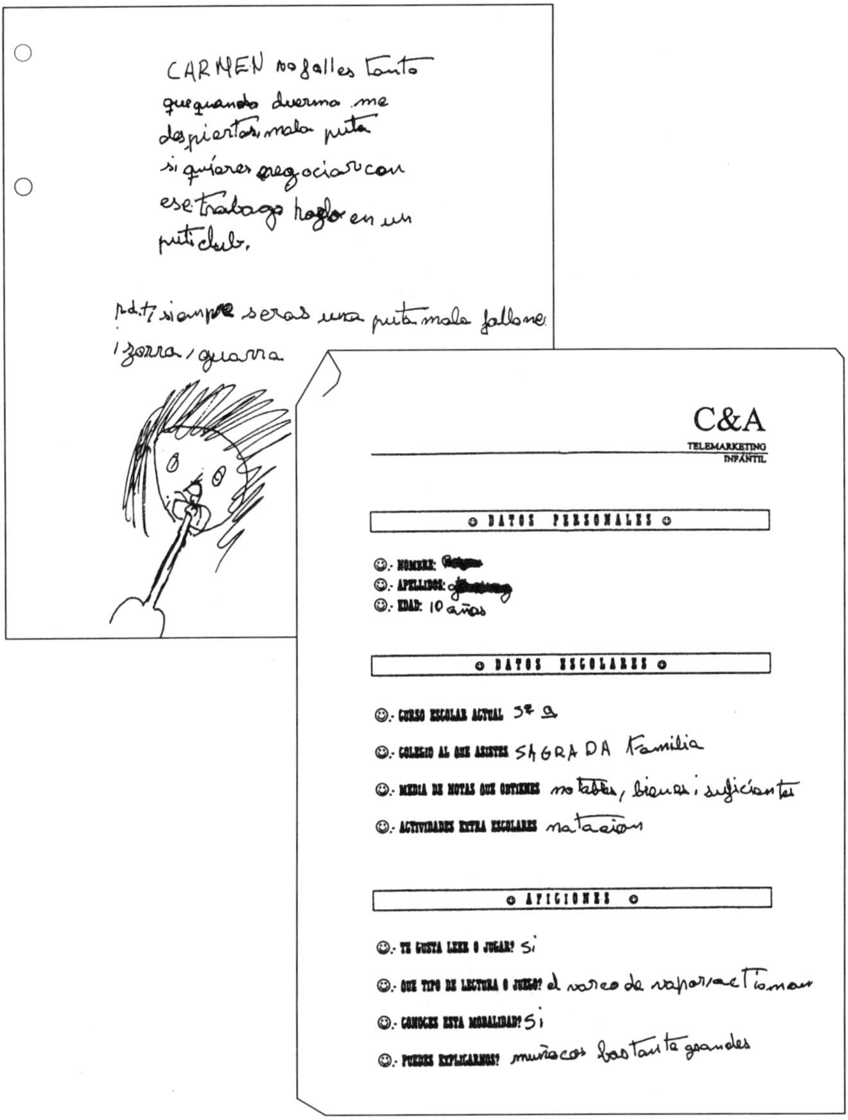

CARMEN no galles tanto
que quando duermo me
despiertas, mala puta
si quieres negociar con
ese trabago haslo en un
puti club.

p.d. siempre seras una puta mala fallone
/ zorra / guarra

C&A
TELEMARKETING
INFANTIL

DATOS PERSONALES

NOMBRE: [redacted]
APELLIDOS: [redacted]
EDAD: 10 años

DATOS ESCOLARES

CURSO ESCOLAR ACTUAL 3º a
COLEGIO AL QUE ASISTES SAGRADA Familia
MEDIA DE NOTAS QUE OBTIENES notables, bienes i suficientes
ACTIVIDADES EXTRA ESCOLARES natacion

AFICIONES

TE GUSTA LEER O JUGAR? si
QUE TIPO DE LECTURA O JUEGO? el varco de vapor/ac Timan
CONOCES ESTA MODALIDAD? Si
PUEDES EXPLICARNOS? muñecas bastante grandes

FIG.3 Cuando no se dispone de cuerpo de escritura. Una joven detective recibía anónimos en su domicilio. Tras descartar que pudiera tratarse de un psicópata centró las sospechas en un niño de 10 años de su escalera, otra compañera Detective le pasó una encuesta y así se comprobó que, efectivamente, se trataba simplemente de una gamberrada del niño.

FIG. 7.3.

Ejemplos de lo –normal– y lo –anormal– a tener en cuenta en la identificación de grafismos (FIG. 7.4, 7.5, 7.6, 7.7, 7.8, 7.9, 7.10 y 7.11).

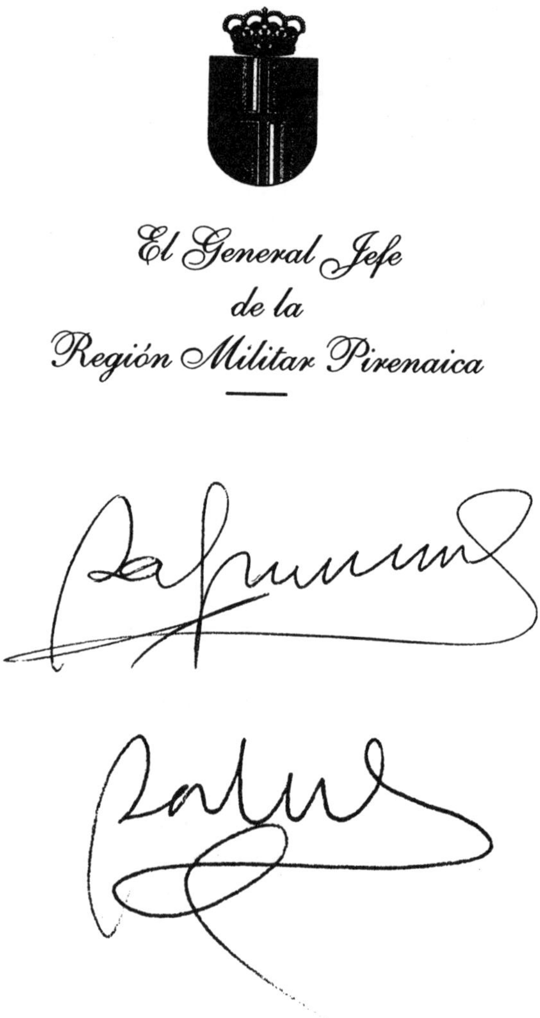

FIG.4 Firma completa y firma simplificada tipo "visé".

FIG. 7.4.

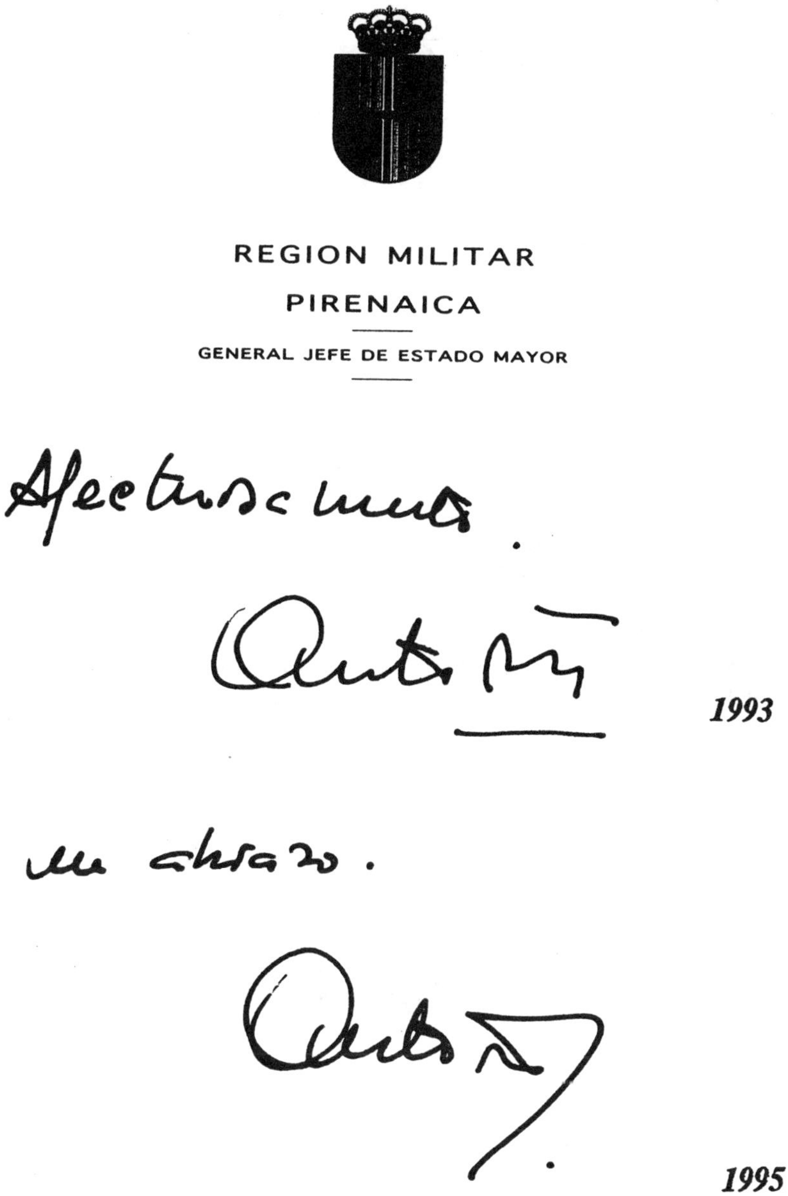

FIG.5 Normal evolución de firmas

FIG. 7.5.

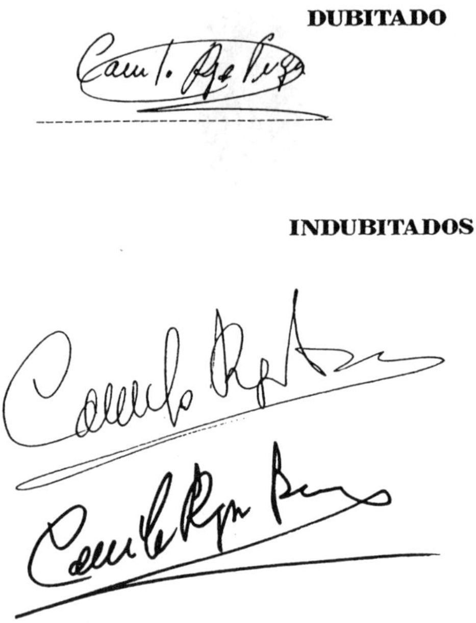

FIG.6 (reducción 50%) Falsedad por utilización de nombre de otro, sin imitación aparente (utilizando los propios rasgos personales, pero con el nombre de otro).

FIG. 7.6.

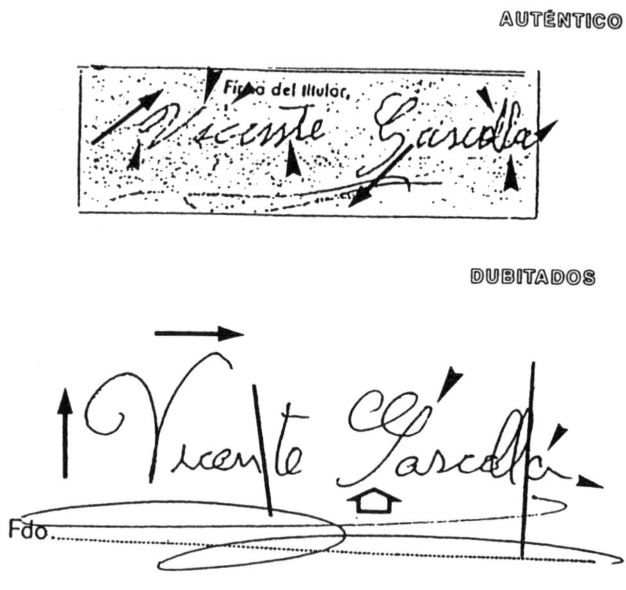

FIG.7 (reducción 50%) Falsificación por imitación servil.

FIG. 7.7.

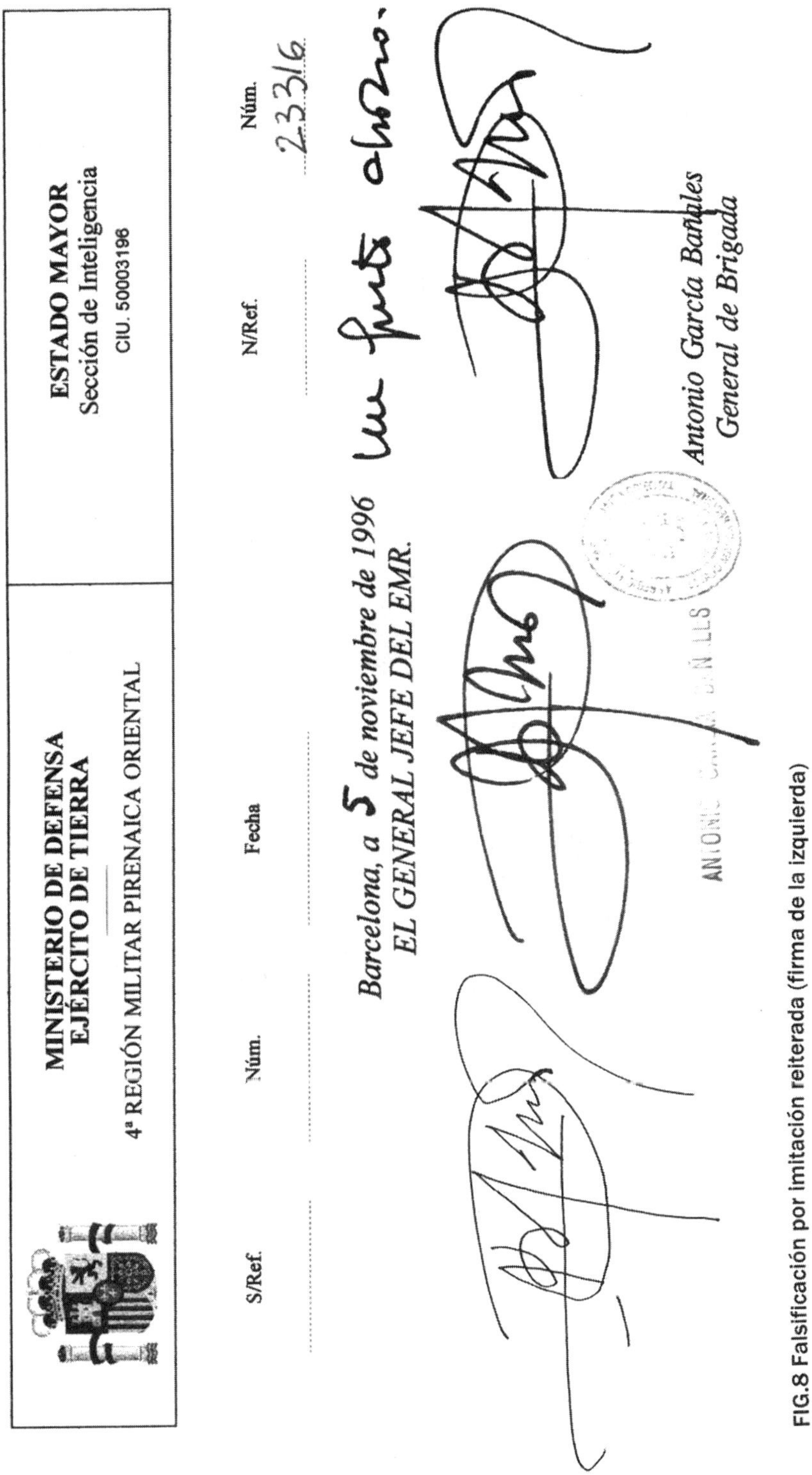

MINISTERIO DE DEFENSA
EJÉRCITO DE TIERRA
4ª REGIÓN MILITAR PIRENAICA ORIENTAL

ESTADO MAYOR
Sección de Inteligencia
CIU. 50003196

S/Ref. Núm. Fecha N/Ref. Núm. 23316

Barcelona, a 5 de noviembre de 1996
EL GENERAL JEFE DEL EMR.

Antonio García Bañales
General de Brigada

FIG.8 Falsificación por imitación reiterada (firma de la izquierda)

FIG. 7.8a.

Barcelona, 10 de òctubre de 199[illegible]

Muy Sres. nuestros.

Autorizo al portador de la presente a retirar los talonarios de la C.C. nº2500022[redacted]. Que se lès - solicito con anterioridad.

Agradeciendo sùs gestiones.

Atentamente,

[redacted] S.A.

"la Caixa"
CAIXA D'ESTALVIS I PENSIONS DE BARCELONA

MESTRE ALTISENT

Codi compte client/Código cuenta cliente (CCC)
2100 3369 73 2500022[redacted]

Pagueu, per aquest xec, a / Páguese, por este cheque, a L PORTADOR
Pts //280.220//
Pessetes (en lletres)/Pesetas (en letras) DOSCIENTAS OCHENTA Y DOSCIENTAS VEINTE-------
Sèrie núm. / Serie nº 175 BARCELONA CATORCE DE OCTUBRE de 1996
Data (en lletres)/Fecha (en letras)
0.596.588-6
1 OCT. 1996
Pagat
[redacted] S.A
3369-2500022494 280.220,00-14=10=1996 CR 10
⑈0596588⑆2100⑈ 3369⑆ 2500022494⑈

"la Caixa"
CAIXA D'ESTALVIS I PENSIONS DE BARCELONA

MESTRE ALTISENT

Codi compte client/Código cuenta cliente (CCC)
2100 3369 73 2500022[redacted]

Pagueu, per aquest xec, a / Páguese, por este cheque, a L PORTADOR
Pts //444.510//
Pessetes (en lletres)/Pesetas (en letras) CUATROCIENTAS CUARENTA Y CUATRO MIL QUINIENTAS DIEZ
Sèrie núm. / Serie nº 175 BARCELONA CATORCE DE OCTUBRE de 1996
Data (en lletres)/Fecha (en letras)
0.596.586-
1996
Pagat
[redacted] S.A
3369-2500022494 444.510,00-14=10=1996 CR 10
⑈0596586⑆2100⑈ 3369⑆ 2500022494⑈

"la Caixa"
CAIXA D'ESTALVIS I PENSIONS DE BARCELONA

MESTRE ALTISENT
C. LONDRES, 2
08029 BARCELONA

Codi compte client/Código cuenta cliente (CCC)
2100 3369 73 2500022[redacted]

Pagueu, per aquest xec, a / Páguese, por este cheque, a
Pts //489.400//
Pessetes (en lletres)/Pesetas (en letras) CUATROCIENTAS OCHENTA Y NUEVE MIL CUATROCIENTAS
Sèrie núm. / Serie nº 175 BARCELONA ONCE DE OCTUBRE de 1996
Data (en lletres)/Fecha (en letras)
0.596.585- 1 OCT. 1996
Pagat
[redacted] S.A
3369-2500022494 489.400,00-11=10=1996 CR 10
⑈0596585⑆2100⑈ 3369⑆ 2500022494⑈

FIG. 7.8b.

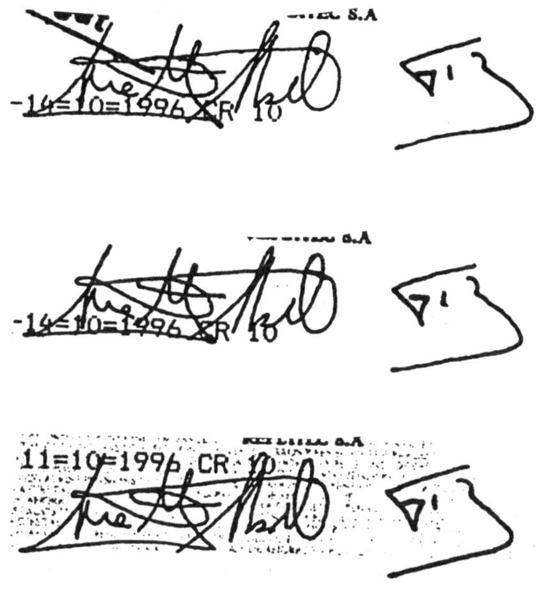

FIG.9 Falsificación por calco. Cuando el trazo es inseguro, tembloroso e indiferenciado entre plenos y perfiles, supone una ralentización de la marcha, muy propia de las falsificaciones por "calco". Si nos auxiliamos de una transparencia podremos comprobar que todas las firmas son prácticamente iguales. El autor tenía un cargo en Administración dentro de la institución y solicitó por teléfono un talonario al banco, adelantando que pasarían con la autorización firmada para retirarlo; una vez en su poder fue reproduciendo la firma del administrador tal como ya había hecho en la carta de autorización.

FIG. 7.9.

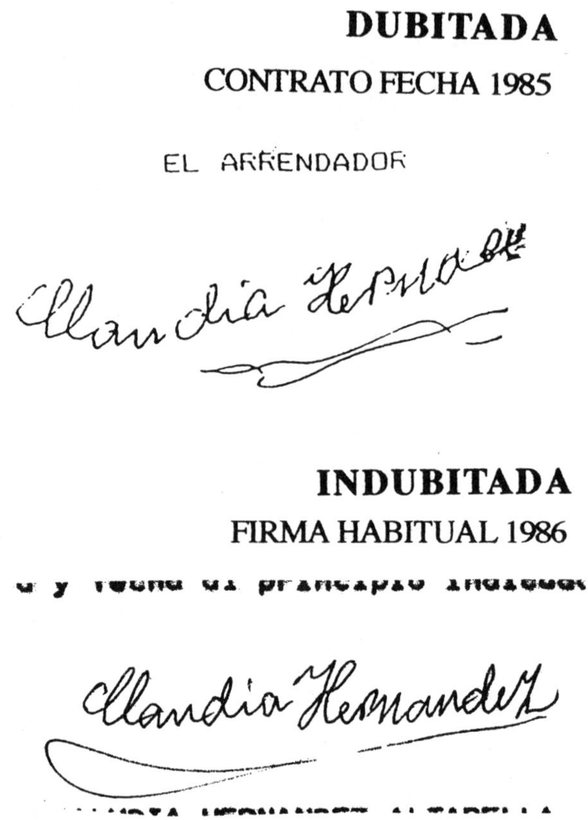

FIG.10 Falsificación del documento. La firma dubitada era auténtica, pero no era posible que fuera igual que las propias de la Sra. Hernández en sus últimos días (diez años más tarde) cuando otras firmas posteriores al sospechoso contrato reflejaban unas condiciones psicofísicas mucho mejores. La policía intervino en el domicilio de la presunta falsificadora un buen número de hojas en blanco firmadas por la finada.

FIG. 7.10.

AUTOFALSIFICACIÓN

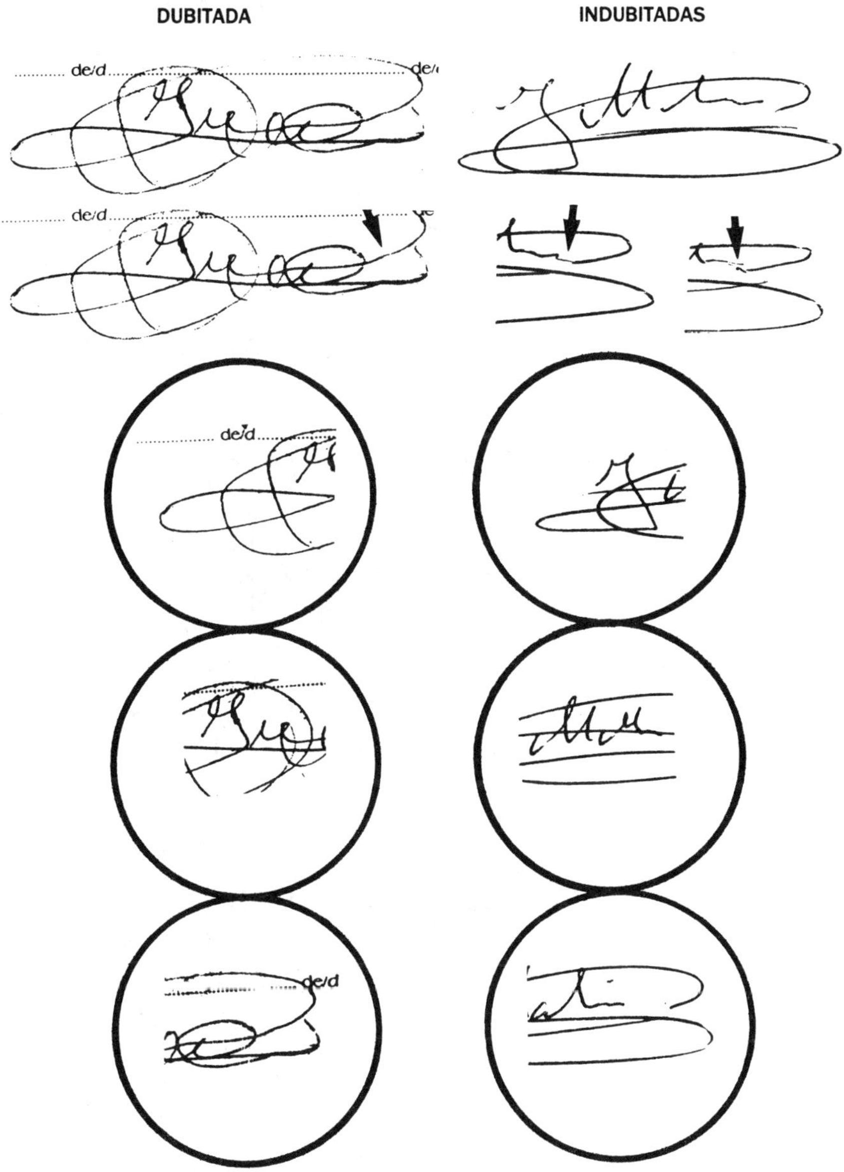

La dubitada observa un intento de disfraz, de modificar las formas, no de hacer otras formas distintas, sino de intentar cambiar las que espontáneamente le salían. En un estudio detenido podemos apreciar como el autor inconscientemente sitúa trazos compensatorios en los lugares donde aborda precisamente en las indubitadas (los trazos omitidos quedan sustituidos por otros homólogos desde el punto de vista pericial).

FIG. 7.11.

Ejemplo de dictámenes en Grafística (FIG. 7.12, 7.13).

FIG. 7.12. Comparación de muestras objeto del dictamen.

ACREDITACIÓN DEL PERITO Y OBJETO DEL DICTAMEN

Manifiestan
Que habiendo sido requeridos a instancias de __________________, para que surta efecto en procedimiento judicial, emitiendo Dictamen Pericial Caligráfico cuyo extremo es el de verificar si la firma dubitada en el lugar de «El/Los fiador/es» en documento de préstamo de Caixa d'Estalvis ________ que seguidamente se describirá, ha sido o no realizada por el propio Sr. B.C.P., o bien se trata de una imitación de su firma, cotejando dicha firma cuestionada con las indubitadas que también se describirán, por lo que pasamos a exponer las siguientes consideraciones y conclusión.

DESCRIPCIÓN DE GRAFISMOS

Grafismo Dubitado
Consiste en la firma que aparece en el lugar destinado a «El/Los fiador/es» (en el lugar marcado previamente con una cruz) entre el «Deudor prestatario» (donde no aparece ninguna cruz señalando el lugar donde tiene que firmar) y el apoderado de Caixa d'Estalvis de ________, en contrato de préstamo de Caixa d'Estalvis de ________ con fecha —— (Expediente: ——) (se adjuntas copias en anexo del presente informe).
Grafismos Indubitados
Se trata de las firmas del Sr. B.C.P., estampadas a la presencia del suscrito perito y otros documentos de contestación a la Caixa d'Estalvis ________ y el propio DNI (se adjuntas copias en anexo del presente informe).

METODOLOGÍA E INSTRUMENTAL UTILIZADO

Metodología Aplicada al Análisis de los Grafismos
Para el análisis comparativo tanto del grafismo dubitado (firmas en el lugar de «El/Los fiador/es» en contrato de préstamo de Caixa d'Estalvis __________), como de los grafismos propios del Sr. B.C.P., se ha utilizado el método grafonómico, el cual incluye todos los parámetros del método grafométrico, ya que tiene en cuenta el aspecto móvil o dinámico del grafismo; se examina la grafía teniendo en cuenta el ritmo escritural del autor, no conformándose con la apreciación estática de las formas o de sus dimensiones aisladas, sino obteniendo la homogeneidad o convalidación de las variables por la síntesis de sus valores más esenciales y repetitivos y, al propio tiempo, de los detalles más personales que trascienden a los aspectos generales de cada grafismo, captando pues lo más intrínseco o peculiar del propio ritmo.
Asimismo, se ha utilizado como auxiliar el método geométrico–estructural (método originario de la Cátedra de Criminalística de la Universidad de Wroclaw) consistente en la identificación geométrica de las partes de las firmas-rúbricas, teniendo asimismo en cuenta el movimiento.

Instrumental Utilizado
Para la mejor apreciación de los detalles y tipismos gráficos se ha utilizado:
Microscopio binocular estereoscópico KYOWA, Mod. SD-2-PL-3, con iluminación incorporada y lupa milimetrada PEAK SCALE LUPE 10X para la mejor apreciación de la tensión y calibre, puntos de arranque, finales y uniones.
Se ha obtenido ampliación mediante fotocopiadora de todos los documentos aportados para su análisis y cotejo.

Se han realizado transparencias y utilizado retroproyector, proyector de opacos y negatoscopio, para comparar al propio tiempo los grafismos, teniendo a la vista la ampliación de los mismos en un mismo plano.
Se han realizado mediciones con la plantilla grafonómica de la AGC de España.

ANÁLISIS DESCRIPTIVO

Grafonomía divergente entre la firma dubitada, y las firmas indubitadas de Don B.C.P.

A) Parámetros Genéricos

ORDEN ESPACIAL. Situación de elementos en el espacio.
A pesar de una apariencia formal externa, no existe una fidelidad gestual en la forma de abordar el espacio gráfico la «B» inicial es firme y verticalizada en las auténticas, en contraposición a la curvatura inflada de la dudosa, el eje vertical es rectilíneo y profundo en las indubitadas, contrariamente al trazo contorsionado de la dubitada, el subrayado final es corto y producto de una «S» que nace en el último óvalo, no así el amplio gesto elíptico que subraya toda la firma en la dubitada. Asimismo cabe destacar que la firma dubitada no se mueve con la misma facilidad, y la ejecución está refrenada, incluso con una parada y reenganche, sin un ligamen fluido y coherente como se descubre en las indubitadas. La ejecución tampoco adquiere la posición geométrica de las auténticas.

DIMENSIÓN. Alturas y Anchuras.
Las firmas indubitadas observan una métrica con pocas variaciones. Se puede establecer una media longitudinal global de 27 mm que contrastan claramente con los 40 mm de las dubitadas; la altura de la inicial «B» se establece en una media de 15 mm y conservando siempre una distancia prudencial respecto del eje periférico posterior, en contraposición a los 20 mm de la dubitada la cual queda sin distancia respecto al eje vertical siguiente. La disminución en la altura del último gramma del cuerpo medio en las indubitadas, nada tiene que ver con la tendencia gladiolada o ensiforme de la dubitada.

PRESIÓN. Tensión, calibre y profundidad.
La tensión y el calibre resultan decisivos en la divergencia entre la firma dubitada y las indubitadas, aquélla, tenue e indecisa, con inhibición del movimiento en determinados puntos (presión deficiente, con paradas y retoques; torsión peculiar en eje geotrópico inferior), en oposición a la tensión y seguridad del trazado que se aprecia en la indubitadas (presión firme con tensión en los movimientos, espontánea y nutrida en el calibre).

FORMA. Caligrafía o tipografía en la ejecución.
Es innegable que existe una similitud formal entre la firma dubitada y las indubitadas, si bien es solo aparente, ya que se trata únicamente de una burda imitación pues puede observarse cómo la configuración de los grammas es completamente distinta.
Como punto de partida podemos observar cómo el gancho inicial de arranque que se produce en la zona inferior para poner en marcha el gesto envolvente de la «B», no tiene punto de comparación con el gesto blando de curvatura floja que observamos en la dudosa. Por otra parte, la verticalización del ojal o bucle superior de la «B» constituye una característica habitual de las auténticas que nada tiene que ver con la amplitud horizontal de la letra «B» en forma de corazón.
Otra divergencia muy cualitativa queda patente en la «o» regresiva en último trazo que atraviesa en bucle el óvalo, practicando un gesto rubrical a modo de «S» cuya última secuencia subraya ligeramente la parte final de la firma (de corta longitud), ello se contradice en la dubitada con la ausencia de óvalo, la parada, reenganche, ejecución de un rasgo vertical superpuesto en ascenso y descen-

so y a partir del mismo realiza una amplia curva con subrayado que sobrepasa el inicio de la firma.

VELOCIDAD.

La firma dubitada es mucho más lenta, inhibida y realizada a tramos, respecto a la velocidad espontánea y rápida de las indubitadas.

ORIENTACIÓN. Dirección.

La dubitada refleja un grado de ascenso respecto a la línea de base de 40° con una subida final a 45°, lo cual contrasta también con la media de 20° de las indubitadas (ocasionalmente 10° y 30°).

B) Gestos tipo

Las firmas indubitadas o auténticas guardan un ritmo común, se homologan gestos estructurales por su valor cualitativo esencial, divergentes en su grafonomía con la cuestionada o dubitada, básicamente las divergencias a este nivel quedan patentes en:

Geometría estructural: Las figuras o grammas que se confeccionan en cada parte de la firma de las auténticas del Sr. B.C.P. no coinciden con la dudosa, tampoco la composición de elementos de arquitectura de la propia firma (gesto envolvente inicial de la «B», eje geotrópico, guirnaldas de cuerpo medio y óvalo con lazo final de subrayado a modo de «S»). En el conjunto global, cabe observar la abertura que se produce en la zona inferior de la firma formada por los dos ganchos o rasgos inicial y final y en su intersección a una distancia equidistante transciende la recta profunda y vertical del eje periférico, ello no ocurre en la cuestionada pues, primero, dicho eje toca al trazo inicial de la «B» y, segundo, el subrayado trasciende a dicho eje por la zona inferior izquierda.

Grafonomía dinámica: Además de la pulsación segura y espontánea, así como la velocidad con que están realizadas las firmas indubitadas tal como ya se ha comentado es reflejo de la naturalidad, ello no se observan en la dubitada, la cual está trazada torpemente con refrenados, paradas y reenganches. La propia configuración es meramente formal sin que exista la compleja elaboración de gestos que combinan el cuerpo medio con el lazo final que procede del juego de guirnaldas del cuerpo medio y sin pararse.

RESULTADOS Y CONCLUSIONES

Resultados de la Investigación Grafoanalítica

En la primera fase, se ha realizado un pormenorizado análisis de las peculiaridades propias de las firmas indubitadas y se ha podido establecer un buen cálculo de las variables grafonómicas, llegando a una plenitud de valores cualitativos en la identificación de la grafía personal del Sr. B.C.P.

En la segunda fase se ha examinado detenidamente la firma-rúbrica cuestionada y, se han observado inhibiciones en el trazado, propias de una ralentización del propio pulso, lo cual ya refleja una falta de espontaneidad en su ejecución. En dicha fase por la composición de elementos arquitectónicos de la rúbrica se ha descartado la identificación grafonómica con la grafía de don B.C.P.

Procediendo al estudio pormenorizado y comparativo entre las firmas del Sr. B.C.P. y la firma dubitada, se ha podido constatar que, a pesar de un parecido formal muy superficial, no existía ningún parámetro grafonómico de valor cualitativo que pudiera demostrar su autoría, por el contrario, las notables divergencias con la dubitada, dinamismo, movilidad, combinación de grammas, así como demás gestos-tipo y detalles constitutivos de la propia pulsación y ritmo escritural, que quedan siempre patentes en las firmas indubitadas del Sr. B.C.P., se demuestra la nula identificación con la firma cuestionada o dubitada.

Por lo anterior, los peritos informantes, según su leal saber y entender, elevan a S.Sª las siguientes

CONCLUSIONES

Que la firma cuestionada (dubitada) no se corresponde en su grafonomía con las auténticas (indubitadas), por lo que se afirma que dicha firma dudosa estampada en el lugar de «El/los fiador/es» en contrato de préstamo de Caixa d'Estalvis __________, no ha sido puesta por don B.C.P., tratándose en todo caso de una imitación de su firma, realizada por otra persona, lo cual se hace constar a los oportunos efectos.
Barcelona, a veintiocho de enero de dos mil dos.
Por Peritos Calígrafos de los Tribunales.

El Capitán General
de
Cataluña

Barcelona, 3 de Diciembre de 1990.

S E Ñ O R :

Revisado el expediente de exención del S.M., interpuesto en su día en esta Capitanía y trasladado el mismo a la de MADRID, por el mozo LUIS [redacted] [redacted], se desprende que carece de Efectos Formales, por lo que rogamos se persone en -- LA CAPITANIA GENERAL DE MADRID, ubicada en el PASEO DE LA CASTELLANA Nº. 250 - 2º. PISO, EL DIA 20 DEL PRESENTE MES A LAS 12 - HORAS DE LA MAÑA NA, para el pase de Revisión ante el TRIBUNAL MILITAR, comunicándole que la no comparecencia ante dicho TRIBUNAL MILITAR DE MADRID, en el día y hora estipulado, se procederá a la sanción que estipule el Código Militar vigente, que será de ARRESTO MAYOR, previo requerimiento de la Guardia Civil.

El abajo firmante,

Don: LUIS GARCIA DE LA TORRE
T.COL DEL JUZGADO MILITAR

FIG. 7.13. Comparación de muestras Dictamen Militar.

Dictamen Pericial Caligráfico II

BROMA PESADA. CAPITANÍA GENERAL DE LA IV REGIÓN MILITAR PIRENAICA ORIENTAL

ESTADO MAYOR - SEGUNDA SECCIÓN - BARCELONA

OBJETO DEL DICTAMEN

Se trata de averiguar si la firma de un supuesto Tte. coronel denominado Luis G., que aparece en una carta con membrete de «El Capitán General de Cataluña» con fecha 3 de diciembre de 1.990, dirigida a DON LUIS G. ha sido realizada por alguno de los soldados que por la investigación policial han resultado sospechosos, entre los que se encuentran:

– JOSÉ MANUEL H__________________

– JUAN LUIS H__________________

– JORDI R__________________

EXAMEN PRELIMINAR

Una vez analizada la escritura y diversas firmas de los citados sospechosos, hemos descartado a los Sres. Jordi R______________ y José Manuel H__________________ por no observar una grafonomía coincidente con la propia de la firma dubitada y en cambio sí hemos identificado la grafonomía del Sr. Juan Luis H__________________.

ANÁLISIS BÁSICO

A pesar de que nos encontramos ante una firma imaginaria, pues no se trata de imitar la del Tte. Col. del Juzgado Militar ya que no existe don Luis G.; sin ser consciente de sus pulsiones, el autor de la firma ha reflejado una serie de rasgos propios tal como ocurre habitualmente en el test del garabato, el dibujante plasma sus propias tendencias gráficas dado que es la expresión subconsciente de su personalidad intima.

GRAFONOMÍA COINCIDENTE ENTRE LA FIRMA DUBITADA Y LA INDUBITADA DE DON JUAN LUIS H.

El Sr. Juan Luis H. realiza un tipo de firma donde prácticamente repite tres veces los mismo rasgos consecutivamente como formando tres pisos donde el superior correspondería a «Juan», el segundo a «Luis» y el tercero, por una parte la inicial de «H.» y separado al final «G.» en un trazo filiforme y, todos rasgos iniciados por su movimiento alto y curvilíneo, luego una guirnalda y posteriormente un remate horizontal. En la firma dubitada se repite nuevamente esta tendencia, aunque una sola, en vez de tres, a modo de simplificación, como si únicamente escribiera «Luis» y es asimismo determinante el hecho de plasmar el mismo punto en todas las firmas.

GESTOS-TIPO

1) CURVA INICIAL: Se inicia en la zona superior con un gancho estrecho, desciende hasta formar una guirnalda.

En las indubitadas lo repite tres veces (hace tres firmas sobre la misma).

2) GUIRNALDA INTERMEDIA: El segundo movimiento de la firma es en guirnalda o en forma de «u». En la dubitada realiza varias y se observa una falta de espontaneidad por la lentitud, inhibición o inseguridad que le provoca la tendencia al semiángulo (también propio de una escritura habitual).

3) REMATE HORIZONTAL: El tercer trazo es el de remate; se trata de un gesto lanzado en horizontal como base del triángulo.

4) TRAZO DE REGRESO: Lo constituye el que se produce después del remate de base.

5) PUNTUACIÓN: Es definitivo el punto que sitúa detrás de la firma pues supone un rasgo muy personal, característico e identificador.

SISTEMA GEOMÉTRICO-ESTRUCTURAL: Por este método auxiliar, hemos podido en este caso apoyar las anteriores deducciones, al comprobar que las zonas donde se desarrollan el grafismo coinciden en ambas firmas dentro de un supuesto triángulo, donde las formas internas abordan en principio la zona superior curvilínea, luego la medía con tendencia a la guirnalda y la base se identifica con un remate horizontal y rectilíneo.

Abundando en la importancia del punto, debe asimismo tenerse en cuenta una localización equidistante en una determinada zona o situación muy característica que constituye una tendencia muy personal.

Por lo anterior, los peritos informantes, según su leal saber y entender, elevan la siguiente

CONCLUSIÓN

El grafismo dubitado coincide en su grafonomía con el indubitado, esto es, la firma del impuesto Tte. coronel ha sido realizada del puño y letra de DON JUAN LUIS H., lo cual se hace constar a los oportunos efectos.

Barcelona, a doce de febrero de mil novecientos noventa y uno.

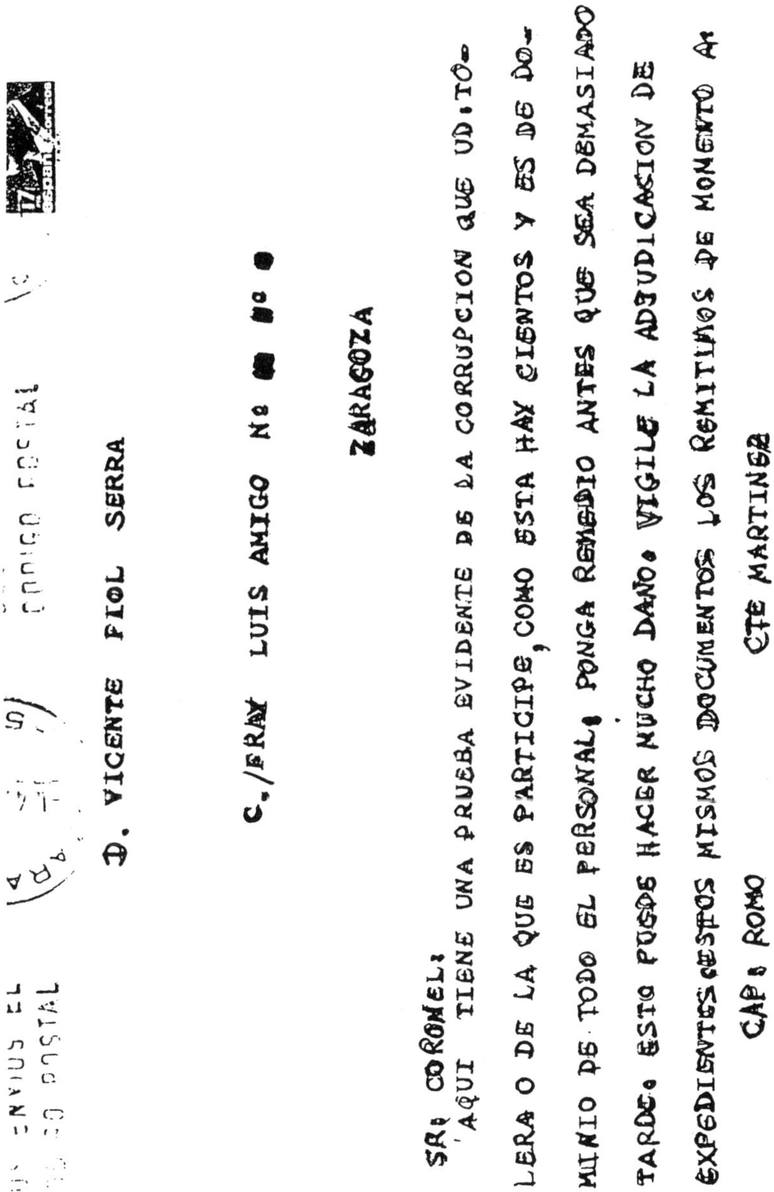
D. VICENTE FIOL SERRA

C./FRAY LUIS AMIGO Nº [redacted]

ZARAGOZA

SR. CORONEL:

'AQUI TIENE UNA PRUEBA EVIDENTE DE LA CORRUPCION QUE UD. TO-
LERA O DE LA QUE ES PARTICIPE, COMO ESTA HAY CIENTOS Y ES DE DO-
MINIO DE TODO EL PERSONAL. PONGA REMEDIO ANTES QUE SEA DEMASIADO
TARDE. ESTO PUEDE HACER MUCHO DAÑO. VIGILE LA ADJUDICACION DE
EXPEDIENTES, ESTOS MISMOS DOCUMENTOS LOS REMITIMOS DE MOMENTO A:

CAP. ROMO CTE MARTINEZ

FIG. 7.14a. Repasados manuscritos sobre texto previamente mecanografiado.

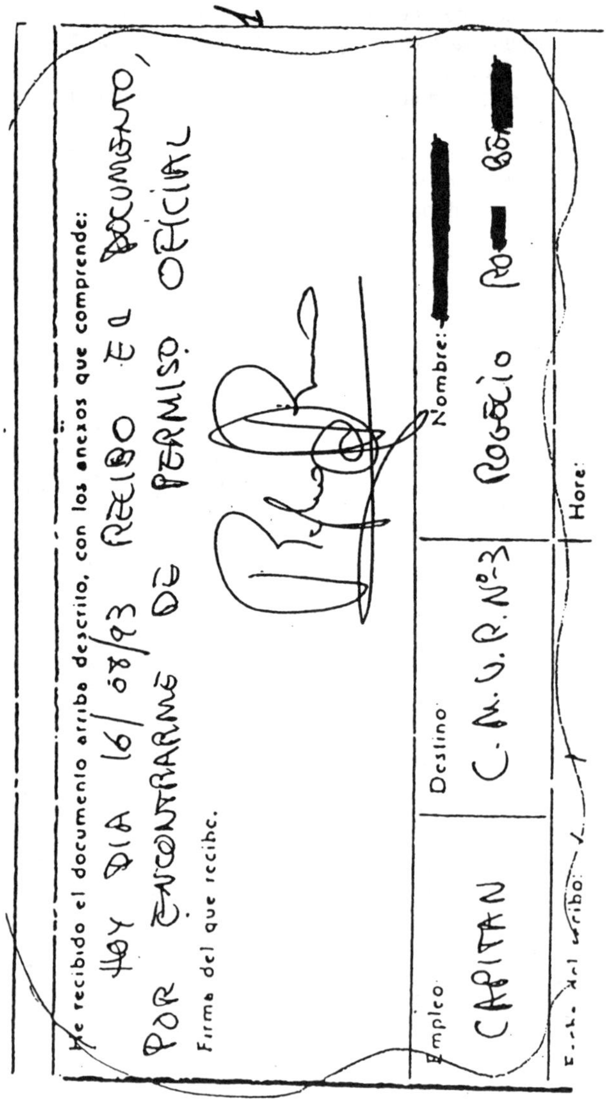

FIG. 7.14b. Grafismo indubitado para comparar.

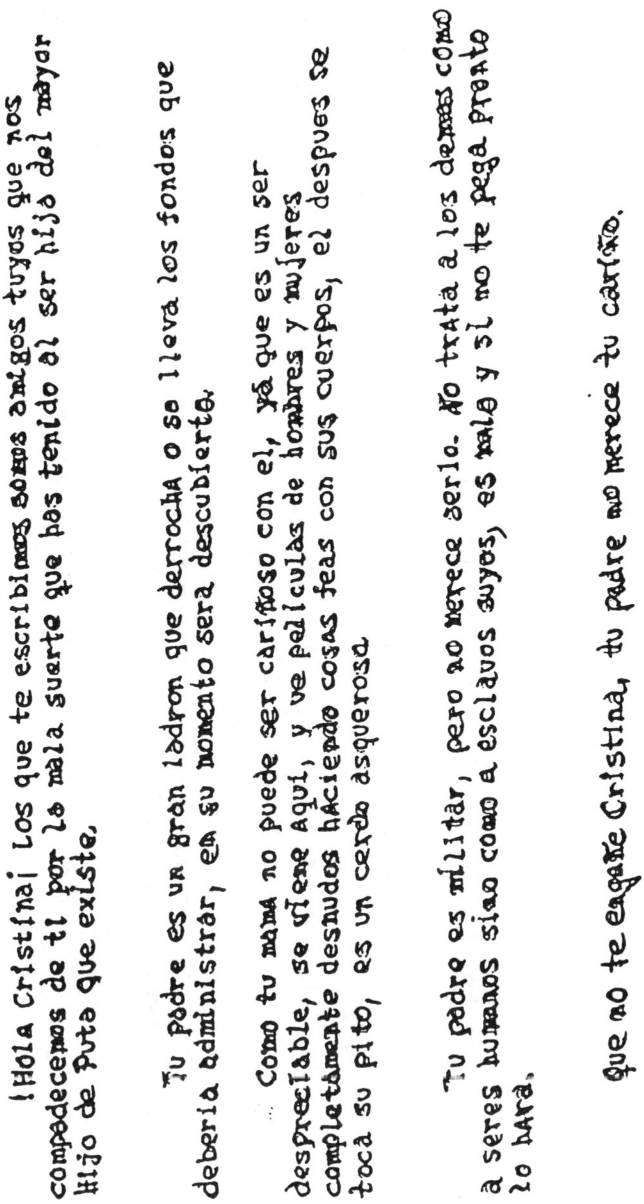

¡Hola Cristina¡ Los que te escribimos somos amigos tuyos que nos compadecemos de ti por la mala suerte que has tenido al ser hijo del mayor Hijo de Puta que existe.

Tu padre es un gran ladron que derrocha o se lleva los fondos que deberia administrar, en su momento sera descubierto.

Como tu mama no puede ser cariñoso con el, ya que es un ser despreciable, se viene aqui, y ve peliculas de hombres y mujeres completamente desnudos haciendo cosas feas con sus cuerpos, el despues se toca su pito, es un cerdo asquerosa

Tu padre es militar, pero no merece serlo. No trata a los demas como a seres humanos sino como a esclavos suyos, es malo y si no te pega pronto lo hara.

Que no te engañe Cristina, tu padre no merece tu cariño.

FIG. 7.14C. Nuevo anónimo para comparar.

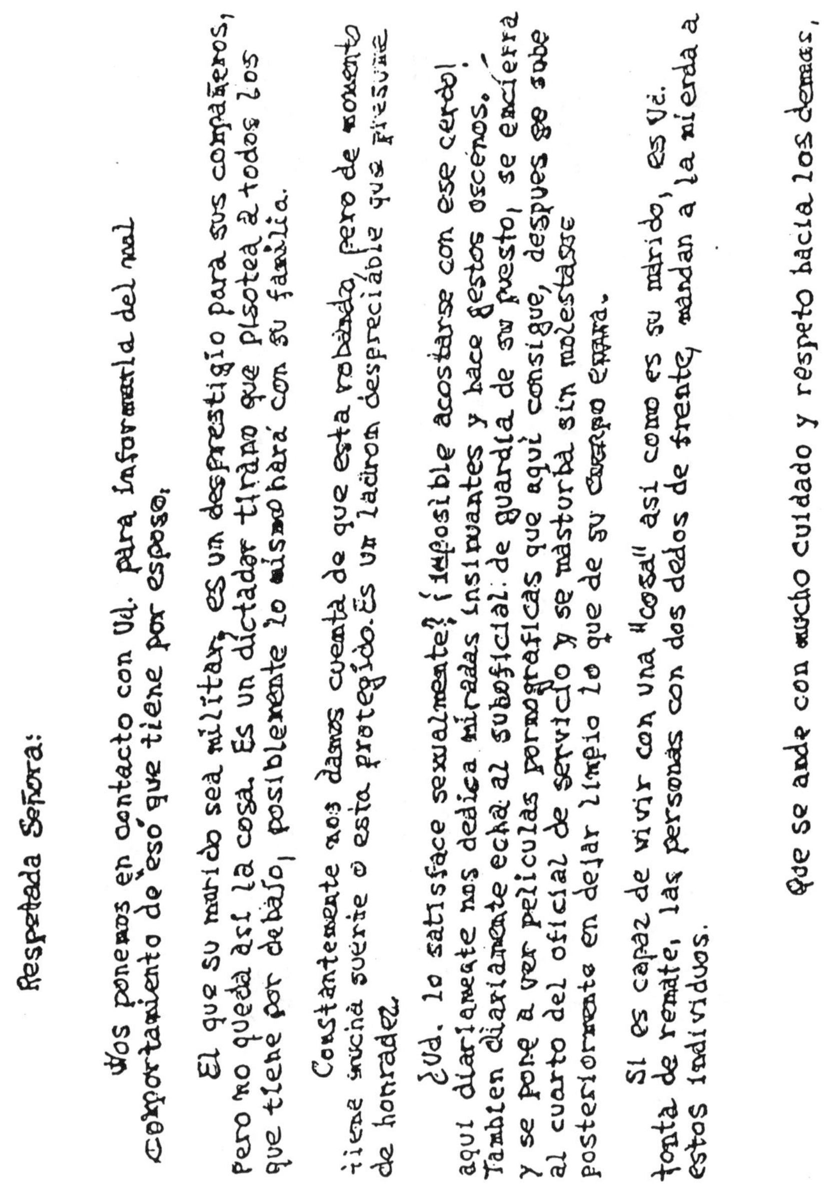
Respetada Señora:

Nos ponemos en contacto con Ud. para informarle del mal comportamiento de eso que tiene por esposo;

El que su marido sea militar, es un desprestigio para sus compañeros, pero no queda así la cosa. Es un dictador tirano que pisotea a todos los que tiene por debajo, posiblemente lo mismo hará con su familia.

Constantemente nos damos cuenta de que está robando, pero de momento tiene mucha suerte o está protegido. Es un ladrón despreciable que presume de honradez.

¿Ud. lo satisface sexualmente? ¡Imposible acostarse con ese cerdo! aquí diariamente nos dedica miradas insinuantes y hace gestos oscénos. También diariamente echa al suboficial de guardia de su puesto, se encierra y se pone a ver películas pornográficas que aquí consigue, después se sube al cuarto del oficial de servicio y se masturba sin molestarse posteriormente en dejar limpio lo que de su cuerpo emana.

Si es capaz de vivir con una "cosa" así como es su marido, es Ud. tonta de remate, las personas con dos dedos de frente, mandan a la mierda a estos individuos.

Que se ande con mucho cuidado y respeto hacia los demás,

FIG. 7.14d. Otro anónimo más.

Dictamen Pericial Caligráfico III

La Sección de Inteligencia del Estado Mayor de la Capitanía General Pirenaica Oriental ha sido requerida por la superioridad para que dictamine y diga si el texto dubitado, mecanografiado y repasado a mano que aparece al pie de factura y que se describirá, puede o no haber sido realizado por la misma persona que ha rellenado el recibo del documento indubitado que asimismo se describirá, por lo que pasamos a exponer las siguientes consideraciones y conclusión.

GRAFISMOS INDUBITADOS En el texto y firma de recibo en tinta negra enmarcado en lápiz del documento militar (CENTRO DE MANTENIMIENTO DE VEHÍCULOS RUEDA Nº 3). Designado como número 1.

GRAFISMOS DUBITADOS Consiste en una nota mecanografiada y repasada encima a mano dirigida a «SR. CORONEL» bajo el contenido de una factura manuscrita por otra persona y sobre igual dirigido a «D. VICENTE F.», el anexo del presente dictamen. Designado como número 2.

GRAFONOMÍA COINCIDENTE –ASPECTOS GENERALES–

En el estudio de los aspectos generales del grafismo, ya se observa una serie de coincidencias sospechosas que suponen una primera aproximación a la identificación. Véase en el aspecto del orden espacial como el arranque de la línea que correspondería supuestamente al punto y aparte se produce a tres espacios del margen izquierdo, tanto en el dubitado como en el indubitado.

Aunque el aspecto dimensión se ve limitado al tipo de máquina de escribir, sí puede apreciarse la tendencia a exagerar o engrandecer algunas letras como son en este caso las «R.R.».

Otra de las características generales coincidente, es la tendencia a escribir con letras mayúsculas todo el texto.

Profundizando en la grafonomia y a pesar de la dificultad que supone el examen de la presión por el «repasado obsesivo» que se aprecia en el dubitado, con la ayuda de lupas de aumento se observan coincidencias muy determinantes por la inseguridad de ciertos trazos (parte media inferior de los perfiles) y también la tendencia al repasado o ascenso y descenso de plenos y perfiles por el mismo trayecto (trazos poco diferenciados y regresivos por exceso de recorrido en los mismo puntos).

Entre las características de valor genérico podemos destacar la tendencia del coligamento que aunque casi inapreciable en el dubitado al tratarse únicamente del repaso del texto mecanografiado, sí se descubren algunos puntos de conexión que se le escapan al autor.

Véase en el documento dubitado por ejemplo la letra «G» en el sobre, cuando escribe «AMIGO» produciendo una conexión con la siguiente letra al igual que en el indubitado «ROGELIO», la «N» del dubitado «MOMENTO» (5ª línea, margen derecho) y el indubitado cuando escribe «DOCUMENTO» y «ENCONTRARME».

Si bien el estudio de la dirección de las líneas también se ve limitado por el texto mecanografiado, pueden detectarse en el repasado algunas tendencias en la forma de «saltar sobre la línea» provocando una sinuosidad; ello también ocurre con la inclinación de las letras en sentido vertical con una pequeña oscilación levógira.

–GESTOS TIPO–

En el análisis de los gestos-tipo es donde se puede apreciar mejor la coincidencia de ambos grafismos:

Letra «E». – Resulta muy característica dicha letra con la base en guirnalda y la confección del borrado.

Letra «C». – Es excesivamente abierta en su base y por alto también peculiar.

Letra «U». – En su análisis veremos que es característica por su estrechez.

Letra «S». – Coincide asimismo la angulosidad de la base.

Letra «M». – Levemente invertida y asimismo tiende a excederse en el primer trazo vertical por debajo de la línea de base en contraposición al segundo que queda mínimamente levantado.

Letra «O». – La abreacción o puntos de apertura y cierre se producen en la zona superior.. En algunos casos se observa el óvalo «autopinchado» o con bucle superior. También es muy importante el coligamento que precede a dicha letra, el cual se produce de forma muy peculiar y personal, por la zona inferior. Véase por ejemplo en el sobre dubitado «AMIGO» y en el indubitado «ENCONTRARME».

Letra «A».–La barra tiende a proyectarse dextróglramente y con presión acerada.

Letra «T».–Tiende a quedar rebajada en su altura.
Letra «Z».– Está ocasionalmente barrada.
Letra «D».– Se confecciona a partir de un lazo característico y sobrepasado en su base.
Por lo anterior, esta sección según el leal saber y entender de sus peritos eleva la siguiente
CONCLUSIÓN
Que el grafismo dubitado, esto es, el texto repasado a mano encima del mecanografiado dirigido al «SR. CORONEL» (señalado con nº 2) al pie de una fotocopia de nota de gastos o factura, se corresponde con el indubitado (señalado con nº 1) por lo que se afirma que están ambos realizados por el mismo autor, lo cual se hace constar a los oportunos efectos.
Barcelona, a tres de septiembre de mil novecientos noventa y tres.

AMPLIACIÓN A DICTAMEN PERICIAL CALIGRÁFICO

Habiendo aparecido nuevos anónimos (cuya copia se adjunta al anexo) de características y circunstancias parecidas o que pudieran estar relacionadas con los anteriores del dictamen principal, esta sección de Inteligencia del Estado Mayor de la Capitanía General Pirenaica Oriental, después de las comprobaciones y análisis efectuados pasa a exponer las siguientes consideraciones y conclusión.

GRAFONOMÍA COINCIDENTE ENTRE LOS NUEVOS ANÓNIMOS y LOS ANÓNIMOS DUBITADOS DEL DICTAMEN PRINCIPAL

En el estudio de los aspectos gráficos de tipo general o global, podemos ya apreciar una idéntica tendencia en la formación del margen izquierdo, ensanchándose de forma escalonada en los sobres y en el texto la tendencia del punto y aparte, así como la irregularidad del margen derecho.
También en las características de sentido global, podemos apreciar la enorme distancia interlínea que existe en los sobres.
Al observar con ayuda de instrumental óptico los perfiles y plenos de la previsión, se aprecian las mismas peculiaridades en ambos grupos de grafismos.
La ejecución reúne idénticas características, se trata de un repasado manuscrito sobre mecanografiado, con tendencia a escribir en mayúsculas y, aún en el caso de los textos anónimos en minúsculas, vemos como se le «escapan» algunas letras en mayúscula como puede ser un gran número de «M.M.» y «A.A.».
A pesar de que existen variaciones en algunas letras, pero debe tenerse en cuenta la intención propia de modificar el grafismo al tratarse de anónimos, ello en este caso no impide que aparezcan suficientes detalles personales o «tipismos» como para identificar todos los anónimos como del mismo autor.

GRAFONOMÍA COINCIDENTE ENTRE LOS NUEVOS ANÓNIMOS Y EL GRAFISMO INDUBITADO DEL DICTAMEN PRINCIPAL

En los nuevos anónimos se observa también la tendencia al punto y aparte, aunque de mayor distancia respecto al margen izquierdo.
A pesar de las limitaciones existentes puede seguirse observando por ejemplo: el engrandecimiento de las «R.R.», especialmente en los sobres dubitados, al poner «ANDRES», «MARTINEZ», «ORTIN» Y «ZARAGOZA».
Persiste la obsesión de escribir en mayúsculas al elaborar los sobres, y en los otros textos, aunque aparecen en minúsculas, véase como se le escapan algunas mayúsculas, ya que se trata de una tendencia propia que procede del subconsciente del autor (ya se ha referido en el apartado anterior señalando las «M.M.» y «A.A.»).
En el examen de la presión, volvemos a apreciar el «repasado obsesivo» y la inseguridad o alteración de la zona media de los perfiles, los trazos poco diferenciales y regresivos.
En algunos puntos se descubre el coligamento, por ejemplo en uno de los sobres al escribir «ZARAGOZA» cuando la «G» conecta con la «O».

La sinuosidad queda patente en los sobres, ya que estos no se ven limitados al repaso del mecanografiado.
Profundizando en los gestos-tipo, volvemos a encontrar la «E» con base guirnalda, la «C» abierta en su parte inferior, la «U» estrechada, la «S» angulosa en la base, la «M» invertida «en textos», los óvalos con idéntica abreacción y autopinchados y coligamento por zona inferior la «A» acerada en su barra, «T» rebajada, etc...
Por lo anterior, esta sección de Inteligencia, según el leal saber y entender de sus peritos, eleva la siguiente
CONCLUSIÓN
Que ampliando el dictamen principal, se afirma que los nuevos anónimos aportados (cuya copia se adjunta al anexo de este informe), se corresponden con los anteriores y con el grafismo indubitado del primer informe (1 septiembre de —-) por lo que, no existe la menor duda de que todos los anónimos y sobres han sido realizados por el mismo autor– del Grafismo Indubitado, lo cual se hace constar a los oportunos efectos.

Barcelona, a 4 de septiembre de mil novecientos noventa y tres.

2. ANÁLISIS DOCUMENTOSCÓPICO

2.1 Nuevas consideraciones sobre fotografía y escáner

Respecto a la toma de muestras por fotografía digital o escaneados debemos tener en cuenta lo siguiente: No podemos sustituir todavía la observación directa, la ampliación fidedigna por lupas o microscopios en los casos de análisis de escritos y documentos, pero los recursos que nos ofrece ahora la informática son ya imprescindibles sobre todo para la ilustración del dictamen, y por supuesto pueden resultar decisivos si estamos hablando de productos de alta calidad con lentes de aproximación especiales en la fase de recogida para la digitalización, es así como la multiplicidad de pixels recoge todos los matices. La sofisticación de dichos productos informáticos no es precisamente económica, pero los resultados hablan por sí solos. Vemos continuamente tomas de muestras por fotografía digital o por escaneado con graves discordancias respecto del original, por lo tanto hay que asegurarse de no tomarlas con receptores que incorporen algoritmos de sustitución que favorecen la velocidad, pero de hecho inventan lo que no ven.

2.2 Seguridad documental

2.2.1 RECOMENDACIONES

– Verificación del documento o soporte (cuidado con los papeles autocopiativos) y del útil inscriptor (bolígrafos con tinta borrable).

– Si el documento tiene que circular, es conveniente conservar copia (a ser posible compulsada) pues en caso de alteración (por ejemplo añadidos) podría resultar importante para la impugnación o elemento de indicio de cara a la denuncia de falsedad y propuesta de prueba pericial.
– Si el documento a conservar como prueba está en soporte de fax con emulsión química (no con tóner de fotocopiadora o tinta de imprenta), obtener fotocopia, ya que al cabo de un tiempo se borrará.
– Para la mayor protección del documento contra el efecto de la luz, es conveniente introducirlo en un sobre donde quede extendido sin doblar y, para una doble protección contra la humedad, colocar dicho sobre dentro de una bolsa de plástico con cierre hermético.
– Para poder analizar posibles huellas de un documento, es recomendable no plasmar las propias (utilización de pinzas, guantes, o como mínimo, tener cuidado en no presionar los dedos en las superficies, tomarlo por las esquinas, etc.).

2.2.2 EJEMPLOS PRÁCTICOS DE FRAUDE DOCUMENTAL

EL TIMO DE LOS BILLETES AUTÉNTICOS CON APARIENCIA DE FALSOS

Hace poco tiempo todavía era corriente oír hablar del «timo de la estampita»; ahora producto del posmodernismo el timo sigue, pero con la otra cara de la moneda, ahora no se ha pretendido hacer pasar papeles blancos por billetes, sino al revés, billetes auténticos como si fueran papeles en blanco y que con un ligero tratamiento y lavado en contacto con otro billete auténtico se convierten en pretendidas copias casi perfectas como si fueran buenas.

El incauto no sospechaba que los papeles en blanco eran billetes auténticos previamente preparados al efecto y que luego en el lavado volvían a ser billetes normales, y, ante la perfección de la copia, se han convencido de que las falsificaciones eran perfectas y por lo tanto se han prestado a la inversión.

En el verano de 2001 la Guardia Civil detuvo en Sevilla a diez componentes de una de estas bandas que operaba en un club de alterne contactando con pequeños empresarios, la estafa superaba los 52 millones de pesetas (más de trescientos doce mil euros).

CLONACIÓN DE TARJETAS DE CRÉDITO

En 2001 los Mossos d'Esquadra (Policía Autonómica de Cataluña –España–) interceptaban una fraude superior a los tres millones de euros por «clonación» de tarjetas de crédito. En agosto los agentes detenían a Albert Joseph Kaufmann ingeniero informático y otros dos cómplices cuando estaban intentando extraer dinero de cajeros automáticos con tarjetas «clonadas». Un hotel francés en connivencia con los falsificadores les facilitaba los datos de la banda magnética de las víctimas hospedadas en dicho hotel. Este «modus operandi» ha sido un verdadero clásico en estas últimas décadas, normalmente perpetrado por delincuentes con alta especialización en la tecnología informática y al propio tiempo directamente relacionados o en acuerdo con otros delincuentes dentro del sector hostelero (en Barcelona se produjeron auténticas redadas por ejemplo en restaurantes chinos propiedad de determinadas mafias).

REPRODUCCIÓN FRAUDULENTA DE TARJETAS DE CRÉDITO

En enero de 2003 se detectó un nuevo sistema de desvalijar cuentas. La inmovilización de tarjeta en el cajero automático por haber introducido previamente un elemento en la ranura, superaba el sistema en ingenio y sutilidad, los delincuentes pegaban un lector de tarjetas al lado de la puerta como si se tratara del sistema de «pase de tarjeta» para abrir la puerta de la entidad bancaria (en las horas que no son de oficina), previamente bloqueaban el cierre de puerta para que no hiciera falta el pase de tarjeta, pero los infortunados sin ser conscientes dejaban registrada su tarjeta en el lector independiente. En otros casos las ingeniosas bandas del norte de Europa han introducido un lector de banda en el propio lector de las puertas y simplemente tienen que descargarse la información de todas las tarjetas.

FALSIFICACIÓN DE DESTINATARIO DE PAQUETERÍA

No es la primera vez que una banda introducida en mensajería (o en Correos, normalmente en el extrajero) cuando sospecha que un paquete contiene cosas de valor le pegan encima del destinatario una etiqueta con una dirección que han alquilado para dicho fin (Comer, 1987).

2.2.3 ELEMENTOS DE SEGURIDAD EN LOS DOCUMENTOS

El artículo 26 del Código Penal Español define como documento «... *todo soporte material que exprese o incorpore datos hechos o narraciones con eficacia probatoria o cualquier otro tipo de relevancia jurídica*» referenciando asimismo por la doctrina y la jurisprudencia las funciones (probatoria, de perpetuación y de garantía) que éste debe cumplir para ser válido.

Por soporte se entiende aquel «*elemento o sustrato material sobre el que se asienta la información*» distinguiéndose en la actualidad: a) soporte papel (tradicional) b) soporte magnético (cintas y discos magnéticos) c) soporte electrónico (disco duro, disquetes...) soporte óptico (DVD, películas fotográficas y de video...).

A continuación exponemos algunos de los elementos de seguridad más habituales empleados en soporte papel:

FIBRAS DE SEGURIDAD Y TABLILLAS

Visibles con la lámpara de Wood (rayos ultravioleta), aparecen repartidos en el billete a modo de pelillos de color. Pueden ser también metálicas o fotocromáticas y están incorporadas al papel de forma aleatoria o en bandas.

Falsificación más habitual: En el mercado se puede obtener sin ningún tipo de control, papel de seguridad (papel que lleva incorporado las fibras de seguridad) y también realizarse importantes pedidos a fábricas de papel pues muchas empresas lo usan para la presentación de sus informes. En las falsificaciones «chapuceras» las fibrillas se «pintan» con rotulador fosforescente amarillo de punta fina.

Contramedidas: Las fibrillas «pintadas» precisamente para quedar disimuladas, normalmente aparecen solo en amarillo; la ausencia de fibrillas de otros colores ya supone un primer indicativo de sospecha.

FILIGRANA

Definición: Motivo dirigido a la fácil visualización por el usuario a través del trasluz, se haya impreso en la pasta del papel cuando se están fabricando las hojas. La técnica es sofisticada y de difícil acceso para los posibles falsificadores ya que consiste en provocar variaciones de densidad del papel, lo cual en la práctica de la visión se traduce en diferencias de opacidad. El efecto óptico de estos cambios de grosor producen ante el reflejo de la luz un aspecto de negativo (las partes claras aparecen oscuras). Para la elaboración de la filigrana se acostumbra a utilizar una máquina Fourdrinier (de mesa lisa) o una máquina con forma redonda, estas últimas son donde mejor quedan plasmados los detalles y diferenciados los medios tonos, con una coloración más precisa así como un relieve de calidad táctil.

Descubrimiento falsedad: si la filigrana aparece al someterlo a la lámpara de rayos ultravioleta, el billete es falso.

La filigrana falsa se dibuja en el papel con tintas especiales, hasta hace poco había resultado muy difícil la verificación de la filigrana por las máquinas clasificadoras, teniendo además en cuenta que el arrugamiento y la suciedad en los billetes muy usados complicaba todavía más su examen. Si bien, puesto que el aspecto de la filigrana se produce precisamente por las variaciones de grosor y que después del calandrado del papel, las diversas partes de la filigrana observan distintas densidades, constituyen auténticas características físicas reconocibles o legibles por las máquinas. Actualmente el análisis automático de la filigrana se centra básicamente en:

- Absorción de las radiaciones visibles
- Absorción de las radiaciones no visibles
- Impedancia
- Masa térmica
- Transmisión de infrarrojos

HILO DE SEGURIDAD

Definición: Acostumbra a ser un hilo delgado flitegrado en el papel que recorre verticalmente el billete; muchas veces es visible en la superficie del papel. Entre las variedades, según los billetes, acostumbran a encontrarse de color, metalizado, holográfico o estar incluso sobreimpreso con la incorporación de microletras o minileras.

Falsificación más habitual: Acostumbra a dibujarse.

Descubrimiento de la falsedad: Observando el billete al trasluz, el hilo de seguridad aparece oscuro y opaco, en cambio bajo el reflejo de la luz resulta camuflado, poco visible, contrariamente a lo que ocurre con las falsificaciones.

ELEMENTOS DE SEGURIDAD IRIDISCENTES

Efecto óptico por el que los colores varían de acuerdo con el ángulo de perspectiva, se producen capas de materia muy finas con interacción de los rayos.

Este efecto de pompas de jabón se obtiene por la colocación de varias capas delgadas de diferentes óxidos metálicos sobre un sustrato, por ejemplo una lámina plástica. Coextrusión de varios polímeros con diferentes índices de refracción y formando una película delgada de varias capas. Colocación de una fina capa de bióxido de titanio sobre partículas de mica, que producen un pigmento irisado con reflejos nacarados.

La incorporación del revestimiento iridiscente resulta un elemento importante en la dimensión de falsificaciones pues su elaboración es costosa y el hecho de que las impresiones de seguridad se plasmen por encima del revestimiento iridiscente, es muy difícil retocar una fotocopia a color con tintas iridiscentes.

Descubrimiento: Falsificación más habitual: se ha producido por fotocopia en color, las tablillas aparecen de un solo color.

Así como un papel aparentemente blanco con los revestimientos iridiscentes incorporados cambiará de color según el ángulo (verde, dorado), una fotocopia observada en ángulo oblicuo seguirá viéndose de color blanco.

LUMINISCENCIA

Es el aspecto de emisión de radiaciones producida en este caso al variar el estado energético de la molécula o el átomo.

La comparación de variables puede practicarse gracias a que para pasar a un estado energético elevado debe absorber energía, que se produce por el fenómeno denominado de excitación.

Los efectos de luminiscencia pueden clasificarse atendiendo al tipo de energía que se encuentre en el origen de la excitación:

- Fotones de baja energía: fotoluminiscencia
- Campo eléctrico: electroluminiscencia
- Reacciones químicas: quimioluminiscencia

En seguridad documental acostumbra a utilizarse fotoluminiscencia:

- Fluorescencia (rayos inferiores a una milésima de segundo después de la excitación)
- Fosforescencia (desde una milésima de segundo hasta varias horas después de la excitación)

Se puede usar para la tinta en la impresión sobre hilos de seguridad y tablillas o incorporarlo en forma de granos en la fabricación del papel.

Averiguación:

Se observan por la excitación de rayos ultravioleta de onda larga (365 mm) y posterior excitación de infrarrojos.

Si se trata de granos incorporados a la fabricación del papel, en el examen con rayos ultravioleta se advertirán manchas de color.

PINZA ESPECIAL (reacción termocrómica)

La pinza calienta el documento provocando un cambio de color que una vez enfriado vuelve a su color original, lo cual facilita el examen inmediato sin deteriorar el documento, ello resulta muy adecuado en casos como el que fue utilizado con gran éxito para las entradas de los Juegos Olímpicos de invierno de 1992.

TINTAS O TAMPONES DE REACCIÓN

El yodato de potasio mezclado con almidón incorporado al papel, al entrar en contacto con una solución ácida de yoduro de potasa, provoca la aparición del color marrón. También se obtienen cambios de color por óxido reducción, quelación y reacciones ácido-básicas.

Inconvenientes: La reacción no es suficientemente rápida, alteran el color del documento dejando una mancha antiestética (Rudolf L. Van Renesse, 1994).

LA FÁBRICA DE MONEDA Y TIMBRE: Quien tiene todo el potencial para practicar las principales falsificaciones lógicamente son las fábricas de moneda y timbre (por ejemplo, el «súper dólar» iraní) y por necesidades de Estado, de forma totalmente secreta pueden incorporar algunos minúsculos detalles a determinados billetes propios con destino a localizarlos cuando convenga (por ejemplo Estados Unidos en sus dólares para el seguimiento de pagos específicos). También con el espectrómetro de masas se puede determinar el origen o coincidencia del papel.

Falsificación más habitual del documento en soporte papel (no grafística)

BORRADO

Aplicación de goma de borrar: La goma suave puede desvanecer fácilmente la marca de un lápiz sin presión, ante la tinta de bolígrafo se acostumbra a usar una goma más dura.

Descubrimiento: a pesar de todo es fácil descubrir restos o marca en un examen detenido del documento. Cuando se intenta borrar la tinta se modifica la superficie del documento; la superficie pierde la suavidad del encolado que contrasta con la rugosidad de las fibras liberadas o entrecortadas.

Existen medios químicos como el líquido Ehrlich que al reverso del borrado provoca una tonalidad contrastada entre la zona afectada y la intacta.

Dificultades: en alguna ocasión el falsificador después de borrar la zona, pasa la goma por todo el documento de una forma ligera en las partes impresas y con mayor profundidad en las no impresas, a fin de confundir o dar una sensación de que los cambios de grosor son una característica propia del documento. Otra dificultad la constituye la utilización del bolígrafo con tinta borrable creado originariamente para los estudiantes (para no tener que tachar en los exámenes), pero cuyo uso ha llevado a sofisticados fraudes (modificación posterior de lo escrito y/o firmado); a pesar de todo deja el rastro suficiente para su detección.

RASPADO

Aplicación de instrumento u objeto afilado (cuchilla de afeitar, aguja, cortaplumas, etc). Con sumo cuidado se va rascando la impresión que no interesa. En ocasiones los falsificadores profesionales encubren los raspados con polvo de alumbre.

Descubrimiento: El raspado se acostumbra a hacer evidente a la vista en un examen detenido. Si el documento o soporte contiene azulantes ópticos, se descubrirá inmediatamente con la lámpara de Wood por la fluorescencia de contraste que producirán los rayos ultravioleta. La fricción localizada produce por una parte un adelgazamiento del documento que muchas veces se observa en el negatoscopio (incluso al trasluz de la ventana) y para documentarlo mejor se puede realizar la oportuna fotografía por transparencia.

LAVADO

Disolventes (acetona, etanol, etc.).
Ácidos (clorhídrico, sulfúrico, acético, nítrico, bórico, etc).
Oxidantes (agua oxigenada, hipocloritos, permanganatos, cloratos,etc.).
Bases (amoniaco, sosa, potasa).

Normalmente los falsificadores tratan el documento en dos tiempos, con una acción conjunta de permanganato y ácido sulfúrico diluido cuya combinación provocará un nuevo cambio químico.

Los aficionados acostumbran a utilizar los líquidos o lápices borradores que se comercializan en las papelerías o grandes almacenes.

Descubrimiento: El lavado con el borrador comercial (por ejemplo: compuesto de hidrogenosulfito) acostumbra a quedar en una vulgar decoloración detectable a simple vista. Con lavados más profesionales puede costar más la detección a simple vista, sobre todo si se ha provocado una ligera difuminación en todo el documento, pero lo que no se observe a la luz natural, aparecerá con la luz negra, también con el laser Argón o con comparador vido-espectral en fluorescencia UV con filtro naranja o amarillo. Hay trabajos científicos sobre la conductividad eléctrica del papel que diferencian la zona lavada de la intacta (Sannie y Pinel).

SUSTITUCIÓN PARCIAL

Como si de una microoperación quirúrgica se tratara, el falsificador incide con un sutil instrumento cortante alrededor de la zona a sustituir, sin alcanzar el fondo del soporte o documento, extrae las primeras capas de papel y dicho recuadro vacío lo rellenará con el nuevo documento que le interesa, tratado a la inversa (ajustando la medida exacta y grosor para que encaje perfectamente). Este sistema, según explicaciones de nuestro distinguido colega Prof. Velásquez Posada, se utiliza habitualmente en algunos países de Latinoamérica sobre todo en billetes de lotería.

Descubrimiento: En el examen detenido del documento se aprecia la falta de uniformidad, por tacto y por la pequeña incisión que deja al descubierto los accidentes en el soporte y que se agudizan con la exposición de fuentes luminosas con transparencia.

FOTOMONTAJE

Por fotocopia. Por cliché: El falsificador debe estar introducido en las artes gráficas y disponer de los medios de imprenta. El cliché electrónico para ciclostilado (superficie de materia plástica donde una pequeña aguja perfora milimétricamente de forma fidedigna lo que ve en el original) ha sido utilizado en ocasiones para falsificar los estampados de los sellos de goma, y, realmente aquéllos donde el falsificador ha tenido la paciencia de presionar el cliché con un tampón con muy poca tinta, dan un efecto de veracidad sorprendente.

Por escaner e impresora de alta tecnología.

ENMASCARADO

Habitualmente con líquido corrector (por ejemplo: corrector líquido) o simplemente tachado. Normalmente las correcciones con líquido corrector dejan relucir la marca original por transparencia, a la luz del sol o por negatoscopio y la fotografía de la transparencia será el mejor elemento visual que podremos adjuntar al dictamen. Se puede tratar de aplicar un pequeño disolvente (tricloroetano y tricloroetileno) pero siempre se causará una agresión al documento.

TRANSFERENCIA

La transferencia de firmas se ha provocado más de una vez facilitando un bolígrafo de tinta borrable a la víctima y una vez estampada su firma en un documento sin importancia como podría ser la recepción de un regalo comercial a través de una simulada mensajería, se ha traspasdo dicha firma por cinta adhesiva transparente al documento interesado (por ejemplo cheque o reconocimiento de deuda, etc.). En ocasiones incluso se puede dejar pegada la propia cinta adhesiva sobre el cheque a falsificar.

El Profesor Juan Manuel Palma Campá, que fue durante años director del Instituto de Criminología de la Universidad Complutense en Córdoba y vicepresidente de Cajasur, advertía precisamente sobre la contradicción de la medida de seguridad que se había puesto de moda hace años, consistente en poner cinta adhesiva transparente sobre el cheque, pensando que así no se podría manipular lo escrito, y, resulta que por la posibilidad de disolución del pegamento, lo que se facilita es la separación de la cinta adhesiva que incorpora lo escrito y puede traspasarse a un nuevo documento.

Averiguación: La transferencia por recorte y pegado se averigua con un examen detenido y al trasluz, las lupas de aumento pueden auxiliar, y para fotografiar los bordes recortados y los cambios de grosor puede ayudar el microscopio sometiendo la muestra a iluminación posterior y rasante. El traspaso de firma mediante una cinta adhesiva normalmente no queda perfecta, deja huecos y adolece de la profundidad, por ello aquí sí se hace imprescindible el uso de microscopio para revisar los recorridos y poder constatar la ausencia de surco. El pegado de cinta que lleva incorporada la firma puede engañar bastante, y debe recurrirse a la orografía sobre todo desde el reverso del documento y la comparación por transparencia respecto de las partes escritas sin falsificar.

2.3 Protocolo de recogida de muestras documentales (gráficas)

A los organismos de Ciencias Forenses, sus Laboratorios de Criminalística, Gabinetes o Secciones de Documentoscopia y Grafística se remiten aquellas pruebas o indicios recogidos previamente por los investigadores forenses o criminalistas en el lugar de los hechos, durante la inspección ocular técnico-policial o de inteligencia civil o militar, haciéndose imprescindible la aplicación de un protocolo adecuado con vistas a salvaguardar la integridad del documento:

Primera impresión receptiva (fijación): Filmación en vídeo o fotografías del documento o documentos y de la zona para prevenir de posteriores adulteraciones y al propio tiempo para referenciarlo, anotándose los datos de ubicación y circunstancias para situarlo en el espacio-tiempo-movimiento.

Toma de contacto (levantamiento): debe valorarse la posibilidad de que el documento incorpore huellas dactilares útiles para la investigación; en dicho caso deben tomarse precauciones:

– Utilización de guantes desechables y pinzas para retirar el/los documento/s, siempre por su extremo.

– Disposición cuidadosa del papel, sin dobleces, para evitar su deterioro; en caso de que se presentara arrugado, alisarlo con precaución.

– Si el papel estuviera fragmentado, se recoge cada uno de los fragmentos, hasta las partículas más ínfimas, para su posterior reconstrucción.

– Si están aún ardiendo, esperar a que finalice el proceso, pues el apagado por la fuerza (agua, tierra, golpes...) los calcinaría siendo irrecuperables posteriormente; si aparecen quemados, se toman mediante un cristal o cartón por debajo, y se rehidratan con sumo cuidado a través de la cercanía con un tejido humedecido sin rozarlos.

(U.S. Departament of Justice, 1999)

Protección (embalaje): Para preservar el documento de posibles alteraciones, es conveniente introducirlo en un sobre. A mayor vulnerabilidad del documento mayores precauciones deben tomarse, en el sentido de que pueda fijarse y sujetarse sin que se modifique por el exterior, por contacto, trasporte, temperatura, etc. No debe graparse ni provocar algún tipo de alteración sobre el documento objeto de la investigación, debe vigilarse de manera que llegue intacto al laboratorio.

2.4 Otros modelos de protocolo

2.4.1 MÁQUINAS DE ESCRIBIR

(1999)

Es posible realizar la identificación de una máquina de escribir a partir del estudio de las características individuales:

a) propias del proceso de fabricación: marca, modelo y número de serie.

b) determinadas por el uso personal y abuso de la máquina.

Los elementos intercambiables de una máquina de escribir que se cotejan con el texto mecanografiado dubitado son: bola, rueda de imprimir o dedal; así como las cintas de tinta y correctora. Entre las cintas cabe distinguir las películas de carbón en las que se aprecian las impresiones mecanográficas de los textos tecleados, y las de tejido, que no se marcan.

PROTOCOLO DE OBTENCIÓN DE MUESTRAS MECANOGRAFIADAS

Para llevar a cabo la obtención de muestra mecanografiada se deben efectuar los siguientes pasos:

1. Normalmente la máquina de escribir no se remite al Laboratorio para su estudio, aunque sí sus elementos constitutivos: bola, rueda de impresión o dedal; en todo caso siempre respetando las reglas de recogida, embalaje y traslado existentes en la investigación técnico-policial para este tipo de aparatos.
2. Si es una máquina de escribir con película de carbón se retira ésta, y también la cinta correctora para su análisis en el Laboratorio, lectura y cotejo de impresiones mecanográficas, inviable en una cinta de tejido. Y a continuación se coloca una nueva cinta para llevar a cabo la obtención de ejemplares.
3. Si es una máquina de escribir con cinta de tejido, se retira ésta y sin ningún tipo de cinta en la máquina de escribir se insertan dos hojas de papel: una de papel carbón y debajo una hoja en blanco para efectuar al teclado lo siguiente:
   a) Se ejecutan en hojas sueltas dos copias del texto mecanografiado
   b) Se teclean todas las teclas (letras, números y símbolos) dos veces en hojas sueltas
   c) En cada hoja se anota marca, modelo y número de serie de la máquina de escribir, así como la fecha y la persona que ha llevado a cabo la obtención de la muestra
4. Se realiza un informe sobre la vida de la máquina: fecha y lugar de compra, servicios de mantenimiento, revisión y reparación.

2.4.2 FOTOCOPIAS

(1999)

Es posible identificar la máquina fotocopiadora que ha originado las fotocopias dubitadas, siempre y cuando éstas sean actuales, y pueda correlacionarse la marca y modelo con la base de datos existente.

PROTOCOLO DE OBTENCIÓN DE FOTOCOPIAS

1. Efectuar diez fotocopias sin ningún original dentro de la máquina fotocopiadora con la tapa cerrada, y otras tantas con la tapa abierta.
2. Obtener 10 fotocopias con un original sobre el cristal/ base de la fotocopiadora, y con la tapa cerrada.
3. Anotar en todas las copias: fecha, condiciones de la obtención y nombre de la persona que lo ha llevado a cabo.
4. Registrar datos técnicos de la máquina (marca, modelo y número de serie), sus componentes/aditivos (tóner, papel: hojas sueltas, rollo alimentado...) y opciones/prestaciones (tabla de edición: color, contraste, zoom, reducción, ampliación...).

2.4.3 PROTOCOLO DE OBTENCIÓN DE MUESTRAS GRÁFICAS

(1999)

1. Debe procurarse que el texto a escribir, soporte, espacio disponible, útil inscriptor, y tipo de escritura (mayúsculas/minúsculas, estilo personal) sea idéntico/similar a la muestra dubitada que debe ser cotejada.

2. Las instrucciones pueden ser verbales o escritas, pero sin ofrecer más información de la debida: no mostrar el escrito dubitado, sin deletrear (enlentecer), sin avisar de puntuación, normas de ortografía...
3. Debe escribir al dictado diversas hojas –sueltas– hasta que la letra se normalice (velocidad, consistencia), y puedan apreciarse las diferencias naturales de la misma. Asimismo se harán copias con escritura rápida, lenta, con inclinaciones variadas, y con ambas manos sucesivamente (derecha/izquierda).
4. En dichas hojas aparecerán anotadas la fecha e iniciales de la persona objeto de la prueba y el testigo.

2.5 Ejemplos de Dictámenes en Documentoscopia

2.5.1 CAPITANÍA GENERAL IV R.M. PIRENAICA ORIENTAL (FIG. 7.15)

2ª SECCIÓN DE ESTADO MAYOR GRUPO OPERATIVO BARCELONA
Barcelona, ——
ASUNTO : AVANCE PERITACIÓN MECANOGRÁFICA (CARTA A DON LUIS ——)

EXAMEN DE MÁQUINAS
GO MIL
JEPER
Asunt. Generales: Cifra «1» sin píe de base
Armas lª Sección: 1 sin base
Hojas 1: Existen coincidencias en el tono de la tinta, el tipo de máquina la congestión letra «e» y «n», irregularidad en «l» y una pequeña torsión de la «A»
Selección: 1 sin base
Movilización: 1 sin base
Educación Física: «A» bajas
E.F: parte superior «b» floja
Hojas: Sinuosidad de la base y torsión de letras
Asistencia Sanitaria: 1 sin base
JEPER
Asuntos Generales: 1 sin base
Armas: 1ª Sección: 1 sin base Armas: IA Sección: 1 sin base Armas: IA Sección: 1 sin base
Hojas: 1ª Sección: 1 sin base
Selección: No espacios
Movilización: 1 sin base
Ed. Física: «A» torcida derecha descendente y la «l» torcida izquierda
Ed. Física: Letra más alta
Hojas: otro tipo de letra
ASAN: distancias no coinciden
ASAN: Defecto letra «a» ascendente
5ª Sección E.M: Menor extensión
Negociado Informática: otro tipo de máquina
1ª Sección: Falla la «Ñ» y extensión reducida
1ª Sección: Reducción notable de la extensión
1ª Sección: «A» bajas
1ª Sección: otro tipo de máquina

1ª Sección: Máquina de letra pequeña
4ª Sección: Máquina letra pequeña
4ª Sección: Cifra 1 sin pie base
3ª Sección: Cifra 1 sin base
3ª Sección: No coloración, no distancias
3ª Sección: 1 sin base
Oficial Servicio: Reducida y 1 sin base
Asesoría Jurídica: 1 sin pie de base
Asesoría Jurídica: No coinciden extensiones
Asesoría Jurídica: 1 sin pie base
Biblioteca: «A» bajas «m» ascendente
Centro Informática: Letra más pequeña Centro Informática: 1 sin–pie de base
R.T.M: pequeña
R.T.M: 1 sin pie de base
Centro Mensajes: Reducida extensión y «u» baja
Botiquín: distancias
Estadística: 1 sin base
Accidentes: Alteración base
Accidentes: idem
Accidentes: presión mitad inferior
Oficina Compañía: 1 sin base
Oficina Compañía: 1 sin base
Oficina Compañía: 1 sin base

RESULTADOS:
De todas las máquinas examinadas, aunque coinciden en la tipografía genérica y medidas de caracteres con las de la carta en cuestión, deben descartarse la mayoría de ellas salvo la correspondiente a «'Hojas 1» pues existen significativos detalles de valor cualitativo para la identificación.

Barcelona, a

GO MIL JEPER

Asunt. Generales

1ª Sección. Barcelona dos diciembre , 3 de diciembre 1990 SEÑOR Don
El abajo firmante. Recurso interpuesto. Guardia Civil. Luis Garcia
Pliego MADRID.

Armas 1ª Sección

1ª Sección. Bacelona, 2 de diciembre, 3 de diciembre 1990
Señor Don Guardia Civil. Recurso interpuesto LUIS GARCIA PLIEGO Mad

Hojas 1

Recurso 0 Interpuesto Guardia Civil. El abajo firmante.
LUIS GARCIA PLIEGO Madrid. 3 de Diciembre. X

Selección

Barcelona. 2 Diciembre 1990 Sección 1ª Señor Don Guardia Civil SEÑ
LUIS GARCIA PLIEGO Madrid

Movilización

Recurso 0 Interpuesto Guardia Civil. El abajo firmante 3 Diciembre 19
Señor Don LUIS GARCIA PLIEGO.

Educación Física

Barcelona 3 de Diciembre. SEÑOR Don LUIS GARCIA PLIEGO. Madrid
Recurso interpuesto. El abajo firmante. Guardia Civil.

E.F

Barcelona 3 deDiciembre 1990. El abajo firmante Gu

Hojas

Barcelona 3 de Diciembre. SEÑOR Don LUIS GARCIA PLIEGO. Madrid
Recurso Interpuesto. El abajo firmante. Guardia Civil

Asistencia Sanitaria

Barcelona 3 de Diciembre 1990. El abajo firmante Guardia Civil SEÑOR d
LUIS GARCIA PLIEGO. Madrid. Recurso Interpuesto.

FIG. 7.15a.

Asuntos Generales
1ª Sección Barcelona 2/12/ 3/12/1990 SEÑOR Don El abajo firmante recurso interpuesto.Guardia Civil Luis Garcia Priego Madrid.

Armas: 1ª Sección
1ª Sección Barcelona 2 Diciembre 1990 3 Diciembre 1990 Señor Don El abajo firmante recurso interpuesto. Guardia Civil Luis Pliego Garcia Madrid

---

1ª Sección Barcelona 2 Diciembre 1990 Señor SEÑOR Dojn El abajo fir recurso interpuesto. Guardia Civil Luis Garcia Pliego Madrid

---

Hojas: 1ª Sección
1ª Sección Barcelona 2 Diciembre 1990 SEÑOR Don El abajo firmante interpuesto recurso. Guardia Civil Luis Garcia Pliego

---

Selección
Barcelona 3 de Diciembre, El abajo firmante. SEÑOR don. Guardia Civil Inte puesto recurso. LUIS GARCIA PLIEGO Madrid.

Movilización
Barcelona 3 de Diciembre 1990 SEÑOR don LUIS GARCIA PLIEGO El abajo firmante. Guardia Civil . Recurso Interpuesto. Madrid.

Ed. Física
Barcelona 3 de Diciembre. El abajo firmante. SEÑOR don. Guardia Civil Interpuesto recurso. LUIS GARCIA PLIEGO Madrid.

Ed. Física
Barcelon. 3 de Diciemgre Señor SENOR don LUIS GARCIA PLIEGO Guardia Civil Intepuesto. El abajo fimante.

2ª PISO LUIS GARCIA PLIEGO Madrid Recurso In Interpuesto.
1 abajo firmante E. Guardia Civil SEÑOR don.

ASAN
Barcelona 3 de Diciembre SEÑOR don LUIS GARCIA PLIEGO Madrid Guardia Civil. Recurso Interpuesto. El abajo firmante. SEÑOR

ASAN
Barcelona 3 de Diciembre SEÑOR Don LUIS GARCIA PLIEGO Madrid El abajo firmante. Guardia Civil Recurso UInterpuesto

---

FIG. 7.15b.

5ª Sección E.M

5

5ª Sección de Estado Mayor

Barcelona 3 de Diciembre de 199o.

S E Ñ O R Don El abajo firmante,

Al lado% Barcelona 3 de Diciembre de 199o0 SEÑOR.-El abajo firmante

Negociado Informatica.

Negociado de Informática 4º ...

B ... l n 3 Di ... mbr 1990 SEÑ R

1ª Sección

1º Sección.-

Barcelona 3 de Diciembre 1990 SEÑOR Don El abajo firmante,

S E Ñ O R Guardia Civil.

Barcelona 3 de Diciembre de 1990 S E Ñ O R Don El abajo firmante Civil.-

B ... 3 ... bre. S Ñ ...

Barcelona 3 de Diciembre 1990 S E Ñ O R Don. El abajo'firmant Guardia Civil. Interpuesto LUIS GARCIA PLIEGO 2º PISO,

Barcelona 3 de Diciembre de 1990 S E Ñ O R Don. El abajo firmante Civil. Interpuesto LUIS GARCIA PLIEGO MADRID.-

Barcelona 3 de Diciembre 1990. S E Ñ O R El abajo firmante Don Guardia Civil In LUIS GARCIA PLIEGO

LUIS GARCIA PLIEGO MADRID.

4ª Sección

4ª Sección.-

Barcelona 3 de Diciembre 1990. El abajo firmante. S E Ñ O R Don. Guardia Civil Interpuewto LUIS GARCIA PLIEGO, 2º PISO MADRID.

Barcelona 3 de Diciembre de 1990. El abajo firmante S E Ñ O R Don Guardia Civil. 2º PISO LUIS GARCIA PLIEGO MADRID.

3ª Sección

3ª Sección.-

Barcelona 3 de Diciembre 1990. El abajo firmante S E Ñ O R Guardia Civil Don, Interpuesto LUIS PLIEGO GARCIA MADRID.

Barcelona 3 de Diciembre 1990. El bajo firmante S E Ñ O R Don. G Civil, 2º PISO MADRID LUIS GARCIA PLIEGO.

Barcelona 3 de Diciembre de 1990. El abajo firmante S E Ñ O R Don. Guardia Civil. 2º PISO MADRID LUIS GARCIA PLIEGO

Oficial Servicio

Oficial Servicio.-

Barcelona 3 Diciembre 1990 S E Ñ O R Don MADRID 2º PISO Guardia Civil LUIS PLI Interpuesto.

Asesoría Jurídica

Asseria Juridica.-

Barcelona, 3 de Diciembre 1990 S E Ñ O R El abajo firmante Don. G Civil 2º PISO LUIS GARCIA PLIEGO MADRID.-

Barcelona 3 de Diciembre 1990. El abajo firmance Don S E Ñ O R Gua Civil LUIS GARCIA PLIEGO MADRID 2º PISO. Interpuesto.

Barcelona 3 de Diciembre 1990, El abajo firmante Don S E Ñ O R MAD 2º PISO LUIS GARCIA PLIEGO Guardia Civil.-

Biblioteca.-

Barcelona 3 de Diciekmbre de 1990.- El abajo firmante Don S E Ñ LUIS GARCIA PLIEGO. MADRID 2º PISO Guardia Civil 2º PISO. Diciembre

Centro Informatica.-

Barcelona 3 de Diciembre 1990 S E Ñ O R Don. Guardia Civil, Interpuesto MADRID 2º PISO LUIS GARCIA PLIEGO. El abajo firmante.

Barcelona 3 de Diciembre 1990 S E Ñ O R Don. Guardia Civil, Interpuesto MADRID 2º PISO LUIS GARCIA PLIEGO. El abajo firmante.

FIG. 7.15C.

R.T.M.-

Madrid 3 de Diciembre 1990 S E Ñ O R Don. Guardia Civil. El abajo firmante MADR
LUIS GARCIA PLIEGO 2ª PISO.

Barcelona 3 de Diciembre 1990, S E Ñ O R, el abajo firmante MADRI
2º PISO LUIS GARCIA PLIEGO Guardia Civil Don,

Centro Mensajes.-

Barcelona 3 de Diciembre 1990 S E Ñ O R, El abajo firmante Don, Gu
Civil, LUIS GARCIA PLIEGO MADRID 2º PISO.

Botiquin.-

El abajo firmante LUIS a
Barcelona 3 Diciembre
1990o S E Ñ O T

Estadistica.-
B
Barcelona 3 de Diciembre 1990 El abajo firmante LUIS GARCIA PLII
MADRID 2º PISO Guardia Civil S E Ñ O R Don.

Accidentes.-

Barcelona 3 de Diciembre. 1990 El abajo firmante, MADRID 2º PISO
LUIS GARCIA PLIEGO Guardia Civil S E Ñ O R Don.

Barcelona 3 de Diciembre de 1990 M A D RID S E Ñ O P el abajo firma
2º PISO Don Guardia Civil.-

El abajo firmante Don, S E Ñ O R MADRID 2 PISO Guardia Civil

Oficija Compañía.-

Barcelona 3 de Diciembre 1990 El abajo firmante Don S E Ñ O R G
Guardia Civil 2º PISO MADRID LUIS GARCIA PLIEGO.

Barcelona 3 de Diciembre 1990, el abajo firmante S E Ñ O R Don
Guardia Civil, LUIS GARCIA PLIEGO 2º PISO.

Barcelona 3 de Diciembre 1990 S E Ñ O R Don LUIS GARCIA PLIEGO el abajo firma
Guardia Civil.-

FIG. 7.15d.

Capitán General
de
Cataluña

Barcelona, 3 de Diciembre de 1990.

S E Ñ O R :

Revisado el expediente de exención del S.M., interpuesto en su día en esta Capitanía y trasladado el mismo a la de MADRID, por el mozo LUIS [redacted], se desprende que carece de Efectos Formales, por lo que rogamos se persone en — LA CAPITANIA GENERAL DE MADRID, ubicada en el PASEO DE LA CASTELLANA Nº. 250 - 2º. PISO, EL DIA 20 DEL PRESENTE MES A LAS 12 - HORAS DE LA MAÑANA, para el pase de Revisión ante el TRIBUNAL MILITAR, comunicándole que la no comparecencia ante dicho TRIBUNAL MILITAR DE MADRID, en el día y hora estipulado, se procederá a la sanción que estipule el Código Militar vigente, que será de ARRESTO MAYOR, previo requerimiento de la Guardia Civil.

El abajo firmante,

FIG. 7.15e.

2.5.2 DICTAMEN PERICIAL CALIGRÁFICO (MODALIDAD: DOCUMENTOSCOPIA)

IDENTIFICACIÓN DE MÁQUINA DE ESCRIBIR ELECTRÓNICA (FIG. 7.16)

...., como mejor proceda,

MANIFIESTAN: Que, habiendo sido requerido para comprobar si los anónimos mecanografiados que seguidamente se describirán pueden haberse realizado con alguna de las máquinas en que se ha escrito la documentación indubitada que asimismo se describirá, por lo que paso a exponer las siguientes consideraciones y conclusión.

DESCRIPCIÓN DE DOCUMENTOS

Documentación Dubitada:

D-I) Anónimo mecanografiado en un trozo de papel recortado y suscrito por un tal «COMITÉ DE INVESTIGACIONES» sin firma (véase copia anexa)

D-2) Anónimo mecanografiado en un folio con mayor distancia interlinea (id.)

D-3) Sobre mecanografiado dirigido a D. ÁNGEL _______________ sin remitente

D-4) Sobre mecanografiado dirigido a D.________________________ sin remitente

D-5) Sobre mecanografiado dirigido a D. JULIÁN ___________________sin remitente

D-6) Sobre mecanografiado dirigido a D. ANTONIO___________________sin remitente

Documentación Indubitada:
I-1) Máquina localizada donde se han escrito varios datos y ALCALÁ DE HENARES.
I-2) id. anterior.
I-3) Otra máquina distinta.
I-4) Otra máquina distinta de I-1, I-2 e I-3.
EXAMEN VERIFICADO: A fin de poder observar los detalles más minuciosos y característicos de cada signo o rasgo, se ha procedido a ampliar los grafismos, al uso de transparencias y a la utilización de lupas de aumento (PEAK SCALE LUPE 10X) y microscopio (KYOWA STEREOSCOPIC MICROSCOPE SD-2PL-3 Model 902098).
Se ha examinado letra por letra y espacios, calculando las décimas de milímetro.
Se han proyectado palabras iguales, superponiéndolas para averiguar su grado de coincidencia.

A} GRAFOMETRÍA COINCIDENTE ENTRE LOS MECANOGRAFIADOS DUBITADOS D-1, D-2, D-3, D-4, D-5 Y D-6 Y LOS INDUBITADOS 1-1 e 1-2

a.1) CARACTERÍSTICAS COINCIDENTES PROPIAS DEL MODELO DE LETRA (TIPOGRAFÍA CLASE «VICTORIA»).
2,5 rnm altura mayúsculas.
2 rnm anchura principal (letras con anchura de óvalo).
Este modelo se distingue por la variación de calibre en los palos de las siguientes letras: letra «A»: El segundo es superior al primero.
letra «E»: El vertical es superior a las horizontales.
letras con óvalo: Las curvas verticales son superiores a las horizontales.
letra «V»: El primer tramo es superior al segundo.
letra «R»: Se reduce el calibre en los tramos horizontales.
letra «I»: El palo vertical es superior a las horizontales.
letra «D»: Asimismo las verticales resultan superiores a las horizontales.
letra «L»: También se concede mayor calibre a la verticalidad.
letra «N»: El tramo medio diagonal es superior a los extremos verticales.
letra «M»: El último palo vertical al igual que el primero en diagonal son superiores a los demás.
letra «Z»: En contraposición a la tendencia habitual de conceder mayor énfasis a las verticales, esta letra.
letra «T»: El palo va aumentando progresivamente en un descenso.
letra «e» (minúscula): El calibre aumenta o disminuye según el tramo, sin relación en este caso con la horizontalidad o la verticalidad, salvo la barra media que es delgada respecto al resto del contenido gráfico.
letra «f» (minúscula): En el extremo superior de la letra existe un pequeño grúmulo que acentúa el calibre, al igual que en las cifras «3», «5», y «9».
Por otra parte existe una pequeña inclinación en la letra «i» y en la letra «t».
a.2} COINCIDENCIA EN LAS ALTERACIONES IDENTIFICATIVAS DE LA MÁQUINA
letra «I»: Se aprecia una anomalía en la posición de dicha letra que provoca un espaciado excesivo respecto a la siguiente.
letra «E»: En el extremo superior izquierdo existe una pequeña anomalía en el ascenso del pequeño rasgo.
letra «e»: Se observan algunas pequeñas deformaciones en el recorrido de la curvatura superior e inferior.
letra «i»: Aparece con mayor presión respecto a las demás salvo letra «t».

B} GRAFOMETRÍA NO COINCIDENTE CON LOS OTROS MECANOGRAFIADOS INDUBITADOS 1-3 e 1-4 (CORRESPONDIENTES A MÁOUINAS DISTINTAS).

b.1} COMPARACIÓN CON I-3: Dicho documento está realizado con una máquina más precaria y con menos prestaciones. Por otra parte los caracteres no son iguales, véase letra «R». En general son más estrechas en relación a la altura. Por otra parte existe una deformación en el espaciado de la letra «O» que impone un apretujamiento con la siguiente.

b.2} COMPARACIÓN CON I-4: La distancia interletra es inferior aunque ello puede variarse en la mayoría de máquinas electrónicas, si bien lo que propiamente distingue a esta máquina es la forma de pulsar la «margarita», en este caso no se aprecia la anomalía en la distancia de la «l» y por otra parte, algunos caracteres de la «margarita» están desgastadas, por ejemplo la «a» en el rasgo superior y también en parte inferior de letra «e».
Por lo anterior los Peritos informantes, según su leal saber y entender, elevan a la superioridad.................................. la siguiente:

CONCLUSIÓN:

Que los mecanografiados anónimos designados como DOCUMENTOS D-1, D-2, D-3, D-4, D-5 Y D-6, han sido realizados en la misma máquina que las indubitadas 1-1 y 1-2, descartándose las demás máquinas en que se han realizado los demás documentos 1-3 y 1-4.

En........................, a........, de..............., de..............

DOCUMENTOS DUBITADOS

ANÓNIMO D-1

ESTIMADO COMPAÑERO:

DE NUEVO NOS TENEMOS QUE PONER EN CONTACTO CONTIGO PARA COMUNICARTE QUE NUESTRO COMITE DE INVESTIGACIONES LEJOS DE PODER ANALIZAR LAS CUENTAS DEL GRUPO EN SUIZA; NOS APARECE UNA INFORMACION CONTRASTADA Y CONFIRMADA COMO ES LA HOMOSEXUALIDAD DE NUESTRO CAPITAN; EL SR: JULIO [redacted]:
NO OBSTANTE; TE HAREMOS SABER TAN PRONTO LO CONSIGAMOS; DONDE SE HAN DE VADO LOS 200 MILLONES DE PESETAS, BENEFICIO DE LOS DOS ULTIMOS AÑOS.

EL COMITE DE INVESTIGACIONES

ANÓNIMO D-2

ESTIMADO COMPAÑERO:

TAL Y COMO YA TE EMOS COMUNICADO EN ANTERIORES OCACIONES DESDE ESTE COMITE DE INVESTIGACIONES AUN CUANDO TODAVIA NO EMOS LLEGADO AL ØXK OBJETO PARA EL CUAL FUE CREADO NOS EMOS N ENCONTRADO CON EL LAMENTABLE HECHO DE QUE NUESTRO [redacted] DON JULIO [redacted] ES MARICON:
COMPRENDEMOS QUE UNA ACUSACION DE ESTE TIPO ES FUERTE: TENEMOS PRUEBA SUFICIENTES YA NO SOLO CON TRES PERSONAS DE LA CASA SINO CON ALGUN

FIG. 7.16a.

D-3 SOBRES DUBITADOS

ALCALA DE HENARES (MADRID)

Celada, 4 D-4
ALCALA DE HENARES

Río Cifuentes, 2 D-5
ALCALA DE HENARES

Pte. Riato, 7 D-6
ALCALA DE HENARES

MAQUINAS INDUBITADAS

DOMICILIO CRTA MADRID BARCELONA KM I-1

POBLACION ALCALA DE HENARES

DOMICILIO CTRA.BARCELONA-Km, I-2

POBLACION ALCALA DE HENARES

DOMICILIO CRTA MADRID BARCELONA KM I-3

POBLACION ALCALA DE HENARES

Ctra. Barcelona Km. I-4

alcala de henares.- MADRID.-

ampliación máquina de los anónimos

ALCALA DE

superposición divergente (I-3 sobre anónimo)

ALCALA DE

superposición coincidente (I-1 sobre anónimo)

ALCALA DE

FIG. 7.16b.

2.5.3 DICTAMEN PERICIAL CALIGRÁFICO - MODALIDAD DOCUMENTOSCOPIA (FIG. 7.17)

(VERIFICACIÓN MECANOGRÁFICA)

____ como mejor proceda,

MANIFIESTA

Se me requiere nuevamente por ——— para que emita dictamen definitivo en procedimiento judicial con el siguiente

OBJETO DEL DICTAMEN

En la observación de dos documentos de los que únicamente se dispone fotocopia, dictaminar si las cantidades que aparecen, en todo o en parte, están plasmadas por la misma máquina que el resto de su documento correspondiente o bien han sido puestas por máquinas distintas y en este último caso, si se identifican con las máquinas relativas a otros documentos bancarios facilitados para el cotejo.

ANTECEDENTES DEL CASO

Este perito en fecha 31 de marzo de — avanzó un preinforme orientativo para ———, en el cual ya se expresaba la consideración de que la documentación objeto de análisis reflejaba alteraciones importantes.

Documentos objeto de análisis

Recibo dudoso.– Hoja de tamaño DIN A-4 con impreso de «Banco H:» rellenada a máquina a modo de recibo por parte de la citada entidad bancaria respecto a «Hijos de JUAN C_____________» por importe de 138.000.000.-ptas. y fecha de 30 de septiembre de —.

Libreta cuestionada.– Página de libreta de Banco Mercantil de Tarragona (libreta para depósitos en pagarés) donde aparece un saldo final de 138.000.000.-ptas.

Documentos accesorios para comparar

Recibo de Romafisa.– Hoja de tamaño DIN A-4 con impreso de «Banco H.» rellenado a máquina a modo de recibo por parte de la citada entidad bancaria respecto a «ROMAFISA» por importe de 63.000.000.-Ptas. y fecha de 6 de octubre de —.

Recibo de Ma. Dolores M. – Idem anterior. Cantidad 45.000.000 y fecha 6 julio —.

Recibo de Alejo V. y otra.– Id. anterior. Cantidad 10.937.422 y fecha 15 noviembre —.

Imposiciones 27-3-1986.– 3 páginas de libreta de Banco Mercantil de Tarragona donde aparece un saldo de 2.610.600.–Ptas.

Imposiciones 3-4-1986.– 3 páginas de libreta de Banco Mercantil de Tarragona donde aparece un saldo de 7.415.700.-Ptas.

Libreta de Joaquín C. y Rosario M. – Páginas de la libreta de Banco Mercantil de Tarragona a favor de Joaquín C. y Rosario M. (1 Marzo 1988)

Observación sobre el documento por fotocopia

En este caso concreto los documentos cuestionados objeto de análisis son fotocopias, por ello únicamente podemos dictaminar sobre la correspondencia o no en el mecanografiado, pero no sobre la autenticidad del documento, ya que podría tratarse de una composición apañada; por ello, sin poder contrastar los citados documentos con sus originales, el dictamen tiene valor respecto a la identificación de máquinas por separado, por lo tanto, en el caso de que existiera una correspondencia no implicaria forzosamente que el documento fuera auténtico, en cambio, en el caso de que exista algún elemento en el documento fotocopiado donde se aprecien irregularidades, esto sí debe ser tenido en cuenta por el perito y expresamente expuesto sin reservas (Artº 460 C.P.) por su responsabilidad en la misión de asesorar al Juzgador. **Por lo tanto el dictamen sobre fotocopias no puede concluir definitivamente sobre la autenticidad del documento en sí, pero si sobre la presunción de falsedad.**

I. ANÁLISIS SOBRE LAS PECULIARIDADES DEL RECIBO DUDOSO

(RECIBO DE BANCO H. RELATIVO A 'HIJOS DE JUAN C______________, 138.000.000.-PTS 30.9.—)

ORDEN ESPACIAL

Encuadrado general y márgenes

El aspecto general del texto refleja la rotura de una constancia por alteraciones que sufre en la línea superior y la siguiente, donde pone textualmente: «Hijos de JUAN C______________» y en la siguiente: «138.000.000.-(pesetas - ciento treinta mi-», donde las irregularidades de posición son muy notables.

Abundando en lo anterior, en la segunda línea: «dad de pesetas 138.000.000.–(pesetas – ciento treinta y ocho mi–» termina sobrepasando sensiblemente el margen derecho respecto a las otras líneas.

Media habitual de los espaciados del texto

distancia interpalabras: 3 mm
distancia interletras: 1 mm

En contraste con las constantes citadas, existen alteraciones importantes del espacio en las palabras «Hijos de JUAN C______________» por un mayor espaciado interpalabras salvo la primera, lo cual podría indicar que aunque coincide la máquina de escribir, se ha escrito con posterioridad, previo dejar el espacio en blanco para rellenarlo más tarde.

Pero las alteraciones más significativas se producen en la línea siguiente, en «–ciento treinta y ocho mi–» donde ya no se trata de que aparezcan unos apretujamientos de letras o palabras ocasionales por tratar de colocarlas en un espacio concreto que supuestamente se hubiera dejado en blanco a tal fin, sino que existe una constante en las letras no apretujadas donde se observa por ejemplo: por la distancia propia de la «t» (0'5 mm) la cual contrasta siempre con las otras «t.t» del resto del escrito (0'9 mm), ello caracteriza otra máquina que, a pesar de ser del mismo modelo tipográfico no es la misma, como sí ocurriría al escribir «Hijos de JUAN C ______________», donde la máquina coincide pero está escrito posteriormente en el espacio dejado en blanco a tal fin.

DIMENSIÓN

El «ápex» o barrita inicial superior de la letra «i» en las palabras «ciento treinta y ocho mi–» es más larga que las propias del texto mecanografiado.

la cifra «1» de la cantidad «138.000.000» además de ser de una tipografía distinta al resto de cifras «1» del escrito, contrasta también con éstos, pues su altura, inversamente a los mismos, supera los 3 mm.

PRESIÓN

Casi todo el mecanografiado observa una tonalidad y calibrado homogéneo, si bien existen unos puntos concretos donde el calibrado se hace más intenso, concretamente en: «Hijos de JUAN C______________», el «1» y «3» de «138.000.000.–» y «– ciento treinta» en «(pesetas – ciento treinta y ocho mi–)».

FORMA

La mayor parte del recibo dudoso está realizado con tipografía de modalidad PICA-10, si bien la tipografía de las cifras «1» y «3» de la cantidad «138.000.000.–» no coinciden con la propia de las otras cifras «1» y «3» que aparecen en el escrito, véase el ángulo superior y la ausencia de barra inferior o «pie» en el citado «1», así como la curvatura de los «3» en contraste al ángulo superior de los propios del mecanografiado.

ORIENTACIÓN LINEAL

El texto mecanografiado conserva una idéntica linealidad sobre la base del imaginario renglón o pauta de la zona media, si bien al igual que ocurría con los espacios interpalabra e interletras, nos encontramos con unos lugares concretos donde está perturbada dicha linealidad, los cuales también se corresponden con el divergente calibrado, dichos puntos afectan a: «Hijos de JUAN C______________» en la línea superior, sinuosa y situándose ligeramente por encima de la línea de base, el «13» en la cantidad «138.000.000.–», donde, especialmente el «3» debería descansar donde descansa el «8» de su derecha (la tipografía de la máquina con que se ha escrito el texto original plasma determinadas cifras extendidas en la zona inferior de la línea de base, puede apreciarse muy bien al observar los «9» (, y,» – ciento treinta y ocho mi–» en «pesetas – ciento treinta y ocho mi–».

GESTOS-TIPO

Cifra «1» La peculiar tipografía de la cifra «1» de «130.000.000» en ángulo superior y sin barra interior que contrasta con las habituales del escrito.

Cifra «3» La también característica cifra «3» de «130.000.000» totalmente curvilínea en contraposición a las habituales del escrito (barra recta superior que forma ángulo arriba).

Letra «i» Además de lo ya comentado sobre la mayor extensión de la barra inicial superior de dicha letra en las palabras «–ciento treinta y ocho mi–», también contrasta con las letras «i» del resto del escrito en su horizontalidad (en el global del texto son cortas y ligeramente inclinadas).

Letra «m» dicha letra se caracteriza en el global del escrito por la curvatura que define bien los arcos, si bien en las palabras donde se han reflejado ya alteraciones, concretamente en «mi–» del final de la segunda línea, existe una pérdida de curvatura del primer arco, adoptando una forma casi rectilínea.

Letra «t» Las medidas de base comentadas podrían constituir también un gesto-tipo.

II. PECULIARIDADES SOBRE LA LIBRETA CUESTIONADA (PÁGINA DE LIBRETA DE AHORRO SEÑALADA ARRIBA COMO DOC. Nº DOS (2))

ORDEN ESPACIAL

La especial confección y tipografía de la máquina con que se han estampado las cifras en la libreta de ahorro hace que los números «3.3» queden adosados a la siguiente, pero ello no sería propio por ejemplo en los números «1.1», donde la media de distancia a la siguiente es de 1 mm, salvo en la cifra «104.000.000.–» donde lo supera excesivamente (1,2 mm) y en la cifra «138.000.000.–» donde el «1» queda prácticamente adosado a la siguiente. Por otra parte, la posición normal de los «1.1» se sitúa por debajo de la línea de base al igual que los «3.3» y los «9.9» (por la propia configuración tipográfica); en los «1.1» de las cantidades referidas «104.000.000.–» y «138.000.000.–» vemos como solo el último respeta dicha posición coetánea al «3». A pesar de todo, en este caso no valoramos cualitativamente la posición del «1» de «104.000.000.–» ya que no se aprecia una regularidad matemática en los otros «1,1» respecto a dicha posición bajo la línea de base.

DIMENSIÓN

La altura media de los «1,1» es de 2'6 mm, en contraste con los «1.1» de las cantidades «104.000.000.–» y «138.000.000.–» que alcanzan los 3 mm.

Asimismo ocurre con los «0,0», su altura normal es de 2'6 mm, pero el primer «0» de la cantidad «104.000.000.–» es de 3 mm.

La apertura de paréntesis «(» en «(Ptas.ciento treinta y ocho millones)» es de inferior altura que las observadas en las otras páginas de libreta de ahorro.

Los puntos «.» superan habitualmente 1 mm, salvo el punto de «(Ptas.ciento...) significativamente inferior.

FORMA

Las letras «i.i» en: «treinta y ocho millones» reflejan un trazo inicial rectilíneo significativo, contrariamente la «i» de «ciento» tiene minimizada dicha barra inicial superior, prácticamente amputada.

Los números «0.0» expresan una configuración más redonda que la observada en el primer «0» de «104.000.000.–» este último es más alargado en sentido vertical.

DIRECCIÓN LINEAL

Respecto a la cantidad en letras vemos cómo aparece un desajuste en la situación de la primera parte: «Ptas.ciento», respecto del resto: «treinta y ocho millones)», dicha sinuosidad contrasta claramente con la linealidad propia de la línea correspondiente.

GESTOS-TIPO

Cifras «1.1».–En este caso constituyen significativos detalles intrínsecos las propias dimensiones de las cifras «1.1» en «104.000.000.–» y «138.000.000.–» las cuales resultan de una mayor altura que las propias del resto de la página impresa.

Cifra «0».– La alteración también se observa con el «0» de «104.000.000.–» el cual delata una dimensión mayor e incluso una configuración más alargada en la ejecución del óvalo en sentido vertical.

Cifras «13....».– Reducida distancia entre el «1» y el «3» en «138.000.000».

Letra «i».– Respecto a la parte de la cantidad: «(Ptas. ciento» de «(Ptas. ciento treinta y ocho millones)» está puesta con una máquina con teclado de configuración tipo «Victoria» parecida a la que ha rellenado el resto de la cantidad, pero sin coincidir ambas máquinas tal como se descubre al observar el ápex o barrita inicial superior de la «i» en «ciento» la cual resulta prácticamente amputada respecto a las propias del resto de la cantidad «treinta y ocho millones».

III. COTEJO DEL RECIBO DUDOSO Y LA LIBRETA CUESTIONADA CON LOS DOCUMENTOS ACCESORIOS

Una vez confirmada la falta de correspondencia de las cifras y números en letras referenciadas tanto en el **recibo dudoso** como en la **libreta cuestionada**, se ha procedido a comprobar si dichos cambios o «añadidos» se podrían haber plasmado con alguna de las máquinas propias de los documentos accesorios facilitados para el cotejo, y, el resultado ha sido negativo.

Sobre los citados documentos accesorios cabe señalar lo siguiente:

Los **recibos de R____________** y de **Ma. Dolores M____________** tienen muchas similitudes con el **recibo dudoso** en su parte general, por la tipografía PICA 10 y por el contenido escrito, la forma de repetir las fechas arriba y abajo, la forma de escribir las cantidades: con un guión antes de la cifra y sin guión cuando la escribe en letras, ello contrasta precisamente con la cantidad donde se observa la alteración en el recibo dudoso y al propio tiempo no coincide la máquina con la parte alterada del referido documento.

El recibo de A.V. y otra, reúne algunas de las características formales de los anteriores, pero está realizado con una máquina de tipografía VICTORIA 12 igual que la parte no alterada de la **libreta cuestionada**.

Las cantidades en letras que aparecen en las **imposiciones de 27-3-1986 y 3-4-1986** corresponden a una tipografía VICTORIA 12 igual que la parte no alterada de la **libreta cuestionada.**

Los números que aparecen en la **libreta de Joaquín C____________ y otra** coinciden en tipografía y tamaño a la de las otras imposiciones y en la parte de números no alterada de la **libreta cuestionada**, pero no a los números alterados.

Por lo tanto, el examen comparativo de la parte alterada de los documentos objeto de este estudio y los **documentos accesorios** ha servido para descartar que dichas alteracio-

nes o añadidos hubieran sido realizados con alguna de las máquinas con que se han rellenado los citados **documentos accesorios** (documentos bancarios indicados).
Por otra parte, el análisis de los citados documentos accesorios ha ayudado por una parte a apreciar mejor la mecánica o distribución habitual que se produce en las distancias de las máquinas de la tipografía coincidente y especialmente en la observación lingüística que aparece en los seis documentos de imposición donde aparece en letras «(son pesetas...») y no «(Ptas...») como en la **libreta cuestionada.**

RESULTADOS DE LA INVESTIGACIÓN GRAFOANALÍTICA

En el primer examen de la documentación cuestionada, este perito ya manifestó en sus avance de informe una serie de irregularidades que inducían a la misma directriz que este informe definitivo y efectivamente en el estudio exhaustivo que se ha practicado en este laboratorio de criminalística, se ha llegado a la plena convicción de que tanto los documentos referenciados como **recibo dudoso** y **libreta cuestionada**, han sido alterados con el resultado de un aumento considerable de las cantidades reflejadas en su saldo.
Vistas las alteraciones que aparecen en el **recibo dudoso**, la tesis de este experto contrastada con su equipo, es la siguiente: En el documento original había un espacio en blanco situado en la parte de la primera línea de texto donde aparece ahora «Hijos de JUAN C______________», y, el resto del documento estaba realizado con una sola máquina de escribir, si bien, en la segunda línea de texto, en vez de poner 138.000.000.– (pesetas – ciento treinta y ocho mi–», ponía: «38.000.000.– (pesetas treinta y ocho mi–» todo con la misma máquina del resto del escrito, y si bien se ha conservado el «8» y la palabra «(pesetas» por razón de espaciado u accidentes en los intentos de intercalar, se ha borrado el «3» original y se han plasmado con otra máquina distinta el «1» y el «3», y respecto a la cifra en letras, se ha borrado el «treinta y ocho mi–» original y se ha escrito con una máquina distinta, pero de la misma tipografía que el resto del escrito: «–ciento treinta y ocho mi–».
En la libreta cuestionada, por el contraste que se detecta inmediatamente en las referidas cifras «1» y «0» en «104.000.000.–» y el «1» en «138.000.000.–» así como la alteración en la primera parte de la cantidad escrita «(Ptas. ciento» que significan una diferencia notable respecto al resto de cifras, se hace patente que dichos números y partes de cantidad escrita no formaban parte del contenido original, por lo que han sido añadidas con posterioridad.

Observación lingüística: En todas las páginas de libretas de los **documentos** referenciados como **accesorios**, en las cuales coincide la tipografía de máquina de escribir, al escribir las cantidades en letras entre paréntesis, siempre aparece la expresión: «(Son pesetas...», por el contrario en la página de **libreta cuestionada** pone: «(Ptas.ciento...».

Por lo anterior, el perito informante, según su leal saber y entender, eleva a S.Sa. las siguientes y definitivas,

C O N C L U S I O N E S

Primera.– Que el documento referenciado en este informe como **recibo dudoso**, consistente en recibo de Banco H. relativo a «Hijos de JUAN C______________ (importe 138.000.000.–ptas. y fecha 30.9.92), a pesar de tratarse de una fotocopia, observa alteraciones en las cifras «138.000.000.–(pesetas –ciento treinta y ocho mi–» por no corresponderse la tipografía de los números «1» y «3» en «138.000.000» con el resto del documento, y tampoco la máquina de escribir con que se ha plasmado «–ciento treinta y ocho mi–».
Segunda.– Que el documento referenciado en este informe como **libreta cuestionada** consistente en página de libreta de ahorro señalada en su parte superior con Doc. nº Dos(2), a pesar de tratarse de una fotocopia, observa alteraciones en las cifras «104.000.000» y «138.000.000» y en la cantidad escrita «(Ptas. ciento treinta y ocho

millones) por aparecer los números «1» y «0» de la primera cantidad y el «1» de la segunda cantidad, con máquina distinta y de dimensión más grande, así como «(Ptas. ciento» también realizada con máquina distinta respecto a «treinta y ocho millones)». **Tercera**.– Que las cifras y parte de cantidades escritos en letra que se han detectado como cambiadas, alteradas o añadida en los citados documentos (**recibo dudoso y libreta cuestionada**), no se han realizado tampoco con ninguna de las máquinas propias de los **documentos** señalados como **accesorios**.

Barcelona, a veintitrés de julio de dos mil uno.

30 de Septiembre de 1.992

Ref/.-Dirección: J/N.

Hemos recibido de Hijos de JUAN [redacted], la canti-
dad de pesetas 138.000.000.-(pesetas-ciento treinta y ocho mi-
llones.), que destinamos a la adquisición por su cuenta de
LETRAS DEL TESORO con vencimiento 26 de Marzo de 1.993 di-
chos instrumentos monetarios quedan depositados en poder
del BANCO CENTRAL HISPANOAMERICANO S.A., hasta la fecha
fijada de su vencimiento del 26 de Marzo de mil novecien-
tosnoventa y tres.

Tarragona a treinta de Septiembre de mil novecientos no-
venta y dos.

FIG. 7.17a.

FECHA	Nº OPERACION	Clase plazo	VENCIMIENTO	REINTEGRO	IMPOSICION	SALDO
29-6 1.986	1		30-11 1.986		8.000.000'-	8.000.000'-
29-6 1.986	2		30-11 1.986		22.000.000'-	30.000.000'-
29-6 1.986	3		30-11 1.986		4.000.000'-	34.000.000'-
29-5 1.986	4		30-11 1.936		104.000.000'-	138.000.000'-

(Ptas.ciento treinta y ocho millones)

BANCO MERCANTIL DE TARRAGONA
URB. APODACA, SO-TARRAGONA
Por Poder

FIG. 7.17b.

El **recibo dudoso** está realizado a tres tiempos y con tres máquinas de escribir:

. Apodaca, 30

NA .

30 de Septiembre de 1.992

Ref/.-Dirección: J/N.

Hemos recibido de Hijos de • • • • • • • • • • • la cantidad de pesetas ✱ 8.000.000.-(pesetas ✱✱✱✱✱✱✱✱✱✱✱✱ llones.), que destinamos a la adquisición por su cuenta de LETRAS DEL TESORO con vencimiento 26 de Marzo de 1.993 dichos instrumentos monetarios quedan depositados en poder del BANCO CENTRAL HISPANOAMERICANO S.A., hasta la fecha fijada de su vencimiento del 26 de Marzo de mil novecientosnoventa y tres.

Tarragona a treinta de Septiembre de mil novecientos noventa y dos.

Muestras didácticas: Como se podrá apreciar en esta copia del **recibo dudoso** para mayor ilustración de la tesis expuesta, hemos puesto una serie de asteriscos ("• • • • • • • • •") en parte de la primera línea del texto donde pondría: "Hijos de JUAN CAMARA PARTAL" por no corresponderse en la posición de línea de base (no descansa sobre la misma limitante, los espaciados son variables y el calibrado o nutrición del entintado es significativamente superior al del texto.

En la segunda línea, los lugares que marcamos con estrellas (" ✱ ✱ ✱ ✱ ✱ ✱ ✱") son donde lo escrito ha sido puesto posteriormente, muy posiblemente borrando lo escrito originariamente ya que por la posición del resto de cifra, la palabra "pesetas y la continuación de la siguiente línea, encajaría perfectamente la cantidad de "treinta y ocho mi-" lo cual terminaría de forma parecida a otras líneas, sin sobrepasar en exceso el margen derecho como se produce ahora. Se refleja el mismo ejemplo en la página de la **libreta cuestionada** (cifras "1" y "0" y "(Son pesetas" en vez de "(Ptas. ciento".

FECHA	Nº OPERACION	Clave plazo	VENCIMIENTO	REINTEGRO	IMPOSICION	SALDO
29-6 1.986	1		30-11 1.986		8.000.000'-	8.000.000'-
29-6 1.986	2		30-11 1.986		22.000.000'-	30.000.000'-
29-6 1.986	3		30-11 1.986		4.000.000'-	34.000.000'-
29-5 1.986	4		30-11 1.986		✱4.000.000'-	38.000.000'-

(✱✱✱✱✱ treinta y ocho millones)
BANCO MERCANTIL DE TARRAGONA
URB. APODACA, 30-TARRAGONA
Por Poder

BMT BANCO MERCANTIL DE TARRAGONA

FIG. 7.17C.

2.5.4 DICTAMEN PERICIAL CALIGRÁFICO

–Especialidad documentoscópica– (Cotejo de marcas de sello/fechador) (FIG. 7. 18).

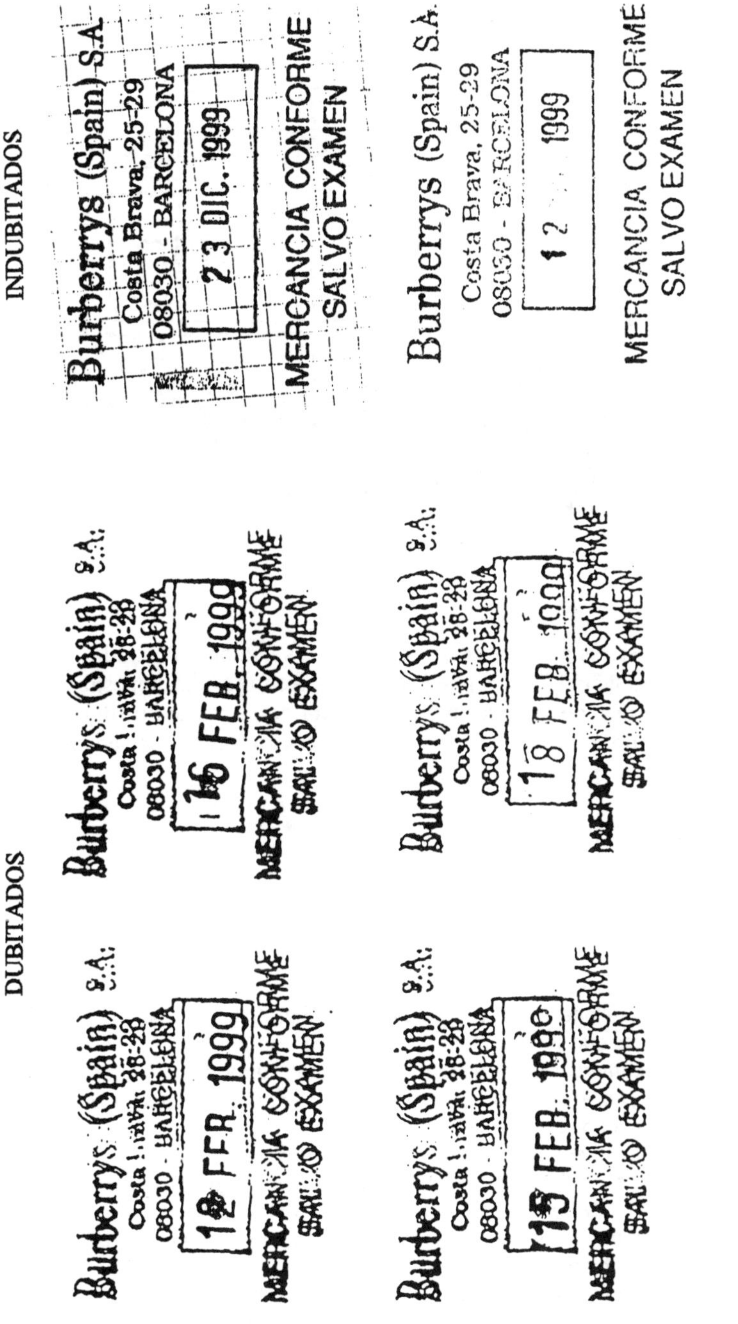

FIG. 7.18a.

SUPERPOSICIÓN ENTRE DUBITADA E INDUBITADA

Muestras gráficas de los modelos de sellador comparados y ampliación (200 %) de transparencia entre ambas muestras, donde a pesar de las dificultades por doble marca que dejan siempre las dubitadas, se aprecia perfectamente la divergencia de marcas de la auténtica.

FIG. 7.18b.

____________________, como mejor proceda,

MANIFIESTA

Que habiendo sido requeridos por ____________________, para que dictaminemos y digamos si el sello/fechador de «Burberrys (Spain) S.A.» que aparece en los documentos dubitados que seguidamente se describirán, se identifican con el sello/fechador indubitado, documentación facilitada por la entidad Burberrys al Grupo Operativo de ____________, por lo que paso a exponer las siguientes consideraciones y conclusión.

Descripción de la documentación a examinar

Documentos Dubitados: Consisten en los sellos donde aparece «Burberrys (Spain) S.A. Costa Brava, 25-29 08030 - BARCELONA» y fecha en recuadro que precede a «MERCANCÍA CONFORME SALVO EXAMEN», estampados en ocho albaranes de entrega de mercancía, en impresos relativos a facturación de la entidad E________.

Documentos Indubitados

Consisten en el sello/fechador auténtico de «Burberrys (Spain) S.A.» (con el mismo contenido que los dubitados), estampado por la citada entidad y cuya documentación ha sido facilitada al Grupo Operativo de ______________.

Instrumental Utilizado en Análisis documentoscópico
–Microscopio de 100X y de comparación
–Microscopio binocular estereoscópico KYOWA, Mod. SD-2-PL-3 con iluminación incorporada (60X)
–PEAK SCALE LUPE 10X
–Retroproyector
–Negatoscopio con uso de transparencias
Metodología utilizada en el examen documentoscópico
Para el análisis de los grafismos reflejados en los citados sellos/fechadores, se ha utilizado el método gramatomórfico (idóneo para formas estáticas, el cual se utiliza también para el cotejo de los caracteres de máquinas de escribir), el método grafométrico (cálculos de medidas, proporciones y distancias) y el geométrico-estructural (formas y dimensiones geométricas espaciales).
Examen preliminar
En primer lugar, se han examinado las tres marcas de sello/fechador facilitadas por «Burberrys» (Indubitadas), observando correspondencia entre las mismas.
Por otra parte, se ha procedido al estudio de las ocho marcas dubitadas y todas ellas se corresponden entre sí.
Ahora bien, en el cotejo entre las marcas indubitadas y las dubitadas se detecta la falta de correspondencia entre ambos grupos.
Análisis Documentoscópico
I Características intrínsecas del sello/fechador Indubitado (Documentación facilitada por «Burberrys»)
En el análisis grafométrico de las marcas reflejadas por el sello/fechador auténtico de «Burberrys» observaremos las siguientes particularidades:
Altura global: 36,35 mm
Anchura global: 50 mm
Altura recuadro fecha: 10 mm
Anchura recuadro fecha: 35 mm
Altura Inicial «B»: 5 mm
Anchura Inicial «B»: 3,5 mm
Altura cuerpo medio «Burberrys»: 3 mm
Altura cuerpo medio «Costa Brava»: 2 mm
Altura fechas: 4 mm
Altura global fechas: 24 mm
Distancia desde recuadro fecha: 4 mm
II Características intrínsecas del sello/fechador dubitado (marcas en ocho albaranes de entrega de mercancía)
En el análisis de las marcas reflejadas por el sello/fechador cuestionado de «Burberrys», además de la doble marca que siempre se produce en la mitad derecha del sellado y la línea vertical blanco que atraviesa el sellado en la mitad izquierda que también se produce siempre, así como la caída de línea de base del fechado, respecto a la grafometría, observamos las siguientes particularidades:
Altura global: 33,5 mm
Anchura global: 48 mm
Altura recuadro fecha: 9 mm
Anchura recuadro fecha: 33,5 mm
Altura Inicial «B»: 6 mm
Anchura Inicial «B»: 3 mm
Altura cuerpo medio «Burberrys»: 3 mm
Altura cuerpo medio «Costa Brava»: 1,5 mm
Altura fechas: 5 mm
Altura global fechas: 31 mm
Distancia desde recuadro fecha: 2 mm

III Comparación divergente entre sello/fechador auténtico (indubitado) y sello/fechador cuestionado (dubitado)

Además de una tipografía de distinta naturaleza gráfica, tal como se ha analizado en la grafometría específica de cada grupo, observamos en el cotejo gramatomórfico-grafométrico una completa divergencia entre ambos:

	Marcas de sello auténtico	marcas de sello cuestionado
Altura global:	36,35 mm	33,5 mm
Anchura global:	50 mm	48 mm
Altura recuadro fecha:	10 mm	9 mm
Anchura recuadro fecha:	35 mm	33,5 mm
Altura Inicial «B»:	5 mm	6 mm
Anchura Inicial «B»:	3,5 mm	3 mm
Altura cuerpo medio «Burberrys»:	3 mm	3 mm
Altura cuerpo medio «Costa Brava»:	2 mm	1,5 mm
Altura fechas:	4 mm	5 mm
Altura global fechas:	24 mm	31 mm
Distancia desde recuadro fecha:	4 mm	2 mm

Resultados de la Investigación Grafoanalítica

Como resultado del anterior cotejo, se demuestra que salvo la apariencia superficial que existe entre ambos sellos/fechadores por expresar idénticas palabras en la misma posición jerárquica (en el plano vertical) así como situación del recuadro de fecha, los demás aspectos gráficos, en este caso fundamentales, no coinciden por los aspectos espaciales-dimensionales, ni el calibrado, ni tampoco en la forma (específica tipografía de los grammas o letras y números).

Por lo anterior, los peritos informantes, según su leal saber y entender, elevan a S.Sª la siguiente

CONCLUSIÓN

Que en el examen realizado sobre los documentos en cuestión con la ayuda de instrumental de Laboratorio de Documentoscopia, se ha podido constatar que las marcas dubitadas, todas ellas coincidentes entre sí, no se corresponden en absoluto con las indubitadas, se trata en todo caso de una imitación producida con un sello/marcador o fechador distinto del que corresponde al auténtico o indubitado de «Burberrys».

________, a ________ de ________________ de ____________________

Por Peritos,

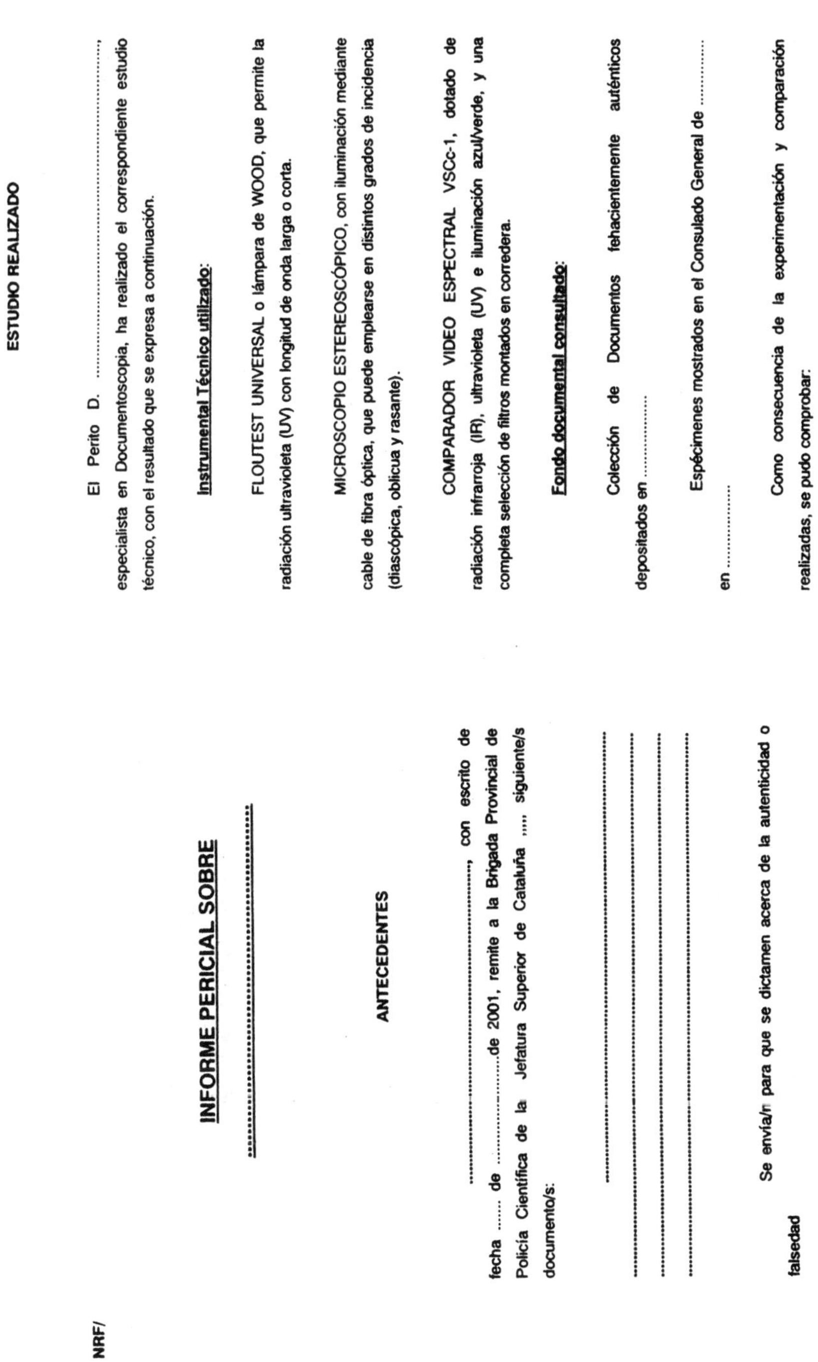
NRF/

INFORME PERICIAL SOBRE

....

ANTECEDENTES

...., con escrito de fecha .... de ....de 2001, remite a la Brigada Provincial de Policía Científica de la Jefatura Superior de Cataluña ,,,,, siguiente/s documento/s:

....

....

....

....

Se envía/n para que se dictamen acerca de la autenticidad o falsedad

ESTUDIO REALIZADO

El Perito D. ...., especialista en Documentoscopia, ha realizado el correspondiente estudio técnico, con el resultado que se expresa a continuación.

Instrumental Técnico utilizado:

FLOUTEST UNIVERSAL o lámpara de WOOD, que permite la radiación ultravioleta (UV) con longitud de onda larga o corta.

MICROSCOPIO ESTEREOSCÓPICO, con iluminación mediante cable de fibra óptica, que puede emplearse en distintos grados de incidencia (diascópica, oblicua y rasante).

COMPARADOR VIDEO ESPECTRAL VSCc-1, dotado de radiación infrarroja (IR), ultravioleta (UV) e iluminación azul/verde, y una completa selección de filtros montados en corredera.

Fondo documental consultado:

Colección de Documentos fehacientemente auténticos depositados en ....

Especímenes mostrados en el Consulado General de ....
en ....

Como consecuencia de la experimentación y comparación realizadas, se pudo comprobar:

FIG. 7.19a. Modelo de Dictamen Policía Nacional Española (con la contribución especial de los Facultativos en Documentoscopia del CNP –Jefatura Superior de Policía de Barcelona–).

A. EXAMEN GENERAL DEL DOCUMENTO ACRIMINADO:

DESCRIPCIÓN Y CARACTERÍSTICAS DEL FORMATO (dimensones, tapas, hojas internas, encuadernación).

NUMERACION ((tipografiado, mecanografiado, perforado).

MEDIDAS DE SEGURIDAD QUE INCORPORA.

.... INCORPORACIÓN DE PLASTIFICADOS, HOLOGRAMAS

FONDOS DE SEGURIDAD.

CALIDAD DE LA IMPRESIÓN.

SISTEMA DE SUJECIÓN DE LA FOTOGRAFIA AL SOPORTE.

FIG. 7.19b. (Cont.).

CUMPLIMENTACIÓN (empleo de escritura manuscrita o mecanográfica).

B. **ESTUDIO DE DETALLE**: Orientado a detectar posibles manipulaciones fraudulentas en el documento, que hayan tenido como objeto la alteración de alguno/s de sus datos, o el cambio de la fotografía del titular.

Observación a través de la lámpara de Wood.

Observación microscópica.

C. **VALORACIÓN DE LOS EXTREMOS OBSERVADOS EN LOS ANTERIORES ANLALISIS**.

En virtud de cuanto antecede, se formula la siguiente

CONCLUSIÓN

El ....analizado, objeto de la presente pericia, es ...., de acuerdo con lo establecido en el cuerpo del Informe.

Se devuelve el documento periciado que ha motivado el presente Informe, el cual va extendido en ..... hojas de papel, escritas solo en su anverso, cada una de las cuales lleva estampado el sello de este Laboratorio, de Documentoscopia y las .... primeras, además, la rúbrica del especialista firmante.

Barcelona, a ....de ....de dos mil ....

FIG. 7.19C. (Cont.).

Generalitat de Catalunya
Departament d'Interior
Direcció General de Seguretat Ciutadana
Policia - Mossos d'Esquadra
Comissaria General d'Investigació Criminal
Divisió de Policia Científica
Àrea Central de Criminalística
Unitat Central de Documentoscòpia

Data:
Reg. sort: D-
Ref./N: **UCD- / -F**
Afer: Determinació tècnica.
Destinació:

DETERMINACIÓ TÈCNICA SOBRE ____.

ANTECEDENTS

El , dimanant de les diligències policials núm. , tramet a la Unitat Central de Documentoscòpia (UCD), de l'Àrea Central de Criminalística de la Policia de la Generalitat - Mossos d'Esquadra:

D'aquest/s document/s es sol·licita determinar sobre la seva autenticitat, falsedat o alteració.

CONCLUSIÓ

Després d'haver estudiat i examinat el/s document/s, es determina que:

Aquesta determinació tècnica, és adreçada al juntament amb la documentació objecte d'estudi.

Per a la confecció d'un informe pericial, sobre aquesta determinació tècnica policial, caldrà que el jutjat corresponent ho sol·liciti a aquesta Unitat Central de Documentoscòpia aportant els documents referenciats.

Els tècnics especialistes

0000 0000

Generalitat de Catalunya
Departament d'Interior
Direcció General
de Seguretat Ciutadana
Policia - Mossos d'Esquadra
Comissaria General
d'Investigació Criminal
Divisió de Policia Científica
Àrea Central de Criminalística

Ferran Salvador i Aniceto
Cap de l'Àrea Central de Criminalística

UCD- / -F

FIG. 7.20. Modelo de Informe simple de «determinación técnica» respecto a la autenticidad de documentos, Policía Autonómica de Cataluña (con la contribución especial de los especialistas en Documentoscopia del Cuerpo de Mossos d'Esquadra).

FIG. 7.21. Laboratorio de Criminalística del Cuerpo de Mossos d'Esquadra (Cataluña, España). De izquierda a derecha: Jaime Pedrol, Eva Fornells, Mª Luz Puente, Francisco Viñals, L.G. Velásquez, Ferran Salvador, Marcel Esquerré, todos ellos profesores y colaboradores de las especialidades de Criminalística, Analística de Información, Pericia Caligráfica Judicial y Peritaje Grafopsicológico del Instituto de Ciencias del Grafismo y de la Escuela de Doctorado de la Universidad Autónoma de Barcelona (UAB). www.grafologíauniversitaria.com.

ANEXO: El descrédito del Método Grafométrico: «L'affaire Locard»

En 1956 el diario francés *France-Dimanche* publicó unos documentos que causaron estupefacción, pues nuevamente se habían repetido los errores del famoso caso Dreyfus, condenándose a un inocente en base a un dictamen erróneo de un experto en Documentoscopia. El asunto alcanzó una gran notoriedad, pues el perito en cuestión era el renombrado doctor Locard, una de las máximas autoridades de la Policía científica.

Los hechos juzgados se remontan al período de la Francia ocupada (1940-1944) por el ejército alemán durante la Segunda Guerra Mundial, y afectaban de manera directa a la Resistencia (*guerra subterránea* llevada a cabo por los patriotas en los territorios ocupados por el ejército nazi). La Resistencia Francesa, coordinada por el Consejo Nacional de la Resistencia (CNR) –presidido por J. Moulin y G. Bidault–, estaba integrada por un sinfín de asociaciones clandestinas (Movimiento de Liberación Nacional de F. de Menthon, Libertad de H. Fresnay, Franco-Tiradores Partisanos, Fuerzas Francesas del Interior...), algunas de ellas militarizadas (maquis), que acometían acciones de gran valor estratégico, destinadas a entorpecer al ejército ocupante, mediante atentados y sabotajes, favoreciendo las operaciones de los aliados. En el polo contrario, se situaban los «colaboracionistas» con los nazis (políticos, conservadores anticomunistas, germanófilos, empresarios e industriales sin escrúpulos, y arribistas sociales) que delataban a sus compatriotas en función de sus propios intereses (ambición, venganzas personales, competencia profesional...), sin que en muchos casos existiera un fundamento real en sus acusaciones. Es por ello, y por la crueldad que mostró el ejército alemán durante la ocupación (arrestos indiscriminados, torturas, ejecuciones de rehenes, deportaciones masivas, racionamiento de alimentos...) que tras la liberación de Francia, los «colaboracionistas» sufrieron una represión muy dura: escarnio público (se veían obligados a pasear por las calles de París con la cabeza rapada...) y máximas penas (ejecuciones sumarísimas, trabajos forzados a perpetuidad...).

Es en este marco de referencia en donde se produce el suceso que nos ocupa. Una tendera de ultramarinos fue condenada por el Tribunal de Excepción de 1945 a trabajos forzados a perpetuidad por traición a la Patria, pues el Dr. Locard en su informe pericial caligráfico (el único existente) le adjudicó la autoría de un anónimo descubierto en la Komandantur (comandancia alemana) después de la liberación de Francia, en donde se delataba a la Resistencia Francesa.

El caso fue reabierto años después, probándose la inocencia de la condenada gracias a un contradictamen presentado por el perito Félix Michaud. El escándalo saltó a la prensa escrita que se hizo eco del informe íntegro –hasta entonces reservado exclusivamente al Tribunal–, aportando el anónimo incriminatorio, así como el cuerpo de escritura efectuado por la acusada, y sobre el que realizaron el cotejo los peritos Locard y con posterioridad Michaud.

La gravedad de los hechos provocó una convulsión en la profesión, la propia Société de Graphologie dedicó un número de su revista: *La Graphologie*, París, n.º 62, ed. SGF, 2º trimestre de 1956, para tratar el lamentable asunto:

«(...) El descrédito de la pericia (caligráfica) está en pleno apogeo después de diversos affaires, y uno se encuentra que, según los diarios, el doctor Locard, cuando expresa su pesar por su equivocación, añade que, por otra parte, la pericia en escrituras «nò puede pretender tener la verdad absoluta» reeditando así la tesis peligrosa del consejero Moras cuando el asunto Dreyfus evocado en la corte de Casación, tesis contra la que Crepieux-Jamin se rebeló vigorosamente («he aquí el acicate a los falsificadores») y que la Corte, en la época no tuvo en cuenta».

Nadie en el país dudaba de la sapiencia del Dr. Locard sobre «la identificación material de las escrituras», es decir, todo lo referente a conocimientos físicos y químicos del papel y las tintas, y sus sistemas de datación, así como el uso de instrumental variado; pero sin embargo, entre el colectivo de grafólogos, sí existían dudas más que razonables de su preparación en Grafología (determinación precisa de los movimientos escriturales en base a los aspectos y subaspectos gráficos), pese a que la prensa lo calificaba de «eminente grafólogo».

Entonces como ahora, los verdaderos especialistas en las grafías –los grafólogos– no se cansaban de advertir que el planteamiento grafométrico del Dr. Locard (con motivo de este escándalo, él mismo renegará de su propio método: la Grafometría), incidiendo en aspectos cuantitativos y mensurables no abordaba «el lado cualitativo y sintético de la grafología sobre la cual se fundamenta la verdadera utilidad de una pericia en escrituras». El empleo de aparatos de medición, ampliación y luminotecnia se entiende siempre como un mero auxiliar técnico, determinado por el caso; pero sin olvidar jamás que la base de la pericia caligráfica son las grafías, siendo imprescindible, por tanto, conocer los elementos que las conforman y su jerarquía de importancia, no tanto la cuantificación de signos como la correcta distinción entre similitudes y/o diferencias insustanciales y superficiales, de las verdaderamente significativas, y por tanto identificativas de una autoría. (Crépieux-Jamin, 1935; 1926)

De hecho si E. Locard hubiese seguido la metodología grafonómica no habría incurrido en este grave error que socavó su carrera profesional, pues tal como se mostraba en el estudio de la Société publicado en *La Graphologie* pese a la aparente similitud formal de algunas palabras, las diferencias cualitativas e intrínsecas, eran «tan flagrantes que ha sido difícil ignorarlas», y además esclarecedoras sobre uno de los principios básicos de la grafística para la identificación y estudio de la autoría de escrituras –incluso corroborado por medio de la pericia lingüística–: Una escritura de nivel gráfico alto no puede ser atribuida a un escritor que posea un nivel gráfico bajo; es decir, es imposible simular una escritura de mayor nivel cultural o de destreza gráfica a la propia.

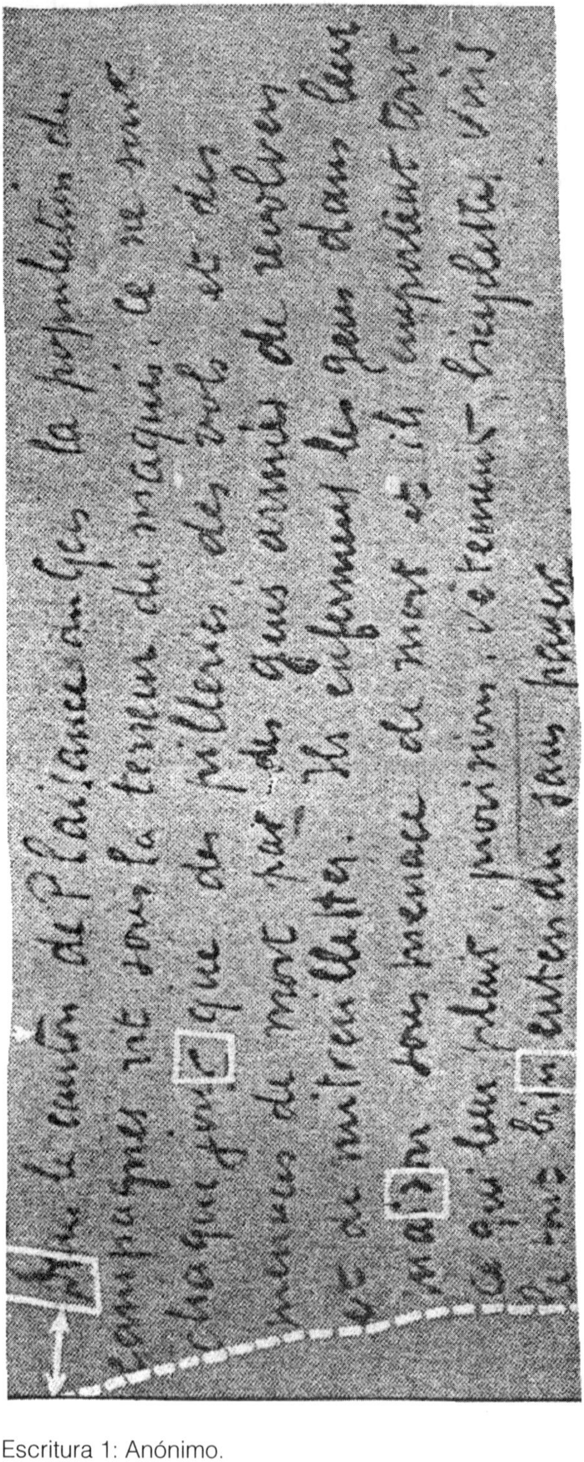

FIG. 7.22a. Escritura 1: Anónimo.

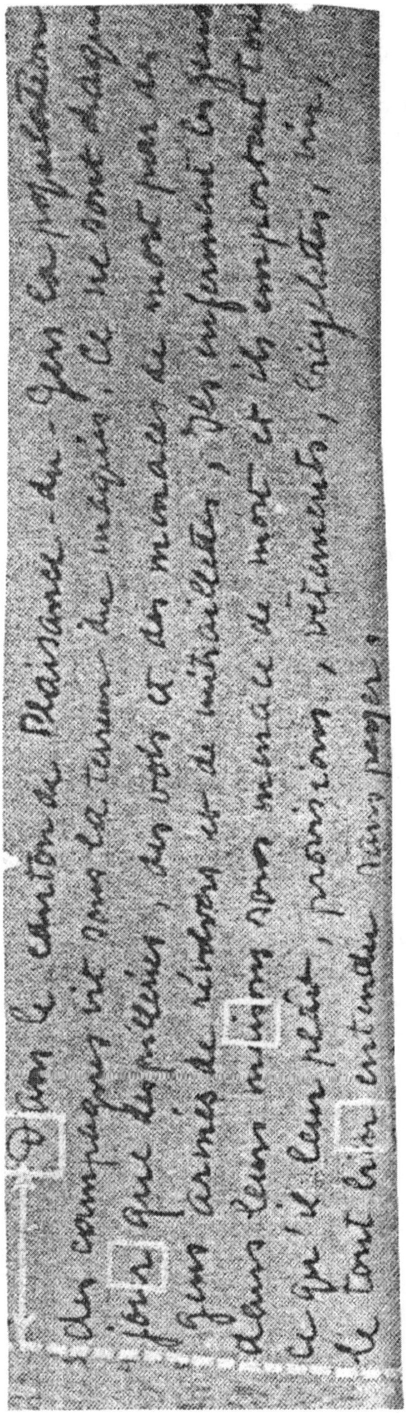

FIG. 7.22b. Escritura 2: Cuerpo de escritura de la inculpada.

Extracto del dictamen pericial caligráfico efectuado por la Société de Graphologie

(...) Las dos escrituras se parecen, tienen un parentesco en el aspecto, algunas palabras son muy similares. Lo primordial para los expertos es encontrar palabras que se superpongan, si se hallan, el núcleo del dictamen está hecho. Aquí no hay, pero las palabras «population» (línea nº 1), «vols» (línea nº 3), «revolvers» (línea nº 4) por ejemplo parecen iguales. Por tanto es necesario y muy instructivo constatar que las mismas diferencias que la grafología revela a grandes rasgos en la escritura se localizan justo en las palabras que a primera vista son similares.

(...) Las «r» finales están hechas de forma diferente en los dos documentos (ver «jour» (línea nº 3), y «payer» (última línea), las «s» igualmente, las «i» están puntuadas inmediatamente en la letra del delator y no en la tendera (ver «maisons»).

Todo esto debe tenerse en cuenta, y era igualmente muy importante notar el margen ensanchándose en 1 (texto número 1), y estrechándose en 2 (texto número 2).

(...) estas dos escrituras difieren completamente. La primera es grande y espaciosa, la segunda es de un formato más pequeño, más concentrada entre líneas (1 línea de menos). La primera es de mayor nivel cultural y originalidad a pesar del carácter delictivo y menospreciable del acto cometido; el personaje no refleja sociabilidad en su escritura: enderezada, espesa, gruesa, pastosa, fangosa, cenagosa, angulosa, unas veces en maza («r» finales de «jour» línea nº 3; y de «payer» línea nº 8), y otras acerada (barras de «t» espesas, pastosas y barradas de cantón línea nº 1; y de «emportent tout» línea nº 5; pero el nivel de Klages sería al menos de 2), ; mientras que la escritura de la víctima, no más graciosa, pesada y fangosa igualmente, pero más ligada, semirredondeada, es menos asocial y más banal, no podría valorarse más que de 3 a 4 como nivel.

El estilo del delator es literario: «Ce ne sont chaque jour que des pilleries», y su ortografía refinada. Escribe «revolver» (palabra de origen inglés) sin acento agudo, como debe ser, mientras que la tendera se equivoca. Escribe «Ils enferment des gens dans leur maison sous menace...» («Ellos encierran a unas gentes dentro de su casa bajo amenaza...») y la tendera escribe «leurs maisons» («sus casas»), lo que parece más correcto (concordancia de plurales) y no lo es, puesto que los maquis no encerraban todas las gentes en todas sus casas, sino las gentes de una misma familia en su casa. En fin, la palabra «Hautes salutacions» es una fórmula de cortesía y distinguida, es una palabra de hombre de mundo, no de tendera.

Estas son las certidumbres: una persona no puede escribir más elevado (como ortografía o como grafismo) que su rango. La Sra. L. no podía haber escrito la carta de denuncia. Pero hay más: más signos grafológicos, numerosos y cualificativos distinguen las dos escrituras. Nosotros hemos ya apuntado la diferencia en espaciosidad, añadamos a continuación lo siguiente. La escritura 1 tiene presión desplazada, la anchura de las letras dominan en el bajo y en el alto de las letras y no en los plenos verticales (ver las dos últimas letras de «menace» línea 6; típicas de esta particularidad, sensible por otra parte en toda la autografía). La escritura 2 no tiene esta originalidad, que revela por otra parte, un carácter un poco anormal (ver en el precedente número, un artículo sobre este género de escritura, bastante rara, que es el resultado de una adherencia a la pluma no clásica). La escritura 1 es suspendida e inhibida en sus finales.

En caligrafía la mayor parte de las letras del alfabeto se terminan (las a, e, i u, t, c, d, m, n...) por pequeños trazos ascendentes. El escritor número 1 las omite la mayor de las veces (Ver «canton population» en la línea nº 1; «encierran», «leer» línea nº 5; «mort», línea nº 6; «entendu» linea nº 8). Éste es un signo de retención del impulso. La escritura 2, al contrario, es regularmente lanzada, es decir, que los finales se abastecen del trazo ascendente (ver las mismas palabras que debajo). La inhibición o el lanzamiento de los finales son las características irreprimibles e invariables en cada escritura natural, de una gran importancia cualitativa: Temperamento reservado o al contrario extravertido. La escritura 1 es acordonada en esto: sus «a» y sus «o» son generalmente abiertas por arriba; la escritura 2 es juntada en esto: sus mismas letras están cerradas. Esto es aquí todavía una constante individual en el escrito y que escapa a su conciencia. La escritura 1 está menos ligada que la escritura 2, las separaciones entre letras y los levantamientos de pluma son más frecuentes, esto es así que en «mitraillettes» («metralletas») hay seis levantamientos de plumas en 1, contra 2 en 2.

Y mientras tanto podemos ver en las palabras reveladas como parecidas en el segundo parágrafo de este análisis, que presentan justamente las diferencias que en el examen de las escrituras, en sus rasgos generales, nos viene a señalar, y que habíamos olvidado en las palabras. Y lo que estaba en una palabra una particularidad sin importancia, deviene cuando esto se repite, en un carácter distintivo.

«Population» presenta, en efecto, en 1, el enderezamiento (escritura vertical) contra la inclinación en 2; la presión desplazada en 1, contra la presión normal en 2, la inhibición de la «n» final contra su lanzamiento; las «o» y «a» abiertas contra estas mismas letras cerradas (salvo la última).

«Vols», en 1, presenta la «o» abierta.

«Revolvers», presenta, en 1, la ortografía correcta contra, en 2, la falta de acentuación de la primera «e» ; y una «o» abierta contra una cerrada; en fin una diferencia notable de espaciosidad y de inclinación.

En suma, cuando una vez se ha revelado las especies grafológicas que difieren en las escrituras de comparación, se las encuentra una u otra en cada palabra. Todavía falta haber hecho esta revelación por medio del trabajo preparatorio que todo grafólogo tiene el deber de hacer y que se llama la definición grafológica, trabajo que pide el manejo de alrededor de las doscientas características diferentes que pueden encontrarse en una escritura.

Conclusión

Dadas a estudiar a grafólogos cualificados las dos escrituras presentadas habrían recibido dos definiciones absolutamente diferentes y el error judicial habría sido evitado de golpe. La horrible condena de una inocente es debido a una pésima ordenación en Francia de la pericia en los Tribunales. Esto puede, debe luego, ser corregido.
(1956)

REFERENCIAS BIBLIOGRÁFICAS

COMER, Michael J (1987): *El Fraude en la Empresa*, Bilbao, Ediciones Deusto

CRÉPIEUX-JAMIN, Jules (1926): *Les bases fondamentales de la graphologie et de l'expertise en écritures*, París, Felix Alcan

– (1935) : *Libres propos sur l'Expertise en Écritures et les leçons de l'Affaire Dreyfus*, París, Libraire Felix Alcan

RENESSE, Rudolf L. van (1994): *Optical Document Security*, Delft, Países Bajos

SOCIÉTÉ DE GRAPHOLOGIE FRANÇAISE (1956): «Editorial» en *La Graphologie*, París, nº 62, ed. SGF, 2º trimestre

U.S. DEPARTAMENT OF JUSTICE (1999): «Evidence Examinations. Questioned Documents Examinations», en *Handbook of Forensic Services*, Federal Bureau Investigation, Washington D.C, ed. electrónica

U.S. DEPARTMENT OF TREASURY (2002): «Forensic Services División», United States Secret Services, Ed. Digital

VIÑALS, Francisco y PUENTE, Mariluz (2001): *Pericia Caligráfica Judicial, Práctica, casos y modelos*, Barcelona, Ed. Herder

AGRADECIMIENTOS

Nuestro agradecimiento a las siguientes personas y entidades por la consideración que nos han concedido:

Ramón Jordi Moles Plaza, compañeros profesores y alumnos de la Escola de Doctorat i de Formació Continuada Institut de Ciències del Grafisme y Escola de Prevenció i Seguretat Integral de la Universitat Autònoma de Barcelona.
Irene Vázquez, Presidenta de la Escuela de Alta Dirección y Administración, EADA, y antiguos profesores y compañeros de la Escuela de Administración de Empresas, EAE de Barcelona.
Juan Manuel Palma Campá y Escuela Superior de Cajas de Ahorros, Confederación Española de Cajas de Ahorros.
Mariano Real Villarreal y compañeros del Instituto de Criminología de la Universidad Complutense en Alicante.
Pacífico Cristofanelli, Silvio Lena y compañeros de la AGI, revista *Scrittura*, revista *La Acttualità Grafologica*, Universidad de Urbino, Universidad de LUMSA.
Luisa Marnati y colegas de APRESPA.
Pedro J. Foglia y compañeros de la Universidad Católica de Buenos Aires e Instituto Universitario de la Policía Federal de Argentina.
Mercedes Gorraiz Tenenbaum, Elvira Bernales de Bolloqui y compañeros del Centro de Estudios Superiores «Augusto Vels» (Argentina).
Julio Cavalli y la Lista de Correo del Instituto Superior Emerson.
María A. Perfetti, Raúl García Ríos y compañeros de ICEA Altos Estudios.
Ricardo Alberto Fernández y compañeros de la Universidad de Morón.
Luis Gonzalo Velásquez Posada y compañeros de la Universidad de Antioquia (Colombia).
Francisco Elías Bartolo y Universidad del Valle (México).
Francisco Queiroz, revista *Grafismo* y grupo de estudios grafológicos en la Universidad de Oporto.
Colegio Oficial de Doctores y Licenciados en Filosofía, Letras y Ciencias, de Cataluña.
Colegio de Graduados en Grafología de la Argentina.
Colegio de Peritos Calígrafos de Buenos Aires.
Antonio Sánchez y Colegio de Detectives de Cataluña.
Compañeros de la Asociación Mundial de Juristas y de la Asociación Internacional de Policía.
Braulio Revilla Chavarría, J. Vilanova, Colegio de Heráldica, Orden del Santo

Sepulcro, Orden Hospitalaria, revista *Ciencias Criminológicas*, «Protección Civil» y compañeros de la Asociación de Diplomados y Profesionales en Criminología e Investigación.
Fernando Fernández Núñez y Asociación de Empresas de Seguridad.
Jaime Tutusaus, y colegas y amigos de la Agrupación de Grafoanalistas Consultivos de España y Asociación Profesional de Peritos Calígrafos de Cataluña.
Joseph Seiler y compañeros del Séminaire Romand de Graphologie, Société Suisse de Graphologie y Groupement des Graphologes-Conseils de France.
Manuel J. Moreno, Adolfo Benedicto y compañeros del Instituto de Grafología Analítica.
José Miguel Luque, Pablo Luque y compañeros de la Asociación Colegial de Peritos Calígrafos de Asturias.
Mª Josep Claret y compañeros de la Associació de Recerca Grafològica.
Francisco Flores y Sociedad Extremeña de Grafología y Documentoscopia.
Berta Andréss, Mariluz Zamora y colegas de la Asociación Grafopsicológica.
Paulo Sergio de Camargo, Eliana de Gino Pereira y Asociación Brasileña de Grafología.
J. Luque, A. Morenas, Asociación de Peritos Calígrafos de Córdoba.
Luis Ángel Santa Cruz y compañeros de la Asociación Galega de Peritos Calígrafos.
E. Jablonsky y Asociación Slovaka de Grafología.
Laureano Oñate y compañeros de la Asociación Aragonesa de Grafología.
Jesús Villasante, antiguos mandos y compañeros de los Servicios de Inteligencia del Estado.
Ángel Solaz Tarín, Ramon Graells, R. Susín, J. Carricondo, y compañeros del Ejército, Guardia Civil, RRTT y AAFAS.
Direcció General de Seguretat Ciutadana de la Generalitat de Catalunya y compañeros de Policía Científica.
Jefatura Superior de Policía y Brigada Provincial de Policía Científica y de Policía Judicial de Barcelona.
Francisco Mateu, Anna Romera y amigos del «Bon Lloc» de Tordera.
David Puente (Técnico informático), Esteve Viñals (Jurista laboral), Jordi Viñals (Ingeniero, co-diseñador de las plantillas grafonómicas).
Ángel Font, Montserrat Mira, Josep y Joan Verdaguer, Jordi Morera Jansà, Adriana Masuello, Dan Clobaz, Fernando Galli, Jaime Burguera, Inma Lidón, Jordi Vives, Nelson Lama, Adriana Ziliotto, Felisa Reder, Monica Clementoni, Maria Stella Masid, Manuel y Antonio Coca, Javier Aguayo, Molero, entre otros compañeros y amigos.

Barcelona, 2003

Los autores,
Francisco Viñals y Mª Luz Puente
www.grafologiauniversitaria.com